S

社会学译丛·经典教材系列

[英] 马立克·科尔钦斯基
Marek Korczynski

[美] 兰迪·霍德森　　　主编
Randy Hodson

[英] 保罗·爱德华兹
Paul Edwards

姚伟　马永清　译

# 工作社会学

Social Theory at Work

中国人民大学出版社

·北京·

献给

Ursula 和 Anna
Debbie Mei 和 Susie Xin

# 主编简介

马立克·科尔钦斯基（Marek Korczynski），英国拉夫堡大学（Loughborough University）工作社会学教授，主要研究领域包括关于工作的社会理论、服务工作社会学、音乐与工作等，主要著作有《信息经济时代工作组织研究前沿》（*On the Front Line：Organization of Work in the Information Economy*，Cornell University Press，1999，与他人合著）、《服务业人力资源管理》（*Human Resource Management in Service Work*，Palgrave Macmillan Limited，2002）。

兰迪·霍德森（Randy Hodson），美国俄亥俄州立大学社会学教授，主要研究领域为工人公民权利与抗议、管理行为、同事关系，还曾经参与关于东欧和中国经济转型的研究，最近出版的主要著作有《工作尊严》（*Dignity at Work*，Cambridge University Press，2001）、《工作世界：建立一门国际性的工作社会学》（*Worlds of Work：Building an Interna-tional Sociology of Work*，与 Daniel B. Cornfield 合著，Plenum/Kluwer，2002）、《工作的社会组织》（*The Social Organization of Work*，与 Teresa A. Sullivan 合著，Wadsworth，2001），美国 JAI Press 以及 Elsevier 科学年度系列《工作社会学研究》编辑（关于霍德森的更多信息，可参见 http//www. soc. sbs. ohio-state. edu/rdh/）。

保罗·爱德华兹（Paul Edwards），英国华威大学（Warwick University）华威商学院产业关系学教授，英国社会科学院院士，目前主要研究领域包括跨国大公司的人事政策、小公司的技能培训等，最近出版了八本著作，其中包括《工作生活的政治学》（*The Politics of Working Life*，与 Judy Wajcman 合著，Oxford University Press，2005），曾任《工作、就业与社会》（*Work Employment and Society*）杂志主编。

# 其他撰稿人

**詹姆斯·R·巴克尔（James R. Barker）** 新西兰汉密尔顿市怀卡托大学管理学院组织理论与组织战略学教授，主要研究组织实施的各种控制实践（做法）所产生的后果，特别是对组织的控制结构及其实施的道德性问题进行了批判性分析，曾在美国《行政管理学季刊》等杂志上发表多篇论文，与他人合著《团队工作规训》（*The Discipline of Teamwork*，Sage，1999）等。

**托马斯·D·比米什（Thomas D. Beamish）** 美国加利福尼亚大学戴维斯分校社会学系副教授，主要研究制度以及复杂组织、正式组织或非正式组织如何对理解和实践产生建构性影响，以及理解与实践反过来又如何再生产和变革制度与组织，著有《暗流涌动：一种产业危机的组织化》（*Silent Spill：The Organization of an Industrial Crisis*，MIT Press，2002），在《社会问题杂志》、《社会学年度评论》、《组织与环境》等杂志上发表多篇论文，曾参与了多本图书相关章节的撰写。

**雅克·贝朗格（Jacques Bélanger）** 加拿大魁北克拉瓦尔大学产业关系学系教授，主要研究工作场所或车间中的产业关系特别是雇用关系的演变，他对跨国公司进行了田野研究，研究的结果发表在多家产业关系和社会学专业杂志上，是"全球大学校际工作研究中心"（CRIMT）主任之一。

**尼科尔·伍斯利·毕加特（Nicole Woosley Biggart）** 美国加利福尼亚大学戴维斯分校管理研究所主任、管理学及社会学教授，2002年J.杰罗姆（Jerome J.）和埃尔西·叙朗（Elsie Suran）技术管理教席教授，她的主要研究领域为产业与市场的社会结构基础，以及亚洲企业集团、直销产业、经济活动的组织化等，曾任美国社会学会组织、就业与工作分会及经济社会学分会主席，《经济社会学读物》（*Reading in economic sociology*，Blackwell，2002）一书主编，与人合著《东亚资本主义的经济组织》（*The Economic Organization of East Asian Capitalism*，Sage，1999）。

**吉布森·伯勒尔（Gibson Burrell）** 英国莱切斯特大学管理学研究中心主任，主要研究领域为社会理论以及社会理论与组织理论的融合问题，曾出版《大混乱：一种逆组织理论初探》（*Pandemonium：Towards a Retro-Organizational Theory*，Sage，1996）、《组织、空间与结构：建立一种社会物质性》（*Organisation，Space and Architecture：Building a Social Materiality*，与Karen Dale合著，Palgrave/Macmillan，2005）等多部著作。

**彼得·卡普利（Peter Cappelli）** 美国宾夕法尼亚大学沃顿商学院乔治·W·泰勒（George W. Taylor）管理学教席教授、人力资源研究中心主任，美国马萨诸塞州剑桥市国家经济研究署研究助理，《经理人研究》（*Academy of Management Executive*）杂志主编，最近研究领域包括美国就业关系的变迁，著有《工作变迁》（*Change at Work*，Oxford University Press，1997。该书是为美国计划协会提供的一项重要研究成果，并发现美国雇员为美国产业重构付出了惨重代价）、《工作的新政：市场化的劳动力管理》（*The New Deal at Work：Managing the Market-Driven Workforce*，Havard Business School Press，1999。该书主要研究的是导致终生雇用关系衰落的各种变革）。

**史蒂文·弗伦克尔（Stephen Frenkel）** 澳大利亚管理研究院工作社会学与组织社会学教授，对工作场所中的关系所存在的几个方面进行了研究，包括全球化对于工作和工作福利的影响。他最近的研究则包括全球供应链对行为准则（code of conduct）的影响以及工作组织和人力资源管理实践对服务性和知识性工作的动态发展的影响，曾出版多部著作，其中包括《信息经济中的工作组织研究前沿》（*On the Front Line：Organization of Work in the Infor-*

*mation Economy*，与他人合著，Cornell University Press，1999）。他还是《产业和劳动关系评论》、《英国产业关系》杂志、《国际人力资源管理》杂志编辑委员会成员。

**海蒂·戈特弗里德（Heidi Gottfried）** 美国韦恩州立大学副教授，主要研究方向为劳工研究，过去几年主要对性别及工作进行了比较分析〔她的这些研究先后得到了美日全球福利问题合作研究中心（The Center for Global Partnership）、美国社会学会、美国科学基金会、德意志学术交流中心（DAAD）、社会科学研究理事会 Abe Fellowship、欧洲研究理事会的资助〕，目前参与了两个国际项目的研究（美、英、德、日四国弹性就业与劳工管理研究；女工网络及其跨国网络的建构研究），编辑出版了《女权主义与社会变迁：理论与实践》（*Feminism and Social Change：Bridging Theory and Practice*，伊利诺伊大学出版社，1996）、《工场中的不平等：工场政策的性别偏向分析》（*Equity in the workplace：gendering workplace policy analysis*，与 Laura Ann Reese 合编，Lexington，2004）。

**迪蒂尔·吉略特（Didier Guillot）** 2003 年进入法国欧洲工商管理学院（INSEAD）从事组织行为研究，研究方向包括组织理论与管理的国际比较分析，最近主要研究日本电子产业的组织网络结构与演化及其对公司绩效的影响，公司边界内以及跨越公司边界的组织文化的作用与建设等问题。

**希瑟·哈弗曼（Heather Haveman）** 美国哥伦比亚大学管理学、社会学教授，她对正式组织的演化、正式组织所运行的产业以及正式组织产业中的职业生涯进行了研究，探讨了组织系统的稳定性与变迁所涉及的很多问题，诸如组织变迁的原因、组织变迁对组织本身及其员工的影响等，她关于存贷协会、电话公司、旅馆和杂志期刊的研究论文发表在《管理科学季刊》、《美国社会学评论》、《美国社会学》杂志、《管理学术》杂志以及《诗学》等刊物上。

**杰弗理·M·霍奇森（Geoffrey M. Hodgson）** 英国赫特福德郡（Hertforshire）大学商学院研究员，曾任剑桥大学《经济学》杂志审稿人，其出版的著作包括《制度经济学的演进》（*The Evolution of Institutional Economics*，Routledge，2004）、《历

史是如何被经济学遗忘的》（*How Economics Forgot History*，Routledge，2001）、《经济学与乌托邦》（*Economics and Utopia*，Routledge，1999）、《经济学与演化》（*Economics and Evolution*，University of Michigan Press，1993）、《经济学与制度》（*Economics and Institutions*，Polity，1988），在多种顶级学术杂志上发表论文八篇，现任《制度经济学》杂志主编。

**理查德·海曼（Richard Hyman）** 英国伦敦经济学院产业关系学系教授，主要研究兴趣为行业工联主义的历史与理论、产业关系的比较、政治经济学分析。他是《欧洲产业关系》杂志编辑，出版了《欧洲行业工联主义研究：在市场、阶层与社会之间》（*Understanding European Trade Unionism：Between Market，Class and Society*，Sage，2001）等多部著作。

**穆克蒂·凯尔（Mukti Khaire）** 哈佛商学院企业管理研究所成员之一，她对组织特征与绩效的社会学理论解释，特别是对无形资产与新投资风险增长之间的关系十分感兴趣，最近的研究焦点是生产"文化与体验性产品"的创作性公司与产业诸如广告机构、杂志出版、酿酒厂等。

**卡伦·莱格（Karen Legge）** 英国华威大学商学院组织行为学教授，《管理研究杂志》主编，《英国产业关系》、《产业关系》、《人力资源管理》、《性别、工作与组织》、《组织》等杂志编辑委员会成员，她的研究兴趣在于把后现代组织理论运用于人力资源管理、管理变革、学习型组织的形成和组织伦理等，出版了相关专著多部，其中最有名的是《人力资源管理：谎言与真相》（*HRM，Rhetorics and Realities*，Palgrave/Macmillan，1995），至 2005 年该书每年都有新版出版。

**罗宾·雷德纳（Robin Leidner）** 美国宾夕法尼亚大学社会学副教授，著有《快餐、快谈：服务性工作与日常生活的惯常化》（*Fast Food，Fast Talk：Service Work and the Routinization of Everyday Life*，University of California Press，1993），发表了多篇关于情感工作、服务性工作、女权主义组织的论文，目前正研究舞台演员的工作身份认同问题。

**詹姆斯·R·林肯（James R. Lincoln）** 美国加利福尼亚大学伯克利分校哈斯商学院 Warren E. 及 Carol Spieker 讲座领导力教授、日本研究中心和社会学系教授，主要从事组织设计与创新、日本企业管理与产业关系、组织网络等方面的研究与教学，著有《日本的网络经济：结构、持续与变迁》（*Japan's Network Economy：Structure, Persistence, and Change*，与 Michael Gerlach 合著，New York：Cambridge University Press，2004）、《文化、控制与忠诚：美国与日本的工作组织与工作态度研究》（*Culture, Control and Commitment：A Study of Work Organizations and Work Attitudes in the US and Japan*，与 Arne L. Kalleberg 合著，New York：Cambridge University Press，1990），另外还撰写和发表了大量关于日本商业和劳工方面的论文。

**基思·麦克唐纳（Keith Macdonald）** 1964 年进入英国萨里大学，现为该校社会学系客座教授，发表过多篇关于职业和军事社会学方面的论文，著有《专业技术职业社会学》（*Sociology of the Professions*，Sage，1995），另外他目前也在进行历史社会学方面的研究。

**史蒂芬·梅钦（Stephen Machin）** 英国伦敦大学学院（UCL）经济学教授、教育与研究经济学 DfES 中心主任、伦敦经济学院经济绩效研究中心主任，《经济学》杂志主编之一，著有《教育的收益何在？英国教育经济学》（*What's the Good of Education? The Economics of Education in the United Kingdom*，Princeton University Press，与 A. Vignoles 合编，2004）、《不平等的时代》（*The Age of Inequality*，Texere，1999）。

**格雷厄姆·塞维尔（Graham Sewell）** 澳大利亚墨尔本大学管理系副教授，研究方向为组织研究和人力资源管理，他最为有名的研究包括工场监督和团队工作的规训效果，但他对于知识性工作、工场抵制、演化心理学、商业伦理、英国国内的外资直接投资、国际半导体产业的创新过程等等诸多论题均有涉足，相关论文发表在《管理科学季刊》、《管理评论学刊》、《组织研究》、《社会学》、《人类关系》、《政策研究》等顶尖学术杂志上。最近五年来他一直与詹姆斯·R·巴克尔一起从事一个长期研究项目，该研究项目试图借助社会理论的"后现代转向"之力，重新审视工作组织经典研究历来关注的阶级阶层、团结、科层制等诸多论题。本书的第三篇论文是他与巴克尔一起撰写的，当时他正在西班牙巴塞罗那庞培法布拉大学，他希望借此感谢西班牙教育与科学部给予他的支持。

# 致　谢

我们十分欣赏和感谢本书的所有撰稿人，感谢他们的坚持和耐心，更感谢他们的创造性工作。另外，感谢牛津大学出版社的 David Mussor 和 Matthew Derbyshire，如果没有他们高质量的工作，本书就不可能最终完成。本书编者之一保罗·爱德华兹在编辑本书时，得到了英国高级管理研究所的支持，在此一并表示感谢。

# 目　录

<table>
<tr>
<td>第<br>一<br>章</td>
<td># 导论：相互矛盾的、协作的<br>或相互强化的理论</td>
</tr>
</table>

1　　工作社会学虽然有着丰富而悠久的理论渊源与经验研究传统，但至今还没有人对工作社会学研究的各种理论传统进行系统的整理，因此本书试图填补此项空白。在长期的工作社会学教学实践与研究过程中，我们为学生收集了大量的相关读物，也为自己积累了丰富的研究资料。在此基础上我们对各种工作理论进行系统的回顾和梳理，并最终形成了本书。所以说，本书是我们长期教学和研究工作的结晶。本书所包括的资料对于相关专业的高年级大学本科生和研究生来说都非常重要，因为处于这些学习阶段和研究层次的学生，应该对与他们的学习和研究主题相关的理论谱系，有一个综合而全面的把握。本书概括了各种相互矛盾的、协作的或相互强化的工作理论，我们希望它对学生和教师深入了解工场（workplace）研究的基本理论能有所帮助。尽管工场研究是一个充满活力和快速发展的领域，但是本书还是力求能够准确地概括工场研究的理论现状。

　　也许人们可以从另一种角度来讨论关于工作的社会学理论，这种角度就是对工场研究所涉及的异化与工作满意、工会的建立与变迁、女性与工作、全球化等诸多主题进行全面的回顾。这一角度可以强调这些主题的历史缘由、现状及其将来变迁，因此也是非常有用的。而基思·格林特（Keith Grint, 1998）、霍德森与 T. 沙利文（Hodson & Sullivan, 2001）、H. J. 克拉恩与 G. S. 洛维（Krahn & Lowe, 2
1998）、R. A. 洛斯曼（Rothman, 1998）、P. 汤普森与 D. 麦克哈格（Thompson & McHugh, 2002）、T. J. 瓦特森（Watson, 2001）等学者确实就是从这一角度出发进行研究，先后出版了多部优秀的工作社会学著述或教材。但是，这样的研究并不利于我们了解和把握关于当代工作问题及其变迁的各种理论视角。而了解和把握这些理论视角，对于工场研究者——不管是大学生、研究生或已参加工作者——知识的积累和思维的成熟而言，都是极其重

要的。

　　本章乃全书导论。在导论中，我们首先讨论与本书关注焦点和主要内容相关的一些基本问题。下面我们首先交代为何要把工作作为本书研究的焦点。然后，我们将交代本书之所以选择这些社会理论视角加以讨论的标准和原因，并简要介绍本书的结构和内容安排。最后，我们在介绍工作社会学的基本知识要点的同时，对各种关于工作的社会理论进行比较分析，并全面回顾和评论这种比较分析所涉及的关键论题。

## 一、本书为何以工作为研究焦点

　　对于理解社会而言，研究工场十分重要，因为工场是个人在社会分层系统中所处位置的基础，也是个人生活意义、个人实现、个人尊严和个人健康的基础，甚至是一个民族或国家成功与延续的基础。当然，社会理论家们认为除了工作之外，个人生活的家庭关系、宗教、政治等层面，对于上述四个方面也十分重要。但是，为何本书要单独讨论关于工作的理论呢？其原因除了工作在我们生活中处于中心地位外，还在于工作正在以惊人的速度发生变迁，而关于工作的理论也正在不断地壮大和扩张。近年来社会理论界出现了如下一些重要的变化：其一，诸如"阶级"等以工作为基础的那些概念，在社会理论中的重要地位日益下降；其二，各种社会理论日益强调消费而不是生产，日益关注个人身份而非创造工作角色的各种社会结构；其三，很多社会理论认为社会角色日益具有流动性和暂时性，以至于就个人身份而言，基于工作的地位状态再也不像过去那么重要了。这些发展和变化对当代工作理论提出了明确的挑战，导致研究者日益关注工作是否仍处于前文所说的基础性地位。

　　本章作为全书的导论，不宜具体讨论这些变化，

以后各章会对它们进行深入而具体的探讨。例如，在关于身份的第十五章，作者深入探讨了工作对身份的形成所具有的重要影响，并强调指出，现在，工作可能正在失去发挥这种影响的某些渠道（这也许是因为以阶级为基础的团结的衰落），但是当社区和家庭关系可能弱化时，人们又会回去工作以获得承认，而这又有利于工作影响身份的新渠道的形成。不过，我们认为，我们必须注意如下一些重要事实。其一，人们花在工作上的时间并没有明显下降。其二，参与劳动力市场的妇女数量一直在增加，"组织中男性数量"的下降，往往被"组织中女性数量"的上升所抵消。其三，阶级衰落的情况可能被夸大了，因为某人属于何种阶级仍然明显决定着他的基本生活内容。例如，现在以阶级为基础的选举，与以前的情况基本上是一样的。阶级的衰落在很大程度上只不过意味着与工作的某种联系的衰落，由蓝领工人形成的稳定的工作共同体，可以为阶级身份提供基础。其四，目前很多国家的工人都面临工作时间过长的问题，也广泛存在出工不出力（presenteeism，又译"出勤主义"）的现象，并且个人的很多方面都仍然是以工作为基础的。所有这些都表明，在当今社会，工作经验仍然是影响工人命运的关键因素。

上述四点表明，工作的变迁并没有人们通常所认为的那样巨大。因此，在讨论源远流长的关于工作的社会理论谱系时，应明确遵循如下基本的立场：当前处于支配地位的各种工作关系，与在这些社会理论提出之时处于支配地位的各种工作关系相比，具有很多相似之处。而且，更进一步地说，如果从广义上看，我们会发现，实际上在某些方面工作变得比以前更为重要了。例如，自20世纪80年代自由市场经济学兴起以来，充斥经济学前沿理论的主流话语，就是竞争力的重要性以及"知识经济"的出现。而欧盟提出了工资工作人口在总人口中的比重目标，并在总体上推进工作的竞争性和灵活性。这种经济学话语十分肯定地认为，对于国家的未来和繁荣而言，生产产品和服务的能力而非消费产品与服务的能力至关重要。因此，这种理论对技能和知识的重要性的强调，表明工作组织仍然处于重要的中心地位。

当然，由于制造产业的衰落，工作模式确实已经发生了很多变迁，但是工作的重要性较之从前并没有丝毫的下降。即使我们把工作视为生活（lived）的一种经验，工作的重要性同样也没有下降。组织中工作的"白领男人"，以及为了生计而在一个岗位上工作的"蓝领工人"等概念，在某些人看来都是极端老套和过时的概念了，但是它们都在一定程度上抓住了工场的某些现实，这些现实就是，工场中的工作变迁实际上很小，我们可以明确地界定工场的边界，而工场的核心要求就是符合"系统"的要求。随着组织日益要求工人忠诚和投入，甚至要求他们参与管理与经营活动，以及随着组织绩效测量的日益精细化，工人逐渐发现他们自己必须积极参与和实现组织的目标。以前那种在工作中常常采取的工具理性主义行为，以及只关注自己而不关注整个组织的做法，现在已经变得不可行了。

同样重要的是，经济活动的结构在很大程度上也可以说明一个社会是如何组织起来的。各种社会理论对于经济活动的结构与社会的组织方式之间的关系存在不同的看法。马克思主义经典理论认为，经济基础决定上层建筑以及社会生活的其他层面。而其他一些理论传统则要审慎得多，更倾向于强调经济活动与社会的组织方式之间的关系具有一定的偶然性和非决定性，更为强调非经济关系对经济关系的影响。但是，所有这些理论传统都不否认使一个社会的生产能力得以组织起来的那些方式的重要性。本书的主要目的就在于回顾和评价各种理论传统是如何处理诸如此类的问题的。

## 二、本书选择社会理论的标准及原因

现代社会科学形成了大量的学科专业，且其数量还在不断增多，其中包括经济学、社会学、心理学、政治学等等，这些学科的研究主题，诸如法律等等，都具有社会科学的面貌。有一些学术著作——例如，最近 P. 艾克尔斯与 A. 威尔金森出版了一本关于产业关系的著作（Ackers & Wilkinson, 2003）——对于这些学科专业（以及其他一些学科专业）关于工作的研究进行了评述。在组织研究和管理思想研究等领域中，出现了工作研究手册这样的书籍；在组织行为研究领域中，则出现了关于工作研究的百科全书式的学术辞典。

本书的角度则不同。首先，我们不会收纳关于工作的所有理论，本书所收纳的关于工作的理论都是经过精挑细选的。这样可以使撰稿人对某种工作理论进行更为详细的介绍，并允许提出他们自己的理解和观点。本书各章都是撰稿人的原创性论文，他们对各自的研究主题进行了深入的剖析，并打上了自己鲜明的烙印。因此，本书以下各章并不是关于工作研究的综述或评论，而是撰稿人自己关于工作的研究。

其次，进行选择必然意味着有所取舍。在上面所提及的所有学科专业中，政治学——作为一门研究权力与影响的学科——常常贯穿于关于工作的各种社会分析之中。权力结构对于本书很多章节来说都是十分关键的论题。在本书第五章关于女权主义的工作理论中，男性组织的权力问题处于理论的中心；关于技术与工作的第十二章，则探讨了技术控制问题，认为技术控制就是一种向人们实施权力的方式；关于专业技术职业工作的第十三章，则指出专业技术职业界定其自身和确立"社会封闭"的权力，是专业技术职业社会学研究的核心问题。因此，本书比较强调从政治学角度进行的工作研究或对工作的政治学分析。

5 相反，心理学视角在本书中并不处于中心地位。但是，本书有几章也非常重视社会心理学关于工作的研究。在对工作进行社会心理学研究的开创者中，涂尔干（Durkheim）也许最为强调信仰系统，因此本书也讨论了他关于文化以及文化对于个人的影响的看法，而最近的社会心理学的工作研究也时常提及他的这些观点。本书关于身份的第十五章，还讨论了符号互动理论及其职业研究，他们关于身份的看法可以埃弗里特·休斯（Everett Hughes）和埃尔文·戈夫曼（Erving Goffman）的研究为代表。但是如此之类的心理学研究，我们并不会直接论述。其根本原因在于，本书主要探讨的是那些论述社会组织如何建构工作的社会理论，心理学却只关注个人对这样的结构化的反应。心理学关于工作研究的主要贡献在于把这样的主题与信任和忠诚（承诺、投入）联系起来，以及把信任、忠诚（承诺、投入）概念与心理契约联系起来。因此，本书没有把这一理论传统收纳进来。

经济学常常因其个人主义行为模型以及完全忽视政治与权力问题而备受诟病。但是经济学对于工作这个研究论题又说了些什么呢？最为典型的新古典经济学确实是以理性自利的个人假定为基础的。正如其后的很多经济学家所指出的，这种视角并不能解释现代经济中诸如公司之类的核心制度（因为如果个人可以直接交易，那么公司就没有存在的必要）。而其中又有很多传统和保守的经济学家试图运用市场失败和交易成本之类的概念来解释公司之类

的制度，在他们的解释中，工作关系的建构一直是重要的问题。而不那么传统和保守的经济学家特别是制度经济学家，则把制度置于分析的中心，他们的研究在一定程度上与经济社会学传统相重叠。总之，由于经济学对本书所关注的主题做了很多研究，所以本书会对经济学关于工作的研究进行详细的回顾和评述。

第二至第十一章是本书的第一部分，评述的是社会学和经济学中的主要理论传统，以及这些理论传统在工作问题上的应用。我们将先讨论卡尔·马克思、马克斯·韦伯、涂尔干等各种理论传统"开创者"的相关思想（第二至第四章），然后讨论相对晚近才产生的各种理论视角，包括女权主义、福柯以及后现代主义的相关思想（第五、第六章），然后再讨论两个非常重要的经济学派——新古典经济学和制度经济学传统——的相关思想（第七、第八章），最后讨论经济社会学、组织社会学以及各种族群伦理学视角关于工作的相关思想（第九至第十一章）。第十二章到第十五章是本书的第二部分，主要探讨技术、专业、全球化、身份与工作之间的关系。在该部分中我们可以看到，各种社会理论对于与工作相关的诸多重要问题做出了重大的推进，而这些 6 推进在很大程度上又是以各种理论的综合为基础的。第一部分主要是相对独立地讨论各种社会理论，第二部分则重在讨论这些社会理论之间的联系。下面我们先对各种关于工作的社会理论视角做进一步的比较。

## 三、各种社会理论关于工作之分析的异同

本书第一部分的每一章，都是由各撰稿人相对独立地完成的，每一章都对与工作的某个方面相关的问题进行了相对独立但又完整而系统的探讨。因此，如果读者不借助于其他章节，直接阅读本书第五章的女权主义的工作理论，也可以获得对女权主义工作理论的完整理解。这种各自相对独立的论述有其优势，但也有其问题，那就是有可能使本书不能形成一个有机整体，使读者难以获得一个相对完整的工作理论。而且，这样的结构安排可能使读者难以纵观各章，难以评价各种社会理论关于工作的分析存在的重要差异或相似之处。

不过，好在本书有彼得·卡普利撰写的结论性

章节（即第十六章），他特别强调了理论综合的重要性和必要性，并十分详细地探讨了各种社会理论之间的关联性，这有助于我们理解他所认为的当代工场现实中的那些重要的发展趋势。不过，我们认为，我们还有必要在本导论中对各种社会理论的工作分析做更抽象的概括和讨论，以使读者能够深入地把握它们之间的异同。

对于社会理论本身的衍生和分化，已有大量的文献讨论过。这些文献包括瑞泽尔等对各种社会理论进行的比较广泛的分析（Ritzer，1996；Ritzer & Smart，2001），也包括仅对其中少数几种社会理论进行的更深入的比较分析。后者如安东尼·吉登斯对资本主义兴起时期的经典社会学家马克思、韦伯和涂尔干的比较分析（Giddens，1971），理查德·马斯顿对马克思和福柯的比较分析（Marsden，1999），以及 A. 希尔斯曼在综合各种理论的基础上所进行的综合性框架建构（Hirschman，1982）。

对于各种社会理论的工作分析——这是本书的兴趣所在——也有一些学者进行了比较有影响的评述和分析。例如伯勒尔和摩根根据是强调主观因素还是客观因素、是主张激进变迁还是规制调节这样两个维度，对各种"组织理论"进行了分类（Burrell & Morgan，1979）。① 而最近 M. 里德又出版了一本著作，对他所说的组织分析的各种"元解释框架"即理论范式进行了回顾，并归纳了六种主要的理论范式，其中每一种范式都主要关注某一个不同的主题（Reed，1996）。其一是理性范式，关注的是秩序（如经典的组织理论）；其二是整合范式，关注的是共识（如涂尔干的理论）；其三是市场范式，关注的是自由（如新古典经济学）；其四是权力范式，关注的是支配（如马克思和韦伯的理论）；其五是知识范式，关注的是控制（如福柯的理论）；其六是公正范式，关注的是参与（如族群伦理学）。G. 伯勒尔、G. 摩根以及 M. 里德等学者的上述努力，为我们提供了重要的启示，但是也存在一些问题，特别是根据关注某一主题来归纳或划分出不同的理论框架或范式的做法，并不符合各种理论的实际情况。例如，里德认为，韦伯传统的理论主要关注的是权力与支配，并将其归为权力范式，这似乎就不太恰当，因为正如下文将要指出的，韦伯传统的理论所关注的主题不仅仅是权力，而是要广泛得多。

我们认为，要确定各种关于工作的社会学理论

的地位与影响到底如何，并据此决定是否收入本书，需要考虑如下三个重要方面。其一是理论的研究主题问题。即使理论创立者并没有明确地把他的理论与工作问题联系起来，但如果其理论对于工作分析极有助益，我们也会选入本书，并进行讨论与挖掘。例如，韦伯可能根本没有论及与顾客直接接触的一线（front-line）服务工作，但是他关于理性化与科层制的思想，常常被人们创造性地用来论述一线服务工作。因此，本书有几章都对那些被遗忘的理论家们的思想进行了再次挖掘。例如，本书发现涂尔干的思想对当代"公司文化"分析具有重要的价值，因此把涂尔干的社会理论也收入了本书，并探讨了他的理论对工作分析的启示。

其二是理论打算研究的范围。本书所讨论的理论都是对 18 世纪中期以来大规模生产的出现和兴盛的反应。马克思、韦伯和涂尔干的著作显然是如此，而现代经济学也同样如此，例如亚当·斯密所举的关于制针厂的例子，表明了其理论也是资本主义企业劳动理性化分工的反应。福柯对现代社会则做出了另一种描述，但也同样关注理性问题，并把现代社会称为规训社会。本书所论及的更为具体的一些主题，诸如技术与工作的关系、专业技术职业工作的性质等等，均是因为宏大的现代社会组织背景而显得特别重要。以专业技术职业为例。自由的专业技术职业确实是先于工业革命而出现的，但是还有一些"专业技术"职业，诸如会计职业等，不仅是在工业革命后才出现的，而且是各种知识的理性化需要的产物。还有，自由的专业技术职业一直受到现代国家所施加的各种要求的强烈影响，例如它们需要国家颁发从业许可证等等。那么，这些理论的目的在很大程度上不是解释各种形式的工作本身，而是讨论现代组织形式的兴起对工作所产生的影响。读者在阅读这些理论时，肯定会注意到不同的理论往往强调"大规模生产"、"资本家"或"现代性"等不同的术语。这样的理论差异有其深刻的原因，因为不同的理论家强调的是现代社会的不同特征。一些理论家认为现代社会存在的一种特征就是资本主义的动态发展，一些理论家则特别强调"现代性"概念，而另一些理论家则强调一种更为宽泛的"工业"社会框架。我们通过阅读本书相关章节，就可以明显看到不同的理论强调不同的重点。但是，我们在这里想要指出的是，这些理论家也有一个共同

① 格林特（Grint，1998）根据决定论—阐释主义、技术统治论—批判论的维度，对组织理论进行了类似的分类。

的兴趣，那就是都关注在市场制度发挥关键作用的发达现代经济中工作所具有的各种特征。当然，有些理论从表面上看并不具有这样的共同兴趣。

其三是理论的深度。本书收入的理论很多都关注一些比较重要的论题，比如理性与自由的关系等等。这些理论往往没有直接地提出具体的命题，因此更准确地说它们是不同的理论视角或范式。视角与范式往往具有多种含义：一种"视角"可以是一种十分松散的思想，而"范式"一词的提出者托马斯·库恩（Thomas Kuhn）也是在多种含义上使用范式一词。就本书的目的而言，视角或范式意味着一种知识路径或理论路线，它界定了一些核心概念，以及这些核心概念之间的关系，而不一定会提出具体的命题。例如，马克思主义范式会运用资本积累、剥削、剩余价值以及阶级之类的概念，并可能提出一些一般性的命题，如"利润率呈下降趋势"等，但是这类一般性命题并不能涵盖该范式的所有内容，而使用该范式的每个人，对于某具体命题是由该范式直接推论出来的，或者仅仅是与该范式一致，甚至某个具体命题会否证整体范式等等问题，肯定有着不同的看法。再举一个反面的例子。新古典经济学断言，在给定的劳动力市场中，某一给定的专业技术职业只存在单一的工资。然而，多年来人们不断发现，现实情况与这一断言并不相符，因此现实的发现并不支持新古典经济学；但是，这既没有导致经济学家放弃其整个理论路线，因为有很多原因可以解释那种专业技术职业的工资为什么并不相同，也没有一种新理论来取代对经验发现不能做出令人信服的解释的旧理论。正如著名经济学家萨缪尔森所言，"新古典经济学接受一种理论并扼杀另一种理论"（Samuelson，1951：323）。因此，这里的关键就在于我们不能把作为范式的理论仅仅当做命题的生产机器而加以评论。

在本书所讨论的理论路线中，有一些理论路线并没有直接研究工作问题，例如涂尔干传统的理论路线就是如此，而且这些理论路线的关注范围也要广泛得多。但是，它们对社会结构进行了深入的研究，而工作的组织化是嵌入了这种社会结构之中的。因此，它们并没有直接就特定工作群体的自治程度或者人们寻找新工作的方式提出相关的命题或假设——但是我们完全可以在它们的基础上提出这样的假设（例如，以涂尔干为例，其实他已对社会结构进行了深入的研究，在此基础上我们完全可以通过强调群体规范的重要性，进而提出工作岗位搜寻

在受到个人偏好影响的同时，也会受群体规范的影响，甚至有可能提出个人偏好事实上是由社会塑造的等等命题，只不过他没有这样做而已）。因此，关于工作的理论的根本任务，就是分析国家、理性与市场的出现、规范与传统等等因素对于社会建构的影响，然后得出一些推论或暗示，以供更具体的层次上的分析者做进一步的研究。各种更具体的研究传统，如经济社会学研究传统，就可能沿着关于工作的更广泛的理论所得到的暗示或推论而向前推进。

下面，我们谈谈本书之所以选择某些理论范式而不选择另一些理论范式来加以评述的标准。我们在选择和评价理论范式时，遵循了如下几个标准。第一，该种理论范式的相关思想继续激起了对于当代问题的分析，并且学者们经常回到该理论范式的经典文本。第二，人们对于该种理论范式的关注不仅仅是出于猎奇，或者只是对其思想的历史叙述。例如，关于涂尔干的那一章（即第四章）就指出了他的思想对于当代的工场文化等问题十分有用。第三，该种理论范式的思想能够为我们的讨论提供建设性的信息，而非仅仅是能够为某些主张提供支持。同样以涂尔干为例，詹姆斯·R·林肯（James Lincoln）和迪蒂尔·吉略特（Didier Guillot）（在第四章中）指出涂尔干的著作对于分析工场文化具有深刻的意涵，而当前很多著作根本就没有论及工场文化问题；因此，主张回到涂尔干，并非主张在古典文本中寻找权威，而是建设性地利用那些文本来深入探讨相关的问题，若不这样做，我们对于相关问题的探讨可能只能停留在表面。

我们有必要把理论范式与研究程序（programe）区别开来。理论范式确立的是一套思想观念和看问题的方法。正如本书关于马克思主义、女权主义和福柯的那几章所强调指出的，范式的力量很大程度上在于它的开放性和包容性。然而，研究程序可能更适合于用来准确地界定研究问题，以及用来进行以先前已有的知识为基础的经验研究，并为先前已有的知识增加新的内容，但不会导致它们根本的变革。诸如经济社会学等这样的学科领域对于工作研究，可能提出一个清晰的研究程序，而一些学科领域也有望获得这样的进展，然而还有其他一些学科领域可能偏好和选择另一种途径，涉及更广泛的内容，但其代价可能是难以就某些具体特定的问题提供知识的积累。

那么本书所选择的途径则是呈现那些阐述工作如何被组织起来和如何被人们经验的那些理论。读

者将会看到这些理论的解释与讨论,以及这些理论所提供的各种支持性的案例和说明。本书的很多章节分别关注一个特定而重要的主题,它们涉及技术、专业技术职业、身份、全球化等对工作如何被组织起来的影响,每一章都包括了大量的说明案例。本书还有一些章节,则评述了各种研究传统诸如经济社会学等关于工作的研究,并讨论了工作是如何被人们经验的等大量老生常谈的问题。

我们下面的讨论只是一个起点,也许并不能准确地把各种社会理论放入严格界定的理论模式中。因此,我们提出了在检视关于工作的各种社会理论时,有必要考虑下面六个维度。其中一些维度与先前的回顾和评论中提出的维度相一致,另一些维度则是新的。对于具体的某两种理论的比较分析而言,其中一些维度比另一些维度可能更为有用。下面每一个小标题中的讨论都是建议性或提示性的,而非确定性的,因为我们希望的是开启而不是封闭读者的探讨和研究。

## 主题之一:权力、市场与社会规范等的中心重要性及其概念界定

很多学者已经指出,权力(等级制)、市场与社会规范(诸如信任等)是人们在经济社会中开展行动的三个重要的基础。例如,威廉·乌奇(W. Ouchi)指出,公司依赖于三种基本的控制形式:科层制(即等级制)、市场与结党(clan,即同辈群体运行规范)(William Ouchi, 1979);而 A. 希尔斯曼(Hirschman, 1982)指出,退出、协商(voice)与忠诚(分别对应市场、权力与规范)是现代公司三个重要的协调机制。如果我们认可人们在经济社会中开展行动有这三个重要的基础,那么评估各种社会理论关于工作的分析所采取的第一个逻辑步骤,就是评估哪一种社会理论为检验这三个基础开启了空间。在由这些理论所构成的连续体的一端,全部或部分地明确否认这些基础的存在。例如,A. 阿尔钦和德姆赛茨(Alchian & Demsetz, 1972)在对新古典经济学思想进行的经典陈述中说,在经济世界中权力并不能发挥协调机制的作用;O. E. 威廉姆森(Williamson, 1993)指出,在交易成本经济学看来,信任只是在经济活动之外发挥作用。马克思在很多地方也指出过,社会规范的退出或衰落是经济活动得以开展的重要条件和基础。他说,资本主义的社会关系实质上是纯粹的金钱关系(例如《共产党宣言》)。而这个连续体的另一端则是新兴的

经济社会学,其中的学者们认为在经济市场与等级制组织中,信任与社会规范等具有重要的作用(Powell, 1990)。同样值得重点关注的是涂尔干的观点,他认为外在的、简单的经济合约要依赖于在暗中运行的重要社会规范的支持。

不过,社会理论除了开启一些空间来检验这三个基础之外,还要对一些重要论题展开研究。有一些重要的研究文献,对市场、权力与信任的更深层次的社会含义进行了讨论。例如,马克思的核心主张之一就是,自由市场以一种貌似中立的方式调节经济的运行,但是这些市场力量实际上是一种(阶级)权力的实施。又如 S. 卢克斯(Lukes, 1974)指出,在组织等级制的外在规则的背后,还有一种权力在暗中运行着。同样,女权主义者的分析已经指出,科层组织形式——至少在福特制经济中是主要的等级制形式——表面上似乎不存在性别歧视,但实际上被具有男性色彩的规则牢牢地控制着(Acker, 1990)。与特定政治经济分析存在密切联系的不同社会理论,诸如新古典经济学、马克思主义、韦伯传统、涂尔干主义、经济社会学、制度经济学、制度分析等等,都对上述三种基础中的哪种基础分别在特定类型、特定时期的资本主义中处于主导地位进行过讨论。除了这些理论之外,来自于女权主义、福柯传统、后现代主义以及各种伦理学派等视角的分析,都对经济社会中的行动的组织化的这三个基础对于人们工作生活的重要意涵进行了讨论。例如,福柯传统有助于我们分析信任如何发挥其作用;在一种监督体系中,信任实际上可能作为各种社会规训程序的一部分而发挥其作用(即被统治者成为统治者的同谋)(Covaleski et al., 1998)。

## 主题之二:结构与能动

如何看待结构与能动(agency)之间的关系,是整个社会理论中争议最多的问题之一,也是划分不同社会理论的一个重要分界线。D. 莱德尔(Layder, 1994:4)对学术界关于结构—能动之间关系的争论,进行了十分透彻的梳理和综述,并指出这种争论"主要集中在结构与能动如何通过社会活动而联系起来的问题上,也就是我们如何解释二者的共存"。人们常常发现,社会理论的很多重要学派要么偏向于结构与能动中的这一极,要么偏向于那一极,也就是这些理论学派要么强调个体行动者(包括个人、单个组织如企业或行业协会)的能动性的潜在力量,要么强调行动者行事时所处的结构对

行动者施加的制约（如科层组织对个人雇员的制约）。正如里德（Reed, 1996）所言，在社会理论关于工作的各种分析传统中，也存在结构与能动的二元对立，这种对立最清楚地表现在作为"一种具有决定作用的结构"的组织概念与作为"一种持续过程"的组织化（organizing）——在其中个体能动性起着关键作用——概念之间。人们常常把某些社会理论学派归结为更倾向于结构主义一端。人们在提及韦伯关于理性组织的"铁的牢笼"这一比喻时，常常把他作为这种理论类型的理想代表。马克思也常常被人们归结为结构主义这一端。正如哈弗曼（Haveman）和凯尔（Khaire）在第十一章论述组织结构时所指出的，权变理论本来是制度分析的基石，但由于权变理论强调结构而在概念框架中完全否认能动的位置，因此一直受到人们的批评。另一方面，后现代主义理论受到的一个严厉的批评是，由于强调能动创造的作用，例如他们关于身份是个人创造的看法，因而在很大程度上忽视了社会（结构）的建构力量。

　　对社会理论进行这样的划分似乎很容易，但如果做进一步的分析，就可能发现这样的划分似乎过于草率。例如，一直有人在说，人们关于韦伯科层制"铁笼"比喻的看法，实际上受到把德语"ein stahlhartes Gehäuse"错误地翻译成"一个铁笼"的影响。D. 塞尔（Sayer, 1991）与 B. 施马特（Smart, 1999）指出，韦伯的这个比喻更好的翻译应该是"一只蜗牛背上的壳"，其比喻的既是对主体的日常生活存在的制约，又是主体对于日常生活的体验，因此他们认为，韦伯是同时把这些结构与能动因素作为中心因素来加以考虑的（也见 Baehr, 2001）。由于韦伯的这个比喻侧重于强调主体性，导致现在人们认为在结构与能动二元对立问题上韦伯更倾向于能动而非结构。下面我们再来看看马克思 *13* 的一句名言：

> 人们自己创造自己的历史，但是他们并不是随心所欲地创造，并不是在他们自己选定的条件下创造，而是在直接碰到的、既定的、从过去承继下来的条件下创造［Marx（1859）1954：第一章］。

　　可见，马克思对社会分析中存在的结构—能动之间的紧张关系有着如此明确的认识，因此，我们需要认真地思考一下，不要简单地把马克思主义打上过度强调社会结构与工作结构的标签。

　　本书各章收入的社会理论家们的很多重要思想，对于我们在结构与能动兼顾的层次进行分析时有很大的帮助。当然，在某个特定的社会理论传统中进行的个别研究，在概念上可能没有为结构或能动留下适当的空间，从而出现某些问题。但是，如果不加分析地把这些问题归因于社会理论本身，则是值得商榷的。正如 G. 瑞泽尔（Ritzer, 1996：650）所言：

> 要想从根本上避免犯这样的错误，最重要的办法就是不要仅仅在某些具体的社会分析层次上简单地鉴定某种理论或某个理论家……把理论家的广泛的研究等同于某一种分析层次，对于理论家来说，是不公正的。

　　因此，我们把权变理论打上结构主义的标签是一件很容易的事情，但是权变理论传统中的学者们也可能提出"策略选择"的概念（Child, 1972），从而轻易地否定我们的标签。"策略选择"概念承认结构的制约，但是也会考虑受结构制约的行动者的能动性。值得注意的是，那些试图在概念上把结构与能动联结起来的努力，似乎本身就与各种社会理论存在严重的对立。"策略选择"、"结构化"（Giddens, 1984）、"惯习"与"场域"（Bourdieu, 1984）、"宏观与微观的耦合与脱耦"（Goffman, 1990）、"日常生活的战术与战略"（de Certeau, 1984），以及"嵌入性"思想（Granovetter, 1985）等综合性的概念，从本质上说，很少会阻碍来自各种理论传统中的学者对于这些概念的使用，也就是说这些概念是开放性的。

　　有很多跨越各种理论传统并具有把各种视角联结起来的潜在力量的主题，例如"制度与行为的嵌入性"就是其中一个很好的例子。"嵌入性"概念是 M. 格兰诺维特（Granovetter, 1985）引入经济社会学的，目的是要以此反对一般社会理论对于经济行动的看法，并得到了人们的广泛关注。"嵌入性"概念在如下两个方面具有重要的价值。其一是其本体论的价值。个人的行为是由其所处的结构决定的，还是个人完全自由的选择？说行为是嵌入性的，有助于我们超越或走出这样的二元困境：个人是嵌入系列制度之中的，其中每一种制度都会影响人们如何思考和行为，但是不同制度的影响是不同的，甚至是相互冲突的。个人嵌入制度并不意味着个人是制度的创造物，个人也会进行选择，但是如何进行选择，特别是他们如何知道自己可以进行哪些选择，要取决于他们所处的制度背景。 *14*

　　人们在使用"决定"（determine）或"塑造"（shape）这类术语时，往往显得比较随意。对于如何更准确地表达这两个术语，人们进行了很多的讨论。比如，在马克思主义学术圈中，"归根到底是决定论"的思想一度十分流行。人们对于这种思想到底意味着什么具有不同的理解，而这种模糊性似乎可能正是其诱人之处。但是，人们对于这种思想最常见的理解是，资本主义制度具有一定程度的自治性，但是最终，"归根到底"，这种自治性要受到资本主义生产模式严格的要求的制约。虽然归根到底意味着什么，人们并没有明白的解释，但是其基本的思想似乎是：制度并不是通过完全固定人们做什么来影响人们的行为，而是通过确立边界与限制来影响人们的行为。只不过在不同的社会理论中，对于这种限制的严格程度看法各不相同。正统的马克思主义很可能坚持认为，这些限制是根源于生产方式要求的、冷酷而强烈的限制。涂尔干的文化研究（参见第四章）则认为，文化往往是多样性的，也是处于不断变迁之中的，但是这种文化思想也包含着这样的看法，即集体文化会制约个人如何行事。

其二是其认识论上的贡献。我们如何确立一种真实的假定？特别是我们如何超越关于社会知识的两种极端的立场？第一种立场是绝对主义者，视知识为确定的和普遍适用的。第二种立场是相对主义者，认为什么东西被知道，要取决于观察者的观点。很多社会科学都反对第一种立场，它们的主张因福柯的著作（参见第六章）以及其他人对启蒙思想所主张的确定性和"宏大叙事"的批判而又获得了新的力量。但是，纯粹的相对主义就是绝对正确的吗？在我们看来，受福柯思想影响的研究强烈倾向于这种纯粹的相对主义。不过，情况并非如此简单。说知识受到社会的影响，绝对不等于说知识就是人们选择或建构的。而"嵌入性"概念使我们看到，不同的群体往往会以自己独特的方式来界定世界，人们往往追求和持有特定的不同形式的知识。例如，新的技术并非通过自足的科学世界，独立地通过生产思想而创造出来的，而是人们为了解决特定时空中的具体问题的产物。

## 主题之三：关于人性的各种假设

正如 K. 格林特（Grint, 1998）所言，有一定数量的理论家在进行研究时，会暗含关于人性的某种假设。马克思关于资本主义中的"异化"概念，是整个马克思思想中的核心概念之一，而构成这个概念的主要要素有赖于如下假设：劳动包含着人类的"类存在"。马克思的人性假设就是，人是一种"劳动人"。人们通过劳动发现（或失去）他们自己。而与之相反，新古典经济学的人性假设则关注个人，认为个人是自利的、理性的经济能动者，或者"经济人"。① （与这些理论不同的）女权主义则提出了"男权制"概念，而这一概念所依赖的人性假设是，在社会生活的各个领域中男人都试图竭力支配女人。还有，与涂尔干存在十分密切的知识联系的人类关系学派则依赖于"群体人"假设，强调人的社会性的重要性。人类关系学派的研究者关于工场的研究也遵循这样的人性假设，强调工作群体与领导行为的重要性。

关于各种理论范式的人性假设，我们需要强调如下两点。其一，进一步阐明这些暗含的假设是有用的。核心的假定应该得到明确的检视和考验。其二，我们并不想主张人性是"一张白纸"（Pinker, 2002），但是，通过对工场理论以及各种非工场理论的回顾，我们认为我们所强调的那些支配性的、普遍性的证据是适当的。也就是说，社会背景对于人们的行为与意义的创造，可能并且确实有着十分重要的影响。例如，一些研究指出，工作中出现的"欺骗"性与合法性完全与工作场所的背景相关（Browne, 1973; Mars, 1982; Clarke et al., 1994）。因此过于大胆的人性假设肯定会犯"把实际上是被创造出来的误认为是先前给定的"错误。

## 主题之四：一种社会理论可否把工作视为社会生活的核心领域？其又如何界定工作与其他社会生活领域之间的关系？

要确定某种社会理论对工作分析所做的贡献的大小，关键要看在这种理论中，关于工作的研究本身是否处于基础性的位置，或者说在这种理论中，工作领域是与其他生活领域处于同样的地位还是一种边缘性的社会现象；要看这种理论是否认为，与其他生活领域相比，工作领域更为重要或更为相关，或者是否提出了一般的社会行为模型，而这种模型

---

① 交易成本经济学的创立者奥利弗·威廉姆森（Oliver Williamson）甚至走得更远，他假定个人是"带有原罪的追求自利者"。很多批评者（Bowls, 1985; Marginson, 1993）都认为这样一种假定使人想起霍布斯关于国家存在正当性的政治—哲学证明，简直就是"新霍布斯主义"。霍布斯的这种证明是以如下假定为基础的：实质上完全自私自利的个人，会与除了他自己以外的其他所有个人陷入一种永久的、一切人对一切人的战争状态。

能够在应用于其他生活领域的同时也可以应用于工作领域。马克思、韦伯、涂尔干是资本主义兴起时期的三个重要分析者，他们的理论路线都倾向于把工作分析置于其整个社会理论的中心。马克思主义理论传统也许最清晰地表明，与其他领域中的社会关系相比，生产领域中的社会关系所具有的独特性质，因为马克思主义者认为，在资本主义社会中，工作领域中的社会关系和雇佣关系在本质上具有剥削和异化的性质。对于韦伯而言，资本主义现代性的主要悲剧在于，科层制在带来高效率的同时，也使人们工作于一种枯燥的、非个人的、形式理性的场合。相比较而言，涂尔干对于资本主义生产性质的变迁所导致的社会性质，则没有如此悲观的看法。他认为，高度的生产劳动分工并不会妨碍社会整合，相反会促进社会的内聚和整合。他认为，由于人们明白在高度劳动分工的情况下，他们之间必须相互依赖，从而出现"有机的团结"。

此外，女权主义学者在工作对于理解社会中的性别关系的重要性这个问题上，也往往有着不同的看法。大致说来，有些女权主义学派强调再生产关系和生产关系对于理解社会性别不平等模式的重要性。在女权主义学者内部，这种讨论主要围绕如何理解男权制与资本主义之间的关系而展开，在第五章海蒂·戈特弗里德（Heidi Gottfried）对此进行了深入的评述。福柯传统的理论也强调工作领域与其他领域之间存在系统的联系。福柯有一句名言："监狱类似于工厂、学校、兵营、医院，而工厂、学校、兵营、医院也类似于监狱。"（Foucault, 1979: 228）这句名言充分体现了福柯的相关思想。但是，我们也应注意，福柯传统十分注意避免把生产领域置于其他领域之上，也就是这种传统并不优先强调生产领域。

17　　可见，所有上述这些理论传统，都对工作领域与其他领域之间的系统关联（Stone, 1998）进行了深入的分析。相比较而言，制度分析本身仅仅关注工作领域，并不想对工作领域与其他领域之间的系统关联提出任何理论。新古典经济学明确否认"工作关系具有独特性"的思想，并认为各种形式的经济变迁，无论是生产还是消费领域的经济变迁，其类型与地位都是一样的。马克思主义处于一种极端，认为生产关系对于理解社会的关键性质十分重要；而与之相反的另一个极端，则是后现代主义的思想，强调消费关系对于理解社会关键性质十分重要。后者的一个很好的例子就是 J. 鲍德里亚（Baudrillard,

1970）的主张，他认为当代社会的根本悲剧在于，个人在价值或者意义层面寻找自己的身份标志、寻找区别于彼此的"独特性"，但却把这种价值或意义又归结为对于产品或服务的消费状况。

## 主题之五：一种理论可在多大程度上把工作中的社会秩序或社会冲突作为优先强调的重点？

达伦多夫（Dahrendorf, 1959）强调指出，各种社会理论之间有一个关键的区别，那就是认为，要么冲突，要么秩序是当代社会的中心特征。当这些理论应用于工作领域时，也存在类似的区别。这里，马克思的社会理论又处于极端的立场上。马克思的整个分析都采纳了黑格尔的"论断"与"反论断"之间的辩证冲突驱动社会向前的思想，并以这种思想为基础。他认为，在资本主义生产领域，这种辩证性的紧张表现为雇主与工人之间的实质性的利益冲突。不过，这种强调受到了相当严厉的批评，认为这种社会理论是不充分的，因为它并不能处理"秩序"问题，而在很多工场中秩序似乎都是主要的。而这类批评又促使很多马克思主义传统的学者去研究，为什么在工作场所中往往看起来社会秩序是存在的（Burawoy, 1979）。而在女权主义学者那里，也存在类似的理论发展轨迹，其早期强调工作领域中男女两性之间的利益冲突（Walby, 1986），后来则试图解释为什么女性试图以稳定而不是以挑战工作领域中的两性关系的性质的方式行事。

涂尔干传统、新古典经济学、权变理论则一直　18
被人们认为是强调工作领域内外的社会秩序的社会理论。福克斯（Fox, 1974）指出，就涂尔干而言，他关于工作的分析具有一种实质性的单神论（unitarism）色彩，假定劳资之间的利益从根本上看是和谐共生的。然而，在第四章中，詹姆斯·R·林肯和迪蒂尔·吉略特指出，我们从涂尔干关于组织文化的分析中可以看到一种秩序，也可以看到一种亚文化冲突。在新古典经济学中，均衡是一个至关重要的概念，这个概念也体现了新古典经济学对于秩序的偏好与强调。在权变理论中，存在一种组织与其环境的适配（fit）概念，这个概念也具有偏好秩序的强烈色彩。然而，P. 艾克尔斯和 A. 威尔金森（Ackers & Wilkinson, 2003）进一步提出了一个重要的问题，他们认为在产业关系研究中，存在一个多元主义学派，属于制度主义分析的典型。这个学派关于工会讨价还价的研究，不仅强调冲突，也强调这样的冲突如果（通过集体讨价还价）恰当地制度化，就能够实现生产领域的秩序，甚至实现整个社会的秩序（Fox, 1966）。换言之，他们认为，某些形式的冲突也可能促进社会秩序。

很多社会理论学派在对工作领域进行分析时，既分析了秩序问题也分析了冲突问题，但是我们认为，也许最关键的问题是如何界定秩序与冲突之间的关系。以经济社会学为例，经济社会学认为自己的一个关键贡献就是能够对经济行动的三个基础因素——权力、市场和规范——进行细致的分析和比较。我们认为，指出在组织的等级制权力的运作中存在冲突，以及社会规范具有整合的性质并使人们走向共识和社会秩序，似乎相对简单。但要解决的关键问题是，如何从这三个基础因素着眼，处理秩序与冲突之间的关系。即在这一例子中，如何处理等级制运行的冲突与规范运行的秩序之间的关系，是一个关键的问题。

## 主题之六：各种理论认为当代资本主义中的工作是在使人们文明化还是堕落退化？

希尔斯曼（Hirschman, 1982）对各种社会理论关于资本主义的分析进行了全面而系统的评论。该评论文章的标题是："关于市场社会的竞争性理解：文明化、破坏性抑或虚弱无力？"在这里，我们可以再一次回顾一下这个问题——就各种社会理论关于当代资本主义中的工作的看法是倾向于使人们文明化还是堕落退化做一讨论（也见 Hodson, 2001）。我们意识到，这个问题本身又涉及另一个更深层次的问题，这就是使人们"文明化"与"堕落退化"到底意味着什么，下面的讨论将阐述各种社会理论对于这个更深层次的问题的不同看法。对于马克思而言，资本主义本身与作为"劳动人"的人是对立的，并且从这种意义上看，必然会降低人们的实质本性。该传统的当代学者往往主张，当代社会某些领域中的就业，会进一步使人们堕落退化。在第二章中理查德·海曼（Richard Hyman）对此进行了深入的分析和概括。在此我们强调的是，这些研究文献指出了当代资本主义中的工作冲突（Bunting, 2004），以及情感劳动的日益商品化现象（Hochschild, 1983）。在韦伯传统中，讨论当代资本主义中的工作是升华或是降低了人的本性这个问题的关键方法，就是看看关于后福特主义与后科层制的讨论（Heckscher &

Donnellon, 1994），因为韦伯指出正是科层制过于强调非个人的形式，从而违背了人类的本性——他们的价值系统与价值理性。最近 20 多年来，大量学者认为科层制组织形式在总体上与福特制经济形式是联系在一起的，而在当代的后福特经济中，后科层制则是主流（Offe, 1985；Lash & Urry, 1987；Castells, 1996）。这意味着工作逐渐不再那么使人性堕落退化了。但是人们还在激烈地争论另一个关键的问题，那就是这种新的后科层组织形式到底有多新，以及后科层组织形式是否真的会不再那么违反人性。以最近工商界出现的两大趋势即商业过程重新设计（BPR）与全面质量管理（TQM）为例，其中存在的问题是，商业过程重新设计（BPR）与全面质量管理（TQM）实际上在多大程度上体现了对科层制度逻辑的重构，而不是放弃？

对于涂尔干传统而言，思考这个问题的办法就是确定当代的工作是倾向于促进有机团结，还是导致失范（anomie）。失范是涂尔干理论中的一个概念，即个体摆脱对集体、社会和道德的嵌入而孤立和分裂。R. 森尼特（Sennett, 1998）的著作《人格的侵蚀：新资本主义中的工作对个人的影响》，对于这些问题进行了深入讨论。他的回答在很大程度上具有悲观主义的色彩，认为在以灵活性或柔性为关键特征的当代工作场所中，失范照样出现和存在。他认为个人正在失去所有的独立感和意义，因为工作灵活性要求，使得个人在工作之内与工作之外都失去了有意义的嵌入，而变得孤立和分裂。还有一些学者，虽然不一定属于涂尔干传统，认为在很多当代西方社会中，个人主义变得越来越严重（Bauman, 2001；Beck & Beck-Gersheim, 2001），但是这些理论对于为什么当代工作会促使个人主义增强，并没有进行明确的分析。因此，对于这个论题，还有一些重要的问题需要解决。一方面，我们可以指出，在当代社会报酬与奖赏日益个人化（Bacon & Storey, 2000）；另一方面，我们也可以看到，在团队工作形式中，人们日益采纳了一种整合性的劳动分工（Proctor & Mueller, 2000）。

后现代主义学者则相反，他们往往回避我们在本部分讨论的那些重要的问题。后现代主义的分析往往强调身份创造和人性的可塑性，并强调受"现代宏大叙事"影响的学者，存在各种理论的风险。如果从这种后现代视角来看，恰恰是"当代工作是升华还是贬抑人性"这样的问题，承载了"现代宏大叙事"所暗含的假定，即升华或贬损人性是一个有意义的概念。他们认为，对于这样一种有缺陷的话题，并无有意义的宏大故事可以讲述。而新古典经济学对于这个问题的看法，就是避开升华还是贬抑人性这个问题，而去关注功利性问题，即工作是否可以满足人们更高层次的需要，或是会降低人们对功利效用的需要。对此，一个方便讨巧的办法似乎是指出日益上升的收入水平，显示了人们有能力满足他们更多的物质需要。然而，我们还需要指出经济学的两个重要观点。其一，物质需要比人们所认为的工作过程需要——例如，人们在工作中获得更多的自由裁量权——有着更高的功效。我们对于当代工作对工作方面的功利效用有何影响，还远没有搞清楚和掌握多少证据。其二，即使第一点得到了解决，这种功利视角也还要依赖于如下假设，这就是人类的所有活动都可以用货币来衡量。也就是认为货币与人类行为处在相同的水准上，人类行为在没有质疑的情况下被商品化。如果市场关系、经济交易日益不断地扩张到人类的各种行为，例如色情旅游的出现，那么在这个学派之中，色情旅游就是一个值得关注的问题。然而，正如 M. 拉丁（Radin，1996：122）所指出的，"如果市场修辞成为……人类所有事务的唯一修辞，那么人性中某些重要的东西就会丧失"。关于"文明化"以及人性的含义的讨论，有一个关键的内容就是要考虑人类行为（包括工作与非工作行为）的商品化的界限应在何处。史蒂芬·梅钦（Stephen Machin）关于全球化的第十四章和卡伦·莱格（Karen Legge）关于道德与工作的第十一章，对于这个问题进行了深入的研究。特别是后一章做出了非常重要的贡献，讨论了不同道德学派关于当代经济在多大程度上是一种道德经济的分析，深化了我们对于这个问题的理解。有兴趣的读者可以阅读那一章。①

对此，我们还是有必要回到 A. 希尔斯曼的那篇开创性的文章，这篇文章对我们所讨论的上述问题很有教益。他的结论是，社会理论应该允许这样的理解方式，即市场社会可能既是一种文明化的力量，同时也是一种贬抑人性的力量。他主张，"在如此多的预言均告失败之后，社会科学就不应该再去追求复杂性，而应该牺牲它的一些主张来追求预测的力量"（Hirschman，1982：1483）。他的这些结论与主张对于我们的社会理论非常有用。在这里，用"矛盾"一词似乎比"复杂性"一词更为合理。就我们的目的而言，当务之急是弄清楚社会理论如何提出各种理解方式，来理解当代工作在使人们文明化的同时，又可能贬抑人性。

## 四、整合还是不可兼容

在对社会理论进行再分析与清理之初，我们在上面简要描述了其他一些理论家在分析时所使用的那些维度。这里，我们再总结一下从对工作理论的清理或再分析的文献中所得出的各种结论，并以此结束本章。我们大致可以界定出三种主要的方法。方法之一，可以乔治·瑞泽尔为代表，他试图在梳理过程中把各种理论都整合进一种更为整合的范式。这种路线之所以如此，在于它清楚地认识到，太多的理论都是在与聋子交流，因为各种学派的学者都是在与过去的理论传统对话，而不是彼此交流。方法之二，则以 G. 伯勒尔与 G. 摩根（Burrell & Morgan，1979）为代表，他们在清理过程中十分有效地强调了在各种理论的假定之间存在重要的不同，正是这种不同导致很多理论彼此之间水火不容。该种路线又是受到了如下一种关注的驱动：很少有社会分析会反思各种理论视角的核心假设。方法之三，可以最近 G. 摩根（Morgan，1997）的著作为代表。此种方法的目的是想使从业者更多地利用社会理论，并主张对于从业者而言，重拾和利用对各种理论进行清理时所陈列的片段是适当的。他因此列出了不同社会理论中关于组织的比喻，他的这部著作得出了如下的结论：要理解这些不同的比喻以及其中隐含的假设，管理者就应根据他们所面对的背景与问题来创造性地选择不同的比喻。正如 G. 摩根（Morgan，1997：429）自己所承认的，他的这种方法"具有一种独特的后现代风格"——参照了一种后现代的立场，认为知识不能被整合，因此我们在我们对各种知识形式的创造性模仿中应发挥适当的作用。社会理论之间在假定上存在冲突并不重要，相反，这种冲突能够存在，则实为可贺。

---

① 我们想指出的是，对于评论任何社会理论而言，关于伦理的这一章都是不可或缺的。也就是说，对于学者们来说，都应严肃地考虑鲍曼（Bauman，1989）的主张："大多数的社会学叙事都没有考虑伦理、道德问题。"就工作分析而言，社会学存在的类似问题就是往往强调和优先考虑的是工作的意义问题，而忽视了工作的后果问题。这也与人们思考科层制的方式很相似，人们往往思考科层制度的意义，而忽视科层制的后果（正如鲍曼的名言，人们对于科层制的理解最终可以用纳粹官僚的信条"我遵守秩序"来表达）。

我们的方法与上述三种方法均有很大的不同。上面我们已经大致概括了六类重要的主题或维度。一些社会理论对于上述问题可能都有着十分不同的答案，但另一些社会理论则可能对其中的一些问题存在某些共识。我们也已经强调指出，即使在同一种理论传统中，对于这些问题的回答也可能常常并不一致。这些要点使我们在讨论中回到一个老生常谈的主题：背景的重要性。简言之，理论之间日益综合或者开展更多的对话是否有益，要取决于所讨论的具体问题——因为正在讨论的不同的重要问题往往有着不同的重要维度。但并不是所有的维度都处于被讨论的问题的中心。例如，本书关于组织、技术、身份、专业技术职业的各章，关注的是各种不同的重要问题，而不仅仅是理论传统本身。在那些章节中，我们关于一些（并非全部）重要话题的理解，都是出于推动各种不同的理论传统进行整合。其例有二。一个例子是，在关于专业技术职业的第十三章，作者基思·麦克唐纳强烈主张，"专门技术职业工程"这个概念，对于深入理解专业技术职业十分重要，然后他列举了来自不同理论传统的各种见解对于这个分析概念所具有的重要启示。但是，他也提醒我们注意不要陷入寻求一种理论综合的乌托邦幻想，因为他清楚地指出，其他的理论传统对于这个概念并没有任何助益。

另一个例子是第十二章雅克·贝朗格关于技术与工作的分析。他对技术在电话客服中心工作中所起的作用进行了分析，并指出要对这个问题进行充分的分析，就需要来自不同理论传统的三个概念——"全景敞视监狱"（panopticon）、"劳动者的能动性在劳动过程中的中心性"、"以消费者为导向的科层"——的支持。第一个概念来自福柯，第二个概念来自马克思对于劳动过程的分析，第三个概念来自韦伯传统关于工作组织的理想类型概念。把这些要素整合在一起，可以推进我们对于工作世界的理解。的确，当我们看到经济社会学正在采取一种强有力的姿态，要对各种理论进行实质性的综合时，我们受到了鼓舞。但是，我们还需要对与工作相关的很多具体问题进行详细的分析，才能实现这样的实质性整合。

总之，在沿着所确定的数个维度，对既有的各种社会理论进行回顾时，我们发现，一种综合性的理论似乎是不可能的，除非它是如此的空洞无物，以至于要倒空各种令人激动的、具有争论性的分析。因此，最重要的应是对各种理论视角进行建设性的整合。我们希望本书能够促进这样的整合。

马立克·科尔钦斯基（Marek Korczynski）
兰迪·霍德森（Randy Hodson）
保罗·爱德华兹（Paul Edwards）

### 参考文献

Acker, J. (1990). "Hierarchies, Jobs, Bodies: A Theory of Gendered Organizations", *Gender and Society*, 4 (2): 139 - 58.

Ackers, P. and Wilkinson, A. (ed.) (2003). *Understanding Work and Employment*. Oxford: Oxford University Press.

Alchian, A. and Demsetz, H. (1972). "Production, Information Costs and Economic Organization", *American Economic Review*, 62: 777 - 95.

Bacon, N. and Storey, J. (2000). "New Employee Relations Strategies in Britain: Towards Individualism or Partnership", *British Journal of Industrial Relations*, 38 (3): 407 - 28.

Baehr, P. (2001). "The 'Iron Cage' and the 'Shell as Hard as Steel': Parsons, Weber and the stahlartes gehause Metaphor in the Protestant Ethic and the Spirit of Capitalism", *History and Theory*, 40: 153 - 69.

Baudrillard, J. (1970). *Consumer Society*. Paris: Gallimard.

Bauman, Z. (1989). *Modernity and the Holocaust*. Cambridge: Polity Press.

—— (2001). "Foreword", in U. Beck and E. Beck-Gernsheim (eds.), *Individualization*. London: Sage.

Beck, U. and Beck-Gernsheim, E. (2001). *Individualization*. London: Sage.

Bourdieu, P. (1984). *Distinctions: A Social Critique of the Judgement of Taste*. Cambridge: Cambridge University Press.

Bowles, S. (1985). "The Production Process in a Competitive Economy: Walrasian, noe-Hobbesian and Marxian Models", *American Economic Review*, 75: 16 - 36.

Browne, J. (1973). *The Used-Car Game*. Lexington: Lexington Books.

Bunting, M. (2004). *Willing Slaves*. London: HarperCollins.

Burawoy, M. (1979). *Manufacturing Consent*. Chicago, IL: University of Chicago Press.

Burrell, G. and Morgan, G. (1979). *Sociological Paradigms*. London: Heinemann.

Castells, M. (1996.) *The Rise of the Network Society*. Cambridge, MA: Blackwell.

Child, J. (1972). "Organizational Structure, Environment and Performance: The Role of Strategic Choice", *Sociology*, 6: 1 – 22.

Clarke, M., Smith, D., and McConville, M. (1994). *Slippery Customers: Estate Agents, the Public and Regulation*. London: Blackstone.

Covaleski, M. A., Dirsmith, M. W., and Heian, J. B. (1998). "The Calculated and the Avowed: Techniques of Discipline and Struggles Over Identity in Big Six Public Accounting Firms", *Administrative Science Quarterly*, 43 (2): 293 – 327.

Dahrendorf, R. (1959). *Class and Class Conflict in Industrial Society*. London: Routledge.

De Certeau, M. (1984). *The Practice of Everyday Life*. London: University of California Press.

Foucault, M. (1979). *Discipline and Punish*. London: Penguin.

Fox, A. (1966). *Industrial Sociology and Industrial Relations*, Donovan Commission Research paper 3. London: HMSO.

—— (1974). *Beyond Contract: Work, Power and Trust Relations*. London: Faber.

Giddens, A. (1971). *Capitalism and Modern Social Theory*. Cambridge: Cambridge University Press.

—— (1984). *The Constitution of Society: Outline of the Theory of Structuration*. Cambridge: Polity Press.

Goffman, E. (1990). *The Presentation of Self in Everyday Life*. London: Penguin.

Granovetter, M. (1985). "Economic Action and Social Structure: The Problem of Embeddedness", *American Journal of Sociology*, 91: 481 – 510.

Grint, K. (1998). *The Sociology of Work*. Cambridge: Polity Press.

Heckscher, C. and Donnellon, A. (eds.) (1994). *The Post-Bureaucratic Organization*. Thousand Oaks, CA: Sage.

Hirschman, A. (1982). "Rival Interpretations of Market Society: Civilizing, Destructive, or Feeble?" *Journal of Economic Literature*, 20: 1463 – 84.

Hochschild, A. (1983). *The Managed Heart*. London: University of California Press.

Hodson, R. (2001). *Dignity at Work*. Cambridge: Cambridge University Press.

——and Sullivan, T. (2001). *The Social Organization of Work*. New York: Wadsworth.

Krahn, H. J. and Lowe, G. S. (1998). *Work, Industry, and Canadian Society*, 3rd edn. Toronto: ITP Nelson Canada.

Lash, S. and Urry, J. (1987). *The End of Organized Capitalism*. Cambridge: Polity Press.

Layder, D. (1994). *Understanding Social Theory*. London: Sage.

Lukes, S. (1974). *Power: A Radical View*. London: Macmillan.

Marginson, P. (1993). "Power and Efficiency in the Firm", in C. Pitelis (ed.), *Transaction Costs, Markets and Hierarchies*. Cambridge: Cambridge University Press.

Mars, G. (1982). *Cheats at Work: An Anthropology of Workplace Crime*. London: Allen & Unwin.

Marsden, R. (1999). *The Nature of Capital*. London: Routledge.

Marx, K. ([1859] 1954). *The Eighteenth Brumaire of Louis Bonaparte*. London: Progress.

Morgan, G. (1997). *Images of Organization*. London: Sage.

Offe, C. (1985). *Disorganized Capitalism*. Cambridge: Polity Press.

Ouchi, W. (1979). "A Conceptual Framework for the Design of Organizational Control Mechanisms", *Management Science*, 25: 833 – 48.

Pinker, S. (2002). *The Blank Slate: The Modern Denial of Human Nature*. London: Allen Lane.

Powell, W. (1990). "Neither Market Nor Hierarchy", *Research in Organizational Behavior*, 12: 295 – 336.

Proctor, S. and Mueller, F. (ed.) (2000). *Teamworking*. Basingstoke: Macmillan.

Radin, M. (1996). *Contested Commodities*. Cambridge, MA: Harvard University Press.

Ritzer, G. (1996). *Modern Sociological Theory*. New York: McGraw-Hill.

——and Smart, B. (2001). *Handbook of Social Theory*. London: Sage.

Reed, M. (1996). "Organizational Theorizing", in S. Clegg, C. Hardy, and W. Nord (eds.), *Handbook of Organization Studies*. London: Sage.

Rothman, R. A. (1998). *Working: Sociological Perspectives*, 2nd edn. Upper Saddle River, NJ: Prentice-Hall.

Samuelson, P. A. (1951). "Economic Theory and Wages", in D. M. Wright (ed.), *The Impact of the Union*. New York: Harcourt, Brace.

Sayer, D. (1991). *Capitalism and Modernity*, London: Routledge.

Sennett, R. (1998). *The Corrosion of Character: Personal Consequences of Work in the New Capitalism*. London: W. W. Norton.

Smart, B. (1999). "Introduction", in B. Smart (ed.) *Resisting McDonaldization*, London: Sage.

Stone, R. (ed.) (1998). *Key Sociological Thinkers*. Basingstoke: Macmillan.

Thompson, P. and McHugh, D. (2002). *Work Organizations*. Basingstoke: Palgrave.

Walby, S. (1986). *Patriarchy at Work*. Cambridge: Polity Press.

Watson, T. J. (2001). *Sociology, Work and Industry*, 4th edn. London: Routledge.

Williamson, O. E. (1993). "Calculativeness, Trust and Economic Organisation", *Journal of Law and Economics*, 36: 453 – 86.

# 第二章 马克思主义与工作分析[①]

马克思绝不是一个仅仅待在书斋中，外在地观察和研究工作世界的学者，他还积极参与了那些反对资本主义的、一度十分兴盛的劳工运动。在新生的资本主义社会中，工资劳动日益成为最主要的工作形式。正如其名言所说，我们的任务不仅仅是理解世界，还在于改变世界。理论与实践的统一，以及理论批判与政治抗争的结合，是马克思主义传统的各种理论的一个基本准则，本章下面会评述其中众多的理论。马克思本人的著作，以及关于马克思的著作，均可谓汗牛充栋。本章的简要回顾，不可能提及其中所有的观点和主张，有兴趣的读者可以参考其他一些内容更详尽的读物（如 Bottomore & Rubel, 1956；Lichtheim, 1961；Tucker, 1961；Giddens, 1971；Mclellan, 1971；Howard & King, 1976）。与 19 世纪的大多数思想家相似，马克思也热衷于对社会生活的所有领域进行综合而深入的理解。很多研究工作的社会学家——或者至少是其著作的某些方面与工作相关的社会学家——均在一定程度上受到马克思的思想与观点的影响。不过，本书并不会对这样的影响进行全面的评述。我们对马克思与工作分析的关系及其对工作分析的影响，只能进行选择性的简要讨论。

马克思的传记作者 F. 维恩（Wheen, 1999：5）认为，"卡尔·马克思是一位哲学家、历史学家、经济学家、语言学家、文化批评家以及工人革命家"。但是在对马克思的这些称谓中，却没有社会学家。较早期的分析者、《马克思社会学》的作者列菲弗尔（Lefebvre, 1968：22）甚至断言，"马克思不是一个社会学家"，但是他又认为"在马克思的著作中存在一种社会学"。我们认为，马克思是一个社会理论家（如果在马克思生活的年代，英语中存在"社会学家"一词，那么马克思也许会喜欢这个称谓）。但

是，马克思同时还是一位政治活动家。马克思在理论与实践等各个方面的成就（也许还有失败）是相互联系在一起的，我们在理解时不能把它们彼此孤立和割裂开来。

我们常常谈及"马克思主义"。该标签可能意味着一种整合性、一致性、系统性的思想体系。马克思的很多追随者（以及贬抑者）往往认为存在这样一种理论体系。如果真是这样，那么我们就可以很轻松地概括出马克思主义关于工作的分析，并了解、确定其优点与缺点。不幸的是，探讨马克思主义的思想面临很多困难。"有一点可以肯定，我不是马克思主义者"，这是马克思晚年对其法国崇拜者做出的著名的和令人感到不快的反驳。[②] 马克思主义本身并不是一种完全没有矛盾的思想体系。那些自称是马克思主义者的人，对于马克思主义大多呈现一种选择性的形态，其对马克思主义各个部分的选择与取舍要视他们自己所处的环境与追求的目标而定。马克思主义的含义是多样性的，往往会因时间、空间和政治归属（affiliation）的不同而存在明显的、不断的变化和更新。

这是为什么呢？首先，马克思与其他社会理论家相比，有其独特之处，这就是他的各种理论激起了一种民众运动。这些理论成为 19 世纪晚期欧洲大部分社会民主党主要的指导性理论参考和框架，得到了俄国布尔什维克的坚持和拥护，在 1917 年之后还被写进了世界各国先后建立的共产党的纲领中。在不同的政治党派争夺主导权的斗争中，马克思的遗产成了大家争夺的目标。"马克思主义"常常被变成僵化的教条。对于一个把批判——先是对唯心主义的政治哲学进行批判，后是对资产阶级政治经济学进行批判——作为理论动力和原则的理论家来说，对马克思主义的僵化对待，真是让人痛心。在 20 世

---

① 本章部分内容，翻译时略有删节和改动。——译者注
② 对于这句话的一个十分严重的误用，参见 Draper, 1978：5-11。

纪那些坚定地主张马克思主义是其精神指针的国家中，那些在错误的时间和错误的地点持异端学说者，可能会面临危险。而在另外一些坚持涂尔干主义或韦伯思想的国家中，对于马克思主义持不同看法者一般不会面临危险。

马克思的著作极其丰富。有个社会主义国家的官方出版社，从1975年开始陆续出版了马克思及其亲密战友恩格斯著作全集的英文版，计划全套共50卷（在作者写作本章时，已经出版了49卷）。在第一卷中，编者写道："马克思和恩格斯都是伟大的学者，他们创作形成了由哲学、经济学、社会政治评论、共产主义意识形态构成的综合体系……"他们的著作构成了一种意识形态（这在一定程度上是一个定义问题），还有，恩格斯（以及"俄国马克思主义之父"普列汉诺夫等作者）也丰富了马克思的思想，这些学者在马克思1883年去世后对马克思的各种理论进行了系统化的处理，并在一定程度上使马克思本人的思想更加内在地一致。而且，更重要的是，20世纪晚期正统的共产主义政党在他们的理论与实践中还在坚持和发展马克思主义。F. L. 本德尔（Bender, 1975）指出，先是恩格斯，然后是列宁以及其他后继者，逐渐"丰富了马克思的思想"，并根据实践的需要对马克思主义的具体观点进行了修正。德赛（Desai, 2002）最近也提出了类似的主张。不过，S. 阿维勒里（Avineri, 1968：235 - 238）指出，在生产系统、管理权力、工人从属性三者之间的相互作用这个具体问题上，马克思本人具有比较复杂的看法，但后来恩格斯则对这些看法加上了一种技术决定论色彩。总之，不管怎样，西方资产阶级学者对于"马克思主义到底指的是什么"，给出了很多不同的理解，甚至歪曲和贬抑，而在马克思主义传统内部，不同时期的领导者和思想家对马克思主义进行了不断的丰富和发展，从而使得马克思主义日益成为一种复杂的思想体系。

马克思生于1818年，其一生都处在社会、经济、政治发生剧烈转型的年代。他在大学毕业获得法学学士学位之后，来到柏林和耶拿研究哲学，并加入了主张打倒"偶像"的"青年黑格尔派"。1843年，由于从事激进的政治活动，他遭到德国当局的驱逐而逃亡巴黎；后来曾经回到德国布鲁塞尔，但不久又不得不再次逃亡到法国，并最终于1849年在英国定居。在此期间，他在大英博物馆对政治经济学进行了深入的研究，同时积极地参与了欧洲革命的激烈斗争，特别是在1864年"第一国际"成立之

后更是如此。三年后即1867年，他的巨著《资本论》第一卷出版了。他去世后不久，《资本论》第二卷也出版了。10年后，他本人远未完成的第三卷也出版了。人们现在发现，马克思有着十分宏大的研究计划，他准备进行六个方面的研究，其中不仅包括资本研究，还打算对土地所有权、工资劳动、国家、国际贸易，以及世界市场进行研究。这几乎是一种不可能完成的目标，不过他仅仅完成了其中一个问题的研究（Nicolaus, 1973：53 - 55）。大概自1870年起，马克思患上了严重的疾病，再也不能够完成他的宏大写作计划，甚至不能进行任何写作了。但他还是留下了大量没有出版的笔记、通信，多年的新闻文章和社论，以及大量的出版物，内容涉及复杂的理论探讨，也包括激烈的辩论文章。

作为一个极力想理解革命意义的活动家，马克思在他的理论研究中从来都不因循守旧，因此不管人们是否承认存在"青年马克思"与"老年马克思"的对立，一生中他的观点肯定存在一些变化。而这又使得后人可能建构出许多不同的"马克思主义"。他的分析是在不断变化着的，他强调的重点也在不断地变化，这部分是因为他在不同时期讨论的主题不同，部分是因为各个时期探讨的政治问题和争论的问题不同，部分是因为他生活于革命的年代。他的很多最为常见的主张大多见于那些号召民众并获得民众支持的著作中，例如1848年他与恩格斯共同完成的《共产党宣言》就是如此。至于他在其他地方提出的很多分析的细微差异，则被人们忽略了。作为一个在流亡与革命的你死我活的斗争中的战斗者，马克思的很多思想都是在与他人的通信、小册子、小短文中提出来的，往往带有那个时代的激情色彩。在一个多世纪之后，他的著作中某些仓促的判断，很难再与特定的现实相符，因此应进一步地讨论和发展。

对于现代社会理论家而言，另一个关键的问题是，马克思的那些最有力量的思想往往具有很高的抽象性。在他宏大的写作计划中，他最终快要接近完成的，只有他对资本主义中价值的生产与交换的动态研究，常常是根据当时英语国家的人们的经验理解来进行的。因此，正如T. 尼科尔斯和H. 贝诺（Nichols & Beynon, 1977：viii）指出的，"很多理论（包括马克思的理论）由于不能与当下人民的生活实在联系起来，因此某些具体的理论可能过时了"。所以，我们要从马克思抽象的关注，再转到关于工作的具体现实（尽管工作对于马克思而言也是一个十

分重要的研究主题），就需要进行一些层次上的转换。我们必须看到这样一个事实，即在马克思所生活和写作的年代，资本主义制造业还是一种新生的系统（在英国这个"世界上第一个工业国家"，当时仍然是小手工业作坊而不是大工业生产处于支配地位，当时最大的职业群体是家政保姆），因此把他关于工作的具体思想运用于当代社会，问题是相当大的。他的某些追随者认为，我们在马克思的著作中，可以找到现在所有根本要素的萌芽形态，并且他实际上完全预见了现代社会的工作，因此他关于工作的概念是有相当多合理内涵的；尽管他有时做出的一些预言最后并没有实现。还有，他对阶级的强调，导致他忽略或忽视了另外一些重要的社会分化特征，例如基于性别、种族或族群的划分，而当今的社会学家们十分重视这些方面的特征。因此把他的思想应用于 21 世纪的工作世界，允许也要求我们在相当范围内展开想象和推论。特别是这意味着，如果今天的社会学家要把马克思主义运用于工作领域，就需要以那些在本质上不是马克思主义的理论和见解为补充。那么，我们就会面对下面这样一些问题：这样的额外的理论补充与推论，是发扬了还是损害了马克思主义？什么才是马克思主义的分析不可分割的部分？例如，福柯的著作在原则上是与马克思

30

主义一致并丰富了马克思主义的思想，还是否定了马克思的基本主张？对于这样的问题，可能没有一个简单明了的答案。

# 一、马克思关于工作的分析

考虑到可能存在各种不同时期的马克思主义，以及马克思主义思想与非马克思主义思想之间的边界难以准确划定，不同的人对马克思主义理论的"核心"要素的归纳和分类肯定会各不相同。不过，人们普遍认为下面的这些主题可以体现马克思主义的重要特征。

马克思首先是一个唯物主义者。他反对 19 世纪早期在德国哲学中颇为流行的如下观点：思想、信念、道德价值观具有超越时空的性质，可以视为历史的动力。相反，他认为，这些因素都是特定环境和时空的产物。更根本的是，他主张人们寻求物质生存的实践活动——生产食物与建造房屋、生育和照看小孩等——以及通过这些活动而产生的社会关系，塑造了人们的思想和意识。他和恩格斯在《德

意志意识形态》中写道，不是意识决定生活，而是生活决定意识。意识来源于社会生产活动。

坦率地说，这种唯物主义的观点表现出某种经济决定论的色彩。马克思的很多理论都强调外在的强制法则在驱使人们行动，而没有考虑人们有意识地选择与影响。这种决定论是一种经济决定论，因为其主张生产资料所有制度与生产组织是社会、政治与知识生活背后的一般决定因素——对于这种关系，马克思有时表述为经济基础与上层建筑之间的关系。有些人甚至认为马克思的视角是一种更为狭窄的技术决定论：生产力——包括物质性的机器、各种可能获得的技术手段以及科学知识——决定或影响更为一般的生产关系。马克思在著名的《哲学的贫困》一书中写道，手工磨产生的是封建主为首的社会；蒸汽磨产生的是工业资本家为首的社会。

但是，马克思常常又十分谨慎。他认为经济（或技术）只是在最终的情况下起决定作用（后来恩格斯特别强调了这一点）；在特定条件下，政治的、法律的和意识形态的因素也会发挥其相对独立的影响。这样一种相对谨慎的思想，削弱了某些批评者 31
的主张——马克思完全忽视了政治制度、信念和价值观念也会影响历史过程——的力量，但是也削弱了唯物历史观的预测力。马克思并非总强调外在社会力量的强制性，他不断指出物质背景与社会行动者的意识介入之间的相互作用。例如，众所周知，《路易·波拿巴的雾月十八日》开篇就写道："人们自己创造自己的历史，但是他们并不是随心所欲地创造，并不是在他们自己选定的条件下创造，而是在直接碰到的、既定的、从过去承继下来的条件下创造。"

马克思的很多著作都强调和突出"矛盾"这个主题，并充分体现了其决定论色彩。他主张，对于任何社会——地方、国家和全球层次上的社会——我们只有将其视为一个整体，才能够进行充分的理解。社会生活的任何领域都不是孤立地存在着的，我们也必须把它们视为一个整体才能够理解（而很多社会科学领域都画地为牢，孤立地理解社会生活的某个领域）；各种社会现象都是相互联系在一起的，因此我们必须根据工作、政治、法律、家庭之间的相互联系来理解它们。但这绝不意味着马克思认为社会就是一个和谐的系统，相反他认为，从过去继承的制度可能最后证明是一种障碍，"制约"着其他地方的动态发展。例如，政治系统中的或者家庭中的传统等级制权威连带羁绊，就与市场社会的

原则完全对立，在这样的市场社会中，买卖双方在理论上是完全平等的，但是在现实生活中他们的权力可能是不相同的。实际上，资本家这种雇主向工人施加的控制，可能与封建地主一样多，甚至更多；但是，封建地主往往会为其从属者承担一些福利责任，以维持自己的统治，位高责重的原则在"自由"劳动力市场中就不太可能运行，因为在自由劳动力市场中，竞争促使甚至是友善的雇主也会视工资劳动者为招之即来、挥之即去的资源。

在马克思看来，19世纪的社会所出现的各种不同制度要素之间的脱节，是该时代所有社会分析者最为关注的革命性转型的根本原因。正如《共产党宣言》中所指出的："资产阶级除非对生产工具，从而对生产关系，从而对全部社会关系不断地进行革命，否则就不能生存下去。……生产的不断变革，一切社会状况不停的动荡，永远的不安定和变动，这就是资产阶级时代不同于过去一切时代的地方。……一切等级的和固定的东西都烟消云散了。"

马克思的分析对这些矛盾性力量的强调，使我们不会粗鲁地将其归于决定论，这完全是因为各种不同的社会与经济的发展往往指向不同的方向，并为人发挥其能动性提供了空间，进而影响最终的结果。马克思正是因为发现即将支配世界的资本主义制度中存在不可调和的矛盾，才预言资本主义最终会崩溃。但是，在他的分析中也存在一种不一致或内在的紧张。例如，从资本主义向社会主义的（可能是暴力性的）转变，就是客观而不可避免的吗？有时候马克思对此给予了明确而肯定的回答。但是对于这一问题，有些反动的学者则表示了不同的看法，他们反问说，既然如此，那么马克思是依靠什么逻辑来忍受革命工作中出现的生活困难？为什么其他人随后会为了这个原因而使他们的生活充满风险？相反，如果社会主义的革命需要大众积极地参与和投入以及成熟的领导人，那么我们又如何认为社会主义革命是必然的和不可避免的呢？很多（甚至是绝大多数）20世纪的马克思主义者都认为，没有劳工运动（特别是革命性政党）的有效政治参与，资本主义的矛盾不但不可能导致社会主义，相反会导致新的、更加官僚化的社会与政治"方案"：法西斯主义就是一个例子，或者会导致当前人们所看到的全球资本主义的残酷统治。因此，马克思主义真的是一种"预言性理论"，通过对资本主义矛盾的分析，人们会看到必然会出现社会主义革命的前景？不可否认，这说明了马克思自己的思想与行动的统一性，至少在他的很多著作中是如此；但是，支持马克思的很多著作，认为他是社会分析家，却又不赞同马克思是一个预言者，这样的做法存在一定的逻辑矛盾。

## 二、"现代工业"条件下的工作场景：资本主义与阶级

马克思主义分析的一个中心要素，就是阶级的重要性。"至今一切社会的历史都是阶级斗争的历史"，马克思与恩格斯在《共产党宣言》中写道："自由民和奴隶、贵族和平民、领主和农奴、行会师傅和帮工，一句话，压迫者和被压迫者，始终处于相互对立的地位，进行不断的、有时隐蔽有时公开的斗争，而每一次斗争的结局都是整个社会受到革命改造或者斗争的各阶级同归于尽。"

在他们看来，19世纪的阶级社会的独特之处，就在于道德纽带的不断弱化（而这种道德纽带在先前的社会中，通过一种权利与义务的互惠之网而得以坚持），以及在依赖工资才能生存的工人与需要通过降低成本和实现利益的最大化才能成功的雇主之间，出现了一种更为公开的物质利益冲突。日益尖锐的阶级对立将不可避免地导致一种日益一致的和充满信心的抵制和反抗，其结果就是最终创造出一种新的社会主义（或共产主义，在那个时代二者的含义是一样的，可以互换）社会。

"阶级"一词到底意味着什么？该词源于古罗马，是指具有某种共识的一类人。从那时起一直到现在，都存在具有各自不同的共同核心属性的各种社会群体。各种财产的所有权（有无），一直是社会阶层划分的最重要的标准之一，但是在前资本主义社会中，非经济地位也是一种重要的划分标准。与韦伯不同的是，马克思认为在资本主义社会中，非经济地位对于社会分层来说已不再是一个重要的因素，在拥有和控制生产方式的资产阶级与为了生存而不得不出卖劳动获得工资的无产阶级这"两大阵营"之间，会日益两极分化，中间阶级将日益被这两个阶级所取代，也就是要么上升为资产阶级要么下降为无产阶级。不过，我们发现马克思对社会阶级做这样的处理时，存在一些模糊不清的地方。阶级在他的理论中以及政治参与中都占据重要的地位，但是他从来没有提出系统的阶级理论。在他去世后10多年才出版的未完成稿《资本论》第三卷中，最

后一章是"论阶级",但这一章只有短短的两页就戛然而止了。在这两页中,马克思认为,雇佣工人、资本家、土地所有者是建立在资本主义生产方式基础上的现代社会的三大阶级。这种看法与他在其他地方提到的现代社会将日益两极分化为两大对立的阶级的看法是矛盾的。而在其他的一些著作中,当他讨论某个国家的政治动态时,又常常强调农民或小资产阶级这类群体处于重要地位,认为金融资本家与产业资本家之间存在不同的利益。因此,马克思的理论中存在这样的差异或矛盾,也许能够把他的理论统一起来的是"阶级是一种关系"的主张。很多社会学家在运用阶级这个词时,都指出了社会不仅仅是垂直分层的这一点。正是不同经济群体之间的冲突与合作,赋予了阶级一种社会意义与身份,把阶级结构的"客观"与"主观"维度联系起来了。①

34　　马克思的阶级理论与韦伯的阶级理论的关键不同之处在于,前者强调生产是形成社会关系的首要动力。毫无疑问,马克思主义的这种看法,正是其吸引工作与就业研究者的地方(这反过来又促使马克思主义者关注这个领域的研究的原因)。正如我们上面所看到的,他的分析中的一个重要因素就是这样一种主题:任何具体的经济系统——或者生产方式——都是由生产力(包括生产工具、技能、科学知识)与生产关系(所有权制度和劳动分工等)之间的相互作用所建构的。阶级关系是由这种物质—制度所形成的综合体所塑造的,而阶级关系反过来又可能重新界定这种综合体。众所周知,马克思作为一个积极活动家,主张资本主义通过创造和压迫一个失去了生产资料的工人阶级——无产阶级——而正在创造消灭其自己的力量。正如《共产党宣言》中所宣称的,总之,资产阶级正在生产它自己的掘墓人,资产阶级的灭亡和无产阶级的胜利是同样不可避免的。《资本论》第一卷最后也提出了惊人相似的断言,工人阶级通过革命和反抗,必然推翻资本主义,这个阶级的数量正在持续增长,而且正是通过资本主义生产过程这种机制而日益熟练、统一和

组织起来的。下面我们就转入马克思的著作在这个核心层面的分析。②

## 三、商品拜物教

马克思认为,资本主义生产模式的一个根本特征,就是商品生产处于支配地位。此言到底是何意?也就是说,马克思认为,即使在任何经济系统中生产都是基础性的过程,但是在资本主义社会中,生产行为还要从属于市场交换。在有史以来的所有社会中,市场都具有重要的作用,开始是物物交换,随后则是以货币为媒介的交换。在前资本主义社会,很多产品都是由集体(扩大家庭、地方共同体)生 35 产,并直接消费,或者彼此之间进行直接的物物交换(如用面粉换取棉布)。当然,货币在古代就存在,但是在古代,货币化的经济在整个生产活动中只占很小的比例,处于次要地位。资本主义则迅速地扩大了其比例:市场交换与市场计算逐渐支配了生产关系,并且还使这种因果关系发生颠倒。以前,裁缝、磨坊主、铁匠在身边没有消费者的情况下,才会把他们的产品拿到市场去出售;现在,是否能够在市场中获取金钱,在根本上日益决定着是否进行产品的生产。而且这也是因为在资本主义条件下,生产的支配形式不再是拥有生产工具或土地的手工艺人或农场主来进行的生产,而主要是资本家雇佣的工资劳动者来进行的生产,资本家拥有生产资料,其支配地位取决于来自资本的利润。

马克思认为任何产品都具有二重性,这是资本主义的重要特色。第一种特性是其功效、有用性或者说使用价值。这是产品独立于经济制度的性质,在任何社会中人们之所以制造物品,就在于它的有用性或使用价值(我们要从广义上去理解这个概念,而从狭义上看,艺术和文化可能是没有用的,但是也能促进人类的福利)。第二种特性则是其交换价值(通常又简单地称为价值),一种产品在市场上应该

① 本章由于篇幅所限,没有讨论社会工作理论中的历史视角;不过我们要注意的是,马克思主义分析者在对英国早期工人阶级的形成进行分析时,有两个历史视角的分析,即福斯特(Foster, 1974)和汤普森(Thompson, 1963)的分析,二者都强调阶级所涉及的社会关系。

② 当我写作本章的时候,偶然看到了G. 加尔所写的一篇文章,这篇论文对于确立我目前的立场具有重要的影响。该论文最初只有一页纸,是一篇不到20分钟的发言稿。G. 加尔(Gall, 2003: 318-319)在文中坚持认为,我对马克思主义的界定,忽视了其中三大不可或缺的要素,其一就是"存在一个阶级,是资本主义潜在的'掘墓人'"。请注意,马克思不是说潜在地存在而是说必然存在这样一个阶级。我们可以接受马克思所有著作中很多正确的、有价值的东西,但是也应对马克思的这个预言性的核心思想持保留态度。

获得的价格。

正如上面所指出的，在前资本主义社会中也存在市场，但是在这样的社会中，生产的目的往往不是出于获得交换价值的考虑，一种产品就可以作为一种商品而获得。然后在资本主义社会中，交换价值取代使用价值成为驱动经济系统的主要因素。如果穷人没有钱，即使他们需要鞋子或房子，也没有资本家会去生产它们；相反，那些奢侈商品尽管没有多少实质性的使用价值，但是如果富人愿意购买的话，就会被生产出来。基于这种看法，马克思提出了著名的"商品拜物教"概念。那些被认为是有神灵之物（fetish），实质上是由所谓的"初民"建构出来的一种物，然后把它当做一个"神"。马克思认为，在资本主义社会中，商品恰恰就是这样一种物，或者说在商品这个物上就发生了这样一种情况，人们将其视为"神"。一个木匠生产了一张桌子，一个裁缝生产了一条裤子，但是他们都会认为他们更是在生产一种可以在市场上获得的货币等价物。具有不同技能的人们之间的社会关系，被转变成了一种"物之间的荒谬关系"：多少张桌子等同于多少条裤子，似乎它们的市场价格只不过是桌子作为桌子、裤子作为裤子而存在的性质的一种反映，没有看到其更广泛的社会生产关系的产物，并因此是在生产与消费它们的活动的积累的产物。市场因此也就日益被认为是独立于人工干预的一种力量。

## 四、劳动的二重性与劳动过程的再分析

经典的政治经济学面临一种两难选择：如果所有的产品都以它们的价值进行交换，那么价值如何才能得以扩大呢？这个问题也就是我们应该如何看待市场的运行。马克思以前的很多学者把劳动界定为一种创造过程，它会产生后来人们所说的经济增长。然而，如果工人获得了与他们的劳动价值等额的报酬，利润又来自何处呢？马克思在《资本论》第一卷（这是三卷中他唯一完成了的一卷）中指出，只有分析劳动本身的二重性，我们才能找到这个问题的答案。在资本主义社会中，工人往往是一个雇员，为雇主工作，并获得工资作为报酬。乍一看，这似乎是（"劳动力市场"中）一种工作与工资之间的交换。但是，马克思认为，事实并非如此。被雇佣的工人很少会承担事先就详细规定好了的一套任务。相反，工人通过雇佣契约所出售的是他们的工作技能，马克思称之为"劳动力"，并由此赋予雇主安排工人工作的权力，假定他们拥有工人所生产的产品的所有权。

马克思说，我们可以把这个复杂的故事进行简化，可以认为工人出售的商品即劳动力的交换价值，体现了特定类型的工人的生活被社会地组织起来的标准。工人劳动力的使用价值——通过他们的劳动增加到雇主提供的原材料和机器中的价值——往往要大得多，会产生马克思所说的剩余价值。因此资本主义扩张的根源就隐藏于生产过程之中。正如劳动具有二重性一样，资本家雇主的功能也具有二重性。一方面，资本家扮演一种生产性的角色，协调日益复杂的组织以及大量具有不同能力的工人与不同工作任务的搭配；另一方面，为了生存与发展壮大，面对工人的抵制和反抗，他们又必须增加工人生产的剩余价值，这又使得监督与控制成为一种必要的设置。

彼此竞争的雇主如何将他们产品中的剩余价值最大化呢？第一种方法是增加工人的工作时间。但是在马克思写作的年代，这种方法既面临立法规则（尽管这些法律还存在各种漏洞）的限制，又受到工人们通过工会而进行的集体抵制。第二种方法是削减工资。有时马克思认为，工人的绝对贫困完全是资本主义发展动力中不可分割的要素。但是他的讨论中存在一些模糊之处。例如对于此问题，他也承认工会的存在使削减工资存在困难（而且，他还别有深意地指出，提高工资标准的预期实际上会导致更高的工资）。第三种方法是通过机械化或者管理者施加的压力（或者二者结合），来提高劳动生产率。第四种方法是用质量较低的、更廉价的劳动者来替代熟练的、更昂贵的劳动力，并在一定程度上结合机械化以及劳动任务的分工（这是以前亚当·斯密就发现的一种方法）。

在《资本论》第一卷中，马克思分析了他所说的"劳动过程"。工人的生产活动是雇主消费他们的劳动力以创造使用价值的方式，同时也是一种创造剩余价值的过程（一种"规定价格的过程"），是资本主义从无中创造出有的一切秘密之所在。马克思在笔记中详细地探讨了这一过程，并打算把这种讨论作为"资本"这一节的内容，但这种讨论直到20世纪30年代才在德国出版（英文甚至是到1970年之后才出版）。在讨论中，他指出资本主义的出现体现了一种质的转变，即从工作组织反映一种前资本主义的社会关系的最初状态——马克思称之为劳动

的"形式从属性"（在德语中更准确的说法就是劳动对于人的类本质"包容性"），转向一种"真实的从属性"，或者说"资本主义生产的适当性"，在其中生产的整个系统被结构化，以使工人的自治性和决定权力最小化，而为雇主创造的剩余价值最大化。

随着 20 世纪 70 年代哈里·布雷弗曼的《劳动与垄断资本》（Harry Braverman, 1974）一书的出版，英语界的工作社会学对于劳动过程的探讨急剧增加。布雷弗曼的著作的中心思想是"劳动过程的退化"：竞争是伴随资本主义始终的因素，但是与因为现代垄断资本主义而产生的组织化的力量相结合，二者要求劳动更为廉价，而且通过对技能的侵蚀从而确实能够使劳动更为廉价，（而在"形式从属性"的时代）这种技能使得关键的工人相对昂贵，也相对具有自治性。这实质上是一种劳动过程的前资本主义的组织方式，20 世纪的资本主义要进攻和打破这样的生存状态。进攻的一种武器就是机械化和劳动分工，这被斯密奉为一种提高生产力（因此而增加剩余价值）的途径。而另外一种更为重要的武器，则是"巴贝奇原则"（Babbage principle），该名称源于 19 世纪早期"剥离承担所有辅助性任务的手工劳动，并由机器来承担"这种策略，但是，这样的任务完全可以由低技能和廉价的工人很好地完成。布雷弗曼则强调一种 20 世纪的方法，就是 F. W. 泰勒（F. W. Taylor）所宣扬的"科学管理"，他主张雇主把劳动过程的计划（设计）与实施（执行）区分开来，以确保这种独特的最为有效的技术，消除工人的自由裁量权，防止工人自己决定他们的工作时间与地点，而后者是工人以前抑制雇主权力的一种潜在而有力的方式。

布雷弗曼本人并没有说要提出一种资本主义条件下的工作理论，相反他正确地指出在 20 世纪的大部分时间里，人们都忽视了马克思的劳动过程分析。他的目标是重申马克思的主张，并用它来分析工作，进而理解自马克思时代以来不同经济背景和职业结构中的管理者与工人之间关系的动态发展状况。他的研究在英国，特别是首先在马克思主义者中［如布赖顿劳动过程学派（Brighton Labour Process Group）］引发了广泛的讨论，随后又在关于工作的一般社会学中引发了激烈的讨论。其间在 20 世纪 80 年代还召开了各种劳动过程年度研讨会，出版了多卷相关的论文集。其中一些被贬称为"布雷弗曼狂"。①

对于布雷弗曼所进行的解释的批评性讨论［其中较早的包括 Littler（1982）和 Salaman（1986）］主要关注的是如下两个相互关联的主题：去技能化的不可避免，以及作为一种"理想的"劳动管理方式的泰勒制的地位。这两个话题都引发了马克思主义者、非马克思主义者和反马克思主义者一系列的经验研究。这样的研究反过来又导致人们努力去修正关于劳动过程的分析，对其重新进行理论归纳，这种分析有时候会与布雷弗曼和马克思的思想产生分歧，甚至走向他们的反面［特别值得注意的是 Knights 和 Willmott（1990）］。

去技能化问题出现在 20 世纪 70 年代，此时那些非常"新的技术"不断出现，这是一个被布雷弗曼称做"科技革命"的年代。在他看来，把计算机技术运用于工业生产，能够使计划与执行最后完全分离，并使泰勒及其推崇者所设计的原则在实践中达到已经不可能存在的程度。正如布雷弗曼在某一结论性章节中所附之言，即"关于技术的一个最后注解"中所说，目前出现的趋势是让人困惑的，技术的变迁实际上在创造新的技能——因此在他看来，很多技能可能最后是不可依靠的——但是，很多传统技能的被侵蚀，则是一种主要的趋势。不过，那些批评者主张，首先，他对于传统手工艺工作提供的是一种理想化的解释，但并未理解技能的复杂特征。我们认为，这种批评只是部分正确：布雷弗曼主张的核心思想之一就是，很多传统的工作从表面上看没有什么技能，但是事实上要求相当的经验和学习能力，这类职业特别容易受到"新技术"的攻击。第二种反对意见是，20 世纪晚期工作的转型，实际上涉及一种劳动的"技能上升"。这种主张的一种强势观点，就是今天所称的"知识经济"增强了教育和培训的地位和作用，使得教育与培训在今天比在过去更为重要。这种主张的弱势观点则认为，在很多劳动过程中"默会性技能"仍然很重要：电子技术永远也不能取代人的决策能力，从某种程度上说，昂贵的硬件与软件的引入，导致雇主在系统失灵时更加依赖于工人的首创精神。

我们应如何看待这样的争论呢？M. 卢恩与 P. 布莱顿（Noon & Blyton, 2002：第六章）对此提供

---

① 现在，用谷歌搜索"劳动过程"词条，就会出现 200 万条结果。某些文献在内容上具有独创性，但大多都是关于后布雷弗曼的讨论。

了一个有用的综述和评论，我在这里不再重复。其中关键的问题之一是概括和抽象的层次。正如 P. 阿姆斯特朗（Armstrong，1988：157）所言，布雷弗曼（与马克思一样）认为"技术变迁的去技能趋势，是整个系统范围的动态发展，这种趋势可能会被临时地打断或在某些地方被扭转"。正如计算机的发明或者半个世纪之前打字机的发明一样，技术创新必然创造一种对新能力的需要；但是这种新的能力往往很快就会变为一种寻常的能力，甚至很快会贬值。还有一个相关的问题就是"去技能化"与使人们类本质"退化"之间的关系，以及各自的证据之间的关系。技能概念可能包括特定职业所要求的能力、有效地完成任务所需的培训程度和相关经验、在日常工作中需要实施的（与通过"计划与执行"的统一来提供的基准相应的）判断与决策的数量，以及这些能力的相对稀缺性。由于把"技艺精通"当做技能的典范，布雷弗曼也许过于轻率地假定这些要素往往是相辅相成的，然而后来的很多文献都指出它们之间存在脱节。

自布雷弗曼的著作发表以来，马克思很多传统的经验性研究（参见 Pollert，1991）指出了其在职业变迁问题上存在的内在矛盾，不过也大致认可其主张。C. 斯密与 P. 汤普森（Smith & Thompson，1998：554）认为，大多数"新的工作系统"的实质，是创造"日益众多的、可以通过劳动的相互转换来执行的任务"。他们所强调的最近的研究也发现了工作强化与雇员新责任领域之间的矛盾结合：那些在管理话语中被称为"赋权"的东西，被更加准确地描述为通过管理方的压力而导致人的类本质的退化。这种矛盾也许在服务业中最为明显，对此布雷弗曼也进行了讨论（他的看法与马克思一样），但其讨论相对简略；劳动过程研究框架主要关注大多数并且是异质的各种就业类型，对其进行了经验和理论的详细研究。最近，对于工作又出现了一种新的研究，即情感性劳动的思想（Hochschild，1979，1983）：为了维持一种面部的表达，对商场导购员、医院护士、航空乘员等（特别是女性）工人的限制，包括了必须让客人或消费者愉快的谈吐、身体语言等。这样的行为在某些方面体现了一种独特的技能，但其强制性的生产可以视为一种更根本的退化。我们有必要指出的是，A. R. 霍奇斯柴尔德

（A. R. Hochschild）在她的开创性的论文《情感工作》中，并没有借鉴马克思的思想，而主要借鉴的是戈夫曼（Goffmann）的互动主义社会心理学；她后来的研究，则开始参考了资本概念，并把马克思的异化分析作为一个重要的参照点。这是马克思主义社会学与非马克思主义社会学之间的边界并不严密的又一个标志。

人们关于布雷弗曼特别强调"科学管理"而出现的争论，与关于去技能化的争论存在联系，但是却又引起了更多涉及某些基本问题的争论。实际上，布雷弗曼对泰勒表示赞同，并认为雇主可以用一种"最好的方式"来组织劳动过程，以最大化其剩余价值，这种方式包括工人自由裁量权的消除，对工人的工作实施过程进行"科学的"控制等。这一理论视角与如下事实存在直接的联系：他有目的地进行"无意图……在工人的意识、组织或活动层次上来处理现代工人阶级"（Braveman，1974：26-27）；而且，也许与创新性技术被夸大的规训能力相联系。①然而，如果没有傻瓜式的技术捷径，把劳动力转化为能够获取利润的产品，"真实的从属性"就永远也不会实现（Cressey & MacInnes，1980），因此，"某些层次上的工人"合作、创造与生产能力以及共识，必须得到保证和被动员起来（Thompson，1990：101）。但是，也不可能完全消除工人的抵制与破坏能力，因此需要另外的、更为微妙的干预措施。为此管理策略有必要考虑资本与劳动之间的矛盾辩证法：雇主试图在引起共识的同时，仍然需要实施控制，以实现受他们的雇员实际的和潜在的顽抗所影响或决定的相互矛盾的目标。

当然这种理解与马克思关于资本主义矛盾的动态发展的著作存在很多不一致，与马克思（以及布雷弗曼）关于劳动过程的多少有些非线性的理解相对立。但是，已经有很多学者从这种理解出发，去探讨管理策略的多样性及其历时性演化。A. L. 弗里德曼（Friedman，1977）较早提出了一种双态划分，主张资本主义往往把工人分割为两个部分，一部分工人拥有相对的特权，享受相对有保障的工作安全，在完成任务时具有一定的决定权，他们的收益取决于他们对于管理目标的"自愿"遵守；另一部分工人则是那些更容易受到压迫性规训和纪律影响者。

① 在《资本论》第一卷中，马克思采纳了安德鲁·乌雷（Andrew Ure）以 19 世纪早期的纺纱技术创新为例进行的恰当评论：当资本把科学列入她的服务名单中，工厂中的劳动雇员就一直被教育要温顺。但超乎马克思与乌雷预料的是，相对熟练与较高工资的男性纺纱工人，在引进新的"自动"机器之后，并没有被廉价的女性工人所取代（Lazonick，1979）。

前者"负责的自治"，由于存在降低后者的风险，所以不得不完成其任务，后者的不安全和无保障，得到了从属于雇主的"直接控制"的配合。这种分析可以视为阿特金森（Atkinson, 1985）所提出的"柔性公司"概念的一种先兆。

马克思主义传统中的其他一些学者，正试图根据不同的劳动控制模式，把变迁划分为不同的阶段。例如，爱德华兹（Edwards, 1979）（与布雷弗曼相似）在很大程度上基于美国的经验，对管理策略提出了一种历史演化看法。在工业资本主义初期，典型的管理策略模式是专断的、独裁主义的"简单控制"；20世纪更加老练的工作组织形式，导致了"技术控制"，在其中由生产系统（例如众所周知的生产流水线）本身来施加它自己的纪律；随后，在面临工人的集体主义运动日益高涨之时，雇主引入一种具有部分商谈性的"科层控制"系统。稍后的一本著作（Gordon et al., 1982）则试图暗中把劳动管理形式的演化与"累积性的社会结构"中的长波变迁联系起来。但是随后的批评者就指出，这样的理想类型划分，在分析历时性变迁以及社会内部、社会之间的差异时，有其局限性。M. 布洛维（Burawoy, 1979, 1985）也提出了类似的批评，但是，他的著作在某些方面更长于把跨国视角与历史分析结合起来。不过，他也提出了一种简单的分类——"专制的"体制与"霸权的"体制，以及二者在全球激烈竞争时代存在综合的可能性，他的著作的核心要素之一，就是探讨强制与共识之间的矛盾动力学。这种矛盾动力学，用他的话来说就是，考虑资本安全的同时，又掩盖剩余价值的生产。顺便说一下，我们还需要注意到，建立在这类文献的基础上的那些研究，与最近各种关于"不同的资本主义"的著作（例如，Hall & Soskice, 2001）有着明显的亲和性，这些著作关注跨国组织所建构的劳动管理模式的多样性。正如C. 斯密与P. 汤普森（Smith & Thompson, 1998: 563-570）所言，这样的非（常常是反）马克思主义理论路线，在原则上可以为马克思主义关于劳动过程的分析提供一种有价值的补充。例如，C. 梯利兄弟所进行的各种历史与跨国研究，就与马克思主义者的研究存在互补性，他们把马克思主义者、互动论者、制度主义者的分析联系起来，以探讨工作世界中的报酬、承诺或忠诚、强制三者之间的相互补充（Tilly & Tilly, 1998: 3）。

劳动过程分析的另一个进步，则较不易于与其他理论兼容并存。布雷弗曼关于忽视"主体性"的

批评，与福柯的著作特别是《规训与惩罚》（Foucault, 1977）在英语世界的社会学家中的影响急剧上升是相一致的。不论福柯关于监狱与工厂中的权力与规训之间的动力学的探讨是否否定马克思，但是沿着福柯的研究来分析劳动过程的很多学者（如较早的有 Knights & Willmott, 1989），都明确拒绝了马克思。然而，二者之间也存在某些强有力的互补性。马克思曾经指出，"军营式的纪律"内在于新的工厂体制中：……资本在工厂法典中却通过私人立法独断地确立了对工人的专制。这种法典只是对劳动过程实行社会调节的资本主义讽刺画，而这种调节是大规模协作和使用共同的劳动资料，特别是使用机器所必需的。奴隶监督者的鞭子被监工的罚金簿代替了。

理查德·马斯顿（Marsden, 1999）对马克思与福柯的著作进行了深入的比较。他坚持认为二者之间存在差异，但是二者的分析也是可以互补的，而且这种互补性是如此之强，以至于彼此都说明了对方的复杂性。G. 塞维尔和B. 威尔金森（Sewell & Wilkinson, 1992）的经验研究，对使用"以计算机为基础技术的监督系统"的"电子化的全景圆形敞视监狱"进行了很好的说明，这种说明原则上可以理解为对马克思分析的一种现代阐述。

然而，这样的研究视角往往与马克思主义至少存在四方面的明显对立和断裂。其一，在对布雷弗曼的批评中，他们常常完全颠倒了主客体之间的对立与脱节：夸大语言和话语实践（discursive practice）与其所嵌入的宏观社会与制度之间的脱节，没有看到二者之间的联系。其二，他们常常一边倒地关注人类主体的个人化，而忽视了生产是一种必要的社会集体过程。其三，他们常常认为"顺从的身体"的生产，对于现代资本主义来说是理所当然的：内在于维持控制与共识的策略中的矛盾，现在都会被超越和克服。其四，他们保留了劳动过程分析的某些语言，但却倒空了它的内容："工厂或更大的政治经济体中的劳资关系的所有独特性在很大程度上都不见了"。

# 五、集体主义、控制与反抗

无产者在这个革命中失去的只是锁链。他们获得的将是整个世界。"全世界无产者，联合起来！"这句话是《共产党宣言》振聋发聩的结语，人们常

常认为这句话是马克思对工作世界进行分析的最核心的见解，而且从那时到现在一直在激励着世界所发生的、最重要的那些劳工运动浪潮，这种劳工运动浪潮在《共产党宣言》发表以后的数十年里不断出现。在伦敦，马克思与英国手工艺人工会的高级政治领导人建立起了密切的联系，并与欧陆很多参与了建立各地工会的社会主义者保持联系，而且这些工会运动后来在1864年达到一个高峰，建立了国际工人协会，即后来的"第一国际"，在第一国际的整个存在过程及其所推动的工人运动中，马克思都发挥了一种主导作用。

但多少有点让人吃惊的是，马克思从未对工会进行过深入、广泛和系统的理论分析，也没有对工人的集体斗争进行过较为概括的理论分析。对于这些现象的马克思主义解释，实际上摘编自他的很多名著中，很多人都试图综合他的见解（Hyman，1971；Kelly，1988）；但是，马克思的很多相关分析都打上了他所关注的特定环境的烙印，并且与他所参与的工会使用的具体策略问题相关。其结果是，与其著作的其他很多内容一样，人们对于马克思关于工作的思想得出了各自不同的观点。

在马克思关于工作的分析中，中心的思想是资本主义把工人集体地组织起来的原则，即劳动分工使工人在集体生产过程中成为相互依赖的单元，从而形成一种"集体劳动者"；工厂把大量的工人聚集在同一间厂房中，都市无产者的贫民窟快速扩张，以及无房的租户构成了一种沸腾的、火热的新工人阶级共同体。工联主义则赋予这种有组织的集体一种正式的特征。恩格斯1844年在他的《英国工人阶级状况》一书中，描述了早期的棉纺工人工会的斗争，马克思1847年在《哲学的贫困》一书中参考了恩格斯的这种描述，在书中他宣称大工业把大批互不相识的人们聚集起来。……维护工资这一对付老板的共同利益，使他们在一个共同的思想（反抗、组织同盟）下联合起来。

尽管促使工人联合起来的原因是经济性的，但马克思在很大程度上低估了工会在经济上的潜在影响力。他不认同"工资铁律"思想，认为资本家之间的竞争给工人带来了工资不断下降与劳动条件不断恶化的压力，工会不能完全反抗这种压力。然而，

工会尽管在经济上处于劣势地位，但却有强大的潜在的政治影响力。恩格斯认为罢工爆发会产生深刻的影响，尽管罢工往往以失败告终，但起着一种培养工人对于有产阶级的深刻仇恨之作用。……工会是所战斗的学校，工会是不可战胜的。马克思还分析了最终成功挑战封建制度的新兴资产阶级联盟，与工人阶级联盟日益兴盛之间的历史相似性：中世纪的市民常骑马持械为之抗争了数个世纪的东西，由于有了铁路，工会领导下的现代无产阶级，在几年中就获得了。当1848年《共产党宣言》发表后，革命风暴很快席卷了欧洲大陆的绝大部分地区，人们认为这种风暴证明了其分析的正确性。

但是这次革命风暴很快衰退了，马克思后来在很多著作中谈到了为什么工联主义辜负了他最初的期望。他的一种看法受到了恩格斯很大的影响，认为工联主义组织主要是由"劳工贵族"构成，而劳工贵族是一种相对保守的、具有一定特权的熟练工人群体，他们认为其利益与普通工人阶级的利益是不一致的。后来列宁还阐述了另一个原因，那就是工联主义主要建立在帝国主义国家，帝国主义者通过殖民剥削而获得的利益，其中有一些会"涓滴给"（正如今天所说的涓滴效应）那些经历了"资产阶级化"过程的有组织的工人。[①] 另外，也是列宁在其"经济主义"理论中提出来的，工联主义往往以既有资本主义社会所形成的框架为基础，来提出其要求并与雇主谈判，有时也会对抗。马克思在1865年说，工会常常是在与结果做斗争，而不是与引起这些结果的原因做斗争。与马克思早期的预测相反，工会似乎更愿意在资本主义政治框架之内进行经济斗争，而不与资本主义进行政治斗争。

现代的产业关系研究者可以从马克思那里获得什么教益呢？V. L. 艾伦（Allen，1966：11）认为，在几乎所有的工会曾经很强大的国家，现在其工会成员数量与影响都已经日益下降，因此"只要有劳动力自由买卖的地方，工联主义必然普遍、持久地存在"的说法，似乎没有40年前马克思写作时那么让人信服了。同样，在大多数国家，工会集体斗争的程度下降，并导致雷恩与罗伯茨（Lane & Roberts，1971）认为，"罢工是正常的"这一看法已需要重要修正，现在罢工只有在特殊的情况下才可能

---

① 1858年，恩格斯在给马克思的信中提到，在英国出现了"中产阶级无产化"的明显趋势，这种说法与马克思主义的阶级理论完全不相吻合。一个世纪之后，一些英国社会学家接受了更严谨的"资产阶级化"概念。

出现。①

不过，马克思的影响仍然存在，因为他指出雇佣关系存在的内在矛盾可能导致普遍的集体反抗，因此具有重要而潜在的影响。爱德华兹（Edwards, 1986）也提出了同样的论题，指出"劳动与资本"之间存在一种"结构性的对立"。他认为自己的方法是唯物主义的，但不是马克思主义的，因为他否认无产阶级革命的必然性。还有，他对工作场所的利益冲突，并非以阶级关系为基础的政治经济分析。但是他又强调，剥削是资本主义生产的动力，因此其立场又与马克思相近。比起达伦多夫（Dahrendorf, 1959）这类学者来，他的立场也更接近马克思，因为达伦多夫依循韦伯的思想，认为"阶级冲突"仅仅是等级制权威关系的产物。

接下来就是一些学者认为工人的反抗是理性的（Hyman, 1989：第五章），也就是说，工人为什么要罢工、要遵守工作规则、要故意作怪偏偏选择某一天休假、要忽视管理指令，心理学的分析与解释并不正确。在传统上，马克思主义者往往强调集体斗争与集体内聚的重要性，对其进行了理论的分析，十分希望促进集体斗争力量的壮大与集体内聚的历史性进步，并且探讨了生产这个关键环节在各个方面所具有的建构作用，用 C.L. 古德维奇（Goodrich, 1920）的话来说，这个关键环节就是一个控制工人同资本家争夺特权或最高地位的"控制前站"。古德维奇本人不是一个马克思主义者。②但最近数十年来，这些学者要想自圆其说，还需要对集体反抗存在的各种限制提出解释。除了上面我们已经指出的几点，还有四个重要的观点需要提及。

第一，马克思自己（在 1847 年关于工资劳动与资本的手稿中）不得不承认，工人除了解除锁链不会失去任何东西；但是这些学者对此有不同的看法，认为尽管资本家与劳动者之间的关系是剥削性的，但也包括相互的依赖，即"只要工资劳动者还是工资劳动者，那么他在很多方面都要依赖于资本家"。

因此，工人受到"黄金锁链"的束缚；如果雇佣关系出现了不稳定的情况——最近一段时间雇主面临的这种情况日益加剧——那么其物质上的优势就会支配工人的态度与行为。M. 德赛（Desai, 2002：65 - 66）认为，按照马克思的分析逻辑，似乎可以得出如下推论：如果工人被雇佣的可能性取决于他能够获得高的收益，那么工人就愿意与雇主合作以保持高的收益。

第二，上一观点又与另一个重要的观点相联系，即对于自我意识与意识形态的强调。在马克思写作的年代，资本主义还是一种新生的社会实验，很多人都相信它不久将被推翻。但是在今天，资本主义仍处于霸主地位，各种针对劳资关系的替代方案，在很大程度上还存在于人们的想象中。因此，一些学者认为，与这种体系做斗争，似乎常常是无益的（尽管在世界的南方和东方的很多国家，资本主义受到了民众大规模的反抗）；相应地，冲突与反抗本身似乎存在一种自我限制；正如上文所言，布洛维（Burawoy）的一个中心研究主题，就是工人如果能够成功地对日常实施的管理控制进行限制，那么就会加强他们对资本主义就业关系的基本结构的共识。

第三，关于工人在"制造共识"中的作用，后来的马克思主义者已经做出了比马克思和列宁更为深刻的分析。R. 左尔（Zoll, 1976）在理论层次上探讨了他所谓的工会的"二重性"，即工会一方面会限制或反抗资本主义剥削，另一方面它也是资本主义社会秩序的来源之一，起着稳定资本主义社会的作用。③ 在 20 世纪 70 年代，H. 贝诺（Beynon, 1973）对英国的福特 Halewood 汽车工厂的研究，T. 尼科尔斯和 P. 阿姆斯特朗（Nichols & Armstrong, 1976）、T. 尼科尔斯与 H. 贝诺（Nichols & Beynon, 1977）对英国帝国化学公司（ICI）的 Severnside 化肥厂的研究，都对这个过程进行了详细的

---

① 凯利（Kelly, 1998）的著作十分重要，因为其中提出了一种分析集体反抗的权变模型。特别值得注意的是，他的关键解释变量即对于不公正的理解，在摩尔（Moore, 1978）先前进行的非专门性的马克思主义的历史比较中处于中心地位。

② 马克思主义者也讨论了各种公开的集体行动形式，诸如罢工等，并对各种"隐蔽的反抗形式"进行了有价值的分析，科恩（Cohen, 1991：第六章）在研究非洲工人时使用了"控制前站"这个术语。在发达的工业社会中，马克思主义学者在数十年前就分析了怠工和暗中破坏工具等现象（Taylor & Walton, 1971; Beynon, 1973; Dubois, 1979）。也许让人吃惊的是，长期以来，研究工作的社会学家似乎忽视了这个主题，但实际上，这些研究认为它们是"组织的错误行为"（Ackroyd & Thompson, 1999）。

③ 尽管左尔在这一分析中借用了马克思本人的著作来进行阐述，但是非马克思主义者对工会也提出了一种类似的理解。一个值得注意的例子就是米尔斯（Mills, 1948），他是一个深受韦伯而非马克思影响的社会学家，他把工会描述为"具有不同意见的管理者"。奥菲与维森塔尔（Offe & Wiesenthal, 1985）也对工会行动的二重性进行了类似的（尽管是更加抽象的）探讨，不过具有更加明显的马克思主义色彩。

经验描述，认为这个过程导致了甚至是那些好斗的工会代表也认可对反抗的可能性进行限制。这些著作尽管写于那些工会提倡实现全员就业的时期，但仍然为我们提供了一种基础，来理解在萧条与工会退却时期的工会与管理方之间关系的动态演化。

第四，100多年来，在马克思主义者之间，对于领导的作用一直存在着激烈的争论。对于马克思和恩格斯而言，他们的大多数著作，甚至包括他们的很多后继者［特别是罗莎·卢森堡（Rosa Luxemburg）］的著作，都认为工人受到阶级压迫的经历，将不同程度地、自发地通过集体学习的过程，导致其进行反对资本主义社会的斗争。正如上文所言，其他一些马克思主义者，特别是列宁，认为工人的零星暴动，不可能自发地导致一种集中的、一致的反资本主义的运动，只有通过领导的协调才能实现。在他看来，反对资本主义的运动需要一个由精英组成的、纪律严明的革命政党。其他的一些共产主义者，如 A. 葛兰西（A. Gramsci）的思想又有所不同。但是，正如最近很多研究社会运动的学者所主张的，要进行成功的起义或斗争，必须具备某些条件，特别是内部应有策略领导者，而没有这种领导，社会运动就会失败（相关概述，请参见 Barker 等，2001）。但是，这样的策略领导者是如何形成的，仍然没有得到起码的研究。

# 六、阶级的危害

在关于阶级斗争的性质、限制、是否的确存在的讨论背后，存在一个意识问题。在《哲学的贫困》一书中，马克思指出，在……具有共同处境和共同利益的、与资本相对立的无产阶级的形成，与工人通过有组织的集体斗争而成为一个"自为的阶级"之间，存在重要的区别。这种区别后来得到马克思本人及其众多追随者的进一步阐述，并逐渐概括出了一种相对固定的模式：一种由研究者或他人客观地界定的"自在阶级"，随着其阶级意识的形成，会成为一种具有革命性的"自为阶级"。相反，无产阶级进行的革命所遭受的失败，都是"没有形成真正的阶级意识"的反映。不过，也有很多马克思主义者不太同意这种解释。例如，A. 高兹（Gorz, 1982）

认为，资本主义生产中劳动的衰落与从属性的动态发展，影响了他对无产阶级革命创造性的信心。对于 A. 高兹而言，这种信心是黑格尔神秘主义的一种结果，这种神秘主义是一种信仰，认为历史控制着一种内在目的论，根据这种目的论，无产阶级不管实际工作环境与精神抱负如何，都会履行其历史使命。尽管这种批评不无夸张（Hyman, 1983），但确实发现了马克思主义分析中存在的一个问题，这个问题与我们上文所讨论过的革命必然性问题又存在关联。①

有一个概念来自马克思早年对黑格尔的批判，并且后来成为各种关于工作的社会学研究的一个共同要素，此概念就是"异化"概念。对于此概念的复杂含义及其重要性，人们存在争议。这部分是因为该词在英文中传统上包含了马克思分析中出现过的两个概念（entäusserung 与 entfremdung，字面上的意思就是外化与疏远）；部分是因为此概念同时把宗教哲学、法律、政治经济学等结合在一起；部分是因为该概念处于关于青年马克思的思想到底还有多少存在于其成熟时期著作中的相关讨论的中心（Mészáros, 1970; Ollman, 1971; Torrance, 1977）。我们这里没有必要深究这些问题。为了简单起见，我们列出应用了马克思的异化思想的三个重要分析。其一是工资劳动者生产结果的法定所有权被让与雇主。这在今天似乎是必然的和不证自明的，但是在资本主义的早期阶段，这种情况是十分奇怪的和让人吃惊的。例如独立的手工艺人或农民生产的产品都是由自己拥有，对于早期的学者如洛克（Locke）等人而言，所有权与工作表现存在内在的联系。其二，劳动结果所有权的丧失，必须导致劳动过程自治性的丧失。对于这个问题，早期讨论指出，资本家获得了控制工人出勤与工作表现的权力。其三，也是最关键的，马克思认为这是对于人性状况的一种否定。他的理论预设是，具有自我意识的创造性活动才是人性的一种根本特征，是一种自我肯定的形式，并使人类区别于其他的动物。相反，资本家的工资劳动，把生活性活动、生产性生活本身变成物质生存的唯一方式；相应地，只要没有物质的或其他的强制存在，人们就会像躲避瘟疫一样躲避劳动。

---

① 在高兹提出这些批评之前，德雷帕（Draper, 1978：70－80）已经提到了一些，并且（至少让他满意的是）进行了一些辩驳。我们应注意到，在马克思的一生中，他十分热衷于探讨现实社会中的工人对于环境的反应。特别值得注意的是，他1880年在法国起草的有100个问题的问卷。这次问卷调查后来陷入了困境，我们现在知道它没有获得任何结果。

有些现代学者在应用异化概念时，贬低马克思的含义。例如，R. 布劳勒（Blauner，1964）一个很有名的研究就把是否异化等同于是否拥有自主决定权、是否对工作感到满意。显然，马克思强调的是工作过程中自主决定权的丧失，并认为它是资本—劳动关系的核心特征之一，认为不满意只是一种必然的结果。但是，他更为关注的是导致劳动异化的政治经济原因，以及对工人个人身份、工人彼此之间的关系、社会角色的影响。很多社会学家，往往是马克思主义社会学家，当然也有一些非马克思主义社会学家，都把这样的主题作为分析的中心问题，而不管它们是否把政治经济原因与异化概念明确联系起来。

从方法论上看，这样的研究常常涉及对生命叙事的人种志或民族志（ethnography）建构。例如 J. 科布和 R. 森尼特（Cobb & Sennett，1972）在对美国城市工人的描述中，发现了一种被挫败的、试图获得自由、尊严、自尊的努力。他们试图通过自己的职业轨迹或通过其后代的职业轨迹来实现这一点，但是都遭到挫败。他们把这些发现总结如下："对于尊重的寻求受到阻挠和挫败；个人觉得自己应对这种失败负责；整个意图使个人习惯于认为，要想拥有个人的尊严，就必须先经受社会不平等。"A. W. 高尔德（Gouldner，1969：355）也提出了类似的主张，即资本主义把人们主要是作为"一种增加绩效的功利性工具而整合进去的"，却使得人们其他方面的所有能力和身份都"从属于追求效率高的雇佣关系"。R. 森尼特（Sennett，1988）最近也探讨了对于身份和尊严的侵蚀，如何因为日益增加的就业不安全而加强了；U. 贝克（Beck，2000：第五章）在论述"工作的社会逐渐被风险社会取代"时，也提到了这样的话题。在法国，C. 德久斯（Dejours，1998）也提出了一种十分相似的见解。

还有一些学者则认为，对人的能力的这种系统性的压制，是不同类型的工人之间被分割开来的主要原因之一，例如会导致基于性别、种族和仇视的分割。在 T. 尼科尔斯和 P. 阿姆斯特朗（Nichols & Armstrong，1976）的《被分割的工人》（Workers Divided）一书中，"Severnside 化肥厂研究"这一小节就概括了这样的分析。R. 森尼特和 J. 科布（Sennett & Cobb，1972：83）认为，"男性的团结"是一种手段，通过这种手段，被压迫的男性工人企图主张个人的价值与尊严。在英国，P. 威利斯（Willis，1977）以及 D. 科林森（Collinson，1992）也进行了

类似的研究。诸如 C. 科克伯恩（Cockburn，1983）和 J. 拉伯里（Rubery，1978）之类的马克思主义的女权主义者，指出了这类以性别为基础的团结概念，如何指导和影响了工会对女性的排斥、边缘化或贬低女性工人的实践。A. 珀勒特（Pollert，1981：171）指出了妇女们内部也存在一些矛盾的反应："她们从男性'兄弟'那里不断获得相互矛盾的信息：一方面她们是应该真的待在家的二流工人；另一方面她们应该成为更好的工联主义者。她们夹在中间左右为难，不得不自我谴责。"同样，M. 拉蒙特（Lamont，2000）指出（尽管她没有表现出某种特定的马克思主义视角，但她自认为是一种文化唯物主义视角），法国和美国工人阶级男性对于尊严的要求，可能导致出现基于种族差异的分割，尽管她坚持阶级团结原则仍然超越了这种分割或区隔。

正如本章开头所指出的，马克思的中心关注点是阶级，这导致他在很大程度上忽视了种族或者性别差异在工作场所中的作用，以及在社会中的更为一般的作用。马克思和恩格斯往往假定，资本主义本身创造或恶化了工人阶级内部的分割，社会主义可以克服和超越这种分割。在《家庭、私有制和国家的起源》一书中，恩格斯把女性的从属性归结于她们的处境，即她们实际上是一种私人财产；他认为，资本主义日益把妇女吸收到工资劳动等级中，导致她们被整合到了为了社会主义的斗争中，如果社会主义革命获得成功，她们也将获得解放。

马克思本人在《政治经济学批判大纲》以及后来的《资本论》第一卷中认为，劳动力的交换价值包括了工人维持日常生活的成本（如食物、住房、衣服）以及再生产下一代小孩的成本，而这些小孩也将成为工人。然而，他没有探讨作为一种（再）生产单位的家庭的性质，或者家庭中的性别关系转变为资本—劳动关系层面的方式。本书将在其他地方讨论女权主义关于工作的分析视角，但是我们不能忽视这种背景中的女权主义。今天，很多社会学家都认同 J. 瓦克曼（Wajcman，2000：196）的说法：不能把对于工厂与劳动力市场的理解，与家庭私人领域以及在这个领域中进行的劳动力的社会再生产孤立起来。……工作的性质与劳动力市场的组织是与家庭中的两性关系的性质密切相关的。换言之，就业契约预示着两性的契约。

马克思主义原则上可以与女权主义整合在一起吗？因此我们应共同特别地关注阶级和性别，视之为分化、压迫与斗争的轴心？或者我们必须在二者

之间进行理论的（以及政治的）选择？这个问题在普通社会学中已经讨论了数十年，而且是 20 世纪 80 年代以来关于劳动过程的讨论的一个重要的、日益突出的问题（例如，Beechey, 1982；Knights & Willmott, 1986；West, 1990）。不过，正如 H. 哈特曼（Hartmann, 1979）所言，马克思主义与女权主义之间"不幸福的婚姻"似乎仍将维持下去。

## 七、马克思主义及其发展

现在已经是柏林墙倒塌十多年后，很多学者似乎认为马克思主义再也不值得人们关注，因为很多国家政治体制的变革，已经使其黯然失色，不再有用。我们认为，情况恰恰相反。在 21 世纪，马克思主义理论的相关性和重要性比以往任何时候都要凸显。

不过，贯穿本章讨论的主要核心思想是，尽管马克思主义的分析为我们理解工作做出了不可或缺的贡献，但是其本身还是不充分的。马克思是一个伟大的思想家，只有那些认为他是一个圣人的人，才会认同他的所有著作和研究（考虑到不同时期他的不同看法，这些著作与研究本身也是有一些问题的），或者接受他关于我们今天关注的问题所提供的所有答案。任何社会学家几乎都不可忽视马克思，但是他们必须选择要应用马克思的什么思想，以及要用其他社会分析者提出的什么思想来补充马克思的思想。因此，在本章提到的那些肯定马克思著作重要性的社会学家中，从他们的研究著作来看，有很多人对于他们是否应被认为是一个马克思主义者或他们自认为是一个马克思主义者，都还不清楚。

这有什么重要意义吗？我们可否容忍理论的模棱两可和折中主义？几乎可以肯定的是，马克思本人一定会给出一个否定的回答。就我个人看来，我逐渐认同 J. 高尔唐（Galtung, 1990：102）的主张："一种好的理论，应该从来不会给我们这样一种思想，'世界一旦形成，就永远保持不变'。一种好的理论，应该总是会为非眼前的实在留下一些空间，会为与眼下的经验实在相对立的潜在可能性留下一些空间。"这对于马克思自己的辩证思维和观点是非常重要的概括与总结，但是这似乎也额外地指出了，任何理论其本身不管曾经多么辉煌，都必须进行不断的创新。

理查德·海曼（Richard Hyman）

**参考文献**

Ackroyd, S. and Thompson, P. (1999). *Organizational Misbehaviour*. London: Sage.

Allen, V. L. (1966). *Militant Trade Unionism*. London: Merlin.

Armstrong, P. (1988). "Labour and Monopoly Capital", in R. Hyman and W. Streeck (eds.), *New Technology and Industrial Relations*. Oxford: Blackwell.

Atkinson, J. (1985). *Flexibility, Uncertainty and Manpower Management*. Brighton: IMS.

Avineri, S. (1968). *The Social and Political Thought of Karl Marx*. Cambridge: Cambridge University Press.

Barker, C., Johnson, A., and Lavalette, M. (2001). "Leadership Matters: An Introduction", in C. Barker, A. Johnson, and M. Lavalette (eds.), *Leadership and Social Movements*. Manchester: Manchester University Press.

Beck, U. (2000). *The Brave New World of Work*. Cambridge: Polity Press.

Beechey, V. (1982). "The Sexual Division of Labour and the Labour Process", in S. Wood (ed.), *The Degradation of Work?* London: Hutchinson.

Bender, F. L. (ed.) (1975). *The Betrayal of Marx*. New York: Harper & Row.

Beynon, H. (1973). *Working for Ford*. Harmondsworth: Penguin.

Blauner, R. (1964). *Alienation and Freedom*. Chicago, IL: University of Chicago Press.

Bottomore, T. B. and Rubel, B. (1956). *Karl Marx: Selected Writings in Sociology and Social Philosophy*. Harmondsworth: Penguin.

Braverman, H. (1974). *Labor and Monopoly Capital*. New York: Monthly Review.

Brighton Labour Process Group (1977). "The Capitalist Labour Process", *Capital and Class*, 1: 3-42.

Burawoy, M. (1979). *Manufacturing Consent*. Chicago, IL: University of Chicago Press.

—— (1985). *The Politics of Production*. London: Verso.

Cockburn, C. (1983). *Brothers: Male Dominance and Technological Change*. London: Pluto.

Cohen, R. (1991). *Contested Domains*. London: Zed.

Collins, H. and Abramsky, C. (1965). *Karl Marx and the British Labour Movement*. London: Macmillan.

Collinson, D. L. (1992). *Managing the Shopfloor: Subjectivity, Masculinity, and Workplace Culture*. Berlin: De Gruyter.

Cressey, P. and MacInnes, J. (1980). "Voting for

Ford: Industrial Democracy and the Control of Labour", *Capital and Class*, 11: 5 - 33.

Dahrendorf, R. (1959). *Class and Class Conflict in Industrial Society*. London: Routledge.

Dejours, C. (1998). *Souffrance en France: La banalisation de l'injustice sociale*. Paris: Seuil.

Desai, M. (2002). *Marx's Revenge: The Resurgence of Capitalism and the Death of Statist Socialism*. London: Verso.

Draper, H. (1978). *Karl Marx's Theory of Revolution*, vol. 2. New York: Monthly Review.

Dubois, P. (1979). *Sabotage in Industry*. Harmondsworth: Penguin.

Edwards, P. K. (1986). *Conflict at Work: A Materialist Analysis of Workplace Relations*. Oxford: Blackwell.

—— (1986). *Conflict at Work*. Oxford: Blackwell.

Edwards, R. (1979). *Contested Terrain*. London: Heinemann.

Foster, J. (1974). *Class Struggle in the Industrial Revolution*. London: Weidenfeld.

Foucault, M. (1977). *Discipline and Punish*. Harmondsworth: Penguin.

Friedman, A. L. (1977). *Industry and Labour*. London: Macmillan.

Gall, G. (2003). "Marxism and Industrial Relations", in P. Ackers and A. Wilkinson (eds.), *Understanding Work and Employment: Industrial Relations in Transition*. Oxford: Oxford University Press.

Galtung, J. (1990). "Theory Formation in Social Research", in E. Øyen (ed.), *Comparative Methodology*. London: Sage.

Giddens, A. (1971). *Capitalism and Modern Social Theory*. Cambridge: Cambridge University Press.

Goodrich, C. L. (1920). *The Frontier of control*. London: Bell.

Gordon, D., Edwards, R., and Reich, M. (1982). *Segmented Work, Divided Workers*. Cambridge: Cambridge University Press.

Gorz, A. (1982). *Farewell to the Working Class: An Essay on Post-Industrial Socialism*. London: Pluto.

Gouldner, A. W. (1969). "The Unemployed Self", in R. Fraser (ed.), *Work 2*. Harmonds worth: Penguin.

Hall, P. A. and Soskice, D. (eds.) (2001). *Varieties of Capitalism: The Institutional Foundations of Comparative Advantage*. Oxford: Oxford University Press.

Hartmann, H. (1979). "The Unhappy Marriage of Marxism and Feminism", *Capital and Class*, 8: 1 - 33.

Hochschild, A. R. (1979). "Emotion Work, Feeling Rules and Social Structure", *American Journal of Sociology*, 85 (3): 551 - 75.

—— (1983). *The Managed Heart: Commercialization of Human Feeling*. Berkeley, CA: University of California Press.

Howard, M. C. and King, J. E. (eds.) (1976). *The Economics of Marx*. Harmondsworth: Penguin.

Hyman, R. (1971). *Marxism and the Sociology of Trade Unionism*. London: Pluto.

—— (1983). "André Gorz and his Disappearing Proletariat", *Socialist Register*, 1983, pp. 272 - 95.

—— (1989). *Strikes*, 4th edn. London: Macmillan.

Kelly, J. (1985). "Management's Redesign of Work", in D. Knights, H. Willmott, and D. Collinson (eds.), *Job Redesign*. Aldershot: Gower.

—— (1988). *Trade Unions and Socialist Politics*. London: Verso.

—— (1998). *Rethinking Industrial Relations*. London: Routledge.

Knights, D. andWillmott, H. (eds.) (1986). *Gender and the Labour Process*. Aldershot: Gower.

——and—— (1989). "Power and Subjectivity at Work", *Sociology*, 23: 535 - 58.

——and—— (eds.) (1990). *Labour Process Theory*. London: Macmillan.

Lamont, M. (2000). *The Dignity of Working Men: Morality and the Boundaries of Race, Class, and Immigration*. Cambridge: Harvard University Press.

Lane, T. and Roberts, K. (1971). *Strike at Pilkingtons*. London: Fontana.

Lazonick, W. (1979). "Industrial Relations and Technical Change: The Case of the Self-Acting Mule", *Cambridge Journal of Economics*, 3: 231 - 62.

Lefebvre, H. (1968). *The Sociology of Marx*. Harmondsworth: Penguin.

Lichtheim, G. (1961). *Marxism: An Historical and Critical Study*. London: Routledge.

Littler, C. R. (1982). *The Development of the Labour Process in Capitalist Societies*. London: Heinemann.

McLellan, D. (1971). *The Thought of Karl Marx*. London: Macmillan.

Marsden, R. (1999). *The Nature of Capital: Marx after Foucault*. London: Routledge.

Mészáros, I. (1970). *Marx's Theory of Alienation*. London: Merlin.

Mills, C. W. (1948). *The New Men of Power*. New York: Harcourt Brace.

Moore, B. (1978). *Injustice: The Social Bases of Obedience and Revolt*. New York: Sharpe.

Nichols, T. and Armstrong, P. (1976). *Workers Divided*. London: Fontana.

——and Beynon, H. (1977). *Living with Capitalism*. London: Routledge.

Nicolaus, M. (1973). "Foreword", in K. Marx, Grundrisse: *Foundations of the Critique of Political Economy* (Rough Draft). Harmondsworth: Penguin.

Noon, M. and Blyton, P. (2002). *The Realities of Work*. London: Palgrave.

Offe, C. and Wiesenthal, H. (1985). "Two Logics of Collective Action", in C. Offe, *Disorganized Capitalism*. Cambridge: Polity Press.

Ollman, B. (1971). *Alienation*. Cambridge: Cambridge University Press.

Pollert, A. (1981). *Girls, Wives, Factory Lives*. London: Macmillan.

—— (ed.) (1991). *Farewell to Flexibility*? Oxford: Blackwell.

Rubery, J. (1978). "Structured Labour Markets, Worker Organisation and Low Pay", *Cambridge Journal of Economics*, 2 (1): 17–36.

Salaman, G. (1986). *Working*. London: Tavistock.

Sennett, R. (1998). *The Corrosion of Character*. New York: Norton.

——and Cobb, J. (1972). *The Hidden Injuries of Class*. New York: Knopf.

Sewell, G. and Wilkinson, B. (1992). " 'Someone to Watch over Me': Surveillance, Discipline and the Just-in-Time Labour Process", *Sociology*, 26: 271–89.

Smith, C. and Thompson, P. (1998). "Re-Evaluating the Labour Process Debate", *Economic and Industrial Democracy*, 19: 551–77.

Taylor, L. and Walton, P. (1971). "Industrial Sabotage", in S. Cohen (ed.), *Images of Deviance*. Harmondsworth: Penguin.

Thompson, E. P. (1963). *The Making of the English Working Class*. Harmondsworth: Penguin.

Thompson, P. (1990). "Crawling from the Wreckage", in D. Knights and H. Willmott (eds.), *Labour Process Theory*. London: Macmillan, pp. 95–124.

Tilly, C. and Tilly, C. (1998). *Work under Capitalism*. Boulder, CO: Westview Press.

Torrance, J. (1977). *Estrangement, Alienation and Exploitation*. London: Macmillan.

Tucker, R (1961). *Philosophy and Myth in Karl Marx*. Cambridge: Cambridge University Press.

Wajcman, J. (2000). "Feminism Facing Industrial Relations in Britain", *British Journal of Industrial Relations*, 38: 183–201.

West, J. (1990). "Gender and the Labour Process", in D. Knights and H. Willmott (eds.), *Labour Process Theory*. London: Macmillan.

Wheen, F. (1999). *Karl Marx: A Life*. London: Fourth Estate.

Willis, P. (1977). *Learning to Labour*. Farnborough: Saxon House.

Zoll, R. (1976). *Der Doppelcharakter der Gewerkschaften*. Frankfurt: Suhrkamp.

第三章

# 马克斯·韦伯与科层制铁笼

除非科层制将民主埋葬，否则自由就必须领受权力的教训，必须懂得权力往往喜欢通过组织秘密地、悄然无声地行动。

——J. P. 狄更斯（Diggins, 1996：76）

逻辑完全是语言镣铐的奴隶。但是语言本身内部包括了一种非逻辑的要素：隐喻等等。最初的权力在那些不相等的事物之间产生了一种平衡或相等，并因此是一种想象的运行或使用。概念、形式等等的存在，是以此为基础的。

——尼采（Nietzsche, 1979：第177节）

我们要永远感谢汉斯·吉尔斯（Hans Gerth）和 C. W. 米尔斯（C. Wright Mills）把马克斯·韦伯（1864—1920）介绍到英语世界，并使韦伯在英语世界受到广泛的关注。他们出版的一本书（Gerth & Mills, 1948）选择性地收集了韦伯的社会学论文，对我们了解韦伯本人及其研究可以说是不可或缺的。如果考虑到汉斯·吉尔斯和 C. W. 米尔斯的遗产，以及其他众多重要学者对韦伯的研究，那么当代任何一个研究韦伯的学者，都会面临一个十分艰巨的任务，即对于韦伯，一个研究者还能说出什么别人没有说过的内容呢？对于我们而言，我们在此试图从基于今天的话语和具象的理论化的视角来阐述对于韦伯著作的一种看法。我们首先反思韦伯思想的理论与方法论要素，以有助于我们发现和总结韦伯思想与方法的基础，这种思想基础与工作组织的研究相关。然后，与我们的当代话语和具象的理论概括一致，我们试图对韦伯提出一种当代的理解，作为评判组织的权力与支配的基础。我们的基本做法就是探讨尼采、韦伯和福柯之间的联系。这样做，我们就可能得出一种对各种话语十分敏感的、形象的分析，我们在此主要持有一种反讽性的视角。下面对于当今组织中的权力与支配的反讽性分析，界定和评估了组织话语中存在的那些矛盾性的语法与词汇。我们先以韦伯的科层制的理想类型作为标本，然后讨论一种语法如何必须通过四个阶段——从举行成立典礼的姿态到隐喻、从隐喻到转喻、从转喻到举隅法或提喻法、从转喻到讽刺——才能建立起我们所熟悉的组织的特征、目的与运行的内聚一致的形象。我们又运用 ISE 通信公司交流基金会——该组织表面上通过引入团队工作以克服科层制降低效率的负面后果（Barker, 1993, 1999）——的一项民族志分析，举例说明这种在推论上以韦伯理论视角为基础的方法，对于研究今天所谓的"后科层制"时代的工作生活仍然是有用的。

## 一、韦伯的强调背景的研究：德国传统的重要性

马克斯·韦伯的命运长期以来都是根据他相对于马克思的立场来判定的（Blau, 1963）。因此很多学者宣告他既是一个资产阶级自由主义的辩护者，又是工人斗争的同情者。基于这一点，我们就不难理解，人们为什么对韦伯为其"灵魂"而进行的持续斗争，以及对这种斗争的重要性问题，存在持续的争论；我们就不难理解，人们为什么对于他的最初的本来目的和意图，以及他是自由主义还是激进主义，是维持现状者还是社会解放论者，存在持续的争论。因此，不管我们是否考虑 T. 帕森斯（Parsons, 1949）的统一的、稳定的社会系统理论建构，或者 A. W. 高尔德（Gouldner, 1980）把马克思主义的科学与批判的动机调和起来的意图，韦伯对于 20 世纪后半叶的各种意识形态战争来说，都是一块试金石。我们将在下面指出，在提出研究各种组织问题的复杂而具有扩展性的理论方法的过程中，他回应了一直支配着 19 世纪大部分时间与 20 世纪早期德国思想界的几种思想流派。特别是他与尼采的唯

意志论的论战，为我们重新评价大家熟悉的韦伯科层制理想类型，进而提出一种更广泛的科层制概念的比喻性说明，提供了灵感和启示。然而，我们首先有必要对韦伯在德国知识界的影响做一评论，这种影响预示着他的尼采主义转向。

## 二、黑格尔、康德以及组织行为的道德问题

我们从 P. 纳普（Knapp，1986）所指出的韦伯与黑格尔（逝于 1831 年）的思想之间存在的相似性开始。这些相似性主要包括表 3—1 所列举的 8 个要素，尽管该表并没有完全列出其相互之间全部的相似性。

表 3—1　　韦伯与黑格尔的共同思想要素

1. 社会结构是积极互动的个体角色的活动舞台
2. 一个行动者对于他的个体角色的主体理解，构成了一种自我意识形式
3. 组织的结构不能被认为独立于鼓励、激发这些结构的那些系统性的理论
4. 支配结构产生规则系统
5. 这些规则的具体构成要素，又取决于支配结构的一种特定安排
6. 一种支配系统的转型，是一种（常常是魅力型领导的）有目的的行动所产生的历史过程
7. 规则系统体现了一种意图，即支配性利益集团通过理性的方式来使组织铭记那些利益的意图
8. 复杂的理性结构规则日益被非理性所破坏

资料来源：改编自 Knapp（1986）。

在反思这些共同要素的时候，我们发现，至少从本体论和认识论上看，韦伯的看法原则上属于黑格尔主义。从这里我们可看到 B. S. 特纳（Turner，1991）视韦伯主要为客观主义的原因：韦伯是通过对表面上支撑理性支配系统的价值观进行理解性的分析来"获得现代性的特征"的。从本体论上看，韦伯并没有提出一种完全独立地存在的社会结构概念（如一个组织）。在他看来，社会结构不是有其自身能动性的"一种自我存在物"，相反我们应把社会结构视为一种复杂的、或多或少有组织的"行动流"，普世性的科学概念难以抓住社会结构的实质（Lopez，2003）。正如下文将要指出的，从认识论上看，这种思想指出了理解（verstehen）的根源——韦伯对于狄尔泰（Dilthey Wilhelm）的解释（interpretive）方法学的拓展，后者试图理解通过研究主

体价值、动机与个体的行动等组织构成要素来理解组织的具体性或独特性（Lopez，2003）。

如果我们把本体论与认识论结合起来考虑，那么"抓住现代性的性质"，在很大程度上要涉及对组织中的个体进行研究。如此之多的现代生活，是在这种社会结构中或通过这种社会结构来完成的，从这个经验事实来看，这些个体追求各种不同的目标。这一点立即把处于特定组织中的个人行为背后的、起基础作用的道德问题凸显出来了，从伦理角度来说，韦伯弱化了康德（逝于 1804 年）的道德绝对论，以包含一定程度的道德相对论。因此，康德的准则是，你应该以如此的方式行事：你的意志的目标应该永远当做一种普世的立法原则来坚持；而韦伯则提出了另外的准则，即你应该以这样的方式行事：你的意志目标，作为一种外在的规则的真实的表达，应该总是作为一种普世的立法原则来坚持（Schluchter，1996）。

康德的原则建立在一种内心独白（monologue）的基础上（即"根据内在道德原则来观察，我正在做正确的事情吗？"），相反韦伯则插入了一个内在的理性规则系统，引入了一种对话式的、暂时性的要素（即"我已经在那些规则——在对永恒道德原则的特定历史时期的、集体社会认可的理解的基础上所制定的规则——之下，履行了我的义务吗？"）。韦伯在回应歌德的"你如何熟知你自己的信念（conviction）"这个问题时，似乎是在回答"除了通过与他人进行讨论之外，对于你自己的信念绝对不能通过内在的反省来获悉"（Schluchter，1996）。这样一个变动，直接导致韦伯提出了其合法性权威概念的核心思想，即只要组织化的行动者认可支配其行为的规则的一般合法性（比如说，它们反映了通过对话而建立的一种价值共识），那么他们就不会怀疑这些正在被实施的规则。然而，引入具体的、暂时性的维度，就意味着那些规则至少在潜在意义上会发生变迁；比如说，当一个集体在面临一种明显的、非理性的指令时，相信有必要强化或放松这些规则。

这样一种立场明显表明了，对于道德不仅可理解为一种社会秩序，一种被奉为普世的规则，还可能存在各种竞争性的理解。的确，人们常常担心韦伯对于康德的"实践理性"的改进程度，可能为某些人无限的回归道德相对论打开方便之门。而正是在这一点上，对于韦伯在政治上的左和右的虚无主义的责备一直在增加。

## 60 三、狄尔泰与实证主义问题

传统上认为，韦伯的后黑格尔主义思想的发展方式，是指他最开始接受的是法学的教育，然后相继对历史、经济学感兴趣，最后是对社会学感兴趣。这给人一种印象，即韦伯先是经历了一个不断的发现之旅，然后逐渐达到对社会进行系统的、历史的研究顶点。然而，另一种看法则认为，韦伯首先应是我们今天所说的社会科学哲学家，他主要持续关注的是本体论、认识论与方法论问题，并把他的注意力集中在特定的学科。因此，我们不应视韦伯为一个"等待中的社会学家"，他在满足自己的历史与经济胃口的同时只不过是在等待时机，我们应可以将其职业生涯的展开过程视为一项工程，这项工程的目标就是对那个时候的所有"人文科学"中存在的实证主义进行批判。对于19世纪影响日增的实证主义进行这样的回应是必要的，因为这样的回应把韦伯与德国更广泛的、主要以狄尔泰（逝于1911年）、文德尔班（Windelband，逝于1915年）、李凯尔特（H. Rickert，逝于1936年）等人为代表的运动联系起来。

虽然较早的一些重要人物如培根（Bacon，逝于1626年）、洛克（逝于1704年）期盼存在这样一个世界，在其中所有知识——包括我们现在所谓的"人文"或"社会科学"知识——探索，都应建立在明确的而非模糊的、普遍适用的科学原则之上，但是孔德（Comte，逝于1857年）及稍后的英国的斯宾塞（Spencer，逝于1903年），才被大家公认为大大促进了实证主义在英语世界新兴社会学中的流行。吉登斯（Giddens，1974）认为，孔德及其追随者信奉的社会学"实证主义立场"，在现在仍然很明显，并且具有如下的特征：

（1）科学研究的方法论程序可以直接应用于社会学。这种主张暗含的假定是研究者也是社会实在的公正观察者。

（2）这样的研究之最终产物，可以用普世的、类似于法律的条文来表达。

（3）以这种方式产生的社会学知识，是"中立的"和无价值偏向的。

狄尔泰对于实证主义的回应，则是区分了解释
## 61
（explanation）与理解（understanding）之间的不同。根据狄尔泰的观点，解释是那些从事界定普遍性的

因果机制——独立于我们对事件的主观经验——的自然科学的最终目标。相反，理解应该成为人文科学的目标，通过对主体的经验［即我们对于事件意义的理解（interpretion）］的一种历史的把握（appreciation）所获得的理解。解释往往成为专家学者独占的领域，而理解与解释不同，往往浸透于日常生活，恰恰要编织的是文化的结构（fabric）；没有理解，一个内聚的社会是不可能的（Swingewood，1984）。这就是为什么理解对于狄尔泰来说十分关键的原因；理解意味着我们获得作为我们的构成要素的经验（Erlebnis）或者说"生活经验"，并且因为实证主义明确地批判理解而支持解释，所以实证主义遗漏了很多对于社会学研究来说十分重要的东西。

文德尔班通过探讨认识论与方法论问题，拓展了狄尔泰的历史视角。因为他认为解释的特点体现在发现普遍的科学规律（nomothetic）上，解释也是工具性的，因为解释依靠调查研究方法来产生关于类似于法律的规则的知识，并使我们根据这些规则来掌握自然。相反，理解的最终目的则是通过对独特的和个体的经验层面进行深度的描写来获得表意性（ideographic）知识，并通过产生这种表意性知识来获得所希望和寻求的人的自我—肯定（Günther & Windelband，1988）。李凯尔特则把他的注意力转向那些源自于文德尔班关于表意性知识的定义的重要问题：我们如何能够确定哪些独特的和个人的事件在历史上具有重要性，而哪些事件在历史上又是微不足道的。他关注的问题是，如果我们不能确定，那么就会面临一种风险，即退化到无意义的相对论，或者更坏的情况，即可能被这种不合逻辑所阻挠。他的回应引领了后来文化人类学等学科的发展，这些发展指出，一个观察者关于这个事情的判断，应是得到了他所处社会的主流价值观而不是他自己的价值观的指引（Rickert，1962）。

尽管韦伯与这些发展中的批评在同步发展，但他自己对实证主义的态度显得非常模棱两可。例如，尽管他支持追求表意性的知识，但是他也肯定地认为这种知识与自然科学知识一样系统，一样从表面上看价值无涉，即使这种知识不一定要应用同样的方法。实际上，韦伯只是明确地批判了吉登斯所指出的实证主义的第二个特征，即社会学知识可以明确表达类似于法律的普世规则的观点。因此，韦伯接受了实证主义关于事实与价值的区分，但他也十分肯定地认为，我们可以通过对理解和解释的整合

而获得对经验的知晓，而逐渐客观地"知道"事实与价值。尽管价值是通过社会行动主体间性地产生的，但是理解行为，通过移情首先可以使我们知道个人主体的状态，然后通过理解与因果解释——论述那些把我们与熟悉的制度如政府、公司或者家庭相联系的社会行为为特征的模式——结合，而提供这种知识目标（Weber，1962）。从这种意义上看，韦伯提出的观点是，我们可以通过比较具体制度中的、被认可的各种个人行为以及符合这些制度的事件后果，对重复发生的各种社会行动类型进行系统的解释。因此，德语的理解（verstehen）包括提出一种意义上的充分水平的理解（understanding）（即对一种行为的内在一致的过程的主观阐释），这种理解使我们可以进行充分的因果解释〔即对事件后果的一种主观理解，这些事件基于过去的经验，可能以同样的方式重复地发生（Weber，1962）〕。对于韦伯而言，正是这种质与量的知识的结合，使得社会学的研究独具特色；特别是它能够远远超越物理学与生物学中那些对于因果关系与统一性的研究和揭示。因此，

> 对于某一具体行为过程的正确的因果理解，是在这一外显行为及其动机已被正确弄清楚之时才获得的，同时也是在如果它们的关系以一种有意义的方式而变得可理解之时才获得的。那么对于某一典型的行为过程的正确的因果理解，就可以被认为是意味着如下的过程：那些被宣称是典型的行为过程，将被显示为会导致其本身有意义的，并因此也是能够充分理解的行为过程。如果意义没有将其自身附着于这样典型的行为，那么不管统一性程度如何，也不管存在多么精确的统计上的可能性，它都将保持一种不被理解的统计上的可能性，不论其处理的是一种公开外显的还是主体的过程。另一方面，甚至最完美的充分意义，从一种社会学的观点看，在因果上也是显著的，如果我们拥有我们所研究的行为（以一种有意义的方式规范地展开的所有可能性）的证据的话。为了使这一目的得以实现，我们完全有必要经常进行一种简化，以获得一种普遍的或者理想的类型。（Weber，1962：40）

稍后的章节我们将再次讨论理想类型的认识论和方法论意义，但是在这一阶段，我们应该指出的是，测量理想类型概念对后来的社会科学产生的影响的一种方式，就是确定研究者的方法在何种程度

上强调普遍性（nomothetic）层面或是强调个性（ideographic）层面。稍后读者将很清楚的是，我们的关注在于建构表意性的和个别的知识方面。

## 四、马克思与意识形态问题

韦伯对于实证主义的批判，是对诸如斯宾塞之类的学者把社会科学置于与自然科学同样地位的意图的直接反应。同样，韦伯对于意识形态的批判，则是对19世纪晚期20世纪早期诸如德国社会民主党之类的政治团体把马克思主义抬高到一种科学地位的意图的反应（Ricoeur，1994）。特别是，韦伯断然拒绝那些德国马克思主义者——只记得马克思在《资本论》第一卷中关于科学与意识形态的区分，却不理解马克思关于知识与旨趣的辩证关系讨论的奥妙——所持有的极端的经济还原论。不过，马克思的确认为意识形态（以及文化与政治实践）只是"经济基础"的附属现象，而正是这一点使韦伯确信，后来出现的各种形式的马克思主义，都是建立在如下基础上：我们看待世界的方式与我们在阶级利益系统中的地位之间存在密切的相关性——因为在我们生活的资本主义社会，资产阶级的主流意识形态促生了一种"虚假的自我意识"，掩盖了无产者的"真正"利益（Swingewood，1984）。韦伯对于作为对事件真相的一种歪曲反映的意识形态概念是不满意的，因为这种意识形态概念在分析上认为对它自身存在的基础性原因的解释，要优先于对其影响后果的理解。这一点，在韦伯的十分著名的观察发现中相当明显：尽管关于我们当下物质利益的考虑，可能在很大程度上支配我们的行为，但是特定思想观念的出现，也会像"扳道夫"一样发挥历史性的作用，并指引社会走向某一个方向（Weber，1991）。其中最明显的例子就是，新教工作伦理的出现，影响了资本主义独特的道德秩序，提供了韦伯在给李凯尔特的信中所说的、对于"现代职业文明的建立"——一种对现代经济的"精神"的建构——而言所需的一种禁欲主义（Gerth & Mills，1948：18-19）。尽管韦伯承认意识形态起到作为利益群体之间斗争的一种武器的作用——例如，新教的工作伦理明显地支持某类社会成员，他们能够以这样一种理由来证明他们相对优势地位的正当性（相对优势地位是他们自己的能力和不懈努力的结果）——但他认为对这种斗争的历史研究，焦点不应放在意

识形态在掩盖"真实"利益中的作用，而应放在团体以失去其他思想为代价，以维护一种一致性的思想支配霸权的意图。韦伯对思想与社会权力之间关系的这种探讨，对于后来的卡尔·曼海姆（Karl Mannheim）和罗伯特·默顿（Robert Merton）的知识社会学的拥趸产生了重要影响，并且正如我们下面将要指出的，韦伯的这种探讨也包含着福柯的谱系学方法的某些最初的要素（也见第六章）。

## 五、韦伯、尼采与权力意志

韦伯明显强调道德相对论，批判实证主义，并反对马克思的意识形态概念，这使得他完全成了评判现代性问题的大师尼采（逝于 1900 年）的同道，并且近年来，韦伯传统的研究者日益承认，生活在韦伯职业生涯后期的那些学者的研究，与韦伯的研究具有同等的重要性。吉登斯（Giddens, 1995）认为，德国发动、维持并最后挫败的战争经历，使韦伯逐渐转变（尽管是迟来的转变）为这样一种观点：民主是控制暴君专制的制度性权力的唯一可行方式。而在此之前，他坚持当时德国中产阶级普遍持有（或中庸）的观点：德国在很大程度上是由"畜生或禽兽"构成的民族，这些人既没有"意愿"也没有能力使德国"除魅"，进而获得人们的信任。

我们难以准确地确定，尼采在何种程度上直接影响了韦伯，或者他们是以一种相同的方式来反映他们对时代的忧虑。正如汉斯·吉尔斯与 C. W. 米尔斯（Gerth & Mills, 1948）所指出的，解放或除魅与理性化——后来被 J. 伯纳姆（Burnham, 1941）推向极端——的悲观观点，在韦伯与尼采把他们的心思转到这个问题上时，在德国传统中就已经根深蒂固了。根据 L. 科塞（Coser, 1971）的观点，尼采与韦伯之所以都日益关注这个特定事件的主题的原因，就是他们都不相信科层制官僚有维持必要程度的道德公正、清廉与个人行为自律，以避免米歇尔斯（Michels, 1915）后来所描述的著名"寡头政治

铁律"的专制的能力。

在这种悲观主义中，我们发现有很多这样的尼采主义色彩的"仲裁者"（overman）。然而，我们在此发现，韦伯与尼采之间存在微妙的差异，这种差异即使不是实质性的，至少从程度上看也是微妙的。韦伯对科层制官僚的不信任，是以中产阶级普遍的看法为基础的，即社会还不存在足够多的、能够进行必要的良好判断的民众（Coser, 1971），尽管韦伯后来希望通过适当的培训制度，最终能够矫正这个问题，他逐渐把这个问题视为一种简单的供给与需求的问题（Giddens, 1995）。[①] 相反，尼采的批判与反对则更为根本和激进，因为他认为，（特别是除了道德水平低下的德国资产阶级外）没有人能够达到这种不可能达到的、对他人实施领导所必要的、琐罗亚斯德教式或拜火教式的（Zarathustrian）理想状态（Hayman, 1980）。[②]

在道德相对主义、世界的除魅以及现代性的前景方面存在总体的悲观主义，从这些问题上我们可以认为韦伯与尼采对他们时代的一般知识的思想内涵提出了相似的（即使不是相同的）理解。然而，从一种组织观点或视角来看，我们发现了他们之间的一种共同点，而且这种共同点正变得越来越重要。韦伯特别受到了尼采如下洞见的冲击：对于所有实践目的而言，人类关系无论在何种背景之中都必须被视为一种权力关系。根据 B. S. 特纳（Turner, 1991）的观点，我们可以认为韦伯是对尼采的权力意志概念进行系统的社会化的学者——关注我们在无休止地试图重新组织这个世界，以追求和实现我们把所有人类生活各个方面都纳入整体化的理性主义过程之中的渴望时，所使用的那些实际的规训机制（Schacht, 1995）。

对我们而言，这些富于预见性的观察发现，有助于解释组织研究所显示的、对更晚近的尼采主义者福柯关于权力关系的分析的不懈关注（见第六章）。[③] 尼采、韦伯以及最近的福柯已经启迪我们去研究，应该用什么样的理性（reason）作为一种工具，去证明选择某种道德系统的正当性。换言之，

---

① 这样一种多愁善感并没有销声匿迹。实际上，对于无数的商学院，在他们以需要培训下一代管理者为基础理由来证明他们自己的合法性时，这都可能是一种魔咒和有力的借口。

② 尼采不是唯一藐视德国中产阶级的学者。实际上，海曼（Hayman, 1980）认为，尼采的《查拉斯图拉如是说》从卡尔·施皮特勒（Karl Spitteler）的《普罗米修斯与厄庇米修斯》（1880）一书中获得了灵感。后者描述了德国社会中很多正处于倒退的平庸之才的人格特征。

③ 有意思的是，福柯（Foucault, 1998）自己也承认在很大程度上忽视了很多后韦伯的德国社会理论（特别是法兰克福党派），而且除了他晚期的评论，他很少直接提到韦伯。

我们不应把理性视为当然而接受之，也不能仅仅讨论各种形式的理性如何接近于这种理想，我们必须承认，理性本身是一种政治设置，被有预谋地用于证明某种实践的正当性（Foucault, 2000）。正如B. S. 特纳（Turner, 1991：xxvii）所言，韦伯所讨论的关键问题是："理性（reason）如何能够被理性地（rationally）证明是正当的?"

B. S. 特纳的观察引起我们的一个重要争论：在分析组织中的权力关系时，我们的任务不仅仅是确定那些维持现状的实践，以决定它们是否符合某些优先的、理性的思想观念（当然，尽管这是批评性分析的一个关键要素）。因此，尽管对于组织权力实践的理性进行研究是重要的，但是我们还应研究为那些被实施的实践提供正当性理由的知识系统的语法与词汇。我们主张，这些语法提供了一种手段，我们可以用这种手段来理解权力对身体的影响，特别是体现这种权力的个体如何能够或应该成为一个组织的有用的和有生产力的成员。人类只有在他们"被持续卷入一种主体化的体系"之后，才能够高效地一起工作，并促进生产力的提高（Foucault, 1979：26）。

这种分析的核心是我们跟随 H. 怀特（White, 1978）与哈维·布朗（Harvey Brown, 1989），采取一种反讽的方法，这种方法不仅承认关于同一个客体或过程——比如说组织化的权力——的各种竞争性的描述是不充分的（Rorty, 1989），而且认为公开的、相互矛盾的描述彼此之间常常还可能是互惠的（Burke, 1969）。A. W. 高尔德（Gouldner, 1955）在对科层制的理性视角与自由视角进行讨论时，就曾经指出存在这种情况。他认为，前一种视角一直嵌入这样一种观点当中：科层制度存在的理由，完全是阶级支配；而后一种视角至少在潜在的意义上认为科层制是为了公民的利益而运行的一种最为有效的组织形式（只要它得到很好的管理和运行的话）。因此，即使我们视科层制为我们追求自己目标的一种技术——追求结果的一种手段，我们也揭示了我们根据目标、必要性和道德而认为什么是真实的东西（Heidegger, 1977）。因此，韦伯的兴趣在于组织的词汇与语法——如果你愿意认为，也可以说是知识或话语系统——以及它们与我们如何指导我们自己在组织中的行为之间的关系，而这种专注，把他与尼采的遗产更加直接地联系起来了。

我们陈述的上述方法，关注话语的认识论作用并取得了很好的结果。这使得我们可以把组织中具体和特定的话语以及组织行为的核心要素界定如下（Hall, 2001）：

（1）关于一个组织的一致而系统的陈述和主张。它描绘了我们关于组织的知识，并建构组织的"各种目标"——组织的要素是什么（个人、系统等）以及它们如何相互影响。

（2）界定谈论组织的特定方式的那些规定，以及界定其他方面的规则——即一种关于组织为什么会被选择来作为获得组织目标的方式或手段的证明理由。

（3）以某种方式赋予这种话语人格化的各种"主体"，例如"公正的"管理者、"努力工作"的雇员、"可靠的"供应商、"具有投入性或奉献精神的雇员"等等。

（4）这种组织知识如何获得其权威——为什么一种话语会逐渐被认为体现"事件真相"而接受，而其他的则不是。

（5）组织特定的技术与实践细节。它不仅提供关于组织如何经营的实践知识，而且也提供规范基础，从而可能期待组织成员能够规制他们自己以及他人的行为，例如，强制、报酬、培训系统等等。

以上是我们提出一种反讽性的分析的第一步。我们从这种熟悉的科层制理想类型入手，然后接着讨论各种不同的主体化（subjectification）模式如何从一种表面上是同样的客体——通过规则的运行而获得的组织控制，而这种规则的实施又是通过分等级的推举——的体现中接着进行下去，这种主体化赋予其不同的目的，并因此赋予不同的理性（或非理性的）行为模式。

我们随后将探讨这些不同的主体化模式如何与对立的"利益"概念相结盟，并因此与各种支配系统相结盟，而后二者都是在关于组织的不同知识系统中建构起来的。按照海德格尔（Heidegger, 1977）的看法，这一步骤最终必然会加入某种道德的考虑，而这些道德支撑着这些理性模式，把我们带回韦伯关于科层制理想类型的讨论中。我们现在转向一种谱系学的探讨模式（Foucault, 1979），并讨论如下一个问题：在何种情景下，某一种理解科层制的方式会支配另一种方式，并导致组织行为规则的变迁？

## 六、老板真的做了什么？科层制的语法与词汇

斯蒂芬·马格林（Stephen Marglin, 1975）的著名论文《老板做了些什么？》，对管理者的作用提供了一种马克思主义经济学视角的评论，认为老板是资本的仆从，我们把这个评论作为高尔德（Gouldner, 1955）所说的关于科层制的理性观的典型代表。戴维·兰蒂斯（David Landes, 1986）在后来的但同样有名的《老板真的做了什么？》一文中，对马格林的马克思主义经济学视角进行了反驳，并提供了一种自由经济学视角的分析，把管理者描述为一个组织中的每一个人的无私仆从，他们有特权获得大量管理技能和知识。我们把后一种立场作为 A. W. 高尔德（Gouldner, 1955）所说的科层制的自由观的典型代表。对于表面上是相同的客体——在商业化的组织中做生意的管理者或"老板们"，为什么会存在这样两种截然相反的观点呢？我们的回答是，每一种视角——理性观或自由观——各自包括了一套话语规则（即"语法"），使我们可以运用韦伯传统的组织词汇来进行有意义的、相互理解的陈述，并取得很好的成果。

但是这种组织词汇又如何呢？在其巨著《经济与社会》一书中，韦伯对很多客体提供了一些在他的著作中可以说是最为简练的界定，而在今天的组织研究中，这些界定仍然得到了大家的认可。这类界定大多出现在关于科层组织的研究章节内，现在已经成为组织研究的基础，成为人们持久使用的词汇。表3—2列出了这类重要的界定。

**表3—2　韦伯对于基本的组织客体的界定**

| 组织客体 | 韦伯的界定 |
| --- | --- |
| 法团 | 一种社会关系资格，通过规制实现对局外者的封闭或者禁止外部成员进入，其权威由负责这种功能的特定个体的行动来强制实施。这些官员也会实施绝对的（plenary）权力（即我们所讨论的官员，要负责实施与法律和规则一致的行为，来管辖与支配法团）（Weber, 1962：107）。 |
| 组织 | 一种持续活动的系统，以追求和实现特定的目标。一个"社团组织"，是各种社会关系的聚合，而这些关系的特征由行政管理人员来体现，他们的活动方向完全是持续地实现组织的目标（Weber, 1962：115）。 |

**续前表**

| 组织客体 | 韦伯的界定 |
| --- | --- |
| 权力 | 社会关系中存在的一种机会，这种机会许可某人推行其意志——即使遇到阻碍和挑战，也不管这种机会所依赖的基础是什么（Weber, 1962：117）。 |
| 支配* | 可以对某一由个人组成的群体施加一种特定的主张，并使其遵守的机会（Weber, 1962：117）。 |
| 规训 | 因为由个人构成的特定群体成员以一种命令为实践的导向，而使群体成员以可预测的形式进行及时而自动的遵守的机会……"规训"的概念包括遵守所具有的非批判性、大规模的实践性质（Weber, 1962：117）。 |

\* 有意思的是，帕森斯在其一生中，坚持把"herrschaft"翻译成领导而不是"支配"（如 Parsons, 1942）。毫不奇怪的是，帕森斯在反思韦伯的界定的性质时，视"领导"为有能力辩明与体现集体利益的某个人的素质——对于帕森斯而言，"herrschaft"自然暗示着合法性的权威（Cohen et al., 1975）。

因为韦伯认为，权力"在社会学上是一种无定形的（amorphous）"的概念（也就是说，存在许多不同的社会关系，在其中各个个体可以要求遵守他们的意愿），那么一种命令是否被遵守，就与支配背景有关。例如，在工厂车间中上级可能要求下属遵守命令，但是同样是这两个人，如果不是在车间中相遇，那么上级可能不会期待下属遵守其命令。我们以这种方式来描述或呈现上述界定，并不表明我们认为它们已经是完全稳定、成熟的概念，不会再受到争议。相反，韦伯关于权力的惜墨如金的论述，后来得到了很多著名学者系统的改进、拓展、增补和阐述。这些学者包括 R. M. 埃默森（Emerson, 1962）、D. 荣（Wrong, 1968）、S. 卢克斯（Lukes, 1974）、福柯（Foucault, 1979）以及 S. 克莱格（Clegg, 1975, 1989）等。然而，除了这些争论之外，关于权力、规训、支配的很多讨论，重点并不在于这些基本的社会学分析单位的界定，而在于各种关于赋予组织以目的与必要性的政治经济的相互竞争的视角中，它们是如何彼此相互联系的。在福柯看来，这是较高秩序的"治理"话语（即这种要求使多样化的与潜在的"难驾驭的"民众成为社会"有用的"成员）与地方性的规训权力技术（即各种竞争性的实践，用以确保某一个体行动与组织的目标相一致）之间的联系。在这方面，我们可以认为，我们还可以研究基本的社会客体（即通过由韦伯所开创的组织研究中的经典词汇而确立的客体）是如何通过竞争性的语法的应用，而被整合进关于组织

的知识系统中。

以"支配"为例。根据韦伯狭义的界定，任何组织，如果想要由或多或少是多样化的个人构成的群体以一致的方式行动并获得某种目标，那么都必然会进行某种形式的支配，而不管这种支配最终是通过强制还是共识实现的（Diggins，1996）。而且，用组织的话来说，在一个整合性的群体之中，支配常常是韦伯所说的"行政化"（administered）支配，即支配被铭记和奉为规则，规则的权威由负责这种功能的特定个体强制实施。① 沿着这些思路，甚至公认的马克思主义者如赖特（Wright，1997）也已经做出让步，承认在非资本主义的组织中，仍然存在功能上的劳动分工，其中某些个人基于其较优的技能与能力，而负责指导他人的行动方向。

在韦伯狭义的界定意义上，这仍然反映了一种支配形式，纵然这不是以一种通过牺牲一个阶级的利益而促进另一个阶级的利益的假定为基础的。然而，正如 A. W. 高尔德（Gouldner，1955）所指出的，关键的问题不是在支配缺失的情况下会发生什么事情，而是我们如何说明那些为了不同政治结果的支配的正当理由。在这种意义上看，理性观与自由观都涉及了很多语法，这些语法以效率的名义为科层制提供了一种合理性基础（Gouldner，1955），即自由观能够很好地解释服务于政治与经济现状的效率组织（伴随某些控制和平衡以防止支配过度的最坏情况），而理性观渴求政治和经济形势的转变，在其中效率组织不会进行长远的剥削。这些语法不会相互排斥；实际上，它们是伯克（Burke，1969）所说的"相互支持"，因为它们共享很多的话语特征。正如我们将会用一种适当的话语所指出的，这样一种互惠性是因为他们都要依赖于赋予组织的特征的语法，而这种语法建立在对于科层制理想类型的形象化使用的基础上。

## 七、提出一种组织语法：作为一种理解工具的理想类型

就理想类型而言，关于韦伯的真正意图，一直

以来争论都很激烈，并且长期不衰。然而，公正地讲，现在人们对于科层制理想类型的作用有着很多的共识，特别是认为这种理想类型是一种形象的比喻，而不是一种形成社会结构的模型、原型或蓝图。如果考虑到韦伯不断地谈及理想类型在本体论与方法论方面的特殊作用，人们过去关于这种理想类型的看法似乎有点奇怪。韦伯把他对"实证社会学"的担心作为其主张的基础，他担心 19 世纪晚期由赫伯特·斯宾塞等人提出的"实证社会学"，不能抓住参与一套复杂社会关系之个人所获得的主体经验的多样性，因为这种实证社会学的所有主张，就是要建立一般性的、普世性的、科学的社会学理论（参见 Weber，1978：56－67）。

在回应实证主义的过程中，韦伯号召人们采取一种多学科视角，这种多学科视角由他标定的"各种具体实在科学"构成，而这些科学会探讨社会经验的多样性，因此优越于一元论视角，这种视角归结于普世的、以法律为基础的结构（Weber，1978：57）。② 理想类型是产生这样的知识的重要方式，特别是因为它不是一种中立的或普遍性的社会结构模型——不同的个人可以用完全相同的方式来理解和掌握的社会。相反，一种理想类型反映的是一种意图，即描述源于一种十分明显的规范观点、视角的行为模式或"聚合"（constellations）（Lopez，2003）。韦伯在他最为著名的一段话语中，抓住了这种观点：

一种理想类型是由对于观点的一点或数点的片面强调重点构成的，以及由大量分散的、离散的、或多或少在场或偶尔缺失的具体个人现象构成的，而这些个人又是根据那些被片面强调的观点而组织成一种统一的分析的构造……在概念的纯洁性上，这种心智构造……在现实中的任何地方难以凭借经验发现。它是一种乌托邦（Weber，转引自 Gerth & Millls，1948：90）。

这里很明显，理想类型正如韦伯所设想的，是一种理解工具，可以使我们抓住难以捉摸的、复杂

---

① 值得注意的是，韦伯这里的"corporate"并不是一种商业组织的同义词。相反，他使用的是该词更为老旧的含义，即以一种"法团"（corporation）的方式把人们整合在一起。例如，为了表达法团这种特定的含义，托马斯·霍布斯（Thomas Hobbes，1651）所作的《利维坦》的卷首插图是一种铜版画，画中只有一个非常有名的海洋巨怪的身体，但是定睛一看，这个怪物又是由相互交差连锁的个体市民的身体构成的。

② 把"wissensachaft"一词翻译成"科学"，存在很大的问题。其实我们把它翻译成"知识"更好。当然，正是韦伯主张，除了对自然科学的仆从般模仿外，知识还存在其他的产生方式。

的社会关系纽结这样的事物，似乎它是一个独特而又稳定的实体，在超越唯我论的经验的同时，也使我们可以把这些事件的状态传递给他人。[①]用科学哲学的语言来说，韦伯的理想类型开创或预示了后来"理论引领"观察的状态（Hanson，1959）。也就是说，从本体论方面看，科层制概念引领我们以一种内在一致的、统一的，然而也是部分的、片面的方式构想诸如权力、支配与规训之类的具体社会关系。[②]换言之，"对于那些试图透过事实真相，整合特定系列数据的历史学家而言，理想类型是一种理解框架"（Foucault，2000：231）。

人们经常提及的韦伯的警告——后来从阿尔弗雷德·舒茨到福柯这样的学者也在不断重申这样的警告——并没能阻止很多学者完全从字面意义上把科层制的理想类型，视为一种无处不在的、内在的（并非所想要的）社会结构。然而，从字面上去理解韦伯，不仅仅是功能主义者的系统建立者长期的做法，正如 A.W. 高尔德（Gouldner，1955）所宣称的，很多其他具有更加激进色彩的研究者，都往往仅仅从字面上去理解。的确，对科层制的理想类型进行字面的理解，将其视为一种持续的、持久的社会客体，而不仅仅是一种暂时的概念化，在如下两个方面十分诱人：（1）它为比较政治视角的研究者提供了本体论上的一定程度的可信性或可靠性。也就是说，他们花额外的时间来努力研究科层制，不会徒劳无功。（2）它也为这些研究者提供了认识论上的可信性或可靠性，因为它可以使他们把科层制作为现代生活的一种普世特征来研究，并因此避免理论与方法论相关的具体的、不连贯的、模糊的问题。

这里我们对于科层制提出了一种少有的字面理解，科层制的理想类型是一种形象的比喻视角，即把科层制理想类型的首要功能/它的角色视为一种揭幕（inaugurating）姿态（White，1978），亦即随后要建立关于组织的理论，这种理论包括了"描绘概念、指定说明客体及其边界、提出主张及其合法性证明等等"（Lemke，2001：44）。这种开创性使我们可以通过使用比喻，来建立关于世界的相互之间可以理解的知识：发表说话的标准形象，使我们可以

在私人与公共领域中移动（Burke，1969；Manning，1979）。然而，对于我们来说，更为重要的挑战是回答如下问题：我们如何超越科层制理想类型的这种（公认的、关键性的）本体论功能，而支持诸如具体性、不连贯性和模糊性的理论与方法论的关注。

从这种比较熟悉的隐喻开始，我们通过讨论那些对于大多数人来说是抽象的或无形的（intangible）、难以理解和掌握的实体（诸如在组织中个体如何从属于支配、规训与控制等），来建立共同的经验基础，并把它描述为一种大多数民众熟悉的、容易把握的、具体的或有形的实体（诸如我们在一个组织中如何通过规则、分层和等级制参照框架把彼此联系在一起等）。

在提出一种组织语法的过程中，下一个形象化的转换，就是从隐喻到转喻。实际上这是一种强调重点的转移，从一般形式转移到特定条件或情况，以使我们能够把握与某种特定隐喻相联系的实体性（physicality）。科层制作为这种隐喻，不仅为我们提供了组织中的支配、规训、控制的概念框架，而且以一种转喻的形式，还把科层制描述为具有在动态过程中发挥作用的、离散的要素所构成的实体结构。也就是说，科层制有助于我们阐述支配、规训与控制实践（尽管这些结构与过程不一定与科层制理想类型完全一致）。而且，人们对他们与这些结构和过程之间的关系的理解，以及应如何应对，都是通过与具体可靠的主体状态（诸如有责任心的和顺从的工人或者难缠的、桀骜不驯的工人）相联系的态度和全部技能表现而获得或体现的。

第三个形象化的转化则是根据各个实体所共有的类似结构与过程在程度上的差异，把世界分为各种客体阶层的一种方式。因此，我们可以说某个组织属于我们称做的官僚客体阶层，因为它具有我们赋予科层制理想类型的某些（即使不是全部）共同特征。从认识论角度看，这种分类学步骤特别有力，因为它可以使我们通过对各种类型进行比较研究，对世界上各种广泛的科层获得推断性的知识。也就是说，如果我们（或多或少）可以把一个组织归类为科层组织，那么就可以对它的社会结构的某些层

---

① C. 迪尔（Diehl，1923）在讨论韦伯的经济学著作时，把理想类型描述为一种虚构，不是使我们从物理原理推导出包含"关于事物的真实实在"的法则，而是使人们可以概括历史现象在文化意义上的特征。根据 C. 迪尔（Diehl，1923：94）的观点，"文化概念是一种价值概念。所有的价值判断都是主观的，并且在历史过程中因控制人们的文化与思想的特征的不同而变化"。

② 我们这里有意用一种模糊的方式来使用"部分的"这个词。一种理想类型是"部分的"，因为其必然是不完全的（就像一种路线图，只有在省略绝大部分的地形细节的情况下，才可能有用一样），也因为其描述的是一种对某种实体或客体的特殊视角。

面的运行得出一定的结论。

在这方面，科层制理想类型发挥其启发比较组织研究的作用的方式之一，就是进行弗里夫伯格（Flyvbjerg，2001）所说的，一个组织接一个组织地进行经验研究，并在此基础上进行"最大化差异变量"案例研究。在此，目的不是要证实实际的支配、规训、控制实践在任何地方总是相同的（即认为科层制理想类型是一种普世的社会结构），而是要探讨在各种背景中它们之间存在的细微差异，这些背景的范围，包括从那些在其中我们最有可能遇到它们的背景（例如，在高度理性化的电话客服中心工作——Garson，1988；Bain & Taylor，2000）到那些在其中它们的存在可能会让人吃惊的背景（如以团队工作的名义进行自治性工作的背景）。

如果我们要理解这些形象化的转换如何形成个体上一致的既有竞争性却又"互惠"的"事件真相的"描述系统，那么我们还需要了解最后一步的形象化转换：反讽。反讽涉及把对特定具体科层制的描述视为是提供了罗蒂（Rorty，1989）所说的一种"最后的词汇"，这种词汇可以使研究者把关于这个世界是什么样子的事实描述（正如它们现在看起来的样子），与这个世界应该如何的规范描述联系起来。我们应该有理由认为，这种最后的词汇是相互排斥的：以某种方式谈论科层制，似乎会排斥另一种谈论方式。K. 伯克（Burke，1969）指出，我们通过这种相互排斥的方式，独断地坚持一种特定的、最后的词汇，在最基本的意义上成为相对主义者，因为我们根据同一话题的其他各种最终词汇与我们自己的词汇的差异或分离度，可以看到这些词汇的各种真实主张。与此相反，伯克提出一种反讽的处理办法，这种处理办法承认"各种对立的话语构型之间的相互亏欠"，也就是说在某些方面，每一种话语构型都预见和回应了其他话语的立场。采用一种反讽性的处理办法，使我们可以获得一种"关于各种视角的视角"，来理解各种竞争性的话语构型帮助我们创造真理的方式，这些真理是模糊性的、可挑战的。这种视角并不会揭示所谓普世性的和先验性的真理（Burke，1969；Rorty，1989）。

相应地，反讽者们（1）已经质疑他们当前的最终词汇的真实有效性，而这至少不是因为他们承认（无论是多么轻微）竞争性的最终词汇的优点；（2）承认绝对地用他们自己的最终词汇所表达的一种主张，可能永远也不会完全地缓和这些质疑；（3）承认他们的最终词汇是对世界的一种可以进行挑战和质疑

的描述或再现，而不是对实在的模棱两可的陈述（根据 Rorty，1989）。我们主张沿着这些线路对科层制采取一种反讽性的处理，并且为了"获得关于各种不同视角的视角"，应探讨伯克所说的各种竞争性的话语构型之间的"相互亏欠性"。我们进入这个问题的途径，是探讨关于科层制困境的描述，即如果不参照另外的构型，任何一种构型都难以彼此在这样的困境问题上相融或协调。然而，这并不仅仅是一种学术性的练习，个人相对于科层制的挫折感，可以视为我们在获取价值更高的其他目标时所产生的不可避免的副产品，这些目标诸如程序公正，对于行政命令的抵制或反复无常的突然念头（Du Gay，2000）。这样，强调相对于科层制的矛盾的经验——例如，它既是限制性的又是抵制性的，或者规则"不能解释每一种可能发生的事情"这种失败，常常被用来证明起草和建立更多规则的正当性——对于理解竞争性的组织语法对组织行为的影响，就显得十分重要了。

## 八、关于科层制的竞争性语法的反讽式理解的初探

关于在科层制中什么样的行为才是正确的行为的观念，存在模糊不清的地方，而人们处理这种模糊不清的传统方式，一直以来都表现了它所具有的两面性。这在总体上与各种在特定时间和条件下是流行的、分散的、彼此又相互交叉的原因解释存在关系（参见 Bendix，1947；Eisenstadt，1959；Burns & Stalker，1961；Alder & Borys，1996）。例如，R. 本迪克斯（Bendix，1947）指出，存在相互冲突的"民主的"与"权威的"科层制形式，这两种科层制形式都有其自己独特的气质或精神。因此，民主的科层制与那些分散的、具有一定自由裁量权的、相互尊敬、忠诚等气质或精神联系在一起，这些气质或精神是通过同志之爱建立起来的；而权威的科层制与那些通过不容置疑的顺从而建立的遵守、效忠、忠诚等气质或精神相联系。这种逻辑告诉我们，应把科层制划分为民主的科层制与权威的科层制两种类型。而爱森斯塔德（Eisenstadt，1959）关于科层制的界定也反映了这种自由裁量权的选择，他认为科层制要么是一种公共服务工具，要么是一种"恶"的权力。而 P. S. 阿德勒与 B. 鲍里斯（Adler & Borys，1996）则把科层制划分为"制约性"的科层制

与"使能性的"科层制。

R. 本迪克斯则通过专制主义的法院和独裁君主、大普鲁士（Great of Prussia）的弗雷德里克（Frederick）等人们所熟知的形式，来说明这种权威主义科层制的气质或精神。但是我们发现，他选择非军事警察队伍作为例子也很有意思。对这种气质或精神，他以斯密的违反直觉的观察发现（Smith，1940）为例，即有效的警察治安不是依靠每个官员对普遍的、不可更改的法律条文的实施，而是依靠官员个人在一个案件接着一个案件的基础上，实施他们自己的自由裁量权，以确保社会保护能够得到最大限度的实现。因此，

> 其实施的程序与应用的方法，会因社区或邻里而各异。在这方面没有规则可循，甚至警察也没有通用的指南，每个警察在某种意义上看，必须自己决定某种标准，并设置到他所管辖的区域……因此他类似于一个制定政策的警察管理者，其个人的操作和运行超越了一般大众的控制范围。（Smith，1940：20）

尽管斯密对现在流行的自我管理概念做了颇有预见性的评论，但是他的那些观察发现也很值得关注，因为那些观察发现指出，通过个人实施自由裁量权从而调动更大的善的概念的官员，会面临道德上的两难或者困境。其中最明显的是，这可能直接与程序公正概念相矛盾，因为当一个官员在把法律应用于一个案件接着一个案件时，并不存在明确而严格的规则来供他遵守。这就为各种形式的受贿（例如官员对合法使用不确定的、受怀疑的方式来获取某种"结果"的随从官员睁一只眼闭一只眼），甚至是为更邪恶的、非理性的权力滥用（例如一个官员根据自己的偏见而只重视社会中的某个群体）提供了机会。对于这种困境的其他一些例子也可以在那些我们认为本应是理性或合法秩序的组织诸如军队和监狱中找到，但是对于我们来说，本迪克斯关于警察的例子的重要意义在于，它使我们注意 P. 杜盖（Du Gay，2000）所说的困境：个人对于科层制的挫折感常常是我们渴望程序公正的副产品。

根据 A. W. 高尔德（Gouldner，1955）的观点，强制秩序话语与共识之间，或者支配与关心之间这种独特的、较高水平的冲突，可以通过比较理性的科层制语法与自由的科层制语法之间的差异来加以展示。然而，我们的论点是，分析这些语法并不能准确地抓住组织成员的经验，因为我们发现，我们完全可以设想，一个组织成员可能不满于组织规则的制约，但是同时又渴望获得组织的保护，他们可能存在反对命令或反复无常的、突发性的念头。因此，重要的不是根据此种或彼种标准来划分不同的特定科层类型，而是把它视为矛盾性的时刻。我们如果在分析上能够发现这样的时刻，那么可能获得更多的成果。在这些时刻中，这种两分类型学所提供的语法规则——它们是支配性的或者关心性的，民主性的或者权威性的，制约性的或者使能性的——之间存在相互冲突，不过同时也是相互"亏欠"的。换言之，我们应该寻找到这样的一些时刻，在这些时刻，雇员面临一些决定上的两难，地方性的规训权力技术是一种合法的强制形式（并因此受到支持），或者是对他们的自治的一种合法性侵蚀（并因此受到抵制）。

对科层制进行这样一种反讽性的分析，可以在很大程度上缓解围绕组织中实施的特定法律或理性规则的成功（或者失败）的伦理方面的争论。例如，我们可以合理地预测，如果一个组织着重强调"团队工作"以及"赋权"的修辞，但同时在这个组织中也存在规训技术，试图确保名义上的自由裁量权被用于追求组织表达的目标，那么这些矛盾性时刻将会更具对抗性，并且（至少会潜在地）使组织日益不稳定（Sewell，1998）。现在我们把这个评论记在心中，并通过一个案例（非常重视其非强制性的资格凭证）研究继续探讨我们如何可以使用一种反讽性的视角，来处理人们关于科层制存在的矛盾性的经验。

## 九、日益坚固的铁笼：对强制控制的一种反讽性理解

我们的案例来自对 ISE 通信公司的团队工作的长期人类学研究。该公司是北美生产电子电路板的一个小加工厂，该工厂采用了类似福音主义者的方法，来实现所谓的团队工作、赋权以及增加雇员的自由裁量权等收益（Barker，1993，1999）。的确，在 ISE 通信公司中，明确存在的这种相互依赖和共识价值的话语，构成了 B. 弗莱夫伯格（Flyvbjerg，2001）所谓的"至少—可能"（least-likely）的情况。也就是说，乍看起来，我们可能会吃惊地发现强制与共识的话语，或支配与关心的话语日益进入冲突状态。正如我们所要讨论的，我们将指出一些情况，在这些情况中这种冲突实际上是明显的，并且针对

这种情况，就各种相互竞争的、关于什么是正确行为的模式如何影响雇员的"实际"行为问题，反讽性的方法可以得出一些重要的看法。

J. 巴克尔（Barker）描述了一种团队工作计划的实施，而这种计划似乎明显违背了 ISE 通信公司的运作实践。变革的内在动力受到了当时的管理背景的影响，这种背景强烈要求管理者"放松束缚他们的雇员的缰绳"，或者"使他们自由"，以开发一种被忽视的资源：真诚、创造性以及每个雇员的知识，那些过去在经营事务方面从来就没有得到咨询意见的人们的知识。在这样一种强烈要求的背后，有一种大家熟悉的逻辑，这种逻辑与 20 世纪 80 年代出现的诸如质量小组（quality circlc）等各种运动以及稍后的全面质量管理运动相联系，这就是"只有那些最接近生产线的人，才最能解决生产线上所出现的问题"。

这对于 ISE 案例研究中的主体——从事生产流水线的重复组装任务、小时工资制的轮班工人——一直以来肯定是一个有趣的假设或命题；他们将在经历数年最仔细而准确的管理控制之后，会日益对自由、"可能自己当老板"或"对事情如何完成拥有发言权"等这样的许诺，起着一种强有力的推动器作用，也就是可以克服那些很有可能出现的犬儒主义、玩世不恭、冷嘲热讽的情感。然而，数年之后，这个工厂逐渐放弃了我们所熟悉的技术与科层控制相结合的地方规训权力技术（参见 Edwards, 1979），走向一种以同辈为基础的规训形式，这种形式在很多方面都模仿了以规则为基础的强制；尽管这种规则本身是通过团队内部的相互同意过程而确立起来，并因此而合法化的。J. 巴克尔跟随 P. K. 汤普金斯与 G. 陈雷（Tompkins & Cheney, 1985）的研究，认为这是一种以"协力（concertive）控制"为特征的过程（Barker, 1993）。我们下面通过一种类型学方法，来探讨在 ISE 通信公司中这种协力控制是如何展开的，这种类型学在对关于组织中的正确行为问题的竞争性描述所进行的反讽性分析中，达到了顶点。

### 具有开创性的科层制理想类型

韦伯关于科层制的讨论为巴克尔的研究起了一种开创性的作用。J. 巴克尔以此为基础，对强制性的控制经验进行了比较分析，指出这种控制经验在很多重要方面都与科层制理想类型不同，是一种权力意志的宣示。更为重要的是，韦伯传统的"法人团体"这个概念（见表 3—2）主要是在团队层次上进行阐述的，而不是在作为整体的组织层次上进行讨论的。即使从视科层制为一种开创性的概念这种修正观点来看，团队也往往更多地终结于他们自己设计的同辈控制与规则控制系统制约，而不是一直处于被他们取代了的更为传统的科层制形式。

### 隐喻的使用：团队应如家庭一样行事

ISE 在向团队工作转变的初期，其雇员常常自称他们的团队为一个"家庭"。这种隐喻性的用法，表明了一种紧密团结的法人团体的思想，同时又引入了一种传统上与核心家庭相联系的"自然的"权威等级制概念。这一步的转变创造了一种气质或精神，并影响新的团队成员如何看待他们自己以及彼此之间应如何行动。该案例研究的重要信息提供者或线人莉斯（Liz），常常会借用这一团队比喻，来表达相互依赖，以及施加给成员的使他们自己遵守它的集体意志的责任。例如，

> 视团队会像家庭那样成长。就像你与年轻小伙离婚，然后又再婚。在你不得不学习如何彼此相处的时候，也是你成长的时候。你必须每天为它工作。但在一段时间之后，你会发现使它运行起来的方式，或者最后事情变得分崩离析。它需要恒定的工作努力。团队的情况也是这样的。假如你一天要在这里花上 8～10 个小时，而你一天花在家庭上的时间是多少呢？我们的团队在那时确实像一个家庭。我们都一起处在这个家庭之中。我们不得不一起使之运转起来。因此，我们不得不在一起成长（Barker, 1999）。

这一最初的比喻步骤，对于后来的规训权力技术的合法性基础的建立，具有十分重要的影响，这种技术是团队成员自己发展起来的。

### 从隐喻到转喻：现在我们是一个"真实的"团队

随着时间的推移，雇员们开始逐渐认为团体的有形结构等，是个别离散要素的集合体。通过相互依赖与相互负责之类的话语，所有团队成员都逐渐认为他们自己是一个内聚性的公司团体的关键部分。例如，在这种团体中存在强烈的要求，要求成员学习如何承担彼此的工作，以至于个人之间可以互换。更为重要的是，使用转喻这样的词汇，从团队可以

还原为个人具体的绩效角度看，成员会逐渐明白他们是相互依赖的。这导致团队成员彼此施加同辈群体压力，并作为一种控制手段。意味着在功能上成为"在团队中"被控制而成为一个更大整体的个体要素。他们已经日益成为一个家庭，他们是一个"团队伙伴共同体"。而且，走向这种转喻的这一步，团队的价值系统开始铭记以规则为基础的规训所实施的那些正式要求。例如，

> （其他的）价值包括每个人对于充分贡献的需要。团队成员称之为在团队会议上"说出你的片段"，以使团队的决策更好（以及他们的共识更强）。这种价值观的另一个部分，就是所有成员对于学习团队要求的所有工作的需求，以至于他们能够彼此填补与掩护。ISE 的团队工人正在开始把他们所需要的话语构件拼在一起，以建立一个有用的、容易看清和辨别的规训纪律。(Barker, 1999)

其中最关键的是，转喻这一步可以使特定的规训权力，根据团队实质理性在个体间实施，这提供了他们的活动与利益边界。在这一发展阶段，理性规则的出现导致组织强调控制的具体化，并且几乎可与他们以前的监工对工作的说明手册一样有形。这里的关键要素是，权威的所在地和发源地取决于团队本身，这种团队给予规则规训的力量。

## 转喻到举隅（提喻）：ISE 是一个大家庭

随着这一步而来的是，所有的 ISE 团队开始视他们自己为分散个体实体的集体集合，共享相似的结构与过程。"团队"概念逐渐把工作在一起的这种动态状况描述为跨越整个组织的法人团体。所有的这些团队都形成了相似的工作方法与规训过程。这明显是一种提喻法的步骤，因为各个团队的地方性规训实践日益标准化。实际上，ISE 是各个团队的联邦，这些团队在他们共同的价值观系统的基础上，能够合法地干预彼此的活动。例如，人们一直预期长期稳聘的团队成员更有助于融合与培训新员工，并使之进入已有的团队（团队自己确定最终是谁会被再培训为全职的雇员），有经验的工人们也会被安排到新的团队去社会化新成员，使之接受既有团队确立的价值系统。这在团队会议中特别明显，这种会议作为一种平台来讨论确立了的规范，并创造

ISE 团队内部以及之间的规则。

最后，所有的团队都围绕在通过同辈监督而实施的一种持续规训技术模式的周围，并会聚在一起。在此就是提喻的一步——视 ISE 为一个整体，由各个团队构成，每个团队都共享相似的价值系统——导致组织范围内的强制控制，创造了一种比正统科层控制更为有力和有效的"铁笼"(Barker, 1993)。

## 反讽：一致性控制的两难困境

如果 ISE 有效的控制是建立韦伯意义上的纪律的方式之一（见表3—2），那么如何理解在 ISE 的团队成员中潜在的矛盾性的经验——他们被许诺赋予某些权力，但最终却发现自己被强制进行某种行为？这种关注导致我们进行最后的一步比喻：反讽。对于某些成员来说，十分明显的是，他们正在创立他们自己的系统规训。然而，甚至那些警惕这种矛盾的人，都会持续地表达这种情感，即这些规则对于他们和他们的工作都有利。例如，很多 ISE 团队成员愿意理解他们创造了一个比以前旧的等级制更为有力的控制形式，但是这些工人都不愿意回到他们先前的工作方式。当巴克尔问利·安 (Lee Ann) 在新的团队结构中的工作压力如何时，她评价说：

> 没有一点压力（笑）。我工作十分努力。我为这个团队而卖命工作。我一直使这个事情持续运作。是的，我们已经被深度卷入其中。我工作很长的时间。但是它在运行。这个团队在运行。我对此非常骄傲。我不愿意回到传统的管理系统。我们在这里自我管理，并且我不想放弃它。(Barker, 1999)

因此，ISE 的工人发现强制控制在实施制约的同时也在给予自由，在进行强制的同时也在提供保障。所有上述内容都报告了所谓自治的好处，强制性控制给他们提供了有形的回报，比如增加工作保障和使他们的工友不会进行机会主义和搭便车的行为（参见 Sewell & Wilkinson, 1992）。

在这样一种矛盾的情形中，团队成员通过两种冲突性的主体化模式，来理解他们的工作生活之意义；两个相互竞争的知识系统，其中每一个都是在源自科层制理想的客体的基础上建构出来的，但会导致十分不同的主体状况。更为重要的是，ISE 的经验表明，与团队工作相联系的相互竞争的正确行为模式，是通过熟悉的科层制语法表达出来的。然而，在 ISE 这个案例中，个体组织的人格高度冲突，

完全是因为处于主导地位的语法完全排斥其他的语法——为了应对强制控制的具体规训实践，团队成员为他们自己决定那些实践是否主要是制约或主要是保护，是强制性的或关心性的等。

这样的冲突性经验明确显示了我们在做结论时，在决定 ISE 的团队是否过于强制性或"赋权性"时所面临的困难。当然，团队成员经常报告这类的微妙感觉："我们认为我们正在参与自我强制，但是这总比其他情况要好。"但是，我们要决定谁会从偏离科层控制中得益，如果忽视诸如被束缚于虚假意识中的傻瓜的沉思这样的情感，那么我们就会犯下严重的错误。同样，我们也并不一定要证明 ISE 的管理者是有意识地玩弄某些复杂而世故的狡诈游戏，欺骗他们的雇员进入一种高度的自我剥削形式，而服务于幽暗的"资本主义者"的利益［的确，我们毫不怀疑，鼓动向团队工作转换的 ISE 制造副总裁杰克·塔克特（Jack Tackett），在谈及"赋权"或"自治"时其行为的信义］。这就是为什么对于规训权力的地方性技术的一种反讽性分析，揭示了当赋权与团队工作这样的计划与雇员的日常程序正义或自治概念相一致时，反对这样的计划的主张会面临的困难，即使结果可能是强制水平与工作强度水平出现一定程度的增加。

### 通过反讽使组织研究前进

我们的 ISE 案例显示了，ISE 的团队成员的冲突性经验，如何有助于解释杜盖的科层制困境：我们可以呼吁保护与正义，但是当我们认为我们的自治与自由正在受到制约之时，仍然存在目标纷争。当然，这样的困境一点也不奇怪，因为韦伯把缓慢地进行的理性化描述为一种著名的"铁笼"，这种铁笼本身也是矛盾的：铁笼具有保护性，也具有制约性。的确，正是这种矛盾性使得诸如 R. 本迪克斯（Bendix, 1947）、A. W. 高尔德（Gouldner, 1955）、爱森斯塔德（Eisenstadt, 1959）、P. S. 奥尔德与 B. 鲍里斯（Alder & Borys, 1996）等学者都关注科层制的二重性。在这方面，要在"好的"与"坏的"科层制中实施一种离散的选择是很困难的，即使是在对一种表面上是"好的"形式将要流动的期望或预期似乎很强烈（如团队工作情景），也是如此。齐格蒙特·鲍曼（Z. Bauman, 2002）认为，在极端情况下一个团队的首要目标显然就是剥削性的，因为对于其"最强大"的成员而言，它就是一种为他们自己的利益服务而牺牲弱者工人利益的一种最有

效的方式。

在这样的情况下，极端化的与静态的组织权力、支配和规训概念，就较少具有说服性。的确，正如我们通过 ISE 的团队的经验所发现的，在打破传统上是优势或劣势的关系枷锁的过程中，团队成员逐渐陷入一种新的权力、支配与规训关系中。从这种意义上看，团队远非通过"后科层制"结构获得解放，相反是逐渐作为组织的一个基本单元而运行和发挥作用；我们需要发展和进步，需要重新思考科层制在较低的整合层次上的技术与道德状态。这里我们同意 P. 杜盖（Du Gay, 2000），因为从总体上看，科层应被视为一种"被制定的伦理生活风格"，但是我们还应增加与特定科层语法相结盟的独特"风格"，彼此竞争为团队生活提供伦理蓝图。正是这种反讽，使我们可以理解，这些竞争性的蓝图是如何在具体困境以及随之而产生的矛盾等问题的组织中展开的。

# 十、结论

在本章开始我们指出，分析韦伯的任何当代学者，都面临艰巨的任务：关于韦伯，人们还可以说一些以前人们没有说过的内容吗？对于我们而言，我们试图对于韦伯的著作提出自己的一种话语与描述，我们的这种描述以尼采、韦伯、福柯之间的联系为基础。其结果是，我们对韦伯的著作提供了一种形象化的分析视角，使当代学者可以拓展他的思想，进一步探讨这种话语领域。

最后，我们仍将进一步持续研究和观察。明白地说，韦伯对我们如何理解我们的组织经验，有着持续而强大的影响。所有的组织研究都已经受到、正在受到或将要受到他的思想的影响。分析韦伯的思想是十分艰巨的任务，就是这个简单的事实，也需要数本书来讨论他的影响。为什么韦伯是如此持久、如此有用、如此受到支持和拥护呢？答案在于他具有参与那些必须参与的事情的能力——对于主要生活在组织中和依靠组织而生存的一种生命实践与伦理的含义，提出一种批判性的理解。换言之，韦伯那些具有持久生命力的遗产，就是把学者们的思维引向组织的"更年期焦虑"（anxieties of the age）。韦伯使我们在组织研究时把注意力指向所面临的重要问题，这些问题是关于实证研究能否把握社会关系中主体经验的多样性的持续争论，或者能

否把握对组织世界中的批判性权力与支配的渴望的持续讨论。从一种话语的角度对韦伯关于工作组织研究的伟大贡献进行反思，可以促使我们所说的韦伯传统的思想更加有力、更加有用和更加重要。

格雷厄姆·塞维尔（Graham Sewell）
詹姆斯·R·巴克尔（James R. Barker）

**参考文献**

Adler, P. S. and Borys, B. (1996). "Two Types of Bureaucracy: Enabling and Coercive", *Administrative Science Quarterly*, 41 (1): 61 - 89.

Bain, P. and Taylor, P. (2000). "Entrapped by the Electronic Panopticon? Worker Resistance in a Call Centre", *New Technology, Work, and Employment*, 15 (1): 2 - 18.

Barker, J. R. (1993). "Tightening the Iron Cage: Concertive Control in Self-Managing Teams", *Administrative Science Quarterly*, 38 (3): 408 - 37.

—— (1999). The Discipline of Teamwork: Participation and Concertive Control. *Thousand Oaks*, CA: Sage.

Bauman, Z. (2002). *Modernity and the Holocaust*. Cambridge: Polity Press.

Bendix, R. (1947). "Bureaucracy: The Problem and Its Setting", *American Sociological Review*, 12 (5): 493 - 507.

Blau, P. M. (1963). "Critical Remarks on Weber's Theory of Authority", *The American Political Science Review*, 57 (2): 305 - 16.

Burke, K. (1969). *A Grammar of Motives*. Berkeley, CA: University of California Press.

Burnham, J. (1941). *The Managerial Revolution: What is Happening in theWorld*. New York: John Day & Co.

Burns, T. and Stalker, G. M. (1961). *The Management of Innovation*. London: Tavistock Publications.

Burrell, G. (2002). "Twentieth-century Quadrilles: Aristocracy, Owners, Managers, and Professionals", *International Studies of Management and Organization*, 32 (2): 25 - 50.

Clegg, S. R. (1975). *Power, Rule, and Domination: A Critical and Empirical Understanding of Power in Sociological Theory and Organizational Life*. London: Routledge & Kegan Paul.

—— (1989). *Frameworks of Power*. London: Sage.

Cohen, J., Hazelrigg, L. E., and Pope, W. (1975). "De-Parsonizing Weber: A Critique of Parsons Interpretation of Weber's Sociology", *American Sociological Review*, 40 (2): 229 - 41.

Coser, L. (1971). *Masters of Sociological Thought: Ideas in Historical and Social Context*. New York: Harcourt Brace Jovanovich.

Diehl, C. (1923). "The Life and Work of Max Weber", *Quarterly Journal of Economics*, 38 (1): 87 - 107.

Diggins, J. P. (1996). *Max Weber: Politics and the Spirit of Tragedy*. New York: Basic Books.

Du Gay, P. (2000). *In Praise of Bureaucracy: Weber. Organization. Ethics*. London: Sage.

Edwards, R. (1979). *Contested Terrain: The Transformation of the Workplace in the Twentieth Century*. London: Heinemann.

Eisenstadt, S. N. (1959). "Bureaucracy, Bureaucratization, and Debureaucratization", *Administrative Science Quarterly*, 4 (3): 302 - 20.

Emerson, R. M. (1962). "Power-Dependence Relations", *American Sociological Review*, 27 (1): 31 - 41.

Flyvbjerg, B. (2001). *Making Social Science Matter*. Cambridge: Cambridge University Press.

Foucault, M. (1979). *Discipline and Punish: The Birth of the Prison*. Harmondsworth: Penguin.

—— (1998). "Structuralism and Post-Structuralism", in J. Faubion (ed.), *Michel Foucault: The Essential Works*, 2. New York: The New Press.

—— (2000). "Question of Method", in James D. Faubion (ed.), Michel Foucault: *The Essential Works*, 3. New York: The New Press.

Garson, B. (1988). *The Electronic Sweatshop: How Computers are Transforming the Office of the Future into the Factory of the Past*. New York: Simon & Schuster.

Gerth, H. H. and Wright Mills, C. (eds.) (1948). *From Max Weber: Essays in Sociology*. Oxford: Oxford University Press.

Giddens, A. (1974). *Positivism and Sociology*. London: Heinemann.

—— (1995). *Politics, Sociology and Social Theory: Encounters with Classical and Contemporary Social Thought*. Cambridge: Polity Press.

Gouldner, A. W. (1955). "Metaphysical Pathos and the Theory of Bureaucracy", *American Political Science Review*, 49 (2): 496 - 507.

—— (1980). *The Two Marxisms: Contradictions and Anomalies in the Development of Theory*. New York: Seabury Press.

Günther, S. and Windelband, W. (1988). *Geschichte der antiken Naturwissenschaft und Philosophie*. Nördlingen:

C. H. Beck.

Hall, S. (2001). "Foucault: Power, Knowledge and Discourse", in M. Wetherell, S. Taylor, and S. J. Yates (eds.), *Discourse Theory and Practice: A Reader*. London: Sage.

Hanson, N. R. (1959). *Patterns of Discovery*. Cambridge: Cambridge University Press.

Harvey Brown, R. (1989). *A Poetic for Sociology*. Chicago: University of Chicago Press.

Hayman, R. (1980). *Nietzsche: A Critical Life*. Oxford: Oxford University Press.

Heidegger, M. (1977). The Question Concerning Technology. New York: Harper Torchbooks.

Hobbes, T. (1651). *Leviathan, or, the Matter, Form, and Power of a Common-wealth Ecclesiastical and Civil*. London: Andrew Crooke.

Knapp, P. (1986). "Hegel's Universal in Marx, Durkheim and Weber: The Role of Hegelian Ideas in the Origin of Sociology", *Sociological Forum*, 1 (4): 586 – 609.

Landes, D. S. (1986). "What Do Bosses Really Do?", *Journal of Economic History*, 46 (3): 585 – 623.

Lemke, T. (2001). " 'The Birth of Bio-Politics': Michel Foucault's Lectures at the Collège de France on Neo-Liberal Governmentality", *Economy and Society*, 30 (2): 190 – 207.

Lopez, J. (2003). *Society and its Metaphors: Language, Social Theory, and Social Structure*. London: Continuum Books.

Lukes, S. (1974). *Power: A Radical View*. London: Macmillan.

Manning, P. (1979). "Metaphors of the Field: Varieties of Organizational Discourse", *Administrative Science Quarterly*, 24 (3): 660 – 71.

Marglin, S. (1975). "What Do Bosses Do?", in A. Görz (ed.), *The Division of Labour: The Labour Process and Class-Struggle in Modern Capitalism*. Brighton: Harvester Press.

Marx, K. (1976). *Capital, Volume* 1. Harmondsworth: Penguin.

Michels, R. (1915). *Political Parties: A Sociological Study of the Oligarchical Tendencies of Modern Democracy*. Glencoe, IL: Free Press.

Nietzsche, F. (1961). *Thus Spoke Zarathustra*. London: Penguin.

—— (1979). *Philosophy and Truth: Selections from Nietzsche's Notebooks of the Early* 1870s. Atlantic Heights, NJ: Humanities Press.

Parson, T. (1942). "Max Weber and the Contemporary Political Crisis", *Review of Politics*, 4 (1): 61 – 76.

—— (1949). *The Structure of Social Action*. Glencoe, IL: Free Press.

Rickert, H. (1962). *Science and History: A Critique of Positivist Epistemology*. Princeton, NJ: Van Nostrand.

Ricoeur, P. (1994). "Althusser's Theory of Ideology", in G. Elliott (ed.), Althusser: *A Critical Reader*. Oxford: Blackwell.

Rorty, R. (1989). *Contingency, Irony, Solidarity*. Cambridge: Cambridge University Press.

Schacht, R. (1995). "Nietzsche", in R. Audi (ed.), *The Cambridge Dictionary of Philosophy*. Cambridge: Cambridge University Press.

Schluchter, W. (1996). *Paradoxes of Modernity: Culture and Conduct in the Theory of Max Weber*. Stanford, CA: Stanford University Press.

Sewell, G. (1998). "The Discipline of Teams: The Control of Team-Based Industrial Work Through Electronic and Peer Surveillance", *Administrative Science Quarterly*, 43 (2): 397 – 429.

——and Wilkinson, B. (1992). "Someone to Watch Over Me: Surveillance, Discipline and the Just-in-Time Labour Process", *Sociology*, 26 (2): 271 – 90.

Smith, B. (1940). *Police Systems in the United States*. New York: Harpers.

Spitteler, C. (1945). "Prometheus und Epimetheus", in *Gesammelte Werke*. Zurich: Artemis.

Swingewood, A. (1984). *A Short History of Sociological Thought*. New York: St Martin's Press.

Tompkins, P. K. and Cheney, G. (1985). "Communication and Unobtrusive Control in Contemporary Organizations", in R. D. McPhee and P. K. Tompkins (eds.), *Organizational Communication: Traditional Themes and New Directions*. Beverly Hills, CA: Sage.

Turner, B. S. (1991). "Preface", in H. H. Gerth and C. Wright Mills (eds.), *From Max Weber: Essays in Sociology*. London: Routledge.

Weber, M. (1962). *Basic Concepts in Sociology*. London: Peter Owen.

—— (1978). *Economy and Society: An Outline of Interpretive Sociology*. Berkeley, CA: University of California Press.

—— (1991). "The Social Psychology of the World Religions", in H. H. Gerth and C. Wright Mills (eds.), *From Max Weber: Essays in Sociology*. London: Routledge.

87 　White，H.（1978）. *Tropics of Discourse：Essay in Cultural Criticism*. Baltimore，MD：Johns Hopkins University Press.

Wright，E. O.（1997）. *Classes*. London：Verso.

Wrong，D.（1968）. "Some Problems in Defining Social Power"，*American Journal of Sociology*，73（6）.

# 第四章

# 涂尔干的组织文化观

一个群体的成员之间对群体内的认知导向和具有调节作用的文化律令所达成共识的程度和强度，是这个群体中的成员之间的结构分化程度的一种反函数，也是一种（1）使他们个人之间的互动率成倍地增加的正函数，（2）情感激励水平成倍增加的正函数，以及（3）仪式表演绩效率成倍增加的函数［乔纳森·特纳对涂尔干的文化理论的公理般的归纳（J. Turner，1990)]。

本章探讨涂尔干的思想对于组织研究的重要性，特别关注其组织文化概念。我们并不是最早进行这种研究的人，很多学者已经深入探讨了这位巨擘对西方社会中的组织与工作研究所产生的广泛而深入的影响。尽管如此，但是不可否认，涂尔干的名字比起马克思和韦伯这些社会学的创立者，在组织与工作研究领域中出现的频率要低得多。而知识社会学方面的一些原因，可以解释这些研究领域对于涂尔干的忽视，对此我们下面还将详细论及。当然，比起马克思与韦伯来，涂尔干本人确实也没有把工作与组织作为关注的重点，他的诸多著作主要直接关注的是作为私人部门的公司以及雇佣关系这些问题。不过，在我们看来，涂尔干的思想对于组织与工作研究的间接影响也是十分重要和巨大的。

在本章中，我们首先对涂尔干的文化理论以及这种理论在社会科学中的地位进行回顾，然后讨论 *89* 涂尔干的视角在组织文化研究的下列问题中的应用：（1）组织是否真的会创造一种反对意识形态的文化；（2）文化作为一种力量在社会团结中的作用；（3）涂尔干的"失范"（anomie）概念对于分析公司不当行为（malfeasance）的重要性；（4）是组织文化决定了组织结构，还是组织结构决定了组织文化；（5）仪式与典礼在组织生活中的作用；（6）文化是否在一种"宇宙大爆炸"中突然出现的，或是慢慢地孕育而成的；（7）文化及其影响是否通过社会网络而出现或实现，并扩散开来。

## 一、涂尔干与社会科学

涂尔干是经典的关于文化的社会理论家，特别值得庆幸的是，他对于"集体表象"如何源于社会结构又支持社会结构的分析，是对社会文化理论的重要贡献（Emirbayer，1996）。自他逝世后的近一个世纪里，他一直高高地屹立在民族志研究之中（Peacock，1981）。然而在社会学中，他作为社会学创立者的地位并没有如此显赫，随着时间的流逝，其声望与其著作的影响，在当代社会学中已经从顶峰时代日益下降和消退。其原因之一是，他的思想在早期被帕森斯（Parsons）的社会行动理论（1949）歪曲了。最近这些年来，各家各派的社会学者都指出，涂尔干的思想不仅被帕森斯歪曲了，甚至也被默顿以及其他结构功能主义传统的学者们歪曲了（例如，Pope，1973；Mestrovic，1987 等等）。除了他与功能主义的联系外，涂尔干的命运随着文化主题与概念在西方社会科学中的显隐而升降。在 20 世纪 60 年代社会学与人类学都远离了文化分析。首先，人们对于社会实在的理解日益转向马克思主义及其更一般的唯物主义，或者转向结构主义。其次，尽管这种转向也是转向结构主义，但是一种明显不同的结构主义，即克劳德·列维-斯特劳斯（Klaude Levi-Strauss）的"文化的"或观念的结构主义（Lemert，1994）。然而，列维-斯特劳斯在把语言模式或其他文化形式简化还原为社会不变的结构的同时，也把涂尔干的文化概念贬低为一种根源于独特社会团体并反映这种团体的表象系统。

20 世纪 60 年代后期的社会学理论也明显抑制涂

尔干，因为这些理论与结构功能主义的玷污（taint）不同，涂尔干被 R. A. 尼斯比特（Nisbet，1967）等人描述为"保守的"，因为他们认为涂尔干已经面对使西方社会发生转型的理性化力量和个人化力量，却只一味地探讨一种知识上的和公共的议程，即如<sup>90</sup>何保护一种道德共同体（Giddens，1976）。韦伯也为资本主义、科层化与民主的双重影响或非整合性后果所困扰。但是，涂尔干更明显地关注内聚和道德秩序，并且强烈主张文化在巩固内聚与道德秩序方面具有重要的作用，所有这些都使得他更容易被认为是面向过去的怀旧主义者。

然而，随着一种新的文化参考框架与研究模式的出现，涂尔干的著作又引起了人们的注意。M. 埃弥拜尔（Emirbayer，1996：110）写道：

> 出现这种状况的主要原因……是人们对于文化理论的高度兴趣，以及对于符号结构话语的系统分析的高度重视……其他方面的进展也促进了向涂尔干的回归。这些进展包括在一种微观情感社会学的出现的刺激下，人们日益重新关注社会团结机制，日益十分关注公民社会这种重要话题，日益表现出把社会生活视为关系与交易网络，而非"作为法人团体而存在的实质实体"……或者并非个体的简单聚合。

而且，人本的（humanistic）马克思主义和后现代主义围绕典型的文化主题进行的批判，在绝大程度上又消除了"重新借助涂尔干的思想，就是支持回到一种同质和传统的社会"这样的学术顾虑（Archer，1985：335）。后现代主义与后结构主义的著作跟随涂尔干的轨迹已经十分明显。布迪厄（Bourdiew）借用涂尔干的思想把经济描述为一种符号性秩序，与情感、结构、信仰的文化层面不可分离，因此绝对不可能从社会中抽离或与社会脱离（LaBaron，2001：24）。福柯（Foucault，1972：20）对于仪式和禁忌如何制约话语创造的讨论，也严重借用了涂尔干"各种类型的理解"如何从部落社会的图腾习俗或仪式中出现的分析。

新一代的学者重新欣赏经典，并在这个过程中摧毁老一代学者对于经典的理解，这是有好处的，并且也是让人快乐的。当然，马克思和韦伯已经激发了大量的论述，各自也有大批的追随者，但是涂尔干的著作，因为行文晦涩（oblique）以及好辩的

（polemical）风格，而受到了无数回合的批判。涂尔干似乎沉迷于晦涩难懂的散文体，特别专注于讨论诸如社会事实的客观实在性、文化的外在性和统一性、文化意识形态以及与之相对的社会之类的棘手问题（Lukes，1973）。他还用一些挑衅性的断言来激怒读者，例如在《宗教生活的原始形式》一书中，他提出"……上帝与社会一体"。然而，如果我们研读涂尔干的著作，发现他也说了很多真言，这些真言完全是清晰的，并且完全以那些机制和过程——文化通过那些机制和过程得以从社会结构中出现，得以建构和维持，并反过来激励和引导个体与集体的行动——为基础进行推理，而这些机制与过程大多数是以网络为基础的。<sup>91</sup>

## 二、组织文化的诸多含义

如果我们考虑到涂尔干的文化研究的总体轮廓，那么这种文化研究有助于组织文化研究者，能够给他们如何通过涂尔干的视角来观察最近那些有趣的问题提供严肃的思想。

组织（常常是公司）文化这个概念，在组织研究中有着特殊的历史和重要的地位。有些学者认为，组织文化是与某个组织相关联的价值、信念、情感（Pettigrew，1979），但给这个话题的研究提供了真正动力的是出版于 20 世纪 70 年代晚期 80 年代早期的、指导实际从业者的系列书籍。[①] 而且，正如 S. R. 巴莱和 G. 昆达（Barley & Kunda，1992：381）所指出的，导致和促进这些书籍风靡的原因，主要是人们发现了日本的管理与组织方式，并很快就迷上了这种方式。到了 20 世纪 70 年代晚期，日本所体现出来的强大的全球竞争力，引起了工商研究者、杂志家与从业者的广泛关注；然而，人们发现，日本公司的组织似乎与强调经济性，强调管理的现代性、理性与效率的西方理论相背离。

在流行的管理辞典中，文化往往被认为是最普遍深入的、给人以深刻印象的强意词（buzzword），常常被那些解释工商现象的各种话语借用来总结一个公司中所有的那些文化都是独特的。著名的日本研究专家卡默斯·约翰森（Chalmers Johnson）却拒绝文化一词，并视之为一个"推脱、狡辩词"，缺乏

---

① 参见乌奇（Ouchi，1981），R. 帕斯卡尔和 A. 阿索斯（Pascale & Athos，1982），彼得斯和沃特曼（Peters & Waterman，1982）。

学术上的合法性，而且还有很多学者也是如此。①很多组织研究者以及更为广泛的社会科学研究者，都拒绝使用"文化"一词。与该领域中的微观的或心理学方面的研究者相比，该领域中的那些社会学研究者或宏观组织研究者，更加否定"文化"一词，在该领域中的微观的或心理学研究，集中了大量自封为组织文化研究的学者（如 Schein, 1996）。然而在组织社会学中还存在大量的研究，这些研究直面实质问题，探讨文化概念似乎到底包括哪些内容，即使它们回避组织文化研究这个标签。我们下文将指出，新老制度主义都直接或间接地论述了符号、神话、典礼这类文化要素（Meyer & Rowan, 1977; Perrow, 1986）。某些组织经济学流派也是如此。R. R. 尼尔森和 S. G. 温特具有神秘风格的演化经济学对于作为一种文化律的"习惯"的研究（Nelson & Winter, 1982），奥利弗·威廉姆森关于"氛围"（atmosphere）在降低公司交易成本中的作用的研究，都是如此。

而且，强调意识形态的理论已经吸收了那些在组织研究中可能被贬低为文化的很多内容。P. R. 塞尔兹尼克（Selznick, 1949）对于美国新政时期所设立的一个机构（田纳西谷管理局）进行了研究——他发现这个机构试图把自己确立为田纳西谷地区的一种力量，他在研究时所说的文化，主要是指该管理局的草根"意识形态"。R. 本迪克斯（Bendix, 1956）也曾经进行了一个同样经典的社会学研究，他分析了英、俄、美三国管理意识形态的历史演化，认为这种意识形态是一种设置，可以用来协调等级制组织及其支配系统与民主及平等的社会理想。T. P. 洛赫伦曾对一个日本银行——他在研究中为这个银行起了一个笔名"Uedagin"——进行了民族志研究（Rohlen, 1974），取得了很多成果，他特别深入地揭示了文化模式如何影响管理者的行为，以及雇员的动机和行为。然而，T. P. 洛赫伦在对银行用来指导其工商行为和铸造其中成员的原则、符号、规则、仪式进行讨论时，喜欢用"意识形态"这个概念。最近，G. 昆达（Kunda, 1992: 228 - 229）通过深入的观察研究，把高科技公司的文化也描述为一种意识形态。

对所有管理上的训令式的冗长文本起支撑

作用的，是一种繁杂而又得到高度阐明的管理意识形态，这种意识形态把公司描述为非等级制的、具有人本倾向的、道德的集体。更关键的是，这种意识形态建构了雇员的一种独特的观点……不仅规定了他们的行为，而且还在更深层次上运行，为他们的认知与情感生活提供精细的脚本。

人们往往使用"意识形态"而不是"文化"来表示组织的思想观念和上层建筑，这有着什么重要的原因吗？（Morgan, 1986: 139）"意识形态"一词表示的是，有目的地编织思想与价值观，以推进一个阶级或利益群体的议程。斯威德勒（Swidler, 1986）指出，只要意识形态被明确地界定为"一个社会中的特殊基础"，那么它就会"抵制自己被共识吸收"，这种共识，也就是文化。因此，文化是指一个自然的集体——如涂尔干所研究的部落社会——在历史过程中确立的，包含了价值观、信念等的一种符号系统。偶尔公司也可能具有这样一些特征，但"成员资格"这个词往往只对经理和专业梯队有意义，而更低层次的供应与生产民众，只是作为一种可替代的生产因素而发挥作用（Kunda, 1992; Linstead & Grafton-Small, 1992）。那些认为在这样的设置或背景中，组织会成为一种共同体——其成员卷入并共享一种独特而持久的文化——的主张，还急需很多的证据来证明。②

## 三、组织有文化吗？一种涂尔干视角

公司事实上能够接受涂尔干的作为内聚的、外在的、具有制约作用的集体意识的意义上的文化吗？从他的角度看，文化依附于社会，或者说，在社会中，家庭、共同体、自愿性协会似乎并不会像公司或产业那样专门化于某种功能。个人无法摆脱社会的束缚，而且（从原初的意义上看最明确不过的是），社会是个人实在的总和。在涂尔干看来，人类会进行集体的努力，以日益在象征符号上掌握包围和支配他们的复杂世界，而文化就是这种集体努力的产物。

人们对于涂尔干的文化模型进行了批判，认为

---

① 参见作者 1993 年在加州大学伯克利分校的演讲。

② 在葛兰西（Gramsci, 1990）等的著作中，所有的文化都具有一种意识形态的目的，一旦被接受，就会加强不平等，使无权力者失去判断力，寻找替代物的可能性。在被应用于当代组织研究时，文化—意识形态的区别也明显被取消了。

它是：（1）整体主义的、没有矛盾的和同质的——认为没有区分或冲突；（2）僵化的，或者假设某些观念的实在性——文化外在于人与社会而存在；（3）决定论的——没有为人的能动性留下一定的空间。正如我们下面将要讨论的，这些批判实际上是对其著作特征的错误归纳。还有，涂尔干的文化概念与阿彻（Archer，1985）、A. 斯威德勒（Swidler，1986）的文化概念存在明显的对立，也与其他一些文化概念存在根本的对立——作为一种松散结合的、半内聚的"工具箱"的文化概念，而人们有选择性（并且可能有所改动）地使用这些工具箱作为社会生活过程中的应对性策略（DiMaggio，1997）。在他们看来，文化既非一种帕森斯传统意义上的通过一种不可抗拒的社会化机制烙印在每个人身上的程序，也非一种外在于个人身体而存在的并具有制约作用的社会力量。相反，可以开放地获得的那些意义和偏好，是在人们理性追求所选择的行动路线的过程中前摄地和创造性地组装起来的，并在这个过程中得到开拓和利用。①

今天任何公司和科层组织的文化，都近似于涂尔干所全神贯注地紧密结合的思想观念系统吗？在当今，在发达社会特别是美国社会中，把人们与工作组织联结在一起的就业关系，就是这样的一种屡弱（tenuous）的文化——在任何时候都沿着两个政党的主张而分裂。而且，还存在更严重的、真实的情况，那就是日本、德国、瑞典以及在其他盎格鲁—美利坚社会中，工作生活往往与诸如家庭、地方共同体等竞争性的社会环境相隔绝或分离（Lincoln & Kalleberg，1990；Dore，2000）。

然而，这也恰恰是那些支持组织文化概念的研究者试图讨论和解决的一个问题。这些研究认为，脆弱的雇佣关系与没有投入性的工人，并非普遍、必然的现象。他们认为，还存在这样一些组织，其中的人们会形成集体目标，经历一种真实的共同体感，具有参与精神，但他们这样做，并非仅仅是为了获得非本质的回报，更是为了获得本质的、内在的回报，即参与一项他们认为具有深层的和持久的价值的事业。某些组织文化研究流派甚至更进一步，认为优秀或杰出的经理人能够克服就业关系的脆弱性，通过编造一种卓越的价值系统与愿景，并用各种故事、仪式典礼、民间传说等文化设置来作为支持手段，从而建立一个共同体。

## 四、文化会起什么作用？涂尔干认为，文化可以建构内聚力

但是，组织研究者对于文化会起何种作用，并没有取得那么明确一致的共识。康特尔早期研究了共同体的性质与起源，后来她则为组织文化研究提供了属于涂尔干传统的一种视角，认为在组织文化强大的公司中，人们"获得一种……共同感（communitas）……这种共同感使他们脱离他们……所处之地的……单调的老一套。（它）可能最接近于一种共同体经验"（Kanter，1983：119）。

涂尔干本人在知识、道德与政治方面的研究，最为关注的主题也是共同体问题。他认为，共同体反映在文化形式中，并因文化形式而增强。马克思也认识到了思想观念特别是宗教在建立内聚与团结中的作用，他把宗教视为一种意识形态"鸦片"，被统治阶级用来麻痹普通大众，使被统治阶级服从于统治阶级的统治与压迫，并把被统治阶级对于更美好生活的热望转向死后的天堂。作为一种剥削工具的文化概念——一种强加于无权力者的精英话语——对于后现代主义来说也是一个核心的概念。然而，涂尔干的文化表象概念，不仅与马克思的对立，而且也与韦伯的对立，其文化表象概念并不是某种利益和支配的一种反映（Bottomore，1981）。涂尔干如果不是某些人所说的保守主义者，那他也不是一个激进主义者，因为他担心道德共识和社会内聚力恶化，他认为在他所处的时代，那些先进的社会正在出现这种情况。被马克思描述为解放性和进步性力量的阶级冲突，对于涂尔干而言，只不过是一种社会生活的反整合性力量。

特别是涂尔干认为，现代生活的原子化所产生的冲击，可能因为受到各种具有建立内聚团结作用的机制的阻挡而失去锋芒。这些机制包括典礼性活动，新的道德意识形态［如个人主义的人道主义：

① 相反，组织社会学的新制度主义受到了斯汀康比（Stinchcombe，1997：2）的批判："从集体表象通过不透明的过程制造它们自己，通过扩散得以执行，在没有外部的人们的创造或制约的情况下外在地存在并发挥制约作用的意义上看……这是一种涂尔干主义，（其）与主张人们建立并运行制度的旧制度主义相对立。"

"男性崇拜"（cult of man）], 参与具有某种成员资格的组织、职业群体，特别是协会、工会或专业协会等。他写道：

> 一个民族如果要想保持下来，就必须在国家与个人之间维持插入足够多的系统的次级群体，以至于可以在个人的活动层面强烈吸引个人，并通过这种方式把个人拖入更一般的社会生活洪流……职业团体适合充当这一角色，而且那是它们的命运。[Durkheim，（1915）1961：23]

涂尔干似乎并不对商业公司能起到类似于干预性的共同体那样的重要作用抱有任何幻想。其原因之一可能是他具有如下一种感觉，就是像在部落社会的"氏族"这样的机械团结中的类型与目的上的同质性，是形成强烈的集体共识的先决性的结构条件[Durkheim，（1987）1966：378]。但是，我们在历史上不难找到公司发挥一种整合功能的例子。第二次世界大战后日本的公司与中国的国有企业（"铁饭碗"）就是例子。这样的工作车间几乎是一种事业共同体，起着涂尔干所预想的弥合个人与国家之间的缝隙的作用。正如托克维尔（Tocqueville）所记载的，美国可能最好地实现了涂尔干的如下论点：成员组织确定了人们在社会中相对稳定的位置。但美国私人部门公司，除了一个值得注意的情况外[例如，"公司城"（即一个公司以及各种生活需要依靠这个公司才能维持的人们所构成的城镇），像20世纪50年代的AT&T公司城和IBM公司城]，在历史上发挥的这种作用则相对小得多（Jacoby，1997；Dore，2000）。与马克思和韦伯一样，涂尔干认为文化形式反映了社会结构并维持社会结构（韦伯的《新教伦理与资本主义精神》认为，文化思想观念独立地影响或塑造社会行动，这是韦伯对一种例外情况的探讨）。我们稍后会指出，涂尔干的经典著作为如下一种理解留下了空间：文化有时会在较短的时间内形成和成长起来，例如一个幻想消除变迁的企业领导人，可能故意迅速设计一种文化。

96 涂尔干关注劳动分工可能给内聚和共同体提出的挑战，在当代组织研究中，类似的关注也同样存在。组织越是片段化，其文化就会越弱小，而整合与协调问题就会越大。把各种活动分解到各种功能亚单元的各种组织设计，引起了很多交流与合作的障碍，这种情况已经引起了学者与从业者的关注。我们最好把这类障碍理解为各种具有竞争性的认知框架，每一种认知框架都是通过它们自己狭隘的技

术与专业团体的角度来看待公司（Martin，1992：103），正如R.伍斯诺与M.威顿（Wuthnow & Witten，1988）所认为的，这是工作组织中存在的亚文化的根源：

> 亚文化可能加强整个组织的整合，但是它们也可能成为不同意见的来源。文化的分裂或分割可能沿着职业、地位与分工生产线而出现。从组织中存在的不同话语实践中，我们可以找到亚文化存在的证据：在不同的理解中，不同组织层次的工人创造各种组织事件……在专业化的语言中，某些组织中的专业人员与组织外的成员而非组织内的同事共享程度更高；在不同的表达符号中，围绕这些符号形成的亚群体，汇集在生产中，但却缺少他们的集体感。

P. R. 劳伦斯与J. W. 洛斯奇（Lawrence & Lorsch，1967）以及坚持"结构权变性"的传统和其他组织研究者的分化/整合模型，在这种背景中来进行重新检验，则是很有用的。他们的结论是，分化促进了相互的依赖，但是也减少了公司的团结。而在涂尔干看来，专门化的亚单元通过功能的互补而"被不可分割地联结在一起"，但是共同的工作文化——目标、价值观和语言——的缺失，会使人们难以跨越组织边界而进行交流与合作，并且可能导致冲突的趋势。常见的结构性解决办法就是通过把单元（例如沿着生产线或地理位置）重新安排为准独立的部门而降低相互的依赖性。然而这些办法对于增加组织的内聚力起不到多大的作用，因为这些部门后来会各行其是，会逐渐看不到共同的目的与联系。正如R. F. 弗里兰（Freeland，1996：484）针对通用汽车公司所说的："因为部门管理者在具体经营活动中追求自己的部门利益或山头利益，他们往往会促进制定有利于某些部门的利益而不是作为一个整体的公司的利益的政策。"对于这种情况，一种涂尔干式的解决办法（日本公司因此而闻名），就是建立一种中间协调机构，诸如跨越部门边界的团队（Galbraith，1973）。还有另一种解决之道，那就是推行神话、符号与典礼这些文化设置，以在不同单元之间建立共同的认识和情感（Bartlett & Ghoshal，1989）。

## 五、作为社会决定论者而非文化决定 97 论者的涂尔干

由于涂尔干集中关注的是文化的结构、内容与

影响，所以他是一个决定论者。罗尔斯（Rawls，1996）指出："很多人认为涂尔干主张思想观念与表象也是真实的社会事实，但实际上他的主张则相反，认为社会过程产生了社会个人，也产生了他们的基本思想类型。"类似地，吉登斯（Giddens，1976：290）也写道，涂尔干"总是十分谨慎，坚持认为诸如'社会是思想观念'之类的假定，必须理解为其指的是观念乃人类社会的创造物，而不是事先'给定'的决定社会行为的力量"。

在坚持文化根源于社会结构与过程的同时，涂尔干还提出了一种与帕森斯以及绝大多数的主流社会学家和人类学家的思想有着实质差异的看法。R. A. 彼德森（Peterson，1979）认为，后者（帕森斯）主张"文化之于社会，犹如基因密码之于生命有机体"。但是对于涂尔干[Durkheim，（1897）1966：387]而言，社会是基础性的，文化是派生性的和从社会中出现的：

> 一个民族的心智系统……真的有赖于社会要素的团体化和组织化。由于一个民族是由特定数量的个人根据某种方式安排而构成的，因此我们获得了一个确定的总体的集体思想和实践，只要它们所依赖的条件本身还存在，它们就会持续存在。

因此要清楚文化的含义，分析者就必须首先注意产生和维持它的社会结构框架。然而，组织研究对于这些社会结构框架的直接关注比较欠缺。分析者更为关注的是成员资格的特征和领导的风格，认为它们有助于某种文化的成长和力量（Carroll & Harrison，1998；Chatman et al.，1998）。那么人力资源与组织设计实践如何实现独特的混合，来提供坚实的骨架，使强大的文化软组织可以耸立其上呢？对此，日本公司再一次成为颇具启发性的例子：终身就业、工资压缩、工作轮换、广泛而频繁的培训、作一种功能单元的团队，以及基于共识的决策（Lincoln & McBride，1987）。

然而涂尔干[Durkheim，（1897）1966：130]也认为："（文化表象）一旦出现，它们本身就会成为一种实在，能够自足地存在，并能够产生新的现象，这确实是事实。"文化可能源于社会结构，但人们是通过文化的框架与文化的过滤器来经验结构的（Fine，1984：245；Martin，1992：34-35）。文化是"群体看待其自身与影响它的各种客体之间的关系的一种方式"[Durkheim，（1938）1982：40]。威廉·乌奇和 A. L. 威尔金斯（Ouchi & Wilkins，1985）写道："涂尔干断言，诸如神话这类具体符号，对于团结是必需的，因为'氏族（clan）是一种太复杂的实在，以至于难以清晰地体现在其复杂的构成单元中'（引自涂尔干）"。那种文化往往通过神话、传奇、比喻来使得组织生活可以理解，因此是组织文化研究的一个中心主题。C. 莫瑞尔（Morrill，1991：586）很好地指出：

> 从这个意义上看，"结构"和"符号系统"作为重叠性的社会现象而相互影响，并得以持续。也就是说，如果没有符号系统，社会结构就不可能存在，个人用这些符号系统来理解、维持和变革社会结构；而没有"似乎合理的、把符号植根于行为模式的结构"，符号系统也不可能长期存在。

这种思想的一个应用就是指出组织结构的显著变迁往往是以文化模式为条件的。惠普公司首席执行官卡莉·弗洛琳娜（Carly Florina）对惠普公司的组织结构进行了大刀阔斧的重构，使之进入一种以功能为中心的组织结构模式。据报道，这对于一般的管理者而言，就是一种让人痛苦的转变过程（Hamilton，2000），因为长期以来，这种高科技公司的组织结构框架都是一种松散的商业部门化网络，每个部门都由一个具有创业精神的企业家—管理者经营着，而这是惠普经常吹捧和奉行的文化[被称为"惠普方式"（The HP way）]。[①] 对于大部分的人来说，甚至赚钱与保持某项工作的强烈动机，在他们所传达的象征符号中都是有意义的——经理人员的天价报酬不仅仅是金钱，也表明公司热爱它的领导；对于一个日本工薪阶层而言，解雇不仅仅是收入和安全保障的丧失，而且也很丢脸（它常常会导致日本人自杀）。

---

① 对于同一问题所进行的更加严格的检验，参见詹姆斯·R·林肯、M. 汉纳达与 J. 奥尔森（Lincoln，Hanada & Olson，1981）的研究。他们抽取了 28 个日本人拥有的公司样本，研究了这些公司中日本员工与美国员工的工作态度及社会整合状况，指出这两类员工对同一组织结构具有不同的反应。特别是随着具有典型的日本风格的组织结构（较高的垂直分化与较低的功能分化之间的结合）的建立，日本员工的满意度和社会整合会上升。

## 六、涂尔干论仪式与典礼

涂尔干的最著名的贡献之一就是他对于仪式（rite）和典礼在创造和维持团结与文化中的作用的分析。在组织生活中，存在一个受到普遍注意的矛盾（paradox），这就是正式结构与过程要披上一种典礼性意义的外衣。涂尔干传统的研究者推论道，更为矛盾的是，似乎与韦伯的合法—理性的活动相对立的仪式性的活动，通过培育共同体和给予成员能量，比起组织完全忠实于技术理性原则来，可以使组织在竞争性市场中更有效率。

在涂尔干的理论中，仪式对于知识与思想的创造也十分重要。一般性的文化研究以及具体的文化类型研究，长期以来都通过对如下争论的讨论来标明自己的立场：情感欲望（cathectic）因素和价值评估的（valuative）因素与认知性的、符号性的、信仰性的因素相比，到底哪个更为重要呢？涂尔干根据他那个时代的人类学研究文献，试图寻找宗教思想——他认为这是所有思想的根源——的起源，并认为宗教思想起源于社会对于仪式的"狂热"（effervescence）。在舞蹈、圣歌和其他热烈的庆典仪式中，个人的身份被消融不见了，日益上升的集体激情传送给客体，把他们涂上神圣或世俗的色彩。因此，并不是具有神秘魅力的宗教激起社会情感，然后再由仪式典礼这种设置来传达。涂尔干认为，过程恰恰相反——仪式典礼把个人结合成一个群体，同时自动建构了认知范畴，通过这些认知范畴，实在的现实通过象征符号的方式或术语而变得有意义。[①]

现在，组织社会学的新制度主义学派正积极寻求把文化的认知层面与情感欲望系统分离开来，而先一代（主要是结构功能传统）的制度主义学者主要的精力都放在了对情感欲望系统的研究上（Powell & DiMaggio，1991）。帕森斯的"文化观"认为，情感欲望与价值评价对实现社会秩序与社会稳定具有十分重要的作用，但是涂尔干认为，文化在很大程度上是认知性的——分类系统、本体论的和病原学的（etiological）神话，以及体现它们的符号形式。然而，认知是在情感欲望的模板（template）之上雕刻出来的，也就是说，在仪式典礼中，积极或消极的情感被安排或分配给各个客体和事件，集体的思想得以生发出来。[②]

组织研究中还存在一个问题，就是组织仪式达到的强度、复杂性和正式性程度，以及它们是否真的如人们常说的那样，在组织的内聚与绩效方面发挥着有益的作用。T. P. 洛赫伦（Rohlen，1974）和 R. P. 多尔（Dore，1973）对于日本公司的仪式性性质的研究，T. J. 彼得斯和 R. H. 沃特曼（Peters & Waterman，1982）、T. E. 迪尔和 A. A. 肯尼迪（Deal & Kennedy，1982）等大众性著作对于强势文化公司的类崇拜性质的关注，都属于对这个问题的早期研究。这些早期研究都把仪式活动的场景描述为充满活力的、十分吸引人的、让人欢欣鼓舞的组织惯例，具有卡里斯玛的力量，能够把人们从日常工作中的片段化的角色解放出来，并进入一种内聚共同体，能够使人们忠于和全身心地投入这个共同体。

在很多日本公司中，那些装饰华丽的、具有仪式性作用的挂毯都被摆放在最显眼的地方。当然，比起美国社会来，日本社会本身就充满了更多的仪式性的条条框框（Dore，2000）。例如，不管出纳员等办事员是否愿意，在对顾客提供服务时，都要喊唱他们单调的口号；建筑工人的行礼和起立坐下之类的形体动作，大概是一天工作的开始；在新的分店开张时，都喜欢举行一种神道教仪式；或者在决策系统中奉行一种轮议制度[③]，这是一种象征符号性

---

① 涂尔干对订约的分析（Durkheim，1933：180）也强调了充满情感的仪式的作用。血盟可以使"彼此之间不存在自然关系的两个不同的个人或群体，同意为某种共同的目标而联系在一起；为了使这种盟约具有约束性，他们把各自身体的血液混合在一起，从而制造出他们之间存在血液的关系，并认为这种关系是他们彼此义务的根源，因为他们的血混合在一起了"。

② 这样一种归因准确地描述了帕森斯社会行动图式中的文化的角色，但是当应用于那些广泛的案例研究时——后一传统正是因此而闻名，这样一种归因在很大程度上离开了对于文化的这种标识（相关内容请参见 Selznick，1949，1996；Gouldner，1954；Blau，1955；Crozier，1964）。"老"制度主义者们，采用了在这一时期质的研究极少采用的方式，深入分析了整个组织以及组织中的职业群体和地位群体在认知上建构他们的工作世界的那些过程。

③ 这种轮议（ringi）制度是一种集体主义的、整体的、和谐的决策制定过程。在这种轮议制度决策系统中，先是收集书面建议，然后把这种书面建议分发给所有将受到决策影响的人，往往是先发给下级，然后再上传给上级。当书面建议分发到每个人手上时，他们先阅读，有时会做一些小的改动和提议，然后盖上个人的印章或签名。书面建议会被传一圈并得到每个人的签字，这使得决策涉及的所有人都有机会表达个人的意见，并最后取得决策共识。——译者注

的共识决策系统。总之，日本是仪式烦琐（shikata）的社会——是一个所有的事件都以仪式的方式来完成的社会。①

日本人把他们的一般的民族文化和具体的工商文化描述为湿的（uetto）——充满了情感，而反对西方文化中的干的（dorai）计算性。美国商学院对组织文化的教学，如果仅仅是因为关于文化的这种话语在美国工商界主流话语中十分流行，就会被MBA学生严肃地接受。但是，对于这个话题，充满了犬儒主义或冷嘲热讽，各个公司公布或出版的声称各种卓越价值观与影响深远愿景的主张，很容易引起嘲笑（Martin, 1992: 70）。那种犬儒主义或冷嘲热讽，最近几年在日本也出现了，但是远没有那么流行。这种情况再一次表明了日本文化有所不同。不过，这种情况也说明了日本公司被社会性地建构成一种稳定的组织，在其中不仅仅是经理管理人员和股东，而且雇员也认为他们自己真的是公司的利益相关者（stakeholder），其他人也认为这些雇员是公司的利益相关者。因此，日本公司中的仪式——正如T.P.洛赫伦所描述的日本"Uedagin"银行催人泪下的加入仪式——具有包含情感的特征，这也是涂尔干在部落"氏族"中看到的具有生成作用的文化与内聚特征。②

然而，关于组织生活中的仪式与典礼的大多数研究，都传达了一种与T.P.洛赫伦关于日本"Uedagin"的描绘十分不同的组织形象。其中有一种还很重要的组织理论，强调指出这样的组织实际上是松散的——行动自由散漫，领导者无影响力，原因与结果脱节（Cohen et al., 1972; Weick, 1976; Meyer & Rowan, 1977）。这样一种组织形象，与作为一种紧紧缠绕机器的传统组织形象非常不同，而且与视结构与过程为符号性的和典礼性的而非工具性的和功利性的观点一致（Starkey, 1998）。从这

种意义上看，仪式化的活动造成组织的目标和实践具有"干"的、冷酷的、认知上的合法性，并被组织的内部成员或外部的利益相关者与支持者接受（Morgan, 1986: 123; Powell & DiMaggio, 1991）。而这些目标与实践正日益被视为正常的和适当的而被想当然地接受。人们再也不能够想到组织是以其他方式建构起来的。

那些认为组织仪式充满热烈的情感的理论模式属于典型的涂尔干主义；而那些认为组织仪式是冷酷的、认知的和合法性的理论模式则相反，属于韦伯传统。W. 波普、科亨和L.E. 哈泽尔利格（Pope, Cohen & Hazelrigg, 1975: 421-422）对于这种对立进行了深入的探讨：

> 在涂尔干的理论框架中，道德义务源自对庄严神圣的社会的极度敬重。常常是通过仪式典礼来唤起的道德情感，会命令人们遵守道德义务。但是，对于韦伯而言，一种合法性秩序最多也只不过是为了培养行为的规律性。既然合法性秩序在本质上不一定是合乎道德的，并且不会普遍地适用于作为一个整体的社会，那么它们往往缺少涂尔干所说的集体情感与道德规则的力量。

在韦伯所划分的三种合法性支配类型中，卡里斯玛支配最能够与涂尔干的道德责任概念相对应。然而即使是卡里斯玛，也不能表达涂尔干理论所强调的神圣道德与情感的力量。

因此，不同的仪式具有不同的功能。一些仪式会导致社会混乱（如涂尔干的"集体狂热"），充满了道德的意义，引起情感的强烈共鸣。而另外的一些仪式则可能是惯例化的，是理智冷静的。它们不是通过唤起集体的激情，而是通过使内部成员和外

---

① 在日本公司中，职员和其他服务人员所具有的头面人物式的风度也与个人素质相关。那种亲和卑下的礼节话语，的确是一种谄媚，但也许会替代真实的交流。其中部分原因是日本人对秩序与效率的执著，部分原因是避免冲突。与顾客进行真实的交流会招致一种风险，即一个偶然相遇者可能最后是让人尴尬的或使人窘迫的。

② T.P. 洛赫伦（Rohlen, 1974）对日本一个银行的"Nyusha-shiki"——一种新职员加入仪式——的描述，生动地说明了在很多日本公司的实践中，存在浓重的仪式和充满情感的符号。他写道，这个日本银行的高级官员、新加入的雇员以及新加入的雇员的父母都要出席这个仪式。在仪式中，银行的旗帜与日本国旗都要升起来。同时所有人都要起立，唱公司的歌曲。然后是再次重申银行的宗旨和原则——为中小企业服务、促进公众福利与经济繁荣、强调信任与企业家精神，还有就是总裁的训诫——和谐、严谨、友善、意志、统一、责任与纯洁。然后是依次介绍新加入的雇员。银行总裁还要重申公司先辈的汗马功劳，是他们的辛劳才使得银行发展到现在的强大状态。那些坐在一起的父母则会得到公司的保证，他们的后代会得到教育与爱护。洛赫伦还发现，尽管先前已经给了总裁的演讲很多时间，但是总裁还没完，他演讲完了后，又开始喊口号。一个代表父母的发言人，会询问银行的原则和纪律，并进而指导他们的孩子。典礼最后以总裁领着所有人为公司的生存与成功而高呼万岁结束。

部利益相关者日益丧失寻求新的世界来代替旧的世界的能力，而建立团结。①

## 七、涂尔干的"失范"概念：文化崩溃与法人贪婪

涂尔干的著名概念"失范"（anomie）曾经启发了大量关于工作与组织的研究，但还没有被应用于组织文化研究。在组织文化研究文献中，与失范问题相联系的是"异化"问题，"异化"是 20 世纪五六十年代产业与文化社会学的主要关注点。在帕森斯（1949）、默顿（1968）、L. 斯罗尔（Srole, 1956）的社会心理学框架中，"失范"则被翻译成"失去规范的状况"（normlessness），这样的转换使人想起结构功能主义框架，在那个时候涂尔干的思想被认为属于这一框架。对于失范概念的大多数用法都具有结构性的和文化的色彩：最初是孤立、分离、脱离，然后是无意义性与无目的性。不过，对于涂尔干而言，"失范"指的是组织解体或结构安排消失的状态，即一种"失调"（dereglement）状态，因此"失范"是一种集体特征，而不是个人特征。M. 奥鲁（Orru, 1983）写道：

> 尽管在涂尔干早期的《劳动分工》……到其后来的著作中，涂尔干的失范概念有一个不断修正的过程，但是他最根本的关注点一直是产业社会中社会产生的目标与价值观的失败或缺乏。在《自杀论》中，涂尔干（Durkheim，[1897] 1966：254 - 257）认为失范是在经济物质主义日益超越……个人与社会而本身成为一种终极目标时出现的一种状态。涂尔干宣称："那么，活动可能逃脱所有的制约是不真实的。这个世界的任何事物都不可能享受超越一切制约的特权。"

P. 贝斯纳德（Besnard, 1988）又进一步写道：

> 失范是这样一种状态，其特征是在日益扩

展和具有流动性的情景中，由于面临的可能性水平的过度扩大而产生的各种不确定的目标和无制约的渴望，以及方向迷失或眩晕。它是人们迷失于欲求无限膨胀之中的一种状态。

因此，涂尔干认为失范就是文化制约的消解，人们不安的日益增加，贪婪的渴望日益增加——无法控制的摄取欲求日益膨胀，而这些又会导致如下不可避免的后果：灰心丧气、压力、消沉。他写道："当一个人失去目标时，他没有前进的动力；而当这个目标变得无穷大时，他的事业同样也不可能向前推进。追求一种肯定不可能实现的目标，实际上就是谴责自己，并使自己陷入一种永远不幸福的状态。"（引自《自杀论》）

那些视失范为道德制约丧失的理论，常常应用于当下公司的不法行为等问题，特别是用来解释2001—2002 年美国公司发生的那些治理与会计丑闻[例如，安然（Enron）、世通（WorldCom）和美国阿德尔菲（Adelphia）有线通信公司]。对于这一时期日益增多的道德与法律沦丧，通常的解释是，这些受到牵连的公司往往充斥着一种具有残酷竞争性的"牛仔文化"（Raghavan, Kranhold & Barrionuevo, 2002）。这种解释暗含的潜台词则是，那些被牵涉的人们浸淫于如此强大而又错误的文化中，以及被这样的文化腐蚀，就不会按法律与道德要求的方式行事。商业新闻机构或出版社常常借助某一种文化概念来解释几乎所有的组织行为。但对文化而言，要成为一种有用的概念工具，它就不能在可以解释某一种现象的同时，也可以解释一种相反的现象。如果用强烈的文化来解释一些公司表现为由各种要素结合而成的极其紧密的共同体，而且这些共同体追求"卓越"的价值（如非经济的价值，包括创造性、服务顾客、民众等）的原因，那么，就不能用这种强的文化来解释安然公司的执行官们具有的无限制的物质野心，这种物质野心驱使他们过度地为自己谋取私利，并因此而损坏了公司以及广大雇员与股东的利益。

---

① 对此，人类学家道格拉斯（Douglas, 1968：369）对简单社会中的"自发的"仪式与标准的仪式或"习惯化的"仪式之间的差异的评论，是中肯的。她说，标准的仪式，如涂尔干所讨论的澳大利亚土著居民的节日宴会，具有强烈的道德内容："仪式实施道德与实现和谐……伟大的仪式在经验中创造统一性。它申张和确保等级制度与秩序。在这样做的过程中，它首肯和赞同普世的符号性模式的价值。但是戏谑则有相反的效果……会摧毁等级制与秩序。它们不会巩固支配性的价值观，而是污辱与贬低支配性的价值观。一种戏谑实质上是一种反仪式。"她认为，"狂欢节"（dionysian）仪式存在欢笑、玩笑、其他的猥亵嘲弄，并因此弱化等级制和分层，巩固非结构化的共同体或"网络的"价值观以及对它的投入或忠诚感，被 J. A. 伯恩斯（Barnes, 1954）界定为"一种未分化的友谊与熟人领域"。那些对硅谷公司文化的因果分析，常常提及随便的穿着、杂乱的办公室、啤酒酒会、篮球赛等，也具有仪式性的意味。而从涂尔干的视角来看，高科技企业的松散联结结构，及其与北加州产业的网络化特征相结合，与这里的组织仪式模式是一致的。

因此，涂尔干主义者认为，上述公司丑闻是一种文化失调的表现，而不是美国西部那种强大、独特的带枪的野蛮行为。例如，在日本或欧洲大陆，公司被社会性地建构成一种各类股东的真诚的共同体，而美国的公司比较起来则有所不同，美国公司较弱的制度化，表明它们的商业目标与策略更加缺少规范的制约。而且，在美国公司经济学理论中，公司仅仅是其所有者实现利益最大化的工具，这一形象可能导致了一种氛围，在这种氛围中，取消制约很容易被认为是出于理性化的需要（Selznik，1996：272；Dore，2000；Ghoshal，2003；Lincoln & Gerlach，2004）。总之，那些有权力的人特别是公司的首脑，他们的错误行为常常能够避开公众的审查，因此感觉他们自己较少受到日常规定的束缚。这就涉及我们稍后将详细讨论的一个问题：涂尔干传统的作为一种重要的"社会力"的文化，一种不可简约的、体现出"外在性与制约"二重性的集体特性的文化概念。一些人可能把这种文化进行内化，并因此自愿地遵守其规则；而另一些人之所以遵守其规则，主要是由于外在制约的驱使，不用说，人们会强烈地感到这样的制约比较缺少意义。

104

## 八、文化能否一夜之间创造出来？涂尔干的"宇宙大爆炸"

在流行的管理学文献中，一个十分突出的主题就是文化可能是由卡里斯玛的首席执行官或有远见的经理人团队设计或建构的。这样的"设计"可能似乎与韦伯的观点相一致，韦伯比起涂尔干来更为开放，因为韦伯主张社会结构与文化是由个人行动形塑的（Pope et al.，1975）。韦伯认为，卡里斯玛权威会逐渐制度化，而成为传统型权威（因此把卡里斯玛的先知先觉者转化为教堂的官僚）。而涂尔干认为，文化表象源于"集体的仪式狂热"。涂尔干再一次强烈反对还原论，因为他认为，一种社会事实源于其他的社会事实，而不是个人的动机、能力或行为。

然而，也许我们可以从涂尔干的立场出发，想象把分类、符号、情感混合到一个特定的群体中，源于围绕一个卡里斯玛领导者的传奇神话。在那些其成功特别依赖于创立者的天才和英雄般的开创努力的企业中，这种情况特别有可能。创立者的个人角色是一种强有力的符号——一种神圣的图腾——

给群体提供了一种具体的客体，使群体把自己的表象集中于这一客体上。而且，在日渐成熟的塑造过程中，创立者的领导资格与组织文化可能紧密交织在一起，而不能彼此分开。

那些主张组织文化有时可以通过一个具有献身精神的领导者组装和拼凑的人，往往会认可种植与培育一种内聚的价值与信仰场域，是一个缓慢而又演化性的过程。在公司文化概念兴起和繁荣之初，《商业周刊》（*Business Week*，1980）报道了偷听来的一位经理与其下属在离开一个经理人研究会时关于公司文化的谈话，那个经理说："文化是伟大的，到星期一给我一种文化！"无论文化对于公司绩效有多么重要，急功近利的、结果导向的死硬经理人也不愿意进行必要的投入，为播种文化准备土壤，并促进文化的培育与成长。

然而，涂尔干的看法则是，在相对缺少秩序的情况下，文化系统可能会出现或经历激进的转型，这是一种社会学的"宇宙大爆炸"，就如以前发生过的宇宙大爆炸一样。他对原始社会中密集的仪式活动如何产生宗教思想进行了解释，在他的这种解释中，文化开始迅速出现：105

> 在宴会节日中……原始住民的思维被集中于他们共同的信仰、他们的共同传统，以及对他们伟大祖先的缅怀，化身于他们的集体思想观念；一言以蔽之，他们的想法集中于社会事物……因此正是社会处于每种共识的前台；社会支配与指引所有的行为；这等于说，社会在人们不敬神的时间里，更是要起作用、更积极并因此也更为真实……个人的灵魂也是因为被再一次浸入生命的源泉，才能得以再生；相应地，社会会感觉自己更强，更完全地成为它自己的主人，而较少依赖于肉体上的必要条件[Durkheim，（1915）1961：390-391]。

而且，阵发性的社会变革会点燃十足的"社会狂热"，即在很短的时间间隔中，出现巨大的文化转型。涂尔干写道："在特定历史时期，在某些极大的集体性冲击的影响下，社会互动会变得更加频繁和积极，个人会搜寻另一个人，并紧密地走到一起。结果是总体性的狂热，而这是革命时代或创造时代的特征。"（转引自 Emirbayer，1996：122）涂尔干认为，由这种革命所引起的法国文化的巨大转型，就是一个例子。

涂尔干还主张，文化必须常常被重新创造，以面对现代世俗生活中特别流行的、非整合的趋势

(Etzioni, 2000：45)。作为公共知识分子，他觉得界定仪式活动以及可以为这种结果服务的、有约束力的基本原则和人生观，是他的责任。因此，文化不仅能够被（再）设计，而且必须被（再）设计，以维持社会团结和共同体。

人们关于日本公司中的惯例化的团结的讨论，常常忽略了这个国家公司的意识形态以及支持公司的管理系统，大体上都是在第二次世界大战期间与其后创造出来的，尽管它们所具有的合法性在很大程度上来自根深蒂固的传统（Cole, 1971；Gordon, 1985）。第二次世界大战前日本的劳动力市场和产业关系都与西方类似。第二次世界大战后日本企业独特的结构、程序和文化，在很大程度上是由那些希望回避产业冲突与建立企业共同体的管理者与劳动者有意识地建构的。

## 九、作为自成一格的社会事实的文化：外生性的问题

涂尔干认为，社会会使自己在个人面前呈现为一种外在的"物"，一种社会事实本身，与构成物理环境的客体一样，有着一种客观的实在性。R. A. 希尔伯特（Hilbert, 1986：2）总结了涂尔干的这种观点：

> 与原初社会相比，现代社会呈现出同样显著的外在性与制约性的双重特征，这绝非历史上偶然发生的情况。道德约束的确是集体生活的实质。当个人面临道德的实在性时，他们正在面临的是社会；社会与道德是一体的……因此，缺少该双重特征的社会是不可想象的，就如签订了法律合约，而缺少遵守和履行它的承诺……然而，的确存在的情况是，各种社会在该双重性特征的显现程度上是有区别的。例如，突然而迅速的社会变迁可能制约社会的规制能力，那些超越适当的规制性道德的快速革命性变革也会如此。

组织研究者常常提及"共享价值观与信仰"是文化必不可少的要素，尽管其中很少有人明确论及这种共享意味着什么，一个组织需要多少共享的价值观和信仰，才可以说有一种文化（Morgan, 1986：135）。"共享"意味着绝大多数的或所有的成员通过选择或社会化，个人地持有他们的组织特有的价值观、信仰和情感。正如 B. 赫尔玛林（Hermalin, 2001）所说的，在实践中，要区别真的共享与外在的制约并非易事。我之所以遵守靠右行驶的规则，是因为我已经把它内化为一种习惯，或者仅仅是因为我有意识地或无意识地害怕不遵守这种规则将招致的惩罚？工作组织可能通过一种引导性安排，迫使成员遵守预见规定的行事方式或线路。因为工人在某个公司往往只有短期的任期和弱的关系，所以我们必须考虑的是，公司特定的文化需要多少心理学上的内化，才能真正地出现在雇员的遵守倾向中。而很多雇员之所以遵守，都只是因为受到了外在的制约。那种对文化内化的需要，并不意味着组织缺少一种文化。但是，如果那些真正共享这种文化的人大部分都是经理和管理人员，那么对于这种文化用"意识形态"来称谓可能更可取（Goll & Zeitz, 1991）。涂尔干认为，文化是一种外生的（emergence）社会特性，其本身是一种"社会事实"，不可还原为个人的属性或过程。涂尔干关于这些论题的神秘而具有煽动性的主张，招致了其同时代的以及后来的很多学者尖锐的批评。他们认为，他的文化和社会是一种固化的概念，并因此在践行"社会形而上学"。由于他一生的研究都关注各种文化形式——根据这些文化形式对社会进行认知上的分类，然后来安排世界的秩序——因此有些学者认为他属于唯心主义，他的理论是一种教条，特别是认为文化形式具有一种独立的存在性。

> 集体倾向有自己的一种存在性——它们是与宇宙力量、其他类型的思想……一样真实地存在的力量。表明集体倾向的实在性的证据，与表明宇宙力量的实在性一样多，这些证据同样可以通过统一的影响结果来显示。（集体倾向）导致我们从零开始行动，我们对集体倾向会做出物理—化学反应那样地反应……就如我们可以对电流或发光点的强度进行测量和比较一样，我们也可以对集体倾向进行测量，对它们的相对规模进行比较（引自 Takla & Pope, 1985：75）。

## 十、作为一种网络过程的外生文化

似乎正如上面的引文所表明的，认为文化是一种外生的社会事实，与其他的事实完全一样，就是在说文化是一种柏拉图式的理想，独立于社会以及构成社会的个人——上文似乎搁置了这一点。然而，

某些批评涂尔干外生理论的学者实际上误会了他的意思。其中一个早期的批评就把如下观点强加给涂尔干："既然文化外在于个体而存在，那么人类网络，就如化合物中的原子，不能成为一种社会事实并且因此不能解释其他事实。"（Tosti，1898）但是，正如下面引自 M. S. 阿彻（Archer，1982：475）的一段话所阐明的，涂尔干恰恰认为，这种网络就是文化的所在地和基础（参见 Sawyer，2002：233－234）：

> 外生的属性因此也是关系性的：他们不仅包括这些要素本身，而且离开了它们也不可能存在。（它们）……在所有水平和层次上都是从小规模的互动中浮现出来的，尽管随着互动规模的扩大，它们会日益远离日常生活的心理倾向，但是从来都不会完全与互动相分离。外生的各种最高秩序，只不过是互动的各种结果之间的关系。不过，对于条件的这些"反馈"，是在较低层次的互动之后发生的。

涂尔干本人对于这一点的看法十分明确 [Durkheim，（1897）1966：124]：

> 在同一社会群体中，在它的所有要素经历单一的或相似的多个过程（cause）的作用之后，不同个体的意识中会出现一种水准的测量，这导致每个人都认为或者感觉处于一致中。模仿的名字十分频繁地给予整个操作成员，并导致这种和谐一致。然后它指定意识状态的品质，同时被一定数量的不同个人所感知，导致他们彼此互动或者相互结合，进而产生一种新的意识状态。我们在这个意义上使用"结合"这个词，意味着这种结合源自他们中的所有成员与某个成员之间的相互模仿和一个成员与整个成员之间的相互模仿。人们一直认为，"我们城市中的那些喧嚣的聚集体，我们革命中的那些伟

大的情景"，能够最好地体现这种被界定的模仿的性质。在这些地方，人们能够最清楚地看到，工会中的男人如何通过相互影响而相互转化。

因此，文化是从社会网络过程中而物化出来的。作为个体的人对于客体或事件的反应不是相互独立的。相反，每个人自己与其他人的联系都会影响自己关于其他人的理解、认知与情感。[①] 而且，网络越大越密集，这种外生的文化就会越强，关系性影响的链条反应速度就越快。[②]

> 在一些地方之所以集体情感很强烈，是因为情感所具有的影响群体中每个人的意识的力量，在所有的他人中都引起了回应，而且会相互回应。因此情感获得的力量要依赖于有意识地对它做出反应的成员的数量。出于同样的原因，一个骚乱群体（crowd）越大，由它发泄的激情所具有的暴力能量就越大。相应地，在一个成员数量较少的家庭中，共同情感与记忆不会十分强烈，因为那里没有足够的共识，也就不能通过共享它们而体现和巩固这些共识。在一个共同情感足够强烈的社会中，观点与印象从一个人传送到另一个人的循环就不会被打断，因为其中某些社会单元总是处于联系中，而如果这种单元很少，则他们的关系就会中断，并且共同生活在某个时刻就会停止。

涂尔干提出的作为一种集体意识的文化概念，与后来认知社会心理学家们所坚持的"群体心智"概念是一致的。K. E. 维克与 K. H. 罗伯茨（Weick & Roberts，1993）对需要密切协调配合的行动——（"密切注意的相互关系"），诸如航空器飞行舱之类的高度可靠性组织中的活动往往如此——的条件进行了分析，并且分析了群体心智这个概念。他们引 用了因进行群体中的个体遵从实验而闻名的所罗

---

① 在符号互动理论与现象学社会学中，"文化的微观社会起源是个人互动"这种看法特别盛行。让我们来看看 P. L. 伯格与 T. 卢克曼（Berger & Luckmann，1966：109）对制度化的界定："只要存在各种类型的行动者，对于习惯化行动的相互典型化、制度化就会发生。换言之，任何一种这样的典型化，都是一种制度。我们必须强调的是，制度上的典型化的相互性，以及制度中的行动甚至行动者能被典型化的可能性或程度，构成了制度性的习惯化的行动的典型化，并且总是被共享的典型化。"

② 文化本身是不是一种仅仅响应宏观层次的因素的实在，这也是一个让人类学家感到棘手的知识论问题，A. L. 克罗伯（Kroeber，1948：409）认为，齐美尔抓住并解决了这个难题，他认为文化是"一种'不可独立的实在结构，这导致文化生命要遵循特定的法则，实质上是遵循特定的力量，同时又不与它的构成要素即个人相分享……然而，分析起来，最后存在的只有个人'，并且文化的'精神结构仅仅存在于个人的心智之中'。因此，认为文化外在于个人，就是一种神秘主义。文化通过法则和它自己的力量而被认为具有一种实在性，但是也只能是在个人中存在。毫不奇怪的是，那些不加深思的人在这个问题上总是感到很困惑"。

门·阿什（Solomon Asch）的话，补充和极大地完善了涂尔干的论述：

> 群体活动只有在如下条件下才有可能：群体的每一个参与者都有一种表象，包括对于他人的行动和他人的关系的表象。只有当共同的情形在每一个人那里体现出来，只有当这种表象在结构上相似时，各自的行动才会恰当地汇集，相互辅助和弥补。只有当这些条件给定时，个人才可能使他们自己从属于群体活动的要求。这些表象以及它们所激发的活动，使群体作为一种事实而出现，并产生了群体过程在感官认识上的可靠性和稳定性。①

群体中每个人对他者的表象，本身又源自于他们之间先前的多个回合的互动、互惠和会聚。这一点在所罗门·阿什的著作中只是暗含的，没有明说。当然，在涂尔干的著作中这一点则是明确的。让我们来看看下面引自《自杀论》的一段话：

> 每一个（人）会不完全地想象他人关于他的状态的看法。那么接下来发生的是什么呢？这些个人不同的表象一旦在我的意识中出现，就会彼此结合，并与我自己的感觉相结合。一种新的状态因此而得以形成，关于我自己的表象要比以前少，而且较少地受到个人特征的影响，通过系列的与前述相类似的重复阐述，从各种过分具体性与特殊性中解放出来，而越来越自由。那么，这样的结合……就混合和融合进了一种吸收他们而又不同于他们的化合物……这实际上完全就是心智拥有创造力量的唯一程序。

## 十一、作为一种"背景影响"的文化后果

涂尔干认为，不仅形成文化的这些原因，而且文化发挥的影响都是嵌入了社会网络的。为了满足涂尔干主义认为的文化的"外在性与制约性"这种标准，文化就必须通过宏观的因果（网络）机制来形塑人类的行动，对抗人们为了实现个人持有的价值观与信仰而行动的微观过程（Hillbert，1986）。

当然，文化有时也被某些学者等同于聚合或加总心理学，鲁斯·本尼迪克特的评论（Ruth Benedict，1932：24）就是这样，她说"文化是一种个体心理，在很长的一段时间内以巨大的比例被放大投影到屏幕上"。然而，涂尔干认为，文化是从"一种综合中出现的，这种综合具有如下的影响，即使整个情感、思想与想象的世界与个人脱离，这种综合一旦发生，情感、思想与想象也会遵守它们自己的法则"[Durkheim（1915）1961：471]。这种视文化为外生的、外在的和不可还原的涂尔干主义视角，往往为社会学家所接受，尽管社会学家对于文化是如何被通过整合而出现的，以及如何具有制约作用，存在不同的看法（Martin，1992：34；DiMaggio，1997）。

在一个群体中，当社会化过程让足够多的成员都接受相同的文化律令，那么这些成员被校准了的行动，可能吸引其他的成员，而这些成员的个人偏好原本可能使他们与这个群体相对立。涂尔干列举了一种"社会传染现象"[Durkheim，（1897）1966：96]。如果有足够多的人都参与了一种行动，并且这种信息被广泛地传播，那么其他人也会跳上这种游行花车，跟风而至，对于这种现象的一个极端的例子就是个人自杀。

在时尚潮流或社会运动中，当实际的信奉者成为大多数时，常常会出现这种对于个人的决定性影响。在组织背景中，越来越少的人可以按照他们自己的偏好行事，特别是如果他们不成比例地来自于组织的上层序列时，更是如此。个人破例的成本——轻则其权力被同辈群体分割，重则被排斥、降职、失去工作——显然是巨大的（Kunda，1992；O'Reilly & Chatman，1996；Kanter，1997；Martin，2002：71，99）。

要保证这个"文化"标签的正当性，一定数量的个体就必须经由相互影响的过程，逐渐共享一套价值观、情感与认识。他们的"集体意识"，其本身是通过网络来传递的，然后会制约他人的行动。通过这种方式，文化既是个人行动的聚合产物，同时也被个人视为一种外在的和具有制约性的社会力量。

涂尔干似乎是抓住并深刻分析了这些论题的第

---

① 弗兰克和法尔巴赫（Frank & Fahrbach，1999）利用这些思想，对组织文化的产生提出了一种值得注意的和可信的"复杂系统"模拟。他们的数学模型认为，随着个人情感与认知通过网络互动和通过他人选择进入每个人都有联系网络而汇集在一起，文化得以出现。

一位学者，这些论题对于他提出的作为"整体社会事实"的文化模式是基础性的。在一个群体中，价值观、信仰、情感的聚合或分配，可能引导人们以十分不同于个人为了实现其感觉到的偏好方式行事。对此，我们可以列举一个来自《自杀论》的研究的例子，就是欧洲新教徒的自杀率是天主教徒的四到五倍——涂尔干把这种差异的原因归结为天主教的道德教义具有更强的整合性并导致教徒遵守各种要求，而在新教徒为少数的天主教国家，这种比例下降为 3∶1。他写道，那些其信仰的宗教处于次要地位的成员，"会面临周围人们的敌意……被迫对他们自己实施严格的控制，并使他们自己从属于特别严明的纪律"[Durkheim，（1897）1966：156]。他们的自杀率因此更可能是外在制约而不是内在的道德的一个函数。

关于群体行为脱离个人倾向，涂尔干还列举了另一个生动的例子，那就是亲人丧亡仪式中悲痛的集体倾泻（Fisher & Chon，1989）。他观察了澳大利亚土著人的葬礼服务，他认为这种哀悼仪式不是人们在个人层次上表达其极度悲痛的过程，而是一个借成员死去的机会来再次巩固忠诚与身份认同的、共同体层次上的宏观现象。他写道："悲痛并不是因失去亲人而深受创伤的私人情感的自然活动，相反是一种仪式性的姿态，一个人必须采取这种姿态，以表示对风俗的尊重，但是这种姿态在很大程度上独立于他的情感状态。"①[Durkheim，（1915）1961：443]

有一项重要的经验研究，对这样的外生的宏观过程进行了讨论。P. M. 布劳（Blau，1960）首先给这些过程打上了"结构性效应"的标签，人们往往认为这样的外生宏观过程是一种"背景性效应"。正如在涂尔干所列举的宗教与自杀这个例子中，这种过程的主要识别特征，就是两个或多个个人层次的属性（例如加入新教或基督教）的平均层次，以与个人层次的各种相关性相分离的方式，而与各种集体（如民族）相关。这种分离在技术上被理解为聚合偏差，这是经济学和人口学中存在的一个令人讨厌的问题，其往往先假定个人层次的因果关系，却要依赖于为了聚合而拼凑的数据（例如产业、地域、国家）。但是，对于涂尔干及其所开创的宏观社会学传统来说，聚合偏差指出了一种外生性的社会事实：一种宏观的过程，在它们的微观层次的对应物之上而运行着的宏观过程。

关于外生的群体效应的研究，对于涂尔干的社会学来说是基础性的。特别是，这里提到的他的相关著作有着一种论辩上的冲击力。他在坚持集体属性与过程不可还原为个人属性与过程的同时，攻击边沁、穆勒（James Mill）和斯宾塞的功利主义和原子论。涂尔干与功利主义之间的论争，与今天经济学认识论与社会学的认识论之间的论争相类似（Granovetter，1985）。C. 曼斯基（Manski，1993）的一篇论文对社会科学中的各种背景效应模型进行了开创性的探讨，并指出经济学的推理在很大程度上是还原（简化）主义的。经济学家反对和抵制社会学家提出的群体或网络现象会影响个人决策和行动的思想。相反，社会学的一个核心主题——涂尔干也是其典型的代表——就是，群体与网络事件以及宏观层次的过程，一定要用客观层次的因果法则来说明。

按照外在的文化制约，可以很好地理解外生的群体效应。对此，布劳的文章也许仍然是一个很好的例子。各种工作组织的共同点，就是以组织为中心的文化与以职业为中心的文化之间的区别，我们在第 96 页②引用的 R. 伍斯诺与 M. 威顿（Wuthnow & Witten，1988）的文字也证明了这一点。在公共服务机构中，这又具体体现在公共服务工作者以顾客为取向的姿态，同雇用他们的机构的科层导向之间的紧张。这种机构认为，对顾客的投入成本应最小化，或者这种投入必须转换为成本。即使不是所有的但也是大多数认为顾客需要服务的个案工作者，通过培训后，以一种专业角度的同情关心精神提供服务。布劳的数据显示，不管他们自己的态度如何，个案工作者都被安排成一种以顾客优先的团队，并以顾客优先的方式行事。布劳认为，这体现了这个群体

---

① 这里需要提及的是当代组织文化研究的一个重要分支。A. R. 霍奇斯柴尔德（Hochschild，1983）关于某航空公司乘务员的研究，把这些服务人员要对乘客表现出微笑、欢迎姿态的要求，描述为一种计算性的（和非人道的）管理政策。管理者一直以解聘相威胁，确保不管这些人员自己多么疲倦或乘客多么粗暴，都要保持一种快乐的好风度。而且，管理者还试图警告乘务员不要在工友面前表达抱怨情绪，从而避免一种亚文化的形成。他认为，这个公司显然并不是真正具有使工人从紧张到轻松的、以顾客—服务为导向的"文化"。相反，马丁等（Martin et al.，1988）关于美体店的研究，发现其中存在一种真正的外生的情感文化。某些雇员内化了一种倾向，在工作环境中展示出情感；而其他的雇员也似乎学会这样做，以回应同辈群体的期待。

② 指原书页码，即本书边码。——译者注

以顾客优先的文化的"外在性和制约性",因此他的解释（Blau, 1960：182）具有明显的涂尔干色彩：

> 群体主流价值观的结构性影响，并不一定就与个人价值观导向的影响相平行。在某些方面，顾客优先的群体价值观和个人自己的顾客优先的价值观，对于他的行为具有相反的意涵。……这些发现说明，工作群体中起支配作用的社会价值观，对于其成员的思想和行为施加了外在的制约。如果在一个群体中，顾客优先的价值观起支配作用，那么仅检查顾客的合格性就会遇到社会的反对，而提供个案工作服务又会获得一个工人的赞同与尊敬。但是，如果顾客优先的价值观不起支配作用，那么情况就不是这样。换言之，一个群体的成员以顾客优先的价值观，驱使他们不仅为顾客提供更好的服务，而且也表达对以服务为导向的同事的社会赞同，以及对那些不是以服务为导向的同事的社会反对。为了应对这些惩罚性模式，个人往往会修正他们对待顾客的方法。

因此，涂尔干关于外生性问题的思想，很好地说明了促进组织文化的出现和力量的"共享"的准则。共享只是到必要的临界程度。超出了这一阈值，以网络为基础的规范性就会发挥制约作用，而这种制约又会进一步导致成员遵从这种文化，甚至使那些不能说是"共享"了这种文化的人都会根据这种文化而行事。[①]

113

在我们看来，关于文化外生性的宏观因果过程的探讨，在组织文化研究中一直被置于高度优先的地位。[②]这些探讨不是详细说明文化产生影响的实际机制，而是论述如下问题：一个公司的价值观、符号与信仰等宣示系统，是否可以建构为"文化"或者"意识形态"。很多组织文化研究都存在帕森斯意义上的过度社会化问题，在这些研究中，文化意味着被同一套文化律令中的每个成员个体在心理上吸收。对于涂尔干意义上的、外在的和具有制约作用

的集体意识这种组织文化，我们最好将其特征归结为"意识形态"：一些成员共享它，其他一些成员则不会共享它，但是会受到网络的制约，并遵从这种组织文化的规则。[③]

因此，文化的原因与结果要依赖于两种独特的网络机制，而涂尔干对这两种网络机制都进行了分析：（1）通过相互影响，人们重复地塑造彼此的认知和情欲结构，以至于他们会越来越多地获得并因此而共享这种文化；（2）同样是这些网络制约，引导人们以与文化或意识形态一致的方式行事，即使在组织的社会化过程中已经不能俘获他们的心灵时也是如此。

# 十二、结论

公司文化研究要获得社会科学的广泛认可和接受，就必须更好地建立在社会学与人类学巨量的学术性研究的基础上。组织研究中的"文化"是一个内含丰富但是没有清楚说明的概念。对于它的内容（特别是价值观与信仰）、它对于公司绩效的重要意义、如何最好地对它进行（包括定量与定性的）观察等问题，人们尽管进行了有益的讨论，但是对于其中一些棘手的问题，还缺少足够的关注。这些问题包括：是文化问题还是意识形态问题；文化的在场与缺场的问题（文化总是存在的吗）；认知与情感（价值评价）问题；"热"与"冷"的仪式问题以及每一个组织真的有多少这样的仪式；结构问题与文化问题——是哪一个驱使哪一个，以及因果问题的层次问题，文化的影响是通过社会化和共享还是通过外在的网络制约来实现。对于这些问题的忽视，在很大程度上是组织文化研究与主流文化理论和研究相脱节的结果。如果要把这些研究结合起来，可以有不同的方式，但是我们认为，首先要做的就是我们应更加仔细地探讨涂尔干的著作，他在社会科

114

---

① M. 格兰诺维特（Granovetter, 1985）提出了一种类似的主张，他反对关于社会行动的"过度社会化"模型，特别是帕森斯传统以及其他文化决定论所体现出的过度社会化观点。他的"嵌入性"理论在很大程度上是关于网络的外在制约特征的思想。

② 情景效应模型在分层与教育研究中存在共同之处，但是这些模型很少在组织研究中应用。林肯与泽兹（Lincoln & Zeitz, 1980）对 20 个社会服务机构进行了抽样调查，并运用协方差分析技术揭示了一种组织层次的（情景性）影响强模式，但这种模式在个人层次的数据中并不明显。他们通过三个项目对职员的专业化进行了测量，发现在个人之间，专业人员倾向于占据监督者或者管理者的位置。在这种倾向方面，机构在统计上没有相关性，但机构均值的回归分析则表现出相反的形式：机构越是专门化，监督密度越低。这种外生的宏观模式，与作为一种不同的科层制的灵活"有机体"形式的专业理论相一致。

③ 最近一些重要的研究，通过把网络属性结合进来，而改进了布劳、林肯与泽兹使用的情景效应模型（Erbring & Young, 1979；Manski, 1993）。

学中是一个灯塔式的人物，他的著作最近在文化研究的诸多领域中都出现了复兴，但是他对于组织研究的影响总体上一直很微小。

一个19世纪的、很少明确关注正式组织的理论家，真的能够对20多年前一出现就吸引无数专业人员与新闻工作者注意的问题，提供一些有用的东西吗？我们对此满怀希望，认为涂尔干的很多思想，在应用于组织文化问题时，不仅是创造性的和敏锐深刻的，而且也是新颖的和合乎时宜的。涂尔干关于仪式与典礼如何具有建立内聚与促进集体认知的作用的研究，是一种新奇的研究，其处理的问题已经吸引了广泛的关注，但很少有理论性的结论（Trice & Beyer, 1984）。我们对于"冷"与"热"的仪式的区分，源于对涂尔干与韦伯的思想的比较，进行这样的区分，使我们可以有效地评估组织的典礼仪式的性质。涂尔干的"失范"或"文化崩溃"概念，有利于纠正组织研究中存在的把文化概念依附于任何事物，而反对对文化何时存在、何时不存在以及这会导致组织出现何种差异进行深入探讨的普遍倾向。

最后，涂尔干坚持认为，文化（集体意识）是一种"外在的和具有制约作用的"社会事实。这一看法对组织文化研究提出了一个挑战，因为大多数的组织文化研究者都假定一种高度简约的文化通过社会化过程影响行为的因果机制，以至于个人在心

115

理上是被程序设计安排好了的，并遵从其规则和律令。涂尔干关于这个问题的研究，一直以来受到了很多的批评，因为他似乎支持一种相反的宏观"集体心智"概念，认为集体心智处于人们与社会之外，从遥远的地方决定人们的思想和行为。然而，只要我们对涂尔干的著作进行条分缕析，就会得到一种完全不同的印象。涂尔干认为所有必要的意识都存在于个人的心智中，但是这种意识会通过一种动态的互动过程而会聚和结合在一起，并因此在相反的意义上成为外在性的和发挥制约作用，使个体发现他们自己处于浓厚和坚硬的社会压力之网中，这种网络很少留给他们索取特殊权力的机会，而不得不加入群体中。正如G. 昆达（Kunda, 1992）和J. 马丁等（Martin et al., 1998）的深入研究所指出的，工作组织常常设法编织这些意识形态之网，以使他们能够把生硬的结构性控制放在一边，而这些结构性控制的根源易于查明，并能够防止抵制轻易的形成。一些值得注意的组织研究和理论，正在对文化外生性与制约作用的网络基础进行深入研究。这些研究似乎也会验证涂尔干对这些论题所做的开创性贡献。

詹姆斯·R. 林肯（James R. Lincoln）
迪蒂尔·吉略特（Didier Guillot）

**参考文献**

Archer, M. S. (1982). "Morphogensis Versus Structuration: On Combining Structure and Action", *British Journal of Sociology*, 33: 455-83.

—— (1985). "The Myth of Cultural Integration", *The British Journal of Sociology*, 36: 333-53.

Barley, S. R. and Kunda, G. (1992). "Design and Devotion: Surges of Rational and Normative Ideologies of Control in Managerial Discourse", *Administrative Science Quarterly*, 37: 363-99.

Barnes, J. A. (1954). "Class and Committees in a Norwegian Island Parish", *Human Relations*, 7: 39-58.

Bartlett, C. A. and Ghoshal, S. (1989). *Managing Across Borders: The Transnational Solution*. Boston, MA: Harvard Business School Press.

Bendix, R. (1956). *Work and Authority in Industry: Ideologies of Management in the Course of Industrialization*. New York: Harper & Row.

Benedict, R. (1932). "Configurations of Culture in North America", *American Anthropologist*, 34: 1-27.

Berger, P. L. and Luckmann, T. (1966). *The Social Construction of Reality*. New York: Doubleday.

Besnard, P. (1988). "The True Nature of Anomie", *Sociological Theory*, 6: 91-5.

Blau, P. M. (1955). *The Dynamics of Bureaucracy*. Chicago, IL: University of Chicago Press.

Blau, P. M. (1960). "Structural Effects", *American Sociological Review*, 25: 178-93.

Bottomore, T. (1981). "A Marxist Consideration of Durkheim", *Social Forces*, 59: 902-17.

*Business Week* (1980). "Corporate Culture-the Hard to Change Values that Spell Success or Failure", October: 148-54.

Carroll, G. R. and Harrison, J. R. (1998). "Organizational Demography and Culture: Insights from a Formal Model and Simulation", *ASQ*, 43: 637-67.

Chatman, J. A., Polzer, J. T., Barsade, S. G., and Neale, M. A. (1998). "Being Different Yet Feeling Similar: The Influence of Demographic Composition and Organizational Culture onWork Processes and Outcomes", *Administrative Science Quarterly*, 43: 749-80.

Cohen, M. D., March, J. G., and Olsen, J. P.

116

(1972). "A Garbage Can Model of Organizational Choice", *Administrative Science Quarterly*, 17: 1 - 25.

Cole, R. E. (1971). *Japanese Blue Collar: The Changing Tradition*. Berkeley, CA: University of California Press.

Crozier, M. (1964). *The Bureaucratic Phenomenon*. Chicago, IL: University of Chicago Press.

Deal, T. E. and Kennedy, A. A. (1982). *Corporate Cultures: The Rites and Rituals of Corporate Life*. Reading, MA: Addison-Wesley.

DiMaggio, P. (1997). "Culture and Cognition", *Annual Review of Sociology*, 23: 263 - 87.

Dore, R. P. (1973). *British factory, Japanese Factory*. Berkeley, CA: University of California Press.

—— (2000). *Stock Market Capitalism: Welfare Capitalism: Japan and Germany versus the Anglo-Saxons*. Oxford: Oxford University Press.

Douglas, M. (1968). "The Social Control of Cognition: Some Factors in Joke Perception", *Man*, 3: 163 - 76.

Durkheim, E. (1933). *The Division of Labor in Society*. Glencoe, IL: Free Press.

—— ([1897] 1966). *Suicide: A Study in Sociology*. New York: Free Press.

—— ([1915] 1961). *The Elementary Forms of the Religious Life*. New York: Collier.

—— ([1938] 1982). *The Rules of the Sociological Method*. New York: Free Press.

Emirbayer, M. (1996). "*Useful Durkheim*", *Sociological Theory*, 14: 109 - 30.

Erbring, L. and Young, A. A. (1979). "Individuals and Social Structure: Contextual Effects as Endogenous Feedback", *Sociological Methods and Research*, 7: 396 - 430.

Etzioni, A. (2000). "Toward a Theory of Public Ritual", *Sociological Theory*, 18: 44 - 59.

Fine, G. A. (1984). "Negotiated Orders and Organizational Cultures", *Annual Review of Sociology*, 10: 239 - 62.

Fisher, G. A. and Chon, K. K. (1989). "Durkheim and the Social Construction of Emotions", *Social Psychology Quarterly*, 52: 1 - 9.

Foucault, M. (1972). *The Archaeology of Knowledge*, trans. A. M. Sheridan-Smith. New York: Pantheon Books.

Frank, K. A. and Fahrbach, K. (1999). "Organization Culture as a Complex System: Balance and Information in Models of Influence and Selection", *Organization Science*, 10: 253 - 77.

Freeland, R. F. (1996). "The Myth of the M-Form: Governance, Consent, and Organizational Change", *American Journal of Sociology*, 102: 483 - 526.

Galbraith, J. (1973). *Designing Complex Organizations*. Reading, MA: Addison-Wesley.

Ghoshal, S. (2003). "Schools Share Blame for Enron", *Financial Times*, July 17.

Giddens, A. (1976). "Classical Social Theory and the Origins of Modern Sociology", *American Journal of Sociology*, 81: 703 - 29.

Goll, I. and Zeitz, G. (1991). "Conceptualizing and Measuring Corporate Ideology", *Organization Studies*, 12: 191 - 207.

Gordon, A. (1985). *The Evolution of Labor Relations in Japan*. Cambridge, MA: Harvard University Press.

Gouldner, A. W. (1954). *Patterns of Industrial Bureaucracy*. New York: Free Press.

Gramsci, A. (1990). "Culture and Ideological Hegemony", in J. Alexander and S. Seidman (eds.), *Culture and Society: Contemporary Debates*. New York: Cambridge University Press.

Granovetter, M. (1985). "Economic Action and Social Structure: The Problem of Embeddedness", *American Journal of Sociology*, 91: 481 - 510.

Hamilton, D. P. (2000). "At Hewlett-Packard, Carly Fiorina Combines Discipline, New-Age Talk", *Wall Street Journal Interactive Edition*, August 22.

Hermalin, B. (2001). "Economics and Corporate Culture", in S. Cartweight et al. (eds.), *The International Handbook of Organizational Culture and Climate*. Chichester, UK: John Wiley & Sons.

Hilbert, R. A. (1986). "Anomie and the Moral Regulation of Reality: The Durkheimian Tradition in Modern Relief", *Sociological Theory*, 4: 1 - 19.

Hochschild, A. R. (1983). *The Managed Heart: The Commercialization of Human Feeling*. Berkeley, CA: University of California Press.

Jacoby, S. M. (1997). *Modern Manors: Welfare Capitalism since the New Deal*. Princeton, NJ: Princeton University Press.

Kanter, R. M. (1983). *The Change Masters: Innovation and Entrepreneurship in the American Corporation*. New York: Simon & Schuster.

—— (1997). "Some Effects of Proportions on Group Life: Skewed Sex Ratios and Responses to Token Women", *American Journal of Sociology*, 82: 965 - 90.

Kroeber, A. L. (1948). "White's View of Culture", American Anthropologist, 50: 405-15.

Kunda, G. (1992). *Engineering Culture: Control and Commitment in a High-tech Corporation*. Philadelphia, PA: Temple University Press.

Lawrence, P. R. and Lorsch, J. W. (1967). *Organization and Environment*. Boston, MA: Harvard Business School Press.

LeBaron, F. (2001). "Toward a New Critique of Economic Discourse (Review of Pierre Bourdieu's Le structure sociale de l'economie) *Theory, Culture & Society*, 18: 123-9.

Lemert, C. (1994). "The Canonical Limits of Durkheim's First Classic", *Sociological Forum*, 9: 87-92.

Lincoln, J. R. and Zeitz, G. (1980). "Organizational Properties from Aggregate Data: Separating Individual and Structural Effects", *American Sociological Review* 45: 391-409.

——and McBride, K. (1987). "Japanese Industrial Organization in Comparative Perspective", *Annual Review of Sociology*, 13: 289-312.

——and Kalleberg, A. L. (1990). *Culture, Control, and Commitment: A Study of Work Organization and Work Attitudes in the U. S. and Japan*. New York: Cambridge University Press.

——and Gerlach, M. L. (2004). *Japan's Network Economy: Structure, Persistence, and Change*. New York: Cambridge University Press.

——, Hanada, M., and Olson, J. (1981). "Cultural Orientations and Individual Reactions to Organizations: A Study of Employees of Japanese Owned Firms", *Administrative Science Quarterly*, 26: 93-115.

——, ——, and McBride, K. (1986). "Organizational Structures in Japanese and U. S. Manufacturing", *Administrative Science Quarterly*, 31: 338-64.

Linstead, S. and Grafton-Small, R. (1992). "On Reading Organizational Cultures", *Organization Studies* 13: 331-55.

Lukes, S. (1973). Emile Durkheim: His Life and Work. New York: Allen Lane.

Manski, C. (1993). "Identification of Endogenous Social Effects—the Reflection Problem", *Review of Economic Studies*, 60: 531-42.

Martin, J. (1992). *Cultures in Organizations: Three Perspectives*. New York: Oxford University Press.

—— (2002). *Organizational Culture: Mapping the Terrain*. Thousand Oaks, CA: Sage.

——, Knopoff, K. and Beckman, C. (1998). "An Alternative to Bureaucratic Impersonality and Emotional Labor: Bounded Emotionality at The Body Shop", *Administrative Science Quarterly*, 43: 429-69.

Merton, R. K. (1968). *Social Theory and Social Structure*. New York: Free Press.

Mestrovic, S. G. (1987). "Durkheim's Concept of Anomie Considered as a 'Total' Social Fact", *British Journal of Sociology*, 38: 567-83.

Meyer, J. W., and Rowan, B. (1977). "Institutionalized Organizations: Formal Structure as Myth and Ceremony", *American Journal of Sociology*, 83: 340-63.

Morgan, G. (1986). *Images of Organization*. Beverly Hills, CA: Sage.

Morrill, C. (1991). "Conflict Management, Honor, and Organizational Change", *American Journal of Sociology*, 97: 585-621.

Nelson, R. R. and Winter, S. G. (1982). *An Evolutionary Theory of Economic Change*. Cambridge, MA: Harvard University Press.

Nisbet, R. A. (1967). *The Sociological Tradition*. London: Heinemann.

O'Reilly, C. and Chatman, J. (1996). "Culture as Social Control: Corporations, Cults, and Commitment", in B. M. Staw and L. L. Cummings (eds.), *Research in Organizational Behavior*, vol. 18. Greenwich, CT: JAI Press.

Orru, M. (1983). "The Ethics of Anomie: Jean Marie Guyau and Emile Durkheim", *British Journal of Sociology*, 34: 499-518.

Ouchi, W. (1981). *Theory Z: How American Business Can Meet the Japanese Challenge*. Reading, MA: Addison-Wesley.

——and Wilkins, A. L. (1985). "Organizational Culture", *Annual Review of Sociology*, 11: 457-83.

Parsons, T. (1949) *The Structure of Social Action*. Glencoe, IL: Free Press.

Pascale, R. T. and Athos, A. (1982). *The Art of Japanese Management*. New York: Warner Books.

Peacock, J. L. (1981). "Durkheim and the Social Anthropology of Culture", *Social Forces*, 59: 996-1008.

Perrow, C. (1986). *Complex Organizations: A Critical Essay*. New York: Scott, Foresman.

Peters, T. J. and Waterman, R. H. (1982). *In Search of Excellence: Lessons from America's Best-Run Companies*. New York: Warner Books.

Peterson, R. A. (1979). "Revitalizing the Culture Concept", *Annual Review of Sociology*, 5: 137 - 66.

Pettigrew, A. M. (1979). "On Studying Organizational Cultures", *Administrative Science Quarterly*, 24: 570 - 81.

Pope, W. (1973). "Classic on Classic: Parsons Interpretation of Durkheim", *American Sociological Review*, 38: 399 - 415.

———, Cohen, J., and Hazelrigg, L. E. (1975). "On the Divergence of Weber and Durkheim: A Critique of Parsons Convergence Thesis", *American Sociological Review*, pp. 417 - 27.

Powell, W. W. and DiMaggio, P. (eds.) (1991). *The New Institutionalism in Organizational Analysis*. Chicago, IL: University of Chicago Press.

Raghavan, A., Kranhold, K., and Barrionuevo, A. (2002). "How Enron Bosses Created a Culture of Pushing Limits", *Wall Street Journal Interactive Edition*, August 26.

Rawls, A. W. (1996). "Durkheim's Epistemology: The Neglected Argument", *American Journal of Sociology*, 102: 430 - 82.

Rohlen, T. P. (1974). *For Harmony and Strength: Japanese White-collar Organization in Anthropological Perspective. Berkeley*, CA: University of California Press.

Sawyer, R. K. (2002). "Durkheim's Dilemma: Toward a Sociology of Emergence", *Sociological Theory*, 2: 227 - 47.

Schein, E. H. (1996). "Culture: The Missing Concept in Organization Studies", *Administrative Science Quarterly*, 41: 229 - 40.

Selznick, P. R. (1949). *TVA and the Grass Roots: A Study in the Sociology of Formal Organization*. Berkeley, CA: University of California Press.

——— (1996). "Institutionalism Old and New", *Administrative Science Quarterly*, 41: 270 - 7.

Srole, L. (1956). "Social Integration and Certain Corollaries: An Exploratory Study", *American Sociological Review*, 21: 709 - 16.

Starkey, K. (1998). "Durkheim and the Limits of Corporate Culture: Which Durkheim? Whose Culture?", *Journal of Management Studies*, 35: 125 - 36.

Stinchcombe, A. L. (1997). "On the Virtues of the Old Institutionalism", *Annual Review of Sociology*, 23: 1 - 18.

Swidler, A. (1986). "Culture in Action: Symbols and Strategies", *American Sociological Review*, 51: 273 - 86.

Takla, T. N. and Pope, P. (1985). "The Force Imagery in Durkheim: The Integration of Theory, Metatheory, and Method", *Sociological Theory*, 3: 74 - 88.

Tosti, G. (1898). "The Delusions of Durkheim's Sociological Objectivism", *American Journal of Sociology*, 4: 171 - 7.

Trice, H. M. and Beyer, J. M. (1984). "Studying Organizational Cultures Through Rites and Ceremonials", *Academy of Management Review*, 9: 653 - 69.

Turner, J. H. (1990). "Emile Durkheim's Theory of Social Organization", *Social Forces*, 68: 1089 - 103.

Weick, K. E. (1976). "Educational Organizations as Loosely Coupled Systems", *Administrative Science Quarterly*, 21: 1 - 19.

———and Roberts, K. H. (1993). "Collective Mind in Organizations: Heedful Interrelating on Flight Decks", *Administrative Science Quarterly*, 38: 357 - 81.

Williamson, O. E. (1975). *Markets and Hierarchies: Analysis and Antitrust Implications*. New York: Free Press.

Wuthnow, R. and Witten, M. (1988). "New Directions in the Study of Culture", *Annual Review of Sociology*, 14: 49 - 67.

*120*

## 第五章　女权主义的工作理论<sup></sup>[①]

医生建议我服用磷酸盐或膦酸酯等，叫我多吃补品、多旅行和呼吸新鲜空气，还要加强身体锻炼，在身体康复之前，绝对禁止"工作"。

——C. P. 吉尔曼（Gilman, 1892）

正如 C. P. 吉尔曼在其短篇小说《黄色墙纸》（*The Yellow Wall-Paper*）中所感叹的，在妇女的生活以及女权主义的思想中，工作都有很长的却又让人感到苦恼的历史。尽管这本小说写于 20 世纪初，但是 C. P. 吉尔曼预见了 20 世纪末期的女权主义者们所关注的很多主题。在本章开头摘抄的这段文字中，女主人公那脆弱的身体，使她注定要在维多利亚时代的戏剧中扮演一个"女性"（the weaker sex）的角色。认为中上层阶级妇女从生理上看不适宜劳动，实际上就是认为只有男性才适宜工作，并最终根据隐性的男性特质标准来界定或定义工作。妇女的地位一直与那些不那么显眼和重要而又重复性的工作密切相关。女权主义的分析已经戳穿了在关于工作的界定、建构和安排中存在的男性偏见。我们从一个女权主义的视角来分析工作就可以发现，对于可以从事何种工作、在什么地方工作、工作的报酬，甚至什么才算是工作等所存在的严格限制，与完成工作的人密切相关（Brush, 1999：162-163）。

很重要的是，我们必须注意女权主义既不是一种统一的理论，也不是一种奇怪的理论。女权主义对于工作场所普遍存在的、持久的以性别为基础的等级制，提出了多样的政治解决方案和不同的理论主张。女权主义内部之所以存在各种不同的理论流派，根源于不同的理论流派依据的是不同的理论传统。所有的女权主义者都反对工作世界中使男性长期处于有利地位而女性长期处于不利地位的那些原因和机制。因此本章面临一项双重的任务，这就是既要体现女权主义的整体的批判性，又要处理女权主义内部对于工作问题存在的争论。但是，仅仅一篇论文，无论如何也不可能描述各种各样的女权主义理论，以及女权主义关于工作这个论题浩如烟海的全部文献。由于描绘女权主义与社会理论之间的关系超出本章的评论范围，本章的内容不涉及这个问题（至于这个关系的优秀评论，请参阅 Jackson, 1998，以及 Evans, 2003）。

本章主要梳理女权主义学者关于工作问题的共同思想、进展以及各种不同的理论，并大致按照年代顺序来回顾和评论女权主义的理论研究的发展演变。因为简单的编年史研究可能掩盖塑造女权主义话语的持续对话，所以本章的每个小节，在主题上都按照女权主义运动历史上相邻的两股浪潮所取得的进展来展开连贯的论述。按照这种大致的历史分期，本章第一小节主要描述随着工作大规模转移到制造业的社会变革，作为一种运动而出现的第一股女权主义浪潮的历史背景。作为一种运动的第一股女权主义浪潮不仅仅是人们感兴趣的历史遗迹，相反还是走向第二股女权主义理论的一个起点。第二股女权主义理论，对第一股女权主义理论进行了重写，并对这一历史记录（工作大量转移到制造业及其后果）进行了重新理解，以修正古典的社会理论，并因此而揭示了那些为形成时期的资本主义框架提供支撑基础的男权制（patriarchy）结构。而过去所发生的一切对于现在的工作框架都具有重要影响。

本章的内容主要是有选择性地描述了第二股女

---

① 特别感谢琼·阿克尔（Joan Acker）、西尔维亚·瓦尔拜（Sylvia Walby）、戴维·法森福斯特（David Fasenfest），以及本书的三位主编马立克·科尔钦斯基、保罗·爱德华兹和兰迪·霍德森对本章初稿提出的有益评论。

权主义的各种解释，涵盖了女权主义理论研究工作的各种视角，包括分别关注男权制与资本主义、劳动力市场，以及组织本身等几种视角。这样的顺序反映了一种从宏观结构因素分析走向过程性影响分析的理论运动。本章第三小节主要介绍女权主义学者关于为何男性与女性的某些属性在社会与文化上变得越来越重要，并根据组织中的性别差异以及通过组织实践被划分为不同类型的原因的探讨。在本章第四和第五小节，我们根据对具有性别色彩的组织分析，以及通过对打上社会性别色彩的工作的检验，分析了情感性的劳动与劳动美学这些重要的情形，并探讨了具有社会性别色彩要求的工作表演与具体表现，是如何被视为由谁来完成它而被列入承载着不同价值观的工作岗位资格条件中的。

本章第六和第七小节则主要讨论后现代转向以及对于早期讨论的回归所产生的影响。各种女权主义的后现代理论在分析工作中的性别不平等时，假定了弥散性的权力、多重的和流动的身份等事实的存在。有一种唯物主义的女权主义把性别视为一种社会结构加以利用，并把阶级概念带回女权主义的工作理论。这种女权主义的一个例子就是对社会实践提出了自己的一种解释，这种解释强调结构与过程之间的相互影响，而不是抓住一个而放弃另一个。最后，本章的结论部分通过反思女权主义学者已经取得了多大的进展，以及通过思考女权主义者在多大程度上期待工作去性别化与更加平等的劳动岗位分配的持续进步，来分析或预测女权主义的未来。

# 一、社会理论与女权主义浪潮

在妇女中出现的政治动员为女权主义主要的两股思想浪潮播下了种子。对第一股女权主义思想浪潮进行简单的历史回顾后，我们发现社会改革者通过第一股女权主义思想浪潮提出了妇女没有经济保障、政治权利被剥夺等问题。从18世纪晚期玛丽·沃斯通克拉夫特（Mary Wollstonecraft）主张和维护妇女权利的各种著作以来，各种女权主义者就一直共同谴责对于妇女的孤立和不平等待遇（歧视）。另外，妇女之所以不能全面参与政治和经济活动，与她们在家庭中的人口再生产（生育）负担有关。

因此，把各种不同的女权主义统一起来的另一个共识，就是共同认为人口再生产与生产之间存在相互的干扰和影响。第二股女权主义思想浪潮通过对那些研究工作的狭隘视角的批判，更加明确了它们之间的这一共同点。女权主义对于那些认为生产的地位优先于人口再生产、工资劳动优先于非工资劳动、阶级优先于性别等的经典著作进行了集中的批判。早期的第二批女权主义者对关于资本主义的以及其他相关经济范畴的性别无涉的分析进行了批判，并提出了与资本主义相关的男权制概念。

第一股女权主义思想浪潮出现于19世纪晚期，衰落于20世纪20年代早期，讨论了那个时代的各种社会弊病。改革者们摆出了在大规模的制造业改变传统工作方式以及工作的农业劳动节奏时，"妇女"面临的各种问题，并发起了批判女性工人所面临的血汗工厂条件的运动。在关于妇女的为数不多的系统理论研究著作中，恩格斯的《家庭、私有制和国家的起源》（1968）一书，提供了一种引人注目的历史唯物论的理解，把妇女遭受的压迫与阶级剥削联系起来。[①] 根据恩格斯的观点，男性与女性之间的不对等关系，构成了非常基础的、第一阶的（first-class）关系。恩格斯指出，在资本主义制度下，男性支配与资产阶级家庭有关系，在这种家庭中，男性具有一种经济动机去控制妇女的再生产能力，以确立私有财产明确由其男性后代继承的男权制度。恩格斯用华丽的词语吟叹道，母权制的被推翻，乃是女性的具有世界历史意义的失败。丈夫在家中也掌握了权柄，而妻子则被贬低，被奴役，变成丈夫淫欲的奴隶，变成单纯的生孩子的工具了（Engels, 1968：495）。

恩格斯的这种理论视角分析了妇女遭受压迫的历史根源，但把妇女问题还原为一种阶级斗争，把"女性"（female sex）还原为一种阶级关系。

C. P. 吉尔曼发表了一项名为"男人和女人之间的、作为一种社会演化因素的经济关系"的研究，也呼应了恩格斯的观点。在19世纪与20世纪之交的政治运动背景下，C. P. 吉尔曼（Gilman, 1898：2）在其《人类生活的最常见和最令人困惑的问题之一》一文的标题中，把妇女与经济并列在一起。[①] 她在这篇论文中从一个创世记故事开始写起，再现了

---

① 奥利芙·斯赖纳（Olive Schreiner）出版的《妇女与劳动》一书（1911）讨论了资本主义与社会再生产之间的关系，但是现在已经很少有人知道这部著作了（转引自 Wise & Stanley, 2003：3）。

男人与女人最初的平等状态，认为这种平等状态一直延续到男人屈服于丰裕的快乐伊甸园中的各种充满诱惑的快乐愉悦为止。

> 紧紧地，他紧紧地限制她，她应该永不离开他；
>
> 他使她经常处于虚弱状态，以免她强壮起来逃跑掉。

她具有先见之明的解释把无偿的家庭看护工作纳入了经济分析，并因此拒绝马克思主义的与新古典经济学的"家务劳动不会创造经济价值"的假设。在这样做的同时，她敏锐地对生产以及生产劳动概念进行了性别分类。

就在从女权主义第一股浪潮结束到第二股浪潮开始之间的政治运动达到高潮之后，女权主义的思想日益繁荣起来。在第一次世界大战与第二次世界大战之间，劳工女权主义者清楚地提出了各种原则，主张进行各种改革，通过包容差异性或多样性来实现性别平等（Cobble，2004）。第二股浪潮则包括了一种更具自我意识的女权主义。随着20世纪70年代妇女运动的蓬勃开展，马克思主义特别是恩格斯的著作，既鼓舞着又阻碍了根据历史唯物主义研究资本主义体系结构，并对其男权制安排提出了结构性解释的那些激进的社会主义者、马克思主义—女性主义者。吉尔曼关于家庭工作与家庭内部劳动的看法，这个时候也被人们重新发现了。关于到底是什么形成了男权制的争论，迫使女权主义者重新思考阶级分析，从而把性别关系与劳动的性别分割推到了工作分析的最前沿。

一些学者试图指出资本主义对于阶级结构中的个人性别问题并非无关紧要，这种努力导致第二股女权主义理论思潮把男权制视为一种社会关系系统，这种系统能够使男性控制妇女的劳动，第二股女权主义理论思潮对于男权制先于资本主义并与资本主义相衔接的各种根源进行了探究，并提出了一些深层次的历史问题。其中出现了一种"二元系统"视角，主要有三个学者为这一视角做出了重要贡献。其一是法国女权主义者克里斯汀·德尔菲（Christine Delphy），她确定了几个独立的领域，把男女两性之间不对等关系的根本动力定位于家庭中存在的一种男权制的家庭内部生产模式，通过这种模式，

作为一个阶级的男人们剥削妇女的劳动，并直接从占有妇女的劳动中获益（Delphy，1977）。与吉尔曼一样，她关注家庭工作以及家庭，认为它们是男性发挥支配作用的一个关键领域，并主张把性别因素纳入生产概念。然而，她很少关注妇女在家庭之外的工资劳动（Jackson，1998：17）。其二是西尔维亚·瓦尔拜（Sylvia Walby），她的《工作场所中的男权制》（*Patriarchy at Work*，1986）一书进一步推进了这种"二元系统"视角。该书提出了一种复杂的男权制理论，认为男权制是一种独立于其他结构的、相对自足的结构，对于一套渗透于与资本主义关系相配合的家庭内部工作、工资工作、国家、男性暴力、性行为男权制的关系具有特别的偏好。其三是H.哈特曼（H. Hartmann），她探讨了19世纪晚期资本主义劳动力市场中妇女相对于男性工人组织存在的不利地位（Hartmann，1979）。职业隔离使妇女主要集中在低工资的工作岗位，而这反过来又使妇女要继续依赖于男性才能实现经济生存，并使男权制与资本主义之间的恶性循环长期存在。瓦尔拜与哈特曼都运用详尽的历史材料来表明男权制与资本主义之间存在的联系，即排斥女人参加工资工作与在工资工作中存在各种男权制关系，瓦尔拜的理论认为资本主义还通过政府政策来巩固强化这样的做法，而哈特曼的模型则认为资本主义通过家庭工资来巩固和强化这样的做法。她们的研究都描述了那些使男性得以维持对于妇女的特权的各种基本机制。不过，这一理论研究模式表现出某种程度的"抽象结构主义"，把男性支配妇女的动机、利益与策略要么还原为抽象的资本的需要，要么还原为同样抽象的男权制角色，因此不能看到能动与结构之间动态的紧张关系（Pollert，1996：641）。[②]

随后的各种论争表明了马克思主义与女权主义之间的"婚姻是不幸福的"（Sargent，1981），表达了女权主义者对男权制这个范畴本身存在一种矛盾的心态（Beechey，1979，1987）。尽管很多女权主义者对男权制概念存在一种矛盾心态，但是他们在一定程度上还是从历史和结构的视角来理解这个概念，例如，他们认为"婚后从夫居住，拓展和强化了年长男性掌握权力的家庭"（Acker，1989：236）。C.

---

① 作者感谢西尔维亚·瓦尔拜使我想起和注意到C. P. 吉尔曼（Charlotte Perkins Gilman）对第二股女权主义的影响。

② 这种描述夸大了她们的这一缺点。其实，《工作场所中的男权制》就论述了一种集体能动性，以理解在何种环境下，同样的工作岗位类型（培训的长短、技能、繁重的劳动），会被划分为适合女性或男性的工作种类，对此，瓦尔拜将其原因归结于一种多层面斗争的产物，这种斗争涉及希望不同程度地获得各种资源，包括国家权力。

科克伯恩（Cockburn，1991）承认这个概念存在各种问题，但是也提出可以用这个概念来界定一种"性—性别"系统，在这种系统中，父亲或男性长辈对于妇女可以实施各种习惯性或司法性的权利。在资本主义条件下，这种"父权"通过一种男人的兄弟情谊或兄弟关系，而让位于更为一般的"男权"。C. 科克伯恩（Cockburn，1991：8）试图分析各种社会关系丛之间的联结方式，也就是分析各种社会关系丛得以存在与再生产的方式，并十分小心地把男权制与其他可能的"性—性别"系统区别开来。阿克尔（Acker，1989：239）则提倡人们使用诸如"再生产"等不那么抽象的概念来概括"与维系整个人类得以存在有关的那些所有活动"。在《性别转型》（*Gender Transformations*）一书中，瓦尔拜（Walby，1997）修正了她先前的理论，并区分了私人男权制与公共男权制，认为前者根源于家庭生活，而后者根源于劳动力市场。随着妇女大量进入工资劳动力队伍，男权制也从私人男权制转变为公共男权制，但这些妇女有很多都仍然被隔离在低工资的工作岗位中。瓦尔拜论述了各种形式的差异及其政治对于性别关系，特别是就业中的两性关系的转型所具有的重要意义。

女权主义者并不认同采纳诸如再生产等特殊术语的有用性，但是很多人反对完全忽视男权制结构的重要性。也没有人主张回到一种宏观结构视角。然而，很多人认为，如果对于独特社会关系被"动态地"剥去性别色彩这种情况缺少研究，那么这种状况也是值得担忧的。如果没有男权制这个概念，女权主义者就需要寻找替代性的概念，来理解家庭工作与无偿的家庭内部看护工作的价值。大多数女权主义者认为，仅仅把妇女纳入阶级分析还是不够的。相反，我们有必要检验在影响义务、权力与报酬的分配的经济与政治体制中存在的那些性别化的权力关系。[1]

女权主义者紧紧跟随早期的第二股女权主义的思潮解释，并且引入了一种与阶级特别是与性（sex）相联系的性别（gender）概念，并对这个概念进行了提炼。[2] 如果要问性别是什么这个问题，就要对把性确定为某种天生的、不可改变的本质的那些理论进行批判。在社会学中，女权主义者否定了帕森斯社会学理论中的那些曾经支配整个社会学领域的假定。帕森斯社会学理论提出的系统论视角，对于分化的性角色采取一种两分法，这种两分法意味着一种平行论，"总是把两性的差异归结于生物学的差异"（Connell，2002：35）。关于性的差异这种二元论"排除了妇女与男性之间各种模式的差异，排除了相互替代的男性特质与女性特质之间的各种模式的差异"（Connell，2002：9）。而承认性不等于生物学的差异，导致女权主义者把性别界定为一种社会关系，以及一种社会地建构的范畴。女权主义者通过转向一套性别关系词汇，分析了"社会关系之间持续存在的各种模式"[3]（Connell，2002：9）。由于受到韦伯传统与马克思主义的影响，女权主义者主张性别与作为一种社会结构的阶级平行或者交叉，这种作为社会结构的阶级在社会生活中建构了"一种基本的组织原则，一种义务、权利、报酬与权力的分配原则，甚至建构了暴力的手段"（Acker，2004：20）。男权制的性别关系与性存在显著不同，指的是"根据假定的男女之间的差别而社会地建构的各种不平等、分割和差别"[4]（Acker，2004：20）。性别的社会建构被理论化为一种复杂的过程，涉及个人的、结构的和象征符号性的各种层次（参见Scott，1986：1067），而且这个过程"在各种制度中通过互动而运行，因此是组织实践的结果"（Reskin & Padavic，1994：12）。对性别这个概念提出自己的界定和进行深入的探讨，一直是第二股女权主义理论的一个核心的关注点，并导致女权主义去研究男性权力、工作如何被性别化以及对工作组织进行性别化的各种具体过程等问题。

---

① 本章提及的主要是西方女权主义学者的研究。然而，女权主义理论在世界上传播甚广，并且在其他地方也出现了自己的女权主义理论。玛丽·奥莎娃（Mari Osawa，1994）的一篇文章采用了一个明智的标题"再见，公司武士"（Bye-bye Corporate Warriors），并把这种理论视角进行转化，以理解日本以公司为中心的父权制社会是如何形成的。

② 其最初的推动力始于西蒙娜·德·波伏瓦（Simone de Beauvoir）在《第二性》（*The Second Sex*）中进行的哲学研究，她认为，"一个女人不是生来就是女人，而是逐渐成为一个女人"（转引自 Falasca-Zamponi，2003：240）。

③ 关于性别的一个系统的讨论，请参见 Lorber，1994；Ferree 等，1999；Connell，2002。

④ 性别不仅仅是一种研究客体，或者各种综合模式中的一个变量，性别也会关涉研究过程，关涉研究问题与研究方法的选择，关涉研究者的研究行为，关涉对于研究提供方向的各种假定。关于女权主义方法论的讨论，请参见 Gottfried，1996；Wolf，1996；Ramazanoglu & Holland，2002；Wise & Stanley，2003。

## 二、揭开劳动力市场结构的秘密

女权主义者使用一种比较形象或不那么抽象的、以各种劳动力市场结构为基础的模型，对那些使得职业的两性分割或性别隔离相对稳定的各种原因进行了揭露，也对尽管女性的教育获得越来越多，日益参与劳动力市场和政治生活，对于劳动条件的规制也在不断地改革，但是报酬仍然相对不平等的原因进行了揭露（Charles，2003）。女权主义者发现了一种长期牢固存在的、以性别为基础的等级制，这是一种女权主义者感到烦恼的迷局，他们努力拆开了这一迷局。他们认为，男性与女性不仅工作于不同的职业（不仅存在水平的职业分割和隔离），在各种权力（authority）结构中还处于不同的位置（垂直的分割或隔离）。长期存在的职业分割或隔离以及报酬的不平等，被视为个人特征的一个函数和（或）结构特征的一个函数，而且这些分割、隔离与不平等与女性或雇主做出的决策与偏好相关。劳动力市场分析的一系列研究检验了这种分割或隔离，并强调了劳动力市场中的需求方或者供给方的各种因素。而且在后来的论争中，女权主义往往会同时考虑双方的因素。

在劳动力市场中的需求者这一方，他们往往采取一种二元劳动力市场或被分割的劳动力市场这样的类型划分，按照各种工作岗位的相对特征，而把劳动力市场划分为初级与次级两大部分。初级劳动力市场包括那些报酬更高、能够提供更多的晋升机会、工作更有保障的工作岗位，对于制造业中的这种工作岗位来说，这些方面与工会谈判和集体讨价还价而产生的协议有关。次级劳动力市场则具有相反的特征，那就是低报酬、低晋升机会和工作更加不安全或没有保障，也更不可能有工会来代表他们为他们争取利益。这些理论家发现，女性主要集中在次级劳动力市场。不过，指出劳动力市场分割中的性别构成，对于提出关于男性与女性在不同职业之间的差异化配置的一种解释和说明来说，仅仅是第一个步骤。

上述各种需求方模型，把劳动力市场分割的原因归结于雇主的劳动力雇用、配置与晋升决策。女权主义者特别指出，职业的性别分割是雇主的歧视政策与实践的一个函数。雇主通过对素质完全一样的男性与女性雇员实施差别待遇，和/或使用具有对

男性与女性具有"完全不同的影响"的、具有性别偏见的选择标准，从而对男性与女性进行"完全不同的"对待。不过，前一种手法由于政府调节规制的改革，逐渐不再常见或不再那么明目张胆，而后一种手法却变得更加顽固并更加难以根除（England & Folbre，2003：11）。瑞斯钦与帕达维克（Reskin & Padavic，1994：88）所说的一种"晋升鸿沟"之所以持久存在，与企业特有的内部劳动力市场的形成有关。女性往往更多地遭遇到即使是最高职位也很低的工作阶梯，以及没有出路的工作，相反男性往往享有更长更广的职业路径。甚至即使是更多的女性进入了传统上属于男性的工作领域，往往也会止步于专业技术职业等级中的较低等级，不得不进入各种"管理者贫民区"（managerial ghettos），即"不管资格条件要求如何，女性管理者在权力命令链条中都处于较低的环节，只有有限的决策权力，往往只是监督或管理女性"（Stone，1994：410）。我们可以用很多生动的比喻来体现由于性别的不同而出现的这种不公平的流动规律。例如，"很黏的地板"导致女性保持在更低的层次，"玻璃天花板"使女性不能脱颖而出进入更高的层次，"自动电梯"加速了男性上升到经理管理人员群体（Reskin & Padavic，1994：88），以及"旋转门"以不同的速度、不同的方向促进了男人与女人进入更高的位置（Jacobs，1989；转引自Stone，1994：410）。

而强调劳动力市场供应方的解释，则强调男性与女性在职业期望、选择与偏好方面存在的文化差异，导致了职业的性别分割或隔离。C. 哈基姆（Catherine Hakim，1995）根据女性对于家庭与工作的投入与倾向性的不同，而把女性划分为三种类型。第一类是以工作为中心的女性，第二类是以家庭为中心的女性。而第三类女性则人数最多，主要是由"灵活适应"（adaptive）的女性构成，包括那些有意识地选择把工作与家庭结合起来或二者兼顾的女性。以家庭为中心的女性与灵活适应的女性偏好不那么苛刻的"女性"工作或兼职工作，而且这种偏好会逐渐增加，日益成为这两种类型的女性的集体性偏好，因此这种偏好导致了她们的职业隔离或分割。这一"偏好理论"的复活特别是在英国，引起了激烈的争论与论战（Bruegel，1996；Ginn & Arber，1996；Blackburn et al.，2002；Crompton，2002）。在这些诸多问题中最为重要的一个问题是，这三种类型或范畴都认为女性的各种可能的倾向性选择与经验都很少（Blackburn et al.，2002：524）。而且其

中最关键的是，对于个人选择的强调忽视了限制个人选择的那些社会背景，诸如是否有他人代为看护儿童以及看护成本、可获得的工作的吸引力、相对工资水平等（Blackburn et al.，2002）。

这些劳动力市场理论，还被用来分析收入方面存在的收入获得性别鸿沟。所有人都共同认为工资鸿沟与隔离有关系，而不管其原因是什么。但是，安克尔（Anker，1998：14）却警告说，性别分割或隔离只是导致工资和报酬差异的众多原因之一。女权主义关于两性之间的工资鸿沟的各种理论提出的主张都比较相似。人们发现，劳动力市场供应方的各种主张不如需求方那么有说服力。

人力资本理论就是一种强调供应方因素的主张，假定两性之间的工资差异，是男性与女性带到工作场所的人力资本品质与数量的真实反映。因此，女性获得的平均工资较低，是因为她们所占据的工作所需要的资格条件的价值较低。特别是有小孩的女性，获得的工资很可能更低，是因为当她们退出劳动力队伍或者减少工作时间时，她们的人力资本就贬值了。女性做的各种生活选择主要是把她们奉献给自己的家庭，因此强化了劳动的传统性别分割，在这种劳动分割中，具有更多的人力资本的男性承担着基本的或者首要的挣钱养家的责任。但从经验上看，人力资本禀赋并不能解释所有的两性工资差异，并不能对歧视提供充分的解释。女性的职业主要集中于低工资产业（特别是服务业部门）、小企业以及公共部门，导致了收入获得方面的差别，甚至在我们控制了人力资本的影响时也是如此。罗斯与哈特曼（Rose & Hartmann，2004）对于美国的收入获得轨迹进行了一个为期 15 年以上的、严格的定组研究，发现即使是在那些教育获得基本相同的男性与女性之间，其工资报酬也是不平等的。

也许更成问题的是，这种理论视角狭隘地把人力资本界定为通过教育、培训以及实际工作经历而获得的技能组合。这类经验主义者的视角限制了他们仅仅从市场需要的角度把人力资本界定为技能、资格条件和竞争力。而与女性的工作相关的各种辛苦活动，诸如看护劳动、情感性的劳动、美感（aesthetic）劳动等都得不到承认，或者贬低了价值。而且，女权主义者质疑家庭内部劳动对于一个个体的人力资本的形成和增长没有任何贡献这样一种假定（Blackburn et al.，2002：518）。大多数强调劳动力市场供应方因素的理论家们，都没有考虑哪些人力资本特征被认为是有价值的，以及技能与资格条件如何评价其价值等问题。对于技能与资格条件的承认与价值评估，不能简化为一种性别无涉的、针对供应方的各种因素的价格机制。相反，要解释收入获得中存在的性别鸿沟，我们就必须考虑需求方的各种因素。

那些建立在强调各种需求方因素的劳动力市场理论上的女权主义，特别强调歧视在导致两性工资收入不平等方面的作用。B. 贝格曼的"拥挤命题"（crowding thesis）（Barbara Bergmann，1986）认为，那些寻求进入男性职业的妇女在就业时面临性别歧视，这种歧视导致女性都挤着去申请那些传统上认为是典型的女性工作的岗位（England & Folbre，2003：24）。女性们都挤到那些数量相对较少的传统上认为是典型的女性工作岗位，从而导致这些工作岗位的工资进一步降低。而当男性在传统上认为是女性的工作岗位中工作时，他们同样也会遭受这样的工资损失，因为雇主对于工作岗位设定的工资会更低（England & Folbre，2003：25）。妇女的这样一种拥挤现象有助于解释职业的性别分割或隔离，但是这个命题并没有涉及导致技能贬值以及最终的工资鸿沟的具体机制。这一视角也不能很好地解释为什么在同样的职业中，男性的平均收入获得比妇女更多（Rose & Hartmann，2004）。

罗尼·斯坦伯格提出的"贬值命题"（Ronnie Steinberg，1990）则把工资或报酬不公正的根源归结于各种劳动力市场制度。贬值不仅仅是职业隔离或分割的人为产物，而且也与技能识别方面存在的性别偏见相关，是男性支配的工资设定制度的产物。"贬值命题"揭示了属于何种性别对于什么才能算是技能、什么才能算是合乎资格条件具有重要的影响。如果某些人的技能由于性别与种族的偏见而被贬值，那么对于其"真正的"价值进行重新评估，应可以纠正给予他们的低报酬水平。这种重新评估涉及对传统上认为是典型的男性工作与典型的女性工作进行比较，以显示妇女的工作到底被贬低了多少。我们还可以分析技能的各种构成要素，从而实现对女性工作被贬值的层面进行重新评估与承认。开展一种价值比较运动，可以给予女性工人一种政治工具来要求对报酬进行调节，以实现公正（Blum，1991）。在 20 世纪 80 年代中期，公共部门中的各种价值比较运动十分活跃。这种价值比较运动的政治原则，只在最初阶段取得了一些成果，最后却被法律击败了，成为法律的牺牲品（Nelson & Bridges，1999）。这些法律的反击加上强大雇主的反对，限制了女权主义者使用比较价值的方法作为一种政治机制来结束或终止两性之间的工资鸿沟。

这些倾向于结构主义的理论模型的力量在于，它们能够确定与职业性别隔离或分割以及工资不公正相关的各种变量，并对这些变量进行操作化。这些学者还从具有代表性的样本中精选了大量的数据，同时运用复杂的方法，对工作场所中长期存在的障碍与普遍存在的歧视获得了全面的把握。这些理论模型指出了性别对于个人在基于性别的不同而被分割的职业中的匹配或"排序"，以及对于决定性的收入不平等，都具有很强的消极影响。各种强调劳动力市场需求方因素的视角，发现雇主的决策仍然是塑造就业机会的性别化分配的一种潜在力量。他们坚持认为，对女性工作的歧视与贬值，对于解释两性的工资鸿沟而言，与人力资本概念同样重要（England，1992）。作为雇主们不加检点的性别偏见——诸如在工作场所中的日常交流沟通中的那些隐性的歧视性的假定（Reskin，2002）——的结果，劳动力的排序逐渐扩展到性别的排序（Reskin & Roos，2002）。不过，这些理论模型的力量从某种程度上说同时也是其弱点。这些理论模型依赖于各种结构性的因素，那么就必须把所有的现象都纳入定量的测量。其后果之一就是，人们所报告的两性差异是建立在本身就是性别化的变量的基础上。贬值命题在揭露技能识别中所嵌入的性别偏见方面，比其他劳动市场理论都要走得更远，并且突出强调了妇女所遭受的低工资背后的制度性安排与决策。"除了性别这个中心问题外……（这样的）说明解释了工作是如何被性别化的，而不是为什么性别在工作组织中是如此重要的一种力量"（Stone，1994：416）。要理解被性别化的工作，以及工作的性别化作用，我们需要一种与组织层次上的文化过程和政治过程相协调的理论和方法。

## 三、工作对于组织的性别化与性别化的工作组织

女权主义者对新马克思主义与新韦伯传统的理论进行选择性混合，并不时掺杂一点现象学的思想，这确实使女权主义者能够揭开那些导致经济领域中的男性权力再生产的文化与政治过程。女权主义跟随新马克思主义，不再视文化与政治运动为附属现象或仅仅是经济基础的反映，而是一种相对独立的结构与过程，从而逐渐远离了各种决定论的理论。而女权主义又借用韦伯在《经济与社会》（*Economy and Society*，1978）中的思想，对于以组织为基础的社会封闭过程和官僚制的阴暗进行了更为细微的分析。不管女权主义者更为强调这些理论传统中的哪一种，他们转向中观的分析和微观的分析，都使得他们可能揭开那些嵌入被性别化的工作以及依附于性别化的工作的文化意义，剖析组织中存在的以及贯穿于组织实践的被性别化的工作身份。

罗萨贝斯·莫斯·康特尔（Rosabeth Moss Kanter）的《公司中的男人与女人》（*Men and Women of the Corporation*，1977）一书是关于性别与组织的早期著作之一，后来成为女权主义者关于工作的性别化作用与被性别化的工作形式的研究的指南。琼·阿克尔（Joan Acker，1990：140）是性别与组织研究的开创者之一，她把组织定义为"一种舞台，在其中广泛散布的、关于性别的文化图像被创造出来，并得到再生产"，在其中个人的性别身份通过组织的过程与压力而得以产生。阿克尔使用作为动词的"性别化"一词，是想强调在重要的组织中对于性别关系的持续的、积极的建构或组织化。女权主义者通过对各种过程特别是组织过程的揭示，进一步分析了工作是如何被性别化的，也就是说，某种工作如何为男性或妇女所持有和保持。"我们所说的被性别化，是指优势与不利、剥削与控制、活动与情感、意义与身份是通过和按照男性与女性、男性特质与女性特质这样一种区分而被模式化。"（Acker，1990）性别化与被性别化，都是指在组织中并通过组织来影响权力分布与劳动分工的那些过程。

属于新韦伯传统的各种理论视角则影响了女权主义关于组织过程与实践创造垂直与水平劳动力分割的各种方式的分析。弗兰克·帕金（Frank Parkin，1982：175）把韦伯的社会封闭概念修改为"各种社会集体通过把资源与机会限制在符合条件的有限圈子内，从而寻求最大化报酬的过程"。他还补充说，排除外部成员的封闭，就是群体试图通过一种臣服与篡夺的过程，以牺牲某些其他群体为代价，从而确保自己处于一种特权或优势的位置（Parkin，1982：176）。帕金把对权力分配的社会封闭与封闭策略——包括排除外部成员的策略以及那些被排除在外者所采纳的策略——联系起来，从而促进了女权主义对社会封闭的重新解读。各种性别化了的劳动分工，包括正式建构起来的与非正式组织起来的，

都是通过"包括进来"与"排除在外"等过程来实现的。通过这样的过程，女性与男性分别被限定于从事不同的、特定类型的工作（Hearn & Parkin，2001：9-10）。瓦尔拜（Walby，1990）把这个概念拓展为"男权制的社会封闭"，以指出男性把女性排除在权威职位之外。性别化的劳动力分割与性别化的权威分割之间的相互作用和强化，就会导致一种正式的、性别化的科层或官僚结构（Hearn & Parkin，2001）。不过，作为一个新韦伯主义者的帕金，却承认权威是组织的一种资产，组织很少会为权威而实施权威，而更可能的情况是通过产权关系建立起权威，从而把他的理论与马克思主义联系起来了。

安东尼奥·葛兰西（Antonio Gramsci）提出了一种重要的新马克思主义文化理论，并用来理解在生产环节再生产阶级规则的那些宏观与微观过程（Burawoy，1985）。尽管葛兰西从来没有直接讨论过男性支配再生产阶级规则的霸权，女权主义者却利用这个概念来分析当代资本主义社会中处于霸权地位的男性特质（Connell，1987；Acker，1989）。①女权主义者通过对葛兰西文本的解读，为他们分析组织背景中性别化的文化与男性霸权是如何形成的，提供了指导方向并取得了丰富的成果（Hearn & Parkin，1983；Cockburn，1991；Hearn，1993：28）。② C. 科克伯恩在《兄弟》（Brothers，1983）一书中，把男性工人阶级视为她的研究主体，从而引起了性别研究的革命，使性别研究不再仅仅停留于对女性生活的研究。她关于男性霸权的研究，使社会学的工作研究重新把男性作为研究的对象。男性霸权主要不是通过法律强制或经济强制来实现的，而是通过各种文化手段来实现的（Cockburn，1991：170）。男性霸权是处于支配地位的男性在与从属的男性特质和女性特质的相互关系中建立起来的（Connell，1995）。H. 戈特弗里德与 L. 格雷厄姆（Gottfried & Graham，1993：625）对美国的一个日本籍移民工厂进行了研究，发现工作隔离或分割使男性和女性工人倾向于"利用"两性差异，以"理解"他们在以阶级为基础的等级制中的位置，而这种等级制把男性霸权规定为资本主义组织中支配性的规则形式。

在团队工作背景中，"男性霸权的建构，推动工人采取一种'男人'的姿态，从而增加他们的工作量，并因此使资本主义生产犹如一架加满油的、运转良好的机器"。他们对新生的、柔性工厂的分析，也开始持有葛兰西深刻的文化研究所具有的那种政治关照，但是没有明确指出在那些不那么新的工作背景中，是否也存在他们所发现的这种动态发展。

女权主义者的组织分析也批判各种性别无涉的技术开发理论和技能理论。例如，技术创新并非简单遵循达尔文所谓的自然选择这种演化轨迹，并非较优方法简单地战胜生产力较低的思想，还涉及管理者与工程师（主要是男性）的策略选择。技术体现了一种社会过程，而不仅仅是一种纯粹的科学发现。之所以是某些技术而不是其他的技术被选择，是因为前者可以增加对工作与工人的控制。男性通过性别本质主义这种意识形态控制了各种机器，这种意识形态认为男性在机械方面具有非凡的才能，而且这种才能是天赋的。在技能这个问题上，女权主义者则探讨了为什么某些技能与资格条件日益按照两性差异，在文化与社会上进行评估的原因。由于男性具有的集体权力，使他们能够界定什么才能算合乎资格条件，因而能够独占生产资源。例如，学徒制就是一种制度性机制，它把价值赋予从事一项具体行当所必要的那些技能。那些熟练的工匠会提出各种有利于学徒在典型的男性工作岗位中获得技能与经验的要求，以及培训计划等要求，从而有效地严格限制了学徒资格。在这种机制中，女性处于劣势，常常被排除在"需要熟练技能"的行当之外。那些极少数成功地完成了学徒期培训的女性，还要面临其他的工作障碍，因为男同事会认为她们不太能够或者根本不可能完成这个行当的工作。性别、阶级与技能之间存在密切的联系，对于这一点我们在传统上是女性的工作岗位中也可以明确看到。"在一种严重依赖于阶级图景的架构中"，女性化的工作岗位，与女性特质、技能结合在一起，"……办公室'女士'这个称呼，有其性别与阶级方面的弦外之音，包括了关于白人中产女性特质的所有思想"（Pringle，1988：133）。

---

① 葛兰西的非还原主义的理论，把政治与意识形态置于其霸权理论的中心，消解了静态的能动与结构相对立的视角。统治集团在争夺霸权的过程中，会在物质方面做出让步，以确保获得被支配集团的共识或同意。其结果是，支配性的文化从来都不是纯粹的，而是会逐渐成为一种"由源自不同地方的文化与意识形态要素所构成的、不稳定的结合体"（Bennett，1994：225）。

② 与布拉维（Burawoy，1979，1985）一样，李静君（Ching Kwan Lee，1998）与 J. 拉尔（Lal，1998）选择了一些地方性的案例来揭示一般性的原则。李静君通过对华南两个地区进行的人类学研究，揭示了女性的社会生活世界中的那些来自生产领域的结构性条件。

后来一些学者还概括了组织研究中的这种性别范式（Hearn & Parkin, 2001）。有一种新的学术研究，从福柯关于权力的微观政治与技术思想出发，并掀起了一股巨大的浪潮。这种福柯传统的研究十分关注性政治（Connell, 1987）以及工作场所中的权力与性的话语（Pringle, 1989）。杰夫·赫恩（Jeff Hearn, 1993）解构了组织文化概念，以"把男人叫做男人"（Collinson & Hearn, 1994）。他们恰当地把关注的焦点放在组织的性上，并对"男权制以及公共男权制提出了更为准确的界定"（Hearn, 1993: 29）。他们把作为形容词的"男权制的"与其他描述词汇结合起来使用，提出了诸如"男权制的父权主义"（patriarchal paternalism）等概念（Collinson & Hearn, 1994），从而概括了资本主义组织中男性使他们的权威合法化的那些具体方式。J. 赫恩在温迪·帕金（Wendy Parkin）的协助下，提出了他们自己的视角来讨论性别、性与暴力。他们认为，与世俗日常生活暴力诸如无视、排斥等相伴随的结构性压迫，是男性冒犯妇女导致的，但是，他们也认为，组织在其中发挥了核心重要的作用，它们有目的地促进了男性冒犯或违背女性的利益，并竭力扩大这种状况（Keashley & Gottfried, 2003: 275）。暴力是一种机制，通过这种机制男性在组织中的各个环节得以维持对女性的权力。

还有一个较晚近的研究，对组织文化进行了深入探讨，也强调遵守与抵制实践之间动态的相互作用，并揭示了工作场所中的两性不平等关系是如何被制造出来的，以及如何可能取消这种不平等关系。随着工作场所中的人们形成一种文化，他们也会产生一套社会实践，来对抗处于霸权地位的实践。特别是一些主体在创造独立的性别化的亚文化时，可能参与比较小的违反纪律的行动。未获授权认可的行为或明知故犯会起一种反对异化的作用，成为一种反向的支配性霸权力量。例如，明知故犯与未获授权认可的行为，在界定上公然挑战支配性的原则，因为这种行为一直被认为对于组织的目标来说是不适当的，或者会导致组织的功能紊乱。

这种性别与组织视角重点分析了组织如何运作以生产和再生产两性之间的差异。这种分析对组织实践进行了剖析，揭露了那些积极的性别化过程以及参与这些过程的性别化了的能动者，并分析了组织中与阶级和其他等级制相关的各种具体的男性权力形式及其存在的原因。越来越多的组织研究不再强调结构因素对工作场所中的性不平等的影响，

而是强调导致这种不平等的各种过程，但是这些研究仍然彼此分离，并不连贯。这些研究分析了关于组织文化的数据和材料，但日益忽视更大的结构因素的重要影响。

## 四、日常生活中的自我呈现，或者自我呈现的戏剧

与关于工作场所文化的组织分析同时出现，并相互交叉的那些女权主义者，还研究了作为一种微观现象的性别化的自我的社会建构。自霍奇斯柴尔德（Hochschild, 1983）的开创性著作《被管理的心灵》（The Managed Heart）出版后，女权主义社会学家承袭了其中一个概念，并讨论了在商品关系的内部缺失一种表达理性，讨论了表达理性被压制的情况。其中最有影响的见解之一就是承认在互动性的服务性工作中的"情感性的劳动"的重要性（Leidner, 1993）。这一线路的女权主义根据戈夫曼的拟剧理论，视日常生活中的自我呈现为一种关于印象创造与管理的"社会的"表演，并以此"制造性别差异"（West & Zimmerman, 1987）以及其他的差异（West & Fenstermaker, 1995; Giuffre & Williams, 2002）。

"情感性的劳动"概念的引入，使人们注意到通过与职业相一致的各种方式来进行的印象管理，注意到雇主在指导雇员身体运动以及情感调动中的重要作用（Erikson & Wharton, 1997: 189-90）。很多传统属于女性的职业，诸如文秘、护士、飞机乘务员等，要求女性工人管理她们自己的情感以及他人的情感（Sotirin & Gottfried, 1999）。R. 雷德纳（Leidner, 1993）让人信服地指出，不管雇主是否干预并重塑工人的语气、风度、外表与态度，这种互动性的服务工人与他们的顾客必须协商互动，在这种协商互动中，做作的、仪式性的与真实的社会交换等要素被微妙地混合在一起。工人们通过"常人方法学的能力"——利用潜在的行为规范来控制与顾客的互动的能力——来管理消费者（Stinchcombe, 1990; 引自 Leidner, 1993: 7）。这种能力借用情感性资源，诸如"使用或'抑制'个人的魅力和努力，对那些麻烦制造者（捣乱的顾客）报以愤怒"（Leidner, 1993: 41）。雷德纳（Leidner, 1993: 201）还发现，在同顾客建立和维持一种亲善和谐状态所需要的技能与女性艺术之间存在密切的联系，这种亲

善和谐状态包括把某些人抽出来，鼓励他们的自我，对他们的兴趣表示关心，并仔细监测每个人的行为，以防止不愉快的发生。

情感性的劳动概念强调一种表达理性，在这种表达理性的支持下，工人把情感传送到有用的商品中。为了实施这样的劳动，雇员会利用那些被界定为常人方法学的能力、个人间的技能（即知觉技能）或者互动技能（如交谈、倾听、接待人、交流信息）。所有这些术语都意味着社会学习、理解能力与感知能力，通过这些男性与女性在工作场所和工作过程中扮演与再生产性别。

常人方法学视角视性别为一种情景性的达成，而非一种固定的结构性概念。在劳动过程中，工人除了完成工作任务之外，还获得了其他的东西；他们在工作的同时，也"制造"性别与差异（West & Zimmerman, 1987; West & Fenstermaker, 1995）。C. 威斯特与 S. 芬斯特美克为常人方法学视角提出的一项建议，强调了人们可能积极的生产性别（West & Zimmerman, 1987）。而 S. 克斯勒与 W. 麦肯纳也提出了一个类似的问题（Kessler & McKenna, 1978: 5-7）："我们是如何'制造'性别属性的？"也就是说，我们运用何种规则进行何种表演？在每个具体的场合中，我们都会产生一种"仅仅存在男性与女性"的感觉？或者这是一种客观的事实，独立于具体的场合？性别并不仅仅是个人属性（West & Zimmerman, 1987: 126）；相反，性别以及种族、阶级，都是一种"持续进行的、方法学的和情景性的达成"（West & Fenstermaker, 1995）。与性别及工作相联系的性别与意义，是互动的达成。通过拓展"制造异性"这一视角，我们还可以探讨那些在一种性别色彩化的工作文化中存在的合法与不合法行为之间的商谈性的、被争夺的、不固定的界限。在工作组织中，诸如性戏谑或者其他的公开表演等社会互动日益常规化和自然化，并因此再生异性霸权与两性之间的支配（Giuffre & Williams, 2002: 255）。

在戈夫曼提出拟剧理论后的数十年中，符号互动理论"成功地运用其'舞台'与'表演'等概念，来理解日常生活行为与互动"（McDowell, 1997: 12）。制造性别这一概念，把符号互动与常人方法推向前台，并成为一种中心概念，用来探讨女性乘务员面对男性乘客时脸上表现出来的那种生硬的微笑、

入户销售员面对他们的女性顾客时的花言巧语、快餐店的女服务生与男厨师之间的性戏谑等。说工作是有意义的，就是说这种工作承担了双重的意义，它既是生产产品与提供服务的过程，同时也是生产性别化的意义的过程。不过，对于社会交换的这种关注，则在一定程度上忽视了结构性因素的重要性。

那些把新韦伯传统与新马克思主义的各种理论结合起来，并用来研究情感性的劳动的女权主义者，仍然把组织结构作为一种基本的立足点（Steinberg & Figurt, 1999）。女权主义者认为，情感并没有被从现代科层组织中驱逐掉；相反，在公司中的男性与女性都展现出积极的或者消极的情感。他们指出，在情感工作与情感性的劳动之间存在一种区别，情感工作涉及的是那些工人以某种方式感知与呈现自我的工作，而情感性的劳动则包括诸如咨询、安慰、保护、治安等等，它只不过是工作本身的一部分，社会工作、看护等都是这样的情感性的工作。[①] 这种区别把来自符号互动论的自我呈现概念同来自性别与组织视角的关于工作具有性别化作用的思想结合起来了。组织许可适当的性别表演并决定了情感性的劳动与情感工作的价值。

情感性的劳动显然使自身仅仅依附于许多传统上是女性的工作岗位。在 J. 皮尔斯的著作中，那些"好斗的诉讼律师"（rambo litigators）在"一种情感自我的表演与呈现"的戏剧表演中，扮演（男性）诉讼律师的工作，并触及各种受到阶级影响的、文化上的男子特质概念（Pierce, 1999: 356-358）。关于行为的性别与阶级适当性的律令，包括说话的语调和节奏、身体语言和着装要求，都是策略性的选择，但这些选择不仅仅是个人的选择，而且还会受到制度性的限制。专业技术职业结构，包括正式与非正式的专业规范，会影响"自我呈现的方式，并使个人试图创造一种组织需要的印象"（Pierce, 1999: 365）。B. 马丁与 J. 瓦克曼（Martin & Wajcman, 2003）关于柔性公司背景中的管理者职业轨迹的研究，探讨了对于这种背景中出现的那些保障组织忠诚的机制的侵蚀，以及由此导致的各种积极的情感，诸如激情与热诚等，并发现这些积极情感对于管理绩效更为关键。在管理职业中，女性一直处于不利的地位，因为法律规则等规定，性别展示在"理性的工作世界"中，从心理上看仍然是不合适的。由于积极情感获得对于管理绩效的重要性，这

---

① J. 艾构尔在其私人通信中阐明了这一点。

样的符号性资源或者会成为强化玻璃天花板效应的社会封闭的基础，或者会打破公司中存在的各种阻碍女性流动的障碍。

在这些研究中，工作场所不仅仅是一种制造物品的地点，也是"制造"关于性别化的工人与性别化的工作意义的地点。这种意义，很多都来自微观的社会交换的意义，话语表达、显示、姿态、情感性的工作都是使工作性别化为男性的或女性的工作的编码方式。正是这种对性别化的工作类型等细微方面的持续关注，导致其往往狭隘地关注互动过程，而忽视了各种结构性的关系。性别的制造参考了在更大的制度背景中形成的文化习惯语言，但是常常想当然地接受制度安排的建构性影响。

上述研究都揭示了从文化角度进行的价值评估与工作表演中的情感性相关。由于没有获得承认，情感工作与情感性的劳动的价值一直被低估，并获得不同的报酬，其价值评估与报酬常常取决于对于职业的性别化期待。情感性的劳动的表演与情感工作的表演促进了职业被性别化为男性或女性的职业这个过程的再生产，并有助于维持水平与垂直的分割或隔离。对于情感工作的关注与研究，暗示了劳动存在各种具体化或身体化的形式，但是并没有明确不同的劳动活动之间的区别。这些女权主义学者为人们理解不同工作与组织中的性别化的具体化或身体化铺平了道路。

## 五、工作中的身体：组织的身体化与劳动美学

J. 阿克尔（Acker，1990）关于科层组织中的工作中的身体的研究影响很大，使我们日益关注性别化的过程以及身体化的过程，并进而解释导致劳动力市场分割的各种断裂线（Witz et al.，1996；Halford et al.，1997；Tyler & Abbott，1998；Gottfried，2003）。S. 哈尔弗德等（Halford et al.，1997）以这种视角为基础，提出了一种"性别与组织"范式，视性别既是嵌入性的又是身体化的。身体化是指各种存在于身体中的模式（Morgan，1998：655）："性别不仅取决于表演或制造中的身体外表，还日益身体化——成为我们身体的、心理的（以及社会的）深层部分。"（Martin，1998：495）

女权主义理论在后结构主义的影响下，把身体动员起来，以打破性与性别之间的"邪恶同盟"。朱迪斯·巴特勒（Zudith Butler）推动女权主义的分析日益超越了一种有性别区别的身体概念，作为一种性别化可以在其上运行的物质实体的身体概念。但是，她没能"弥补波伏瓦关于身体的分析所忽视的那些要素"（Witz，1997：6）。格罗斯（Grosz，1994：63）指出，话语形式的权力与物质形式的权力"积极地把身体标示为社会的或者打上社会的牌子，用主体的属性来雕刻它们"。然而，性别这个概念在福柯传统的女权主义对于性/性欲的双方的透视中却消失不见了（Witz，1997：3）。R. 布莱多第（Braidotti，1994：99）的漫游于各个学科的浪漫研究，反思了妇女主体的身体根源，并超越了各种理论的边界，把妇女的身体根源定位于双边的主体化过程，通过这种过程，自我从物质（制度）的与话语（符号）的实践中获得主体性。但是巴特勒以及其他的一些后结构主义者，没有对"在社会结构性权力关系层次以及日常生活社会互动与实践层次上的性别化的身体的社会建构"进行讨论（Jackson & Scott，2001，引自 Aiba，2004：17）。有一些社会学家，在批判后结构主义过于强调话语的同时，往往又可能陷入一种物质主义的女权主义，认为男人使用性别歧视来习惯性地剥削妇女的身体（Cockburn，1991：164）。

威兹（Witz）提出了一个很有前景的视角，把身体化与性别化的工作联系起来，去分析与"劳动美学"相关的各种新的劳动力市场隔离形式，这种劳动美学在服务产业中特别常见，但在其他的一些产业中也可以看到，这些产业日益要求雇员发展特殊的身体化技能来处理服务对象。根据威兹（Witz，1998）的观点，"劳动美学描述了组织参与者对身体化能力和才能的调动。这一界定把社会互动的知觉要素置于最显著的位置"。妇女必须获得并维持一种特殊的"身体化状态"（Tyler & Abbott，1998：434），并通过各种讲话、口音与风格模式进行表达，这些讲话、口音与风格样式必须符合一套性别属性，而这种性别属性除了体现男性特质与女性特质外，还体现社会奖惩（McDowell，1997：31）。例如，各种临时的用工机构把柔性的雇员配置到各种工作场所，但是它们也会选择、生产和管理性别化的身体，以使人们符合组织文化。根据劳动美学概念来处理身体管理，特别适合于理解日本工作世界的特征。在日本人的工作场所中，程式化的统一制服以及各种话语与姿态形式，标志着工人在社会秩序中的位置。这些实践承载、排斥、限制女性的身体化，使

之远离各种全职工作观念。这是一种感觉化的劳动的很好的例子。在这种劳动中，文化上的习惯语言为那些诱惑人的工作塑造身体（Gottfried，2003）。组织会"对工作中的两性的自我呈现，保持持续的警惕"（Wajcman，1998：10）。

女权主义者运用这种身体概念，探讨了组织塑造工作中的身体方式，以及围绕性别化的身份而架构工作的方式。有一种中观的分析弥补了这样的微观层次的社会互动分析。威兹特别强调人们应转向中观层次的分析，他认为这种中观分析可以"分析各种模式的身体化不仅由个人来动员也由组织来产生的可能性"（Witz，1998：9）。科层组织确认和容许各种男性身体化形式，而否认或放弃那些不被容许的女性的身体化模式（Witz，1998：5）。对于妇女来说，对具有生产能力的身体的话语建构，在很大程度上导致她们丧失获得权威位置的机会，组织把这种话语建构作为身体化差异的关键，而持续地利用这种话语建构来促成身体化的差异（Halford et al.，1997：213；Witz，1998：6）。自然性别的身体体现了女性身体化的另一种话语建构，通过这种身体化，妇女一直被包括进来，并使她们有资格进入某种前台的与从属性的组织部门（Witz，1998：7；也见 Adkins & Lury，1999）。这些使妇女的身体化的特定层面有资格与无资格的双重过程，塑造了性别化的形成，在这种文化中组织的性别化得以发生。组织化的实践与性别、阶级、年龄、种族的身体化特征联系在一起，与适当行为与风格概念联系在一起（Halford & Savage，1997：116）。

女权主义社会学试图使女性从一种生物学王国中恢复，"并把身体以及处于前台的性别因素置于考虑之外"（Witz，1997：2）。其结果之一就是女权主义者很少关注在工作中身体是如何被使用的以及如何被误用和滥用的。如果考虑到身体工作与对身体的工作处于妇女的工作绩效的中心，那么这种忽视就特别值得注意。例如，护工在看护他们的病人时，背部受伤的比例很高；很多键盘操作员，也易受到腕部综合征的困扰（Acker，2004）。妇女的工作常常涉及照看他人的身体，以及管理他们自己的身体。再生产的工作大多主要是处理互动双方中的身体。马克思充满激情地描述了破坏工人身体的资本主义机器的残忍，但是他从来没有把阶级身体与性别意义联系起来。[①] 把身体纳入研究，对于我们理解工作的价值与意义十分关键。

在 20 世纪 90 年代，女权主义的工作与组织理论日益把身体化界定为研究工作过程与组织中的一个新焦点。威兹（Witz，1993：32）指出，"女权主义的理论、社会理论和更为具体的组织理论中最近所取得的研究进展，都把'身体'推向'社会的'领域……以超越关于性别与科层制的'过度社会化'与'社会化不足'分析……"以及避免"对身体的话语化的或物质化的"分析（Witz，1997：1）。这些研究进展视身体为一种社会问题（social matter），但是身体如何起作用还仍然处于一种初步的研究状态。还没有一个学者完全深入地研究通过把身体推入社会领域而被性别化的自我。

对于工作中的身体的研究，为女性特质与男性特质的社会建构提供了一种新的看法，也对性与性别之间的关系提出了新的探讨（参见 Aiba，2004），并把身体化作为新的关注点。随后的很多研究强调了性别在话语或/和物质上的建构，对于组织分析中的性别与性等问题的分析，重新考虑了身体因素，并把性别界定为嵌入工作风格与组织之中的，同时又是工作风格与组织的身体化。这种界定揭示了潜在的男性标准，根据这种标准，雇员被假定为不是依附性的并具有责任感。对于身体的这种关注源自后现代主义以及对于性与性别的解构。

## 六、从后现代转向回归男权制

第二批西方女权主义学者存在自由主义者、社会主义者与激进的政治理论家这样三重区分，后来又融合在一起，继而又瓦解为多样的流派，并表现出对男权制概念、性/性别的特征，以及性别等的界定失去了信心。女权主义者以前围绕无论是劳动力市场中还是家庭中的劳动的"社会性别化的"与"自然性别的"分割所进行的、压倒性的结构主义的讨论，以及所取得的所有广泛共识，均以各种方式与各种原因而被动摇了。这种研究的结构主义色彩

143

142

---

① 马克思把那些确定劳动者与机器、劳动者与劳动者、劳动者与集体劳动者之间关系的结构的特征，描述为任意的、不受规则约束的联结、分割与强占，这样的特征描述使人们对那些结构产生了提防心理，但直到最近的理论研究，终于取代了对这种田园牧歌式的肉体完整性的怀旧向往。（Callard，1998：397）

受到了女权主义哲学和后现代主义最近的研究的挑战。女权主义哲学与后现代主义对于早期女权主义的权力概念以及更为重要的性别化自我的概念提出了严峻的挑战。而且，黑人女权主义的介入批判了第二股女权主义思潮关于性别与阶级相互关系的讨论，指责其没有把种族考虑进去，从而没有提出一种综合的分析，导致它与传统的社会科学在很大程度上忽视女性的做法一样，忽略了黑人妇女（Spelman，1988；Collins，1990）。

女权主义继续向前的开拓主要存在两种方向，其一是"后现代转向"，其二是"唯物主义"的转向。后现代主义转向使分析从"物"转向"词"（Barrett 引自 Jackson，1998：12），把女权主义推向一种解构风格，并消解了第二股女权主义思潮的主张得以建立的那些统一的女性论题。这种激烈的转向预示着工作研究彻底瓦解，并危险地走向一种文化分析。文化研究就如"泰坦尼克"号邮船一样，在高速穿越各种学科时，不能留意危险的信号。在充满冰山的水面航行，需要避免那些或者强调文化或者强调话语实践的主张，这些主张"导致完全关注于文化过程，而忽视文化得以运行的结构化的条件"（Wajcman，1993：2-3）。在朝向强调话语建构的权力关系的理论运动中，值得警惕的还有"组织研究从一种'社会性别范式'转向一种'性的范式'，从而忽视'性别'概念"（Witz，1993：32-33）。

那些否认对于话语与表象的后现代强调的女权主义者，也要警惕"学术上的女权主义的目光"已经丧失了阶级视角，这是结构主义者与后结构主义者等理论共同存在的一个问题。在后代思潮中，使用两性差异作为一种表示符号来取代历史的与结构的符号的做法（参见 Maynard，1994；Skeggs，1997：7），忽视了男性与女性工作的条件（Kelly & Wolf，2001：1245），是一种非常明显的从阶级分析中的退却。因此，又出现了一种替代性的主张，号召人们在方法与理论方面支持和重新回到历史唯物主义，以抓住社会过程中的各种紧张、矛盾与对立（Pollert，1996）。阶级与性别之间是相互建构的，但是它们在概念上体现的是两种不同的、不可还原的社会关系。不存在没有性别化的阶级关系，也不存在没有阶级维度的性别关系。这些理论与方法论上的主张，使人们关注各种形式的男性权力的制度嵌入性，以及"这两种动力（阶级与性别）卷入实践

的那些方式"（Pollert，1996：653-654）。

还有一种社会实践理论，试图回避相对主义与结构主义的陷阱，这种理论认为大的社区结构来自小的能动行动，从而把注意力放在了能动者的能力以及结构的影响上。[1] M·德·塞都（Michel de Certeau）、布迪厄以及葛兰西对结构主义这个老问题提出了不同的解决方案，但是对于人类实践的研究又表现出一种唯意志论。这种实践理论远非把抽象范畴应用于鲜活的经验，而是给予研究者一种工具来解剖鲜活的经验，并且不会牺牲结构而强调能动者。这种理论运用习性（habitus，或惯习）与霸权等核心概念，集中关注结构与能动者之间的关系。从某种程度上看，习性与霸权概念描述的是同样的过程，分别来自布迪厄与葛兰西对文化（再）生产的关注，这两个概念可以相互补充。但是我们如果进一步分析就会发现，这样的共同性掩盖了他们之间深刻的内在差异。布迪厄作为一种微观的理论分析者，"从微观事物中进行社会学的理论研究"，而葛兰西作为一个宏观的理论分析者，"为我们提供了一种关于霸权强制的一般理论"，因此二者之间的差异远非表面性的（Moi，1991：1019）。尽管这两种理论都有共同的核心关注点，但是每种理论对于实践的产生基础，有着不同的概念框架。L. 麦克多维尔（McDowell，1997）的《伦敦中的城市》一书，是最近学术界关注社会实践的一个很好的研究。她通过对那些在商业银行工作的男性与女性的日常社会实践、职业、互动的分析，对这个城市进行了研究。麦克多维尔（McDowell，1997：182）主要在工作车间层次上进行研究，她并不否认也没有忽视结构与制度因素在把男性与女性分类到不同职业过程中的重要性，并且她还认为，"要揭示性别的结构化秩序是如何得以维持、再生产或受到挑战的，一个关键要素就是……揭示各种不同的男性特质的社会建构，以及这些男性特质之间的关系"。

而另一方面，后现代转向也引起了女权主义研究的断裂与分歧。甚至那些不信服后现代主义或者批判后现代主义的女权主义者，都吸收了"阶级、性别、种族、差异之间存在复杂的、流动性的互动"的思想。对于结构性范畴的后现代质疑，迫使女权主义者承认女性之间的差异，把女性这个概念问题化，去理解这对于围绕某种单一的身份形成的团结的意涵。这种对于女性之间的差异的关注，并不是

---

[1]　该概念来自戈特弗里德对 M·德·塞都、布迪厄与葛兰西进行比较分析的一篇长文（Gottfried，1998）。

一种新的现象；相反，在社会主义的女权主义工作理论关于阶级/性别的讨论中，对于女性之间的差异的研究一直是一个重要的主题。然而，后结构主义者则通过一种新的方式来重新主张这个概念（Walby，2004a）。但是，当女权主义者正面临即将到来的丧失一种女性主题的精神错乱时，女权主义又表现出对男权制概念的一种回归，以为其理论与实践提供一种基础。他们对关于男权制的极度贫困的讨论的重新回顾，明确了女权主义为什么放弃这种有问题的概念的原因。这又导致了女权主义者反思抽象的结构主义，并提出各种更具体的、中程的概念，诸如性别机制、性别秩序等（Connell，1995；Walby，2004b）。

女权主义者从这种交易（放弃后现代而转向男权制）中获得了很多好处。后现代理论与男权制理论这两种视角，都对那些促成和维持男性支配的突出因素或力量、运动法则或者其他强劲力量所做的单一因果叙事表示质疑。这两种视角都认为，对于劳动分割的组织化而言，性别差异一直是一个基本原则，但又都没有把男性权力的根源定位于某个单一的根源。权力可能通过社会系统中经常存在的毛细血管而循环。相反，权力也可能源自特定的制度集合，并通过这种制度集合而运行。无论对于哪一种情况，更好的研究方式都应具有更多的历史视角，并考虑行动的权变性和无意识的后果。过去会影响现在，但是这种影响并不必然按照行动者所希望的方式进行。诸如职业的性别分割、报酬不平等、主要由女性承担看护小孩的责任等等持久存在的模式，可能是通过不同的机制在不同的时间与地点而产生的。这两种理论视角都关注具体的活动，而不是枯燥的结构，使人们的目光转向性别、阶级、种族关系，认为它们是嵌入了日常生活实践中的，也使人们的目光转向工作场所，视其为既是一种文化性的又是一种物质性的场所。女权主义者的工作理论既需要结构又需要能动者，这样才能理解稳定与变迁。

## 七、女权主义的未来

本章对女权主义的各种主张进行了回顾与评论，指出女权主义提供了一些概念和术语，使工作社会学研究考虑到男女两性的关系。女权主义是一种新的视角，通过这种视角我们发现了一些常常被其他理论视角忽视或者被置于次要地位的种种问题。不管是从一种广泛的视角进行全景的观察，还是只从特定的视角对某个问题进行专门的研究，女权主义都调查了在男性为基础的各种模式的遮蔽下的工作场域以及经济图景。如果没有女权主义者的批判，各种工作理论将不可能深入了解生产与再生产之间的密切关系与相互纠缠。

女权主义者们已经探查并揭开了工作世界，解释了劳动力市场中存在的非对称的性别分割。不管这种理论视角如何，女权主义理论都为我们指出了性别关系在家庭与公司领域所具有的建构性影响。人们以往只是应性别概念来讨论女性的工作经历，而不讨论男性的工作经历，从而使我们对工作的理解大打折扣。同样，如果只关注男性的工资就业，则使工作概念排除了大量工资与非工资活动，包括与女性有关的情感性的劳动与看护活动。家庭对于工资劳动与非工资劳动的分配与价值评估，显然是一种十分重要的领域，特别是我们必须重视家庭中的劳动的工资报酬问题。想知道从哪里切入对家庭的分析才是适当的，要求我们关注公司、市场或正式工作组织之外的事物，要求我们拓展经济的概念，把家庭中的活动与实践以及那些涉及看护工作的人包括进来。

通过性别关系的视角来分析工作，可以发现工作与家庭生活之间的相互关系以及工作与家庭生活中的各种压力。对于看护工作的研究，也提出了许多与第一批女权主义学者和第二批女权主义早期学者所关注的同样论题与概念问题。有一项对看护部门的研究，跨越了家庭、工资就业与政府，指出了检验这些制度之间的关系以及这些制度内部的关系的必要性。人们日益清楚地知道，有必要把性别化的福利国家分析与性别化的就业研究整合起来。这种福利国家对于女性能够参与劳动力市场具有重要的影响，并影响了她们的就业条件。对于看护的解释，也揭示了一种不同于情感性的劳动活动，但是这种活动同样被贬低为一种性别化的工作。

女权主义已经引入了一种语法，来剖析在工作与劳动概念中，嵌入性的性别化的意义；引入了一种专门术语，来阐明作为一种分析范畴的性别；引入了一种新的词汇，来概括女性的工作特征。很多人认为，男权制的名词用法是一种不适当的抽象，但是有一种女权主义的语法，则保持了"男权制的关系"这样的形容词用法，保持了性别机制这种名词，后者既不把性别关系固定于一种超历史的整体性中，也不对关于性别差异的主张相对化。女权主

146

147

义通过使用作为及物动词的"性别化",打开了组织结构的黑箱,揭示了持续存在的、积极的身体化劳动过程,以及促使某种工作岗位成为男性或女性的典型的工作岗位的过程。作为动词的性别化概念,能够更好地把握社会变迁,以及男性对于好的工作岗位的相对稳定的控制,他们对于看护的忽视。有一种更加流动的、不断变化的、尽管仍然是结构性的劳动力市场分析,则指出了组织进行的性别化过程,需要的不仅仅是日益增加的分割与歧视。女权主义对于去性别化与再性别化的分析,则可以使我们讨论工作场所中社会性别与自然性别的去稳定化或重新组织。这些新的语法已经拓展了我们所研究的工作的边界。

尽管女权主义者推进了理论的发展,但其对于性别的关注,在一定程度上与阶级分析相背离。因此,从性别相关的角度来重新评估阶级,导致马克思主义与女权主义在十分有影响的分离之后,又重新结合起来了。两者之间的这次重新结合,已经不再像前一次那样充满斗争性,不过二者之间仍然存在着冲突,并没有达成双方满意的解决结果。女权主义拒绝把阶级置于性别之上,否认阶级优先于性别。马克思主义者与女权主义者都没有充分研究阶级与性别之间的关系的社会多样性。阶级概念常常似乎只是指经济不平等,而且对于产生不平等的那些过程没有进行说明。我们仍然面临对性别与阶级之间的关系进行理论研究的艰巨任务。

根据其过去的实践与经验,女权主义者如果有其未来,那么其未来可能是个什么样子呢?大量的证据表明,过去 40 年来,对于女性而言出现了很多重要的进步。随着女性进入劳动力市场的数量日益增加,性别关系正在发生改变。越来越多的女性参与劳动力市场,增加了女性的相对独立性,但是并没有消除女性的经济脆弱性。我们在对女性的工作时间与收入获得方面的将来变迁的可能性进行评估时,可以发现存在几种趋势,预示着女性在经济成就方面会不断地获得进步,但是也表明存在各种障碍限制整体的进步。一是各种各样促进平等待遇的新规制的确立,使得工作场所对于女性越来越友善。不过,对于那些处于收入分配底部的人,日益增加的收入不平等与收入的停滞,给女性增加收入带来了新的压力。对此,日益降低男性的收入是一个关键的因素(Acker,2004,私人通信)。

二是妇女在将来并不必然会享有收入获得的平等。有几个研究对性别与阶级的复杂关系及其全球

影响进行了研究,发现女性面临的工作条件是多种多样、各不相同的(Acker,2004;Ward et al.,2004;Walby,2005)。贫穷国家为女性提供的是处于生产链条最低端的低工资工作,这促进了大都市对更廉价的消费的需要。女性从贫穷国家到富裕国家的移民,提供了一种廉价的劳动力来源,使全球管理者与全球精英不必承担他们自己的家庭任务,比如清洁、拖地、照看小孩与照看房屋等。例如,S. 萨森(Sassen,1996)为全球性的男性精英描绘了一种让人寒心的图片,他们聚集于几个小的中央商务区,集中关注的是权力与收入,而同时通过强烈的男性与女性的区别来贬低辅助性的行业。在全球性的城市中,也有很多女性工人从事低工资的服务工作,这些低工资的女性也为精英女性服务。很多受过较高教育的单身女性生活和工作在中心城区,享有与男性相似的舒适和安逸。如果考虑到这些趋势,那么我们会发现阶级的差异可能扩大了国家内部与国家之间富有与贫穷女性之间的分割。

对于分析将来女性的工作条件,一种同时考虑劳动力的国际性分割与全球化的多层次分析的理论视角,是非常重要的(Gottfried,2004;Ng,2004)。欧盟这样的组织通过引导兼职就业与在社会保障上实施平等对待,可能改变欧盟各国家内部与国家之间的权力平衡,并为移民女性进行政治游说提出了新的可能性。跨国女性组织已经进行了有效的动员,希望把平等就业规制与国际性的基础标准结合起来。这种对于全球化的关注和研究,使女权主义重新探讨更大的结构,并把宏观层次与微观层次、地方层次与全球层次的分析联系在一起。

女权主义者思潮坚持认为,所有对于工作的未来的概括,都应包括再生产工作。妇女的工作在将来仍然要以她们在家庭中的劳动为条件,在家庭中她们常常要肩负照看小孩与老人的基本责任,以及维持家庭等活动。只要妇女承担得不成比例的看护责任,或如 J. 阿克尔(Acker,2004)的简明主张:"工作场所是以工人没有其他的责任、女性将承担所有看护责任这种假定为基础而组织起来的",那么女性工人将发现难与男性对手进行平等的竞争。如果激励机制不进行改变,那么父亲将不可能空出一只手来与母亲分担看护责任,将不会鼓励改变和改善工作与家庭生活之间的平衡。

重温女权主义思潮关于工作研究的不平静历史,可以提醒我们注意已经走过的历程,以及前面还要走的路,以提出各种理论来理解性别、阶层与种族

的交叉结合中的社会不平等。过去的历史表明，走向男女之间在工作方面更加平等之路，并非一帆风顺。既然朝前的运动常常伴随着一种后冲，那么女权主义必须不断更新理论、不断进行新的实践，来理解与改变各种男权制的关系。女权主义的乌托邦冲动及其政治方案，能够也应该指出一条走向免于性别支配的未来社会的途径。

海蒂·戈特弗里德（Heidi Gottfried）

### 参考文献

Acker, J. (1989). "The Problem with Patriarchy", *Sociology*, 23: 235 - 40.

—— (1990). "Hierarchies, Jobs, Bodies: A Theory of Gendered Organizations", *Gender & Society*, 4 (2): 139 - 58.

—— (2004). "Gender, Capitalism and Globalization", *Critical Sociology*, 30 (1): 17 - 41.

Adkins, L. and Lury, C. (1999). "The Labour of Identity: Performing Identities, Performing Economies", *Economy & Society*, 28: 598 - 614.

Aiba, K. (2004). "Transformed Bodies and Gender: An Introduction to the Study of Professional Japanese Women Wrestlers". Unpublished paper.

Anker, R. (1998). *Gender and Jobs: Sex Segregation of Occupations in theWorld*. Geneva: International Labour Office.

Beechey, V. (1979). "On Patriarchy", *Feminist Review*, 3: 66 - 82.

—— (1987). *Unequal Work*, London: Verso.

Bennett, T. (1994). "Popular Culture and the 'Turn to Gramsci'", in J. Storey (ed.), *Cultural Theory and Popular Culture: A Reader*. New York: Harvester Wheatsheaf.

Bergmann, B. (1986). *The Economic Emergence of Women*. New York: Basic Books.

Blackburn, R., Browne, J., Brooks, B., and Jarman, J. (2002). "Explaining Gender Segregation", *British Journal of Sociology*, 53: 513 - 36.

Blum, L. (1991). *Between Feminism and Labor: The Significance of the Comparable Worth Movement*. Berkeley, CA: University of California Press.

Braidotti, R. (1994). *Nomadic Subjects: Embodiment and Sexual Difference in Contemporary Feminist Theory*. New York: Columbia University Press.

Bruegel, I. (1996). "Whose Myths Are They Anyway? A Comment", *British Journal of Sociology*, 47: 175 - 77.

Brush, L. (1999). "Gender, Work, Who Cares?! Production, Reproduction, Deindustrialization, and Business as Usual", in M. M. Ferree, J. Lorber, and B. Hess (eds.), *Revisioning Gender*. Thousand Oaks, CA: Sage.

Burawoy, M. (1979). *Manufacturing Consent*. Chicago, IL: University of Chicago Press.

—— (1985). *The Politics of Production*. London: Verso.

Callard, F. (1998). "The Body in Theory", Environment and Planning D: *Space and Society*, 16: 387 - 400.

Charles, M. (2003). "Deciphering Sex Segregation: Vertical and Horizontal Inequalities in Ten National Labor Markets". Unpublished paper presented at the "Prospects for Women's Equality in a Changing and Global Political Economy: Varieties of Capitalism, Labor and Gender", Northwestern University, Chicago, IL, October 10 - 11.

Cobble, D. S. (2004). *The Other Women's Movement: Workplace Justice and Social Rights in Modern America*. Princeton, NJ: Princeton University Press.

Cockburn, C. (1983). *Brothers: Male Dominance and Technological Change*. London: Pluto Press.

—— (1991). *In the Way of Women: Men's Resistance to Sex Equality in Organisations*. London: Macmillan.

Collins, P. H. (1990). *Black Feminist Thought: Knowledge, Consciousness, and the Politics of Empowerment*. Boston, MA: Unwin Hyman.

Collinson, D. and Hearn, J. (1994). "Naming Men as Men", *Gender, Work and Organisation*, 1: 2 - 22.

Connell, R. (1987). *Gender and Power: Society, the Person and Sexual Politics*. Cambridge: Polity Press.

—— (1995). *Masculinities*. Berkeley, CA: University of California Press.

—— (2002). *Gender*. Cambridge: Polity Press.

Crompton, R. (2002). "Employment, Flexible Working and the Family", *British Journal of Sociology*, 53: 537 - 58.

Delphy, C. (1977). *The Main Enemy*. London: Women's Research and Resource Centre.

Engels, F. (1968). "The Origin of the Family, Private Property and the State", in K. Marx and F. Engels (eds.), *Selected Works*. New York: International Publishers.

England, P. (1992). *Comparable Worth: Theories and Evidence*. New York: Aldine de Gruyter.

——and Folbre, N. (2003). "Gender and Economic Sociology". Unpublished paper presented at the "Prospects for Women's Equality in a Changing and Global Political Economy: Varieties of Capitalism, Labor and Gender", Northwestern University, Chicago, IL, October 10 - 11.

Erikson, R. and Wharton, A. (1997). "Inauthenticity and Depression: Assessing the Consequences of Interactive Service Work", *Work and Occupations*, 24: 188 - 213.

Evans, M. (2003). *Gender and Social Theory*. Buckingham: Open University Press.

Falasca-Zamponi, S. (2003). "Review of Vichy and the Eternal Feminine", *American Journal of Sociology*, 109: 240 - 2.

Ferree, M. M., Lorber, J., and Hess, B. (1999). *Revisioning Gender*. Thousand Oaks, CA: Sage.

Gilman, C. P. (1892). "The Yellow Wall-Paper", *New England Magazine*, 5: 647 - 56. Now available at Cornell University Library website.

—— (1898). *Women and Economics: A Study of the Economic Relation Between Men and Women as a Factor in Social Evolution*. Boston, MA: Small, Maynard & Co.

Ginn, J. and Arber, S. (1996). "Feminist Fallacies: A Reply to Hakim on Women's Employment", *British Journal of Sociology*, 47: 167 - 77.

Giuffre, P. and Williams, C. (2002). "Boundary Lines: Labeling Sexual Harassment in Restaurants", in A. Wharton (ed.), *Working in America: Continuity, Conflict, and Change*, Second Edition. Boston, MA: McGraw-Hill.

Gottfried, H. (ed.) (1996). *Feminism and Social Change: Bridging Theory and Practice*. Urbana, IL: University of Illinois Press.

—— (1998). "Beyond Patriarchy? Theorising Gender and Class", *Sociology: Journal of the British Sociological Association*, 32: 451 - 68.

—— (2003). "Temp (t) ing Bodies: Shaping Gender at Work in Japan", *Sociology: Journal of the British Sociological Association*, 37 (2): 257 - 76.

—— (2004). "Gendering Globalization Discourses", *Critical Sociology*, 30 (1): 1 - 7.

—— and Graham, L. (1993). "Constructing Difference: The Making of Gendered Subcultures in a Japanese Automobile Transplant", Sociology: *The Journal of the British Sociological Association*, 7: 611 - 28.

Grosz, E. (1994). *Volatile Bodies: Towards a Corporeal Feminism*. Bloomington, IN: Indiana University Press.

Hakim, C. (1995). "Five Feminist Myths about Women's Employment", *British Journal of Sociology*, 46: 429 - 55.

Halford, S. and Savage, M. (1997). "Rethinking Restructuring: Embodiment, Agency and Identity in Organizational Change", in R. Lee and J. Wills (eds.), *Geogra-*

*phies of Economies*. London: Arnold.

——, ——, and Witz, A. (1997). *Gender, Careers and Organisations*. London: Macmillan.

Hartmann, H. (1979). "The Unhappy Marriage of Marxism and Feminism: Towards a More Progressive Union", *Capital and Class*, 8: 1 - 34.

Hearn, J. (1993). "Men and Organisational Culture", in J. Wajcman (ed.), *Organisations, Gender and Power: Papers from an IRRU*. Workshop. Warwick Papers in Industrial Relations No. 48.

——and Parkin, W. (1983). *"Sex" at "Work": The Power and Paradox of Organization Sexuality*. New York: St Martin's Press.

——and—— (2001). *Gender, Sexuality and Violence in Organizations*. London: Sage.

Hochschild, A. (1983). *The Managed Heart: Commercialization of Human Feeling*. Berkeley, CA: University of California Press.

Jackson, S. (1998). "Feminist Social Theory", in S. Jackson and J. Jones (eds.), *Contemporary Feminist Theories*. New York: New York University Press.

Kanter, R. M. (1977). *Men and Women of the Corporation*. New York: Basic Books.

Keashley, L. and Gottfried, H. (2003). "Fundamental Violations", *Psychology of Women Quarterly*, 27: 275 - 6.

Kelly, P. F. and Wolf, D. (2001). "A Dialogue on Globalization", *Signs*, 26: 1243 - 9.

Kessler, S. and McKenna, W. (1978). *Gender: An Ethnomethodological Approach*. Chicago, IL: University of Chicago Press.

Lal, J. (1998). Of Television and T-Shirts: The Making of a Gendered Working Class and the "Made in India" Label. D. Phil. dissertation, *Department of Sociology*, Cornell University.

Lee, C. K. (1998). *Gender and the South China Miracle*. Berkeley, CA: University of California Press.

Leidner, R. (1993). *Fast Food, Fast Talk: Service-Work and the Routinization of Everyday Life*. Berkeley, CA: University of California Press.

Lorber, J. (1994). *Paradoxes of Gender*. New Haven, CT: Yale University Press.

McDowell, L. (1997). *Capital Culture: Gender and Work in the City*. Oxford: Blackwell.

Martin, B. and Wajcman, J. (2003). "Fun, Excitement and Passion: Positive Emotions Among Men andWomen Managers". Unpublished paper presented at *the 98th Annu-*

al Meeting of the American Sociological Association, Atlanta, Georgia, August 16 - 19.

Martin, K. (1998). "Becoming a Gendered Body: Practices of Preschools", *American Sociological Review*, 63: 494 - 511.

Maynard, M. (1994). *The Dynamics of "Race" and Gender: Some Feminist Interventions*. Bristol, PA: Taylor & Francis.

Moi, T. (1991). "Appropriating Bourdieu: Feminist Theory and Pierre Bourdieu's Sociology of Culture", *New Literary History*, 22: 1017 - 49.

Morgan, D. (1998). "Sociological Imaginings and Imagining Sociology: Bodies, Auto/Biographies and Other Mysteries", *Sociology*, 4: 647 - 63.

Nelson, R. and Bridges, W. (1999). *Legalizing Gender Inequality*. Cambridge: Cambridge University Press.

Ng, C. (2004). "Globalization and Regulation: The New Economy, Gender and Labor Regimes", *Critical Sociology*, 30 (1): 103 - 8.

Osawa, M. (1994). "Bye-bye Corporate Warriors: The Formation of a Corporate-Centered Society and Gender-biased Social Policies in Japan". University of Tokyo Institute of Social Science Occasional Papers in Labor Problem and Social Policy.

Parkin, F. (1982). *Marx Weber*. London: Tavistock Publications.

Pierce, J. (1999). "Emotional Labor Among Paralegals", *The Annals of the American Academy of Political and Social Science*, 561: 127 - 42.

Pollert, A. (1996). "Gender and Class Revisited; Or, The Poverty of "Patriarchy"", *Sociology*, 30: 639 - 59.

Pringle, R. (1988). *Secretaries Talk: Sexuality, Power and Work*. London: Verso.

—— (1989). "Bureaucracy, Rationality and Sexuality: The Case of Secretaries", in J. Hearn, D. L. Sheppard, P. Tancred-Sheriff, and G. Burrell (eds.), *The Sexuality of Organization*. London: Sage.

Ramazanoglu, C. with Holland, J. (2002). *Feminist Methodology: Challenges and Choices*. London: Sage.

Reskin, B. (2002). "Rethinking Employment Discrimination and Its Remedies", in M. Guillen, R. Collins, P. England, and M. Meyer (eds.), *The New Economic Sociology: Developments in an Emerging Field*. New York: Russell Sage.

——and Padavic, I. (1994). *Women and Men at Work*. Thousand Oaks, CA: Pine Forge.

——and Roos, P. (2002). *Job Queues, Gender Queues: Explaining Women's Inroads into Male Occupations*. Philadelphia, PA: Temple University Press.

Rose, S., and Hartmann, H. (2004). *Still a Man's Labor Market: The Long-Term Earnings Gap*. Washington, DC: Institute for Women's Policy Research.

Sargent, L. (ed.) (1981). *Women and Revolution. The Unhappy Marriage of Marxism and Feminism: A Debate on Class and Patriarchy*. London: Pluto.

Sassen, S. (1996). "Toward A Feminist Analytics of the Global Economy", *Indiana Journal of Global Legal Studies*, 4: 7 - 41.

Scott, J. W. (1986). "'Gender': A Useful Category of Historical Analysis", *American Historical Review*, 91 (5): 1053 - 75.

Skeggs, B. (1997). *Formations of Class and Gender: Becoming Respectable*. London: Sage.

Sotirin, P. and Gottfried, H. (1999). "The Ambivalent Dynamics of Secretarial 'Bitching': Control, Resistance, and the Construction of Identity", *Organization*, 6: 57 - 80.

Spelman, E. (1988). *Inessential Woman: Problems of Exclusion in Feminist Thought*. Boston, MA: Beacon Press.

Steinberg, R. (1990). "The Social Construction of Skill: Gender, Power and Comparable Worth", *Work and Occupation*, 17: 449 - 82.

——and Figurt, D. (1999). "Emotional Labor Since The Managed Heart", *The Annals of the American Academy of Political and Social Science*, 561: 8 - 26.

Stone, P. (1994). "Assessing Gender at Work: Evidence and Issues", in J. Jacobs (ed.), *Gender Inequality at Work*. Thousand Oaks, CA: Sage.

Tyler, M. and Abbott, P. (1998). "Chocs Away: Weight Watching in the Contemporary Airline Industry", *Sociology*, 3: 433 - 50.

Wajcman, J. (ed.) (1993). Organisations, Gender and Power: Papers From an IRRU Workshop. Warwick Papers in Industrial Relations No. 48.

—— (1998). "Personal Management: Sexualized Cultures at Work". Paper presented at *Work, Employment and Society conference*, Warwick.

Walby, S. (1986). *Patriarchy at Work*. Cambridge: Polity Press.

—— (1990). *Theorizing Patriarchy*. Oxford: Basil Blackwell.

—— (1997). *Gender Transformations*. New York: Routledge.

153

—— (2004a). Personal Correspondence.

—— (2004b). "Policy Strategies in a Global Era for Gendered Workplace Equity", in H. Gottfried and L. Reese (eds.), *Equity in the Workplace: Gendering Workplace Policy Analysis*. Lanham, MD: Lexington Books.

—— (2005). *Complex Modernities and Globalisation*. London: Sage.

Ward, K., Rahman, F. I., Saiful, A. K. M., Akhter, R., and Kama, N. (2004). "The Effects of Global Economic Restructuring on Urban Women's Work and Income-Generating Strategies in Dhaka, Bangladesh", *Critical Sociology*, 30 (1): 63-102.

Weber, M. (1978). *Economy and Society: An Outline of Interpretive Sociology*, 2 vols. Berkeley, CA: University of California Press.

West, C. and Zimmerman, D. (1987). "Doing Gender", *Gender & Society*, 1: 125-51.

——and Fenstermaker, S. (1995). "Doing Difference", *Gender and Society*, 9: 8-37.

Wise, S. and Stanley, L. (2003). "Review Article: Looking Back and Looking Forward: Some Recent Feminist Sociology Review", *Sociological Research* (online), 8. Available at: www.socresonline.org.uk.

Witz, A. (1993). "Gender and Bureaucracy: Feminist Concerns", in J. Wajcman (ed.), *Organisations, Gender and Power: Papers From An IRRU Workshop*. Warwick Papers in Industrial Relations No. 48.

—— (1997). "Embodying Gender: Society, Feminism and the Body". Paper presented at European Sociological Society, University of Essex.

—— (1998). "Embodiment, Organization, and Gender". Paper presented at the International Conference on Rationalization, Organization and Gender, Sozialforschungsstelle, Dortmund.

——, Halford, S., and Savage, M. (1996). "Organized Bodies: Gender, Sexuality and Embodiment in Contemporary Organizations", in L. Adkins and V. Merchant (eds.), *Sexualizing the Social: Power and the Organization of Sexuality*. London: Macmillan.

Wolf, D. (1996). *Feminist Dilemmas in Fieldwork*. Boulder, CO: Westview Press.

154

## 第六章　福柯理论、后现代思潮与工作分析

本书主编一直十分宽容，给了我足够的时间和空间来撰写本篇论文。但是我在这里有一种感觉，就是我觉得本书的结论部分，反映了在学术界关于某一社会理论在工作分析中的作用的思考出现了一种重要的转型。英语世界的产业社会学、产业关系研究或组织理论研究，对于福柯与后现代主义（英国社会学中的一个领袖式人物统称它们为"巴黎风格"），曾经一度觉得颇为讨厌。

1987年春（北半球），我给《管理科学季刊》（ASQ）投去了一篇关于福柯著作的文章，结果发现，即使已经过去了很长时间，英语世界各个研究领域的研究者，要在美国杂志上发表相关的文章，仍然面对一些压力。对于福柯，存在三种在形式与内容上都十分相似的评论，它们的立场正如第二种评论所言："我们为什么应对一个死去的法国哲学家感兴趣？"我用了8 000多字的篇幅准确讨论了这种"为什么"，但这不是本章要讨论的主题。这个评论者的重点在"应"字上，这句话所使用的形容词，暗示已经死亡的人和一个欧洲人的学术方向，是获得知识的障碍。这三种评论都表现出对知识严重欠缺好奇心。因此，为了表示我的不满，我开始是把这些评论文本作为研究生的反面教材。幸运的是，至少对于我来说，我的那篇论文在1988年被《组织研究》杂志刊用，并且成为我与罗伯特·库珀（Robert Cooper）合写的经典系列的一部分，并获得了它的生命力。

然而，在我们的研究领域中所出现的对于福柯和后现代主义的全球性冷漠甚至敌意，也恰恰是与各种地方的情况相匹配的。1987年夏天，我加入了一个新的系，该系长期以来因对产业关系的深入研究而声名卓著。在我加入该系后不久，在我的办公室的门上或门后，开始出现杂志社和报纸编辑部送来的小漫画。这些漫画的设计，引起人们注意并质疑"巴黎风格"的理论已经过时，让人们嘲笑这种"高大的理论"。《卫报》曾经两次刊登了一个笑话："'后现代主义'是一个毫无所指的词汇。它使用得太广太滥。"这种匿名"信件"并不特别受人欢迎，但重要的是，它反映了知识分子没有保障，对于那些后现代主义研究者造成了很大的干扰。对于新生事物和差异性的这种防备心理，必然会影响到产业关系研究的未来，这种防备心理也暗示着一种封闭，这在本质上与《管理科学季刊》编辑们的封闭相似。

因此，在过去大约20年的时间里，到底发生了什么事情，使得福柯传统的思想获得了认可，甚至在学术圈得以流行呢？后现代主义是如何产生的？然后又是如何离去的？它给工作研究领域留下了什么烙印？我们可以从这两种"巴黎风格"（福柯思想与后现代主义）中获得什么启示，以拓展我们关于工作世界的研究呢？

## 一、术语的约定

布鲁诺·拉图尔（Bruno Latour, 2000）曾经有一句名言：行动者—网络理论（Actor-Network Theory）只有四个问题，这些问题就是"行动者"、"网络"、"理论"以及连字符"-"。因此在处理本章的标题时，我们承认标题中存在一些在本章开始时就应面临的问题。第一，有明显的证据表明，米歇尔·福柯并不认为自己是一个后现代主义者，也不试图散播后现代思想。因此在本章的后面部分，我们有必要解释为什么福柯传统与后现代主义这两种研究会被作为亲密的伙伴或盟友放在一起。

第二，我并不会处理在"后"与"现代"之间插入的连字符"-"的可能后果，以及由此引起的

时间分期问题。尽管"现代世界正在通过一种短暂休止之后，让位于另一种根本不同的世界，这种世界需要有一种新的标签，来描述其断裂主义（rupturist）的性质"。这种断裂的思想十分流行，但是我在这里并不重点讨论它。对于这类格式塔（gestalt）思考的揭示，读者可以参见克拉克与克莱格（Clarke & Clegg, 1998）的著作。该著作的导论花了很多篇幅来进行比较分析，其中有一个表格，左栏列出了旧的现代世界的特征，右栏列出了新的世界的特征。这种简单明了的表格对照，有利于学生抓住工作分析在某个层次上的变革，但是这种方法预设了系统之间的一种震荡性转型，而这些学生正在摸索着走向成年，因此可能对于他们产生不良的影响。如果我们奉承读者说他们在伟大的历史转型中起了"一点"作用，也许书会卖得更好，但是我知道，大多数的伟大社会学家之所以是"伟大的"，完全是因为他们见证了工业化导致的主要断裂，并且对其提出了自己的理解。例如，鲍曼（Bauman, 1989）、U. 贝克（Beck, 1992）、吉登斯（Giddens, 1989）等人的名字会出现在我们的脑海中，他们就是这样的思想者。不过，也可能出现这样一种情况，即太多的当代思想者都试图在震荡性社会变动并不存在时，却宣称存在这样的变动，从而试图使自己成为伟大的学者。那些没有界定出某种大的震荡性运动，而又试图将其名字放在这种运动上的社会理论家，往往不能获得"重要思想者"的称谓。

第三，如果后现代并不意味着现代性之后的某种事物，那么就需要澄清不是作为一种时间分期的后现代概念所具有的其他含义。在本章，后现代性意味着一种"认识论"上的转向，在这种转向中，学者们反对的客体不是现代性，而是现代主义。本章谈及的后现代是一种理解模式，而不是一种本体论上的断裂。

第四，如果后现代主义是关于一种以哲学为基础的理解形式，那么我们必须反思，对于"工作"的分析，后现代主义说了些什么。而关于后现代主义对工作说了什么，人们还探讨得较少。T. 克拉勃（T. Crabbe）在1810年所说的话很有启示性：

> 行业和职业——是一些这样的主题，缪斯（Muse）给她的自由却抑制她的选择。（引自Thomas, 1999: v）

人们对于作为一种概念的工作，具有如下非常久远的传统：它是"第一该诅咒的"，那些好逸恶劳者一直以来都意图逃避与其打交道。C.P. 斯诺（C.P. Snow）所界定的两种文化，在工作这个问题上没有任何的相关性。斯诺指出，在英国，两大智识世界即人文智识与科学智识相互孤立地存在，这种状况是有问题的，值得质疑。这两种相互对立的文化，给予对方的敬意都不高。我们也许可以主张，后现代主义是从"文化"领域中生发出来的，而不是来自自然科学。那么在"常规"意义上的科学就站在了后现代主义所描述的很多事物的对立面。而相反的情况也是这样的，后现代主义在很多方面都站在了科学的对立面。

第五，后现代转向主要不是说经济、生产和工作的转向，而主要是说哲学、消费、休闲的转向。根据 T. 克拉勃的看法，如果（手工）工作可以被视为反思或"更高"的思想观念的对立面，那么根据斯诺的观点，人文与审美艺术——很多后现代概念都是来自于它们——则多少对于完全是苦思冥想性的工作具有敌意。如果是在 140 多年前，威廉·贝尔·斯科特（William Bell Scott）的"铁与钢"油画，就会被认为是现世、尘世的了，不适合于作为一种严肃的艺术作品的主题（Mcmanners & Wales, 2003: 37），那么今天仍然存在这样的人，并持有同样的目的和看法。人们至少存在这样一种感觉，认为工作世界不同于要求人们去探讨出现于精神科学的（Geisteswissenschaften）、非实证主义认识论的力量。工程学以及整个自然科学，趋向于执行或绩效，以及一种非思考性的、商业化的实用主义，并不会使非实证主义的认识论转向日益强大的自然的基础。正如库珀和 G. 伯勒尔（Cooper & Burrell, 1988）所指出的，后现代主义的这种强调重点，并不在于"生产组织"，而在于"组织的生产"。我们需要在"比存在更高的层次上"，探讨世界安排是如何在其要素所构成的整体中被再生产出来的。我们所看到的那些导致组织产生的事物是关注的焦点，经济生产本身是如何组织起来的相关问题则处于较次要的地位。上面对本章将要使用的"后现代"一词的背景做了简要的介绍。下面我们开始探讨人们是如何运用这一视角，来对"工作"得出不同的看法的。

## 二、后现代与工作分析

对这种后现代影响工作世界的方式已经有很多文本进行了研究。正如我们先前提到的，其中的很多文本讨论了后—现代性的出现（注意，其中有一个横线），但是在这里，我自己主要关注的是作为一种哲学视角的"后现代"概念。读者的注意力被引向两大系列的文献，但是我在这里主要描绘后一种文献的各种线路。本章这样的一篇短文要做到完全公正地对待这些理论线路是不可能的，因此有经验的读者会发现观点与主张的巨大跳跃，但希望我们能够满足初学者的阅读需要。

对于初学的读者，我们也许可以说，后现代思想在某种程度上看主要具有四大思想支柱。其余的人则肯定很少会同意这种简化，但是为了描述的方便，我采用了这样一种近乎放肆的态度。后现代分析的框架主要建立在以下思想要素所构成的基础上。其一，是由让·弗兰西斯科·利奥塔（Jean Francois Lyotard，1984）的《后现代状况》的阐述所提供的一种思想要素。其二，以某种"身份认同"问题形式而出现的那种思想要素，其对于西方关于十分重要的"自我"概念的大多数理解，一直都表示出质疑的态度。第三个支撑性要素则是一直通过雅克·德里达（Jacques Derrida）的"解构"概念与主张，而得以散播开来的那些思想要素。第四个支撑性要素则是收益概念，在后现代主义中这个概念是附属性的，并且这个概念主要得益于福柯的思想。而对于这些思想要素之间的重要性排序，本章下面也会讨论。

（1）利奥塔提出的主张，即"我把后现代界定为对元叙事的质疑"，对于工作的社会学具有深刻的影响——如果人们相信这种主张的话。各种线路的马克思主义，对于各种关于工作的社会理论，具有重要的影响。这完全是因为它提供了一种叙事。这种叙事结构包括情节、中心人物、逆转的可能性、高潮场景，以及作为最后结局的成功社会转型。丝毫不值得奇怪的是，这种叙事的框架已经被某些人实施了，而且还在被持续地实施，并对很多思想家和活动家提供了支持。布雷弗曼（Braverman，1974）在其《工作的沦落或退化》一文中，指出工作降低了人的价值与本性，并且导致积极活动的精英的出现。在这篇论文中，所有行动者的角色都是清楚的，叙事的线条也是平直的，并且是相对的单一，并不存在两种线条。这种积极活动的精英的潜在力量是实实在在的。撇开马克思主义的道德与伦理诉求不谈，这些概念与进步、启蒙、人们通过技术对自然世界的控制等现代主义观念丝丝相扣，体现了现代主义所具有的异化结果（这些著作创造的

异化概念，对于大多数读者都具有感染力）。但是"科学"与"进步"，以及"控制"与"启蒙"等术语，都已成为受到挑战的词汇。就在苏联东欧剧变，马克思主义似乎已经成为过去的时候，现代性又日益受到来自内部与外部的力量的威胁。利奥塔质疑人们所认为的"启蒙"所取得的成就，包括广泛传播的、科学的马克思列宁主义。利奥塔主张，科学已经碎化为系列的游戏，其中每一种都试图通过"反科学"（paralogy），打破规则而获得自我满足。科学不再寻求内在一致性、综合，不再寻求整合成一个整体。科学不会产生唯一的真理，而是会产生各种各样的真理。各种叙事再也不能拥有中心地位。它们已经失去了影响。

很多人对这种视角所抛出的知识的权变（contingent）性质表示担忧。对于一种元叙事——在其中所有的东西都被置于一种理性的和可靠的秩序中——的寻求，是一种十分古老的寻求，只不过工业主义的论题发酵于美国加利福尼亚州（Kerr et al.，1962），后工业主义的论题配制于美国马萨诸塞州（Bell，1972），全球化的论题孵化于全球各地，"帝国"的论题蒸馏于意大利（Hardt & Negri，2000），所有这些都显示出对更加确定性、更加熟悉的道路和历史的终结的渴望（Fukuyama，1992）。在这类文献中，这些学者总是试图通过研究寻求理论综合与会聚，因此从这个意义上看，后现代主义本身不是一种使现代性失去能力的论题。但是，就是在这种情况下，任何使自然科学的圣杯——一种"关于任何事物的被统一的和统一性的理论"——失去能力的探求，都会受到威胁，卡利尼古斯（Callinicos，1989）感到，特别是在面临后现代时，人们有必要寻求维持这些诸多视角的普世性的劝说力量。然而，问题肯定就在这里。为何我们要如此懒惰，以至于绝对相信那些其他人提出的叙事？犬儒主义是不健康的吗？多疑的心智在惯于怀疑的世界中不是更为广泛吗？我们不是我们自己的元叙事的生产者吗？

然而，"我们"这个概念本身也存在深层次的问题。

（2）我们的身份界定与地缘政治领域一直寻求内聚一致一样，但受到更强烈质疑的是，作为"一种实体，其 id（换言之，一个自我包含的、统一的、根源性的、整合性的个体）一直处于争论之中"的身份。最近有很多著作都是讨论"身份"问题的，在本章中，我们不能对这种文献进行大致的概括。

这种研究的繁荣还体现在，在英国，经济与社会研究委员会（ESRC）最近开始投入 350 万英镑，用于研究身份的项目，这个项目正在寻求关于当代各种身份问题的答案。现代与后现代的取向都得到了支持。不过，工作社会学领域的研究项目似乎很少得到资助，但是人们希望工作社会学的研究，对于我们的领域来说不仅是现在，而且在将来都会有重要的意义。

至于工作社会学领域中关于身份所存在的各种后现代视角，有些重要的改进已经开始了。在开始改进的时候，重要的是要注意到，"主体及其无意识的形成过程的问题，在受到心理学影响的女权主义与文化批评主义的话语中已经被提出来了"（Hall，1996：1）。S. 哈尔（Hall）还指出，自我在"各种兴高采烈的后现代主义"中，被视为无休止的绩效表演，在反实质主义者的文化理论关于伦理、种族、民族概念的批评中，这种自我是有问题的。身份的创造总是有条件的，总是权变性的。一旦它被保护起来，在它与自我之间就不会再存在一种适当的配合。总是存在太多的此种或者彼种身份，并且从来没有一种实体——从来没有一种整体性。工作中的身份和通过工作形成的身份因此成为一个高度问题化的概念（Collinson，2003）。对于自我，不可能存在站得住脚的元叙事。

在这种竞技场中，赖特与威尔莫特（Knight & Willmott，1989，1990）已经证明他们自己是有能力的提倡者。通过与曼彻斯特大学科学技术研究所（UMIST）的同事一起努力和研究，他们提出了一系列的研究计划，来探讨身份概念。他们认为劳动过程理论的主要局限之一，一直以来都是所谓的"主体的丧失"，被批评较少讨论能动性、主体性或反抗性。曼彻斯特大学科学技术研究所团队则试图考虑这个维度，并借用德里达、福柯和其他形式的后结构主义者的思想，在这种思想中唯物主义者的假定是不被接受的。布雷弗曼往往被划归为唯物主义，尽管他在《劳动与货币资本》（1974）一书的前几页解释说，他十分清楚存在这样的危险。大约在 10 多年之后，关于劳动过程理论（LPT）的论争爆发了，那些布雷弗曼的捍卫者（Thompson & Smith，1998）拒绝存在把传统的安哥拉—美国社会学之外的任何事情综合进来的必要性（虽然如此，他们却要高度依赖于那些死去的欧洲人），而论争中持对立观点的学者们（Knjght、Willmontt、曼彻斯特大学科学技术研究所研究者），则把目光转向欧洲大陆，特别是那些仍然活着或刚死去不久的理论家。实际上，这些理论阵营是根据不同时间的理论潮汐而划分出来的，而关于工作世界中的主体的角色所存在的各种对立的观点或视角，也完全如此。

凯瑟琳·凯西（Catherine Casey，1995）尽管身处另一个半球（南半球），但她的经验研究也关注自我与身份问题。她认为，自我已经日益受到明攻和暗袭。在各种公司文化理论中，一直存在对自我的明目张胆的攻击，并常常导致工人的有条件投降或屈服。"公司设计的自我"是这样一种自我，在其中以往各种确定的阶层已经消失了。它是一种"内部已被掏空的自我"，而喧闹的自我陶醉已经被放入其中。面对这些力量，后现代主义者强调电视、广告、电影的影响，强调总体上的风格问题已经日益成为流行的理论争论的战场（Boje et al.，1996）。重要的是我们必须注意到，凯西（Casey，2002）回避了社会理论中的后结构主义与福柯主义的转向，但是她试图处理它们所引出的问题。她认为，对于"法国思想者们通过争论、脱离和分裂"所提供的东西，传统的理论评估已经受到严重的挑战，但在工作研究中这种挑战还没有出现，工作研究现在仍然处于"传统的经济学、管理与劳动关系分析的支配下"（Casey，1995：9）。她说："他们中很少有人准备转向批判地、社会地分析生产实践，很少有人去理解自我与社会生产所具有的更加广泛的含义。"（Casey，1995：9）

同样，杜盖（Du Gay，1996）提出了一种"企业家精神性自我"概念，弗勒克尔与霍夫鲍尔（Flecker & Hofbauer，1998）提出了一种"新的雇员模型"。这两个研究的重点都是新的诸多自我的创造，他们的身份概念能够更加适合资本主义企业的苛刻条件。但是正如有种观点所指出的，身份是延展性的、片段化的、边际性的、中间性的，这是相对最近才出现的看法。当然，工业社会学家们可能主张，批评的目标应指向研究富裕工人的工作学派，这种工作学派解构了工人的"自我意识"概念（Nichols & Armstrong，1976）。但是，从总体上看，诸如 R. 森尼特（Sennett，1999）这类学者，存在一种意志论，实际上把身份视为他们所分析的心智中的那些混合而稳定的东西。并且，正是这种现代主义者的自我概念——自我在某种程度上是初始的，是行为的一种决定变量，历史根源于深沉的过去——与今天关于它（身份）的权变性观点存在很明显的对立。P. 罗森劳（Rosenau，1992：42）在谈及诸后现代主义者时，很好地讨论了这种不同之处：

> 他们认为，主体总是过去、现代性的化石遗物，是自由人文主义的一种发明，是不可接受的主客二元区分的根源。他们主张这类个人身份，如果曾经存在，也只能是一种幻象。并且今天在一种后现代的背景中，它不再是可能的。

（3）"文本之外再无他物"。我们现在讨论后结构主义的理论与有关的核心问题。P. 罗森劳（Rosenau，1992：118-119）对于这个问题再一次帮助了我们。她认为，后现代主义者通过使用"解构"来检验文本，"并且因为任何事情都是文本，所以解构的使用是无限制的"。否定性的、批判性的评论常常是这种视角的核心部分，这使得它的一些拥趸可能主张，他们是反方法的，因为传统的方法是如此有局限，所以它们太应该被解构了。然而，解构常常被认为是一种"方法"，它"通过设计，公然地、有目的地和强烈地主张主体主义，而反对客体主义。它不愿排除任何视角，因为这完全没有收益。它排除普遍性知识或全球性的理论，因为它本身是一种反理论的事业。它拒绝好的以及不好的理论的等级制"。

以往大多数的"批判"（Alvesson & Willmott，2004）的目的，都是要用一种更为真实或更为充分的知识形式，来取代先前的知识形式，但是解构主义的视角则是把诸多关键概念"抹除"。其意涵是，要严格注意这类概念，在其最初的起源形式上的这类概念，因为它们作为现在建构起来的概念是无用的。"'进步'通过概念上的强化是可以承认的"这样的观念之所以是有问题的，完全是因为这些"概念"本身的性质。在所有的文化与概念中都存在内在的矛盾。由于每个词汇通过参照任何其他的与它不同的事物，都存在内在矛盾，所以一个词汇必然被它的对立者所占据。然而，由于解构并不认为辩证法有优越性，并不依赖于"一种旧的概念可能被一种决定性的、优越的、较高层次的概念和更先进的概念所替代"这种信念，所以它打算继续概念的用法。在通过与它最初所处的框架进行痛苦的分离之后，它可以如此。德里达（Derrida，1981）在思考这种限制时谈到了这一点，谈到了被放逐和具有放逐作用的书写，在那里存在一种间隙，在这种间隙中旧的概念会发生倒置，所产生的是一种新的概念，而老的体制会发现自己不能建构这样的概念（Cooper，1989）。S. 林斯特德（Linstead，1993）以

及 J. 哈萨德与帕克尔（Hassard & Parker，1993）指出，对于组织理论家来说，简单地接受解构主义的"颠覆"部分——仅仅是这一部分——应是很容易的。这里我们必须"颠覆处于高级的词"（转引自Cooper，1989：485），但同样重要的是，我们必须避免陷入用这种两分中先前处于"次要"地位的一方来取代另一方的陷阱。鲍勃·库珀（Bob Cooper）指出，"隐喻化"（metaphorization）对于德里达十分重要，它是解构主义的核心的批判性观念。这些双极的词汇逐渐在一种不可判定的（undecidablity）地方生存下来，在这个地方，每一个词汇都栖息着另一方，并且通过这些词汇，读者在一种"对立者之游戏"中被折服。不幸的是，存在一些有着过多的"粗俗解构"的研究，忘记了在颠覆之上与之外的这个过程第二部分的必要性。

在女权主义与解构主义交汇的地方（Gherardi，2003：225-227）一直存在进行创新性研究的肥沃土壤。马丁（Martin，1990）对一个高级女性管理者的叙事文本进行了一种引人入胜的解构。她躺在床上，由于做了剖宫产手术，身体正在恢复，但是她正观看关于一种新产品的开发和营销的闭路电视会议，而她被任命为这个项目的负责人。组织特意安排开发和营销的时间协调会，以适应她的这次分娩。马丁逐行分析了这个新闻报告，以揭示二分法是如何运行的。这里特别值得注意的是，在这种文本中究竟存在什么矛盾，他通过用"重构"的短语来替代，揭示了偏见体现在什么地方。"领导力"这个概念，以这种女权主义/解构主义的方式，也是相对容易解构的。但是，在诸如 M. 卡拉斯和 L. 斯迈尔西奇（Calas & Smircich，1995）——这些研究分析了敏兹伯格（Mintzberg）关于这一主题的文本方法，领导力被描述为对组织成员的一种诱惑，以使他们遵从领导——所进行的分析中，这种深刻的批判，使那些领导者本人十分愤怒（Mintzberg，1995），他们拒绝接受这种看法，并对这种解构施以威胁。

在工作社会学领域中，K. 莱格（K. Legge）、R. 奇尔（R. Chia）以及罗伯特·库珀（R. Cooper）等人也进行了各种"解构"，其中有的获得了相当的成功，但有的则不那么成功。困难在于，"解构"这个动词已经变得如此流行，以至于被人们运用于某些不适合的场合。这里并不是主张一种概念纯洁性与保卫一种理论边界。但是我们可以看到如下一种历史：有力量的词汇传播到日常生活世界的行动者手中，往往会逐渐失去他们原本具有的创造能力。

然而，这正是德里达所预测的。解构主义是一种理论性的术语，其本身已经被颠覆了。

（4）正是在这里，我们遇到了米歇尔·福柯。我们可以把他的著作从时间上划分为考古学的、谱系学的和伦理学的三个阶段，这说起来很容易，但是给出理由来证明为什么划分为这样三个阶段则比较困难。首先，我们可能存在的风险是，福柯主张，我们需要的不是一种精明的主体理论，而是一种关于话语实践的理论。在后笛卡儿主义的西方形而上学的中心（更准确地说是在其心智中），仍然存在主体，但是早期的福柯说，我们需要的是对主体的拆除或去中心化，并转而关注话语。早期阶段的福柯存在一定程度的结构主义色彩，并且他在这种结构主义下创作了一些关于"真理的知识论"的精彩著作。在此福柯与其"思想体系史教授"的称号相符，他在这种体系内部也是如此旁征博引的。然而，组织理论家则在一种不那么广博的精神的指导下，借用了他的"中期"作品，以及利用了通常意义上的特定组织形式概念（Knight，2002：581）。他们根据自己的需要来窃用福柯的思想。特别典型的是，他的关于概念"谱系"的观念，被证明十分有用。例如罗伊·雅克（Roy Jacques，1996）关于"雇员"概念的分析、尼古拉斯·罗丝关于主体性和"被支配的灵魂"（Nikolas Rose，1999）概念的分析、C. 格雷关于职业概念的分析（Grey，1992），都应用了福柯的谱系学，以理解概念如何逐渐被确立为其本来的样子。正如我们下面将要讨论的，并非只有他们才逐渐察觉到福柯的中期作品给关于工作的社会理论家提供了很多概念。第三个时期或者说最后一个时期的福柯的著作，主要是关于"伦理"的研究，这一阶段的研究是最不让人满意和最成问题的。他晚期的研究，讨论的是古代罗马时期的各种道德来源，然而试图解决的则是当代的"自我关照"问题，福柯希望对这些问题展开论述。我们稍后也要讨论他这一时期的著作，但主要是联系与工作社会理论相关的问题而进行讨论。让我们现在转到他第二阶段的著作。

165

## 三、与福柯一起工作

有一定数量的作者十分正确地宣称，福柯的著作很好地阐述了我们的工作世界。正是在这一点上，我们可以获得他的一部杰出的著作的帮助，这部著作影响了社会科学中的各种视角对于管理而非其他方面的理解。这部著作就是《规训与惩罚》，在这部充满了知识力量的著作中，福柯为我们提供了一种独特的组织理论，而以往很多人对这种理论进行了歪曲的理解。例如，K. 格林特（Grint，1991：148）是这样来看待"福柯与后现代主义（原文如此）"对于工作社会学的贡献的：

> 福柯以及其他后现代主义作者的很多视角，在应用于组织时，都取得了丰富的成果。特别是，其关于组织的外生性质以及作为一张网的、把所有人都笼罩其中的权力观念，对反击决定论、技术统治论等理论非常有用。

可见，格林特把福柯描述为不具威胁性的多元主义者。A. 麦金利与 K. 斯塔克（Mckinley & Starkey，1998：1）指出："人们日益关注福柯的著作对于我们理解工作的组织、说明与控制的贡献。这部分反映了后现代主义对组织理论的影响，以及在总体上对社会科学的影响。"A. 麦金利与 K. 斯塔克（Mckinley & Starkey，1998：3）为了证明这一点，还专门编辑出版了他们的论文集，他们在该论文集中说："我们的全部意图就是应用福柯的概念、范畴和程序，来阐明工厂、管理、现代公司的历史。"S. 克莱格（Clegg，1999）则关注规训权力，并认为福柯、马克思以及与布雷弗曼的著作相联系的劳动过程学派，都关注资本主义工作场所中的控制与反抗等主题。B. 汤利（Townley，1994）研究了劳动力规制问题，并指出咨询、评估以及人力资源管理的整个武装到牙齿的技术，导致工作场所中的个人成为可知的。福柯对于工作说明的影响也许最值得关注，甚至他关于"工作"的研究，对于本章也很重要，有着深刻的影响。K. 霍斯钦与 R. 麦克维（Hoskin & McVe，1988）的研究就是早期萌芽性研究的例子，但也是唯一的例子。

因此，很多人都看到了福柯的著作对于他们的学科的重要性。当然，在我第一次接触到《规训与惩罚》一书时，感觉它似乎正在经历一种完形的转变。这本书的力量以及福柯的断言——组织就如监狱——十分切合组织研究，因此对于我以后的理解与著作都有着深刻的影响。在 1988 年发表的一篇论文中，我充分利用了福柯前两个"时期"的著作，这些著作清楚地为我们展现了一种路标，使我们知道应如何进行什么样的组织研究。关注规训技术和为组织研究领域提供一种"谱系学"的可能性，只是我们向前推进的两个显著的方式。那么毫不奇怪

166

的是，对于这些特征，相关研究一直以来确实都在急剧增加，其中包括诸如 B. 汤利（Townley, 1994）、G. 塞维尔与 B. 威尔金森（Sewell & Wilkinson, 1992）、N. 杰克逊与 P. 卡特（Jackson & Carter, 1993）、S. 朱波夫（Zuboff, 1988）、A. 麦金利与 K. 斯塔克（Mckinlay & Starkey, 1988）、A. 陈（Chan, 2000）、D. 赖特斯与 H. 威尔莫特（Knights & Willmott, 1989）、K. 霍斯钦与 R. 麦克维（Hoskin & McVe, 1988）等，这些研究都以值得注意的重要方式提出了类似立场的主张。

这部著作关于全景敞视监狱（panopticon）的讨论，对于工作社会产生了十分深远的影响。对边沁（Jeremy Bentham）所设计的全视角的机制、"完美的管理方式"的描述与分析，是这部著作中最为辉煌的部分，并启迪了整个工作社会学的研究。空间被控制的和"全景敞视监狱"中的居民，被实实在在的灰浆、砖头以及社会监视技术所"规训"的方式，是福柯的洞见。这本书的这一部分很深奥、难以理解，使人难以感觉到是在阅读特别优秀的、天才般的思想和著作。自 1977 年《规训与惩罚》的英文版出版以来，关于全景敞视监狱人们已经写了很多，并且随后逐渐成为对控制的一种比喻性的描写。里德（Reed, 1999）虽不乐意但仍小心地显示了分析中存在的一种从韦伯主义者的关注、一种对于科层制的囚禁人性的"铁笼"这种空间比喻，向福柯传统的"功利主义者的（Benthamite）全景敞视监狱"的转型。我们被组织囚禁或被投入了组织的监狱这类观念，并非一种新观念（Goffman, 1959），但是工作社会学抓住并完全揭示了这种充满活力的监视性社会。很多分析发现，在任何地方都存在密切的监视，并关注人们的工作性（非工作性）生活受到监视的方式。仅在我们的研究领域中，就有一系列的重要文章都关注这些方面，其中包括斯维尔与威尔金森（Sewell & Wilkinson, 1992）、韦伯斯特与罗宾斯（Webster & Robins, 1993）、B. 汤利（Townley, 1994）、D. 斯坦古德与 D. 费兹格本（Steingood & Fitzgibbon, 1993）、S. 朱波夫（Zuboff, 1988）。各种不同的技术，特别是人们认为常常是日本建立起来的那些技术，提出了一种常规的雇用员工和有规律的工资报酬。在质量小组、全面质量管理（TQM）以及其他一些生产控制机制中，工人的自我监督，被赋予了一种具有福柯色彩的手法，这些机制就如全景敞视监狱一样被建立起来，发挥着积极的作用。

让我们讨论其中的一部文献，以说明福柯是如何直接为工作社会学研究提供了重要启示的。汤利（Townley, 1994：1）在《重构人力资源管理框架》一书中，开篇就提出了两个问题。其一，"是哪些因素导致了人们常说的人力资源管理的整个实践具有一种内聚性的作用？"其二，"关于人力资源管理的学术研究如何有益于工作中的人们？"她的回答如下："本书的主题是，福柯的著作有助于我们讨论这两个问题"。接着，汤利主张（Townley, 1994：13）"福柯提供了回答这些问题的方式。在处理这些问题的过程中，我们可以对人力资源管理这个概念进行重新界定"。她认为重构这个概念十分有说服力，坚持认为人力资源管理在就业关系分析领域中，建构了关于工人知识的一种"话语"和一系列实践。在这种建构中，组织成员被假定具有计算属性，会服从组织内部的纪律。时间、空间、工人的活动则日益受到纪律或惩罚技术的支配。关于这位出生于天主教家庭的福柯所承认的那些技术，她举出了一个例子，那就是"忏悔"。通过考察态度以获得个人看法、通过面谈甄选、通过在评价中进行自我评估、通过精神导师的引导，个人成为忏悔性的个人。所有这些都鼓励雇员承认自己的缺点，导致他们接受更密切的监视与规训。总之，该书运用福柯的思想对人力资源管理概念进行的重新界定，很好地说明了这些思想提供了一种不同的透镜，通过这些透镜我们可以深入地研究雇主与雇员之间的关系。

当然，"劳动过程理论家们"并不会认为福柯会比布雷弗曼提供了更多的东西；的确，他们认为那种特别的"巴黎风格"，从根本上要劣于在美国出现的那些技能或技术。并且，福柯认为"抵制"只会创造出更多的规训性命令，这种观点内在的复杂性意味着布雷弗曼迷们自己爽快地与福柯的权力观拉开了距离（例如，Thompson & Ackroyd, 1995; Thompson et al., 2000; Thompson & Mchugh, 2003）。然而，这里最值得注意的是由理查德·马斯顿（Richard Marsden, 1999）出版的一本书，该书类似于《规训与惩罚》，似乎是马克思著作的一种姊妹篇。他的《资本的性质：福柯之后的马克思》（*The Nature of Capital*）一书也是一本十分畅销的著作，不幸的是，也出乎意料的是，这本书与我们本章的讨论任务没有密切的关系。

R. 马斯顿认为，马克思主义者的中心取向与福柯的取向存在深刻的联系，而且他试图对二者之间的关系进行深入的分析。如果我们认为他试图在马克思主义与后现代主义之间进行调和，那么这似乎是一种极大的误解，但是，他确实试图从一种受到马克思主义启发的立场，来对福柯进行积极的评价。在我看来，这样做比起传统的劳动过程理论来，有着大得多的积极意义，具有建设性的作用；但是，这样做，又可能使人们误认为福柯支持强烈的元叙事立场。

## 四、福柯与马克思的相似性

很多作者都感到，历史唯物主义正遭到一种后结构主义的挑战。历史唯物主义出现和成熟于19世纪80年代，而这种后结构主义则产生于20世纪80年代。在苏联东欧剧变之后，这种后结构主义影响越来越大。后结构主义挑战历史唯物主义的阶级、政党、国家等概念。从某种程度上说，后现代主义因为接受"我们是后资本主义的"假定而一直颇受诟病。这种信念对于工作社会学及其重要性产生了消极的影响（Marsden，1999：22），因为工作社会学的目的是要探讨很多（资本主义中的）活动的理论基础。我们的"工作者"、"所有者"、"管理者"等词汇都是一种已经消失的话语吗？马斯顿说，恰恰相反。福柯的著作，使读者能够理解那些首先是由马克思所界定的问题，并且能够成功地进一步论述这些问题。通过马克思与福柯的思想所提供的双目镜，我们可以更好地、立体地理解工作现象。马斯顿的意思是，大致说来，马克思的解释使我们知道生产为什么要如此组织起来，而福柯的解释则使人们知道生产是如何组织起来的。

首先，劳动过程理论把福柯的思想打入地狱，而马斯顿则试图把福柯从地狱中拯救出来。很多作者坚信福柯忽视了物质世界（如 Niemark，1990），马斯顿（Marsden，1999：178）则声称，这是一种误解，福柯的全部著作都十分重视物质世界。其次，他还进一步主张，"力量"（forces）这种非迷信、盲从的概念，是福柯从阿尔都塞那里借用的，而这个概念反过来又有助于马克思主义者处理"权力"问题（Marsden，1999：23，154-157）。最后，马斯顿还试图处理一个很多马克思主义思想家都关注的问题。这就是，通过教育等产生驯服的身体，其目的是什么呢？这是由阿姆斯特朗（Armstrong）所提出的一个恰当和中肯的问题。正如上文所指出的，马斯顿则把这个问题反转过来，认为福柯则指出了榨

取剩余价值的一种观念机制。因此，福柯使我们可以讨论上述那个"生产是如何组织起来的"问题。

马斯顿（Marsden，1999：156）认为，《规训与惩罚》一书对"各种权力机制"进行了十分奇妙的"图解"，也是对"生产的组织"的一种十分奇妙的解释。如果真是这样，那么这样的图解和解释就会使得福柯的著作成为工作社会学的核心文献。对他来说，如果我们仔细分析福柯对生产单元的这种详细的描述与介绍，那么我们就可以发现福柯与马克思之间存在广泛的联系。尽管汤利曾经断言福柯从来都没有讨论过生产问题（Townley，1994：13），但是我们从《规训与惩罚》一书中却可以找到福柯与马克思在生产问题上存在的广泛联系。R. 德莱弗斯与 P. 拉比诺（Dreyfus & Rabinow，1986：153-160）的观点本身只是煽动性的，而马斯顿则通过分析对他们的观点进行了拓展。

《规训与惩罚》探讨的是人们的行动在时空中是如何被组织起来的问题。这本书认为修道院中的围栏就是一种生产组合形式，它可以使人们进行简单的合作。其中有一种机制，把整个修道院分割成线性排列的房间单元，每个僧侣都被分配到某个特定的房间单元中，从而使整个修道院集体被碎片化，以便在训练、教育他们的同时进行更严密的监视。于是关于"位置的规则"被制定和确立，并通过把空间编排为一种生动的场面（tableau vivant），从而可以进行管理。对房间单元的占据者的排序，把"数量众多的民众"变成"有序的多样性"，其中预示着一种安排的艺术。这创造了一种等级和纵向的排列，并因此导致"蜂窝式的权力"（celluar power）。福柯描述了通过对行为的时间协调的详细规定，各种活动是如何被组织起来的。他准确地指出了工人的肢体运动是如何被组织起来的，以及对工人的摧残是如何实现的。那些指令被接受，以使每一个动作都成为高效的，并使之与任务十分细致和精确地嵌合。然后，还存在一些培训工作态度的组织，培训工人或同住者的组织。她或他因此日益从属于观察、监视的等级制（谱系），从属于具有规范化作用的判断权力的影响。

我们可以认为这些原则普遍渗透于组织化的工作世界。我们无论在哪里走一走，都会发现围栏、分区、排序等"艺术"，以及时间协调制度。因此，福柯向我们指出了这些设置的谱系，以及这些规训技术的谱系。他向读者指出了"过去"日益存在于"现在"之中的那些方式。正如 R. 德莱弗斯与 P. 拉

比诺（Dreyfus & Rabinow, 1986：155）意味深长地指出的，在《规训与惩罚》一书出版之前的很多年里，结构主义就在世界上设置各种编码化的、法典化的分割与隔离。《规训与惩罚》一书出版后，也阐明了结构主义存在的这种问题。对于那些辛勤劳动的学术研究者来说，结构主义本身也是一种规训技术。

福柯在讨论工厂时，解释了当这种安排用来控制民众进行产品生产时，这种安排会是多么复杂。他描写了在法国茹伊（Jouy）的奥伯坎普夫（Oberkampf）工厂，它是一座巨大的建筑，建于1791年。在一个世纪之前，泰勒制被提出来：

> 由很多不同系列的工人构成一个整体，以一种完全明确的方式而展开，这些工人队伍可以被析分为个体单元。在大规模的工厂出现和繁荣时，人们发现，在生产过程分工的背后，是劳动力队伍的片段化和个人碎片；规训空间（空格）的分布，常常在确保工厂繁荣的同时，又实现工人的碎片化（Foucault, 1977：145）。

170

福柯更进一步地指出，在法国百科全书中的"制造"（manufacture）词条，列举了监视是雇主反对工人怠工、暗中破坏、恶劣工作作风、欺骗、懒惰等的主要手段之一。因此，福柯不仅通过对监视制度的分析，也通过对工作的分析，来阐明他关于规训技术的观点。S. 卡莫拉等（Carmona et al., 2002）利用福柯的思想，对西班牙塞维利亚皇家烟草公司工厂（the Royal tobacco factories of Seville）进行了进一步经验性的考察，他们的研究加深了我们对于福柯思想的理解。他们发现，18世纪，在人们试图对这家工厂的空间与时间安排进行解释时，就发现这些规训观念在这家工厂中已经十分明显了。尽管福柯研究的是工厂，但大多数的人都认为福柯实际上说的是贫民窟和监狱。而他取自产业领域的那些例子，常常被人们忽视了。总之，福柯提出了一个著名的问题："你会对监狱类似于工厂、学校、军营、医院而感到吃惊吗？那么，这些工厂、学校、军营、医院类似于监狱，你是否会更感到吃惊？"

## 五、福柯与性

福柯对工作社会学的另一个影响和冲击就是他关于"性"的研究。学术界关于性的研究绝对不是始于福柯关于这个主题的著作《性史》第一部的出版（Foucault 1979），但是该著作刺激了女权主义者以及非女权主义者来研究这个领域。该书的目标是"对西方世界中对于性的主流话语具有维持作用的权力—知识—快感机制"（Foucault, 1986：11）。性是权力的客体或对象。他认为，"身体、你的身体和我的身体，都是生物政治得以展开的场所"，这种观念创造了一种新的方式来看待组织中的政治（Martin, 1990；Brewis & Linstead, 2000；Hancock & Tyler, 2001）。工作社会学也许在传统上是以一种历史为基础的，在这种历史中，性欲、性本身日益被控制、疏导，并日益被排除于工作环境之外（如 Acker, 1990）。但是，最近很多著作都发现在组织中存在这样一种过程，即组织会以其所认为的、能够促进生产力的方式，来疏导人们的性能量。现在很多研究已经深入地揭示了在航空业、旅游业、文秘岗位中存在的劳动过程性别化现象，希尔·海特（Shere Hite）的《性与商业》（*Sex and Business*, 1999）对此进行的一些分析，显示了公司如何寻求控制、驾驭和利用通过两性差异而形成的性能量。当然，福柯传统中的生物政治这个概念，受到了很多女权主义者的批判，女权主义者认为福柯忽视了权力的性别维度（如 Diprose, 2002：79），认为他在很多地方关注的只是男同性恋关系，明显地忽视了其他形式的两性关系。

J. 布鲁威斯与 S. 林斯特德探讨了性在工作中的重要性，以及性工作本身的重要性。还有一些学者 171对劳动美学（aesthetic labor）及其对工作中的"性"意味着什么等问题进行了探讨（Hochschild, 1983；Taylor & Tyler, 1998；Brewis & Linstead, 2000）。劳动的审美化是一个命题，认为表现、感觉和情感处于现代企业的中心（原文如此）。工作中的情感现在已经是一个研究领域，福柯对这个研究领域的形成起了一定的作用，因为他后来关于自我的技术的相关论证材料，尽管是以历史为基础的，但是我们认为实际上这些材料也是非常当代的现象。可见，大致说来，《规训与惩罚》探讨的是监视与规训技术等问题，而《性史》则把性与生物政治引入工作社会学。作为一种论题，前者所激发的经验性的田野性研究比后者激发的要多得多，但是后一种经验性的田野研究则继续提供了某些有影响的解释。

我之所以要通过这样的双重维度来看待福柯的著作以及它们可能反映的分期，目的非常简单，就是想用（虽然是以一种非常粗糙的方式）德里达的二元谱系（binary hierarchies）概念，来拆解福柯关于工作的研究的那些重要材料。根据德里达的观点，我们在福柯的著作中可以看到一种"延异"（differance）游戏。德里达（Derrida，1976：23）为了描述两种对立术语之间的关系，而杜撰了这种新词。在任何时候，这些术语之间都是彼此不同的，但是在这种双态关系中，一个术语也从属于另一个术语。因此"延异"概念，既包括了服从、顺从，又包括了区别、分歧与不同。延异通过在两种符号领域之间划分并维持一种边界，从而导致一种术语的特权化或优先化，另一种术语的从属化和次要化。正如我们已经看到的，话语是一种赋予某种术语重要性的实践，这种实践持续地划分符号领域的边界。但是，不管什么被遮蔽，不管什么被延迟，不管什么被贬谪到这条边界的另一边，都会逐渐建构那些仍然留在边界之内的东西，使之发挥一定的作用，并因此而存在于边界的这一边。

福柯后来对于休闲、逃避、自我的事业（project）的理论分析，揭示了一种延异的游戏。在这种行动的游戏与词汇的游戏中，对于工作世界有可能获得一种新的看法。尽管这当然是通过有色眼镜来看世界，不过在他后来的著作中，科层组织的轮廓，通过科层组织的恰当的缺席，也是可能辨明的。也许，我们从他那十分复杂的私人生活之镜中，就可以最明白地看到，他的这些研究就是一种工作社会学。

二元谱系用一种术语来质问另一种术语。从假定的西方人的特征（occidentalism）的优越性中，升起了东方人的特征（orientalism）（Said，1980）。正是有中心的存在，才有边缘的存在；正是有工作的存在，才导致了休闲的存在；正是有工作场所的存在，才导致了娱乐场所的存在。在塞德所说的"公司制度"的权威关系中，责备的修辞导致了从属性的术语的存在。但是对于某些思想者来说，从属性的术语又造成了支配。"次要"（subaltern）是盖娅特里·斯皮瓦克（Gayatri Spivak）（她本人是一个精通德里达的翻译者，也是解构主义的方法论的使用者）用来描述"把非西方文化锁定于帝国主义的价值观"的一个术语，一个描述这些文化从属于某些西方"霸道的历史编纂"的术语。斯皮瓦克（Spivak，1999）希望从支配中创造出某种东西。它应是一种非殖民化的、全新的空间，在这里异质（heterogeneity）才是正常的。并且，也许这个次要的（subaltern）福柯，一直存在在这里。

## 六、"非工作"与工作之间的延异

本小节集中关注我们是否有可能逃离工作场所/娱乐场所这样的二元谱系。我的观点是，福柯在他的个人实践中也许已经做出了很好的努力，创造了一种非殖民化的、全新的空间，并生活在其中。他对于日常生活行为"规训与惩罚"的看法，来源于一种他试图极力颠覆的二元谱系。换言之，福柯对于工作的分析，是在他寻求一种快感的生活的同时进行的。并且在他同时从事或追求这二者的过程中，对这二者获得了更好的理解。

福柯为管理研究提供了一种替代方向，我们这样说一点也不夸张。这种新的方向回避了"新基督徒中产阶级的雇员是其理想的雇员"之类的看法（Casey，1995：196）。正如福柯谈及支配性的他者时所说："我一点也不怀疑，很多写作者都会掩藏自己的面目。不要问我是谁，也不要请我保持原样：让我们的官僚和我们的警察来看我们的论文是否合乎秩序要求，至少在我们写作的时候，让我们远离他们的道德制约。"（《知识考古学》前言，1972：17）

我们在讨论福柯的著作时，既获得关于工作的某些思想，同时又是一种休闲。如果我们想一想《物的秩序》（即《词与物》）这本书，这本书的译者就使我们受到了极大的伤害。法语的"l'organisation"（组织）被翻译成了英语的"组织结构"，这样就把一种多多少少有点贫乏的和静态的官僚制的血统，植入了一种更为动态的、过程性的概念中。福柯的"l'organisation"概念——事情是如何成为其本来的样子的，以及面对它们时对它们的选择——在某些方面可能受到 20 世纪 70 年代他在美国洛杉矶圣芳济会（San Franciscan）的公共浴室的经历（他曾到这个地方进行放荡的同性群体性行为，并因此感染艾滋病，于 58 岁时死去）的影响。福柯并没有直接的论述工作世界，但是他在圣芳济会的公共浴室中的经历，向他揭示了各种形式的、奉行欲望享乐主义的组织。凡勃伦（Veblen，1899）分析了有闲阶层，他通过对比，给予产业世界中的穷人很多安慰；福柯提出的一种自我的方案，则以与这种分析相同的方式，揭露了组织化的工作世界的很多伪装的面目。关于这个时期的受到质疑的工作社会学，他能够告诉我们的思想就在"延异"中。他优先分析的是休闲，但是在那种迟延中，我们可以看到工作是如何被概念化的。他最为强调的是愉悦和快感，但是从他的"延异"概念中，我们看到的是平民在日常生活中遭受折磨。他描述的是对"自我"的关照，但是从该词中出现的是一种延异的感觉，因为现代的日间工作，存在一种危险的性质。"自我关照"就是"一个人在他者之间占据一块地方"，自我必然是一种关系性的概念，涉及一个人如何在伦理上与共事者联系起来，而且"自我"也要极大地依赖于"自由"概念（Foucault，1986：9）。在当代的组织中，所有这些要素似乎都还没有很好地确立。正是在福柯关于公共浴室晦涩的理论中，我们可以看到工作的其他方面，并且我们也许可以在这个过程中，阐明工作世界本身。

花式骑术般的规训技术、道德判断、忏悔、监视以及圆形监狱，这些在工厂中存在的东西，在福柯造访时的圣芳济会公共浴室（在司法管辖存在的意义上看）显然是缺席的。它们被迟延了。下面我们分别简要讨论其中的每一个方面。

第一，在某些意义上，在大型组织中的管理者试图对身体进行的花式骑术般的训练，在诸如芳济会公共浴室这些私人俱乐部中是缺失的。在《规训与惩罚》中，福柯选择用来描绘对身体的花式骑术般的训练这个概念的图片，是树的图片，它正在被用强有力的捆绑这种限制"矫弯"成直。英语的"弯"与"直"，放在这里当然可以有利于读者的理解，但是我怀疑这两个词所描述的图景是否能够真正反映身体训练的情况。在公共浴室中，男子的个人身体，可以他们认为合适的各种方式使用。在某些地方，变形的、试验性的、超越限制的"弯曲性"是被允许甚至鼓励的，而不考虑外部存在的社会习俗。

第二，在这种浴室中，"忏悔"不被认为是人们所需要的；因为这种浴室是一种活动的地方，而不是一种沉思的地方；是一种愉悦的地方，而非内省的地方。享乐主义与忏悔在同一物理空间并不契合。当然，它们可以被互相配对，因为早晨到来之后晚上到来之前，常常是进行忏悔的时间，因而也是获得饶恕的时间。但是在后洛约拉（post-Loyolan）阶段的天主教堂，不会鼓励同性进行一种公开的快感享受意义上的肉体欣赏。敢于说出它的名字的爱被隐藏了，因此是不同寻常地可忏悔的。

第三，传统的道德判断在这类公共浴室中是缺失的——至少在它们的专业能力中是如此。对这座建筑的公共卫生监督被击退了，受到它们竭尽所能

的抵制。那些被认为是"常态的"、"直接的"性活动方式在这种公共浴室中被有意地颠覆了，规范道德也呈现出一种不同的样子。患者"zero"（真名为Gaetan Dugas）是一个法裔加拿大飞机乘务员，每年都有一定数量的性伙伴，这与大多数人认为是"常态"的东西没有多少共同之处。但是，来自于公共卫生、警察或者其他政府官僚机构的任何道德判断，都可能发现这种性行为的活跃水平是相当惊人的，并且是一种值得关注的情况。在《城市的传说》（The Tales of the City）一书中，阿姆斯特德·莫平（Armistead Maupin，1978：97）谈到，布赖恩（Brian）将去巴伦西亚大街，那里立着一个牌子，上面写着"改善你的健康——蒸汽浴"，并且，那些浴室工作人员穿着背部印有"我们向你挑战"的短袖圆领运动衫，到处走动。我们很难想象传统的商业组织，会让员工穿着印有这种邀请词语的衣服来刺激顾客。

第四，这些公共浴室刻意消除了监视与全景敞视这种情况。这些娱乐场所被设计成可以向人们提供心照不宣的私密性场所。这些地方存在一种严肃的保守机密的精神气质（ethos），个人的名字是从来不能问的，管理者或者客人的名字也都不能问。在兰蒂·希尔特（Randy Shilt）的《世纪的哭泣》（The Band Played on）一书中指出，艾滋病的传播存在一种清晰的方式，在官僚们的思想中，艾滋病的传播与公共浴室所有者拒绝向警方提供顾客名字有关系，或者与他们拒绝实施一种可以知道哪些顾客来过这些场所甚至获得顾客名字的系统有关。

总而言之，在写作《规训与惩罚》一书时的福柯，已经生活于那些公共浴室的王国中，已经感到这些作为一种组织的浴室，与生产组织的世俗性的截然不同。它们是一种组织，一种一个人在其中想如何"超越"规训就可以如何超越规训的组织，它们是消费组织，也是为了消费的组织。而且，对于写作《快感的享用》（The Use of Pleasure）时的福柯来说，这些公共浴室是这样一些体现"自我技术"的活动地点，在这里，小规模的精英群体结合在一起，以创造他们自己群体中的理解模式和行为模式。

但是正如 A. 卡利尼古斯（Callinicos，1989：90）所指出的，福柯对此提出质疑：

> "每个人的生活不能成为一种艺术作品吗？"当然，答案就是大多数人的生活仍然……受到他们不能获得生产性资源，因此不得不出卖劳动力来谋求生存的影响。在伯明翰邀请一个医

174

院看门人（porter），在圣保罗邀请一个护工，在芝加哥邀请一个社会保险员，或在孟买邀请一个街童，来制作他们生活的艺术品，将是一种侮辱。

然而，在旧金山，制作这样的生活艺术则是可能的。旧金山是一个快感愉悦和消费的天堂，一个逃避现实的桃花源，在这里"通过这种建筑物个人可以实现瞬时的轻率"。享用快感并不是要激进地改变社会，而只不过是想使生活更能忍受。

# 七、结论

然而，需要记住的还有，福柯认为他自己并不是人们所说的后现代主义者。那么在记住这一点的同时，我们可以从福柯上述所有思想中得出何种简要的结论，来加深对令人费解的工作的理解，并推进关于工作的社会理论呢？

最为重要的一个问题是，我们如何评价后现代主义对于工作社会学这块高地的影响？我们可以按照某种事物产生的、瞬间的能量大小，也可以按照某种事物所留下的标记或踪迹所保持的时间，来测量某种事物的影响。至于后一种情况，谁又能说后现代主义者现在留给知识界哪种印记将会持续存在呢？这说起来很容易，但做起来很难。并且，对于任何有意义的问题，都没有现存的最终答案。如果我们采取一种循环式的知识观，那么我们自己会一次又一次地利用同样的洞察工具。至于前一种情况，后现代转向释放出了极大的能量，但是这种情况并不必然出现在产业社会学家的阵营中。在这个阵营中，人们使用经过测试和检验的良好技术，对各种数据进行挖掘，而且这种热情仍然持续不减，而且我们觉得，这种后现代主义的流星悄然划过东方，没有在那里引起一点波动，就更别说东方学术界有什么创造了。然而，凡是在具有震荡、冲击性著作的地方，那些响应后现代主义的团队，会迅速采取行动。

A. 陈（Chan，2000：91-92）告诉我们："对于福柯的权力、自由与抵制等概念的评论与批判，本身已经成为一种知识产业。"B. 施马特（Smart，1994）关于福柯的人类学论文集收录了针对福柯的很有名的批判性文章。反对福柯权力理论的那些一流学者，还包括雷（Ray，1993）、里德（Reed，1999）、米勒（Miller，1993）以及海德斯（Hindess，1996）。那些属于韦伯传统的学者认为福柯对工作世界的揭示，还不如他们自己支持的那些现代性理论家。可见，关于工作、后现代、福柯的讨论，在各种时空中进行着，体现了学术劳动世界本身多么辛苦。但是现在，尘埃已然落定，后现代主义对于现代主义世界的影响，特别是对工作分析中的现代主义的影响，一直以来都并不十分惊人。他的理论炮弹，产生的弹坑并非如此之大。

为什么呢？人们也许可以用各种不同的方式来分析这些事件的当前状态。为了简便起见，我们认为，福柯的影响没有人们想象的那么大的原因，不外乎如下几个方面：智识（intellectual）的说服力；是否符合奥卡姆剃刀规律把复杂问题简单化；复调音乐式的风格，或者深刻程度。第一，就是知识的说服力问题。我们也许可以认为，这种物质材料的交易是两个巨人之间的战役，在这场战役中，两个已经去世的欧洲社会科学家的思想，根据总裁讨论的公司规则而彼此竞争。在这个问题上，一些人认为福柯或后现代主义者都没有在这个总裁群体中展开的思想战役中获胜。我敢说，这正是一种由属于韦伯传统的研究所散布的看法，也是当前的一些杂志社编辑们共同的看法。或者，我们也许可以把这种看法视为那些已经确立其支配地位的韦伯主义者的文化资本，这样的文化资本是他们长期以来通过在每个夜晚密切关注福柯与后现代主义的著作而积累起来的，他们现在正受到来自不同传统的、我们有必要时阅读的、更多的文本的威胁，但是阅读这些文本需要大量的时间，需要学习新的词汇。因此，第二，这又是一个复杂知识简单化的问题。而且，之所以人们较少向后现代价值观转变，可能与作为读者的人们所具有的一种特性相关，那就是读者们往往以利益为导向，以及精神的懒惰与散漫。而且这也是那些对后现代主义倾心的人的看法。或许当A. 陈（Chan，2000：45）主张"那些受到后现代主义转向鼓舞的人，还没有形成一种团结阵线，来对抗那些属于韦伯传统的学者和理论，更别说来对抗马克思主义者"之时，他是正确的。他们充其量只是一个松散的联盟。我们有必要引用他下面的一段话：

> 根据已经出版的著作，一种后现代理论视角正处于形成阶段（如 Hassard，1994；Boje，Gephart & Thatchenkery，1996；Kilduff & Mehra，1997；Calas & Smirich，1999）……集中关注（例如，Jeffcutt，1994；Chia，1996；Par-

ker，1992；Kilduff & Mehra，1997）各种组织论题，诸如领导力（Calas & Smirich，1995）、性别（Martin 1990；Gheradi，2003）、决策（Chia，1996）、激励（Jackson & Carter，1995），以及组织研究中伟大作者的经典著作（Calas，1987；Kilduff，1993），并对它们进行准解构。

第三，某个人也许会大胆而冒险地说，这是围绕智识的一种复调音乐式的主张，并得到了那些按照对专业技术职业的管弦乐队进行政治动员的偏见来看待学术界的那些人的支持。那么，对于职业的政治化，就受到了"不按同一赞美诗稿歌唱"的后现代主义者们的阻碍。它也是周围的支持者用来鉴别其立场的、一种模糊的甄别方法。

福柯与后现代主义的思想影响之所以不如人们所想象的那么大的第四个原因，也是我所强调的原因，就是福柯的著作与后现代论题的深刻性。它是以智识的深刻性——感知的深刻性与理解的强烈性——为基础的。对于这种深刻性，不能通过它对工作社会学领域的影响的深远性来测量，也不能通过它把那些被投入繁忙的研究的集体能量解放出来的程度来测量，而应通过阅读如此新鲜和刺激的、可能改变一个人生活的令人兴奋的事物来测量。并且在这种超越常规、敢于违反的精神指导下，后现代主义对很多个体都产生了一种震荡性的影响。

因此，你会使用哪一种测量尺度，是选择智识说服力这个标准还是选择智识的深刻性这个标准，或者选择甄别的方法？总之，并不存在大家都认同的一种标准。谁更好，是济慈（Keats）还是拜伦（Byron）？是那个滚石乐队还是那个甲壳虫乐队？也许进行这样的测量，反映了一切事物都被商品化的情况。也许真正的问题是，每个人都去寻找某种测量标准，本身就是一种灾难！

S. 拉什（Lash，1990：ix）认为，"后现代主义显然不再是新潮"。我们从他的这种看法中可以看到存在一种视"智识"为商品的现象，而"智识商品"这个概念是有问题的。但是值得注意的是，这个概念比起一封最近来自圣智出版社的邮件早了 15 年！这封邮件问学术提供者们，既然现在后现代主义逐渐失去新潮性，那么在后现代主义之后又会出现什么样的新潮思想呢？这真是悲哀。但是，我们这里姑且回到智识资本。福柯作为一种书籍的"商标品牌"，一直保持得很好。据说福柯的家人现在大部分都生活在意大利，正在试图使这种产业长久存在下去——那种我们可以想象的布迪厄都不能拥有的长

久性，对福柯的著述进行持续的整理、出版，但每次出版只让很少的新内容（福柯生前没有出版的）面世。当然，智识产品的商品化绝对不是什么新现象，但是当出版商（一直出现在学术界的宴会上的幽灵）与控制了产权的家人，以一种心照不宣的方式勾结在一起时，显然就会出现智识"资本"，而我们显然会被笼罩其中。

如果记住这一点，那么我们在 A. 卡利尼古斯（Callinicos，1989）的著作中，就可以看到对某些非无产阶级要素的一种描述，而这些非无产阶级的要素导致福柯与传统的工作社会学家相疏远。福柯晚期的著作，从来没有谈及收容所中的犯人，也极少谈及产业工人。他所写的是古代人而非其同时代的人。正是具有贵族血统的古希腊人和古罗马人吸引了他，而不是卡利尼古斯所描写的那类工人吸引了他。C. 凯西（Casey，2002：135）也赞同和附和 A. 卡利尼古斯的看法，她下面的一段话，对此问题说得更重：

> 后现代主义是现代性以及现代社会思想退化堕落过程必然出现的一种个人化的、非社会性的、毫无前途的抗议。后现代主义对于社会理论与社会学的作用，显然具有误导性。

那么，如此完全的自信以及从来不面对一种淡淡的焦虑，似乎应是非常好的。一个人大概地经过对地形的三角测量，而不对高速路和小道进行探测，来了解哪条路是通向错误的方向哪条路是死胡同，他也许会让他自己十分心安理得。但是，某些人就一直不如凯西那么幸运。也许她不会坐等矿工罢工（我在这里小心地选择了动词），也不会想知道男性与女性工人们何以会如此多地站在撒切尔政府的一边。一个人如何解释以阶级为基础的忠诚和身份这种结果呢？在工人阶级中已经出现了比以前似乎可能出现的还要大得多的分裂，这又是如何可能的？福柯正是从这一点开始解释权力的微观物理学，解释日益出现的强有力的抵制对于反抗那些制约的重要性。警察而非"管理者"成了不满的源头。在国家或政府明确地显示出其强大的力量，但又不会干扰那些正在工作的人口的时期，不得不提出的一个问题就是"那么我们又是如何被规训的呢？"每个对后现代主义感兴趣的英国人，他的外表正是存在这种伤疤。当前 C. 凯西表现出来的自信也反映了"那些在不存在有影响的对立者、社会运动戏剧性地挫败和转化为一种权力设置的时期进行写作的守旧者"（Casey，2002：182）。时代变了，流行的时尚潮流也

变了，而潜在的基础结构当然也变了。

极具讽刺意味的是，福柯也质疑"作者"这个概念。事实上，他曾经谈到"作者已经死亡"（Foucault，1979），因为他不喜欢"作者"概念所意味的特殊地位和思想观念的所有权含义。福柯为了摆脱他自己所处的地位给予他的特权，于是在理论著作中试图寻求一种高度的流动性，他用自己的后一本著作来对抗自己的前一本著作。与 A. 西利托（A. Sillitoe）的《周六晚上与周日早上》（*Saturday Night and Sunday Morning*，1959）中经典的无产阶级反抗者，亚瑟·西顿（Arthur Seaton）——他从来不满意于被对号入座或被归于某一类型，他从来不会在某个地方停留足够被别人分析那么长的时间——一样，福柯也许会试图寻求浪漫的立场或地位，通过这种立场或地位，可以避免或回避常态的判断。但是死亡则凝固了他的著作，而且某些人也许会假定"粉彩的福柯"对理解作者之死有很大的兴趣，并且会以更加传统的视角来理解作者之死。

福柯说道：

> 说灵魂是一种幻想或者是一种意识形态的影响，应是错误的。相反，灵魂存在，灵魂有一种实在，通过某种权力的作用，灵魂永远在身体周围、身体之上和身体里面产生……根据这些权力，某个人监视、训练、修正着那些疯子、那些家里与学校里的小孩、那些被殖民者、那些被捆绑在机器上的人，以及那些为了获得生活资料而被监视的人（引自 Rose，1999：vi）。

也许我们可以得出的结论是，福柯努力地以多少有点不同的风格来塑造他的灵魂。而且，通过那样的努力，也许我们都可以振作起来。

吉布森·伯勒尔（Gibson Burrell）

**179** **参考文献**

Acker, J. (1990). "Hierarchies, Jobs, Bodies", *Gender and Society*, 4：139-58.

Alvesson, M. and Willmott, H. (eds.) (2004). *Studying Management Critically*. London：Sage.

Bauman, Z. (1989). *Modernity and Ambivalence*. Cambridge：Polity Press.

Beck, U. (1992). "From Industrial Society to Risk Society", *Theory, Culture and Society*, 9 (1).

Bell, D. (1972). *The Coming of Postindustrial Society*. New York：Basic Books.

Boje, D., Gephart, R., and Thatchenkery, T. (eds.) (1996). *Postmodern Management and Organization Theory*. London：Sage.

Braverman, H. (1974). *Labor and Monopoly Capital*. New York：Monthly Review Press.

Brewis, J. and Linstead, S. (2000). *Sex, Work and Sex Work*. London：Sage.

Calas, M. and Smircich, L. (1995). "Voicing Seduction to Silence Leadership", *Organization Studies*, 12：567-602.

Callinicos, A. (1989). *Against Postmodernism*. Cambridge：Polity Press.

Carmona, S., Ezzamel, M., and Gutierrez, F. (2002). "The Relationship between Accounting and Spatial Practices in the Factory", *Accounting, Organisations and Society*, 27：239-74.

Casey, C. (1995). *Work, Self and Society*. London：Routledge.

—— (2002). *Critical Analyses of Organizations*. London：Sage.

Chan, A. (2000). *Critically Constituting Organization*. Hague：John Benjamins.

Chia, R. (1996). "The Concept of a Decision: A Deconstructive Analysis", *Journal of Management Studies*, 31：781-806.

Clarke, T. and Clegg, S. (1998). *Changing Paradigms*：London Harper Collins.

Clegg, S. (1999). "Weber and Foucault: Social Theory for the Study of Organizations", *Organization*, 11：149-78.

Collinson, D. (2003). "Identities and Insecurities", *Organization*, 10：3.

Cooper, R. (1989). "Modernism, Postmodernism and Organizational Analysis: The Contribution of Jacques Derrida", *Organization Studies*, 10：3.

——and Burrell, G. (1988). "Modernism, Postmodernism and Organizational Analysis: An Introduction", *Organization Studies*, 9：3.

Crabbe, T. Quoted in Thomas, K. (1999). *The Oxford Book of Work*. Oxford：Oxford University Press.

Derrida, J. (1976). *Of Grammatology*. Baltimore, MD：John Hopkins University Press.

—— (1981). *Positions*. Chicago, IL：University of Chicago Press.

Diprose (2002). *Corporeal Generosity*. Albany：State University of New York Press.

Dreyfus, R. and Rabinow, P. (1986). *Michel Foucault：Beyond Structuralism and Hermeneutics*. Chicago, IL：

University of Chicago Press.

Du Gay, P. (1996). *Consumption and Identity at Work*. London: Sage.

Flecker, J. and Hofbauer, J. (1998). "Capitalising on Subjectivity", in P. Thompson and C. Warhurst (eds.), *Workplaces of the Future*. Basingstoke: Palgrave.

Foucault, M. (1972). *The Archaelogy of Knowledge*. London: Tavistock.

—— (1977). *Discipline and Punish*. Harmondsworth: Penguin.

—— (1979). *History of Sexuality*, Part 1. Harmondsworth: Penguin.

—— (1986). *Care of the Self*. Harmondsworth: Penguin.

Fukuyama, F. (1992). *The End of History and the Last Man*. New York: Fress Press

Gherardi, S. (2003). "Feminist Theory and Organization Theory", in H. Tsoukas and C. Knudsen (eds.), *The Oxford Handbook of Organization Theory*. Oxford: Oxford University Press.

Giddens, A. (1989). *The Consequences of Modernity*. Cambridge: Polity Press.

Goffman, E. (1959). *Asylums*. Harmondsworth: Penguin.

Grey, C. (1992). "Career as a Project of Self", *Sociology*, 28 (2): 479 – 97.

Grint, K. (1991). *The Sociology of Work*. Cambridge: Polity Press.

Hall, S. (1996). "Who needs Identity?", in S. Hall and P. du Gay (eds.), *Questions of Cultural Identity*. London: Sage.

Hancock, P. and Tyler, M. (2001). *Work, Postmodernism and Organization*. London: Sage.

Hardt, M. and Negri. (2000). *Empire*. Cambridge MA: Harvard University Press.

Hassard, J. (1994). "Postmodern Organizational Analysis", *Journal of Management Studies*, 31: 303 – 24.

——and Parker, M. (eds.) (1993). *Postmodernism and Organization*. London: Sage.

Hindess, B. (1996). *Discourses of Power*. Oxford: Blackwell.

Hite, S. (1999). *Sex and Business*. London: Prentice-Hall.

Hochschild, A. R. (1983). *The Managed Heart*. Berkeley, CA: University of California Press.

Hoskin, K. and McVe, R. (1988). The Genesis of Accountability, *Accounting Organizations and Society*, 13

(1): 37 – 73.

Jackson, N. and Carter, P. (1993). "Modernism, Postmodernism and Motivation", in J. Hassard and M. Parker, *Postmodernism and Organizations*. London: Sage.

Jacques, R. (1996). *Manufacturing the Employee*. London: Sage.

Kerr, C. , Dunlop, J. , Harbison, and Myers. (1962). *Industrialism and Industrial Man*. Harmondsworth: Penguin.

Kilduff, M. and Mehra, A. (1997). Postmodernism and Organizational Research, *Academy of Management Review*, 22: 453 – 81.

Knights, D. (2002). "Writing Organizational Analysis into Foucault", *Organization*, 9 (4): 575 – 94.

——andWillmott. (1989). "Power and Subjectivity at Work", *Sociology*, 23 (4): 535 – 58.

——and——. (eds.) (1990). *Labour Process Theory*. Basingstoke: Macmillan.

Lash, S. (1990). *Sociology of Postmodernism*. London: Routledge.

Latour, B. (2000). "Actor Network Theory and After", in J. Law and J. Hassard (eds.), *After Actor Network Theory*. London: Sage.

Linstead, S. (1993). "Deconstruction in the Study of Organization", in J. Hassard and M. Parker (eds.), *Postmodernism and Organization*. London: Sage.

Lyotard, J. (1984). *The Postmodern Condition*. University of Manchester Press.

McKinley, A. and Starkey, K. (eds.) (1998). *Foucault, Management and Organization*. London: Sage.

McManners, R. andWales, G. (2003). *Shafts of Light*. Newcastle-upon-Tyne: Gemini.

Marsden, R. (1999). *The Nature of Capital*. London: Routledge.

Martin, J. (1990). "Deconstructing Organizational Taboos", *Organization and Science*, 14: 339 – 59.

Maupin, A. (1978). *Tales from the City*. Harmondsorth: Penguin.

Miller, J. (1993). *The Passion of Michel Foucault*. New York: Simon & Schuster.

Minztberg, H. (1995). "Reply to Calas and Smircich", *Organization Studies*, 12 (4).

Nichols, T. and Armstrong, P. (1976). *Workers Divided*. London: Fontana.

Niemark, M. (1990). "The King is Dead: Long Live the King", *Critical Perspectives on Accounting* 1 (1): 103 – 14.

Ray，L. (1993). *Rethinking Critical Theory*. London： Sage.

Reed，M. (1999). "From the Cage to the Gaze", in G. Morgan and L Engwall (eds.)，*Regulation and Organizations*. London： Routledge.

Rose，N. (1999). *Governing the Soul*，2nd edn. London： Free Association.

Rosenau，P. (1992). *Postmodernism and the Social Sciences*. Princeton, NJ： Princeton University Press.

Said，E. (1980). *Orientalism*. Harmondsworth： Penguin.

Sennett，R. (1999). *The Corrosion of Character*. New York： W. W. Norton.

Sewell，G. andWilkinson，B. (1992). "Someone to Watch Over Me", *Sociology*, 26 (2)： 271 - 89.

Sillitoe，A. (1959). *Saturday Night and Sunday Morning*. Harmondsworth： Pan.

Smart，B. (ed.) (1994). *Michel Foucault： Critical Assessments*. London： Routledge.

Spivak，G. (1999). *A Critique of Postcolonial Reason*. Cambridge, MA： Harvard University Press.

Steingood，D. and Fitzgibbon，D. (1993). A Postmodern Deconstruction of TQM, *Journal of Organisational Change Management*, 6 (5)： 27 - 42.

Taylor，S. and Tyler，M. J. (1998). "The Exchange of Aesthetics： Women's Work and the Gift", *Gender, Work and Organization*, 5 (3)： 165 - 71.

Thomas，K. (1999). *The Oxford Book of Work*. Oxford： Oxford University Press.

Thompson，P. (1993). "Fatal Distraction： Postmodernism and Organisation Theory", in J. Hassard and M. Parker (eds.)，*Postmodernism and Organization*. London： Sage.

——and Ackoyd，S. (1995). "All Quiet on the Workplace Front", *Sociology*, 29 (4)： 615 - 33.

——and Smith, C. (1998). "Beyond the Capitalist Labour Process", *Critical Sociology*, 24 (3)： 193 - 215.

——, ——, and Ackroyd，S. (2000). "If Ethics is the Answer, You've Been Asking the Wrong Questions", *Organization Studies*, 21 (6)： 1149 - 58.

——and McHugh，D. (2003). *Work Organizations*, 3rd edn. Basingstoke： Palgrave.

Townley，B. (1994). *Reframing Human Resource Management*. London： Sage.

Veblen，T. (1899). *The Theory of the Leisure Class*： London： Macmillan.

Webster，F. and Robins，K. (1993). "I'll Be Watching You", *Sociology*, 27 (2)： 243 - 52.

Zuboff，S. (1988). *In the Age of the Smart Machine*. Oxford： Heinemann

# 第七章 劳动力市场分析的经济学方法

经济学对于劳动力市场总是会有很多话要说。可以说，至少自亚当·斯密（Smith，1776）以来，劳动力市场一直是众多宏观经济学模型的中心特征之一，还有很多卓越的经济学家也在微观层次上对劳动力市场进行了深入的分析。话虽如此，但是经济学理论对于劳动力市场的分析，自出现以来就一直面对众多的反对者，特别是其假定一直受到批判。还有人指出，经济学的分析认为劳动与经济活动中的其他事物一样，因此批判经济学把劳动力等同于一种商品或服务。然而，除了这一点外，相对于其他社会科学分支学科而言，经济学理论视角有着巨大而实际的优势。经济学提供了一种极其简洁、内在一致的框架，来研究劳动力市场行为。我们可以公开挑剔支持经济学理论的各种假设，质疑这些假设脱离了现实和不能解释现实，但是我们最终很难否认这一理论框架在劳动力市场运行的经验性预测方面，以及提供一种框架结构来形成经验模型并检验这些预测方面，所具有的优势和力量。

从其最典型的形式看，经济学理论有赖于它的简洁性，再加上一种强有力的预测力量。有些人认为过于简洁的个人行为模型会丢失很多内容，但是经济学的这些模型的缺陷又因为预测的清晰而得到了弥补。正如 G. 鲍哈斯编写的教材《劳动经济学》（*Labor Economics*）所言，"在现实主义与简洁性之间存在一种平衡，并且好的经济学能够做到恰到好处"（Borjas，1996：6）。还有很多学者对正统经济学理论路径做了很好的概括。其中有些概括十分复杂，较少经验明晰性，因此较少受到关注，而从一种实际的立场看，这些概括因此并不那么有用。其他的一些概括则声称要远离经典经济学理论中的那些假设，并认为研究要进一步接近"真实世界"的行为。

在本章，我主要关注经济学的理论视角对于劳动力市场分析的有用性，有时也指出其存在的局限性。我认为，在某些领域，这种理论视角是一种有力的工具，可以阐明那些与重要的公共政策问题紧密相关的重要行为。我还考虑了其他一些领域，在这些领域中正统经济学理论视角就不是那么有用，因此有必要离开正统经济学的标准模型，提出与真实的世界相符的、可验证的预测。但是，如果一个人的目标是对劳动力市场行为进行总体性、概括性的研究，那么离这些标准模型太远，并且不对劳动力市场做出一些预测，那就有害而无益了。

我认为，有必要在本章一开始就指出，简洁的、教科书式的新古典经济学劳动力市场模型——我认为它就是正统经济学的方法——并不是一个简单的稻草人，可以轻易踢倒或批倒。当然，确实有很多学者都试图这样做，他们大多是非经济学家，也包括一些经济学家，但关键是他们很少能够提出一种具有同样强大的预测能力的替代方法。[①] 还有一些学者，他们从这种基准开始建立模型，似乎提出了一些相对简明的方式来分析劳动力市场，同时至少保留了某些以这种方式归纳出来的经济模型的预测力量。

## 一、劳动力市场的经济学方法

### 分析劳动力市场的正统经济学方法

什么是分析劳动力市场的正统经济学方法？我们从本科教材中就可以清楚地知道，简单说来，这

---

① 关于正统的经济学方法是否真的有力量，或者经济学的模型是否真的是一种同语反复，存在很多争论。其中很多争论很快扩散到哲学领域，我则希望避免这样做，因为很多这样的争论都过于否定和太悲观。我喜欢讨论作为一种学科的经济学的积极的一面，正如拉齐尔（Lazear，2000）所指出的，这种学科当做得很好的时候，是能够提供相对简洁的方法来实现对行为的成功预测的。

种方法的主要特征就是劳动力供给与需求之间相等所产生的劳动力市场均衡。劳动力需求，也即雇主对雇员的需求，是出售的劳动力的工资的一种反函数，因为如果其他所有事情都一样，但要付的工资越高，就意味着雇主会接收的工人越少。劳动力供应，也就是雇员个人为某种工资而出售自己的劳动，与工资则存在正相关关系，因为工资越高，打算把他们的劳动力供应给市场的个人就越多。

劳动力市场均衡出现在向下倾斜的劳动力需求曲线与向上倾斜的劳动力供给曲线的交点上。这时产生了如图7—1所示的一种工资 $W_c$ 和一种就业水平 $E_c$。下标 $c$ 是有意选择的，标示的是竞争（competitive），因为这个模型概括的是一种竞争性的劳动力市场，市场工资 $W_c$ 晰清（clear）了这个市场。也就是说，一种更高的工资，会导致太多的工人为工作而竞争（劳动力供给超过了需求），而一种更低的工资会导致很少的工人愿意进入可提供的空岗位（劳动力需求超过了供给）。用亚当·斯密的话（Smith, 1776）来说就是，通过那只平衡需求与供给的"看不见的手"，这种竞争性的均衡就出现了。

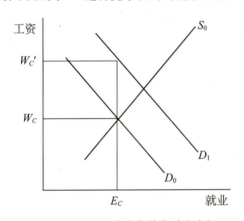

图7—1　一种完全竞争的劳动力市场

支撑这种模型的背后假定有哪些呢？其一，劳动力市场是一种完全竞争市场。也就是说，工人能够在两种工作岗位之间无成本地自由转换，以应对任何工资变动，而且他们拥有关于雇主提供的资金的完全信息。其二，所有的工人都是同样的（劳动力是同质的），因此他们的产出能力也是相同的。其三，市场中存在一种单一的、竞争性工资，而且这种工资与劳动力的边际生产价值相同，即与增加一个工人能够生产的产出额增量相同。

这些假定没有一个与我们在现实中看到的情况十分一致或相符。因此，我们不禁要问，这种模型的意涵到底是什么呢？这种模型可以提供一些清晰的预测，其中一些预测对我们观察和理解现实世界是有用的，其中一些预测则不那么有用。例如，我们根据这种模型提供的预测，可以发现和明白，一种积极的需求变动（shock），会把工资抬升到某一就业水平。例如，假定一种积极的需求变动，把需求曲线从 $D_0$ 推移到 $D_1$。在雇用水平 $E_c$，工资向上升到 $W_c'$。这是正确的和合情合理的。而且，工资上涨幅度依赖于劳动力需求曲线的倾斜度，很多研究者试图估计劳动力需求的工资弹性，也就是说就业对于工资变动如何敏感等（Hamermesh, 1996）。

但这只是一种例子。很明显的是，我们可以更一般地和更概括地思考需求与供给之间的转化，及其如何改变工资水平和（或）就业水平。在这种意义上，我们对于需求与供给的变动可能改变工资与就业结果的方式，就有了一个框架。并且，如果我们对需求与供给曲线的倾斜度进行估计，那么就能够对工资与就业的变动幅度做出一些判断。

如果仅从表面进行判断，完全竞争、同质劳动力、作为结果而产生的单一工资等于边际产出（没有离差）等假定本身，在很大程度上是站不住脚的。因此，值得思考的是，经济学家是如何面对这一点的。他们是同时通过几种方向的改进来完成这一点的，其中一些改进仍然是在竞争性框架之内，其中一些改进则离开了这种框架，而思考了劳动力市场各种非完全竞争的层面。

## 二、正统方法的一般化

经济学家历来承认正统方法存在局限性。下面我主要在两个领域对这些局限性进行思考。其中一个领域仍然处于竞争范式中，另一个领域则以对不完全竞争的各种建模为基础。

### 劳动力的异质性

我们可以使用一种合理的、直率的方式来修正正统的方法，并考虑不同的工人有着不同的与生产力相关的特征，但同时又保持竞争性分析框架。假设我们有两种技能类型的工人，高技能的工人（H）和低技能的工人（L）。那么现在对于高技能的工人和低技能的工人就存在不同的需求与供给关系，但是正统经济学的模型的内在逻辑，则没有区别对待这两种不同的工人。针对这种情况，我们提出了另外一个维度，那就是工人之间的替代性程度，这也是现在雇主在需求决策时必须考虑的一个问题。

当然，现在单一工资这个特征也消失了。在这种方法中，对于高技能的工人与低技能的工人会有不同的工资。具有高度影响和十分重要的实验劳动经济学领域，实际上建立在包括了高技能和低技能的工人的、简单的供给—需求模型的基础上，并讨论了最近一些年来工资结构中所发生的重要变动（Katz & Murphy, 1992；Katz & Autor, 1999）。

图7—2显示的是一种竞争性劳动力市场模型，其中考虑和包括了熟练工人与非熟练工人。需求与供给安排现在是相对需求与供给曲线，而且工资也是如此，都是高技能与低技能工人（$W_H/W_L$）之间的相对工资，就业结果也是如此，也是他们相对的就业水平（$E_H/E_L$）。我们可以用这种框架来研究工资与就业结构在历时过程中发生了什么变化，以及它们如何在许多发达国家中已经导致了劳动力市场不平等的上升。表7—1报告了1980—2000年英国与美国劳动力市场中大学毕业生相对于非大学生的相对工资与相对就业的一些变化信息。表的上半部分反映的是英国持有某种学位的工人的就业与工作小时的份额，以及1980—2000年每五年大学毕业生与非大学生之间的相对工资。下半部分反映的则是美国这些方面的内容。

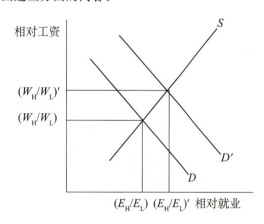

**图7—2 一个相对需求与供给模型**

表7—1清晰地表明，在这两个国家，相对有技能的工人群体（即大学生）的份额都出现了相对迅速的增长。在英国，1980年5％的工人拥有学位，这种比例在20世纪80年代和90年代迅速上升，到2000年已经达到17％。美国在20世纪80年代之初则有更多的拥有学位的工人，大约是19％，但是经过两个年代之后，到2000年已经出现了迅猛上升，达到27％。因此，在这两个国家，1980—2000年大学毕业生的相对供给增加得非常迅速。如果我们考

虑大学毕业生的工作的小时份额，而不是就业份额，也会看到一种相似的模式，在这两个国家，有技能的工人的工作时间份额都出现了更为大幅的增长。

**表7—1 英国和美国1980—2000年大学毕业生与非大学毕业生的就业、工作时间以及相对工资的变动趋势**

| 英国劳动力调查/综合住户调查 | | |
|---|---|---|
| 大学毕业生的就业份额（％） | 大学毕业生的工作时间份额（％） | 相对周工资（全职工人） |
| 1980　5.0 | 5.1 | 1.48 |
| 1985　9.8 | 10.5 | 1.50 |
| 1990　10.2 | 11.0 | 1.60 |
| 1995　14.0 | 15.4 | 1.60 |
| 2000　17.2 | 18.8 | 1.64 |
| 1980—2000年间变化　12.2 | 13.7 | 0.16 |
| 1980—1990年间变化　5.2 | 5.9 | 0.12 |
| 1990—2000年间变化　7.0 | 7.8 | 0.04 |

| 美国当前人口调查（CPS） | | |
|---|---|---|
| 大学毕业生的就业份额（％） | 大学毕业生的工作时间份额（％） | 相对周工资（全职工人） |
| 1980　19.3 | 20.4 | 1.36 |
| 1985　22.0 | 23.6 | 1.47 |
| 1990　23.8 | 25.6 | 1.55 |
| 1995　25.5 | 28.1 | 1.61 |
| 2000　27.5 | 29.5 | 1.66 |
| 1980—2000年间变化　8.2 | 9.1 | 0.30 |
| 1980—1990年间变化　4.5 | 5.2 | 0.19 |
| 1990—2000年间变化　3.7 | 3.9 | 0.11 |

注：除了相对工资（被限定为全职工人的）之外，样本来自18～64岁正在工作并获得收入的所有人口的抽样。相对工资的比率源自控制了年龄、年龄平方和性别（它们都是关于大学毕业生的虚拟的系数的指数）后，对大学毕业生的半对数收入方程中的虚拟变量的系数估计。英国的就业与工作时间份额来自劳动力调查（LFS）。相对工资间隔来自1980、1985和1990年的综合住户调查（GHS）以及1995、2000年的劳动力调查（LFS）（相对工资来自于对重叠年份1995的回归，它与综合住户调查和劳动力调查中的结果非常相似）。对于英国，由于在20世纪80年代综合住户调查中的工作时间变动问题，所以使用周工资，意味着一种持续的小时工资在这些时间中不能确定。美国当前人口调查（CPS）数据是经济政策研究所（CPS ORG）的劳动力抽样数据。感谢约翰·施密特（John Schmitt）为我获取这些数据提供的方便。

表7—1也表明，尽管更有技能（大学毕业生）的工人的数量增加了，但是他们的工资相对于较少

技能的工人（非大学毕业生）并没有出现下降。表7—1最后一栏表明实际上出现的是相反的情况。在这一栏中给出的数量是大学毕业生的全职工人的相对工资与非大学毕业生全职工人的相对工资（控制年龄与性别的最小二乘回归的标准值）。在这两个国家，大学毕业生的相对工资在1980—2000年都上升了。这种上升在美国表现得十分迅速，从1.36上升到1.66，英国虽然没有那么明显的上升，但是也从1.48上升到1.64。

但是这些变动如何与相对供给与需求框架相符呢？乍一看，它们似乎并不十分相符。我们往往认为，如果具有实践技能的工人（即本章的高技能类工人）越多，他们的相对工资就会下降，因为雇主能够在更大数量的工人中挑选工人。但是，根据英国与美国20世纪80—90年代的经历，似乎发生的情况是，在有技能与没有技能的就业比率上升的同时，他们的工资比率都上升了。如果从理论上来探讨这种结果的原因，那么我们会日益清楚，相对需求曲线一定已经向外移动。假设在图7—2中，需求曲线$D$向外移动到$D'$处（为方便起见，假设供给曲线保持固定不变），那么我们会得到，有技能的工人在$(W_H/W_L)'$和$(E_H/E_L)'$处，会有更高的相对工资与就业水平。

思考这种有利于有技能的工人的相对需求变化的更为一般性的方式，就是按照一种经济学模型来进行，在这一模型中，有技能的与无技能的工人的工资与就业，是供给与需求之间的一种速度竞赛的结果。其更一般的意涵是，需求与供给曲线都在变化，问题是哪一条曲线移动最大。要使有技能的工人同时出现更高的工资与更高的就业，就必须使相对需求的增加要快于相对供给的增加。换言之，在工资不以同样速度上升的时期，需求赢得了这场竞赛，因此雇主不得不准备给予具有适当技能的工人更多的工资，给予较少技能的工人较少的工资，尽管存在着更多的有技能的工人可以供应他们的劳动力。

因此，一种包含两种劳动力类型的简单的竞争模型，就能阐明我们所观察到的、因为技能类型不同而出现的、不断变化的不同的工资模式与就业模式。这种模型也可以使我们对那些促进这种变化的因素获得一些看法。有些学者已经提出了一种值得考虑的研究日程，试图弄清楚在相对需求变化背后的那些因素，我们有必要考虑和理顺这些因素。研究者们已经讨论了一些可能的关键推动因素，包括技术变革（Berman et al.，1994；Berman et al.，1998；Machin & Van Reenen，1998）、国际贸易（Johnson & Stafford，1999）、工会等之类的劳动力市场组织的衰落（Freeman，1993）。就在本章作者写作此文之时，已经有相当大量的证据表明，技术变革往往更有利于有技能的工人，而不利于缺少技能的工人，因此是我们所观察到的相对需求变化的一种重要特征，并因此也是劳动力市场结构中的一个重要特征。

## 合同

其他一些关于劳动力市场的经济学模型仍然保持在竞争范式之中，但是开始讨论就业合同的特殊层面，放宽了正统理论的核心假设。例如，有可能的情况是，工人在某些时期〔如加里·贝克（Becker，1975）所说的，在工人生命周期的早期阶段接受培训的时期〕的报酬，要低于他们的边际生产能力，而在其他时期的报酬，则高于他们的边际生产能力。那些报酬迟延模型（Model of Deferred Compensation）反映了这些特性，但是这种模型仍然维持了竞争范式的分析方法，认为在个体的整个生命周期中，个体的工资仍然等于他或她的边际产出。

我们认为这类模型是有用的，可以揭示真实劳动力市场的其他相关特征。例如，人们可能认为，一种报酬迟延安排对于工人会产生一种激励（Becker & Stigler，1974）。在这种迟延酬劳安排中，一种支付安排可能会使工人最初的报酬少于他们的边际产出，但是在他们证明自己是努力工作的个人之后，他们将会获得更多的报酬。因此长期合同对于工人是有利的，因为它会保证他们在将来获得更高的工资。但是这对于雇主在他们雇用工人的最初阶段也是有用的，因为他们能够招聘和补充更多稳定的工人，而公司要依赖于这些工人。[①]

在经济学中，大量文献探讨了确定工人与公司之间的工资支付的合同。J. 马尔科姆森（Malcomson，1999）对于相关研究进行了全面的综述，发现其中很多文献使用的技术相当复杂，特别是那些考

---

① 当然，还存在一种可能性，那就是公司可能欺骗，因此一个工作群体考虑如何实施合同的各个方面（例如，如果公司进行欺骗，它们可能会丧失声誉），参见拉齐尔和摩尔（Lazear & Moore，1984）。

虑工人与其雇主（或者未来的雇主）之间的信息差异的研究，更是如此。① 但是这里我们想强调的是，我们没有必要离开新古典经济学的简洁模型太远，去讨论那些强调就业关系的真实世界面相的复杂方法，而使讨论劳动力市场和劳动力市场政策的各个方面的经验调查研究保持一种预测能力。

## 搜寻模型

还有一种偏离正统经济学模型的方法，它指出对工人与雇主来说，完全信息是不可能获得的。在竞争性搜寻模型中（Pissarides，1990；Mortensen & Pissarides，1999），雇主提供岗位工资，而工人们进行竞争性的搜寻，直到找到与他们自己相适合的岗位。同样，一个人可能进入工资不等于边际产出的情形，但是搜寻与匹配过程会继续进行，而一旦雇主与工人实现匹配，竞争性均衡又会出现。与正统的经济学模型不同的是，这类模型考虑了甚至是在工人具有同样技术水平的地方，尽管竞争性均衡实现了，但是仍然存在失业和工资差别的情况。

我们认为，这种搜寻模型的优点就是能够提供一种均衡框架，这种均衡框架比竞争模型包含的内容更为丰富，而竞争模型没有包含导致工人与公司各方从事搜寻行为时的各种摩擦。劳动力市场摩擦这个概念是重要的，因为劳动力市场的特征就是当工人或公司变动工作，或失业或停滞时，不同劳动力市场地位（state）之间以及公司之间的规模庞大的工人流动。我们可再一次从这种框架中获得一种现实主义，因为搜寻均衡模型提供了可能通过数据来验证的预测。而现在已经有大量的研究［参见Mortensen & Pissarides（1999）的深入而全面的调查］讨论了工资差异、工人的流动以及公司建立与衰亡。这些也常常与解决失业的政策（例如，那些关注较长期失业的个别政策）的相对有效性等重要问题的政策性讨论联系在一起，与来自政府的、降低劳动成本和促进劳动力需求增加的、给予雇主的就业补助能够起什么作用的政策性讨论联系在一起。

## 不完全竞争

有一些经济学模型明确承认在劳动力市场中，由于不完全竞争的存在，市场可能不是晰清的或明了的，因此这些模型同正统经济学方法出现了更为实质性的分离，也是经济学中更具意识形态性的推进方向。在公司与工会进行讨价还价的时候，不完全竞争市场通常会出现。但是，在其他经济学模型和方法中，工人或公司（或二者同时）都不具有一种市场权力，来产生一种非竞争性的均衡。

## 工会

劳动力市场中工会的出现和存在，意味着工人在某处程度上具有讨价还价权力，并会产生比竞争性工资更高的工资。过去数年来，经济学的大量注意力都集中在包含工会的模型上，并且提出了考虑劳动力市场模型中工会行为的几种方式。其中垄断工会理论认为，工会会垄断劳动力的供应，因此它们能够利用其垄断权力把工资抬高到竞争性工资水平上（Oswald，1985）。而在工会讨价还价模型中，出现的关键区别是工会是否仅仅就工资或者既就工资又就就业与雇主讨价还价。对于前一种情况，工资谈判发生在工会与雇主之间，然后雇主根据由谈判确定的工资，权变性地决策自己的雇用策略。因此，当劳动需求曲线上出现这样一种情况，即工资高于竞争性工资水平，就业低于竞争性就业水平时［这通常指的是有利于管理的模型（right-to-manage model），参见 Nickell & Andrews，1983］，一个谈判就会结束。而在工会与雇主对工资与就业都进行讨价还价的情况中——所谓的充分讨价还价模型（Mcdonald & Solow，1981）——工资高于竞争水平，就业可能高于也可能低于竞争水平。

建立这种劳动力市场工会模型的典型方式就是通过各种效用函数来说明公司与工会的目标。② 因此，在十分普遍的意义上，对于公司而言效用函数可能是 $V$（?），这里的"?"是利润［如果假定资本被固定为短期投资，则利益等于收入 $R$（revenue）减去工资成本（$WE$），而对于工会而言，效用函数则是 $U$（$W$，$E$）］。在一种工会垄断模型中，工会设定工资，然后雇主根据其劳动力需求曲线设定就业。图 7—3 中给出了在工会无差异曲线 $\bar{U}$（表示对于不同的工资—就业组合情况的不变的一套工会效用水

---

① 信息经济学已经成为一种十分重要的研究领域，并且对经济学的很多领域都产生了十分重要的影响。关于这种影响的讨论，以及信息经济学的将来发展前景，参见斯蒂格利茨（Stiglitz，2000）。

② 当然，对于为工会规定一种效用函数，在某些评论中也存在争论。我的目的是为了清楚地描述这种分析工会行为的经济学方法，因此这里对这种争论不进行讨论。

平）正切劳动力需求曲线这一点上，垄断性工会的 W-E 结果。请注意，工资 $W_M$ 高于竞争性工资，因此就业水平 $E_M$ 低于正统模型中的相应就业水平。

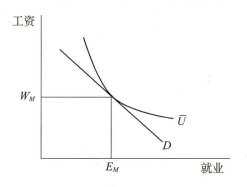

**图 7—3　工会垄断模型**

在各种讨价还价的理论模型中，公司和工会就工资进行讨价还价，或就工资与就业讨价还价。前一种情况使垄断工会模型成为一种特殊的情况，在这种情况中工会具有所有的讨价还价的权力：工资结果更经常处于竞争性工资与垄断工会工资之间，这正如图 7—4 所描述的，例如在 A 点的工资结果。在后一种情况中，工会和公司就工资与就业进行讨价还价，而结果是在一种合同曲线上，在图 7—4 中被标为 $CC'$。这种合同曲线描绘出最优的、有效的讨价还价。[①]$CC'$ 的斜率可能是负的，也可能是正的。如果是负的，就业水平就低于竞争模型中的就业水平；但如果是正的，就业水平可能实际上比竞争模型中的就业水平高。

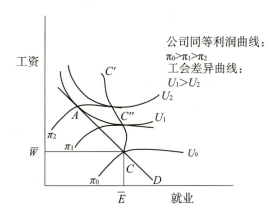

公司同等利润曲线：
$\pi_0 > \pi_1 > \pi_2$
工会差异曲线：
$U_1 > U_2$

**图 7—4　工会讨价还价模型**

对于我们说明劳动经济学如何能够应用于非竞争性的环境这个目的而言，关键点是由于工会的讨价还价权力而使工资高于竞争工资。当然，这与工会对工资所做的一致，因为有大量研究表明，工会会十分明显地提高工资，使工资大大高于没有工会情况下的工资水平（Lewis，1986；Booth，1995）。在劳动经济学中，包含了工会的劳动力市场模型已经得到了广泛的运用，而一种正式的建模方法的提出，产生了一种框架，它可能被用于提出可验证的预测，在某些时候，这主要指对各种劳动力市场工会模型的验证（Brown & Ashenfelter，1986；Macurdy & Pencavel，1986；以及随后引出的大量研究[②]），在其他情况下，特别是在莱亚德等（Layard，Nickell & Jackman，1991）关于劳动力市场的、受到高度评价的失业模型中，它们构成了这种模型的关键要素。

## 其他非竞争性的方法

还存在另外一些非竞争性模型，产生了比竞争性工资结构更高的但却不是通过工会的讨价还价的工资结果。例如，C. 夏皮罗与 J. 斯蒂格利茨等的效率工资模型（Shapiro & Stiglitz，1984；Weiss，1991），对于雇主来说，支付高于竞争性水平的工资以诱使工人努力工作，是一种最优的策略。这些模型假定，工人可能在工作岗位上不努力工作（也许是由于不完全的监督），因此支付更高的工资，以确保出现一种劳动力市场均衡，在这种均衡中工人不会偷懒。更高的工资，高于竞争性水平的效率工资，可以确保工人更高的生产力，因此对于雇主来说，支付这样的工资就是最优的。

在经济学中存在各种不同类型的效率工资模型。其中某些模型，同夏皮罗—斯蒂格利茨的效率工资模型一样，假设公司与工人拥有不同的信息集合，因此雇主不能完全观察和测量工人的努力。还有一些模型，对于公司、工人等的相关假设则是美好的和公正的。例如，G. 阿克尔洛夫（Akerlof，1982）、G. 阿克尔洛夫和 J. 耶伦（Akerlof & Yellen，1990）提出的模型，假定雇员获得被认为是公平的

---

①　它们是有效的，因为或者在工会效用给定的情况下公司获得更高的利润，或者在公司收益水平给定的情况下工会获得更高的效用。在图 7—4 中，注意 A 点是在工会差异曲线 $U_1$ 和公司同等利润曲线 $\pi_2$ 的相交点上。下移工会差异曲线 $U_1$，公司可能会得到一种更高的同等收益曲线 $\pi_1$，沿着公司同等收益曲线 $\pi_2$ 移动，工会可能获得更高的差异曲线 $U_2$。

②　这些论文从关于工资与就业的各种决定变量的工会讨价还价模型中得出各种预测。对相应的经验性研究进行回顾，可以明确这些方法之间的差异。例如，估计具有不同工资变动情况的劳动力需求方程，就认为劳动力需求是一种解释变量。

工资，而雇员获得这种工资的理由是，雇主的公正性可以促进工作场所的内聚力，进而获得更高的生产力。那么，这种公平工资要高于竞争性工资。

而在租金共享模型（关于租金共享模型，参见 Abowd & Lemieux, 1993；Van Reenen, 1996）或内部者—外部者模型（关于内部者—外部者模型，参见 Lindbeck & Snower, 1986）中，也具有同样的特征，即工资高于竞争水平。在这些模型中，公司获得了比竞争性收益更多的收益，而且拥有一定程度的讨价还价权力的工人（可能工会化的工人，或者技能性熟练工人，或者积累了某种程度的内部者权力的工人），也能够从这些租金中抽取一定的份额。这与竞争性的情况存在鲜明的对比，在后一种情况中，公司不会与他们的雇员共享任何增加的收益。

## 小结

本小节试图阐明经济学的方法可以如何用于劳动力市场的研究。值得指出的是，从其作为一种学科的演化角度看，比起很多非经济学家喜欢批评经济学是"稻草人"这种陈词滥调来，经济学要宽容和开阔得多，也要灵活得多。经济学确实主要依赖于以市场机制概念为基础，这是确凿无疑的。这就是说，经济学中最近许多重要的发展都是从此处出发的，而且经济学中最近的许多尖端著作和前沿研究完全清楚经济学的这一局限。但正如 E. 拉齐尔（Lazear, 2000：99）所指出的，经济学拥有一种"严格的语言，这使得它可以把那些复杂的概念用相对简单、抽象的术语表达出来"，这一事实十分重要。对于任何需要使用经济学的人来说，包括学术研究者，以及那些着眼于经济政策的效率与公平的专业经济学家和政策制定者来说，这一点都十分重要和有用。美在于简洁，在于提出清晰的、可验证的——根据来自现实世界的数据进行验证——预测能力。过去这些年来，劳动经济学在这方面的开拓和冒险显得特别活跃，它探讨了来自经济学理论的根本原则是很好地因应了实际世界中发生的情况，还是与现实情况不相符合。

## 三、经济学方法在劳动力市场分析中的应用

过去数年来，经济学的方法已经被广泛应用于关于劳动力市场现象的分析。而到目前为止，人们

的讨论最为关注的也是用来分析劳动力市场行为的那些最为常见的方法。但是，经济学方法一个重要方面，长期以来一直被大家忽视了。那就是大家一直忽视了经济学方法在提出能够运用数据来很好地验证的经验预测方面的有用性。大量的文献讨论了本章第二部分所讨论的那些经济学的最基本的原则，并试图评估这些原则中哪些与我们所测量到的数据最为相符。要想知道这样的事情已经发展到多大的规模，一个好的和清晰的例子，就是我们可以看看多卷本的《劳动经济学手册》（Ashenfelter & Layard, 1986；Ashenfelter & Card, 1999）。

能够提出可验证的预测当然是经济路径的众多优点之一，而且我们从劳动经济学的经验研究中也得出了同样的看法。我们可以公正地说，自 20 世纪 60 年代以来，随着人们日益能够收集和获得各种广泛的数据，日益能够得到计算机的帮助，在经济学中，劳动经济学已经成为系统而深入地分析关于个人和雇主的数据的第一个领域。这对于知识的研究和政策的讨论都有着重要贡献，而且对于我们本章的目的来说，劳动经济学最为重要的贡献就是能够为我们阐明经济学对于分析劳动力市场的适当性等提供有力的证明。

劳动经济学研究的贡献包括阐明了劳动力市场运行的方式，以及应用经济学来分析真实世界的劳动力市场问题的适当性。下面我就举两个例子来加以说明。

## 最低工资

劳动经济学所提出的一个最为清晰的预测，就是来自于应用经济学中的关于劳动力市场的教科书式的模型对最低工资政策所做的分析。正统的经济学理论预测说，如果强迫实施一种最低工资标准，或者提高现行的最低工资，会导致工作岗位的损失，因为工人工资要求必须高于最低工资，从而被排除在某些工作岗位之外。而且，据说最低工资的做法，恰恰会伤害那些它原本想帮助的那些工人，因为那些会因此失去工作的"边缘性"工人，绝大多数都可能是低技能的工人。

让我们看看图 7—5。在图 7—5 中，最初的竞争性劳动力市场中的工资与就业水平分别是 $W_c$ 和 $E_c$。而现在，强制实施一种高于竞争工资水平的最低工资标准，例如提高到 $W_m$，会导致公司抬高其劳动力需求曲线，而就业因此会降低到 $E_m$（失业因此会上升，从 $E_u$ 左移到 $E_m$，这种影响比就业的影响更大，

因为有更多的工人在更高工资水平上供应他们的劳动力）。我们关于工作岗位将要发生的情况的这种预测，是明确而毫不含糊的，那就是就业肯定会下降。而唯一的相关问题是，对于就业的这种消极影响到底有多大？在这种简单的模型中，如果劳动需求曲线的斜率是给定的，或者劳动需求的工资弹性是给定的［非弹性的需求（即就业对于工资并不十分敏感，并且劳动需求曲线的斜率较大）与更具弹性的需求相比，导致的工作岗位损失较少］，那么这个问题的答案要依赖于最低工资上涨的幅度（$W_m - W_c$），以及就业相对于工资变化的敏感性或弹性。

196

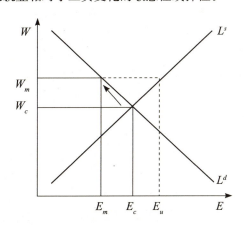

**图 7—5　在一种竞争劳动力市场中的最低工资**

我们也许还可以提出更为复杂的模型，例如考虑了存在不同类型的工人的最低工资模型，或者考虑在某些部门实行了最低工资而另一部门没有实行最低工资模型（参见 Brown，1999）。在这些模型方法中，最低工资对于就业影响的规模或幅度都可能发生变化，但是基本的逻辑则没有改变。当这种模型是竞争性的时候，关于某些人必然会失去工作的预测始终是正确的。

这些十分清楚的预测一直以来得到了各种广泛的数据印证。关于最低工资制度对于经济影响的早期研究，大多数出现在美国；但是，最近各个国家的相关经验研究正在增多。这个研究领域是说明经济学中的经验研究的一个很好的例子，因为经济学以往的研究，往往倾向于只是确证标准模型的预测，而最近的"修正主义的"研究对以往的这种研究提出了挑战。

1938 年美国通过《公平劳动标准法案》（Fair Labor Standards Act of 1938），在美国实行一种联邦

最低工资标准。自此以后，最低工资标准被罕见地、不正常地升格为一种根本原则，并且经验的研究者已经讨论了当最低工资被改变时，对于就业会发生什么影响，并以此来验证上面所描述的那些模型的预测能力。需求与供应的剧烈变动，由于那些与最低工资无关的原因，需求曲线与供应曲线可能发生变化，所以这些研究者所采取的经验方法，就是使用一种统计回归框架，来讨论随着时间的推移就业与最低工资之间的关系会发生什么样的变化，并考虑了那些持续的、引人注目的供应与需求因素。

C. 布朗、C. 吉尔罗伊与 A. 科亨（Brown, Gilroy & Kohen，1982）对 20 世纪 70 年代晚期以前各个时期的美国学者关于就业与最低工资的研究进行了回顾和评论。他们认为这些数量庞大的研究提出了一种经验的方法，来讨论 13～19 岁的青少年的就业率（某些案例研究还讨论了失业率），认为这种就业率是最低工资的一种函数。[①] 他们的回顾和评论声称，有 18 项公开发表的研究已达成一种符合传统模型的"共识"，都认为最低工资标准导致更低的就业水平，并且对 13～19 岁的青少年就业水平的消极影响比对成年人要大得多。消极影响的大小，就是相对于最低工资的就业弹性，处于 $-0.1 \sim -0.3$ 的范围。就是说，最低工资标准调高 10%，13～19 岁的青少年的就业率就会出现 1%～3% 的下降。

197

而随后一种修正主义的研究出现了，它对正统的模型提出了强烈挑战。我认为这种挑战是有用的，因为这种挑战显示了，经济学作为一种社会科学学科可能存在的演化方式，显示了经济学的结构化框架能够提供一种灵活的方式，来理解真实世界中的现象。

这种修正主义的研究，是以两大激烈的批判为基础的，这两大激烈的批判是两把尖刀，对准了正统方法的各个方面，批判其存在的问题。第一尖刀对准的是这种正统理论的基础性假定之一，指出当最低工资标准设定得不是特别高时，不太可能对就业水平产生消极影响。D. 卡德和 A. 克鲁格（Card & Krueger，1995）从这个角度重新评估了 C. 布朗、C. 吉尔罗伊与 A. 科亨（Brown Gilroy & Kohen，1982）的研究，指出如果我们把这个研究的抽样扩展到 20 世纪 80 年代及以后，就会得出一种十分不同的图景。这是因为最低工资在 20 世纪 80 年

---

①　这种关于 13～19 岁青少年工人的研究，是建立在如下基础上的：他们中的绝大多数人都会获得相对较低的报酬，并且因此他们的就业与失业机会更有可能受到最低工资变动的影响。

代实际上要低很多。80 年代大部分时间都处于里根政府统治之下，联邦最低工资标准根本没有变化，在 20 世纪 90 年代才开始又一次显著提高。D. 卡德和 A. 克鲁格（Card & Krueger, 1995）认为，从 1954 年到 1993 年的数据（参见他们著作中的表 6—5）来看，最低工资对于就业只有一种十分有限（并且在统计上是不显著）的影响。如果考虑到他们所揭示的最低工资对于就业水平只有十分小的影响，那么我们可能质疑先前的研究是否真的获得了一种共识。

198　　　这种修正主义的研究的第二把尖刀则使我们更加质疑先前的研究获得了一种共识的判断。与其关于最低工资的理论相一致，它通过采纳一种不同的方法，在经验上评估最低工资标准的影响，从而对先前的理论提出了强烈的挑战。这种修正主义研究远非关注那些宏观经济的时间序列数据，而是利用关于个人或公司的微观经济数据，来讨论他们的行为如何受到最低工资变动的影响。这种修正主义通过准实验环境的研究，试图利用最低工资的变动，作为界定就业影响的方式。我的意思是说，他们认为最低工资可能影响一些经济能动者（agent）["治疗组"（treatment group）]，却不能影响另一些经济能动者（"控制"组）。因此我们可以看到，在最低工资标准变动之前与变动之后，治疗组与控制组之间在就业率方面存在的差异，从而评估最低工资变动对于就业的影响。

　　这种方法现在日益流行起来，但是也一直充满了争论。其中 D. 卡德和 A. 克鲁格的论文是最有影响的（Card & Krueger, 1994），其中讨论了美国新泽西的最低工资上调，以及邻近的宾夕法尼亚州的最低工资没有改变的情况下，两州就业率出现的变化情况。① 1992 年 4 月，新泽西州的最低工资标准从联邦最低工资标准每小时 4.25 美元提升到每小时 5.05 美元，而宾夕法尼亚州的最低工资标准仍然保持与联邦最低工资标准一致。D. 卡德和 A. 克鲁格调查了两个州最低工资变动前后快餐店的情况（1992 年 1 月和 11 月）。他们发现，最低工资标准对于工资结构具有一种实质性的影响。在新泽西州提高最低工资标准之前，这两个州的三分之一的餐馆都实行每小时 4.25 美元的起薪；在新泽西州提高最低工资标准之后，新泽西州大约有 90% 的餐馆支付新的最低工资每小时 5.05 美元，而大约 35% 的宾夕法尼亚州餐馆仍然支付联邦政府规定的每小时 4.25 美元的最低工资。

　　这似乎提出了一种值得注意的概念工具来评估最低工资对就业的影响，因为相对于宾夕法尼亚州，新泽西州由于最低工资标准的提高，工资成本明显上升。而且，这种前后对照比较分析，似乎与要讨论的理论概念——当某人提高最低工资，会发生什么情况？——十分相符。D. 卡德和 A. 克鲁格通过使用治疗组—控制组实验设计，讨论了最低工资对就业的影响。在前一种情景中，治疗组是新泽西的餐馆，控制组是宾夕法尼亚的餐馆。在后一种情景中，他们把低工资的新泽西餐馆与不受最低工资上升影响的高工资餐馆的控制组进行了比较。通过对199 最低工资上升前后时期的治疗组与控制组餐馆的就业变化的比较，他们获得了一种十分强大而有力的但让人吃惊的发现。他们没有发现最低工资提高会对就业产生消极影响的证据，如果有什么影响的话，那也是在治疗组中就业水平实际上提高了。

　　这种研究以及其他一些研究采纳了更为微观的方法（例如，Card, 1992; Machin & Manning, 1994），没有发现最低工资标准变动对于就业有消极的影响，因此有效地改变了以往人们关于最低工资及其经济影响的讨论。过去的理论研究所探讨的问题往往是"最低工资对于就业的影响到底有多消极"，而现在人们所探讨的问题往往是"最低工资对于就业到底有没有影响"。对于如何检验劳动经济学所演化出来的那些最基本的理论原则，这是一个很好的例子。

　　而关于这种检验的一个特别清晰的例子，就是现在出现了大量的新兴理论研究，探讨了各种机制，以解释最低工资为什么对于就业没有影响。这种研究的范围包括了仍然停留在竞争性框架中的各种经验研究——认为劳动力需求对工资的变化并不十分敏感的经验观察（即劳动力需求相对没有弹性），一直到非竞争性的模型的研究——认为就业水平根据供给方来设定，而雇主拥有常常是因为劳动力市场摩擦而诱致的垄断性权力，因此他们可以支付低于边际生产的工资（对于这种垄断的深入讨论，参见 Manning, 2004）。这就是说，仍然没有多少直接证据可以表明现代劳动力市场存在垄断，并且这些数据有时还会对其他一些方法，例如正统的竞争模型，提出根本的质疑。当然，我们如果仅仅因为某种给

---

　　① 州的最低工资标准之所以出现这样的变化，是因为美国各州可以把自己的最低工资标准提高到联邦最低工资标准之上。

定的模型可能被拒绝，而求助于另一种解释，事情就会变得很复杂，并且有些特别的作者（如 Edwards & Gilman, 1999; Gilman et al.，2002）已经强调指出，我们的视角应更宽广一些，应研究劳动力市场的政治层面以及工资的设定过程等因素。例如，我们可以把"工资并不会起激励和控制工具的作用"等概念整合进来，这样做会丧失经济学方法的某些概括性和普遍性，而更具"现实主义"，但是这显然又会使得我们更加难以有意识地去检验不同建模方法的优劣。

而且，这些发现已经强烈影响了关于公共政策的讨论。英国 1999 年 4 月第一次引入了全国最低工资标准。这些研究以及其他一些研究，严重依赖于关于哪些地方应该引入何种水平的最低工资标准的讨论，并且反过来又对这种讨论产生了重要的影响。这种讨论并不认为最低工资会导致工作岗位损失，而是更加倾向于这样一种概念：一种最低工资标准，只要是设定得不太高，就不一定会对工作岗位产生破坏性影响。验证经济学的基本理论的那些经验证据，似乎也显然支持这种概念。而且，最近关于英国引入最低工资标准的影响的评估，似乎也支持这种逻辑，因为没有多少证据表明，最低工资标准的引入导致了损害就业的结果（Machin et al.，2003; Stewart, 2004）。

## 人力资本

劳动经济学中的一个非常成功的领域，就是关于教育的人力资本理论的出现。这种理论特别值得注意的一个方面，就是它能够给我们提供一种框架，来思考谁获得了更多的教育，及其对于劳动力素质的含义和对于如何思考和设计教育政策方面的含义。

人力资本理论的基本假设最初是由 G. 贝克尔（Becker, 1960，1962，1975）、J. 明瑟（Mincer, 1958）以及 T. 舒尔茨（Schultz, 1961, 1963）在各自的论文中提出来的。这种基本假设就是，人们会对是否投资于教育做出一种决策。尽管学术界对于这一假设一直存在争论（认为人们是与机器一样的资本），但是这一假设现在已经成为经济学方法工具箱中的一个必不可少的要素。人力资本理论主张，个人在进行是否投资于教育（或培训）的决策时，

会进行成本—收益的计算，确定这种投资是否存在一种正回报。收益来自于更高的劳动力市场报酬预期，成本则包括教育的实际费用（如学费）和因为接受教育而不能工作的机会成本。

人力资本理论包括了几个重要的经验研究，并且由于如下几个原因而非常具有吸引力。[1] 首先，教育回报率这个概念现在已经是一个得到人们广泛承认、具有很高价值的方法性概念，不仅被经济学家、政策制定者、其他学科中的研究者使用，还被实际从业者使用。其次，人力资本理论，为分析报酬与学校教育存在关联的原因及其联系机制提供了一种牢固的理论基础，进而为收入获得函数提供了一种基础性的理论原理，现在这种理论原理已经成为经济学家的基本分析工具之一。最后，在这种人力资本模型中，人们可能从经济角度考虑和确定对于自己来说是最优的学校教育与训练。很显然的是，这一点已经被世界各国政府广泛应用于设计它们教育系统中的人力资本政策。

对于应用经济学家来说，收入获得函数是特别值得注意的内容。在这种框架中设定的收入获得与教育之间的关系，确实存在数千种估计。绝大多数家庭层次的调查，都包括与收入获得与教育相关的数据，并被用来估计教育的回报率。[2] 应用经济学家一直主张用收入获得函数来估计不同类型个体之间存在的不同形式的工资差异，诸如存在工会与不存在工会情况下的工资差异、男性与女性之间的工资差异、黑人与白人之间的工资差异等。在那些讨论劳动力市场不平等的历时性变化的研究中，学者们已经十分清楚地认识到，工资收入不平等之所以出现，是因为不同工人群体之间的工资差异发生了变化，以及这些群体内部的工资收入不平等已经发生了变化。收入获得函数清楚地表明了具有不同教育水平的工人之间的工资鸿沟，并因此在这种研究中被广泛使用。在本章第二部分中关于不断变化的工资结构的一些证据，就参考了这种收入获得函数。在表 7—1 的最后一栏中，给出了美国与英国教育工资分化的历时性变动的方式的一个例子。

人力资本研究的重要研究文献，已经使人们普遍认识到，教育回报率是一种有用的概念。其他一

---

① S. 波拉奇克与 S. 西伯特的著作（Polachek & Siebert, 1993）对于这些经验论题进行了精辟的概述。

② 存在大量的相关参考文献。其中一些比较重要的参考文献包括 G. 普萨卡拉波罗斯（Psachoropoulos, 1985）、G. 普萨卡拉波罗斯与 K. 欣奇克利夫（Psachoropoulos & Hinchcliffe, 1973）的国家间比较分析，以及卡德（Card, 1999）的调查，并且这种调查还就如何估计教育回报率，提出了一种重要的方法论主张。

些研究领域明确地指出了获得更高教育水平的人会获得更多的报酬，但是更倾向于从一种较少结构化的视角而不是通过人力资本理论进行解释。因此，丝毫不值得奇怪的是，人力资本理论现在的主流地位十分牢固，得到了经济学家以及教育领域的学者，甚至整个世界中那些试图设计有效的、平等主义的教育系统的政策制定者的支持和拥护。

### 小结

在这一小节，我描述了我所认为的劳动力市场经济学分析中两大极为成功的研究领域。但是还有其他一些研究领域或分支。例如，最近出版的《劳动经济学手册》所包括的章节，涉及了劳动经济学中的更为广泛的一些研究主题。[①]在所有这些研究领域中，那种提出了一种简洁的然而具有高度预测能力的框架的经济学方法，对研究做出了重要贡献。很多案例都进行大量的经验研究。在过去，这种经济学方法的很多关键发现，对于政策圈子中的议程已经发挥了重要的影响，并且这种经济学方法在世界上很多国家中，都正在持续为政策制定等提供重要咨询和智力支持。不过，还有很多事情需要去完成。那些建立在我们已知的知识基础之上的分支领域正在出现。其中实验经济学与行为经济学就是两个很好的例子。这些领域已经吸引了很多劳动经济学家进行研究。这些分支领域仍然保有正统经济学理论的某些核心假设和理论要素，而试图进一步拓展正统经济学的边界，并因此在劳动力市场的经济学分析中继续获得更坚实的、更有力的结果。

## 四、结论

本章首先显示了一种正统的经济学方法对于理解劳动力市场的有用性，揭示了这种方法如果置于正确和适当的背景中，就可以成为一种好的讨论当代劳动力市场的方法。不可否认的是，这种经济学方法不仅对于经济学家，而且对于各种学科领域的

研究者都产生了重要的影响。作为一种研究领域，劳动经济学已经发挥了深刻的影响，而这完全有可能是因为它是经济学中第一个对真实世界的利益现象进行大规模的经验分析的分支领域。这说明，理论有其边界和限制，在某一情景中比在另一情景中，某些理论会比另一些理论适用性更好。

同样不言而喻的是，正统经济学方法存在多样化的方向，导致了很多研究领域的出现，其中一些研究仍然与经济学基础性的竞争理论走得很近，而某些研究则逐渐远离了这种竞争理论。在劳动经济学研究中，很早就出现了远离这种竞争理论的现象。例如，在这个研究领域中，一直以来都有一些研究者试图使劳动经济学具有制度分析与历史分析的特征［参见雅各拜（Jacoby，1990）关于"劳动力的制度经济学"的讨论］。主流经济学理论的方法论很难完全走向这样的分析线路，雅各拜的研究明确地指出了这一点。他特别强调，正统经济学方法的演绎主义性质，可能会限制其深入研究某些真实世界现象的能力。而一些经济学家对于其他社会科学学科所存在的怀疑主义，也存在同样的局限。S. 弗利伍德（Fleetwood，1999）则更进一步指出，经济学家应保持这样一种观念，即对于他所说的"一种理论或分析的无能状态"的担心，预测力量十分重要。

但是应该承认的是，正统经济学方法的这些局限性以及对于这一理论的批判性评论，一直以来也是激励经济学某些领域的重要力量。劳动经济学就属于这样一种情况，这说明了劳动经济学是一种正在形成和发展的范式，前后经历了很大的演化。承认正统经济学方法对于劳动力市场的建模所存在的缺点或短处，已经导致一些经济学家进入一些新的研究领域，这些研究领域在传统上被认为不是经济学研究领域的一部分。因此，在经济社会学中，出现了一种跨学科的研究［参见 T. 比米什（Beamish）和 N. 毕加特（Biggart）第九章］。一些经济学家也已经提出了非竞争的劳动力市场模型，以研究工作场所中那些美好的、阳光的层面，或者已经接受了

---

① 全部的主题名单如下：劳动经济学中的经验策略，劳动力市场的经济学方法，劳动力市场中的制度与法律，工资结构的变迁与收入不平等，劳动力供给，移民的经济学分析，劳动力市场中的代际流动，教育对于收入获得的影响，积极劳动力市场计划（ALMP）的经济学与经济测量学，最低工资、就业与收入分配，公司规模与工资，国际贸易对劳动力市场的影响，个人就业合同，组织中的职业，流动与稳定性，劳动力市场中工作岗位的动态变化，经理人的薪酬，劳动力市场中的搜寻模型，运用配对的雇主—雇员数据的劳动力市场分析，总的（gross）工作流动，处于转型中的欧洲极权国家的劳动力市场，发展中国家的劳动力市场，劳动、市场与经济增长，聚合（aggregate）劳动力市场的微观经济学分析，劳动力市场制度与经济绩效，欧洲长期失业的原因与后果，劳动和市场中的种族与性别，退休的经济学分析，健康、健康保险与劳动力市场，针对残疾人群的转移计划，犯罪经济学，公共部门劳动力市场。

来自于社会学的礼物交换模型,并用来分析公司中那些影响和决定工人工资的因素(参见 Akerlof,1982)。在经济学理论中最近出现的某些理论进展,特别是博弈理论所取得的进展,通过与心理学家的互动,以及对经济行为开展实验研究,也在朝着这个方向前进(至于其他的进展,参见 Fehr & Schmidt,2002)。

对于劳动力市场而言,经济学理论的分析优势体现在如下事实中,即经济学所使用的建模方法,能够产生可用数据来验证的各种推论,以及能够提出各种如果不能在经验分析中产生足够准确的发现就可能被驳倒的假设。在这种背景中,经济学的方法对于研究工作场所、公司、产业中的社会现象具有重要的意涵。这些年来,经济学中很多相关的研究已经取得了极大的成功,这些研究大大推进了我们的知识,为决策过程提供了重要的智力支持。我们希望,在将来研究劳动力市场的经济学方法不会原地踏步,而是会取得建设性的(演化性)进展,并与其他学科相结合,进一步推进我们关于劳动力市场中的关键行动者的行为方式的理解。

史蒂芬·梅钦 (Stephen Machin)

**参考文献**

Abowd, J. and Lemieux, T. (1993). "The Effects of Product Market Competition on Collective Bargaining Agreements: The Case of Foreign Competition in Canada", *Quarterly Journal of Economics*, 108: 983 - 1014.

Akerlof, G. (1982). "Labor Contracts as Partial Gift Exchange", *Quarterly Journal of Economics*, 97: 543 - 69.

——and Yellen, J. (1990). "The Fair Wage-Effort Hypothesis and Unemployment", *Quarterly Journal of Economics*, 105: 255 - 83.

Ashenfelter, O. and Layard, R. (1986). *Handbook of Labor Economics*, vols 1 and 2. Amsterdam: North-Holland.

——and Card, D. (1999). *Handbook of Labor Economics*, vols 3A, 3B, and 3C. Amsterdam: North-Holland.

Becker, G. (1960). "Underinvestment in Education", *American Economic Review*, 50: 346 - 54.

—— (1962). "Investment in Human Capital: A Theoretical Analysis", *Journal of Political Economy*, 70: 9 - 49.

—— (1975). *Human Capital: A Theoretical and Empirical Analysis, With Special Reference to Education*. New York: Columbia University Press.

——and Stigler, G. (1974). "Law Enforcement, Malfeasance and the Compensation of Enforcers", *Journal of Legal Studies*, 3: 1 - 18.

Berman, E., Bound, J., and Griliches, Z. (1994). "Changes in the Demand for Skilled Labor within U. S. Manufacturing Industries: Evidence from the Annual Survey of Manufacturing", *Quarterly Journal of Economics*, 109: 367 - 98.

——, ——, and Machin, S. (1998). "Implications of Skill-Biased Technological Change: International Evidence", *Quarterly Journal of Economics*, 113: 1245 - 80.

Booth, A. (1995). *The Economics of the Trade Union*. Cambridge: Cambridge University Press.

Borjas, G. (1996). *Labor Economics*. New York: McGraw-Hill.

Brown, C. (1999). "Minimum Wages, Employment, and the Distribution of Income", in O. Ashenfelter and D. Card (eds.), *Handbook of Labor Economics*, vol 3B. Amsterdam: North-Holland.

——, Gilroy, C., and Kohen, A. (1982). "The Effect of the Minimum Wage on Employment and Unemployment", *Journal of Economic Literature*, 20: 487 - 528.

Brown, J. and Ashenfelter, O. (1986). "Testing the Efficiency of Employment Contracts", *Journal of Political Economy*, 94: S40 - S87.

Card, D. (1992). "Do Minimum Wages Reduce Employment? A Case Study of California, 1987 - 89", *Industrial and Labor Relations Review*, 46: 38 - 54.

—— (1999). "The Causal Effect of Education on Earnings", in O. Ashenfelter and D. Card, *Handbook of Labor Economics*, vol 3A. Amsterdam: Elsevier - North-Holland.

——and Krueger, A. (1994). "Minimum Wages and Employment: A Case Study of the Fast Food Industry in New Jersey and Pennsylvania", *American Economic Review*, 84: 772 - 93.

——and—— (1995). *Myth and Measurment: The New Economics of the Minimum Wage*. Princeton, NJ: Princeton University Press.

Edwards, P. and Gilman, M. (1999). "Pay Equity and the National Minimum Wage: What Can Theories Tell Us?", *Human Resource Management Journal*, 9: 20 - 38.

Fehr, E. and Schmidt, K. (2002). "Theories of Fairness and Reciprocity", in D. Matthias, L. Hansen, and S. Turnovsky (eds.), *Advances in Economics and Econometrics - 8th World Congress*, *Econometric Society Monographs*. Cambridge: Cambridge University Press.

Fleetwood, S. (1999). "The Inadequacy of Mainstream Theories of Trade Union Behaviour", *Labour*, 13: 445 – 80.

Freeman, R. (1993). "How Much Has De-unionization Contributed to the Rise in Male Wage Inequality", in S. Danziger and P. Gottschalk (eds.), *Uneven Tides: Rising Inequality in America*. New York: Russell Sage Foundation.

Gilman, M., Edwards, P., Ram, M., and Arrowsmith, J. (2002). "Pay Determination in Small Firms in the UK: The Case of the Response to the National Minimum Wage", *Industrial Relations Journal*, 33: 52 – 67.

Hamermesh, D. (1996). *Labor Demand: Princeton*, NJ: Princeton University Press.

Johnson, G. and Stafford, F. (1999). "The Labor Market Implications of International Trade", in O. Ashenfelter and D. Card (eds.), *Handbook of Labor Economics*, vol 3B. Amsterdam: North-Holland.

Jacoby, S. (1990). "New Institutionalism: What Can it learn from the Old?", *Industrial Relations*, 29: 316 – 40.

Katz, L. and Murphy, K. (1992). "Changes in Relative Wages, 1963 – 87: Supply and Demand Factors", *Quarterly Journal of Economics*, 107: 35 – 78.

——and Autor, D. (1999). "Changes in the Wage Structure and Earnings Inequality", in O. Ashenfelter and D. Card (eds.), *Handbook of Labor Economics*, vol 3A. Amsterdam: North-Holland.

Layard, R., Nickell, S., and Jackman, R. (1991). *Unemployment*. Oxford: Oxford University Press.

Lazear, E. (2000). "Economic Imperialism", *Quarterly Journal of Economics*, 115: 99 – 146.

——and Moore, R. (1984). "Incentives, Productivity and Labor Contracts", *Quarterly Journal of Economics*, 99: 275 – 96.

Lewis, H. G. (1986). *Union Relative Wage Effects: A Survey*. Chicago, IL: University of Chicago Press.

Lindbeck, A. and Snower, D. (1986). "Wage Setting, Unemployment and Insider-Outsider Relations", *American Economic Review*, 76: 235 – 9.

McDonald, I. and Solow, R. (1981). "Wage Bargaining and Employment", American Economic Review, 71: 896 – 908.

Machin, S. and Manning, A. (1994). "Minimum Wages, Wage Dispersion and Employment: Evidence from the U. K. Wages Councils", *Industrial and Labor Relations Review*, 47: 319 – 29.

——and Van Reenen, J. (1998). "Technology and Changes in Skill Structure: Evidence from Seven OECD Countries", *Quarterly Journal of Economics*, 113: 1215 – 44.

——, Manning, A., and Rahman, L. (2003). "Where the MinimumWage Bites Hard: The Introduction of the UK National Minimum Wage to a Low Wage Sector", *Journal of the European Economic Association*, 1: 154 – 80.

MaCurdy, T. and Pencavel, J. (1986). "Testing Between Competing Models of Wage and Employment Determination in Unionized Markets", *Journal of Political Economy*, 94: S3 – S39.

Malcomson, J. (1999). "Individual Employment Contracts", in O. Ashenfelter and D. Card (eds.), *Handbook of Labor Economics*, vol 3B. Amsterdam: North-Holland.

Manning, A. (2004). *Monopsony in Motion: Imperfect Competition in Labour Markets*. Princeton, NJ: Princeton University Press.

Mincer, J. (1958). "Investment in Human Capital and Personal Distribution of Income", *Journal of Political Economy*, 66: 281 – 302.

Mortensen, D. and Pissarides, C. (1999). "New Developments in Models of Search in the Labor Market", in O. Ashenfelter and D. Card (eds.), *Handbook of Labor Economics*, vol 3B. Amsterdam: North-Holland.

Nickell, S. and Andrews, M. (1983). "Unions, Real Wages and Employment in the United Kingdom, 1951 – 79", *Oxford Economic Papers*, 35: 183 – 206.

Oswald, A. (1985). "The Economic Theory of Trade Unions: An Introductory Survey", *Scandinavian Journal of Economics*, 87: S. 160 – 193.

Pissarides, C. (1990). Equilibrium Unemployment Theory. Cambridge, MA: MIT Press.

Polachek, S. and Siebert, S. (1993). *The Economics of Earnings*. Cambridge: Cambridge University Press.

Psachoropoulos, G. (1985). "Returns to Education: A Further International Update and Implications", *Journal of Human Resources*, 20: 583 – 604.

——and Hinchcliffe, K. (1973). *Returns to Education: An International Comparison*. Elsevier Scientific.

Schultz, T. (1961). "Investment in Human Capital", *American Economic Review*, 51: 110 – 17.

—— (1963). *The Economic Value of Education*. New York: Columbia University Press.

Shapiro, C. and Stiglitz, J. (1984). "Equilibrium Unemployment as a Worker Discipline Device", *American Economic Review*, 74: 433 – 44.

Stewart, M. (2004). "The Impact of the Introduction

of the UK Minimum Wage on the Employment Probabilities of Low Wage Workers", *Journal of the European Economic Association*, 2: 67 – 97.

207      Stiglitz, J. (2000). "The Contribution of the Economics of Information to Twentieth Century Economics", *Quarterly Journal of Economics*, 115: 1441 – 78.

Van Reenen, J. (1996). "The Creation and Capture of Rents: Wages and Innovation in a Panel of UK Companies", *Quarterly Journal of Economics*, 111: 195 – 226.

Weiss, A. (1991). *EfficiencyWages: Models of Unemployment, Layoffs and Wage Dispersion*. Princeton, NJ: Princeton University Press.

# 第八章 制度经济学与工作分析

本章讨论老制度经济学关于工作、工作组织、生产过程分析的贡献。所谓老制度经济学，是指在美国索尔斯坦·凡勃伦（Thorstein Veblen）、约翰·R·康芒斯（John R. Commons）、韦斯利·米切尔（Wesley Mitchell）等人启发下建立的一种研究传统。本章第一部分对老制度经济学的性质与历史进行简要的回顾。第二部分则更具体地讨论老制度经济学对于工作分析的贡献。第三部分也就是最后一部分则讨论老制度经济学的弱点，为其将来的理论与经验研究议程提出建议，并指出这种传统与现代的"演化经济学"以及新制度经济学进行综合的重要性。

## 一、制度经济学的起源与特征

制度经济学是 20 世纪最重要的知识运动之一。制度经济学最先是在 20 世纪早期的美国出现和繁荣起来的。诸如经济法学、劳动经济学、产业经济学、农业经济学、产业关系学等大量的分支学科，在两次世界大战之间都受到制度经济学的深刻影响。而在更为广泛与多样化的思想潮流中，它还影响了很多学科领域中的领导性的社会科学家。在今天，老制度主义在全球范围内仍然存在，并且有着一些复兴的迹象。它之所以出现复兴，原因之一是人们日益认识到制度对于理解经济过程的重要性。因此，这种思想传统已经并且能够继续对生产与工作世界的分析做出重要的贡献。

我们应把老制度经济学与威廉姆森（Williamson，1975）、波斯纳（Posner，1973）等人的新制度经济学区别开来，尽管现在这两种传统在某些观点或思想方面出现了重要的整合。在某些方面，老制度经济学更接近于社会学的"新制度主义"（Powell & DiMaggio，1991），更接近于现代经济社会学（Smelser & Swedberg，1994），尽管人们很少认识到或承认二者与经济学中最初的制度主义存在任何联系或源于这些最初的制度主义。

制度经济学的开端在一定程度上可以追溯到 19 世纪后期德国历史学派对美国学术界的强烈影响。德国历史学派强制经济制度的历史具体性，经济理论有必要对具体的制度与文化条件保持敏感（Hodgson，2001）。亨利·卡特·亚当斯（Henry Carter Adams）、约翰·贝茨·克拉克（John Bates Clark）以及理查德·伊利（Richard Ely）等人在 1885 年创立了美国经济学会（AEA），这些学者都曾受到德国历史学派的强烈影响，其中有几个还到德国访问和学习过。

但是，作为美国制度主义的开创性门特（精神领袖）而出现的经济学家则是凡勃伦，他的著作大多数问世于 1898 年到第一次世界大战这一时期。他在大学学习过哲学与经济学，并受到重要的大师级人物如马克思和威廉·詹姆斯（William James）的强烈影响，并把达尔文的进化论原理引入美国经济学理论（Darwin，1899，1914，1919），指出思想、习惯和制度都要服从于达尔文的竞争与选择原则。然而，与同时代的一些还原论者不同的是，凡勃伦并不会把这些社会经济实体（entity）还原为生物学的术语。相反，他主张，达尔文的变异、遗传与选择原则，为理解社会以及自然中的演化过程提供了一把钥匙（Hodgson，2004）。

凡勃伦（Veblen，1904，1914）认为，现代工业资本主义的金钱化（pecuniary）的制度和文化，与人类这个物种的生存所必需的基本倾向、属性（disposition）、内在本质相异，而人类已经演化了成千上万年。凡勃伦主张，人类具有一种为自己的生存而生产有用的事物的本质，并且这是与现代文化的赚钱倾向而非物品的倾向相矛盾的。但是，他又主张，与工业资本主义的机械化过程相接触，又促进人类树立一种理性和科学的态度，并破除那些保守的、传统的惯例，包括财产权利。因此，尽管他是以他自己提出的那些原因为基础的，但是却得出了一种与马克思相似的结论：资本主义是其自己的掘墓人。然而，无论是一般性的理论方面（Hodgson，2004），还是应用于具体的工作分析方面（Hoxie，1917），他的那些具体的主张仍然存在一定的问题、受到质疑或处于争论之中。尽管很多人都发现，凡勃伦的这些思想很有吸引力，但是这些年来，他们的那些理论预言仍然没有实现。

人们可以提出并加以证明，凡勃伦的遗产处处可见，并且均有价值和持久的生命力。在凡勃伦的思想中，另一个突出的和高度相关的要素，就是他主张，促进经济发展的最重要的因素，既不是物理的和身体上的劳动力，也不是物质资本，而是知识本身。而且，凡勃伦（Veblen，1919）认为，知识具有一种集体特征，存在于共同体思想中的那些互锁性（inter-locking）的习惯中。它不会轻易地被打破，成为原子化的单元，成为具有一种价格标签的、财产权利的客体或目标。凡勃伦不仅尖锐地批评了资本家享有国民收入份额的要求或主张，还颇有先见之明地强调知识在现代社会的经济创新与增长中具有重要的作用。

由于混乱不堪的私生活、对经济的非传统的处理，以及在政治上的激进主义等几个方面的原因，凡勃伦从来没有获得具有较高地位的学术研究职位。不过，他的著作非常流行和有影响，并且吸引了一定数量的很有前途的学生，他也日益被人们认为是20世纪早期最重要的经济学家之一。

康芒斯是在这一时期声名鹊起的另一位著名学者。他师从理查德·伊利（Richard Ely），精通历史学派的遗产。1917年康芒斯被选举为美国经济学会的主席，并且是20世纪最有影响的经济学家之一。但是，康芒斯并没有受到凡勃伦多大的影响，他们个人之间很少接触，他们的理论视角也存在重大的差异。例如，康芒斯拒绝凡勃伦的达尔文范式。至于其他的一些论题，康芒斯的著作也只是在很少的地方提及凡勃伦。很多年来康芒斯都认为自己是美国制度主义运动中的一部分，在1931年之前，他并不支持"制度经济学"这样的说法（Rutherford，2000，2001）。

在他一生的大部分时间里，康芒斯都是与他的

同事一起，从事对美国工业和商业系统的法律与风俗基础的经验观察与理论分析（Commons，1909，1924；Commons et al.，1910—1911，1918—1935）。而在实践活动方面，他帮助威斯康星州起草了一系列劳动与产业方面的法案（Kaufman，1993，1998，2003）。他还与威斯康星大学的同事一起，在美国学术研究界建立了产业关系学这一分支学科。正如B. E. 考夫曼（Kaufman，2003：3）所指出的：

> 大家几乎一致认为，美国产业关系政策的根源……包含在20世纪早期以康芒斯为领导的威斯康星经济学院的著作中。

考夫曼然后详细地讨论了这些根源。

康芒斯著作的优势在很大程度上得益于其经验研究的丰富性，特别在其著作中，对法律、风俗与惯例的经验研究十分丰富。然而，在《资本主义的法律基础》（1924）、《制度经济学》（1934）以及其遗著《集体行为经济学》中，他逐渐转向了对制度经济学的理论与哲学基础的探讨。因此我们有理由认为，他试图对制度主义的思想进行系统的综合和描述，而他同时代的学者从来都没有进行过这种综合和描述。然而，他是在如下一种时代背景中进行写作的：在实用主义哲学、詹姆斯主义心理学和达尔文的演化学说中，作为制度主义的起源的凡勃伦的思想基础，正在受到来自实证主义者、行为主义者等的攻击而日益瓦解（Hodgson，2004）。而且康芒斯的努力缺少必要的概念界定，以及理论上缺少清晰性与准确性。正是由于这些原因，很多批评者都认为康芒斯试图对制度主义思想进行理论综合的抱负，最后特别失败。

美国制度主义中的第三个重要人物是米切尔，他是凡勃伦的学生兼朋友。在两次世界大战期间，他成为美国最有声望的经济学家。1913年起成为美国哥伦比亚大学的经济学教授。1924年担任美国经济学会主席。在20世纪20年代他帮助建立了美国经济研究署（NBER），并成为这个机构的主任。在凡勃伦（Veblen，1904）早期关于商业兴衰周期的分析的影响下，他和他的研究署的同事，花了很大的精力对经济繁荣与经济不景气进行了统计学的调查测量和理论解释，并且成功地建议美国政府实施抑制商业兴衰周期与创造工作岗位的政策。美国经济研究署研究的主要内容，就是集中关注货币流量的总和，并把它作为测量经济活动的工具。这促进了现代宏观经济学的建立，特别是影响和促进了约翰·梅纳德·凯恩斯（John Maynard Keynes）的宏观经

济学的产生。

1947 年米切尔获得了美国经济学会的福朗西斯·A·沃克（Francis A. Walker）奖，成为获得这个奖项的第一人。这个奖项每五年颁发一次，以奖励设奖机构所认为的那些在其职业生涯中为经济学做出了极大贡献的在世美国经济学家。曾经也是米切尔在美国经济研究署中的同事、制度主义者西蒙·库兹涅茨（Simon Kuznets），在 1971 年获得了诺贝尔奖。

制度主义不仅仅是个人与各种思想的集合。它也是美国经济学中一种有意识的、以理论与政策为导向的运动。制度主义作为一种流派的标签是第二次世界大战之后才出现的。但是"制度经济学"一词可以追溯到 1916 年的罗伯特·霍克西（Robert Hoxie），以及 1918 年的沃尔顿·汉密尔顿（Walton Hamilton）（Rutherford，1997）。霍克西是凡勃伦的一个学生，死于 1916 年。汉密尔顿是美国经济学会内部官方发起的一个运动的组织者，该运动试图使第一次世界大战后出现的经济学在理论与实践上更加关注世界，或者对于世界变得更为有用。而这种持续努力的副产品之一就是在两次战争之间为制度经济学创造了一种身份（Dorfman，1974；Barber，1988；Rutherford，2000）。

汉密尔顿（Hamilton，1919）的论文可以视为制度经济学的最初诞生的宣言，这篇论文概括了他所说的"制度经济学"的原理。与现在某些人把"老"制度主义误解为"非理论的"甚至是"反理论的"相反，汉密尔顿（Hamilton，1919：309 - 311）主张，"制度经济学"是一种"经济学理论"。它"完全可以满足对经济秩序进行概括性描述的需要。制度经济学要解释的是经济现象中存在的那些秩序的性质与范围（extent）"。汉密尔顿（Hamilton，1919：317）认为，以往经济学的"最致命的忽视"，就是"对个人生活于其中的那些制度图式给行为所施加的影响"的忽视。汉密尔顿认为制度经济学家正在弥补这种空白。他认为，不能认为制度的影响就是对行为的限制。制度还形成和改变个人的思想——就如个人形成与改变制度一样，这一点被视为制度主义的中心教条。汉密尔顿对于"制度理论的状况的恰当概括"，承认了"制度理论还处于发展之中"，并强调提出相关的理论体系是制度主义经济学面临的紧迫任务。

汉密尔顿还对于制度的性质提供了一种重要的解释。汉密尔顿（Hamilton，1932：84）把制度描述为"某些流行和持久的思考或行为方式，体现在群体的习惯或民族的风俗之中。……制度确定了人们活动的边界，并强制地确定人们的活动形式"。然而，这种因果关系不是单向的。与制度会影响个人一样，个人也会影响制度。"制度与人类行动相互补充又相互对立，在社会过程的无尽的戏剧中相互重塑。"（Hamilton，1932：89）

从凡勃伦到约翰·肯尼思·加尔布雷思（John Kenneth Galbraith，1958，1969）的制度经济学一直都强调汉密尔顿所归纳的主题。这种制度经济学总是渴求对经济政策施加重要影响。但是更为基础的是，制度经济学也强调制度在经济生活中的作用，经济活动具有的使经济发生实质性转型的力量，以及这些制度与结构的变迁影响和重构人们目的、偏好、心理与行为的方式。

制度主义者对于如何界定他们自己以及他们的理论方法的实质，却做得不太好。然而，我提出，在制度主义中存在的一种核心思想最能表明制度经济学的身份，那就是"制度可以被个人重构"，这一思想表明了制度经济学最基本的特征。显然，各种制度本身之间，在不同的时空中是不同的。然而个人本身也可以受到这些差异的巨大的影响。不同的制度能够对于行动起到比限制更多的作用，它们实际上可能导致个人的特征与信仰发生改变。这样，更多的社会力量得到经济学的认可。从某种程度上说，个人的偏好和思维习惯都是由制度背景重构的。

其结果是，很多新制度经济学包括威廉姆森的新制度经济学，在分析制度背景对个人偏好的重构方面，都没有老制度经济学走得那么远。这是因为大多数新制度主义者都坚持一种不可还原的理性个人概念，而凡勃伦、康芒斯、米切尔、汉密尔顿等人都试图取代或解释这个概念。很多新制度主义者认为"行为是完全知道其自身利益的个人有意识的努力的结果"。然而，这正是汉密尔顿自己对制度主义试图超越的那类经济学的特征的概括（Hamilton，1919：316 - 317）。例如威廉姆森认为，个人在从一种制度向一种制度移动时，甚至从温馨的家庭走向冷酷的公司时，他的目的和特征都不会发生改变。同样，新制度主义者 A. R. 肖特（Schotter，1981）运用了一种博弈论的理性选择理论。这种研究的关注焦点，常常是不可还原与不可解释的理性个人。相反老制度主义强调制度与文化可以塑造个人的偏好或目的。个人是理性的，但是理性的性质与原则是通过文化来传播的，是通过在制度背景中的学习而形成的。

然而，假定个人在某种程度上是由环境所塑造的，并不必然会陷入某种"方法论集体主义"，这种集体主义假定个人的能力完全是由结构、制度、文化决定的。这样一种观点不能充分解释不同个人之间的差异，以及个人的创造性。但是，如果方法论个人主义就是完全从个人角度来解释社会现象，那么制度主义与这种方法论个人主义也是不同的。美国制度经济学的创立者们的著作中避免了极端的方法论个人主义与集体主义。凡勃伦发表于1909年的一篇论文，对于这两种方法论进行全面的评论，并且谈到要离开这两种极端的立场，这篇论文的相关段落完全值得我们重新检视，我们在这里只是指出其要点。凡勃伦指出（Veblen，1919：242），那种方法论集体主义关于"给定个人是在给定制度条件下行事"的假定，会导致一种静态的结果（即不同的个人只要处于同样的制度条件就会采取同样的行动），"因为这种假定从那些导致静态结果之外的任何要素中进行抽象"。凡勃伦（Veblen，1919：242-243）然后指出制度不仅仅具有制约的作用，同时也起着影响个人本身欲求和偏好的作用：

> 不仅个人的行为受其与所属群体的成员的关系的包围和指引，而且这些关系作为一种制度特征，也会随着制度情景的变化而变化。个人行为的欲求与需要、结果与目标、路线与方式、广度（amplitude）与随意性（drift）都是制度变量的函数，而这种制度变量是极其复杂的，具有十分不稳定的特征。

这样一种陈述等于是强烈地肯定制度对个人具有强大的重构力量。"制度变迁影响个人的欲求与需求。"但是，为了防止误解，凡勃伦马上指出，个人的偏好是内生的，而不是外生给定的，因此这种强烈的从上到下的因果过程，等于是一种方法论上的集体主义。他并不认为社会完全决定了个人。凡勃伦（Veblen，1919：243）十分清楚地说明了个人也是一种重要的原因，制度是处于群体中的个人的产物，没有个人，制度就不可能存在：

> 一种制度结构的出现和成熟，是群体中的个体成员行为的结果，因为它产生于个人的经验，通过个人的习惯，制度得以出现；而正是在这同一行为经验中，制度会积极指引和界定行为的目的与结果。当然，正是制度系统把那些传统标准、思想观念和行为规则施加于个人，

才形成了共同体的生活图式（scheme）。因此经济学的研究必须处理个人的行为，必须根据个人行为来概括理论结果。

尽管这段话强调了个人的作用，但并不等于是在肯定方法论的个人主义。相反，凡勃伦坚持认为个人不能从这种图景中消除，他把个人放入其社会背景之中。凡勃伦（Veblen，1919：243）坚持认为，一种完全而详细的因果解释，应该是对个人如何获得其思维与行为习惯进行解释。凡勃伦（Veblen，1919：243）接着批评了那些主流的经济学家"无视或抽象掉经济生活中倾向与习惯之间的因果顺序，不对文化发育这个实际情况中存在的十分重要的问题进行探讨"。凡勃伦强调"累积性的因果"和"原因与后果之间的连续性"等概念，从而突破了那些"解释能够最终还原为某种实体或层次"的思想。

总之，凡勃伦拒绝把个人与社会视为最终的解释单位，从而使他自己与方法论的集体主义和个人主义相区别。他自己的主张是采纳一种演化性的解释框架。大致说来，诸如凡勃伦、康芒斯、汉密尔顿这样的制度主义者，都视行动者与制度处于一种相互作用的、共同演化的过程中（Hodgson，2004）。

尽管汉密尔顿非常关注把制度经济学发展成为一种用来"控制各种问题"的工具，但是他并没有从任何特定的政策立场来界定制度经济学。在实践中，各种政策制定者，从社会主义到民主党，再到现代保守主义等，都是从各种不同的政治立场出发来采纳制度主义。对于汉密尔顿及其他制度主义创立者而言，承认制度的重要性及其制度会影响个人的目的与偏好，体现了一种宽广的和具有包容性的理论视角。很多优秀的制度主义者都坚持认为，他们的理论方法与马歇尔的价格理论是兼容的，但是主张只有通过把制度的、文化的和技术的变迁纳入经济学的研究范围，并进行更加深入的研究，马歇尔的遗产才能得到坚持与弘扬。他们认为经济学是一门视角和主题宽广的学科，必须研究真实的和演化性的经济系统，必须从其他学科获取有用的思想，<sup>216</sup>而即使在今天，也有很多人常常认为经济学是一种"选择科学"，他们反对视经济学为一种选择科学的狭隘学科概念。

在两次世界大战期间，制度主义逐渐渗透到许多美国大学的教授计划中。到1931年，已经有六本以上的综合教材，从制度主义者的立场来讲授经济学，并且还出现了几本制度主义的专著或论文集。这些教材指出制度对于经济的重要性，制度可以因

为政策干预而改变，流行的制度并不必然是最优的，很多制度为商业和金钱服务，在他们的时代，需要新的制度来实现"社会控制"等。

然而，早在20世纪30年代，制度主义的运动就遇到了明显的理论困难。首先，由于上述哲学与心理学的转向，很多制度主义者在凡勃伦1929年去世时放弃了凡勃伦最初的理论与思想基础。从某种程度上说，制度经济学失去了其理论方向（bearing）（Hodgson，2004）。其次，尽管很多制度主义者深度参与了1929年经济大崩溃之后的经济复兴计划，但是他们以及他们的计划由于不能把美国经济带出大萧条而备受谴责。越来越多的、持技术治国论的年轻一代经济学家——包括保罗·萨缪尔森（Paul Samuelson）——都被数学化的宏观经济学的思想所吸引，而这种宏观经济学与制度经济学根本不存在任何密切联系。最后，由于第二次世界大战的原因，美国学术研究军事化，从而改变了经济学，使其发生转型，经济学日益强调数学建模和最优技术的优先地位（Bernstein，2001；Mirowski，2002）。

在20世纪前半期，一些美国制度主义者的思想还传播到欧洲，但其影响程度有限。在欧洲，诸如约翰·霍布森（John Hobson）、冈纳·缪尔达尔（Gunnar Myrdal）和卡尔·波兰尼（Karl Polanyi）等人都与制度主义存在高度的亲和性。但是，这些人都没有在欧洲建立自己的制度主义传统。到20世纪50年代，美国的制度主义急剧衰落，尽管其影响在经济学和产业关系等诸多领域中继续存在（Kaufman，1993）。

老制度主义传统的队伍与影响尽管在日益缩小，但是在美国还是最终存在下来了。20世纪70年代新制度主义的出现，使人们再一次注意到这种老的传统，并对制度的性质与重要性再次感兴趣。

然而，很多新制度经济学从根源上讲，主要研究的是"追求自己私利的个体经济行动者如何演化地生成制度，并把这种演化生成制度作为满足他们私利的一种手段"（Schotter，1981：5）。换言之，新*217*制度经济学把个人及其偏好（所谓的私利）视为既定的，进而把重点放在如何解释制度的出现上。新制度经济学的目标是解释制度如何从一种免于制度限制的、自然状态中的个人中演化出来。然而，问题是所有的人类互动都必然涉及某些人类制度要素，例如语言等（Hodgson，1998）。

相反，老制度主义承认，我们生来就处于一种历史地给定的制度世界中，然而又认为制度不是简单地给定的，凡勃伦（Veblen，1899）、康芒斯（Commons，1924，1934）等人都对制度如何进一步演化进行了解释。相应地，对于他们而言，关键的问题是理解制度的历史演化和制度如何进一步通过人类行动和互动而变迁。

最近一些年来，有几个新制度经济学家也拒绝以免于制度的自然状态为研究起点的思想，而采纳了一种在某些方面与老制度主义更为相似的立场。而我们从D.诺斯（North，1990，1994）、M.青木昌彦（Aoki，2001）的著作中可以得到一种信息，那就是这两个传统现在出现了一定程度的汇合。在下面的第二部分，我将集中讨论老制度经济学对于工作分析的贡献，而我在本章提到"制度主义"时，主要是指老制度主义。

## 二、制度经济学对于工作分析的贡献

对制度经济学在任何领域的贡献进行简要说明，都无法避免在相关论题、作者及其著述方面有所取舍。在社会理论领域，凡勃伦当数最重要的早期制度主义者（Hodgson，2004）。而在工作分析领域，做出过突出贡献的制度主义者包括凡勃伦、康芒斯、霍布森等。而米切尔、缪尔达尔等人则更多地着眼于宏观经济学论题。还有一些学者也对制度经济学做出了重要贡献，但他们原则上不是这个领域的学者。例如，卡尔·波兰尼的成就首先属于经济史和经济人类学。加尔布雷思的著作涉及的范围十分广泛，但都与社会理论和生产层次的工作组织没有关系。

在这一部分，我们首先比较制度主义与马克思主义在某些方面的异同，特别是分析它们关于人类能动者的动机理论以及习惯与风俗的作用的理论的异同，然后论述制度主义强调社会知识与非物质资*218*产的重要性的研究，最后讨论制度主义者对于泰勒制和工会的不同态度，并讨论这些不同立场的理论基础。

### 制度主义与马克思主义的异同

与马克思主义一样，老制度经济学承认劳动过程是任何有生命力的经济学的中心论题，并认为分析这种过程是理解任何社会经济系统的关键。新古典经济学在很大程度上关注的是交换与分配，而马克思主义与制度主义都强调生产、技术创新和新财富创造的重要性。

然而，就是在这一点上，制度主义与马克思主义出现了重要的差异。马克思主义认为，工人的阶级处境本身能够促进他们自己对于他们的利益获得一种真实的理解，并指出当这种理解没有出现时，就是一种"虚假意识"。凡勃伦（Veblen，1919）发现，马克思主义关于人类动机的理论，在很大程度上是一种阶级利益的理性评价理论，对于理性规则和程序本身是如何演化的根本没有提及。他强调，任何理性的利益计算本身并不能解释人们如何获得他们的信仰并寻求特定的目标。一个能动者（agent）——剥削者与被剥削者——的阶级立场，本身并不能产生关于实在以及关于行动模式的任何特定的观点。马克思主义缺少对制度或结构如何影响个人目的或倾向的解释。马克思主义仅仅强调"真实的"利益，希望这种理论某一天将获得胜利，认为这些利益将展现在大家面前。

相反，制度主义者则指出了工人和其他阶级所具有的实际信仰系统，并试图揭示它们的历史、文化和心理根源。凡勃伦（Veblen，1919：441）主张，能动者的推理（reasoning）过程"在很大程度上更是习惯和天生倾向的结果，而不仅是计算物质利益的结果"。他强调的核心重点是习惯，认为习惯是一种关键的机制，通过这种机制，社会条件影响个人的偏好与信仰。这是凡勃伦与马克思的根本区别。凡勃伦之所以坚持这样的看法，与詹姆斯对他的影响存在极大的关系。同样，康芒斯（Commons，1925）批评马克思主义忽视了风俗在经济与社会生活中的作用。凡勃伦信心满满地主张，我们仅仅从作为一种工资劳动者或者一个资本家的个人的阶级位置，很难获得这个人的具体观念或者思想习惯等信息，因此，也很难获得这个人可能采取什么行动的信息。

凡勃伦、康芒斯以及稍后的诸多制度主义者都试图填补马克思主义中存在的解释空白，强调文化在塑造人类行为中的作用。风俗与文化反映了过去累积的经验，以及国家、组织（制度）和群体的历史。它们的形成和发展是路径依赖式的，因此（例如）各种资本主义之间的差异，也可以追溯到它们的历史中存在的差异。马克思主义与制度主义都强调"过去"对于人的理解和决定的重要性，但是制度主义更具体地指出了文化的一般性作用，以及心理学的刺激反应减弱机制。

制度主义者还探讨和研究了多样化的资本主义制度类型，并日益视文化为解释不同背景中的不同行为的一种关键因素。相应地，制度主义对各种不同的资本主义的差异——诸如现在我们看到的美国、德国或日本资本主义之间的差异——更为敏感，更为强调公司层次的组织与亚文化之间的差异的重要性（Hodgson，2004）。

## 非物质资产与社会知识

另一个密切相关的主题是，凡勃伦、康芒斯、霍布森等制度主义者除了强调有形的（物质）资产在生产过程中的重要性外，也强调无形（非物质性）资产在生产过程中的重要性。其中最重要的无形资产之一就是知识。知识包括生产过程中的知识以及公司能力这种声望性的知识，诸如"产业善意"等（Commons，1919）。

与知识以及其他的无形资产相比，物质性的生产工具在生产中的相对重要性，往往受到了主流与非主流经济学家们过分的强调。主流的经济学家长期以来描述了物质"资本"加上"劳动"对生产的重要性，认为这二者是促进和实现机器运转的最为重要的投入。尽管马克思有所不同，仅仅强调劳动是所有价值的来源，但是他更强调的是有形资产而非无形资产。而且，他的利润率日益下降的理论，认为物质性的生产工具的总价值，相对于活的劳动而言会日益增加。

凡勃伦则与上述主流的倾向相对立，并且是最先强调非物质资产，包括"工具性知识与实践性知识"的相对重要性的学者之一（Veblen，1919：343）。凡勃伦（Veblen，1919：185-186）认为，生产有赖于"所涉及的关于生产方法与工具的累积性的和习惯性的知识……生产是长期的经验与实验的结果"。所有物质与非物质材料的生产与使用，都要依赖于无形的、非物质的环境，以及各种技能，而这些都往往难以界定和拥有。这些能力存在于社会经济系统的制度和文化之中，并且它们要经过较长的时间才能建立起来。相应地，"资本家雇主……不拥有"任何在生产过程中每天所使用的"可察觉的非物质设备"（Veblen，1919：344）。

凡勃伦恳请读者考虑，对于共同体而言，在生产过程中失去所有的资本商品更糟，还是失去知识与技能更糟？他认为，后一种是更具破坏性的，因为没有了知识和技能，要想使用仍然保持的设备是不可能的。而资本商品的损失如果是很巨大的，那也具有破坏性，不过如果知识和技能仍然存在，那么可以利用知识与技能在较短的时间内使生产恢复到以前的水平。因此，凡勃伦主张："资本的实质核心是非物质性财富，而形式上作为资本家所有权主体的物质目标，则是一种短暂的、偶然性的事情。"(Veblen, 1919: 200) 正如他在另一本书中（针对他的批评者）所反驳的：

> 在这种情况中，这种非物质设备肯定是生产中最为重要的能动性部分；尽管这是事实，但是经济学家从来就不习惯于对非物质设备进行更进一步的思考和讨论，主要是因为这种非物质资本不能按照价格来确定，因此在积累的财富统计表中也不会被列出来 (Veblen, 1915: 272)

康芒斯接受了这些重要主张，并做出了进一步的发展 (Commons, 1924: 235 - 282; 1934: 649 - 672)，他同样强调无形资产的重要性。英国制度经济学家霍布森 (Hobson, 1936: 67) 也做出另外的相关贡献：

> 工人在土地上或工厂中的生产能力，以及工作的数量和质量，都并非完全取决于或主要不取决于他们的工作精力，而是取决于他们工作时、处于他们控制之外的经济条件。其中最为重要的条件是产业技艺——这是一种通过长期积累而形成的丰富的社会遗产——的状况，它是所有熟练工人的素质和能力的基础。没有任何活着的工人或工人群体能够完全声称拥有这种累积性知识的私人所有权，虽然他有权利用这些知识来增加他的生产力。

221　这段话表达了一种核心的观点，即知识既是一种个人现象，又是一种社会现象。而主流经济学对于经济增长的解释则相反，强调私人拥有要素投入的增加，是导致经济增长的最重要的原因，主流经济学有时也强调由研发推动的技术变革的重要性。主流经济学对于这种有形投入与测量的强调，往往会遮蔽学习、累积性的社会知识的重要性。

凡勃伦关于知识作用的见解强调了知识十足的重要性。诸如德国与日本这样的经济体，在第二次世界大战期间损失了大量的资本设备。但是它们仍然保有了一支受过教育的工人队伍，以及能够复制和强化技术知识的教育制度等。尽管在战争时期它们损失了很多物质性资产，但是到20世纪60年代，它们某些产业的表现甚至超过了美国。很明显，从灯泡制造到核武器等的制造，仅仅只有机器和设计

图还是不够的。如果关于这些生产活动的默会性知识不能传承下来，或者衰落和失传，那么这种技术也就难以运行了 (Polanyi, 1958; Mackenzie, 1996)。

凡勃伦及其他制度主义者认为，制度是知识的贮存室。社会群体与制度（组织）承载着过去累积的知识和经验。相应地，凡勃伦主张，个人习惯相互作用而形成的社会联合体，构成了在很大程度上是无形知识的社会库存，这些知识库存不会与个人单独相联系。正如凡勃伦 (Veblen, 1898: 353 - 354) 所指出的：

> 生产只有在社会中才能实现——只有通过产业共同体的合作才能实现。这种产业共同体……总是由个别团体构成，而且这个团体要足够大，才能容纳和传播各种传统、工具、技术知识及其用法，而没有这些就不会存在产业组织，个人与他人或者与他们的环境就不会有经济联系。单独的个体不能成为有生产力的能动者，他能够做得最好的就是如非群居动物那样，一年到头地活着。没有技术性知识就不能生产；因此就没有积累，个人或集体就不会拥有财富，并且不存在远离产业共同体的技术知识。

很多经济学坚持认为，生产完全是个人拥有的生产要素——诸如土地、资本与劳动——的结果，它们的主人能够获得相应的酬劳或回报。凡勃伦对于主流经济学的这种概念或观念，提出了一种合乎情理的、理由充分的批判。凡勃伦 (Veblen, 1921: 28) 认为，"生产有赖于源于过去经验的知识库存，以及这种知识库存的联合"，而这种知识本身不可能成为个人拥有的商品，因为其涉及整个产业共同体 222 的实践。凡勃伦 (Veblen, 1898: 354) 继续说道：

> 既然不存在个人化的生产和个人化的生产力，那么"所有权要依赖于所有者个人的生产性劳动"这样一种自然权利预设，就把这种预设本身降低为一种谬论，甚至降低到其本身假设逻辑之下。

正如上文提到过的，这种批判将摧毁经济理论中的资本概念。凡勃伦 (Veblen, 1919) 认为，理解产业生产力的关键，不是作为"生产要素"的"资本"和"劳动"，相反在很大程度上是社会中的知识储存。凡勃伦 (Veblen, 1919: 348) 认为，习得性的知识与经验是在一个共同体中逐渐积累起来的：

这些非物质性的产业必备要素（expedient），必然是共同体的一种产品，是共同体过去经验与现在经验的非物质性剩余物；其离开共同体生活就不可能存在，并且在很大程度上只有共同体协调一致才能传递下去。

凡勃伦（Veblen，1914：103）一再强调这一点，他说在一个社会群体中，

> 技术知识也具有共同储备物的性质，为共同体持有、承载和携带，共同体在这方面具有持续的共同利益。产业技艺的状况如何，不是由个人或私人创造或创新来决定的，相反它是一种集体生活事实。产业技艺是一种集体的事物，不是独立的或各自分离、自足地工作的个人的一种创造性成就。

不过，凡勃伦明确地指出，尽管知识是一种集体事业，但这并不贬低个人的作用，也不贬低知识总是由个人持有以及是一种个人的经验事件这一事实。正如凡勃伦（Veblen，1919：328）所说：

> 当然，在共同体生命中如此持有、使用和传播的技术知识的相互补充，产生于和来自于个人的经验。经验、实验、习惯、知识、主动首创都是个人生活现象，个人生活又必然来源于这样一种资源，即共同体所有知识库存所来自的一种根源。增长的可能性来自于通过个人经历和主动首创所获得的累积性知识的可行性，因此经济增长的可能性在于个人从其经验中所习得的知识的可行性。

知识的个人层面和社会层面是相互联系的，因为社会环境及其"共同经验库存"为个人的学习提供了手段与刺激。社会环境是个人互动的结果，但是没有这种社会环境，个人将会失败、愚笨无能。因此学习是个人与社会之间存在的一种潜在的正反馈过程。上段引文清楚地表明了，凡勃伦认为社会领域（social domain）是知识的一个潜在储藏室。凡勃伦还把这种主张向前推进了重要的一步，他写道：

> 任何共同体都可以视为一种产业机制或经济机制，它的结构是由它的所谓的经济制度构成的。这些制度是承载和实施共同体与其所生活的物质环境的物质联系这样一种生命过程的习惯性方法。当在这种给定的环境中开展人类活动的给定方法，通过这种方法得以精心打造或详细阐明时，共同体的生活会以习惯性的方

法，来熟练地表达自己。共同体会使用环境的力量，按照过去习得的和体现在这些制度中的方法来实现其生活目的。（Veblen，1899：193-194）

这样他就把一种社会制度概念引入了这一图景中。凡勃伦在此认为制度是一种社会结构，制度包括了个人的习惯，并与一种物质环境结合在一起。他描述了很多共同体，按照过去习得的、体现在其社会制度中的方法，利用他们的社会与物质环境来实现其目的。上面这段引文则清楚地表明了他的主张，即制度发挥着社会知识储存库的作用。

他还讨论了这些知识被储存起来的某些机制与方式。凡勃伦（Veblen，1919：10）指出，"那些起着知识生产系统之规则的思维习惯"，得到了"共同体生活所处的制度结构的支持"。凡勃伦不仅界定了一种有利于学习的储存知识环境，还把这种环境视为一种结构，认为这种结构是由制度构成的。这些制度是习惯性的个人行为相互作用的表现和结果，但是又不能还原为单个个人的行为。

康芒斯（Commons，1934）试图在他的交易理论中进一步深入讨论这种相互作用。他认为合约与交换存在"讨价还价性交易"、"命令与服从的行政性交易"以及通过政府税收与支出推行的"定量配给性交易"之分，并对这些交易的异同进行了比较分析。康芒斯强调指出，所有这些交易类型都涉及社会互动与商谈，并影响事件的将来状态。

然而，制度主义者强调社会互动、社会结构和社会的知识层面这种做法，随着第二次世界大战后制度主义的衰落而逐渐不那么流行了。很多制度主义的社会科学家，总是会对"社会记忆"、"知识会与习惯、风俗、组织和制度相联结，以及与个人相联结"等概念保持警惕。在这些早期制度主义者出现之后，类似的概念直到20世纪80年代之后才重新流行起来，此时在经济学中的尼尔森和温特（Nelson & Winter，1982）把惯例描述为"组织记忆"，社会学家如B. 列维（B. Levitt）和J. 马奇（J. March）则为"组织学习"这类概念恢复了名誉。但是20世纪80年代的那些重要著作，没有一本提到凡勃伦。

## 对泰勒制与工会的看法

弗雷德里克·温斯洛·泰勒（Frederick Winslow Taylor）1911年出版了《科学管理》（*Scientific Management*）一书。在这本书中，泰勒提出对工

作过程进行详细的经验分析，以测量每一操作所花费的时间，并进而设计一种适当的激励系统，以实现生产定额。与当代人们广泛描述的形象不同，泰勒具有一定的进步性，因为他认为应给工人更高的工资，以改进其工作条件，降低其工作时间。另外，泰勒制运动在总体上并不反对工会。还有，与最近某些解释也完全相反的是，这种运动既非有意要对一般的、总体的工作队伍去技能化，而且实际上也没有出现过这样的结果。对于那个时代的很多思想家而言，泰勒制是应对经济所面临的各种挑战的科学解决办法，这种办法是现代的，强调技术的支配作用，并以经验为基础（Tichi，1987；Wrege & Greenwood，1991；Nyland，1996；Guillen，1997；Bruce & Nyland，2001）。

凡勃伦与其同时代的很多激进学者一样，对泰勒制表示欢迎，因为他认为泰勒制有助于生产的设计并使生产合理化，从而提高生产力，增加产出，改善工人阶级的物质条件。凡勃伦（Veblen，1904：313）并不认为机械过程会导致工人的去技能化或者"智力退化或丧失"。他认为这种看法过去无视"由于适应机械工作而带来的变革特征"。

但是其他的一些制度主义者则认识到泰勒制中存在的某些问题，并采取了一种更具批评性的立场。我们利用一种后见之明的优势，以及最近的一些研究，发现泰勒制的工作过程具有彻头彻尾的、十分详尽的和机械的规定性，可能妨碍工作队伍的动机和创造性（Vroom & Deci，1970）。霍布森早在1914年就指出了泰勒制可能会出现这种结果。霍布森（Hobson，1914：219-220）对泰勒制进行了特别敏锐的和具有先见性的批判，并指出甚至那些完全是是惯例性的工作，"也会包括一定程度的技能展示、首创性、判断力"。他进一步指出：

> 实际上，如果科学管理完全地和严格地应用于整个主要产业，那么不仅会增加劳动的人力成本，而且也可能损害产业技艺本身的进步。……将得不到通过聪明的工人的观察与实验而实现的技术创新所提供的辅助，将失去来自工人的各种改进建议。在绝大多数的惯例性劳动中，仍然存在创造性的工作要素，这些要素并不会消失。

霍布森再次承认，凡勃伦关于工作与机器过程的解释，忽略了激励动机与创新等内容。霍布森强调了所有实践技能实施所涉及的自由裁量权和决策等问题。他批判了泰勒制存在的一种把（管理者的）思想、计划完全与（工人队伍的）执行分离开来的意图。他的理由是，如果工人的自由裁量权被破坏，那么工人的生产力与创造性也会降低。他认为，管理者要把与工作过程相关的所有知识都收集起来——像泰勒所主张的那样——是不可能的，也是没有必要的。

在制度主义内部特别是凡勃伦和霍布森之间存在的这种分析上的分歧，在一定程度上与"生产知识可以集中化和理性的评价"这样的假定存在密切的关系。与凡勃伦不同，霍布森对这种假定的可能性表示怀疑，并且清楚这种假定在实践上的局限性。显然，这种争论对于综合性的社会计划系统——在这种系统中，所有相关的知识被承担计划功能（民主或非民主）的权威者收集在一起，以形成所有计划性决策的基础——是否可能，具有某些暗示。霍布森的主张暗示，这类综合性计划的范围要受到限制，因为存在地方化的知识和技能，而且这些知识和技能也很重要，但又不能完全根据任何（公司或者其他组织的）计划权威来评估。

凡勃伦的问题表现在，他除了暧昧地简单提及无政府—工会主义（anarch-syndicalism）或者一种"工程师苏维埃"外，在很大程度上对经济组织与协调这些关键问题保持沉默。凡勃伦（Veblen，1921：144）只是最低限度地谈到了一种专家"产业指导委员会（directorate）"，进行适当的咨询工作，设立足够的亚中心分支机构和地方委员会，持有明确信念即可获得的和集中起来的知识与专长，可以有效地处理现代复杂经济中的所有冲突性主张以及经济分配等等问题。凡勃伦提供的一种作为替代资本主义的可能系统，只不过是一种朦胧的、模糊的提纲（Hodder，1956；Rutherford，1992）。

制度主义内部关于泰勒制的这种争论，还涉及其他一些领导性的人物。康芒斯1914年请霍克西为美国联邦产业关系委员会撰写了一份关于泰勒"科学管理"的优点与缺点的科学报告。泰勒认为工人和工会应参与关于工作时间的详尽探讨。然而，康芒斯强烈反对工人或工会以任何形式直接参与车间工场的管理。相反，他支持工会官员与雇主之间在一种代表层次上建立一种咨询系统（Kaufman，2003）。由于这个原因，康芒斯与凡勃伦不同，反对泰勒制的关键特征。为了感激康芒斯，霍克西感觉有责任使他的报告倾向于康芒斯。最终，康芒斯勉强说服霍克西发表了他起草的报告。该报告提出的是一种模棱两可的、不能让人信服的研究，并且没

225
226

有充分体现那些有利于泰勒制的主张（Hoxie, 1915）。因此，该报告受到了著名的《美国经济评论》（*American Economic Review*）的批评。霍克西因为他的失败而精神失常，由于不堪忍受自己的虚假行为和在智识上的幻灭感，最后刎颈自杀了（Fishman, 1958；Mcnulty, 1973；Nyland, 1996；Rutherford, 1998）。

在其死后才出版的《美国工联主义》（*Trade Unionism in the United States*）一书中，霍克西试图检验凡勃伦的主张，即参与现代机器过程，有助于积累理性的、非传统的思维习惯。霍克西（Hoxie, 1917）指出，凡勃伦的这一主张意味着，工会工联主义者由于更接近于机械过程，因此比起雇主来，会较少愿意接受"财产的自然权利基础"这种假设。然而，在关于美国工会的研究中，霍克西发现情况并非完全如此。工会工联主义者的一个显著的动机，就是寻求为其辛勤劳动获得最大的金钱回报。工会关注金钱世界的事情，并为金钱问题而讨价还价。工人们关心物理的身体因果关系的思想，但是也同样关注自己的酬劳。卢瑟福（Rutherford, 1998：475）认为，凡勃伦（Veblen, 1921）面对这种批评，也在修正自己的看法，日益强调接受了教育的工程设计师而不是机械工人更有可能成为社会变迁的代理人。

上面提及的凡勃伦、康芒斯、霍克西和霍布森之间存在的看法差异，包括对工作组织的看法的差异，显示了美国制度主义对于这类关键论题并没有获得共识。尽管凡勃伦等人对知识的重要作用做出了有预见性的贡献，但是这些早期制度主义者存在的问题与分歧，暴露了制度主义的一些基本缺陷。下面这一部分，我们就对这些缺陷进行概括和论述。

## 三、老制度经济学的缺陷、遗漏与复苏的可能性

老制度经济学有时候因为缺少"理论"而备受批评，这些批评者常常用数学模型来界定"理论"。老制度经济学的大量理论性著作都是概念性的而非理论性的，但是制度主义偶尔也会使用数学和计算机模型。因此，关于制度主义是"非理论的"或"反理论的"谴责，暴露了制度经济学史中存在的某些忽视或误解（Rutherford, 2001；Hodgson, 2004）。

对制度主义的另外一个虚假的谴责则是说制度主义忽视了个人的能动性，并坠入了"方法论集体主义"的泥沼。尽管某些制度主义的派生路线确实存在这些方面的缺陷，但我们通过检视奠基性的制度主义者包括凡勃伦、康芒斯和米切尔等人的著作，可以轻易地回击和反驳这样的谴责。凡勃伦（Veblen, 1919：243）含蓄地反驳了针对他的任何"方法论的集体主义"谴责，例如，他说"制度性结构的出现和变化，都是群体中的个人行为的产物"。

但是，这并不意味着制度主义就可以免于一切批评。让我们看看下面的验证或判据。当我们在检视不同的社会思想流派时，往往会指向那些界定这些思想流派的立场视角的关键的、系统的代表性文本。例如，对于马克思主义的评判，我们可能只看《资本论》；对于新古典经济学的评判，我们可能指向阿尔弗雷德·马歇尔（Alfred Marshall）的《经济学原理》（*Principles*）或者利昂·瓦尔拉斯（Leon Walras）的《经济学原理》（*Elements*）；对于凯恩斯主义，我们可能只看《通论》（*General Theory*）等。但是对于制度主义，则没有这种同样有分量的、充分代表性的文本存在。这一知识传统没能为其理论方法提供一种系统的阐述。这种失败部分是因为制度主义所遇到的困难，当时正值两次世界大战之间，制度主义的学术潮流开始偏离凡勃伦的思想基础，而转向实用主义哲学和詹姆斯的心理学。但是这不是一种严重的失败。

凡勃伦从特定的文化与制度背景来理解人类动机，并为此做出了巨大的贡献。但是，他对于经济学的中心问题之一没有提供系统的分析。他没有提供系统的分析工具来理解过去或者现在的生产与分配系统或组织实际上是如何运行的。相应地，对于何种社会经济系统是可行的，他提供的看法也很少。一些关键的、派生性的问题，诸如市场的作用、工作组织和激励结构，都在很大程度上被他忽视了。

相反，主流经济学家与新制度经济学家（如Williamson, 1975）都把强调的重点放在了各种经济活动的金钱激励和自利动机上。有时候这样的强调走得很远，忽视了非金钱激励的作用，忽视了自我利益的社会与文化条件，忽视了工作中或其他地方存在的社会连带主义或利他行为（Jacoby, 1990）。而对于这类事物的重要性，有着很多经验的证据（例如，Brown, 1954）。不过，主流的经济学传统与新制度主义的传统，都试图处理激励结构和动机这些重要的问题，即使其答案有时是有缺陷的，或者

不能令人满意。

相应地，我们面对的是一种不能让人满意的选择，即一面是那些强调激励和偏好的社会性建构，但又低估金钱和其他类似激励的老制度主义者，另一面是那些过于强调金钱和其他自利因素的重要性，而忽视了偏好与动机会受到文化和制度的建构的主流新制度经济学家。

然而，近些年来，这两种制度主义传统之间开始出现交流和对话。例如，新制度经济学家诺斯（North，1990，1994）的著作，就相当关注文化与意识形态形塑人们的理解与动机的方式，同时又试图理解何种结构能够提供更优的激励与结果。

而且，我们发现，在老制度经济学与较晚出现的、由尼尔森和温特（Nelson & Winter，1982）所开创的新制度主义经济学传统之间，存在相当高的相似性。与老制度主义者一样，这两位学者强调制度与惯例所起的知识储存库的作用。与凡勃伦很相似的地方在于，他们也认为制度和惯例的演化，大致是一种达尔文式的变异与选择、淘汰与保留的过程。

诸如此类的重要对话与融合，包括现代经济社会学中的著作（见第九章），都为老制度主义建立更完全和更系统的理论提供了一种机会，而老制度主义也更有希望在这种基础上实现复兴。而且，曾经构成凡勃伦思想的重要基础的实证主义哲学与詹姆斯心理学这样的智识潮流，本身也正在享受一种复兴（Plotkin，1994；Hands，2001；Hodgson，2004）。我们在利用老制度主义者以及其他流派的洞见的同时，复兴老制度主义并使其日益现代化的知识条件已经具备了。

我们之所以提出这样的判断，不仅仅是基于当代各种知识运动富有成果的融合和会聚。在本体论的层次上，制度主义是以如下洞见为基础的：社会实在是社会规则系统建构的，并以一种制度的形式存在。在社会学和经济学等学科中，学者们已经充分认识到，在诸如经济发展、市场运行、工作组织这样的事件中，制度有其重要性。制度是社会生活的材料。尽管老制度主义在很多方面的研究都是不完全的，但是现在已经存在坚实的基础，使人们可以重新对其进行深入的检视，并发现其中存在的生命力持久的洞见。老制度主义的跨学科立场使其对于其他学科的社会科学家具有很强的吸引力。最近这些年来，老制度经济学在欧洲等地已经出现了一些值得注意的复兴，我们相信这种趋势会继续下去。

杰弗理·M·霍奇森（Geoffrey M. Hodgson）

**参考文献**

Aoki, M. (2001). *Toward a Comparative Institutional Analysis*. Cambridge, MA: MIT Press.

Barber, W. J. (1988). *From New Era to New Deal: Herbert Hoover, the Economists, and American Economic Policy, 1921 - 1933*. Cambridge: Cambridge University Press.

Bernstein, M. A. (2001). *A Perilous Progress: Economists and Public Purpose in Twentieth-Century America*. Princeton, NJ: Princeton University Press.

Brown, J. A. C. (1954). *The Social Psychology of Industry*. Harmondsworth: Penguin.

Bruce, K. and Nyland, C. (2001). "Scientific Management, Institutionalism, and Business Stabilization: 1903 - 1923", *Journal of Economic Issues*, 35 (4): 955 - 78.

Commons, J. R. (1909). "American Shoemakers, 1648 - 1895: A Sketch of Industrial Evolution", *Quarterly Journal of Economics*, 24 (1): 39 - 84.

—— (1919). *Industrial Goodwill*. New York: McGraw-Hill.

—— (1924). *Legal Foundations of Capitalism*. New York: Macmillan.

—— (1925). "Marx Today: Capitalism and Socialism", *Atlantic Monthly*, 686 - 7.

—— (1934). *Institutional Economics—Its Place in Political Economy*. New York: Macmillan.

—— (1950). *The Economics of Collective Action*. New York: Macmillan.

——, Phillips, U. B., Gilmore, E. A., Sumner, H. L., and Andrews, J. B. (eds.) (1910 - 11) *A Documentary History of American Industrial Society*, 10 vols. Cleveland, OH: Arthur H. Clark.

Commons, J. R., Saposs, D. J., Sumner, H. L., Mittleman, H. E., Hoagland, H. E., Andrews, J. B., and Perlman, S. (1918 - 35) *History of Labor in the United States*, 4 vols. New York: Macmillan.

Dorfman, J. (1974). "Walton Hamilton and Industrial Policy", in W. H. Hamilton (ed.) (1974) *Industrial Policy and Institutionalism: Selected Essays, with an introduction by Joseph Dorfman*, New York: Augustus Kelley.

Fishman, L. (1958). "Veblen, Hoxie and American Labor", in D. F. Dowd, (ed.) *Thorstein Veblen: A Critical Appraisal*. Ithaca, NY: Cornell University Press.

Galbraith, J. K. (1958). *The Affluent Society*. London: Hamilton.

—— (1969). *The New Industrial State*. Harmondsworth: Penguin.

Guillén, M. F. (1997). "Scientific Management's Lost Aesthetic: Architecture, Organization, and the Taylorized Beauty of the Mechanical", *Administrative Science Quarterly*, 42 (4): 682 – 715.

Hamilton, W. H. (1919). "The Institutional Approach to Economic Theory", *American Economic Review*, 9 (Suppl.): 309 – 18.

—— (1932). "Institution", in E. R. A. Seligman and A. Johnson (eds.), *Encyclopaedia of the Social Sciences*, Vol. 8. New York: Macmillan.

Hands, D. W. (2001). *Reflection without Rules: Economic Methodology and Contemporary Science Theory*. Cambridge: Cambridge University Press.

Hobson, J. A. (1914). *Work and Wealth: A Human Valuation*. London: Macmillan.

—— (1936). *Veblen*. London: Chapman & Hall. Reprinted 1991 by Augustus Kelley.

Hodder, H. J. (1956). "The Political Ideas of Thorstein Veblen", *Canadian Journal of Economics and Political Science*. 22 (3): 347 – 57.

Hodgson, G. M. (1998). "The Approach of Institutional Economics", *Journal of Economic Literature*, 36 (1): 166 – 92.

—— (1999). *Economics and Utopia: Why the Learning Economy is not the End of History*, London: Routledge.

—— (2001). *How Economics Forgot History: The Problem of Historical Specificity in Social Science*. London: Routledge.

—— (2004). *The Evolution of Institutional Economics: Agency, Structure and Darwinism in American Institutionalism*. London: Routledge.

Hoxie, R. F. (1915). *Scientific Management and Labor*. New York: Appleton.

—— (1917). *Trade Unionism in the United States*. New York: Appleton.

Jacoby, S. M. (1990). "The New Institutionalism: What Can it Learn from the Old?", *Industrial Relations*, 29 (2): 316 – 59.

Kaufman, B. E. (1993). *The Origins and Evolution of the Field of Industrial Relations in the United States*. Ithaca, NY: Cornell University Press.

—— (1998). "Regulation of the Employment Relationship: The 'Old' Institutional Perspective", *Journal of Economic Behavior and Organization*, 34 (3): 349 – 85.

—— (2003). "John R. Commons and the Wisconsin School on Industrial Relations Strategy and Policy", *Industrial and Labor Relations Review*, 57 (1): 3 – 30.

Levitt, B. and March, J. G. (1988). "Organizational Learning", *Annual Review of Sociology*, 14: 319 – 40.

MacKenzie, D. (1996). (ed.) *Knowing Machines: Essays on Technical Change*. Cambridge, MA: MIT Press.

McNulty, P. J. (1973). "Hoxie's Economics in Retrospect: The Making and Unmaking of a Veblenian", *History of Political Economy*, 5 (3): 449 – 84.

Mirowski, P. (2002). *Machine Dreams: Economics Becomes a Cyborg Science*. Cambridge: Cambridge University Press.

Nelson, R. R. and Winter, S. G. (1982). *An Evolutionary Theory of Economic Change*. Cambridge, MA: Harvard University Press.

North, D. C. (1990). *Institutions, Institutional Change and Economic Performance*. Cambridge: Cambridge University Press.

—— (1994). "Economic Performance Through Time", *American Economic Review*, 84 (3): 359 – 67.

Nyland, C. (1996). "Taylorism, John R. Commons, and the Hoxie Report", *Journal of Economic Issues*, 30 (4): 985 – 1016.

Plotkin, H. C. (1994). *Darwin Machines and the Nature of Knowledge: Concerning Adaptations, Instinct and the Evolution of Intelligence*. Harmondsworth: Penguin.

Polanyi, M. (1958). *Personal Knowledge: Towards a Post-Critical Philosophy*. London: Routledge & Kegan Paul.

Posner, R. A. (1973). *Economic Analysis of Law*, Boston, MA: Little Brown.

Powell, W. W. and DiMaggio, P. J. (eds.) (1991). *The New Institutionalism in Organizational Analysis*. Chicago: University of Chicago Press.

Rutherford, M. H. (1992). "Thorstein Veblen and the Problem of the Engineers", *International Review of Sociology*, 3: 125 – 50.

—— (1997). "American Institutionalism and the History of Economics", *Journal of the History of Economic Thought*, 19 (2): 178 – 95.

—— (1998). "Veblen's Evolutionary Programme: A Promise Unfulfilled", *Cambridge Journal of Economics*, 22 (4): 463 – 77.

—— (2000). "Understanding Institutional Economics: 1918 – 1929", *Journal of the History of Economic Thought*, 22 (3): 277 – 308.

——（2001）. "Institutional Economics: Then and Now", *Journal of Economic Perspectives*, 15（3）: 173 - 94.

Schotter, A. R. (1981). *The Economic Theory of Social Institutions*. Cambridge: Cambridge University Press.

Smelser, N. J. and Swedberg, R. (eds.) (1994). *Handbook of Economic Sociology*. Princeton, NJ: Princeton University Press.

Taylor, F. W. (1911). *The Principles of Scientific Management*. New York: Harper.

Tichi, C. (1987). *Shifting Gears: Technology, Literature, Culture in Modenist America*. Chapel Hill, NC: University of North Carolina Press.

Veblen, T. B. (1898). "The Beginnings of Ownership", *American Journal of Sociology*, 4 (3): 352 - 65.

—— (1899). *The Theory of the Leisure Class: An Economic Study in the Evolution of Institutions*. New York: Macmillan.

—— (1904). *The Theory of Business Enterprise*. New York: Charles Scribners.

Veblen, T. B. (1914). *The Instinct of Workmanship, and the State of the Industrial Arts*. New York: Macmillan.

—— (1915). *Imperial Germany and the Industrial Revolution*. New York: Macmillan. Reprinted 1964 by Augustus Kelley.

—— (1919). *The Place of Science in Modern Civilization and Other Essays*. New York: Huebsch.

—— (1921). *The Engineers and the Price System*. New York: Harcourt Brace and World.

Vroom, V. H. and Deci, E. L. (eds.) (1970). *Management and Motivation*. Harmondsworth: Penguin.

Williamson, O. E. (1975). *Markets and Hierarchies: Analysis and Anti-Trust Implications: A Study in the Economics of Internal Organization*. New York: Free Press.

Wrege, C. D. and Greenwood, R. J. (1991). *Frederick W. Taylor, The Father of Scientific Management: Myth and Reality*. Homewood, IL: Irwin.

*232*

## 第九章 工作的经济世界：把经济社会学与工作社会学统一起来

### 一、引言

所谓经济，就是资源的集体性生产与分配，也就是说，物质产品与服务的生产与配置，由社会来提供，以维持社会的存在与发展。而所谓工作，则是人们为了自己在这种更大的生产与交换系统中获得物质和社会支持而参与的各种活动。简言之，个人从事工作，而经济是这种工作的结果。反过来，经济又把个人推到工作当中。考虑到工作与经济之间密切相关，因此我们有必要探讨工作与经济之间存在的并把它们二者组织起来的各种联系。这具有建设性的意义。

正统经济学视工作为一种商品，可以把它当做像有着价格或工资变动的其他商品和服务一样来理解。正统经济学模型视市场动力学为组织工资的分配，进而组织劳动力的分配的过程，因此与其他社会背景存在本质的区别。正统经济学模型假定，市场的动力学反映了个人的会聚性结果，这些个人具有天生的偏好，是追求个人私利的决策者，他们先计算后行动，以寻求私利最大化。美国联邦储备委员会、世界银行、国际货币基金组织以及其他的政策机构，在试图调整各种经济政策时，都持有这样的假定，并已经日益成为理解产业经济的基础，也就是说，日益成为理解劳动力市场是如何组织起来的基础，理解作为一种产业投入的劳动力的成本和质量的基础（Stiglitz, 1999）。不过，仅仅视工作为一种商品，就会忽视很多问题，包括是什么在组织劳动过程，以及劳动过程对那些参与劳动过程者代表着什么——它的意义等重要内容。

社会学的研究通过关注这种劳动，视劳动为市场条件下的既是个人的又是集体的经验而弥补了这种空白。埃弗里特·C·休斯（Everett Hughes, 1958）以及芝加哥学派研究了专业技术职业和专业主义，认为它们是现代产业背景十分明显的标志。对于专业技术职业的关注，在第二次世界大战后支配了职业研究领域的研究议程；职业研究的主要关注点在于深入理解个人职业与个人特质之间的关系、各种水平的异化、工作满意、工作流动和职业地位（Abbott, 1993）。关于工作与满意度的研究，广泛使用了结构分析，来评估和追踪产业经济学中的人口统计学运动（Blau & Duncan, 1967; Braverman, 1974; Simpson, 1989; Kohn, 1990; Abbott, 1993）。对于他们而言，马克思主义对于劳动的批判性研究——这是马克思主义批判资本主义现代生产模式的中心——分析了从"古代的系统"如封建主义到"现代的"工业系统的变革，并批判了这些系统对于工人的异化、剥削与破坏性后果，以及资本主义对更一般的工作与生产过程的失控（Burawoy, 1979a; Burawoy, 1985; Seidman, 1991; Vallas, 1993）。最后，最近的研究关注工作出现的一些新趋势，特别是技术与生产的快速变迁，及其对工作场所产生的影响，强调现代资本主义社会不断变革的性质，指出正在前所未有地朝向一种以市场为基础的交换（例如商品化的）系统的转型，并探讨了这种转型在工作中的体现（Zuboff, 1984; Erikson & Vallas, 1990; Smith, 2001; Vallas, 2001）。

经济社会学则检验了那些建构人类社会物质生产的社会过程，以及那些建构分配和消费产品及服务的社会过程[①]，并对经济背景提出了第三种看法。这种看法与关于工作的社会学研究在很多方面都具有共通之处，而与在正统经济学中发挥作用的各种假定存在很大的对立。经济社会学家与其同时代的

---

① 对于作为社会学的一种分支学科的经济社会学而言，这也是一种恰当的界定。

经济学家存在如下三个维度的不同：（1）经济社会学不认为经济背景与社会背景、文化背景是分离的，而认为经济背景体现了社会背景与文化背景，或者说经济背景嵌入社会与文化背景之中。（2）经济社会学家较少认为行动者的行动偏好与个人化的行动是天生的（intact）、计算性的，而认为最大化效用在内容或目的上是多重性的，更可能受到根源于社会的认知策略、实质理性、情感、角色、规范、神话、期待等的影响，而这些因素构成了理解行动者自身甚至其经济决策的基础。（3）经济社会学家反对方法论个人主义——这种方法论个人主义主张，市场是个人层次的简单加总是不可置疑的，而支持另外的各种模式，这些模式认为由个人形成的集体创造了不同于个人简单加总所体现的一种动力学（Guillén et al.，2002：5）。

235

很显然的是，经济社会学家与工作研究学者都持有一种独特的立场，质疑古典经济学和当代经济学的劳动理论中那些流行的假设，以及那些把体现交易和工作特征的事物视为一种给定条件而不加研究的假设。我们作为经济社会学家，主张要明确地关注经济研究与工作背景研究之间存在的重叠性，例如经济与工作之间存在的实际关联，为进一步理解经济与工作提供了一种渠道。

在研究工作与经济的最优秀、最经典的学者中，卡尔·马克思是对产业劳动关系进行明确的理论研究的第一人，他指出价格本质上是一种被扭曲的评估与理解工作价值的方式。马克思的"劳动价值理论"（Marx，1967）的核心，是其关于不断变革的经济结构会使社会关系发生转型，以及关于人类劳动反映了不断变革的法律、政治和意识形态条件的思想（Marx & Mclellan，1977）。马克思的思想对于人类历史产生了巨大的影响，但是他并没有预料到资本主义后来的扩张会呈现出多样化的形式，最初的资本主义形式与后来多样化的资本主义形式都采纳了各种生产、交换和工作系统，并且在这个过程中对这些系统进行转型。正如我们从经验调查中所得知的，资本主义的市场确如马克思所预测的，并没有消灭所有其他的工作形式和交换形式。相反，正是资本主义的大肆扩张，使资本主义在各个方面具有各种不同的外表，使资本主义不再只有一种单调的轮廓。

在这方面，经济社会学家已经发现，在过去的20年中，"资本主义"的多样性反映了历史的不确定性和发展轨迹的分化性或差异性（Collins，1980；Wallerstein，1984；Hamilton，1994），以及社会结构（Granovetter，1985；Baker，1990；Burt，1992；Granovetter，1992；Podolny，1994；Romo & Schwartz，1995；Uzzi，1996，1997，1999）、社会政治与文化环境（Campbell & Lindberg，1991；Fligstein，1996a，1996b）的多样性和差异化发展。经济社会学家对于各种不同的资本主义的研究，指出了各种资本主义社会可能建立在各种组织与职业安排的基础上，但是这些安排绝对都会包括私人投资、利润寻求、自由劳动、价格竞争以及其他与发达资本主义的、以市场或企业为基础的经济相关联的其他因素。我们也知道，在不同的国家，劳动体制因政府角色与结构而异（Burawoy，1979b；Campbell & Lindberg，1990；Dobbin，1994；Biggart & Guillén，1999；Dobbin & Dowd，2000），因劳工组织的经验（Hicks et al.，1978；Cornfield，1991；Stepan-norris & Zeitlin，1991）而异，有时还会因殖民主义历史经历而异（Fields，1995）。但是，这些研究绝大部分都没有直接检视交换结构，以及交换结构如何影响工作关系——劳动者、工作意识形态、各种酬劳形式之间的经济联系，以及工作对于那些劳动者的意义。

236

本章则根据来自经济社会学研究的"教训或启示"，探讨"不同交换结构会影响劳动的概念界定和组织化"这一思想。我们利用经济社会学家的研究以及相关学者的研究，来阐明这一思想。经济社会学家的研究探讨了经济活动是如何安排的和如何理解的，并为我们提供了一种工具来理解工作在其中被界定、执行、组织和酬劳的那些背景。在下面几页中，我们

● 简要讨论了那些体现当代经济背景分析的特点的诸种支配性分析范式：经济效用模型、冲突模型、社会结构模型和制度—文化模型。

● 对交换系统进行了简要的类型学分析，并归纳了经济社会学家以及相关学者的经验研究和理论讨论中所存在的、思考交换与工作之间的关系的四种理想类型。这种类型学分析既对市场进行了更具批判性的社会学分析，又对关于经济背景的分析进行了拓展，使关于经济背景的分析不再仅仅关注现代市场。我们在这两个方面的努力，都为工作研究提供了相关的洞见。

● 反思了关于经济的社会学研究以及经济社会学理论，并根据我们发现的、在这种研究中存在的各种类型来组织本章的内容。我们回顾了经济社会学中那些为了理解经济而进行的经验研究，以及这些经验研究对于理解工作所具有的意涵：工作是如何安排的，是如何实施的、是如何变革的，以及是如何为牵涉其中的人们所理解的。

● 最后，我们指出了交换——包括市场内与市场外的交换——被组织起来的方式，极易受到各种因素的影响而变得多种多样，这为经济学与工作研究之间提供了相互的理论支持，提供了一种很有前景的基础。[①]

<sup>237</sup> ## 二、与工作相关的经济学理论

经济社会学家已经做出了十分重要的独特贡献，那就是针对经济背景提出了他们自己的独特的方法视角，而这种方法视角完全不同于古典经济学的视角。经济社会学集中于推翻经济学的交换概念，并以一种完全否认经济学者的方法视角的方式，把交换与社会关系、社会制度和社会结构结合在一起（Lie, 1992）。马克斯·韦伯把交换视为一种"自愿的同意或协议，涉及提供任何类型的现在的、持续的或将来的效用，以交换对方提供的任何类型的效用"（Weber, 1978）。交换可能涉及货币、物品、和（或）服务，但是也可能反映诸如尊敬、互惠、义务、责任、甚至道德信念（moral conviction）等较为无形的要素［Polanyi（1944），1957］。交换是四种基本的经济活动之一，其他三种经济活动是储备（saving）、消费和生产（例如劳动），在实践中这些活动往往是在"市场"背景中实现结合。每一种经济活动形式都可能要从属于组织、理性化或者制度化，并且正如我们稍后将要评论的，对于理解工作所采取的形式，它们都有各自的结果（Weber, 1976）。当我们提及各种物物交换情景时，我们利用了更具包容性的"交换系统"概念，并反对人们常

用的但更专门化的"市场"一词。当我们使用"市场"一词时，指的仅仅是古典经济学所假定的那些经济条件，或者与这些条件相似的经验背景（下文很多地方指的都是与市场相似的经验背景）。

概括说来，在社会科学中关于经济背景的研究，主要有五种基本的形式：新古典经济学/微观经济学模型（在新古典经济学之后）、冲突模型、网络模型、生态学模型、制度—文化模型（见表9—1）。在研究过程中，如果把这些独特的模型分别提取出来，那么我们会发现它们往往是相互对立的，但是它们也提供了进行理论比较的有用基础（至于跨越了这些理论流派边界的各种经济学分析，可参见 North, 1981；Akerlof, 1984；Coleman, 1990）。新古典经济学理论为当代政治制度、社会政策和经济分析提供了智力基础（参见第七章）。新古典经济学理论认为，存在一种完全竞争的市场，在这种完全竞争的市场中，交换不会受到社会的影响和打断。在完全竞争的市场中，行动者是自足的或者自由的参与者，他们会对他们试图获得或交易的任何产品或服务进行收益—成本比率的评估，并完全在这种基础上测量他们的行动和确定他们的行动策略（Eatwell et al., 1987）。在完全竞争的市场中，价格及其波动是一种中心的机制，个人围绕这种机制做出决策。价格反映供应与需求，买卖双方存在的差异会导致市场供给的变化，从理论上看这种变化反过来又会降低需求，进而降低价格；反之亦然。最后，在计算 <sup>238</sup> 价格的同时，经济学家也假定自由的个人在任何给定的交换中都会寻求最大化的回报。这样看来，作为边际效用[②]的一种反映的价格，也是一种市场秩序或市场均衡——亚当·斯密的"看不见的手"（1776）——得以实现或维持的机制。正如加里·贝克——新古典模型的最多产的支持者之一——所概括的，"所有的人类行为都可视为相互联系（involving）的参与者，从他们的一系列稳定的偏好角度来最大化他们的效用，并进行在累积最优量信息方面的投入以及在各种市场中的其他投入"（Becker, 1976）。经济学家承认市场是真实的社会场所，具有

---

① 这种类型学分析对于组织研究也具有一定的意涵，组织研究与经济社会学、工作社会学都存在明显的重叠（参见本书第十一章）。

② 在经济学中，一种商品的价值是根据其货币价格来计算的。边际效用的概念坚持认为一种商品的价值有赖于它在交换与使用价值中的稀缺性和可需求性。使用价值标明了某种商品满足人们的需要或欲求的"效用"（Eatwell et al., 1987）。边际效用理论是现代经济学的基础，因为它指出了供给与需求，都会对将在市场出售的商品的价格产生影响，而早期的经济学家如李嘉图之流仅强调供应对商品价格的影响。

真实的行动者，但是他们在分析和比较各种交易关系时，正是依赖于完全市场的假定（Becker & Murphy, 2000）。

**表 9—1　　　　　　　　各种市场理论**

| 交换理论 | 逻辑 | 视角 |
|---|---|---|
| 经济学模型 | 定位交换的非社会力量体现的是具有稳定偏好、最优化行为、自足的个体，以及作为一种组织者的价格 | 非社会的—个人主义的，动态的，策略的—竞争的 |
| 冲突模型 | "生产者"和（或）"有权力者"控制交换过程，设定劳动力剥削的期限和条件 | 社会的—结构的，动态的，权力决定的 |
| 网络模型 | 为交换行为提供参照并因此决定交换行为的社会结构 | 社会的—结构的，静态的，规范的—理性的 |
| 生态学模型 | 反映对稀缺资源的竞争，选择最"适者"生存的环境条件 | 社会的—结构的，动态的，竞争的—环境的 |
| 制度—文化模型 | 反映权力、意识形态以及界定和指导交换行为方向的、社会地建构的框架等社会力量 | 社会的—结构的，动态的，理解的—互动的—理性的 |

尽管新古典经济学理论所涉及的范围十分广泛，具有一致性和简洁性，并且在国际与国内经济政策——包括劳动力市场政策——中得到了广泛的应用，但是并没有对实际的交换和工作所发生的背景或条件提供一种现实主义的分析（Lie, 1992, 1997）。也就是说，经济学家使用的理论假定与他们试图解释的经济市场之间存在的鸿沟仍然还很大。根据经济社会学家的看法，这至少部分是因为这种新古典经济学模型没有严肃对待社会关系，没有看到社会关系是反映在各种资格团体（affiliation）、文化和制度之中的，没有充分讨论市场背景中存在的各种不平等和冲突（Reskin & Roos, 1990）。

研究交换并强调冲突的社会学家——这些学者常常但不仅仅是来自马克思主义传统——关注那些公司或"生产者"控制劳动过程并因此为工作设定期限和条件的程度（Burawoy, 1979b, 1985）。马克思主义者假定，特定社会或时代（如当代的资本主义）的支配性生产模式，具有它自己的逻辑，我们可以从各种形式的劳动剥削中发现这种逻辑的基础

（参见第二章）。这一类型的学者对过去与现代的劳动安排进行了现实主义的历史分析，指出了资本主义、资本主义国家和资本主义公司实施它们对劳动的控制（Block, 1996；Tilly & Tilly, 1998）以及促进了不平等（Moore, 1987）的那些条件，还对意识形态对资本主义系统内劳动过程的影响进行了分析（Thompson, 1964）。种族（race）社会学和女权主义学者则认为，资本家/管理者—工人这个维度并非划分生产过程的唯一维度。冲突理论家认为性和性别、种族、伦理族群以及经济发展都是以性/性别、种族/伦理族群剥削为前提的（Boserup, 1970；Enloe, 1990；Cheng & Hsuing, 1992；Escobar, 1995；也见第五章）。

研究网络的社会学家也使新古典经济学的假定复杂化，他们认为市场是历史地形成的社会结构，是由具体的社会关系——社会联系网络——建构的，而不是理性个人的简单加总（White, 1981；Burt, 1982；Baker, 1984；Granovetter, 1985；Burt, 1992；Baker et al., 1998）。网络分析者强调一种反对范畴（类型）的规则，他们不再分析行动者的各种属性（种族、阶级、性别），而是强调行动者在彼此之间的关系网络中的角色、位置与优势。网络分析认为，市场远非一种个人的简单聚合，还反映了参与者的角色、地位与理性。网络分析主张，市场独立于具体个人的意志、信念和价值观（Wellman, 1983）。格兰诺维特（Granovetter, 1985, 1992）、尤兹（Uzzi, 1996, 1997, 1999）以及其他学者（Baker, 1990；Burt, 1992；Romo & Schwartz, 1995）关于市场的网络研究，认为市场嵌入了社会关系，从而使人们对于交换的理解有了实质性的突破，认为交换要受到网络化的个人的结构嵌入性的影响。

那些对市场进行生态学分析的社会学家（Freemam et al., 1983；Hannan & Freeman, 1984；Barnett & Carroll, 1995；Hannan et al., 1995；Barnett & Rivers, 1998；Aldrich, 1999），从宏观—组织的角度来分析公司，把公司的产生和死亡率归结于竞争—选择过程（参见第十一章）。在某些方面，特别是在商品市场与产业结构方面，他们的研究与网络理论家具有很多共同的看法，但是他们的分析单位、他们对竞争的关注、强调环境是变迁背后的驱动力量等，与网络分析的重点与关注焦点存在明显的差异。组织生态学者认为，组织人口群体所面临的竞争性环境压力，提供了一种选择压力，使"适者"（即适应者）生存，不适者从市场中消失。

239

在这种概念中，策略与努力均只有有限的影响；正是环境而不是行动者决定了竞争的结果。显然，在这种理论观点中，以文化、政治与理性形式存在的社会发挥的作用很小（Aldrich & Pfeffer, 1976）。组织生态学模型使经济社会学家敏感地认识到那些使市场轮廓以及市场中的公司轮廓发生转型的各种大规模趋势，并探讨这些形式的扩散是如何发生的。生态学视角所指出的这些变迁，对于理解与预测在组织的活动得以发生的给定"场域"或市场中工作所采取的形式，具有明显的影响。

240

理解交换与经济现象的第五种视角，是制度—文化视角（Zelizer, 1988, 1994; Abolafia, 1996; Fligstein, 2001; Biggart & Delbridge, 2004），这种视角也强调市场情景中社会结构的重要性，但是更加强调在很大程度上被生态学视角和网络理论家忽视了的那些重要关系（主张制度—文化视角的学者与冲突理论家往往都关注文化与意识形态）。制度—文化视角假定关系必然具有集体性的意义（Beamish），并指出不同的文化与不同的交换关系相联系，不同的文化预示着不同的交换关系，并因此与不同的市场逻辑相联系，预示着不同的市场逻辑（Biggart & Hamilton, 1992; Biggart & Guillén, 1999）。而且，这种制度—文化视角认为，理性会受到惯例、信仰以及既存社会关系的限制（Biggart & Beamish, 2003），理性的运行与作用范围也要比经济学模型所假定的更为有限。例如，S. 朱肯和 P. 迪马乔（Zukin & DiMaggio, 1990）区分了文化性制度影响经济行为进而影响工作所采取的形式的三种方式：（1）通过影响行动者如何界定他们自己的利益，进而影响经济行为与工作形式，两位学者称之为"建构性影响"；（2）通过由自我—调节或者规制性影响，来限制交易者的行为；（3）通过影响概念上可以实施的目标与期望，而影响群体和个人的动员能力。

241

## 三、交换与劳动：经济社会学对于理解工作的贡献

上述研究市场与交换的这些范式所提出的假定都可能各不相同，但是每一种范式都界定了对于理解工作所采取的轮廓，以及工作为什么要采取那样的轮廓具有十分重要意涵的交换系统的构成要素。经济学的模型与方法往往使我们的注意力集中于市场中买卖劳动力双方的个人理性上。冲突理论则说明了在劳动力市场中以及更一般的劳作过程中不平等是如何系统地产生出来的。网络理论家的社会结构路向，则要求我们把工作与劳动力市场理解为相互联系的社会层面，这种相互联系的社会层面会影响谁获得工作、晋升与职业地位。生态学的视角也是结构性的视角，则使我们关注实施压力和推进选择过程的更大环境；某些公司、公司集合、公司人口群体和公司场域会生存下来和日益繁荣，并将其（策略、框架、关系等）特点传播开来，而另外的一些公司则不能生存并因此消失了。显然，一个公司或一个竞争性的公司人口群体所呈现的轮廓，以及这种轮廓是否会生存并传播开来，会对工作施加很大的影响，因为这种轮廓会对产业中的企业采取的形式及其企业中的工作所采取的形式，具有同样重大的影响。最后，制度—文化视角则提醒我们检验工作对于那些工作的人以及那些雇用工人的人的意义，以及交换和工作本身的意义如何体现了不同的社会情景和不同的制度参照。

从总体上看，这些视角都说明了工作与经济是如何实在地相互交织在一起的——支配性的工作系统与交换关系彼此反映或相互映照。例如，在很多受安哥拉传统影响的社会中，存在一种意识形态，这种意识形态强调受利他性理性、有效性和经济上的计算性关系所支配的交换。在很多西方工业经济体中，这些交换逻辑反映在"典型的工人"如何看待他/她的劳动参与，以及如何形成对于工人对手和雇主在金钱与责任方面的预期。然而，即使市场化地完成工商活动的概念在扩散，这些交换逻辑仍然还是要建立在、建构于和交叠于其他社会意义与关系系统，它们内在地具有一种情景依赖性，要求特定的数量的"转换"（switching）以作为应用于某种工作空间如工厂的各套规则，而这些规则注定不适用于另外一种空间如家庭（参见 Mishe & White, 1998）。简言之，我们所描述的这些关于经济的各种视角，对于是什么把劳动和经济关系组织起来的，提出了不同的假设与结论，并且我们认为所有这些视角都是不错的。但是，其中没有一种视角能够成功地提出普遍正确的结论。

242

然而，在这一点上，经济社会学的主张集体地背离了他们的古典经济学同辈，他们的理论给予了经济背景中的社会关系与实质理性一定的地方。也就是说，所有的经济社会学主张都团结在这样一种视角周围：交换涉及的不仅仅是形式理性与计算行

为的实施，也反映了把交换关系不同地组织起来的实质关系。不同的经济社会学家的关注重点也彼此不同，不过这些有着各自关注重点的经济社会学理论，却逐渐提出了一种共同的、能够说明人类经济的各种不同基础的发现和相应的理论。特别是，在不同的时间和空间中的经济社会学家，已经比较一致地界定了大量相对稳定的交换系统，而且，他们还阐明了工作本身是如何安排起来的和为什么要那样安排。这些交换系统也同样揭示了反映独特的"生活世界"的平行的工作以及参与系统（Habermas，1975）。因此，通过整合经济学、冲突理论、网络分析、生态学视角以及文化—制度视角关于经济组织的研究发现，我们可以更加有效地讨论工作与交换之间的关系，以及工作与经济之间的关系。

在这种思想指导下，我们提出了关于交换模式的四种理想类型，它们都出自于经验的研究，并且人们发现这些模式都在不同地组织人类的经济；而且我们进一步提出了本章中我们的主要内容，即现代市场中的和非市场背景中的工作的轮廓是如何塑造的。这些逻辑有助于我们区分各种支配性的交换系统之间的差异，但是每种逻辑也都同时在一种给定的经济系统中发挥作用。这些都是分析的维度；涉及交换的具体社会情景，总是包括其中的几种维度，而不是一种维度，即使其中某一种交换逻辑是支配性的。这些交换系统是市场系统、社团（associative）系统、共有（communal）系统和道德系统（见表9—2）。古典经济学传统以及很多社会学家关于经济与工作的研究，在传统上都认为现代市场不过是一种交换的"理想类型"形式。相反，我们认

为，市场从本质上看是社会—结构性的、文化性的，并同时因为冲突与不平等而分裂或破碎。这种类型学界定了各种性质不同的交换系统，这些交换系统沿着行动的工具价值—实质价值这个轴心而形成了一个连续统，以及沿着普遍主义关系—特殊主义关系这个轴心而形成一个连续统，这些连续统体现了参与者决策的社会背景。每一种情况都体现了一种决策和行动逻辑，并把它与其他逻辑区别开来。我们的类型学也是一种模型，与其他的所有模型一样，应该根据其作为一种启发设置或工具而提高我们理解经济情景的能力来评判，而不是根据它的"真理价值"来评判。①

在下面几页中，我们将简要地概括经济社会学对于改善我们关于各种市场与非市场情景中的交换的理解所做出的贡献，以及经济社会学对于交易与工作安排之间的关系所提出的看法。我们按照表9—1各栏的交换类型来组织我们的分析。在这里，我们首先检视与强调经济社会学把当代市场视为社会情景的研究，以及关于它们的快速变化轮廓的研究，并指出这些研究对于发达与欠发达世界中的工作关系正发挥着广泛的影响。其次，我们评论经济社会学对于替代性（即以非市场为基础的）交换系统——表9—2中的社团系统、共有系统和道德系统——的研究，这种研究体现了对工作十分不同的理解，并因此对安排工作的不同行动逻辑的十分不同的理解。在开始之前，我们要指出的是，市场正在整个世界范围内扩张其影响，但是市场无论如何也并非绝对不受其他交换形式的影响，或者完全消灭其他的交换形式。

244 表9—2           经济组织与工作世界中的意义

| 过程 | 系统 | | | |
| --- | --- | --- | --- | --- |
| | 市场系统 | 社团系统 | 共有系统 | 道德系统 |
| 结盟过程 | 工具的—普遍的 | 工具的—特殊的 | 实质的—特殊的 | 实质的—普遍的 |
| 意义 | "你出钱我工作" | "如果你会为我工作，我就会为你工作" | "我出于群体的义务而工作" | "我为了一个更高层次的目标而工作" |
| 报偿 | 工资 | 报酬 | 特权 | 荣誉 |
| 结构 | 市场 | 网络 | 集体的 | 实质的 |
| 分化 | 个人主义的 | 关系性的 | 内/外群体 | 族群的 |
| 关系 | 契约性的 | 扩大的伙伴关系 | 义务或责任的 | 规范的 |
| 退出 | 最后结局 | 关系破裂 | 长辈或更老的地位 | 不会退出 |

———————————————

① 对于基础性逻辑和交换系统的类似思想，参见毕加特等（Biggart & Delbridge，2004），以及弗斯克（Fiske，1993）的研究。后者还进一步把这些基础性逻辑和交换系统视为"社会生活结构"的基础。

## 市场系统与商品化的劳动力

表9—2的第二栏阐述的是市场系统，这是一种价格驱动的竞争性交换场所，与传统经济学所假设的理想自由市场最为接近或相似。也就是说，对于经济学家而言，任何给定市场是不是完全竞争市场，要依赖于在多大程度上具备一系列的前提，这些前提包括：(1)存在数量足够多的公司或个人，以至于任何单独的公司或个人对于产出的贡献都是可以忽略不计的；(2)任何单独的消费者或交换者，不会优先选择任何另一个出售者或交换者的相同产品与服务；(3)与社会相脱离的、自立的、非依赖性的交换者；(4)具有完全信息并可以就其预期的交换进行决策的交换者(参见 Stigler, 1968)。这种理想类型的市场，在一种普世的规则上运行，参与者寻求其收益的最大化而不顾与他交换的那些人的利益。经济学家承认并不存在与他们假设的理想相符的真实市场，但是他们坚持说，这样一种完全竞争市场概念尽管是一种虚构，但它是一种有用的虚构，我们可以把给定的一种真实的市场运行状况，与这种理想的完全竞争市场进行对照或比较，并把各种背离或偏差标定为"不完全竞争"，以便对它进行修正，并使之走向理想市场。

社会学对于市场的解释，则往往会批评传统的经济学假定。也就是说，社会学往往会批判传统经济学解释现代市场中的行为时的方法论个人主义、工具主义行为和普世的理想。然而，尽管经济社会学家努力使这些假定更加符合复杂的现实，但是并没有完全抛弃它们，他们发现确定现代市场的突出特征的那些因素，在总体上与经济学家所界定的很多规则相一致。而且，经济社会学家认为，诸如理性和自利这样的特征，会因时空的差异而变化，因此是社会与文化建构的产物，而非普世的、人类固有的内在状态(Polanyi, 1957；Lie, 1992)。例如，M. 阿波拉菲尔(Abolafia, 1996)对华尔街的三种制度——股票、公债、期货市场——进行了参与观察和比较分析①，他发现每种地方性的交换结构，都支持一种特定类型的文化(即反映各种不同的实质理性形式)，这些文化对经济行为进行一种独特的导向，包括导向功能最大化的行为，但不仅限于导向这样一种行为。他界定了一些文化建构的和自我一

实施的限制，这些限制缓和了纯粹的短期自利导致的不稳定和结构的解构。这类集体建构的和自我实施的社会限制，有助于稳定市场互动，并且从长期看这个过程有利于个人和更大的集体的利益。因此，M. 阿波拉菲尔的民族志研究并没有低估工具主义的行为在那些场内交易商(floor trader)的工作中所起的重要作用，在谈及他们在交易大厅中的行为时，并没有低估他们所拥护的普世性思想观念的重要作用，但是阿波拉菲尔对"工具主义"行为和"普世性思想观念"进行了修正，认为它们内在地处于一种社会与关系背景中。同样，查尔斯·斯密斯(Charles Smith, 1989)关于拍卖的研究，指出各种拍卖市场如何导致了古董贩子、贩马商以及某项交易和商品买卖所涉及的其他一些人，由于社会的原因，对于某件商品价格的设定往往不同。因此那些场内交易者和拍卖参与者，其行为往往超越了唯绩效的工具主义模式，并且——至少是在修辞上——会尊重普世性的交换和互动规则(如公平交换)。总之，这些研究以及其他类似的研究，都揭示了在市场背景中，除了形式理性规则和普世性的规则之外，还存在其他性质的规则并发挥着重要的作用。

经济学家已经在公司、产业和民族—国家的层次上，日益清楚地认识到，各个国家与地区的不同的产业组织和就业关系，体现着各个国家与地区(即使是被界定为市场经济的国家甚至地区之间)存在的差异。例如，M. 莫里斯、F. 塞利尔与 J. 西尔维斯特(Maurice, Sellier & Silvestre, 1986：122)对德国与法国的产业系统进行了比较分析，指出关于劳动力市场的新古典理论，不能解释这些国家之间存在的差异。他们的研究结论否认古典经济学所谓的"趋同理论"(convergence theory)的基本假定，即所有的市场—产业系统，随着它们去除那些"不合时宜"和"原始"的形式与关系，并走向一种单一的、现代的和发达的市场—产业系统，最终都将向某一种形式与关系趋同(参见 Kaufman et al., 1988；Rostow, 1990)。他们在比较这两种产业系统时，发现这两个国家在教育、商业和就业关系领域方面都存在的社会制度性差异，并决定着各自的工作、社会和市场的不同建构，解释了为什么它们会存在差异。因此，德国与法国尽管具备现代产业经济与成熟市场的特征，但是它们却有着各自独特的

245

---

① 华尔街的股票、公债与期货市场也许与古典经济学的"市场"概念最为接近。

社会与制度基础，而这种基础进一步反映了这两个国家独特的社会与文化史。

相似地，以社团为基础的交换和工作系统所体现的那些社会制度（见表9—2第三栏）的在亚洲经济中也具有十分重要的作用。例如，M. L. 格拉克（Michael L. Gerlach）的《同盟资本主义》（*Alliance Capitalism* 1992）关于日本商业集团的研究，以及 S. 瑞丁（Redding，1990）关于中国资本主义的研究，都说明了市场与以社团为基础的社会联带之间所形成的复杂结合，在商业行为和就业关系结构中具有重要的作用。在这两个研究以及类似的研究和调查中，社团系统——强关系网络或弱关系网络（Granovetter，1973）——反映了市场参与者之间的互惠和相互依赖，并且这种互惠与相互依赖在个人（Uzzi，1985）、公司（Child & Faulkner，1998）和产业（Hirsch，1999）层次上都存在。这些"网络化公司"的典型例子，包括日本企业联盟（Keiretsu）、韩国的家族企业（Chaebol）以及英美国家中存在的诸如石化（Yeargin，1991；King & Lennox，2000）以及音乐娱乐（Hirsch，1972；Dowd，2002）等特许经营权企业和产业巨人。①事实上，诸如此类的对于亚洲、欧洲和美洲的资本主义交换系统的分析，都认为经济学理论的原子化的行动者假设，难以全面理解和把握特殊主义的经济关系——包括社团形式的和共有形式的经济关系——在组织市场经济与工作过程中所起的作用。

关于日本和英国的工作、交换和经济，D. K. 近藤进行了民族志的研究（Kondo，1990），R. P. 多尔则进行了案例比较研究（Dore，1973），这些研究也指出公司、公司中的工作、市场以及共有类型的网络关系（见表9—2第四栏）之间是相互渗透的。和莫里斯（Maurice）、塞利尔（Sellier）与西尔维斯特（Silvestre）一样，R. P. 多尔（Dore，1986）也反对经济会趋同于一种典型的市场经济的看法，他发现日本存在的独特就业关系形式——终身就业，公司具有内部自己的职业系统、劳动力市场、培训、工会、福利、收益和集体主义意识形态——正在向诸如英国这样的、更为典型的"古典的"市场经济渗透和扩散。R. P. 多尔指出，日本的就业关系具有男权制（paternalism）与往往只有发达市场系统相联系的、更为普世性的标准或教条相混合的独特特征。

R. P. 多尔描述了这些独特特征，把日本系统标定为"福利社团主义"（welfare corporatism），并把这种"以组织为导向的系统"与在英国处主导地位的"市场导向的系统"区别开来（Dore，1973：278）。"以组织为导向"这个词，抓住了预示日本产业市场将日益兴盛的传统共有系统的很多层面，以及西方流行的市场系统理想的很多层面。但是，R. P. 多尔并不认为，随着市场理想向日本社会的进一步渗透，那种共同性质注定会消失；相反，他预测共有伦理将加强日本式的产业主义，并且由于它们（在那个时候）的巨大成功，甚至有可能影响英国和其他欧洲国家的经济。

D. K. 近藤（Kondo，1990）对东京一个家族式糖果制造业企业进行了民族志的研究，这个企业有30个全职工人和8个兼职工人，通过研究他发现，在这个企业中父权主义的文化习惯与更加形式理性的、以市场为基础的理想之间存在相互的渗透。近藤列举了一个很有启发性的例子，指出雇主会使用存在于日本"亲戚人群"的那种文化习惯，来对待他的雇员，似乎他们是一个家族，雇主还利用这种习惯，使自己具有作为群体活动发起人的资格，同时又通过这种群体活动十分精明地实现个人主义的目的或议程，这反映在他使用管理者和咨询者来发展和壮大他的生意，使用监控镜头以确保雇员全程遵循他的要求上。具有讽刺意味的是，在那种工厂背景中，雇员在追求雇主对工人的授权时，会利用"作为家庭的公司"这种文化习惯，作为他们自己的优势。

同样，关于国家、国际和全球层次市场中的妇女研究，也导致了那些持批评态度的学者主张，资本主义的工业，以使妇女的经验（即特殊主义）不同于其同一种族、族群与阶级背景中的男性工人的方式，系统地剥削妇女劳动力——这是一种在家庭中免费，而在商业部门低工资的劳动力。例如，J. 拉伯里、M. 斯密与 C. 费根（Rubery，Smith & Fagan，1999）发现，在欧洲，自1980年以来妇女参与劳动力市场的日益增加，他们认为这是欧洲劳动力市场中出现的一种让人吃惊的变化，但是同样让人吃惊的是，妇女在以市场为基础的工作场所中遭受了长久的不平等。这些不平等反映了根深蒂固的社

---

① 在"网络化公司"中的工作，可能并不会与假设的"不结盟公司"中所完成的工作存在多少不同，但是网络化公司中的经理人员，会受到他们与其他人的关系以及他们对于维持他们个人的、公司的和产业范围内的联系（即他们对于某个网络的"嵌入性"）的需要的制约和影响。

会和文化规范（即男权制）与"市场理想"是共存的，这种市场理想特别强调用工具主义与普世准则来代替与性别歧视存在密切内在关系的特殊主义（Scott，1994；也见美国的 Treiman ＆ Roos，1983；Milkman，1987；Redgeway，1997）。

同样，持有批判立场的学者关于全球经济发展的研究，也明确指出了对女性劳动力的剥削，在一定程度上已经成为西方工业化（Engels，1902；Kessler-Harris ＆ Levenson，1982；Matthaei，1982）以及最近市场向发展中国家和地区扩张的基础（Boserup，1970；Enloe，1990；Cheng ＆ Hsuing，1992；Escobar，1995）。女权主义学者指出，亚洲各国的外贸出口加工区、墨西哥位于美墨交界地区的海外加工厂（Brecher ＆ Costello，1994；Parrado ＆ Zenteno，2001）、中南美洲的农业生产（Faber，1993）以及全球性旅游产业（Enloe，1990），都说明了在妇女工作安排中以及当代国际劳动分工中存在的两性之间的剥削性的交换关系。诸如人力资本（Psacharopoulos ＆ Tzannatos，1993）、家庭策略（Gonzalez del la Rocha，1994）、新的国际劳动分工（Nash ＆ Fernandez-Kelly，1983）之类的理论解释，都主张共有性的关系特别是男权制的家庭结构，在界定角色、规则、酬劳的过程中具有重要作用，并因此在界定组织工作关系甚至在界定具有以市场驱动为明显特征的背景中的组织工作关系上，具有重要的作用。很多批判性的社会学家都发现，共有关系联带反映了对于妇女与男性，存在具有明显文化烙印的性别规范、义务规范、限制规范和动机激励；而这为妇女劳动力在工作场所中遭受更低的工资报酬和拥有更少的权力提供了重要的支持。

最后，很多学者也已指出，"市场理想"认为参与者会避免深度的、实质的信念，通过计算成本—收益进行决策，但是，实际上道德对于市场参与者的决策也具有一定的影响。尽管经济学理论假定个人在进行交换决策时，会进行理性的计算，并且在这样做的过程中，会试图最大化他们的收益，但是他们把收益称为"效用"，而未进行深入的探讨。经济社会学家的经验研究表明，在某些市场情景中，行动者也会运用道德过滤器来做出决策选择——这种选择会影响他们将会与谁交易，如何进行交易，甚至对于他们认为什么才是有价值的产生重要影响。我们通过深入解剖收益、效用甚至成本概念，就可以揭示实质的、道德的范畴对交换关系的重要影响。例如，N. 毕加特（Biggart，1989）对美国定向销售

组织的研究，揭示了市场行为如何涉及计算，但是她关于定向销售研究，指出那些被研究者所进行的计算充满了意义，而且这种意义是定向销售人员的实质基础，在这些人的头脑中确立了一种准宗教的地位。同样，（上文提到的）查尔斯·斯密关于拍卖的研究，也揭示了基于共同体的考虑和适当性的考虑，影响了购买者的竞价过程及其所支付的价格。

这些研究以及我们下文归纳的类似研究，显示了以市场为基础的系统中的交换与工作的独特特征，这种系统促进交换与工作，使它们更好地与工具主义的和普世性的理想相一致，但是也指出了依靠实质性的关系以及它们彼此之间的关系的那些民众的真正现实，能够反映系统性的不平等和工作关系。我们主张，如果我们的分析不挑战传统经济学关于市场基础的假定，那就很可能错过这些需要考虑的因素。

## 不断变革的市场

当前，在整个世界范围内，作为一种理想类型形式的当代市场，都处于快速转型的时期（Dicken，1992；Evans，1995；Castells，1996；Guillen，2001；Dicken，2003）。国内市场与全球市场的这种变迁，对于工作的当前形式与未来形式都具有广泛的意涵。例如，解除市场规制的趋势，以及以前是封闭的、孤立的和不发展的市场对外部生产者与消费者的开放，导致了新的价格竞争与成本压力。这些压力促使生产速度日益加快，产品更新换代周期日益缩短，以及各种产品与服务的提供日益全球化（Henderson ＆ Castells，1987）。总体说来，经济社会学家界定了市场转型中存在的三种对工作研究具有重要意义的、相互联系的趋势。它们是：（1）市场的全面扩张趋势以及市场轮廓不断变迁的趋势；（2）市场中资本流不断变迁的性质；（3）解除规制和技术创新在促成与反映这些趋势中的动态作用，以及在改变工作的形式与内容中的动态作用。经济社会学家深刻地指出，这些转型正在重新安排那些体现市场特征，如资本、管理与劳动的关系，也正在赋予工作本身新的特征。

## 不断改变的市场轮廓

市场的扩张以及不断变革的形式，影响了经济活动的国际化或跨越国家边界的全球扩展，而这又涉及以前一直是分散的经济活动现在却日益出现了功能整合（Reich，1991；Dicken，1992；Gereffi ＆

Korzeniewicz，1994；Evans，1995；Castells，1996；Dicken，2003）。各种全球化趋势，特别是那些导致价格竞争国际化的趋势，通过降低世界某些地区的工资结构、增加其他地区的民众获得低工资工作，对工作产生了直接的影响（Sassen，1988；Appelbaum & Henderson，1992；Evans，1995）。全球化以及与之相关的制造业出现的新趋势，导致了在国家内部和国家之间的资本都流向了更加廉价的地方（Strange，1996）。更低的成本，来源于更低廉的物质资源投入、更低的税收以及规制与干预的减少，还有劳动力成本的下降（Faber，1993）。对更低的成 [250] 本结构的全球化搜寻，迫使企业进行创新和进一步降低生产过程的成本，增加竞争力，寻求适合生存的小环境（Fligstein，2001）。简言之，那些促进国际化水平日益提高和全球经济日益整合的所有要素，都有力地提高了整个经济扩张过程的速度（Castells，1996）。在这种竞争日益增加的经济环境中，工作已经被剧烈地重构了。例如，诸如蓝领的非熟练和半熟练的制造业工作等工作类型，由于受到机械化的排斥，实际上在发达世界已经不存在了，这样的工人也已经从发达世界的工作队伍中消失了（Bluestone & Harrison，1982；Zuboff，1984），这样的工作岗位已经向海外迁移，搬到具有丰富的廉价劳动力而没有工会的地方（Brecher & Costello，1994）。

### 资本市场不断变革的性质与资本市场的流动

也许推动全球经济和工作出现这些变革的最强大的背后力量，是来自于资本市场本身的变革。这反映在（1）投资项目如何融资以及（2）各种形式的融资对它们的投资企图能否实现的预期上。在资本的可提供性和可获得性、公司所呈现的轮廓，以及在这些公司中的工作性质之间，存在直接的联系（Chandler，1977；Berk，1994）。那些对巨大的、综合性的公司的出现过程进行了研究的经济社会学家和经济史学家们已经发现，这些公司反映了19世纪出现的巨额资本积累，而这又反过来反映了金融在美国式的资本主义的兴起中所发挥的重要作用（Roy，1997；Perrow，2002）。与促进资本主义的金融商的出现相关的其他趋势，包括控股股东以及董事会日益越过首席执行官或经理（Useem，1984，1993）而控制国际资本流动（Useem，1996），以及执行经理对企业规模进行策略性的压缩，以促进股本急剧增值（Ayling，1997；Naylor & Willimon，

1997；Crenson & Ginsberg，2002；Baumol et al.，2003）。

制度主义学派与生态学派的经济社会学家都已指出，公司组织方式的转型和公司追求的优先目标的转变，反映了不断变革的经济环境（Zeitlin，1974；Herman，1981；Mizruchi，1982；Schwartz & Mizruchi，1987；Fligstein，1990；Boeker，1991；Hannan et al.，1995；Swaminathan & Carroll，2000）。经济社会学家对现代大型公司的控制（结构）的转型，也进行了广泛而深入的研究，而这种 [251] 控制结构的转型对于理解工作也很重要。例如，美国最大公司的控制结构的变革，既影响劳动的形式又影响劳动的结果，通过公司计划、工作报酬和组织结构而对工作产生影响。

很多研究显示，公司的策略也会反映公司不同历史时期的概念、竞争得以发生的不断变化的条件，也区别了公司的"诞生"条件（Abolafia & Biggart，1991；Leblebici et al.，1991；Baron et al.，1999）。以贯穿于整个20世纪40年代的产业革命为肇始，产业公司由所有者经营转变为由工程师—管理者经营，后者认为公司主要是进行商品生产（参见Shenhav，1999）。然而到了第二次世界大战结束的时候，随着公司日益面临消费市场的转型，公司的首要任务不再是购买原材料而是销售产品，在美国公司中销售专家与营销专家开始出现，并逐渐处于支配地位。这又使得公司的策略发生改变，从纯粹关注生产转向强调销售、市场营销和市场策略——日益关注生产什么产品以及如何生产这些产品。但是，在20世纪70年代晚期，随着具有金融背景的管理者与经理人的重要性日益突出，这种强调销售的模式让位于另外的模式。随着这些具有金融背景的管理者而来的是关于公司的一种金融观的出现，这种金融观视公司为一笔资产（Fligstein，1987；Palmer et al.，1993；Palmer et al.，1995）。最后，金融市场最近的变革，使关于公司的这种金融观发生了彻底的改变——日益强调股东利益、公司绩效以及经理人决策之间的密切联系——这对于公司、工人以及整体的经济都具有深远的影响。这种最近的视公司为以金融为基础的股东群体的概念，不仅认为公司是一系列的资产，而且认为公司只不过是一种资产平衡表［其基本功能就是给股东提供及时的回报（如红利）］，并且资产平衡表上那些表现"不佳的资产会被廉价出清，收益或分散给各位股东，或者如果具有更高的回报率，股东则会进行再投资"（Fligstein, 2001)。

对于金融和股东价值的强调，已经在很大程度上导致那些以前处于支配地位的关键行动者日益感到不满，因为他们的地位下降了。这些关键行动者包括所有者、管理者、银行。随着人们日益远离作为一种排他性的商品生产实体的公司概念，以及生产的日益国际化，劳动力在公司战略和决策中也已不再具有以前那么重要的地位了（Kolko，1988；Reich，1991；Brecher & Costello，1994；Castells，1996）。关于公司的这种金融观，主张公司之间的合并，赞成公司的某些部门或子公司的出售、清算或资产分派强制过户，同意公司可以具有更大的债务额度，认可通过公司退休基金或养老基金进行公司证券买卖，坚持为了把公司作为一种资本资产进行销售而关闭还能获取收益的工厂，宣扬工会解散、辞退工人以及削减工人规模，甚至在收益很高的时候为了"规训劳动力"使用本书第十一章所讨论的破产策略，从而对工作产生直接的影响（Delaney，1992）。

裁员一直以来都是最有争议的削减成本的策略，而美国的工人队伍广泛地经历了这种策略（Koeber，2002；Knudsen et al.，2003）。最开始，在20世纪80年代，美国公司管理者公开认为裁员是合理的，认为这是在生产过程中降低冗余、减少成本和增加绩效的一种方式（Littler & Innes，2003）。然而，过去20年来经济社会学家的研究指出了裁员更反映了那些大公司过去常常用来增加它们的股票价值的强调金融的策略（Naylor & Willimon，1997）。最初人们认为，裁员会促进效率、降低成本、提高生产力，但是，有证据表明，从长期看，裁员并不会产生这样的结果，裁员也只可能在短期内导致股票价格的暂时上涨（Budros，2002）。最后，经济社会学家对当代公司所面临的压力进行了深入的研究，但对于工作安排、工作形式、工作节奏对工作意义的直接影响的研究还远没有那么深入，因此还需要继续努力（参见Smith，2001）。

### 不断变革的技术轮廓、市场的时空拓展

推论起来，推动和反映这些市场变革的，都是那些解除规制和技术创新等趋势。在经济社会学家看来，诸如解除商业、运输、金融服务、公共水电气事业与电信等核心产业的规制，反映了资本的国际化，外部投资者寻求进入地方和区域市场的努力（Guillen，2001；Gereffi et al.，2002）。正如上面所描述的，全球经济中的资本扩张、金融服务、解除规制、功能整合以及技术创新，往往伴随着并加速了市场体制的扩张。信息与通信技术，生物技术，新材料、能源和空间技术的创新（Freeman，1987；也可参见Dicken，1992：469），使纺织、服装、电子制造产业等去集中化（Bonacich & Appelbaum，2000；Gerefi et al.，2002），并推动了其他产业如金融服务业、银行业、咨询业以及其他专门性的服务业出现了集群化趋势（Storper & Walker，1989；Sassen，1993，2001）。

这些趋势反过来又加快了已经十分明显的全球化趋势。现在，小规模的、竞争性的风险投资企业——具有更低的成本结构和最新的生产技术的特征——常常具有不同的非流动性，不再存在过时技术的沉淀成本这种负担，不再实行以前大批量生产商所实行的高工资。从20世纪70年代后期开始，大规模的生产企业或者"福特制"的生产商——在这些企业中，工会化的熟练工人在复杂而又单一的机器旁边苦干，这些机器使用标准化的投入来创造标准化的产出——已经面临当代公司的柔性与精益生产策略的严重挑战（Shaiken，1993）。例如，在美国的钢材产业——美国工业力量和大批量生产组织的一种坚强后盾——中，现在主要是小型钢厂处于主导地位，这些小型钢厂具有我们所知道的后福特制的柔性生产的特征，即依赖于高度灵活的生产方法，具有模块化和可灵活调配的机器，使用数量较少的、具有多种熟练技术的、习惯于多种任务的工人（Henderson & Clark，1990；Utterback，1994；Prechel，1997）。产业的规模与轮廓所呈现的这些趋势，在水泥、玻璃、微电子计算机产业也同样可以看到（Anderson & Tushman，1990）。最后，甚至是符号分析者（symbol analysts）（Reich，1997）——那些技能熟练的、养尊处优的工人，他们被吹捧为发达世界保持其丰裕和技术统治的基础——正在寻求把岗位和与他们相联系的各种工作岗位转移到海外。程序员、设计师以及其他专业技术性工作岗位，特别是在诸如重型机械、石化、计算机、汽车等资本与技术密集型部门中的这些专业技术性工作岗位，日益退出发达国家的经济领域。印度、斯里兰卡、韩国、中国台湾地区等诸如此类的国家或地区，由于拥有接受过更高教育的人口，并具有低工资结构的优势，因此正在接手这些专业技术工作岗位（Gereffi et al.，1990；Gaggard & Harvard University，1990；Gereffi & Fonda，1992）。

可见，经济社会学并不特别关注工作条件本身，而只要探讨和揭示了公司行为背后的逻辑及其对市场结构如何建立的影响或后果，这种研究就有助于说明工作条件如何以及为何是现在这个样子。经济社会学家指出，环境、竞争、社团与网络、文化与制度，以及权力与不平等在塑造工作的市场背景中具有重要的作用。这些探讨或研究有助于我们理解工作得以组织和实施的经济背景（也见本书第十一章）。经济社会学家们对当代市场应该采取的轮廓与方向并没有取得一致的意见，但他们都基本上一致认为，公司、产业、市场结构在短期内和将来的更长时期内会持续发生急剧变革，这些变革将对全球经济中的劳动过程的性质产生重要的影响。

## 非市场的交换系统：社团、共有与道德系统

古典经济学家从理论上提出了理想的交换关系，并根据方法论个人主义来研究这种交换关系，而经济社会学家则描述了一幅更为复杂的交换关系图景。正如经济社会学家的经验研究不断地提出的，这种理想的交换关系理论，对于市场情景确实也存在很多正确的地方，在解释人类行为与经济交易时，获得了相当的共鸣或支持，但是这种理论并不能解释在给定市场中发生的、所有的或者大多数的事情。然而，经济社会学家认为，当新古典经济学模型被应用于交换问题之外的、更能反映其理论假定的那些领域，诸如 M. 阿波拉菲尔（Abolafia, 1996）所研究的现场交易等领域时，其解释的价值更应受到质疑。

下面我们更明确地把注意力转向那些与上面探讨的理想市场不同的各种交换系统，不过这种关注仍然属于一种更为广义的经济社会学议程［分别参见 N. 弗利格斯坦（N. Fligstein）以及 V. 泽利泽（V. Zelizer）的论述（Guillen, 2002）］。纵观人类社会，从更广义的角度看，劳动主要发生于三种场景中，而"市场化的"场景只是其中的一部分，军队和种植园之类的大单位，以及最近出现的公司形式，诸如农场、工作车间、乡镇村舍产业等地方共同体以及家庭内部经济领域，都不是市场化的场景（参见 Tilly & Tilly, 1994）。经济社会学对这些场景进行了探讨，指出社团、共有关系联带、道德等对于过去与现在的交换是如何组织起来的，也发挥着重要的作用。

### 社团系统和联盟资本

研究网络与社团的经济社会学家，对交换提出了一种自己的理解，这种理解与古典经济学理论相反，强调了古典经济学所忽视的那些因素的重要。他们认为可以根据交换者之间存在的关系或"联带"的强弱程度来预测交换。社团系统（见表9—2第三栏）表现为一种关系网络系统，其特征是从属性（affiliation）的强关系，在这种系统中交换以及工作因此是通过嵌入关系而进行安排的（Uzzi, 1996；Uzzi, 1997；Gulati & Gargiulo, 1999；Uzzi, 1999）。那些主张结构性观点的社会学家，认为社会网络是所有社会场景和社会组群（grouping）的基础。经济社会学家关于市场场景的网络分析是替代经济学交换行为理论的一种理论。他们认为，交换反映了一种特殊主义，因为社团系统中的参与者对于非成员具有一定的偏见，但是参与者也是工具主义的支持者，参与者对于结果的追求，是通过被证明是有效的策略来组织的。当工作是通过一种社团系统而安排起来的时候，工作并不完全由价格、即时的或直接的回报来确定，而是由这些行动者之间的关系结构来确定。这种网络中的行动逻辑，独立于任何给定个体行动者的意志、信仰或价值，而在很大程度上反映的是关系结构（Wellman, 1983）。因此，网络理论十分明确地指出，关系网络对于所有人类社会场景而非仅仅商品与服务交换场景都是十分重要的。

至于说到关系网络与劳动过程的关系，行会、村舍产业、工会、同盟、劳动联盟等，都是说明社会关系对工作轮廓具有重要影响的例子。网络表现为强关系与弱关系之间嵌套、重叠和相互渗透性而形成的联系社团（Granovetter, 1973）。它们大多在个体层次上存在，如亲属关系网络；有时也以社群形式如职业协会、职业共同体、实践共同体等形式而存在（Van Maanen & Barley, 1984；Wenger, 1998；Wenger & Snyder, 2000；Mather et al., 2001）。社团系统中的工作，是一种相互界定的活动，在其中一个人试图寻求个人的收益，然而个人的收益最终要取决于社团的成功。经济行动者之间的社团和同盟，涉及一种自愿的安排，这种安排又会导致基于合作、技能共享以及物质与社会共同投入的工作关系。以社团为基础的网络表现为一种同盟，可以提高获得成功的机会，减少个体的工人成员"单干"的风险，尽管这种网络可能消除个体之

间的独特差异以及限制个人的不受他人限制的成功（即个人获得最优的结果）。也就是说，社团系统中的行动者，假定彼此会相互支持或互惠——个人不会仅仅寻求自己的利益——并最终导致对参与各方来说都是最好的结果。

社团系统中的培训（如在专业技术职业团体）、合伙关系（如法律公司中的合伙关系）（Mather et al.，2001；Vogel，2001），及医疗实践（Hoff & MacCaffrey，1996），往往都是通过师傅—徒弟这样的安排而组织起来的，这种安排缓慢地和有选择性地诱导新成员进入网络，并逐渐提高其社会等级。成员资格与地位要视能否展示代表这个集体的重要关系和高效技能而转移，并培训潜在的将来成员。酬劳反映的是手艺人的地位和能力，以及他们努力的目标，而非必然以（正式）市场为基础的工资系统中那样的付出小时数。如果成员退出这种工作社团系统，就会失去所有的特惠待遇，而这些待遇往往随着嵌入实践共同体而到来（Wenger，1998；Wenger & Snyder，2000）。

### 256 共有系统与义务工作

社团形式的工作与交换的另一种变异类型就是基于集体与互惠性义务逻辑的工作。工作的共有系统（见表9—2第四栏）是处于以特殊主义关系（如以亲属关系、族群联系或某种社会秩序中的共同成员资格）为特征的各种结党之间的安排，在这种安排中关系的实质价值超越或高度影响其他考虑（例如工具主义的考虑），并因此建构起交换和工作的关系结构。这种关系的实质基础——子女的孝顺、血亲和共同掌权或同僚间分授权力——为交换设定了条款，包括这种交换是否发生、所标出的和支付的价格，以及是否从根本上需要直接的或立即的回报等。简言之，共有系统是通过互惠性的和义务性的关系而组织起来的。正是这种互惠的和具有团结作用的关系——包括和体现共有系统的特征及其它们压倒一切的实质基础——的力量，使它与那些也是建立在特殊主义标准或原则基础上的、以社团为基础的交换系统的工具导向分道扬镳。

在共有系统背景中，工作反映了集体中的成员资格，在这种集体中，行动者共享共同的身份，或者具有某些基础来形成某种共享性的联结（bond），包括家庭、部落、伦理群体、村庄，或某些其他公司形式——如果不涉及血亲，也需要某种替代性的情感或社会关系基础，W. 乌奇（Ouchi，1980）、

M. 博伊索特与 J. 柴尔德（Boisot & Child，1988）称之为表现性群体（clan）。这就是参与共同体所具有的界定性作用：或者是成员，或者不是成员。共享的联系还界定一个人是否会获得优惠待遇或者必须实施优惠待遇（Weber，1978；Schluchter，1981）。而且，因为在共有系统中，报酬至少部分是以互惠和再分配为基础的［Polanyi（1944），1957］，并且表现为相互的义务，因此报酬并不完全是市场（价格）的反映或者以社团为基础的系统中的个人优势的反映。

共有系统中的工作的基础，往往是由主导着产品和服务的分享与分配的那些习惯性规则所规定的。这些规则植根于实质理性，是各方之间关系的导向以及秩序的根源。例如，是群体而非抽象的原则，决定了共同体系统那些被共同体认可并赋予共有关系和成员地位的群体成员之间（即高级与次级成员之间）的公正平等，以及决定了这个群体的各个部分——核心家庭、扩大家庭、村庄、地方部落、离散部落成员、族群身份等。由于这些独特群体相互 257 嵌套，共有关系以及工作都会根据性别差异（父权或男权制）、血统（与领导人的亲缘程度）或种姓（功能分化）进行特殊主义的安排，并出现那些对更大群体的责任负责的劳动过程。最后，在共有场景中，不会存在成员真正"退出"的情况，例如血缘共同体的成员就是如此。相反，如果一个人被群体放逐，那么退出则可能出现。简言之，共有系统为成员资格创造了严密的规则：一个人要么在家庭或亲属网络之内，要么在这个网络之外。

很多案例研究显示，在共有网络或家庭网络中，工作反映了支配相应关系结构的框架和规则。意大利西西里岛的黑手党、中国的三合会、俄国的黑手党等，通过把局内人与局外人区别开来，而有力地调节或规制着工作和交换的期限与条件。在西西里岛的黑手党中，那些血亲关系之外的人，可以购买黑手党提供的服务，但是不允许进入这个秘密结社的内部的隐秘巢穴，那里是该组织的计划者与领导者所在之地（Gambetta，1993；Hess，1998）。例如，D. 甘贝塔（Gambetta，1993）在分析西西里岛的黑手党时，发现它是一个以亲属关系为基础的经济组织，这个组织的首要"工作"是提供保护。也就是说，西西里岛的黑手党的首要"产品"，是在历史上因缺少有效的、能保证契约关系的政府而备受折磨的区域，为人们的经济交换提供保护。而且，D. 甘贝塔发现，西西里岛的黑手党给人们的是一种血腥

暴力的、不公正的和地方性的外在印象。但是这似乎是一种恶毒污蔑，因为西西里的人们却会主动地想要得到它的"服务"，确保在以其他方式进行交易不被确认又充满不确定性的环境中顺利完成交易。如果考虑到西西里岛的黑手党既是特殊主义的（即有偏向性的甚至是不公正的），实质上又是围绕亲属关系以及家庭荣誉这样的行为律令而安排起来的，那么这将是一种特别有意思的现象。

在男权制系统中——这是一种共有结构的形式——女性劳动力是一种在很大程度上没有得到报酬和常常被低估的、家庭层面的物质的和情感的支持来源之一，也是共有—商业部门的收入来源之一（Kessler-Harris & Levenson, 1982；Matthaei, 1982）。女权主义学者已经揭示并批评了共有的和文化的理性原则对于女性劳动力的剥削，并根据男权制的制度特征来定位女性劳动力，从组织当前存在的高度性别分割的劳动分工中的性别角色和预期来观察和看待女性劳动力（Reskin, 1993）。例如，那些概括了妇女在家庭中对于无报酬劳动的投入（Devault, 1991）以及在自愿组织中很大程度上没有得到承认的努力（Daniels, 1987）的研究，都说明了交换与工作是如何根据共有原则被组织起来的——在一个男权制的社会中，妇女的角色就是"妇女—工人"。

258

### 道德系统与值得尊敬的工作

最后，社会学家还界定了那些通过一种共有的、相互界定的更高层次的目标而安排起来的交换与工作系统。以道德为基础的交换与工作（见表9—2第五栏）是通过共享重要信仰或更高秩序原则而组织起来的。甚至不一致的价值观，诸如人种的优越性这样的信仰，都可能影响交换关系，并因此影响工作所采取的形式。例如在以奴隶制和种族隔离为基础的南非社会系统中，就存在这样的交换关系与工作形式（Owens, 1977；Lazar, 1996；Jeeves & Crush, 1998）。行动者是理性的，但是只能在特定范围内是理性的，即他们的行动具有一种普世性的价值观立场，或者他们的实质性理性行动要受到道德律令的约束。①

在道德系统中，工作是围绕一系列非物质的报酬——一种更高层次的目标——而组织起来的。在上文所描述的各种交换与工作系统中，道德系统显然根植于一种实质逻辑，依赖于初始权利和社会化

作为社会秩序整合的基础，而这种秩序以荣誉和认可，作为最为重要的回报手段，而以羞耻和耻辱作为惩罚手段。道德经济中的分化是建立在伦理之上的，并以这种伦理的普世主义的应用为基础。成员个人要么被这种群体驱逐，要么处于这种道德系统指导原则的批判之下，要退出这种群体是很难实现的。

存在各种不同形式的研究，都对工作与交换的道德层面进行了探讨。制度主义者界定了工作的轮廓和维持（valorization），描述了一种宗教虔诚（Weber, 1976；Collins, 1986；Sibler, 1993），妇女的工作则是一种对爱和人格品质的表达（Devault, 1991），也是对家庭与共同体概念的道德承诺的表达（Klatch, 1987；Ahlander & Bahr, 1995；Stone, 1997；Gerson, 2002），还有关于公社与共产主义合作组织的支持者的研究，则指出为工作献身，是一种更高层次的原则诸如兄弟情谊（fraternity）、平等之类原则的表达（Vallier, 1962；Barkin & Bennett, 1972；Bennett, 1975；Simons & Ingram, 1997）。韦伯（Weber, 1976）则描述关于道德、交换和工作等事项的技艺。韦伯正是把人们对于通过物质成功获得救赎的强烈需要的起源，界定于禁欲主义和耶稣救世学的虔诚中，认为正是这种道德根源，使令人难以相信的动机和工作成就，成为获得救赎的物质证明方式，而正是这些资本主义精神伦理，导致了资本主义的兴起（Collins, 1980）。不管是体力劳动还是礼拜式的劳动，都处于犹太教与基督教所共有的道德诚实（rectitude）和个人纪律框架的中心地位（Sibler, 1993）。

259

R. 克拉奇（Klatch, 1987）《右派的女性》（*Women of the Right*）一书对于妇女的工作角色和道德属性这类问题进行了研究。所谓女性是右派的，是指女性支持传统价值观、工作角色并从属于男性。该书指出："妇女扮演作为女性、母亲、其小孩保护者、道德守护者的角色，因此在社会上处于保守或守旧地位，妇女扮演传统女性角色与她们采纳如下一种意识形态存在密切的关系：为了自我牺牲、忠诚、奉献和对于权威的遵守等'更高的'价值，妇女应拒斥自恋与自利"（Klatch, 1987）。在这方面，社会保守的妇女认为她们的性别角色——她们（在家庭、共同体、国家、天国中）谦恭地服从于男权制领导人的"自然权威"——源于神启，并因此体

---

① 关于来自一种"道德立场"的对于当代经济分析的批判，参见 Hausman & McPherson, 1996。

现了一种神定的等级制。从这样一种道德框架来看，她们为了一种更高层次的目标或"天职"而交换她们的劳动（Klatch，1987）。

相反，根据 K. 格尔森（Gerson，2002）的看法，当代社会中性别角色的转型已经破坏了这种劳动分工及其所谓的"道德合法性"。对于家庭与经济场景中的交换结构的变革，已经使男性和女性处于道德困境之中。这反映在妇女寻求个人实现和取得个人成就上，而这种寻求又与传统道德期望相悖。传统道德期望是希望她们通过关心他人，来寻求个人发展并与他人建立各种关系。而对于男人则相反，传统道德期望这些男人在产业社会中获得经济成功，成为一种非情感性的（即强的）提供者，并在公共领域通过出售劳动以交换工资来实现这一点。但是现在对于他们的期待则是，他们应是有情感的，在他们与其伙伴、其子女，甚至他们的工作对象的关系中，都要投入感情与关心（Gerson，2002）。

在共有的公社和共产主义合作社（Vallier，1962；Barkin & Bennett，1972；Bennett，1975）、禁欲主义的修道院组织（Sibler，1993）以及宗教秩序（Francis，1950）中的工作，也提供了关于工作的另一种版本，这些工作追求的是超越了世俗、完全的工具主义、自我中心或"当下世界"的各种目标。也就是说，在这类场景中的生活与劳动，往往明显奉行一种集体主义以及乌托邦式的理想，并受到一套道德主义原则的指导，这些原则试图体现更高层次的目标，同时升华参与者之间的礼俗社会（Francis，1950；Weber，1976）。在共有的公社场景中，例如在那些建立在犹太主义和基督教理想之上的公社中，存在一种虔诚（pietism），体现在共有财产、共同完成任务、与他人共同决定、最小化自己的欲求，以及热爱自己的同胞等方面。

## 四、结论：经济社会学与工作社会学

260

经济社会学的研究归纳和概括了市场条件的动态变迁的性质，这种性质在宏观的市场国际化以及全球化趋势中都可以看到，并指出了这种动态性质对于工作结构的后果或影响。而市场国际化与全球化的趋势，反过来又使那些工作研究者对于不断变革的状况进行深入的研究，他们研究了新出现的柔性和精益生产机制，这种机制日益强调"对市场的协调"，减少工作队伍的阶层，增加工作流动率和多

任务性，在现代的工作车间中日益增加工作团队和强调联合执行任务，如此等等，而且这些现象正在美国与全球的当代工作场所中不断上演（Smith，1997；Barley & Kunda，2001）。经济条件的变化已经使公司呈现出新的形式和框架（Powell，1990），而这又导致各种新的工作安排的出现，进而导致很多工作技能要求的迅速变革（Barley & Kunda，2001）。

虽然考虑到当代人们日益强调向以市场为基础的交换的转型，以及这种交换形式的扩散，但是在社会学家们关于经济和准经济的情景的批判视角、网络分析视角、生态学视角以及制度主义等视角和研究中，日益明显的是，市场并非唯一一种可接受的、安排工作的交换形式，而且市场并非必然不会受到其他较少"工具理性"和"普世主义"色彩的行动逻辑的影响。正如 J. 赖伊（Lie，1992：1958）关于交换模式的论述："为什么跨越国家的交换就应与周末跳蚤市场中的交换等同呢？"在这方面，经济社会学家已经反复说明了资本主义并非只有一种形式，也不会趋同于某一种形式。相反，我们最好应视资本主义为一种灵活的关系系统，其母体框架能够容纳多样化的社会、文化、网络要素，并仍然能够给"资本家"留下一定的空间。裙带关系、价格优惠、男权制、道德性、社团网络等，在资本主义和显然是以市场为基础的系统中以及这些系统之外，都是可以看到的也是可以理解的一种现象。

当我们假定市场关系具有其典型的常见特征时，我们就可能看不到工作与经济体制之间相互影响的那些方式，它们可能根本上不同于我们在对于交换进行概念界定与研究时所指出的那些方式，因此根本不同于交换如何被参与者组织起来的方式。我们认为，交换系统与工作系统之间的动态关系为经济本身如何被创造、实施、维持提供了一种基础。我们界定了经济社会学以及反思关于交换与工作应如何安排、实施和理解的不同假定的重叠性研究与理论的四种理想的交换逻辑。同样，工作系统，如果各个关键部分一旦被联结起来，就会不断演化，并反馈到交换关系中，而这又反过来使工作系统发生转型。

261

我们通过对那些建构经济的各种关键要素——各种交换逻辑——的论述，划分出了数组因素，它们分别集体地体现了不同的经济理想和安排，体现了作为一种结果的把工作组织起来的不同形式。我们的这种做法，通过统一现有的各种经济与工作理

论及其主张，通过强调它们之间存在相互渗透，而进一步完善当前的这些经济与工作理论。总之，经济社会学家与工作研究者之间的对话，通过探讨那些以前人们没有研究和检验因此而没有得到解释的联系和差异，可以促进我们对以前没有受到挑战的各种相关假设进行详细的阐释。

托马斯·D·比米什 (Thomas D. Beamish)
尼科尔·伍斯利·毕加特 (Nicole Woosley Biggart)

## 参考文献

Abbott, A. (1993). "The Sociology of Work and Occupations", *Annual Review of Sociology*, 19: 187-209.

Abolafia, M. (1996). *Making Markets: Opportunism and Restraint onWall Street*. Cambridge, MA: Harvard University Press.

——and Biggart, N. (1991). Competition Perspective, in A. Etzioni and P. Lawrence (eds.), *Socioeconomics: Toward a Synthesis*. Armonk, NY: M. E. Sharpe.

Ahlander, N. R., and Bahr, K. S. (1995). "Beyond Drudgery, Power, and Equity: Toward an Expanded Discourse on the Moral Dimensions of Housework in Families", *Journal of Marriage and the Family*, 57: 54-68.

Akerlof, G. A. (1984). "Gift Exchange and Efficiency Wage Theory: Four Views", *American Economic Review Proceedings*, 97: 543-69.

Aldrich, H. E. (1999). *Organizations Evolving*. London: Sage.

——and Pfeffer, J. (1976). "Environments of Organizations", *Annual Review Of Sociology*, 2: 79-105.

Anderson, P. and Tushman, M. (1990). "Technological Discontinuities and Dominant Designs: A Cyclical Model of Technological Change", *Administrative Science Quarterly*, 35: 604-33.

Appelbaum, R. P. and Henderson, J. W. (1992). *States and Development in the Asian Pacific Rim*. Newbury Park, CA: Sage.

Ayling, R. (1997). *TheDownsizing of America*. Commack, NY: Nova Science Publishers.

Baker, W. (1984). "The Social Structure of a National Securities Market", *American Journal of Sociology*, 89 (4): 775-811.

——Faulkner, D. andFisher, G. A. (1998). "Hazards of the Market: Continuity and Dissolution of Interorganizational Market Relationships", *American Sociological Review*, 63: 147-77.

—— (1990). "Market Networks and Corporate Behavior", *American Journal of Sociology*, 96 (3): 589-625.

Barkin, D. and Bennett, J. W. (1972). "Kibbutz and Colony: Collective Economies and the Outside World", *Comparative Studies in Society and History*, 14 (4): 456-83.

Barley, S. R. and Kunda, G. (2001). "Bringing Work Back In", *Organization Science*, 12 (1): 76-95.

Barnett, W. P. and Carroll, G. R. (1995). "Modeling Internal Organizational Change", *Annual Review of Sociology*, 21: 217-36.

Barnett, R. C. and Rivers, C. (1998). *She Works/He Works: How Two-Income Families are Happy, Healthy, and Thriving*. Cambridge, MA: Harvard University Press.

Baron, J. N., Hannan, M. T., and Burton, M. D. (1999). "Building the Iron Cage: Determinants of Managerial Intensity in the Early Years of Organizations", *American Sociological Review*, 64 (4): 527-47.

Baumol, W. J., Blinder, A. S., and Wolff, E. N. (2003). *Downsizing in America: Reality, Causes, and Consequences*. New York: Russell Sage Foundation.

Beamish, T. D. (forthcoming). "Mental Models", in J. Beckert and M. Zafirovski (eds.), *International Encyclopedia of Economic Sociology*. London: Routledge.

Becker, G. S. (1976). *The Economic Approach to Human Behavior*. Chicago, IL: University of Chicago Press.

——and Murphy, K. M. (2000). *Social Economics: Market Behavior in a Social Environment*. Cambridge, MA: Belknap Press of Harvard University Press.

Bennett, J. W. (1975). "Communes and Communitarianism", *Theory and Society*, 2 (1): 63-94.

Berk, G. (1994). *Alternative Tracks: The Constitution of American Industrial Order*. Baltimore, MD: John Hopkins University Press.

Biggart, N. (1989) *Charismatic Capitalism. Chicago*, IL: University of Chicago Press.

——and Beamish, T. (2003). "The Economic Sociology of Conventions: Habit, Custom, Practice and Routine in Market Order", *Annual Review of Sociology*, 29: 43-64.

——and Hamilton, G. G. (1992). "On the Limits of a Firm-Based Theory to Explain Business Networks: The Western Bias of Neoclassical Economics", in N. Nohria and R. G. Eccles (eds.), *Networks and Organizations*. Boston, MA: Harvard Business School Press.

——and Delbridge, R. (2004). "Trading Worlds: A Typology of Systems of Exchange", *Academy of Management Review*. (原文缺期号)

——and Guillén, M. F. (1999). "Developing Difference: Social Organization and the Rise of the Auto Industries of South Korea, Taiwan, Spain, and Argentina", *American Sociological Review*, 64 (5): 722 – 47.

Blau, P. M. and Duncan, O. D. (1967). *The American Occupational Structure*. New York: John Wiley & Sons.

Block, F. (1996). *The Vampire State and Other Myths and Fallacies about the U. S. Economy*. New York: New Press.

263 Bluestone, B. and Harrison, B. (1982). *The Deindustrialization of America*. New York: Basic Books.

Boeker, W. (1991). "Organizational Strategy: An Ecological Perspective", *Academy of Management Journal*, 34 (3): 613 – 35.

Boisot, M. and Child, J. (1988). "The Iron Law of Fiefs: Bureaucratic Failure and the Problems of Governance in the Chinese Economic Reforms", *Administrative Science Quarterly*, 33: 507 – 27.

Bonacich, E. and Appelbaum, R. P. (2000). *Behind the Label: Inequality in the Los Angeles Apparel Industry*. Berkeley, CA: University of California Press.

Boserup, E. (1970). *Women's Role in Economic Development*. New York: St Martins Press.

Braverman, H. (1974). *Labor and Monopoly Capital*. New York: Monthly Review.

Brecher, J. and Costello, T. (1994). *Global Village or Global Pillage: Economic Reconstruction from the Bottom Up*. Boston, MA: South End Press.

Budros, A. (2002). "The Mean and Lean Firm and Downsizing: Causes of Involuntary and Voluntary Downsizing Strategy", *Sociological Forum*, 17 (2): 307 – 42.

Burawoy, M. (1979a). "The Anthropology of Industrial Work", *Annual Review of Anthropology*, 8: 231 – 66.

—— (1979b). *Manufacturing Consent: Changes in the Labor Process under Monopoly Capitalism*. Chicago, IL: University of Chicago Press.

—— (1985). *The Politics of Production: Factory Regimes under Capitalism and Socialism*. London: Verso.

Burt, R. S. (1982). *Towards a Structural Theory of Action: Network Models of Social Structure, Perceptions, and Action*. New York: Academic Press.

—— (1992). *Structural Holes: The Social Structure of Competition*. Cambridge, MA: Harvard University Press.

Campbell, J. L. and Lindberg, L. (1990). "Property Rights and the Organization of Economic Activity", *American Sociological Review*, 55: 634 – 44.

——and—— (1991). "The Evolution of Governance Regimes", in J. L. Campbell and J. R. Hollingsworth (eds.), *Governance of the American Economy*. New York: Cambridge University Press.

Castells, M. (1996). *The Rise of the Network Society. The Information Age: Economy, Society, Culture*, 1. Oxford: Blackwell.

Chandler, A. D. (1977). *The Visible Hand: The Managerial Revolution in American Business*. Cambridge, MA: Belknap Press.

Cheng, L. and Hsuing, Ping-Chun. (1992). "Women, Export Oriented Growth, and the State: The Case of Taiwan", in R. Appelbaum and J. Henderson (eds.), *States and Development in the Asian Pacific Rim*. Thousand Oaks, CA: Sage.

Child, J. and Faulkner, D. (1998). *Strategies of Cooperation: Managing Alliances, Networks, and Joint Ventures*. New York: Oxford University Press.

Coleman, J. (1990). *Foundations of Social Theory*. Cambridge, MA: Belknap.

Collins, R. (1980). "Weber's Last Theory of Capitalism: A Systematization", *American Sociological Review*, 45 (6): 925 – 42.

—— (1986). *Weberian Sociological Theory*. Cambridge: Cambridge University Press. 264

Cornfield, D. B. (1991). "The US Labor Movement: Its Development and Impact on Social Inequality and Politics", *Annual Review of Sociology*, 17: 27 – 49.

Crenson, M. A. and Ginsberg, B. (2002). *Downsizing Democracy: How America Sidelined its Citizens and Privatized its Public*. Baltimore, MD: Johns Hopkins University Press.

Daniels, A. K. (1987). "Invisible Work", *Social Problems*, 34 (5): 403 – 15.

Delaney, K. J. (1992). *Strategic Bankruptcy: How Corporations and Creditors Use Chapter 11 to their Advantage*. Berkeley, CA: University of California Press.

Devault, M. (1991). *Feeding the Family: The Social Organization of Caring as Gendered Work*. Chicago, IL: University of Chicago Press.

Dicken, P. (1992). *Global Shift: The Internationalization of Economic Activity*, 2nd edn. New York: Guilford Press.

—— (2003). *Global Shift: Reshaping the Global Economic Map in the 21st Century*, 4th edn. New York: Guilford Press.

Dobbin, F. (1994). *Forging Industrial Policy: The United States, Britain, and France in the Railway Age*. New York: Cambridge University Press.

——and Dowd, T. J. (1997). "How Policy Shapes Competition: Early Railroad Foundings in Massachusetts", *Administrative Science Quarterly*, 42 (3): 501-29.

——and Dowd, T. J. (2000). "The Market That Antitrust Built: Public Policy, Private Coercion, and Railroad Acquisitions, 1825 - 1922", *American Sociological Review*, 65 (5): 631-57.

Dore, R. P. (1973). *British Factory, Japanese Factory: The Origins of National Diversity in Industrial Relations*. Berkeley, CA: University of California Press.

Dowd, T. J. (2002). "Culture and Commodification: Technology and Structural Power in the Early U. S. Recording Industry", *International Journal of Sociology & Social Policy*, 22 (1-3): 106-40.

Eatwell, J., Milgate, M., and Newman, P. (eds.) (1987). *The New Palgrave: A Dictionary of Economics*. London: Macmillan.

Engels, F. (1902). *The Origin of the Family, Private Property and the State*. Chicago, IL: C. H. Kerr & Company.

Enloe, C. H. (1990). *Bananas, Beaches & Bases: Making Feminist Sense of International Politics*, 1st US edn. Berkeley, CA: University of California Press.

Erikson, K. T. and Vallas, S. P. (1990). *The Nature Of Work: Sociological Perspectives*. New Haven, CT: Yale University Press.

Escobar, A. (1995). *Encountering Development: The Making and Unmaking of the Third World*. Princeton, NJ: Princeton University Press.

Evans, P. B. (1995). *Embedded Autonomy: States and Industrial Transformation*. Princeton, NJ: Princeton University Press.

Faber, D. J. (1993). *Environment under Fire: Imperialism and the Ecological Crisis in Central America*. New York: Monthly Review Press.

Fields, K. J. (1995). *Enterprise and the State in Korea and Taiwan*. Ithaca, NY: Cornell University Press.

Fiske, A. P. (1991). *Structures of Social Life: The Four Elementary Forms of Human Relations*. New York/Toronto: The Free Press/Collier Macmillan.

Fligstein, N. (1987). "The Intraorganizational Power Struggle: The Rise of Finance Presidents in Large Corporations, 1919 - 1979", *American Sociological Review*, 52: 44-58.

—— (1990). *The Transformation of Corporate Control*. Cambridge, MA: Harvard University Press.

—— (1996a). "How to Make a Market: Reflections on the European Union's Single Market Program", *American Journal of Sociology*, 102: 1-33.

—— (1996b). "Markets as Politics: A Political-Cultural Approach to Market Institutions", *American Sociological Review*, 61: 656-73.

—— (2001). *The Architecture of Markets: An Economic Sociology of Twenty-First-Century Capitalist Societies*. Princeton, NJ: Princeton University Press.

Francis, E. K. (1950). "Toward a Typology of Religious Orders", *American Journal of Sociology*, 55 (5): 437-49.

Freeman, C. (1987). "The Challenge of New Technologies", Paper given at the symposium marking the 25th anniversary of the OECD Interdependence and Cooperation in Tomorrow's World, OECD, Paris.

Freeman, J., Carroll, G. R., and Hannan, M. T. (1983). "The Liability of Newness: Age Dependence in Organizational Death Rates", *American Sociological Review*, 48 (5): 692-710.

Gambetta, D. (1993). *The Sicilian Mafia: The Business of Private Protection*. Cambridge, MA: Harvard University Press.

Gereffi, G. and Fonda, S. (1992). "Regional Paths of Development", *Annual Review of Sociology*, 18: 419-48.

——and Korzeniewicz, M. (1994). *Commodity Chains and Global Capitalism*. Westport, CT: Praeger.

——Wyman, D. L., Cheng, T-J., and Fajnzylber, F. (1990). *Manufacturing Miracles: Paths of Industrialization in Latin America and East Asia*. Princeton, NJ: Princeton University Press.

——Spener, D., and Bair, J. (2002). *Free Trade and Uneven Development: The North American Apparel Industry after Nafta*. Philadelphia, PA: Temple University Press.

Gerlach, M. L. (1992). *Alliance Capitalism: The Social Organization of Japanese Business*. Berkeley, CA: University of California Press.

Gerson, K. (2002). "Moral Dilemmas, Moral Strategies, and the Transformation of Gender: Lessons from Two Generations of Work and Family Change", *Gender And Society*, 16 (1): 8-28.

Gonzalez del la Rocha, M. (1994). *The Resources of Poverty, Women, and Survival In Mexico City*. Oxford: Blackwell.

Granovetter, M. (1973). "The Strength of Weak Ties", *American Journal of Sociology*, 78: 1360-80.

—— (1985). "Economic Action and Social Structure: The Problem of Embeddedness", *American Journal of Sociology*, 91 (3): 481 – 510.

—— (1992). "Economic Institutions as Social Constructions: A Framework for Analysis", *Acta Sociology*, 35: 3 – 11.

Guillén, M. F. (2001). "Is Globalization Civilizing, Destructive, or Feeble? A Critique of Five Key Debates in the Social Science Literature", *Annual Review of Sociology*, 27: 235 – 60.

——Collins, R., England, P., and Meyer, M. (2002). *The New Economic Sociology: Developments in an Emerging Field*. New York: Russell Sage.

Gulati, R. and Gargiulo, M. (1999). "Where do Interorganizational Networks Come From?", *American Journal of Sociology*, 104 (5): 1439 – 93.

Habermas, J. (1975). Legitimation Crisis, T. Mccarthy (transl.). Boston, MA: Beacon Press.

Haggard, S. and Harvard University, Center for International Affairs. (1990). *Pathways from The Periphery: The Politics of Growth in the Newly Industrializing Countries*. Ithaca, NY: Cornell University Press.

Hamilton, G. G. (1994). "Civilization and the Organization of Economies", in Neil Smelser and R. Swedberg (eds.), *Handbook of Economic Sociology*. Princeton, NJ: Princeton University Press.

Hannan, M. and Freeman, J. (1984). "Structural Inertia and Organizational Change", *American Sociological Review*, 49, 149 – 64.

Hannan, M. T., Carroll, G. R., Dundon, E. A., and Torres, J. C. (1995). "Organizational Evolution in a Multinational Context: Entries of Automobile Manufacturers in Belgium, Britain, France, Germany and Italy", *American Sociological Review*, 60 (4): 509 – 28.

Hausman, D. M. and McPherson, M. S. (1990). *Economic Analysis and Moral Philosophy*. Cambridge: Cambridge University Press.

Henderson, J. W. and Castells, M. (1987). *Global Restructuring and Territorial Development*. London: Sage.

Henderson, R. M. and Clark, K. B. (1990). "Architectural Innovation: The Reconfiguration of Existing Product Technologies and the Failure of Established Firms", *Administrative Science Quarterly*, 35: 9 – 30.

Herman, E. S. (1981). *Corporate Control, Corporate Power: A Twentieth Century Fund Study*. Cambridge: Cambridge University Press.

Hess, H. (1998). *Mafia and Mafiosi: Origin, Power and Myth*. New York: New York University Press.

Hicks, A., Friedland, R., and Johnson, E. (1978). "Class Power and State Policy: The Case of Large Business Corporations, Labor Unions and Governmental Redistribution in the American States", *American Sociological Review*, 43 (3): 302 – 15.

Hirsch, P. (1972). "Processing Fads and Fashions: An Organization-Set Analysis of Cultural Industry Systems", *American Journal of Sociology*, 77 (4): 639 – 59.

—— (1985). "The Study of Industries", *Research in the Sociology of Organizations*, 4: 271 – 309.

Hoff, T. J. and MacCaffrey, D. P. (1996). "Adapting, Resisting and Negotiating", *Work and Occupations*, 23 (2): 165 – 90.

Hughes, E. C. (1958). *Men and their Work*. Glencoe, IL: Free Press.

Jeeves, A. H. and Crush, J. (eds.) (1998). *White Farms, Black Labor: The State and Agrarian Change in Southern Africa*, 1910 – 50. Portsmouth, NH: Heinemann.

Kaufman, B. E., Dunlop, J. T., Kerr, C., Lester, R. A., and Reynolds, L. G. (1988). *How Labor Markets Work: Reflections on Theory and Practice by John Dunlop, Clark Kerr, Richard Lester and Lloyd Reynolds*. Lexington, MA: Lexington Books.

Kessler-Harris, A. and Levenson, R. (1982). *Out to Work: A History of Wage-Earning Women in the United States*. New York: Oxford University Press.

King, A. and Lennox, M. (2000). "Industry Self Regulation Without Sanctions: The Chemical Industry's Responsible Care Program", *Academy of Management Journal*, 43: 698 – 716.

Klatch, R. (1987). *Women of the Right*. Philadelphia, PA: Temple Press.

Knudsen, H. K., Johnson, J. A., Martin, J. K., and Roman, P. M. (2003). "Downsizing Survival: The Experience ofWork and Organizational Commitment", *Sociological Inquiry*, 73 (2): 265 – 83.

Koeber, C. (2002). "Corporate Restructuring, Downsizing, and the Middle Class: The Process and Meaning of Worker Displacement in the 'New' Economy", *Qualitative Sociology*, 25 (2): 217 – 60.

Kohn, M. E. (1990). "Unresolved Issues in the Relationship between Work and Personality", in K. Erikson and S. P. Vallas (eds.), *The Nature of Work: Sociological Perspectives*. New Haven, CT: Yale University Press.

Kolko, J. (1988). *Restructuring the World Economy*.

266

267

New York: Pantheon Books.

Kondo, D. K. (1990). *Crafting Selves: Power, Gender and Discourses of Identity in a Japanese Workplace*. Chicago, IL: University of Chicago Press.

Lazar, D. (1996). "Competing Economic Ideologies in South Africa's Economic Debate", *British Journal of Sociology*, 47 (4): 599 – 626.

Leblebici, H., Salancik, G. R., Copay, A., and King, T. (1991). "Institutional Change and the Transformation of Interorganizational Fields: An Organizational History of the U. S. Radio Broadcasting Industry", *Administrative Science Quarterly*, 36 (3): 333 – 63.

Lie, J. (1992). "The Concept of Mode of Exchange", *American Sociological Review*, 57: 508 – 23.

—— (1997). "Sociology of Markets", *Annual Review of Sociology*, 23: 341 – 60.

Littler, C. R. and Innes, P. (2003). "Downsizing and Deknowledging the Firm", *Work, Employment and Society*, 17 (1): 73 – 100.

Marx, K. (1967) *Capital: A Critical Analysis of Capitalist Production*. New York: International Publishers.

—— and McLellan, D. S. (1977). *Selected Writings*. Oxford: Oxford University Press.

Mather, L. M., Mcewen, C. A., and Maiman, R. J. (2001). *Divorce Lawyers at Work: Varieties of Professionalism in Practice*. New York: Oxford University Press.

Matthaei, J. A. (1982). *An Economic History of Women in America: Women's Work, the Sexual Division of Labor and the Development of Capitalism*. New York/Brighton, Sussex: Schocken Books/Harvester Press.

Maurice, M., Sellier, F., and Silvestre, JJ. (1986). *The Social Foundations of Industrial Power: A Comparison of France and Germany*. Cambridge, MA: MIT Press.

Milkman, R. (1987). *Gender at Work: The Dynamics of Job Segregation by Sex During World War II*. Urbana, IL: University of Illinois Press.

Mische, A. and White, H. (1998). "Between Conversation and Situation: Public Switching Dynamics across Network Domains", *Social Research*, 65 (3): 340 – 63.

Mizruchi, M. S. (1982). *The American Corporate Network*, 1904 – 1974. Beverly Hills, CA: Sage.

Moore, B. (1987). Authority and Inequality under Capitalism and Socialism. Oxford/ New York: Clarendon Press/Oxford University Press.

Nash, J. and Fernandez-Kelly, P. (eds.) (1983). *Women, Men, and the International Division of Labor*. Albany, GA: State University of New York Press.

Naylor, T. H. and Willimon, W. H. (1997). *Downsizing the U. S. A. Grand Rapids*, MI: W. B. Eerdmans.

North, D. (1981). *Structure and Change in Economic History*. New York: W. W. Norton.

Ouchi, W. G. (1980). "Markets, Bureaucracies and Clans", *Administrative Science Quarterly*, 25: 129 – 41.

Owens, L. H. (1977). *This Species of Property: Slave Life and Culture in the Old South*. New York: Oxford University Press.

Palmer, D., Barber, B., Zhou, X., and Soyal, Y. (1995). "The Friendly and Predatory Acquisition of Large U. S. Corporations in the 1960s: The Other Contested Terrain", *American Sociological Review*, 60: 469 – 99.

——, ——, ——, and—— (1993). "The Other Contested Terrain: The Friendly and Predatory Acquisition of Large U. S. Corporations in the 1960s", Paper given at the American Sociological Association, Miami.

Parrado, E. A. and Zenteno, R. M. (2001). "Economic Restructuring, Financial Crisis and Women's Work in Mexico", Social Problems, 48 (4): 456 – 77.

Perrow, C. (2002). *Organizing America: Wealth, Power and the Origins of Corporate Capitalism*. Princeton, NJ: Princeton University Press.

Podolny, J. M. (1994). "Market Uncertainty and the Social Character of Economic Exchange", *Administrative Science Quarterly*, 39 (3): 458.

Polanyi, K. ([1944] 1957). *The Great Transformation*. Boston, MA: Beacon Press.

—— (1957). "The Economy as Instituted Process", in K. Polanyi, C. M. Arensberg, and H. W. Pearson, (eds.), *Trade and Market in the Early Empires: Economies in History and Theory*. Glencoe, IL: Free Press.

Powell, W. (1990). "Neither Market nor Hierarchy: Network Forms of Organization", *Research in Organizational Behavior*, 12: 295 – 336.

Prechel, H. (1997). "Corporate Transformation to the Multilayered Subsidiary Form: Changing Economic Conditions and State Business Policy", *Sociological Forum*, 12 (3): 405 – 39.

Psacharopoulos, G. and Tzannatos, Z. (1993). "Economic and Demographic Effects on Working Women in Latin America", *Journal of Population Economics*, 6: 293 – 315.

Redding, S. G. (1990). "The Spirit of Chinese Capita-

*268*

lism", *De Gruyter Studies in Organization*, 22.

269 Reich, R. (1991). *The Work of Nations*. New York: Vintage Books.

—— (1997). *The Future of Success: Working and Living in the New Economy*. New York: Vintage Books.

Reskin, B. (1993). "Sex Segregation in the Workplace", *Annual Review of Sociology*, 19: 241-70.

Reskin, B. F. and Roos, P. A. (1990) *Job Queues, Gender Queues: Explaining Women's Inroads into Male Occupations*. Philadelphia, PA: Temple University Press.

Ridgeway, C. L. (1997). "Interaction and the Conservation of Gender Inequality: Considering Employment", *American Sociological Review*, 62 (2): 218-35.

Romo, F. and Schwartz, M. (1995). "Structural Embeddedness of Business Decisions: The Migration of Manufacturing Plants in New York State, 1960 to 1985", *American Sociological Review*, 60 (6): 874-907.

Rostow, W. W. (1990). *The Stages of Economic Growth: A Non-Communist Manifesto*. 3rd edn. Cambridge: Cambridge University Press.

Roy, W. G. (1997). *Socializing Capital: The Rise of the Large Industrial Corporation in America*. Princeton, NJ: Princeton University Press.

Rubery, J., Smith, M., and Fagan, C. (1999). *Women's Employment in Europe: Trends and Prospects*. London: Routledge.

Sassen, S. (1988). *The Mobility of Labor and Capital: A Study in International Investment and Labor Flow*. Cambridge, Cambridgeshire New York: Cambridge University Press.

—— (1993). "Rebuilding the Global City: Economy, Ethnicity and Space", *Social Justice*, 20: 32-50.

—— (2001). *The Global City: New York, London, Tokyo, 2nd edn*. Princeton, NJ: Princeton University Press.

Schluchter, W. (1981). The Rise of Western Rationalism. Berkeley, CA: University of California Press.

Schwartz, M. and Mizruchi, M. S. (1987). *Intercorporate Relations: The Structural Analysis of Business*. Cambridge: Cambridge University Press.

Scott, A. M. (1994). *Gender Segregation and Social Change: Men and Women in Changing Labour Markets*. Oxford: Oxford University Press.

Seidman, M. (1991). *Workers Against Work. Berkeley*, CA: University of California Press.

Shaiken, H. (1993). "Beyond Lean Production", *Stanford Lawand Policy Review*, 5: 41-52.

Shenhav, Y. A. (1999). *Manufacturing Rationality: The Engineering Foundations of the Managerial Revolution*. Oxford: Oxford University Press.

Sibler, I. F. (1993). "Monasticism and The 'Protestant Ethic': Asceticism, Rationality, and Wealth in the Medieval West", *British Journal of Sociology*, 44 (1): 103-23.

Simons, T. and Ingram, P. (1997). "Organization and Ideology: Kibbutzim and Hired Labor, 1951-1965", *Administrative Science Quarterly*, 42 (4): 784-813.

Simpson, I. H. (1989). "The Sociology of Work", *Social Forces*, 67: 563-81.

Smith, A. (1776). *Inquiry into the Nature and Causes of theWealth of Nations*. London: Printed for W. Strahan and T. Cadell.

Smith, C. W. (1989). *Auctions: The Social Construction of Value*. New York: Free Press.

—— (1997). "New Forms of Work Organization", 270 *Annual Review of Sociology*, 23: 315-39.

Smith, V. (2001). *Crossing the Great Divide: Worker Risk and Opportunity in the New Economy*. Ithaca, NY: ILR Press.

Stepan-Norris, J. and Zeitlin, M. (1991). " 'Red' Unions and 'Bourgeois' Contracts?", *American Journal of Sociology*, 96 (5): 1151-2000.

Stigler, G. J. (1968). *The Organization of Industry*. Homewood, IL: R. D. Irwin.

Stiglitz, J. E. (1999). "Reforming the Global Economic Architecture: Lessons from Recent Crises", *Journal Of Finance*, 54 (4): 1508-21. Papers and Proceedings, Fifty-Ninth Annual Meeting, American Finance Association, New York, January 4-6.

Stone, D. (1997). "Work and the Moral Woman", *The American Prospect*, 35: 78-87.

Storper, M. andWalker, R. (1989). *The Capitalist Imperative: Territory, Technology, and Industrial Growth*. Oxford: Basil Blackwell.

Strange, S. (1996). *The Retreat Of The State: The Diffusion of Power in the World Economy*. Cambridge: Cambridge University Press.

Swaminathan, A. and Carroll, G. (1995). "Beer Brewers", in G. Carroll and M. Hannan (eds.), *Organizations in Industry. Strategy, Structure, and Selection*. New York: Oxford University Press.

——and Carroll, G. R. (2000). "Why the Microbrewery Movement? Organizational Dynamics of Resource Partitioning in the American Brewing Industry after Prohibition", *American Journal of Sociology*, 106: 715 - 62.

Thompson, E. P. (1964). *The Making of the English Working Class*. London: Victor Gollanz.

Tilly, C. and Tilly, C. (1998). *Work Under Capitalism*. Boulder, CO: Westview Press.

——and—— (1994). "Capitalist Work and Labor Markets", in N. J. Smelser and R. Swedberg (eds.), *The Handbook of Economic Sociology*. Princeton, NJ: Princeton University Press.

Treiman, D. J. and Roos, P. A. (1983). "Sex and Earnings in Industrial Society: A Nine-Nation Comparison", *American Journal of Sociology*, 89 (3): 612 - 50.

Useem, M. (1984). *The Inner Circle: Large Corporations and the Risk Of Business-Political Activity in the US and UK*. New York: Oxford University Press.

—— (1993). *Executive Defense: Shareholder Power and Corporate Reorganization*. Cambridge, MA: Harvard University Press.

—— (1996). *Investor Capitalism: How Money Managers are Changing the Face of Corporate America*. New York: Basic Books.

Utterback, J. M. (1994). *Mastering the Dynamics of Innovation: How Companies can Seize Opportunities in the Face of Technological Change*. Boston, MA: Harvard Business School Press.

Uzzi, B. (1996). "The Sources and Consequences of Embeddedness for the Economic Performance of Organizations: The Network Effect", *American Sociological Review*, 61: 674 - 98.

—— (1997). "Social Structures and Competition in Interfirm Networks: The Paradox of Embeddedness", *Administrative Science Quarterly*, 42 (1): 35 - 67.

—— (1999). "Embeddedness in the Making of Financial Capital: How Social Relations and Networks Benefit Firms Seeking Financing", *American Sociological Review*, 64 (4): 674 - 705.

Vallas, S. P. (1993). *Power in the Workplace: The Politics of Production at A. T. & T.* Albany, CA: State University of New York Press.

—— (2001). "The Transformation of Work", *Research in the Sociology of Work*, vo. 10. Amsterdam: JAI Press.

Vallier, I. (1962). "Structural Differentiation, Production Imperatives and Communal Norms: The Kibbutz in Crisis", *Social Forces*, 40 (3): 233 - 42.

VanMaanen J. V. and Barley, S. R. (1984). "Occupational Communities: Culture and Control in Organizations", *Research in Organizatinal Behavior*, 6: 287 - 365.

Vogel, M. E. (2001), "Lawyering in an Age of Popular Politics: Plea Bargaining, Legal Practice and the Structure of the Boston Bar, 1800 - 1860", *Sociology of Crime, Law, and Deviance*, 3: 207 - 52.

Wallerstein, I. M. (1984). *The Politics of The World-Economy: The States, the Movements, and the Civilizations*. New York: Cambridge University Press.

Weber, M. (1976). *The Protestant Ethic and the Spirit of Capitalis*. New York: Scribner.

—— (1978). *Economy and Society: An Outline of Interpretive Sociology*, Berkeley, CA: University of California Press.

Wellman, B. (1983). "Network Analysis: Some Basic Principles", in R. Collins (ed.), *Sociological Theory*. San Francisco, CA: Jossey-Bass.

Wenger, E. (1998). *Communities of Practice: Learning, Meaning And Identity*. Cambridge: Cambridge University Press.

Wenger, E. C. and Snyder, W. M. (2000). "Communities of Practice: The Organizational Frontier", *Harvard Business Review*, 78: 139 - 45.

White, H. (1981). "Where Do Markets Come From?", *American Journal of Sociology*, 97: 514 - 47.

Yeargin, D. (1991). *The Prize: The Epic Quest for Oil, Money, and Power*. New York: Touchstone Books.

Zeitlin, M. (1974). "Corporate Ownership and Control: The Large Corporation and the Capitalist Class", *American Journal Of Sociology*, 79 (5): 1073 - 119.

Zelizer, V. (1988). "Beyond the Polemics of the Market: Establishing a Theoretical and Empirical Agenda", *Sociological Forum*, 3: 614 - 34.

—— (1994). *Pricing the Priceless Child: The Changing Social Value of Children*, Princeton, NJ: Princeton University Press.

Zuboff, S. (1984). *In the Age of the Smart Machine: The Future of Work and Power*. New York: Basic Books.

Zukin, S. and DiMaggio, P. (1990). "Introduction", in S. Zukin and P. DiMaggio (eds.), *Structures of Capital: The Social Organization of the Economy*. New York: Cambridge University Press.

<table>
<tr><td>第<br>十<br>章</td><td></td></tr>
</table>

# 组织社会学与工作分析

各种组织是现代社会的基本构成要素（Coleman，1974；Perrow，1991）。它们行使巨大的权力和分配很多的收益，因此它们对于社会生活的诸多方面包括工作具有重要的影响。的确，结构主义的学者们（Stolzenberg，1978；Baron & Bielby，1980）已经指出，因为大多数人都工作于组织之中，所以组织在塑造人们的工作生活方面发挥着支配性的作用。在过去的 25 年里，组织的任务结构、技术、文化、权力关系、雇用与晋升实践、工资系统与收益、工作职务阶梯，都对工人的社会、心理和经济状况产生了重要的影响（相关评论参见 Hodson & Sullivan，2002：175 - 95）。①

尽管对于组织如何影响工作这个问题，我们已经进行了研究并得到了很多结论，但是我们还需要学习和探讨。分别由研究组织的学者与研究工作的学者构成的学术团体之间，存在常识性的分歧，这种分歧严重地影响和限制了我们关于这个问题的理解。首先，大多数研究组织的学者［例如那些常在《美国行政科学季刊》（Administrative Science Quarterly）和《组织研究》（Organization Studies）上发表文章的学者］，探讨了组织的各种特征（规模、年龄、技术、治理结构和以往的绩效），以及各种环境因素（国家的规制、对手的地位与行为、技术创新、组织的支持网络）如何影响组织本身而不是工作与其中的民众。只有很少的学者研究了组织对雇员做了什么和为雇员做了什么［参见 Barley & Kunda（2001）对于组织理论中的这种欠缺所进行的非常具有煽动性的讨论］。其次，当研究工作的学者［例如在《工作与职业》（Work and Occupations）、《工作、就业与社会》（Work，Employment and Society）上

发表文章的那些学者］明确考虑雇用性组织的作用时，他们往往把分析限定在如下三个主题上：工人由于性别、种族或族群而出现的隔离；雇用组织中的技术变迁；全球化（特别是跨国组织的出现以及对于国际贸易的依赖）。甚至是围绕这三个主题展开工作研究的社会学家，也很少应用来自组织分析的洞见。

本章的目的是帮助工作社会学家使用组织理论来阐述工作的某些重要层面，包括雇用、工作流动、工资与收益、培训等。我们首先解释组织研究在过去 40 年中的演化与进展，并介绍当代的组织理论。然后我们展示组织分析可以为工作社会学提供哪些知识和信息。在这样做的过程中，我们既描述其过去的贡献，又指出其将来的研究应采取的、可能取得潜在丰硕成果的研究路线。

## 一、组织社会学

在今天的组织研究中，主要存在四种主导性的研究传统，即制度主义（其本身也包括几大流派）、组织生态学、资源依赖理论、社会网络分析。所有这些研究传统都有一个共同的祖先，即权变理论（contingency theory）。下面的段落，我们首先阐述权变理论的思想，然后介绍各种当代组织理论。

### 权变理论

该研究传统的名字源于关于组织设计的选择随环境条件变化而变化的思想。该理论的基本思想可

---

① 请注意组织之间的联系与雇员可能是相互影响的。从根本上说，是人们建构了组织。心理学家知道"地位不会独立于这种设置中的人们；地位就是……结构、过程与文化都是组织中的人们的结果，而非组织行为的原因"（Schneider et al.，1995：751）。组织文化与独特的竞争力体现了"一直存在于组织中的人们，体现了组织所代表的团体，以及它们所创造的既得利益"（Selznick，1957：16）。原材料、信息与金融资源都是无价值的，除非人们存在并有动机去把它们转化为有价值的产出。正如施廷斯凯姆（Stinchcombe，1997）十分深刻地指出的，人们是"正式组织的内脏"。

以用三句话来概括：

274

    （1）并不存在一种最好的组织方式。

    （2）所有的组织方式并非同样有效。

    （3）最好的组织方式取决于组织所处环境的性质。

该传统中的研究从以下三个维度概括了组织的特征：复杂性，即组织必须同时面对和处理的环境要素的数量；不确定性，即这些要素会随着时间的变化而变化；相互依赖性，即这些要素彼此联系的程度。

权变理论存在三种理论流派。第一种流派是结构权变理论，强调静态组织中的重要设计与运行会随着快速变动的环境而变化［Burns ＆ Stalker，(1961) 1994；Lawrence ＆ Lorsch，1967；Thompson，1967］。结构权变理论家［Blau ＆ Scott，1962；Woodward，(1965) 1994；Pugh et al.，1968，1969］调查了大量的组织，探讨了正式组织的各种特征之间的相互作用，其中最值得注意的特征是生产技术、组织规模，以及环境不确定性。他们认为，环境条件是外在于组织而存在的，因此为了取得更好的绩效，决策者必须调整其组织以适应环境。相反，第二种流派即策略权变理论（Child，1972）则认为，组织结构和绩效并不是完全由环境决定的。因为组织中的掌权者（常常是管理者）决定着策略的行动。管理者不仅选择组织结构，他们还操纵环境的特征和选择相关的绩效标准。第三种流派，则与加尔布雷思（Galbraith，1973）的联系最为紧密，强调组织必须对环境中的信息进行加工和处理。随着环境的复杂性与不确定性的增加，随着组织的基本任务日益相互依赖，履行那些组织任务所需要的信息量也在增加。这反过来又要求组织或者（通过从处理信息转换到产品结构或创造宽裕的资源）降低对信息处理过程的需要，或者（通过强化形式性的等级制、创造各单元之间的水平联系）增加处理信息的能力。

当前的权变理论还不够精练和十分明确。相关学者对于存在哪些形式的外部不确定性或偶然性并没有进行明确的说明，这使得我们不可能从经验上检验这种理论（Schoonhoven，1981）。因此，权变理论演变为组织分析中的一种导向性的策略——一种

275

元理论。最近25年来出版的所有研究均明确承认组织结构要视外部因素的变化而变化，组织绩效要同时视组织结构与组织环境的情况才能确定。组织生态学、资源依赖理论、社会网络分析这三种当代组织研究的理论线路——都认为一个组织的环境是由其他组织构成的。但是当代组织研究的第四种理论线路即制度主义则属于最宏观的视角，因为制度主义视角十分关注社会（而非单个组织、组织集群等）层次上的环境因素。下面四个小节，分别描述这四种研究线路的基本思想，并解释它们对于我们关于组织如何运行的理解或者工作的理解能够做出的贡献。

## 组织生态学

组织生态学家坚持认为，我们应研究组织的变迁而不是组织的稳定性，应研究组织人口种群——生产相似的产品与服务并因此依赖相似的资源的组织集合——本身，而不是这些组织人口种群中的个体组织。为了实现这种目标，组织生态学家们采用了达尔文的生物进化模型，用来解释组织系统的演化。也就是说，他们认为，应根据组织环境的物质与文化特征来解释组织的建立率和失败率（例如，Carroll，1985；Hannan ＆ Freemam，1989）。最近，组织生态学家们还拓展了他们的研究范围，超越人口种群层次的过程性分析，开始分析组织的成长、学习、多样化和开支缩减等问题（例如，Haveman，1993；Sørensen ＆ Stuart，2000）。组织生态学的解释最初特别强调单个组织人口种群中的组织之间的竞争性与互惠性互动，后来逐渐扩展到因规模、市场小环境、技术、地理位置等不同特征而形成的各种子人口种群体之间的竞争性与互惠性的互动。组织生态学分析还评估了单个组织层次的属性——特别是其规模、年龄、技术、专业主义（specialism）或通用主义（generalism）——如何影响一个组织的生存机会。关于组织生态学的评论，读者可以参见 G. R. 卡罗尔与 M. T. 汉南（Carroll ＆ Hannan，2000）的研究。

组织生态学的核心思想之一，就是组织变迁是慢性的和演化性的，组织即使真的会发生根本性的变迁，那也是因为强大的惰性压力导致的（Hannan ＆ Freemam，1989：66-90）。他们指出关于组织要进行调整或适应性变迁，可能面临八种限制，其中四种是内部限制，四种是外部限制。四种内部限制主要是：工厂的投资、设备和专业人员的限制；决策者在获得内部信息上的限制；支持既得利益的内部政治限制；证明过去的行动的合法性和正当性的组织历史妨碍对替代性策略的考虑。四种促进组织稳定性的外部限制则是：进出各种活动领域所存在 276

的法律与经济壁垒；决策者收集外部信息时所存在的限制；合法性考虑；集体理性与一般均衡问题。这些要求和压力有利于那些提供可靠绩效的组织，以及那些能够合理地说明其行动的组织，而这反过来又要求组织结构是高度可再生产的——也就是高度稳定和不变的（Hannan & Freemam，1989：70-77）。因为惰性组织比可能变化的组织得到的支持更多，所以惰性组织失败的可能性更小。请注意这种结构惰性论题，并不意味着根本不会发生变迁；相反却意味着组织变迁没有外部环境变迁速度快。惰性论题还意味着，当组织发生变迁时，资源会从一种经营状态转向重新组织化的状态，因此减少了经营的效率而增加了失败的可能性。最后，正如上文所提到的，最近的组织生态学分析研究了在某些情况下组织进行适应性变迁的可能性（如随着环境条件发生大转型而出现的变迁），并指出了某些类型的变迁（如组织的多部门化）获得收益的可能性（如Haveman，1992）。

组织生态学研究传统的强大力量在于它具有高度的范式共识（Pfeffer，1993）。组织生态学家知道要研究什么结果（建立、失败、成长、经济绩效和变迁），以及要考虑什么解释因素（各类组织的数量以及规模、年龄、位置、技术、身份），要应用什么样的分析策略（覆盖整个产业的长期序列数据的定量分析）。因为组织生态学传统的学者总是以相互的研究为基础，并不断提炼彼此的研究，因此他们对组织的动态运行状况已经取得了坚实可靠的累积性的知识。

## 组织内与组织间关系分析

资源依赖理论与社会网络分析之间存在密切的关系，这两个传统中的学者探讨了组织内部与组织之间的关系如何为行动提供了机会，以及又如何限制行动。资源依赖理论（Pfeffer & Salancik，1978）拓展了交换理论的思想（Emerson，1962），并指出组织对于关键资源（包括金融资本与人力资本）的提供者、消费者、控制销售渠道的组织以及对于政府行政性的和专业性的监督机构的依赖，使得组织是脆弱的，组织的决策者面临各种不确定性。为了减少这种脆弱性和不确定性并因此增进绩效，组织往往会进行垂直整合（把上游的供应或下游的经销环节内部化）、水平扩张（多部门化，并因此减少对交换伙伴的依赖性），以及寻求建立伙伴关系（战略同盟、联合风险投资、互派董事等）。

关于组织的社会网络研究，认为组织的属性与行为可以按照个体之间以及组织之间的关系模式来理解。这种思想最为根本和基础性的观点就是认为社会关系是首要的，而原子化的个体属性是第二位的。这样的关系分析可以归于"宏观"与"微观"两种路线。宏观的网络分析与资源依赖理论的研究最为相似，研究了组织与其他组织——政府机构、竞争者、消费者、供应商——之间的关系如何影响组织结构、行动、绩效和最终的生存状态（如Burt，1983）。一些宏观网络分析模型，研究了跨越组织边界的个人关系，其中特别值得注意的是对互派董事进行长期研究的传统［参见Mizruchi（1996）的评论］。其他的一些宏观网络分析者则研究和检验了那些不是以个人为中心而是以真实的组织为中心的关系，如战略同盟、联合风险投资、供应商—购买商关系，以及专利者之间存在的知识流（如Baker，1990）。这两种类型的宏观社会分析，核心思想都是认为网络为组织开辟了系列的机会，也会给组织施加系列的限制。

相反，微观的网络分析，研究的关注焦点在于组织中个人的社会资本——来自于人们与他人的联系中的资源，这些联系诸如与亲属的联系、学友的联系、现在的和以前的工友的联系，或者与交换伙伴组织中的同行的联系等（Bourdieu，1980；Coleman，1992：300-321）。社会资本使人们能够获得信息与物质资源，而这些又会增强获得者的社会地位，减少不确定性和增进很多个人结果。但是社会资本也会创造相互的义务，这导致行动进入某种可以预测的方向，对另外的一些人进行封闭与排斥（相关的评论参见Portes，1998，以及Lin，1999）。

社会网络的三个特征——规模、关系强度、内聚性与广泛存在性（extensiveness）——值得我们加以讨论。第一，组织的与个人的社会网络，所联系的其他焦点行动者的数量存在差异，处于更中心地位的行动者往往联系——直接或间接联系——的人更多。第二，社会关系的强度也会沿着几个维度存在从弱到强的差异。弱关系涉及较少的时间、较低的情感强度、较少的亲密性或者信任，或者一次性的交换；而强关系涉及大量的时间、极大的情感强度、极大的亲密性或者信任，或者多次重复的交换［Granovetter，（1974）1995］。强关系很容易被激活，并提供持续的支持；而弱关系的"力量"在于可以为人们提供非重复的信息，并使人们可能接近新的资源。这之所以会发生，是因为人们以及他们所建立的组织存在一种同类相吸的倾向（McPherson et al.，2001）。弱关系倾向于与那些不同于焦点行动者的人相联系，与那些在世界中具有不同地位的人和对于世界具有不同的理解与看法的人相联系。第三，社会网络可以排列成一个从高度内聚到十分广延这样一个连续统。高度内聚的网络是由一套相互紧密交叉联系的行动者构成的。而十分广延的网络则相反，会在很多"结构洞"之间建立桥梁，这意味着它们把很多还不存在联系的组织或者个人联系起来了（Burt，1992）。广延的网络可以使人们获得更多的信息和资源，而内聚性的网络则可以提供更大的支持和更一致的需要。

请注意社会网络的这些特征之间的关系。首先，强关系比起弱关系来，需要更多的努力才能够创造出来和得以维持下去；如果时间和资源有限，那么个人与组织更可能维持较多的弱关系，而维持较少的强关系。因此，在一个行动者网络中，强关系越多，这个网络中存在的直接联系就越少。其次，长期以来关于个人的研究，都指出强关系是内聚性的——你的朋友也是大家的朋友——而弱关系则是一种可以桥接结构洞的关系。

资源依赖理论与网络分析都十分重视对权力和不平等进行研究，并得出很多重要的研究成果，而权力与不平等问题也是社会学的中心问题之一。因此它们使组织研究重新回到社会学研究的中心。这两种研究传统明确了这样一种事实，即经济行动在本质上是社会的。因此，他们避免了社会化不足的逻辑，也避免了一种过渡社会化的逻辑。前者视组织与个人类似于自私自利的撞球，会彼此碰撞，却永远不会渗透到彼此的表面之下；后者则视个人之间和组织之间的关系完全渗透了他们的身份，并因此完全决定他们的行动（Granovetter，1985）。

### 组织的制度分析[①]

组织分析的制度主义者已经对文化与政治因素
*279* 对组织目标、结构、运行的影响进行了长期的研究。P. R. 塞尔兹尼克（Selznick，1949）的一本开创性的著作，对美国田纳西河谷管理局进行了研究，指出组织受到外部行动者的议程的限制——在他的研究中，是农民反对政府的发电厂——并且当组织拉拢和吸收这些行动者时，组织自己的目标会从根本上被调换。近些年来，组织分析的"新制度主义者"

（Meyer & Rowan，1977；DiMaggio & Powell，1983）已经把焦点转移到认知上来，探讨组织如何因应外部期待，揭示这样的因应如何授予组织被视若当然的合法性，而这种合法性使得组织结构与活动稳定下来。而第三类制度主义者（Brinton & Nee，1998）则借用经济学的思想与政治学中的理性选择理论，开始关注各种组织——包括单个组织与超组织结构——是如何促进交换关系的。这些学者强调受约束的理性和有目的的理性，不确定性与风险等等。T. 英格拉姆与 P. 克莱（Ingram & Clay，2000）回顾和评述了第三类制度主义者的研究，而 W. 斯科特则对另外两种组织分析的制度主义进行了评述（Scott，2001）。

制度分析核心思想之一就是关于组织同形（"同形"从字面上理解就是组织呈现"相同的轮廓"）的思想。随着组织社群的演化，各种力量（组织间的权力关系、政府、专业竞争等）会导致一群组织中的各个组织之间出现同形。他们概括了组织在它们的环境中日益相似的三个过程：模仿性同形、强制性同形和规范性同形（DiMaggio & Powell，1983）。很简单，模仿性同形是指一个组织通过模仿而实现与另一个组织的相似或一致。模仿性同形可能源于对不确定性的有效反应（即当一个组织处于困惑之中时，可能会跟着那些面临同样环境的但却比较成功的组织行事），或者源于从众效应（"某个组织发现其他很多组织都采纳某一种结构或行动路线，那么它也跟着它们那样做"）。强制性同形则根源于政府规制和行政管理指导所施加的压力，这些压力赋予某些特殊组织的结构和策略以权威。最后，规范性同形则是指由诸如职业协会或行业协会等集体行动者，以及那些创造组织看起来应像什么以及它们应如何行事等的非正式的期待（有时是正式规则）的机构所施加的压力而导致的组织同形。

制度主义视角的力量在于，它把很多现象都纳入了研究范围。我们以其核心概念"制度"与"制度化"为例。该传统中的学者主张制度化既是一种结果，又是一种正在进行的活动；前者意味着要关 *280* 注稳定性，后者意味着要关注变迁。他们鉴别了社会中各个层次上的那些制度嵌入其中的结构（即制度的承载和实施者）：指导全部个体和小群体的理解与行动的习惯、规则、脚本、图式；地方的、区域的或人口统计学群体的身份与机制；中观层次的组

---

① 由于 G. 霍吉森所写的那一章，评估了制度经济学对工作研究的贡献，因此本章的讨论主要限定于社会学中的制度分析。

织、职业和产业；整个社会范围层次的规范和编码化的意义与理解模式（Scott，2001）。他们鉴定了制度化得以运行的各种机制，其中包括视若当然性、盲目或有限理性的模仿、适当性、信任资格鉴定（accreditation）、社会义务、强制等机制（Scott，2001）。最后，他们还使用了各种各样的研究设计，包括从民族志的和定性的历史研究，到实验室实验，再到对测量数据与文献数据的统计分析等。

### 小结

在当代这四种组织分析传统之间，很多方面都存在着较大的差异。关于组织的各种制度分析，可以说是最为宏观的视角，因为它们把大部分注意力放在了涉及整个社会层次的事物上，诸如政府规制等等。组织生态学理论、资源依赖理论以及网络分析多多少少是在较低的层次上进行研究，因为它们主要关注的是组织群体。这四种传统中的学者们对社会结构与身份有着各自不同的理解。资源依赖理论家与社会网络分析者认为，社会结构是静态的、确定的、先在的与关系性的，社会身份是由组织之间与个人之间的关系所建构的。组织生态学家则认为，社会结构存在于交叉分布状态，社会的身份源于绝对的或相对的位置，这种位置是根据社会生活的一个或数个维度诸如组织年龄、技术、策略而确定的。最后，制度主义者的看法则最为复杂，认为社会结构存在于大规模的组织社群、个体组织、小群体与个人的相互嵌套之中；其涵盖了行动的逻辑、意义以及各种方案。制度主义者认为，身份是一种社会建构——身份源于关系状况（依赖性与网络），也源自分布地点（distributional locations）。

上文对当代组织分析进行了十分简单的评述，现在我们转向组织分析如何能够为工作社会学提供什么有用的知识和信息。下一部分阐述关于组织的<sub></sub>一些经验研究对工作的不同层面的揭示。我们将明确指出，组织理论对关于工作的研究具有重要的启迪，但是迄今为止人们还没有重视组织分析对于工作研究的这些贡献。

## 二、组织社会学与工作

我们对于组织如何塑造人们的工作生活的讨论，主要关注的是组织内部的因素，即组织的正式结构和实践（任务结构、内部劳动力市场、人力资源政策与工人队伍构成）、规模、文化与权力等因素。我们也关注组织间的因素，如国家规制、产业结构及其动态发展、劳动力市场结构、教育组织的活动、"专业技术职业工程"等。[①] 本着逻辑一致与精简的目的，我们主要讨论组织对于雇员的社会经济影响，包括对工作结构（专职、兼职、临时/权变性的工作）、工资与非货币报酬、归属性（性别、种族、年龄）分割与不平等、职业流动性、工作—家庭之间关系平衡等的影响。[②] 下面我们将解释每一种关于组织的视角对于工人的社会与经济结果的含义，并描述相关的经验研究发现。我们也指出了正式组织与人们的工作生活之间存在的诸多还没得到研究和检验的关系。

### 组织生态学

研究与工作相关的诸多现象的组织生态学家，讨论了一个组织人口种群的人口学状态（它们的数量和规模分布），以及组织的规模差异（组织的数量比核心公司要多得多）是如何通过配对和声望过程而影响工作—转型模式的（Hannan，1998；Greve，1994；Fujiwara-Greve & Greve，2000）。例如，组织规模就对工作岗位结构具有巨大影响。大规模的组织比起小规模的组织来，不可避免地更具有韦伯意义上的科层制色彩：它们具有更多更正式的程序和更多的管理者来监督那些工作在更具垂直和水平分化的亚单元中的人们（Blau & Schoenherr，1971）。如果我们考虑到由于规模的不同而出现的这些工作岗位结构的差异，那些同当前岗位与公司配合不好的雇员，会在更小的或者更大的公司寻找更符合他的工作岗位；由于这个原因，当众多规模不同的公司在运行着，而工人能够找到可以为他们提供最适

---

① 请注意，我们这里不讨论技术这种组织内部因素，因为本书第十二章会进行讨论。我们在这里也不讨论职业这种组织间因素，因为本书第十三章会进行讨论。还有，我们主要讨论发达国家的当代工作场所，但不考虑这些国家工作性质的长期历史变革，我们也不考虑发展中国家的相关趋势。另外，我们也不讨论工联主义、工会与工人组织的影响，这些亚领域涉及的问题较多，值得专门的单独讨论。

② 本书第十五章关于身份的讨论，强调了组织对职员心理的影响。

合岗位的公司的时候，工人在雇用组织之间的流动率就会很高。另外，组织规模还具有第二种不那么明显的影响，因为大公司往往比小公司能够提供更好的报酬，那些正在寻求改进自己报酬的工人往往会流动到更大的公司；由于这个原因，组织（公司）规模之间的差异越大，公司之间的人员流动率就会越高。

生态学家也分析了组织生活中的重要事件——组织的建立、成长、收缩、合并、瓦解——对于工作岗位流动的影响。组织的建立和成长会创造大量的工作岗位；合并会使很多岗位从一个组织转移到另一个组织；收缩与合并、瓦解都会损失大量的岗位（Haveman & Cohen, 1994）。例如，组织的建立会创造许多新的工作岗位（Birch, 1987）。为了填补这样的工作岗位，人们常常从已建立的组织聘请雇员。新近建立的、具有一定风险性的企业越大，则他们需要填补的工作岗位就越多，这种组织的建立对工作岗位的流动性的直接影响也越大。组织的动态运行对于工作岗位流动也具有间接的影响。再以组织的建立为例，一个工人从已经建立的组织向新建立的组织流动，会在已建立的组织中产生一个空位，这个空位会被最近没有工作的某个新进入者填补。而这第二个流动又导致这种空位转移到这个新进入者的前工作岗位上。因此，工人的流动链条向着一个方向进行，而岗位空缺链条向着另一个相反的方向进行（White, 1970），扩大了从已建立企业向新建立企业的最初流动的影响。

最近的生态学研究揭示了其他可能获得丰富成果的研究视角。那些失败风险很高的组织（小的、地位低的和专门化的公司），有十分可能注意晋升自己的雇员，因为它们极少有讨价还价权（Phillips, 2001）。但是，占据极具竞争力地位的公司（在竞争者很少的领域中运行的公司），则有很大的讨价还价权，往往很容易征召和补充新的职员，因此，它们不可能使用内部晋升来填补空缺（Phillips & Sørensen, 2003）。这样的理论解释对其他工作结果也具有很多含义。如果处于更强竞争地位的组织，相对于它们的雇员具有更多的讨价还价权，那么他们比起那些失败的竞争者来，就能够招收到质量更好的员工，甚至它们的工资、福利以及工作岗位一样时也会如此。而这从另一个角度看，更具竞争力的组织，比起那些失败的竞争者而言，也能够在支付更低工资和提供更少福利的情况下，就可以吸引和保持相同质量的雇员。

组织生态学理论较好地阐明了一个组织人口种群对于另一个组织人口种群的间接影响。对此我们再一次以组织建立为例。新建立的企业通过竞争并赢得熟练技能工人，就可以迫使那些先前建立的竞争者改善雇员工作条件。例如，许多建立于20世纪90年代的高科技风险企业，形成了一种新的工作文化——实践框架、规范和工作结构。比起同一产业中那些旧有组织文化来，这种文化往往具有更加非正式、灵活性、平等主义的特征，并且往往依赖于优先认股权这样的强大激励（Baron et al., 1996）。那些以前建立起来的竞争者，面对高度严苛的劳动力市场（在某些地方失业率甚至低于3%），如果要避免有价值的和难得的雇员的流失，除了采用这些工作场所中的诸多创新外，几乎就别无选择。

最后，强调结构惰性——组织生态学的核心思想——有助于我们理解，即使是最强大的外部力量，也不太可能使工作环境发生革命性的变化。例如，在柏林墙被推倒以及德国重新统一之后，我们在原民主德国交响乐队中就看到了强烈的惰性。那些巨大的震荡对该乐队的结构及其日常运转没有产生多大影响（Allmendinger & Hackman, 1996）。尽管该乐队演员在1991年比1990年能够就演奏什么乐曲更能表达自己的意见，对于报酬更乐观，但是他们的工作生活的其他方面没有多少改变。总之，高水平的结构惰性，可能导致性别、种族、伦理为基础的分割，以及工资的不平等，并抵制国家规制、工会运动和改变劳动力人口统计学特征等改革力量。

## 资源依赖和宏观社会网络：组织之间的关系

资源依赖理论与宏观社会网络分析提供了一种敏锐的视角，使我们可以理解组织之间的交换关系如何塑造人事政策、工资、差别待遇与工作的多样性。例如，资源依赖理论关注如下事实：公共部门的公司比起私营部门的公司来，更加依赖政府资源，因此前者更有可能遵守政府关于人事雇用的规制、晋升方面的政策，并因此满足政府提出的在就业的性别、种族、族群等方面的构成目标（例如，Beehr & Juntenen, 1990）。并且，比起受私人资金资助的组织来，那些受政府资金支持的组织，更难抵制政府的政策，因此它们可能显示出更大的性别、种族、族群的多样性，以及歧视程度可能要更低。

N. 弗利格斯坦（Fligstein, 1990）对美国大公司的分析，则以一种不同的方式，提出了三种控制概念——生产、市场营销、金融——如何由于政府政策转型而发生快速更迭。公司等级制中最高层的各类人员，随着外部的控制概念的变化步伐而发生改变：先是由具有制造业背景的经理控制，然后是由具有销售与市场营销背景的经理控制，最后是由金融与会计背景的经理控制。根据资源依赖理论，高层出现的这些变化，会通过等级逐渐扩展开来。让市场营销经理在高层等级处于支配地位，也会使整个公司的所有市场营销人员具有更大的权力；他们有了更大的权力，也就有了更大的能力来重新设计工作和报酬系统，并改变人事政策。而且，交易伙伴组织会感受到这种市场营销部门运行权力的影响。例如教育组织就会增设一些课程和计划来培训这个支配性领域中的学者，或者创造一些与这个领域更相符合的特色课程（服务市场营销、产业营销等），而这反过来又会创造更加复杂的职业结构。

尽管资源依赖理论常常关注的是组织之间的权力—依赖关系，但是这种理论也日益拓展开来，对组织内部的权力—依赖关系进行了探讨，即对组织与其雇员之间的关系进行了探讨。某些雇员拥有技能，或者能够获得稀有的或难以复制的资源。其中最明显的例子就是高度熟练化的体力性的和技术性的雇员。迈克尔·克罗齐耶（Crozier, 1964）关于一个法国烟草公司的研究，就是关于在一个组织之中稀缺资源创造出乎意料的强大权力关系的最经典案例。保养机械师是一种层次的雇员，是维持这个濒临破产的工厂的机器运转的唯一一类雇员，因此他们在相当的程度上控制着他们的老板。这样的逻辑也适用于诸如采购代理和人事部门招聘新的干事之类的雇员，这些人在工作中的地位使他们可以（实际上是要求他们）在他们的雇主之外发展出广泛的关系网络。这些具有很好网络的个人获得了对关键任务与资源的控制权，因此他们获得了控制其雇主的权力。资源依赖理论也有助于解释为什么临时工不得不忍受"坏岗位"——低工资、没有进一步发展的机会、很少的额外福利的工作岗位（Kalleberg et al., 2000）。既然临时工很容易被他人替代（实际上是他们的工作岗位被故意设计成可以轻易换人），那么雇主就不会在多大程度上依赖于他们，就不需要向他们提供足以使他们留下来的工作条件与福利待遇。

宏观层次的网络分析也就工作这个论题提出了类似的创新性见解。公司的购买商/供应商网络结构，对其兴衰存亡具有重要的影响。有学者对美国

服装制造业进行了研究，并指出与很多分包商只存在弱关系（暂时性关系、若即若离的关系）的公司，或者只与少数几个分包商保持强关系的公司，比起那些与其分包商既有暂时性关系又有强关系的公司来，更有可能失败（并因此影响他们的雇员，使他们失去工作）（Uzzi, 1996）。服装制造商生存能力方面存在的差异，会影响它们与其雇员之间的关系。最根本的是，与其分包商有着最优的混合性关系，会降低使用临时或非全职工人的必要性。一些学者（Phillips, 2001；Phillips & Sørensen, 2003）则在上述生态学研究的基础上，指出与分包商有着最优混合关系的制造商，也会增加其与雇员的讨价还价权，可以使这种公司比起那些没有最优分包网络的竞争者来，给雇员提供更低的工资和福利。

日本企业组织间关系网络也是一个重要的例子。在那里株式会社（keirestu）——是一种公司网络，其关系包括了互锁性的所有权和购买商/供应商关系——创造了一种分层化的经济（参见 Lincoln et al., 1996）。处于这种网络核心的大公司，大多不会受到经济动荡的冲击，并因此能够为他们的雇员提供"终身"就业，而处于这种网络边缘的、更小的、更具依赖性的公司，则会受到经济动荡的冲击。在世界上的很多国家中都存在商业集团，例如韩国的家庭企业集团、中国的企业集团、意大利的产业集群等。但是，在不同社会中，这些组织间网络的性质存在很大的差异，因为每个社会都是由财政的、政治的和社会制度构成的一种独特组织（Orrù et al., 1991）。因此，商业集团对于工作岗位结构与工作条件的影响，在各个国家背景中也存在很大的差异。

## 微观层次社会网络：个人间关系

很多研究已经指出，微观社会网络会影响人们的工作生活。其中最杰出的研究要数格兰诺维特[Granovetter,（1974）1995]关于弱关系在寻找工作过程中的重要性的研究。弱关系（涉及时间少、低的情感强度、纯粹的交换等）常常联系的是与你不同的人、对于工作世界与你有着不同信息的人，因此，弱关系往往传递的是非多余的信息，这些信息对于你找工作特别有帮助。相反，强关系（涉及更多的大量时间、更高的情感强度和多重的交换）常常联系的是那些与你相似的人，你也往往与他们相互联系，因此强关系常常传递的是"旧的信息"——你已经知道了的信息。对于获得与维持工

作而言，弱关系比强关系更有可能提供新的（因此，也是更富有成果的）引导。

雇员的社会关系网络桥接"结构洞"——把原本没有联系的群体联系起来——的程度，也会对工作产生相关的影响和结果。具有广泛网络的人更能够收集工作信息和对工作施加影响；在很多设置或背景中，这又会提高他们实施任务的绩效和拓展他们的职业前景（Burt，1992）。例如，R. S. 伯特（Burt，1992）发现，一个计算机公司中的经理，如果其网络桥接了多重的结构洞，比起此地其网络桥接了很少的结构洞或者没有桥接结构洞的经理来，更有可能获得晋升。对于那些在这方面没有多少匹敌的对手存在的经理而言，这样的收益或好处是最强的。R. S. 伯特（Burt，1992）还发现，一个金融服务公司的那些高级雇员，如果其网络桥接了多个结构洞，那么比起那些其网络没有桥接结构洞的高级雇员来，能够获得更高的额外津贴。

尽管桥接结构洞可以促进对信息和其他资源的获得，但是这种松散连接的网络，也可能产生不一致的绩效要求。而且，对一个网络的不同部分表现出不同的"面孔"，可能会导致不信任。J. M. 波多尔尼和 J. N. 巴荣（Podolny & Baron，1997）关于高科技公司的研究，也发现了这种影响。那些在他们的社会网络中没有多少桥接结构洞的雇员，工作预期更加一致，并且他们的工作伙伴会更加信任他们；相应地，他们可能得到更高的评价和更有可能得到提升。这一研究显示个人社会关系网络的内容——人们之间的友谊、与任务相关的信息、职业建议、行动的权力等各种交换，与个人社会网络结构——强关系或弱关系，它们或者桥接结构洞或者把人们紧紧地捆绑在一个小小的社会圈子中——相比，即使不会起更大的作用，也会起同样的作用。

最近的很多研究都关注社会网络的性别、种族或族群构成。例如，有两个紧密相关的研究，一个关于银行消费者服务中心人员雇用过程的研究（Fernandez & Weinberg，1997），以及一个关于高科技公司中的人事雇用过程的研究（Petersen et al.，2000）均发现，这两个组织的人事雇用过程，在一定程度上是由精英主导的，部分取决于岗位申请者与现有雇员之间的关系。现有的雇员能够向家庭成员或者朋友提供人事招聘者正在寻求什么样的雇员的建议，而这又使得申请者更容易向人事招聘者显示他们如何能够很好地"适合"他们的公司和那个工作岗位。而且，在高技术公司中，绝大多数情况

下雇用的是那些社会网络涉及的绝大多数是其他白人的白人，而处于少数者地位的申请者，缺少网络获得那些有利于求职的东西。那些首先会增加人们获得雇用机会的社会关系，也会影响他们退出这个公司的可能性；来自银行的消费者服务中心的推荐人（referrers）的流动，会增加被推荐人（referees）的流动率（Fernandez et al.，2000）。社会关系也会影响工资，例如那些了解高技术公司现有雇员的岗位申请者，比起那些不了解这种信息的申请者，会要求更高的工资，因为有朋友在这个高科技公司工作的申请者，会获得该公司的工资实践的更多的信息，并且其朋友会更加强烈地游说公司，以使其得到雇用（Seidel et al.，2000）。该公司绝大多数雇员都是白人；那些非白人在种族或族群上处于少数者，比起白人来较少可能与公司现有白人员工成为朋友，因此对种族或族群少数者而言，就更难以在讨价还价中提出更高的工资要求。可见，不同的网络所产生的最终结果，就是加深了白人与非白人工人的工资鸿沟。

研究者也讨论了社会资本（源于社会网络的资源）与人力资本（个人资源）之间的相互作用。E. A. W. 博格斯曼等（Boxman et al.，1991）关于荷兰的经理人的收入获得研究，发现人力资本与社会资本是相互替代的，尽管它们的影响不是对称性的，即对于拥有不同层次的人力资本者来说，社会资本都会增加收入获得，而人力资本对于拥有最高水平的社会资本者的收入获得没有影响。这一研究结论，以及 M. L. 塞德尔、J. T. 波尔泽与 K. 斯图尔特（Seidel，Polzer & Stewart，2000）的研究结论都有助于解释研究者所发现的，为什么在统计中控制教育与技能的影响之后，组织中仍然存在种族或族群的分割和不平等的原因。如果社会联系有利于获得具有更高报酬的好工作的机会，而在控制个人能力的影响的情况下，工人要想获得改善和晋升，就必须有适当的社会联系。种族或族群少数群体的成员，比起白人来，较少有社会联系，因而较少可能获得组织中好的工作岗位，因此被束缚于低报酬的工作岗位。

最后，社会网络通过对工作流动性的影响，而影响组织的人口统计学特征——雇员沿着性别、种族或族群、年龄、教育这些重要维度呈现出不同的分布。正如上面所描述的，弱关系（而非强关系）会桥接各种结构洞（而不是与一个小的派系相联系），网络的构成状况，对于人们在雇用他的组织内

部与组织之间进行流动的机会，具有巨大的影响。而且，人们的个人资源（他们的人力资本）与网络（他们的社会资本）共同决定他们发现、抓住并获得更好工作岗位的可能性。在一定时间之后，各种不同的人口统计学子群体的成员流动差异，会改变组织的人口统计学特征。特别是，除非受到某种外部力量如政府官方政策的反对，人们普遍存在的同类相聚倾向——与相类似的他人保持关系——必然不可避免地导致组织雇用员工时出现性别、种族/族群的分割。

## 关于组织的各种制度视角

制度主义者已经对组织结构与实践的扩散及其对工作的影响进行了广泛、深入而富有成效的研究。其中一个优秀的例子就是 M. 纪廉（Guillén，1994）关于三种管理意识形态——科学管理、人类关系与结构主义——在整个 20 世纪的美国、英国、西班牙、德国的雇用组织中的扩散所做的比较研究。他明确地指出，雇用组织采纳或拒绝这些安排及控制工人的模式，并不是出于技术或效率的考虑。相反，制度性的力量，诸如教育（这预先就使得管理者是乐于或不乐于接受不同意识形态）、专业协会的政治活动、政府的政策以及工人的态度决定了哪种管理模式被采纳，哪种管理模式被拒绝。同样，M. 莫里斯、F. 塞利尔与 J. 西尔维斯特（Maurice, Sellier & Silvestre, 1986）发现，与现代社会将会趋同于单一社会关系模式这样的预测相反，德国与法国之间有着十分不同的劳动管理系统。例如，对于雇员技能构成，德国有着一种综合性的方法来衡量（雇主、工会、地方与联邦政府一起发挥积极的作用），法国则没有。这些学者总结认为，诸如工作设计、工作类型、工资比率都是由特定的社会条件所建构和维持的，因此，在各个国家，工作的这些方面往往很难一致。最后，R. E. 科尔（Cole, 1989）发现，在日本、瑞典、美国这三个不同的国家背景中，采纳与保持创新性工作团队活动（工人参与生产过程与质量的管理）的情况是不一样的。工会、行业协会和政府机构都会影响这些创新活动的扩散，也会影响它们的效果。与瑞典相比，日本公司采纳这种创新活动的比例较高，也更为有效。而瑞典公司又比美国公司采纳这种创新活动的比例高，也更为有效。

制度主义者视组织属性为理性化的神话——广泛持有的信仰（"每一个都知道他们是真实的"），这种信仰是关于个人、团队、整个组织要获得其目标必须做些什么的信仰，也就是它们在所有的组织中扩散和发挥作用，并寻求它们的合法性（Meyer & Rowan，1977）。因此，制度主义者常常研究诸如国家、市场等具有强大力量的实体，如何影响组织的内部运行，包括它们的人事实践。这种分析的对象，包括城市政府中的公共服务改革、适当性程序和抱怨程序、内部劳动力市场结构、薪金计划、因病及哺乳而告退等政策，以及各种各样的管理实践。一个主要的例子就是 F. 道宾等（Dobbin et al.，1993）关于美国雇主如何应对美国就业机会均等法案（EEO）的通过，他们认为就业机会均等法案开创了强调政府要求与企业组织自我利益两者之间的激烈争辩；而支持内部劳动力市场的人事实践，是作为这样的争辩的胜利者而出现的。这些实践逐渐被公司采纳，以象征它们对就业机会均等法案的遵守，而不是实际地减少工作场所的种族或性别不平等，或者用来促进工作的效率。该研究还指出，人力资源管理者会从美国政府的规定中向社会推出一种含混不清的、不确定的命令；他们处于实际界定什么将会被界定的位置上，例如政府规定"你现在不得歧视"，但是实际上他们会对此进行特殊的界定。

制度分析关于工作的研究，能够提供一些刺激性、挑衅性的新结论。尼尔森与布瑞吉（Nelson & Bridge, 1999）关于美国报酬歧视案件的分析，指出标准操作程序常常会产生传统的男性工作岗位（机构维持）与传统的女性工作岗位（秘书）之间的报酬不平等。当雇主被起诉时，他们把工资比率的差异归罪于"市场"，但是在实践中他们则依赖于中间仲裁，诸如人事经理和补偿方面的顾问，以确定他们的工资支付。这些中间仲裁者往往具有偏见，这反映了他们选择何种工作岗位进行调查和比较。当这些不合理的工资比率受到法院的质疑和挑战时，法官会对这样的工资比率进行制裁，但是这些法官把"市场"诠释为价值的客观的仲裁者，而不是人事经理、顾问的一种建构，视工资的设定为一种中立的过程，而非一种充斥各种罪恶的政治过程。

很多制度分析都参照合法性来解释组织结构。既然在任何组织中，正式结构都决定了一套工作岗位，那么组织对于合法性的追求促使组织采纳新的结构，从而影响谁被雇用和晋升，员工被如何社会化和培训，他们的任务如何相互联系。因此我们可以对很多制度研究的逻辑进行拓展，来阐明工作结构与人事实践。下面我们举两个例子。其一是西蒙与英格拉姆（Simon & Ingram, 1997）发现，组织

289

290

中那些已经牢固确立的意识形态，会决定工作实践；但是这些意识形态及其所支持的工作实践，也可能会受到外部压力的侵蚀。他们分析了以色列集体农场吉布兹（kibbutzim），这种吉布兹由社会主义者合作经营，从根本上信奉一种自我依赖、自立自足的思想。这种意识形态立场表现在吉布兹成员完全依赖于内部劳动力。在农场建立之后，以色列逐渐为资本主义意识形态支配，后者强调效率与流动性或灵活性。市场竞争和文化期待都促使吉布兹，特别是那些高度依赖于银行以及强调一种相对缓和的社会主义形式并因此不再强调政治目标的吉布兹，开始使用更多的外部劳动力。

另一个例子是日本企业规模削减所面临的两难困境。在日本，大公司长期夸耀其终身就业制度。C. L. 阿玛简和 P. 罗宾逊（Ahmadjian & Robinson, 2001）发现，那些大的、老的和声望高的日本公司支持终身就业实践的制度，随着 20 世纪 90 年代日益严酷的经济压力导致公司规模削减，现在已经逐渐瓦解了。这产生了一种游行花车效应，导致那些不那么显要的公司也采取这样的做法，从而使得公司规模日益削减。我们在今天的欧洲，也可以发现这种企业规模逐渐小化的趋势，那里大雇主正在缩减企业的规模，而美国的企业在 20 年前就已开始缩减企业的规模了。

最后，制度主义的分析，还有助于我们对工作研究中那些出乎意料的经验发现，提出更深入细致的解释。例如，关于人员流动率的研究，发现了一种让人迷惑的现象。尽管效率工资理论认为，存在一种理性工资水平来有效招收雇员并完成某种任务，但是，鲍威尔、蒙哥马利与科斯格拉夫（Powell, Montgomery & Cosgrove, 1994）指出，提供比效率工资更高的工资，可以减少员工的流动率。对于这样一种出乎意料的结果，我们可以通过视工资为一种制度来加以解释。也就是说，如果工资是社会决定和实施的，那么它们就不会被固定于某单一的"有效"水平。相反，工资和其他形式的补偿，在不同的产业、时间周期、地区存在很大的差异。正如 J. W. 迈耶 与 B. 罗恩（Meyer & Rowan, 1977: 343）所指出的，"理性的规范并不是简单的一般性价值。它们以更为具体的和强有力的方式存在于那些紧密依附于制度化的社会结构的规则、理解与意义之中"。关于"是什么建构了适当的工资水平"的思想，适用于那些面临同样环境的组织。

## 三、关注工作与家庭之间的平衡

我们的讨论往往更关注工作的流动而不是工作的其他层面，这部分是因为工作流动获得了组织社会学家的最多的研究。我们上面已经讨论了工资与福利。但是对于工作进行社会学研究，还存在很多关键问题，很少得到组织分析的关注和讨论。因此我们下面讨论一个有利于我们进一步深入研究的问题：工作与家庭之间的平衡问题。自人们开始外出工作以来，就一直面临这个问题，但是随着工人队伍中女性成员的增多，这个问题变得日益重要和突出。

霍奇斯柴尔德的开创性研究（Hochschild, 1989）指出，在 80％的双职工家庭中，女性更多地承担了料理家务与照顾小孩这方面的义务。工作与家庭的压力或要求是相互影响的，来自于工作生活中的压力，会反映到家庭中，相反来自家庭的压力也会反映到工作中（Zedeck & Mosier, 1990）。这对于男性与女性都是一种真实的情况，也是一种日益严重的情况。他关于一个公开奉行和支持家庭友好型政策的大公司的研究，指出了随着雇员把更多的时间投入工作中，他们的家庭生活就会存在麻烦；尽管存在小孩生病看护、老人看护咨询服务等福利，以及工作天数的灵活性和工作天数的压缩，但是男性与女性雇员都会选择工作更长的时间，部分原因是为了避免家庭紧张（Hochschild, 1997）。

关于正式组织的各种理论——特别是制度主义理论、资源依赖理论和社会网络理论——对于那些为使男性与女性更容易平衡工作与家庭责任的实践，已经说了很多。对于理解和预测雇主如何适应政府规制的调整——要求或促进家庭友好型的政策——来说，制度视角十分有用。这类分析指出，在法律的意图与其实际的影响之间存在一条鸿沟，因此家庭与工作之间的紧张在以一种出乎意料的方式上演着。资源依赖理论则通过预测哪些组织会对那些促进工作—家庭平衡的法律与其他要求更负责任，而提供了补充性解释。最后，个人网络分析可以说明组织政策是如何实际运行的，也就是可以说明组织政策对雇员职业生涯的长期影响。

1981 年美国通过了经济复兴税法案（ERTA），试图促使雇主在工作场建立儿童看护中心。E. 凯利（Kelly, 2003）跟踪调查了该法案通过后美国 389 个公司的反应，并进行了制度主义的分析。他发现，尽管雇主发起的儿童看护计划扩散得很快，但是向需要看护者的工人发放货币补贴的做法则更为流行。这种结果是让人吃惊的，因为与美国的大多数劳工法（如 F. 道宾等 1993 年所研究的就业机会均等法案）不同，经济复兴税法案的条文是具体而清楚的。但是向需要看护者的工人发放货币补贴的做法，相对于儿童看护中心有两大优势，对于企业来说它们的支出不昂贵，并且是由值得信任的顾问即管理顾问来实施和推进的。这些顾问，就如 F. 道宾等（Dobbin, 1993）所研究的人力资源管理者，能够利用和操纵制度环境，从而有利于他们自己的利益。

很多年来，研究者都认为，作为母亲的状态（motherhood）是女性工资低的首要原因（Budig & England, 2001），是限制女性进入非女性职业的"十字形旋转门"现象的首要原因（Jacobs, 1989）。但是对于雇用组织的文化所进行的制度分析，则揭示了关于女性在家庭中的角色，存在一种僵化守旧的看法，并且也影响她们的晋升机会，进而影响她们的工资收入。例如，F. 凯以及 J. 哈根的制度分析（Kay & Hagan, 1998）指出，加拿大的男性律师，如果表现出合乎传统的社团家庭形象，就会得到晋升这种奖赏（男子有了小孩，往往会表现出更强的合作精神）。相反，女性律师只有在她们放弃家庭而优先考虑工作（积累很多为公司挣钱的工作小时），为公司带来许多新的顾客，保证完成传统的男性法律公司文化的目标，从而打破僵化守旧的性别看法之后，才会得到晋升。

根据资源依赖理论，组织对其最依赖的那些雇员，会给予最多最好的报酬或机会。当女性构成了雇用组织熟练工人中的较大比例时，那个组织就有可能更为关注工作—家庭平衡问题。一个很好的例子就是美国的一家会计与咨询公司德勤会计师事务所（Deloitte & Touche）。在 1991 年该公司发现，许多女性——占其入门水平的专业职员的 50% 多一点——在公司考虑晋升为合伙人（这往往服务 9~12 年之后才有可能）之前，正在离开公司。该公司受到了女性雇员高流动率的困扰，于是就会见了这些专业人员，并发现女性与男性如果没有一个待在家里的配偶的支持，那么都不知道如何做合伙人，也不知道如何维持一个家庭。为了解决这个问题，该公司大刀阔斧地改革了工作结构（如减少在办公室所花的时间，而增加在顾客场所的时间）以及人事政策（例如工作安排程序）；该公司还投入大量精力 <sub>293</sub>

改变公司文化，使其对女性更具包容性。该公司的这种改革取得了极大的成功，并且正积极把这些做法推广到美国国外的分支机构。还有学者对涉及美国所有产业的 712 个公司进行了调查，指出需要依赖有价值的雇员的那些公司，普遍都会做出这种反应；在各个产业中，那些拥有更大比例的女性工人的公司，都更有可能建立正式的病休政策并将其制度化，以支持那些怀孕的女职员（Uthrie & Roth, 1999）。

最后，M. 布莱尔-罗伊与 A. S. 沃顿（Blair-Loy & Wharton, 2002）运用社会网络分析的思想与方法对一个金融服务公司进行了研究，发现如果雇员与监督者和有权力的同事存在联系，那么该公司可能增加其雇员享受家庭友好型政策——诸如儿童看护咨询服务、短期离开或缺席（扣钱或不扣钱）、灵活的工作时间、压缩工作周、远程通信等——的机会。这些雇员如果与更加重要的雇员存在联系，那么可能防止自己受到那些利用这些政策优势导致的负面后果的影响，例如使她们不会被视为正在进入一种"妈妈生活道路"（指妇女不得不花更多时间照料子女）。

## 四、结论

相关理论研究对正式组织的特征与工作于其中的人们的生活之间的深层联系进行的探讨和努力，会获得丰硕的成果。在所有的现代社会中，组织产生着各种各样的权力，并分配大量的收益或福利。人们所有经济的、政治的、社会的、文化的收益，都是通过组织来追求和获得的。因此人们可能通过组织集中或分散权力，增加或减少机会与获得的平等。如果工作社会学家们牢记我们的建议，那么他们关于工作中的地位秩序以及资源的分布的产生和维持等等长期存在的问题，可以获得更加令人信服的解释。对于这些问题的回答，使我们有可能通过对公共政策提供有益的咨询和建议，而改进人们的工作生活。

对于工作的社会学研究，如果采纳了我们的建议，就会通过另一种方式获得很多研究成果。其中最基本的就是，把分析的层次从个人或工作群体提高到更高的组织层次，就可以提供一种全新的视角。<sub>294</sub>组织研究的制度视角与生态学视角，都强调在社会、部门或个体组织层次上研究工作，而资源依赖理论与社会网络分析则更着重对成对的和更大的一套互动组织进行研究。如果我们采取更为宏观的视角，那么就可以深入研究和提示那些常常被人们忽视的、影响个人与群体层次的工作结果的重要因素。

希瑟·哈弗曼（Heather Haveman）

穆克蒂·凯尔（Mukti Khaire）

## 参考文献

Ahmadjian, C. L. and Robinson, P. (2001). "Safety in Numbers: Downsizing and the Deinstitutionalization of Permanent Employment in Japan", *Administrative Science Quarterly*, 46: 622 - 54.

Allmendinger, J. and Hackman, J. H. (1996). "Organizations in Changing Environments: The Case of East German Symphony Orchestras", *Administrative Science Quarterly*, 41: 337 - 69.

Baker, W. E. (1990). "Market Networks and Corporate Behavior", *American Journal of Sociology*, 96: 589 - 625.

Barley, S. R. and Kunda, G. (2001). "Bringing Work Back In", *Organization Science*, 12: 76 - 95.

Baron, J. N. and Bielby, W. T. (1980). "Bringing the Firms Back In: Stratification, Segmentation, and the Organization of Work", *American Sociological Review*, 45: 737 - 65.

——, Burton, D., and Hannan, M. T. (1996). "The Road Taken: Origins and Evolution of Employment Systems in Emerging Companies", *Industrial and Corporate Change*, 5: 239 - 75.

Beehr, T. A. and Juntenen, D. L. (1990). "Promotions and Employees Perceived Mobility Channels: The Effects of Employee Sex, Employee Group, and Initial Placement", *Human Relations*, 43: 455 - 72.

Birch, D. (1987). *Job Creation in America*. New York: Free Press.

Blair-Loy, M. and Wharton, A. S. (2002). "Employees Use of Work - Family Policies and the Workplace Social Context", *Social Forces*, 80: 813 - 45.

Blau, P. M. and Schoenherr, R. (1971). *The Structure of Organizations*. New York: Basic Books.

——and Scott, W. R. (1962). *Formal Organizations: A Comparative Approach*. San Francisco, CA: Chandler Publishing.

Bourdieu, P. (1980). "Le capital sociale: Notes provisaires", *Actes de la recherche en sciences sociales*, 31: 2 - 3.

Boxman, E. A. W., de Graaf, P. M., and Flap, H.

D. (1991). "The Impact of Social and Human Capital on the Income Attainment of Dutch Managers", *Social Networks*, 13: 51 - 73.

Brinton, M. C. and Nee V. (eds.) (1998). *The New Institutionalism in Sociology*. New York: Russell Sage Foundation.

Budig, M. J. and England, P. (2001). "The Wage Penalty for Motherhood", *American Sociological Review*, 66: 204 - 25.

Burns, T. and Stalker, G. M. ([1961] 1994). *The Management of Innovation*, 3rd edn. Oxford: Oxford University Press.

Burt, R. S. (1983). *Corporate Profits and Co-optation*. New York: Academic Press.

—— (1992). *Structural Holes: The Social Structure of Competition*. Cambridge, MA: Harvard University Press.

—— (1997). "The Contingent Value of Social Capital", *Administrative Science Quarterly*, 42: 339 - 65.

Carroll, G. R. (1985). "Concentration and Specialization: Dynamics of NicheWidth in Populations of Organizations", *American Journal of Sociology*, 90: 1262 - 83.

——and Hannan, M. T. (2000). *The Demography of Corporations and Industries*. Princeton, NJ: Princeton University Press.

Child, J. (1972). "Organizational Structure, Environment and Performance: The Role of Strategic Choice", *Sociology*, 6: 1 - 22.

Cole, R. E. (1989). *Strategies for Learning: Small-Group Activities in American, Japanese, and Swedish Industry*. Berkeley, CA: University of California Press.

Coleman, J. S. (1974). *Power and the Structure of Society*. New York: W. W. Norton.

—— (1992). *Foundations of Social Theory*. Cambridge, MA: Harvard University Press.

Crozier, M. (1964). *The Bureaucratic Phenomenon*. Chicago: University of Chicago Press.

DiMaggio, P. J. and Powell, W. W. (1983). "The Iron Cage Revisited: Institutional Isomorphism and Collective Rationality in Organizational Fields", *American Sociological Review*, 48: 147 - 60.

Dobbin, F. R., Sutton, J. R., Meyer, J. W., and Scott, W. R. (1993). "Equal Opportunity Law and the Construction of Internal Labor Markets", *American Journal of Sociology*, 99: 396 - 427.

Emerson, R. M. (1962). "Power-Dependence Relations", *American Sociological Review*, 27: 31 - 41.

Fernandez, R. M., Castilla, E. J., and Moore, P. (2000). "Social Capital at Work: Networks and Employment at a Phone Center", *American Journal of Sociology*, 105: 1288-356.

——and Weinberg, N. (1997). "Sifting and Sorting: Personal Contacts and Hiring in a Retail Bank", *American Sociological Review*, 62: 883-902.

Fligstein, N. (1990). *The Transformation of Corporate Control*. Cambridge, MA: Harvard University Press.

Fujiwara-Greve, T. and Greve, H. R. (2000). "Organizational Ecology and Job Mobility", *Social Forces*, 79: 547-86.

Galbraith, J. R. (1973). *Designing Complex Organizations. Reading*, MA: Addison-Wesley.

Granovetter, M. S. (1985). "Economic Action and Social Structure: The Problem of Embeddedness", *American Journal of Sociology*, 91: 481-510.

—— ([1974] 1995). *Getting a Job: A Study of Contacts and Careers*. Chicago, IL: University of Chicago Press.

296  Greve, H. R. (1994). "Industry Diversity Effects on Job Mobility", *Acta Sociologica*, 37: 119-39.

Guillén, M. F. (1994). *Models of Management: Work, Authority, and Organization in a Comparative Perspective*. Chicago, IL: University of Chicago Press.

Guthrie, D. and Roth, L. M. (1999). "The State, Courts, and Maternity Leave Policies in U. S. Organizations: Specifying Institutional Mechanisms", *American Sociological Review*, 64: 41-63.

Hannan, M. T. (1988). "Social Change, Organizational Diversity, and Individual Careers", in M. Riley (ed.), *Social Change and the Life Course*, vol 1. Newbury Park, CA: Sage.

——and Freeman, J. (1989). *Organizational Ecology. Cambridge*, MA: Harvard University Press.

Haveman, H. A. (1992). "Between a Rock and a Hard Place: Organizational Change and Performance Under Conditions of Fundamental Environmental Transformation", *Administrative Science Quarterly*, 37: 48-75.

—— (1993). "Organizational Size and Change: Diversification in the Savings and Loan Industry After Deregulation", *Administrative Science Quarterly*, 38: 20-50.

——and Cohen, L. E. (1994). "The Ecological Dynamics of Careers: The Impact of Organizational Founding, Dissolution, and Merger on Job Mobility", *American Journal of Sociology*, 100: 104-52.

Hochschild, A. R. (1989). *The Second Shift*. New York: Avon Books.

—— (1997). *The Time Bind: When Work Becomes Home and Home BecomesWork*. New York: Metropolitan Books.

Hodson, R. and Sullivan, T. A. (2002). *The Social Organization of Work*, 3rd edn. Belmont, CA: Wadsworth.

Ingram, P. and Clay, K. (2000). "The Choice-Within-Constraints New Institutionalism and Implications for Sociology", in K. Cook and J. Hagan (eds.), *Annual Review of Sociology*, 27: 525-46.

Jacobs, J. (1989). Revolving Doors: *Sex Segregation and Women's Careers*. Stanford, CA: Stanford University Press.

Kalleberg, A. L., Reskin, B. F., and Hudson, K. (2000). "Bad Jobs in America: Standard and Non-Standard Employment Relations and Job Quality in the United States", *American Sociological Review*, 65: 256-78.

Kay, F. M. and Hagan, J. (1998). "Raising the Bar: The Gender Stratification of Law Firm Human Capital", *American Sociological Review*, 63: 728-43.

Kelly, E. (2003). "The Strange History of Employer-Sponsored Child Care: Interested Actors, Uncertainty, and the Transformation of Law in Organizational Fields", *American Journal of Sociology*, 109: 606-49.

Lawrence, P. D. and Lorsch, J. W. (1967). *Organizations and Environments*. Boston, MA: Harvard Business School Press.

Lin, N. (1999). "Social Networks and Status Attainment", *Annual Review of Sociology*, 25: 467-87.

Lincoln, J. R., Gerlach, M. L., and Ahmadjian, C. L. (1996). "Keiretsu Networks and Corporate Performance in Japan", *American Sociological Review*, 61: 67-88.  297

McPherson, J. M., Smith-Lovin, L., and Cook, J. M. (2001). "Birds of a Feather: Homophily in Social Networks", in K. Cook and J. Hagan (eds.), *Annual Review of Sociology*, 27: 415-44.

Maurice, M., Sellier, F., and Silvestre, J. (1986). *The Social Foundations of Industrial Power: A Comparison of France and Germany*. Cambridge, MA: MIT Press.

Meyer, J. W. and Rowan, B. (1977). "Institutionalized Organizations: Formal Structure as Myth and Ceremony", *American Journal of Sociology*, 83: 340-63.

Mizruchi, M. S. (1996). "What do Interlocks Do? An Analysis, Critique, and Assessment of Research on Interlocking Directorates", *Annual Review of Sociology*, 22: 271-98.

Nelson, R. L. and Bridges, W. P. (1999). *Legalizing Gender Inequality: Courts, Markets, and Unequal Pay for Women in America*. Cambridge: Cambridge University Press.

Orrù, M., Biggart, N. W., and Hamilton, G. G. (1991). "Organizational Isomorphism in East Asia", inW. W. Powell and P. J. DiMaggio (eds.), The New Institutionalism in Organizational Analysis. Chicago: University of Chicago Press.

Perrow, C. (1991). "A Society of Organizations", *Theory and Society*, 20: 725 – 62.

Petersen, T., Saporta, I., and Seidel, M. (2000). "Offering a Job: Meritocracy and Social Networks", *American Journal of Sociology*, 106: 763 – 816.

Pfeffer, J. (1993). "Barriers to the Advancement of Organizational Science: Paradigm Development as Dependent Variable", *Academy of Management Review*, 18: 599 – 620.

——and Salancik, G. R. (1978). *The External Control of Organizations: A Resource Dependence Perspective*. New York: Harper & Row.

Phillips, D. J. (2001). "The Promotion Paradox: Organizational Mortality and Employee Promotion Chances in Silicon Valley Law Firms, 1946 – 1996", *American Journal of Sociology*, 106: 1058 – 98.

——and Soensen, J. (2003). "Promoting from a Position of Weakness: Firm Strength and the Rate of Internal Promotion", *Social Forces*, 81: 819 – 41.

Podolny, J. M. and Baron, J. N. (1997). "Resources and Relationships: Social Networks and Mobility in the Workplace", *American Sociological Review*, 62: 673 – 93.

Portes, A. (1998). "Social Capital: Its Origins and Applications in Modern Sociology", *Annual Review of Sociology*, 24: 1 – 24.

Powell, I., Montgomery, M., and Cosgrove, J. (1994). "Compensation Structure and Establishment Quite and Fire Rates", *Industrial Relations*, 33: 229 – 48.

Pugh, D. S., Hickson, D. J., Hinings, C. R., and Turner, C. (1968). "Dimensions of Organizational Structure", *Administrative Science Quarterly*, 13: 65 – 105.

——, Hickson, D. J., and Hinings, C. R. (1969). "An Empirical Taxonomy of Structures of Work Organizations", *Administrative Science Quarterly*, 14: 115 – 26.

Schneider, B., Goldstein, H. W., and Smith, D. B. (1995). "The ASA Framework: An Update", *Personnel Psychology*, 48: 747 – 73.

Schoonhoven, C. B. (1981). "Problems with Contingency Theory: Testing Assumptions Hidden within the Language of Contingency 'Theory' ", *Administrative Science Quarterly*, 26: 349 – 77.

Scott, W. R. (2001). *Institutions and Organizations*, 2nd edn. Thousand Oaks, CA: Sage.

Seidel, M. L., Polzer, J. T., and Stewart, K. (2000). "Friends in High Places: The Effects of Social Networks on Discrimination in Salary Negotiations", *Administrative Science Quarterly*, 45: 1 – 24.

Selznick, P. (1949). *TVA and the Grassroots*. Berkeley, CA: University of California Press.

—— (1957). *Leadership in Administration*. Berkeley, CA: University of California Press.

Simons, T. and Ingram, P. (1997). "Organization and Ideology: Kibbutzim and Hired Labor, 1951 – 1965", *Administrative Science Quarterly*, 42: 784 – 813.

Søensen, J. B. and Stuart, T. E. (2000). "Aging, Obsolescence, and Organizational Innovation", *Administrative Science Quarterly*, 45: 81 – 112.

Stinchcombe, A. L. (1997). "On the Virtues of the Old Institutionalism", in J. Hagan (ed.), *Annual Review of Sociology*, 23: 1 – 18.

Stolzenberg, R. M. (1978). "Bringing the Boss Back In: Employer Size, Employee Schooling, and Socioeconomic Achievement", *American Sociological Review*, 43: 813 – 28.

Thompson, J. D. (1967). *Organizations in Action*. New York: McGraw-Hill.

Uzzi, B. (1996). "The Sources and Consequences of Embeddedness for the Economic Performance of Organizations: The Network Effect", *American Sociological Review*, 61: 674 – 98.

White, H. C. (1970). *Chains of Opportunity: System Models of Mobility in Organizations*. Cambridge, MA: Harvard University Press.

Woodward, J. [ (1965) 1994]. *Industrial Organization: Theory and Practice*, 2nd Edn. Oxford: Oxford University Press.

Zedeck, S., and Mosier, K. (1990). "Work in the Family and Employing Organization", *American Psychologist*, 45: 240 – 51.

# 第十一章

# 工作的道德问题

有学者认为，所谓伦理（道德），是指一种"通过确定生活中的那些支配人们行为的规则、应追求的价值，以及值得发展的属性等方面，来理解我们个人与社会的道德经验的系统意图"（de George，1995：19）。最近 30 年来，关于商业道德以及工作组织道德问题的研究，出现了爆炸性的增长，这特别体现在，一些与"商业伦理"相关的杂志、教材与教学课程纷纷创立、出版或设立，以及体现在企业组织中相关职位的设立上。至于这种日益突出的关注的知识根源，不同的人有不同的看法，或者将其归结于冷战时期出现的一种公司社会责任运动，当时面对马克思主义的批判，资本主义为了显示其"可接受的一面"，而倡导这种运动（Bowen，1953）；或者认为这是由于罗尔斯的《正义论》（1971）的影响（Bowie，2002），或者将其归结于强调工作平等机会的女权主义与公民权力运动的产物。近年来，对于环境与动物权利以及全球化后果的关注，加之公司丑闻频发，公司治理问题进一步促进了人们对于这种伦理的关注（参见《组织》杂志 1995 年专刊以及该杂志 2003 年各期）。

然而，尽管对于商业伦理的显著关注有着相对较近的根源，但是产业社会学对于工作道德的关注，却有着更长远的和独特的谱系。处于涂尔干、马克思、韦伯这些学者的著作中心的，就是对工作道德与社会道德的关注。涂尔干探讨了社会秩序与失范问题，并思考了以一种集体意识（a conscience collective）为基础的机械团结的瓦解，以及我们如何可以用产业社会的有机团结来替代这种机械团结，后者建立在经济性的相互依赖关系基础上，而这些关系根源于劳动的专门化分工、把个人与国家联结起来的职业关系网络，以及对个人主义进行道德制约的那些协会的出现和盛行。马克思主要关注的是资本主义社会中工作的剥削性质。他认为，在资本主义社会中，随着社会关系转变成市场关系，生产过程中对剩余价值的攫取，不可避免地导致工人与其

劳动产品、生产行为，以及与其人类本性和他人的异化。而且，他认为，资本积累逻辑导致劳动的商品化，因为工人的活动成为别人的要求而不是出于他们自己的需要。韦伯社会学的中心问题则是担心理性化、"科层制铁笼"会磨灭个人的自由与创造性，并认为不同的生活秩序，包括科层制，都具有其自己不同的道德品质。他认为，非人格性和中立性，加之技术理性，是科层制适当的价值，那么激情与信仰对于政治秩序而言则是适当的价值。

的确，产业社会学根源于这些奠基性的思想家的永恒主题之一，就是组织与社会中合法的秩序与变迁是如何实现的（Burrell & Morgan，1979）。A. 福克斯（Fox，1996）认为学术界对于这个问题存在单一的、多元的或激进的解释框架，他的这一经典分类，体现了关于工作场所中的秩序是如何维持的或变迁的这一问题，存在各种竞争性的观点。例如互动主义者关注既有秩序是如何通过商谈而形成的；而批判理论则强调结构性的不平等是如何产生的，又如何受到挑战。处于这些争论的中心者是这样一种假定，即组织的成员对于是什么构成了社会与工作中的善与正义，有着不同的看法。处于控制与反控制争斗中心的，是对于"什么是付出公平劳动获得公平工资"的界定权。工作道德暗含在资本主义系统的主要矛盾之中：既需要实现对雇员的控制，又需要获得雇员的同意。正如 P. K. 爱德华兹（Edwards，1990：44）所言："在冲突与合作之间，存在一种双重的博弈。雇主必须控制工人，同时也必须和需要释放他们的创造性；工人因为要依赖于雇主而实现他们的生存可能性，因此会与雇主合作，但是他们也会为了自己的利益而进行抵制雇主的活动。"这体现在人事管理部门中。我们应根据多元主义的看法，认为人事管理必须"同时获得效率与正义"（IPM，1963），或者应根据马克思主义的看法，认为人事管理有助于掩盖劳动的商品地位进而掩盖对劳动的剥削，或者应根据韦伯传统的看法，认为

人事管理会协调工具理性与实质理性之间的紧张？

301 在回顾与评述关于道德与工作的研究中，我首先回顾相关的道德理论，这些理论指导我们如何思考什么样的工作经验才是"善的"。然后指出这些理论可以用来分析不同社会经济背景中的工作与就业，并区分了受雇于"核心"位置的那些组织—管理者和知识工人，与处于边缘地位的没有标准合约的工人，以及那些组织通过技术不需要雇用就可以完成他们最终要进行的工作（代理与外包劳动）的工人之间的区别。我在这里主要对多样性与平等诸问题提出一些看法。我提出的结论是，那些源于一般道德原则的规范，最好应根据工作以及更广泛的社会背景来理解。

# 一、道德理论回顾

在讨论工作时最常用的传统道德理论，就是一些前现代理论，诸如亚里士多德的理论（MacItyre，1981），以及体现宗教教义的理论，如犹太教与基督教所共有的道德和伊斯兰教道德。还有就是启蒙运动以来的现代理性主义者的道德理论，其中特别值得关注的是康德的（理性与自由等）绝对命令 [Kant，（1795）1998]、弥尔的功利原则 [Mill，（1861）1998]、罗尔斯的差异原则（Rawls，1971）以及弗里曼的利益相关者理论（Stakeholder Theory）（Freeman，1984）。那些较晚近的现代主义理论认为道德是集体的行为律令，它存在于个人之上，可以用来为不受约束的行动提供适当性证明。① 道德理论的最基本内容，就是鉴别、定义什么是"善"及其公正的分配。我们这些在犹太教—基督教传统中长大的人，可能对《农夫与他的孩子们》这则寓言中的"葡萄园的劳动"的警语记忆犹新，在这里，"善"有着十分明确的界定或定义（对于劳动者，金钱是对于他们的合约工作的报酬；对于操持家庭者，金钱是他们的劳动的报酬）。争论之处在于，这些302 "产品"如何公正地分配，因为所有劳动者都获得同样数额的货币（如一便士），但是他们却有着不同的

投入（例如，不同的工作小时和不同的努力水平）。抛开这些神学上的训诫不说，那些工作了一整天的工人，会感到受到伤害：

……他们埋怨好人家主说：

"我们整天劳苦受热，那后来的只做了一小时，你竟叫他们和我们一样吗？"

家主回答其中的一人说："朋友，我不亏负你。你与我讲定的，不是一钱银子吗？拿你的走吧。……因为我做好人，你就红了眼吗？难道我随意处理自己所拥有的财产会犯法吗？"

(Matthew，20：11-15)

这是通过一种反思 J. S. 亚当的公平即满意的理论假定（Adam，1963），以及那些主张分配正义的假定（在结果的分配上缺少公正性），清楚地说明了劳动者那种不公正的感觉。与之并列的是基督教关于程序正义的断言（家主已给了他们一开始就讲好了的报酬），以及关于相互作用的正义的断言（家主已经显示出了"善"待所有人的品质）（Folger & Cropanzano，1998）。如果我们对这个例子做进一步的推论，就会发现这呼应了 R. 诺齐克（R. Nozick）的正义理论，他认为正义就是权力的赋予——要把保护自由，特别是获得与转移财产权利自由不受政府或其他任何压力群体的干涉放在首位（"难道我随意处理自己所拥有的财产会犯法吗？"）。

人们用来评估工作与就业的道德理论，主要可以分为基本道义论理论（deontology，这些理论强调指导行动的规则与原则）和目的论理论（这些理论根据行动是否能够获得一种所渴望的结构状态或目的来评估所有的各种活动）。在讨论和检验工作的道德性时，我们最常用的那些理论是康德、罗尔斯的义务性道德理论、利益相关者道德理论、功利主义的道德理论，以及亚里士多德的传统目的论道德理论。下面简要概括这些理论的主要命题和观点。

康德主张，一项行动正确与否，不是看其整体的后果，而是看其是否遵守道德律令这一事实。关于道义的（deontological）道德律令，要求人们不仅

---

① 由于本章篇幅限制，我并不介绍"后现代建构主义"的伦理概念（《组织》杂志的社论，1995：179；Cummings，2000）。重要之处在于，后现代主义的相对主义，没有为设计任何可以一般化的伦理律令提供坚实的基础。我们值得深思的是，情感主义（emotivism，也称为情绪论，或者伦理学的情感理论）认为，道德判断没有真假，只是对于偏好、态度和情感的表达（MacIntyre，1981：11）。从一种后现代的视角来看，如果伦理是一种在美学的个人身份的创造与维持过程中进行个人选择的事情，那么它们在指导关于工作与就业道德性的一般评估方面的功用，就值得怀疑。鲍曼（Bauman，1993）支持列维纳斯（Levinas，1985）把道德界定为个人的、非普遍化的、非可逆性的，非条件性的"为了他者的存在"，但是作为对 20 世纪现代主义者的集体主义乌托邦——特别是在全球资本主义的背景中，其本身表现为一种乌托邦——的一种反动，则是可以理解的。

根据义务要求而行动，而且是为了实现义务而行动。履行一项道德上正确的行为，还不是完全足够的善，因为这种行为可能是根源于自利动机。更恰当的说法则是，一种活动如果是基于纯粹理性（pure reason）的道德律令，就是道德的。理性有三个主要特征：内在一致性（因此合乎道德的行动就不能相互矛盾）、普遍性（对于某个人来说是正确的，那么对于所有的人来说都是正确的，因此己所不欲，勿施于人）和起源的先在性（这种行动不是基于经验——因此一种行动的道德性并不取决于其后果）。康德认为，这些道德律令是基本的道德法则，并将其特征概括为"绝对命令"——之所以是"绝对的"，是因为它具有绝对的约束力；而之所以是"命令性的"，是因为它指示你应如何行动。一种行动要成为道德的行动，就必须：（1）是持续普遍性的行为；（2）把理性的人尊为结果本身，而永远不能视之为实现他人目标的手段；（3）根源于理性的人的自主性，并尊重理性的人的自主性。视某些人为一种结果，就是为他们以一种特殊方式进行的行动提供一种理性的看法，承认他们的理性，并把对这种主张的评价以及行动过程的决定留给他们自己。某人视他人为一种手段，就是试图通过施加操控性影响，使他做某些事情，以实现自己的目标。因此，必须回避的是，通过利用他人而不考虑他人的利益、需要和意义关照，进而忽视他人的人格（MacIntyre, 1981）。

另一种形式的道义论理论，较少关注那些可能界定社会与组织中的"产品"的规则，而更多关注权利（即上面已经提及的，产品的公正分配）。这种理论在很大程度上强调在所谓的"通过实验而达成的社会契约"的基础上，建立一个公正社会的普遍性原则。如果我们设想存在一种没有法律、社会惯例或政治国家的自然状态，那么理性的人们可能同意哪一种能够保证社会秩序、稳定性，同时又使个人自由受到的限制最少的原则呢？霍布斯、洛克和卢梭都是这样的经典社会理论家，而且 R. 诺齐克的"公正理论"以及利益相关者（权益人）理论和罗尔斯主义的正义理论，发扬了这种传统（例如，Rawls, 1971；Nozick, 1974；Freeman, 1984）。各种颇为流行的权益人理论坚持认为，组织应该如 M. 弗里德曼（Friedman, 1970）所主张的，不仅要对股东负责，而且要对所有群体包括利益相关者——管理者、其他雇员、消费者、供应商、地方社区——负责，这些群体的利益可能潜在地得益于组织的行

动，或是受损于组织的行动。每个群体的利益都是互惠性的，因为每一方受损或是受益是相互影响的，权利与责任都是相互影响的。从这种互惠原则可以推导出两个规则：（1）组织应该出于其利益相关者的利益而得到管理，他们的互惠权利应得到确保，他们必须参与可能对他们的利益产生实质影响的决策；（2）管理者作为利益相关者的代理人，必须出于他们的利益而行动，为了确保组织的生存而行动，并因此保证每个群体的长期收益。

罗尔斯（Rawls, 1971）的"正义的平等主义理论"也并非不同。他十分接近康德，因为他试图引出会被所有人接受的、因此是普世的分配正义原则。为了找到这样的原则，他建议我们实施一种思维实验：假定所有的人都处于一种"无知之幕"的后面，在那里我们知道我们是理性的存在，我们评估我们自己的产品，但是我们不分男性还是女性、黑人还是白人、富有还是贫穷、有才能还是无才能、身体健全还是身体残疾等。如果我们不知道我们在社会与组织中处于何处，那么我们可以呼唤什么样的正义原则呢？罗尔斯认为我们应同意两个正义原则：（1）每个人都应拥有平等的权利，获得最广泛的基本自由，而这种基本自由能够与他人拥有这样的自由相共存；（2）社会与经济的不平等的存在，只有在它们能够使个人充分发挥其优势，并且位置向所有人开放的情况下，才是合理的。

下面我们转向目的论的各种道德理论。我们发现，功利主义与道义论立场存在十分尖锐的对立。功利主义声称，行动的道德性应根据其结果等来评判。一种行动，如果与其他替代性行动进行比较，对受这种行动影响的人中的绝大多数都产生了直接或间接的大量产品（或者至少是与不好的结果实现了平衡），那么这种行动就是善的。这种"善"可以被不同地界定为"愉悦"（享乐的功利主义）、"幸福"[幸福论的功利主义（eudaimonistic utilitarianism）]，或者所有的"在内在本质上有价值的"人类产品（思想观念上的功利主义）。善的最大化要求效率（efficiency）。它允许人们可被作为获得结果的一种手段来对待，如果这种结果使绝大多数成员的善最大化（或恶最小化）的话。

最后，我们讨论一下亚里士多德主义以及与之关系密切的社群主义（Macintyre, 1981；Etzioni, 1995）。亚里士多德主义认为善的生活应有一种目标，就是实现人类先天的精神、道德与社会潜力，因此从这个意义上看，亚里士多德主义具有目的论

的色彩。人不是个体主义的，相反必须理解为更广大的社会共同体的一部分，在其中实现一个人的潜力，包括发展智慧、慷慨、同情、勇气与自我限制，所有这些有助于一个人成为共同体中善的成员。这种看法与社群主义相呼应，后者强调一个目的共同体中的个人之间共享的价值观，而工作场所可能是这样的一种共同体。在某些方面，这两种道德理论使我们回到人事管理（者）的根源上，这体现于在严格社会等级制中"知道他们的位置"的雇员受到的一种家长制统治，而作为回报，则是所有者—管理者常常在宗教信仰的鼓励下履行慈善这种社会责任。如果家长制统治与亚里士多德主义是矛盾的，前者使雇员自我实现的权利边缘化，那么家长制统治与它对共同体、相互忠诚与相互支持的强调则是一致的（Legge，1999）。

现在我们都知道，所有这些理论都存在一定的问题。人们常常认为，道义论者暗中呼吁功利主义的结构，以显示行动的正当性，特别是当存在道德规则冲突时更是如此。也许，更加重要的是，康德主义的道德理论会受到"异化问题"的困扰——根据他们提出的十分严厉和独断的标准，那么他们可能对实践从业者无法控制，因为在资本主义世界中，其完全不可能具有实践性（Stark，1993）。利益相关者理论则存在短期与长期的正义问题，面临经济民主或资本主义合作的伪参与和真混乱的危险（Stoney & Winstanley，2001）。罗尔斯的第二原则可能会受到攻击，因为其太强（既然平等机会存在，为什么报酬还必须考虑对社会中最劣者产生收益？）或太弱（会使得那些十分富有者变得更富，只要那些特别贫穷者再变穷么一点点）。功利主义者处理了缺少知识问题的所有后果（特别是长期后果），考虑了对于各种不同的善恶之间的权衡问题，以及非公正的后果问题。亚里士多德传统的道德观则面临一种批评，即难以证明"人类确实具有特殊的天生固有的潜能，以及所有人的这些潜能都是一样的"这类假定。而且，有些学者（如霍布斯）可能质疑"人类从本质上看是善的"这种假定。对于社群主义，一些学者则可能批评其压制多样性；对于家长制统治，一些学者则可能批评其既鼓励独裁权威，又导致人们形成一种小孩子似的依赖性。

在本章第二部分，我讨论道德与工作之间的密切关联，以及它们所嵌入的社会的性质。

## 二、社会与（工作和就业的）道德

我们可以认为，工作与就业合约的设计是否体现道德原则，将是这种工作与就业所在的经济系统的道德状况的一种直接反映（Parker，2003）。撇开前现代历史阶段不说，这必然引出一个问题，即资本主义这种现代主义最伟大的制度，是否可以被认为是合乎道德的。我们以来自斯密的《国富论》[Smith，(1776) 1961] 的模型为例，自由放任理论以及自由市场竞争，作为资本主义的核心原则，在反抗重商主义的邪恶与保护消费者的福祉及民主的同时（至少理论上是如此），从一种康德传统或功利主义的视角看，是合乎道德的（Bassiry & Jones，1993）。从康德传统的立场看，资本主义似乎是合乎道德的，因为资本主义承认，每一个人无论男女都是一个自主的、理性的个人，因此应自由地做出自己的决策，反映了他们与那些所有人拥有的自由是兼容和共存的（这也与罗尔斯的观点相应和）。从功利主义者的立场看，资本主义（至少根据斯密的资本主义概念）似乎是合乎道德的，因为它促进了效率和社会的收益，这反映在西方资本主义社会出现的物质繁荣上。每个人在追求自己的收益的过程中，也会间接地和不知不觉地促进公众的收益。由于存在这种个人自由与生产效率的幸福结合，让人一点也不吃惊的是，随着冷战的结束而到来的是一种新的自由循环（Fukuyama，1991）。

但是如果资本主义是一种合乎道德的系统，那么我们如何解释各种资本主义经济中那些似乎忽视了人的尊严的工作设计与就业合约？从20世纪早期底特律市红河边（rouge river）的福特工厂，到21世纪苏格兰的各个电话客服中心，科学管理、福特主义以及提高劳动力满意度的联合工作实践，已经日益受到批评，认为它们是"非人"的工作系统，至少从早期的"人类关系学派"看是不人道的（例如，Mayo，1933；Beynon，1973；Hollway，1991；Taylor & Bain，1999）。马克思对于资本主义危机与矛盾的批判，以及劳动过程理论家对这一理论的进一步发展，是对资本主义系统中非道德的劳动剥削和工作条件恶化的一个很好的注脚（Braverman，1974；Thompson，1983；Knights & Willmott，1990）。但是，斯密本人看到了资本主义的潜在问题，认为其实很多问题都是根源于资源大规模集中到少数的公司手中——现在是那些全球性的大公司。纯粹的资本主义主张个人的自由选择(买什么、从事何种业务、就某种商品或服务提供多少、在何种价格上出售你的劳动力)都有赖于公平的交易。但是,只有在双方自由(没有强制)地参与这种交易,并且双方对该交易的相关层面具有充分与恰当的了解时,这种交易才是公平的。正如我们将要讨论的,在全球化资本主义背景下,这些条件对于大多数民众是否还存在都是值得讨论的。

307　　　在不久以前,我们也许可以认为,在美国和北欧,在福特主义鼎盛时期,凯恩斯主义的解决方案体现了对社会正义的明确关注以及对社会契约的暗中关注(Jessop,1994)。一个例子就是1945年英国艾德礼(Attlee)政府提出要建立"福利国家"的混合经济,以及随后一直延续到1979年的合作主义者"一个民族"的保守政府。人们有意识地使这些社会经济系统合乎道德,以基督教循道公会的教义、功利主义和父权主义的一种实用混合为基础(在认识论上多少有些让人困惑),并以康德关于"要尊敬作为个体公民的工人"的观念和罗尔斯的"遗憾的最小化"思想为修饰。对于工人的合乎道德的待遇,可以概括为承诺充分就业、通过"自由"的集体讨价还价而不是雇主强加来商定工资,并提供一种从"摇篮到坟墓"的社会工资作为补充。社会工资无论如何不是试验性的,而是一种"权利",来自国家保障供款这个事实,反映了对个人尊严以及一贯性原则与普遍性原则的康德式尊敬。另外,到20世纪70年代中期,在英国与美国,关于妇女与少数族群的机会平等问题已经提上了议事日程,即使相关的实际措施还只是人们心中的一种欲求(Calas & Smircich,1996)。

　　　正是在20世纪50年代到70年代中期石油危机之前这一时期,在岗位以及社会—技术系统工作设计中,在工作生活的质量(QWL)问题的讨论中,工作与就业的道德性问题得到了特别明确的表达(例如,Tirst et al.,1963;Hackman & Oldham,1976;Gyllenhamer,1977)。诸如此类的设计,特别值得注意的是在瑞典卡尔玛市(Kaimar)和乌德瓦拉市(Uddevalla)的著名实验(这在瑞典十分正常),这些实验的目标是通过坚持J.R.哈克曼(J.R.Hackman)和G.R.奥尔德姆(G.R.Oldham)概括的工作特征模型所包含的原则(技能变量最优化、以任务为基础的身份、强调任务的重要性、自治、反馈),来进行工作设计以增强激励,从而提高

工人绩效。以这种模型为指导的工作系统设计,坚持共同的最优化这种社会技术系统原则(这是十足的合作主义)。在这样的实验中,研究者所涉及的行动者,常常明显奉行如下思想观念:工作的设计方式应是这样的,即工人至少可以实现某些更高层次的需要,并获得内在本质的满足,而这些需要与满足可以增强他们的工作体验。但是,尽管工作生活的质量存在对个人的康德式尊敬,但是其道德实质上仍是功利主义的,因为工作岗位改进的诸多结果,也是从工具主义的视角或术语来衡量的,也就是通过激励雇员,降低劳动力流动率,从而提高生产力。

　　　从20世纪80年代早期到现在,在英美传统的 308 西方世界中,尽管欧陆莱茵河区域的经济体系并没有完全放弃凯恩斯主义,但是那些右翼政府(包括英国的"新工党"政府)则完全放弃了凯恩斯主义,而日益奉行新自由主义的社会经济政策,奉行为了应对全球经济竞争,必须解放市场或实施市场自由化的教条。这种立场的道德原则既体现了亚当·斯密的自由主义,又体现了诺齐克的作为"权力赋予"的正义思想,M.弗里德曼的著名论文《工商企业的社会责任就是增加收益》(Milton Friedman,1970)对其进行了最明确的表述。吉登斯在讨论"激进现代性"时所提出"失控的世界"概念(Giddens,2000),认为"失控的世界"体现了以下几个相互关联的变革所导致的世界特征,即全球资本主义的出现,而全球资本主义又是由强调"竞争优势可通过市场自由化获得"这种新自由主义意识形态观念所激发的,并且因信息与通信(ICTs)技术的爆炸性应用而加速。下一部分我将探讨这样的变革对工人的道德影响,并进而探讨最近的这些社会经济发展如何影响了工作世界。

## 三、作为一种"失控的世界"的全球经济

　　　我们认为当前世界存在三种主要的发展态势值得突出强调,它们直接影响了21世纪初期工作的道德状况。

　　　首先,全球劳动分工导致了发展中的第三世界,以及前东欧集团国家成为专门的廉价劳动力与商品的提供者,而所谓发达的第一世界国家的三驾马车(Rugman,2000)则集中于技术,这些技术使他们能

够进行高附加值的产品和服务的生产。在西方，这体现在就业转型中，人们的就业已经从劳动密集型的产品制造业——这些产品的生产已经外包给廉价劳动力国家——转向服务部门，诸如金融与商业服务，以及提供零售和"面对面的个性化"服务的行业（Reich，1991）。这种服务部门包括了各种各样的工作：高技术的、专业化的"知识性工作"（如工程设计与IT咨询，以及传统的专业性工作）；半技术的、常规性的、高度依赖于运行IT程序软件的办公室后勤工作（如电视销售中心、电话销售中心的工作，金融服务业的数据输入工作等）；前沿性的消费者/客户面对面的工作，这类工作虽然常常需要高水平的个人技能与情感劳动（如假期旅游代理、护工、美发师等），但是常常被打上了半技术或低技术工作的标签。

309 其次，从理论上看，关于如何获得持续竞争优势的原理可能各不相同，但最终的结果会强化我们需要一种灵活的、"精干"的组织的信息。因此制度主义理论家主张，存在一种制度性同形趋势，即组织通过模仿那些看来似乎获得成功的组织，并因此彼此之间日益相似（"模仿性"同形）（DiMaggio & Powell，1983）。目前"最好的实践"似乎是那些中心已被挖空的"精干"组织的出现，因为在英美"急躁的资本"文化中，"理性化"具有推进共同定价的潜能。以资源为基础的价值理论家则主张，跟上领导性的企业，并不会获得持续的竞争优势，相反，持续的竞争优势要取决于组织形成其自己独特的、稀缺的、他人无法仿效的竞争力（Barney，1991）。然而，在实践中，这又会导致大致相同的定向。J. 凯伊（Kay，1993）界定了企业的一种独特的能力，就是供应商与雇员关系的"建构"，通过这种建构形成适当的关系，这种关系依赖于个人之间的关系，或者包括分包亚分包关系以及网络化组织形式（这可能要依赖于信任或合约）。同样，如果组织的核心竞争力与雇员的内部知识诀窍有关［这种诀窍不是由工人带来的知识，而是体现这个组织独有的工作与组织知识，只能通过内部学习得到的知识，因此只能是对这个公司本身有价值的知识，如大前研一（K. Ohmae）的"无国界的组织男人"或女人（1989）］，或者如果组织的核心竞争力依赖于那些可以传递但难以保有和保持的知识诀窍［如威廉·赖克（W. Reich）的"抽象符号分析师"（1991）］，那么一种具有适当竞争力与成本优势的组织形式，应是一种最小限度的"内核"，并且这种内核由遍布世

界的不具有标准合同的工人以及分包商（"外购"）网络、合约劳动代理机构（"内包"）构成的"边缘"来支持。在这种情况出现的地方，我们可以看到J. 阿特金森所强调的灵活柔性的公司模式的实施（Atkinson，1984）。

最后，在全球经济中要获得竞争优势，常常还与如何响应至高无上的消费者存在密切的联系，也就是说必须在适当的时间，以适当的价格迅速向消费者提供适当质量的产品与服务，才有可能获得竞争的优势。所谓产品与服务的"适当性"，是指充分理解消费者的需要：通过商务程序设计，迅速改变那些运行缓慢的、反应迟钝的、冗长的科层制交流与沟通状况，而更接近于消费者的需要。从理论上看，这意味着从以职能部门为中心的组织形式与实践，转向一种以过程为中心的组织形式和实践；从 310 线性顺序的工作组织，转向以平行处理过程与跨越多部门为特征的团队工作；把先前片段化的任务整合起来，以便用更少人花更少的时间承担和实施那些需要处理的同样的过程。在实践中，这常常又与组织机构扁平化和组织规模削减相联系（Knights & Willmott，2000）。要获得"适当"的质量，常常需要应用全面质量管理（TQM），也需要功能灵活多变的团队工作。"适当的"时间意味着需要引入商品与服务的"即时生产技术"（JIT），以及消除那些"不必要的"工人的浪费。"适当的"价格，特别是相对标准化的劳动密集型产品与服务的适当价格，意味着通过工人数量与功能灵活性的最优化，实现劳动成本的降低。还有，"精益"模型并不是说要强制实施一种厌食症组织（anorexic organization）（Sparrow，1998）。

对于工作与就业中出现的这些进展的道德性的看法，在很大程度上要取决于人们评价何种工作角色与就业合同，并且违背了何种道德原则。显然，那些被解释为善的"工作"和就业是主观的，但是可能存在一种达成合约的公平措施，即"善"的工作可能包括J. R. 哈克曼与G. R. 奥尔德姆（Hackman & Oldham，1976）所说的必不可少的任务属性、自我实现的发展机会、一种平等授权的组织氛围。这应大致满足康德主义与亚里士多德主义的道德原则。"善"的就业条件似乎应界定为，相对于与其他人（包括在同一类或可比较的组织中的其他雇员，以及其他利益相关者）通过商谈与签订合约进行的投入与获得的结果，雇员投入（技能、努力、时间）与物质性结果之间存在的一种公平关系，以

及组织为雇员承担照顾家庭义务进行的投入。这也符合亚当的"满意"平等理论以及利益相关者理论，而与罗尔斯的正义理论不一致。R. 霍德森（Hodson，2001：264）关于工作尊严的内涵的思想也具有十分相似的看法，他认为工作尊严就是组织为工人提供与实施保护，防止工人受到错误的管理和规范滥用的伤害，以及组织提供一些双边参与结构，为工人提供创造性的、有意义的、生产性的工作岗位，进而为工人提供实现他们个人潜能的机会。

下面我开始分析与上述这些道德原则相对立，但与功利主义道德原则相符合的三种典型的工作类型：处于组织"核心"地位的知识工作、商品制造与服务部门中的惯常性工作，以及第三世界"外围或边缘性的"亚分包系统中的童工这种极端情况。

## *311* 四、"核心"与"边缘"、"有"与"无"的伦理学

### 知识工人

知识工人是这样一些人，他们所拥有的工作岗位和组织性知识，被认为对于一个组织的绩效具有实质的重要性。因此，知识工人可能不仅包括传统的自由职业者、上面所界定的职业与管理的精英——"没有国界的男人"（原文如此）（Ohmae，1989）或者"象征符号分析者"（Reich，1991），还包括那些拥有一个组织要获得成功就必须高度依赖的但却不易于购买或保持的技能与知识的雇员。例如，在精密生产系统中，时空压缩意味着加速订单交付周期，在实时生产系统（JIT）中也是这样。正是这种系统的弱点，导致在管理上要依赖于工厂中以团队领导来指导运行的那些特殊的知识与技术，要依赖于这些团队出于管理方的利益而通过自由裁量的努力运用这些技能的动机。

对于这些正式地构成一种"专业技术职业"的知识工人，道德上的考虑至少从理论上说不仅支撑了他们工作的恰当内容（例如为了合法的正义，为了医学上的利他，对于会计工作职业而言的忠诚），而且也告知他们工作应如何执行和开展（实践的道德律令）。但是，不管道德问题是否在他们的工作中处于如此重要的中心，所有的知识工人与他们的雇主和顾客都存在一种隐含的道德合同。知识性的工作，从其本质上看，涉及在非专家不能直接评估工

作质量的场景中高水平的自由裁量权。因此，从理论上看，信任在处理与知识工人的关系中，具有十分重要的作用。

对于这样的知识工人而言，什么是善的工作生活要素可能由他们自己掌握：完全具有 J. R. 哈克曼与 G. R. 奥尔德姆所说的任务属性的工作、提供真正的赋权、高额的物质回报、合理的工作保障度。如果这意味着对雇员技能与知识本身的尊敬，那么康德主义的道德原则就得到了实施；如果获得组织的认可与实现职业的发展，就是促进自我的实现，以促进一种有意义的、内在一致的生活叙事的获得，那么从亚里士多德传统的角度看，这样的工作与就业条件就会得分很高。如果这样的知识工人获得很高的物质报酬，那么我们可以认为其在道德上合乎罗尔斯的道德原则；如果一个人相信"涓滴效应"（高报酬必然可以使工人保持对于经济增长而言是必需的高技能，而反过来经济增长对于每个人保持其优势又是必需的），那么他也可以如此认为。即使知 *312* 识工人本身没有被作为一种结果而获得尊敬，而仅是被视为一种工具意义上的、组织维持生存与竞争优势的手段，那么如果从功利主义的角度看，这也可能仍然被认为是合乎道德的，因为这可能被视为这样一种情况：他们的工作与就业促进了绝大多数成员的最大福祉（然而，这种情况很难找到证据来加以证明）。

但是存在不好的一面。抛开当前的知识工人比起他们的前一代来，更容易受到裁员与工资拖欠（delayering）的伤害这个事实不说（毕竟根据功利主义的视角这可能是正当的），知识工人存在的一个共同抱怨，就是由于面临苛刻的资源环境，以及目标被迫不断地转换，他们所受到的压力也在日益增大。这可能导致知识工人"仇视工作"、觉得"变革过滥"、"精疲力竭"、犬儒主义的"生存综合征"，以及不信任（如 Holbeche，1994，1995；Kettley，1995；Brockett，1988）。而且，这些结果的潜在影响，可能通过公共部门与私人部门的审查活动的增多而恶化和加剧，并取代传统上内在于知识性工作关系中的信任（Power，1997）。诱致这类行为的动机、激励，不仅从康德的意义上看是不合乎道德的，而且也可能受到来自亚里士多德道德立场的批判。

A. 麦金太尔（MacIntyre，1981）指出，这样的结果体现了三种相关的过程。首先，在组织中我们往往不仅作为一个整体的人而彼此参与和牵涉，而且根据我们在组织中的角色来看，在那些高度分化

的组织中，这可能仅仅呈现我们全部自我的极微小的一部分。其次，这些角色的各种苛刻要求，可能使我们参与虚假的、不可靠的、不真实的行为，包括操纵他人（因此违反康德的各种绝对命令），以及允许别人来操纵我们（参见 Jackall，1988）。正如 A. 麦金太尔（MacIntyre，1981：107）所说，"最有效的管理者就是最好的演员"。最后，一种仇视工作的生活方式，可能阻碍我们在家庭与社区中的角色的形成与发展，而这些角色本可以使我们进一步表达作为一个人的我们自己。因此，现在流行的格言是，"没有一个人在临终之时说'我希望我花更多的时间在办公室'"，而可能是，"我希望我花了更多的时间在家庭上"。他认为，作为一种结果，我们没有希望实施亚里士多德的思想观念或理想，因为作为一种角色碎片、虚假性的和不均衡的人格发展，剥夺了我们发展一种实质的、综合的、完整的生活叙事的可能或机会，并因此剥夺了我们促进生活对于自己有意义，以及对于作为一个整体的我们的社区有意义的机会。A. 麦金太尔关注的是管理者，但是 R. 森尼特（Sennett，1998：26）看到了"人的特性的被侵蚀"，他把这种侵蚀的根源归结于在全球经济中习惯及其可靠性的丧失、不断变革的工人道德、难以辨认和捉摸的工作，以及操纵性的、虚假的团队工作所导致的组织"灵活性"，这些同时都是对所有工人的一种威胁——"难道在一个由各种插曲和碎片组成的社会中，一个人能够形成一种身份认同叙事、一种生活史吗？"

313

## 制造与服务部门中的惯常性工作

制造业或服务部门的惯常性工作是否合乎道德，在很大程度上取决于工作设计和就业条件采纳的是"高端"或"低端"道路（Ackroyd & Proctor，1998；Bacon & Blyton，2000；Batt，2000；Delbridge，2003；Holeman，2003）。在采纳高端道路的部门，至少在理论上说，优先强调的是产品与服务质量，并且通过这种道路，提供发财致富的工作岗位，包括具有某种程度的赋权的工作岗位，并且伴随着"高度忠诚的"人力资源管理政策和实践（Pfeffer，1994）。在某些情况下，往昔的"惯常性"工作，逐渐呈现出知识性工作的某些特征，上面提出的某些主张也可以应用于这些工作。然而，至少在英国，我们可以肯定的是，这更可能是一种例外现象，而不是一种常规现象（Ackroyd & Proctor，1998；Cully et al.，1999）。赋权真的会拓展雇员的

自治、选择与发展？或者，赋权只是"让其他的某个人承担风险或责任"（Sisson，1994：15）？或者赋权甚至是这样一种情况："正在发生的事情，就是通过雇员把管理方的'操控责任'转化为'服从和从属'的责任，从而使管理方的操控责任逐渐缓解？"（Kaler，1996）有意思的是，在服务部门，很多向雇员赋权的做法，关注的是"解决顾客的抱怨，以恢复服务"，这种活动可能压力重重，涉及情感性劳动，而不关注在一开始提供服务时就采取主动的、积极的措施（Korczynski，2002：133）。当然，所谓的"赋权困境"（Ganz & Bird，1996）——赋权通过把人们整合进一个压制不同意见的团体，而剥夺人们的权利——从康德主义的立场和观点来看，可能是极其不道德的。

不管是在制造业还是在服务部门中，那些采取"低端"道路的部门，结果似乎会如泰勒制式的工作任务设计，目标是成本最小化，并同时强调监督与控制（Barker，1993；Sewell，1998；Taylor & Bain，1999）。在服务部门，可能因为与情感劳动相关联的表面表演的过度，对劳动强度的强调会加剧或恶化（Hochschild，1983；Rafaeli & Sutton，1987）。因此，P. 泰勒与 P. 拜恩（Taylor & Bain，1999：115）从一种劳动力过程的视角，描述了一个电话客服中心的操作性工作，这种工作的内容包括：

> 与她从来不会碰面的顾客们进行一种不间断的、无休止的类似对话。她不得不努力集中精力注意于正在说的内容，在电脑屏幕上从一个页面跳到另一个页面，以确信输入的信息是准确的，她以一种让人愉快的方式，把话说得正确恰当。当她与一个顾客的对话结束，并收拾整理杂乱的结果时，另一个声音又会在她的耳机中响起。压力非常大，因为她知道她的工作正受到测量，她的谈话正受到监督，并且这样的压力常常使她身心俱疲。

314

显然这样的工作设计违背了很多道德原则。康德主义的道德会哀叹这种工作设计把劳动者当做工具使用，而不会谴责这种工作设计对劳动的剥削和利用，亚里士多德主义会批评这种工作设计不能为员工发挥其潜能提供机会，利益相关者理论则会质疑这种工作设计在对待雇员与对待顾客或利益相关者时，是否存在一种相互的对称关系（mutuality）。当这样的工作设计是通过使用非标准合同〔如兼职工作、固定期限合同、零工合同、分包（外购）、代理经营（内购）、临时的和偶然性的工作〕时，就会

出现一种特殊的情况，组织可能放松对其工人的义务和责任的束缚，特别是当这种束缚的存在不再被认为是不可少的，并因此不再是必不可少的固定成本时，组织更可能如此。对于服务部门的增长点领域（核心部门）中的那些辅助性组织中的职员来说，这样的合同特别常见。这种合同的标志就是临时性的、非持续性合同，并把劳动力作为一种商品来对待。"外购"和"内购"使劳动力商品化的情况更加恶化，因为这使得工人不会被其政策与决策直接影响他们的就业质量的组织直接雇用。因此 J. 珀塞尔（Purcell, 1997）引用了一个重要的雇用代理机构所提供的幻灯片，来表明对于雇主使用代理劳动的核心优势，那就是掩盖了对那些从契约上看不属于组织边界之内的劳动的商品化：

（1）增强用工的灵活性（像开关水龙头那样轻易地使用或辞退劳动力）。

（2）与每个工人不存在法律的或心理的契约。

（3）可以把所有关于非核心职员的各种管理问题外包出去。

（4）大大降低成本（平均降低 15%～20%）。

这种表述恰恰构成了功利主义的理性原则，对此鲍曼（Bauman, 1989）会认为，通过疏远他人，促进人们免除现实领域的道德责任，并且导致了大屠杀这样的邪恶行动的上演（关于鲍曼这种主张的评论，参见 Du Gay, 2000）。

服务部门中的工作还呈现出另一种道德困境。例如，科尔钦斯基（Korczynski, 2002）区分了几种极端的销售工作形式，这些工作形式的特征就是进行积极的需求刺激，而不是真正响应顾客的需要——诸如金融产品的销售就是这样。他认为，这些工作实践在道德上特别有问题。科尔钦斯基主张，在很大程度上通过委托代理来支付这样的销售人员的报酬，会诱致一种工具主义导向，消费者完全被视为获取某种结果——组织的收益与销售人员的高报酬——的手段。这导致销售人员违反康德、罗尔斯、利益相关者理论所强调的道德，并形成一种意识形态，以一种家长制作风视消费者为需要帮助才能看清产品的真实好处的某个人，或通过把消费者的形象内化为不诚实的，从而使他们能够使自己对消费者的操纵正当化与合理化，最终使操纵消费者的技术合法化。他们认为，为了生存，销售人员必须形成一种"意志品质"，即忽略对家长制视角下的消费

者形象与他们的工具主义操纵之间的紧张（Oakes, 1990：87）。然而，正如科尔钦斯基所指出的，这种"忽略意志"与一种管理真空相结合，必然导致"一种鼓励从业者的自我依赖的价值观"这样一种销售文化在工人队伍（大部分是男性）中传播，而这些又会直接导致 20 世纪 80 年代晚期 90 年代早期英国的金融产品的大批量的、系统的错误销售。在道德上，这既违背了康德的绝对命令，也违背了世界上所有主要宗教都主张的"切勿偷盗"的道德命令。

资本主义追求利润的工具性，还是服务工人的情感劳动的殖民化与商品化的中心实质（Sturdy & Fineman, 2001）。随着"服务质量"日益成为能否获得竞争优势的分水岭，企业往往要求这类前台服务工人在与顾客互动交流时，既要管理自己的情感，也要提供与情感相关联的行为展示（Hochschild, 1983；Korczynski, 2002）。霍奇斯柴尔德认为，这导致服务工人一方被异化为一种情感商品化的结果，相对于顾客处于一种不平等的被建构位置，并且管理方还强迫他们接受情感规则。管理方不仅要求雇员通过"面子上的行动"进行虚假的、违背亚里士多德式的道德行为，并且要求他们内化那些有意识地展示的行为（"深度的行为表演"）。如果这涉及内化一种对待污言秽语的顾客的关心伦理，以为组织在创造收益，那么管理方就是在滥用雇员，同样顾客也在滥用雇员。而如果雇员（常常更可能是女性）真正感到要照看那些污言秽语的顾客，那么雇员也许是出于利他主义（照看具有某种"问题或某种疾病"的人，就如管理方鼓励飞机乘员对那些故意挑剔的乘客也要重新定义的情况），因此我们应对这种雇员大加赞赏，但是如果雇员这样做并非出于他们真实的自我意识，那么我们应对这些雇员表示很大的同情。

然而科尔钦斯基（Korczynski, 2002）认为，霍奇斯柴尔德关于目标异化的各种条件的界定，忽视了情感劳动可能是雇员满足的一种根源，可能是出于看护的利他主义道德，是自然地和本能地对他人表示尊敬。若雇员在他们的情感劳动的表达中具有一些自治性，社会地嵌入与顾客的关系中，如在许多传统的、与自然的（或者更可以说是通过男权制社会地建构的）女性看护劳动相联系的"看护性"工作岗位（Tyler & Taylor, 2001）一样，那么双方真实的满意是一种可能的结果。的确，科尔钦斯基指出，各种紧张可能导致他所说的"顾客导向的官僚制"，特别是当雇员被它的工具理性限制而不能传

递他们认为是适当程度的个人看护与注意时，更是如此。

不过，对于惯常性的半技术或非技术性的制造业与服务部门的工作道德问题，则可能就是这种情况，尽管其程度不那么严重。也就是说，作为一种理性的、自治的人，工人自由地选择参与那种活动，并自由地与雇主形成一种合约，这种合约详细规定了一种"可接受"的努力—回报的讨价还价。这种工作可能没有 J. R. 哈克曼与 G. R. 奥尔德姆所说的必备的任务属性，而具有片段化与反复性的特征，或具有操纵性、不真实性行为的特征，但是不管是对雇员一方，还是对资本代理人一方而言，这种工作都可能从功利主义的视角，通过生产对顾客而言具有高使用价值与低成本的产品与服务，通过可能为雇员—生产者提供工资和为利益相关者（股东）提供的分红而被正当化。虽然这种工作可能缺少能够提供自我实现的某些特征，但是它可能通过这种活动本身的节奏（Baldamus, 1961）、通过社会互动（Roy, 1958）、通过表演"制造共识"的共谋游戏（Burawoy, 1979），而给工人提供某些满意。更进一步看，在亚里士多德主义的视角中，通过给工人提供一种忍受这样的工作而换取那些依赖者所需要的工资的机会，工人的利他主义表达得以成为可能。我们似乎还可以主张，把这样的工人描述为被践踏、被蹂躏、被压制的自动机器人，俨然是一种恩人的态度，因为有许多他们抵制监督与控制以保护自治性的证据存在（例如，Knghts & McCabe, 1998; Bain & Taylor, 2000）。（但是，还有，严格限制工人的自治性，使其不要超越康德和罗尔斯主义的规则，就可能是合乎道德的吗？）

这样一种正当化所面临的一个主要的批评，就是"雇员'自由地'进行这种努力—报酬讨价还价"假定的性质是值得质疑的。对于很多人来说，雇员选择从事何种工作，以及他们能够控制何种就业合约，会受到社会结构性不平等的制约，会受到不符合罗尔斯公正社会原则的那些因素或事实的制约。而且追求"全球竞争力"这种咒语，鼓励第一世界的政府削减雇员权利与福利，因为这些权利与福利可能被认为是一种成本，会削弱国家在贸易方面的竞争能力；这种削减则被认为是鼓励企业到那种成本更低的地方去进行组合投资（portfolio）和到外国直接投资。同样，甚至是在那些不把工作岗位迁移到发展中国家的公司中，重新配置投资和转移投资地点也会常常被当做一种威胁工人的手段，以维持

一种下设工资的压力（Standing, 1999）。这也会对工人产生冲击作用或震动作用。对于那些进入劳动力市场而又没有获得多少教育的人来说，制造业中这样的工作岗位再也不会存在如此丰富的供给，他们不得不在工资更低的服务业寻求临时的或兼职的工作。这个部门再也不会面临把工资提高到与制造业部门一致的水平的压力（以前这个部门则有更好的工资报酬），这是由于服务部门中的工资不景气与雇用需求缺少。因此在这些条件与假设之下，在这类惯常性的、可任意使用的生产性工人或非个性化服务性工人（往往是青年工人、年老女性工人、少数族群工人、非技术工人、非熟练性工人）与核心的、不可招之即来挥之即去的、知识性的、专业技术的、管理精英，以及熟练的、技术性的工人（往往是白人、高教育程度者、壮年男性）之间，不可避免地出现收入的鸿沟程度。

证明这类工作与雇用实践在道德上的正当性的最好机会，就是采取功利主义的立场。也就是说，如果一个人能够确立受惠的"富有者"是社会的大多数的话，那么他就可能认为这类工作与实践是合乎道德的。这可能包括传统性工人寻求在作为工人的"幸福"与作为消费者的"幸福"之间实现平衡。传统性的工人作为把他或她当做一种工人来剥削的一种经济系统的结果的一种消费者可能受益，不过考虑到知识性工人与传统性工人之间存在收入鸿沟，甚至作为一种消费者的优势也不会被公正地分配。

## 发展中国家代工工厂中的童工

在全球经济中，供应链越长（常常会延伸到地球的另一面），不能与外购组织签订雇用契约从而被置于外购组织边界之外的工人就越多。随之而来的是，我们之间的亲近状况消失，替代它的是一种物理的、社会的与心理的距离与疏远，是责任感瓦解的危险。同伴可能被转化为与我们自己不同的客体，我们觉得对于他们没有任何责任（Bauman, 1989）。其中一个极端的例子就是童工，诸如巴基斯坦锡亚尔科特市（Sialkot）足球制造产业中的童工，这个产业为国际性的大公司如耐克、锐步、阿迪达斯生产和供应了占整个世界 80% 的足球。在 1998 年世界杯期间，童工生产一个足球所得到的报酬为 60 巴基斯坦卢比（约合人民币 8 元），而在西方的零售价格是其 20 倍。尽管国际制造商们的协议禁止使用这样的童工，但在锡亚尔科特市童工照旧存在，而替代这种制造工作的其他童工劳动，则可能更加危险，

诸如制革厂的工作、医疗外科器械工厂的工作或妓院中的工作（West，1998）。对于那些主张或反对这类工作与就业合乎道德的观点，这个案例可能起着一种标本的作用，也就是说可以供这两种对立的观点进行分析。

那些认为这类工作不合乎道德的观点，从康德主义的角度看，似乎是不证自明的。如果外包这些工作的国际性公司，受到"要尊敬人"、"要视人本身是一种结果"这样的思想观念的激励，那么它们应该为孩子的课后时间提供某些资助，或者为他们提供更高的、（在西方看来）"更公正的"工资［就如英国特莱克拉夫（Traidcraf）之类的组织，与援助组织结盟，支持、宣扬和实施公平贸易］。显然，承包公司似乎也没有被利益相关者理论的道德所感动。它们与零售商的结盟，不仅剥削制作足球的工人，还通过以比成本价高得多的价格出售给消费者，从而剥削消费者。

然而，似乎也可以想象，那些国际性的大承包公司，会为其行动进行辩护。它们可能提出，功利主义道德允许人们被工具主义地使用，成为一种获取结果的手段，如果这种结果符合大多数的利益的话。乍一看，这似乎是一种损害而不是支持公司的理由。很显然，难道不是只有少数人（利益相关者）才能从童工的使用中获得最大的收益而多数人即工人自己以及类似的被盘剥的消费者都没有从中获益吗？那么为什么这些公司会这样说呢？一种可能的答案是，从康德主义的观点看，我们必须视消费者为自治的存在，能够进行理性的选择，他们自由地选择在某一种市场愿意接受的价格上购买足球。当然，我们可能会质疑这种"自由"，特别是当大公司在操纵我们的口味与偏好时，我们的自由可能被它们滥用，或者当这些大公司利用我们的小孩对其同龄人所喜好的时尚商品的永不满足的需求时（父母作为一种有责任的、理性的成年人难道会同意这样的要求吗?)，我们的自由可能被它们滥用。而且，<sub>319</sub>从一种功利主义的视角看，如果考虑到其他没有报酬或者更辛苦的、更危险的工作，或者在制革工厂、医疗器械制造工厂、妓院中的更低贱的工作，那么缝制足球的工人（无论是成年人还是小孩），由于发达世界的投资，生活得到了改善，而如果没有这种投资，他们就不会得到如此改善。还有人可能主张，如果国际性的大公司不得不向这些工人支付接近发达国家水平那样的工资，那么它们就没有动力把它们的产品外包给发展中国家的工厂了。另外，支付

第一世界那样的工资水平，对当地经济会产生极其有害的影响。

我们再来看亚里士多德主义的精神实质：道德应以人的心智、道德的形成及其社会潜能的实现为基础。因此有人甚至会主张，童工作为一种更大的社会共同体的一部分，他们挣得的货币，不仅促进了他们的教育（有报道这样说），还因此而促进了他们心智的发展，促进了他们道德的形成。而这可能是通过他们的工作，使他们的家庭得以生存，特别是使家庭中那些因年龄更小或年龄太大而不能挣钱的成员得以生存这样一种贡献而实现的。

这是一种更深层次的道德问题。西方大公司在发展中国家所扮演的角色，可以说是一种经济帝国主义的角色（Klein，2000）。根据西方的道德理论来评价这些组织的行为，可能是适当的。一些学者认为，它们作为西方的公司，从它们自己的角度去判断第三世界承包商的行为，这是一种道德帝国主义，是传教士工作在21世纪的变种，并具有家长制统治的色彩。我们认为，一种更为适当的立场，似乎应是一种跨文化的相对主义立场，即"我们应入乡随俗"。与这种相对主义立场相反的主张，属犹太教—基督教的立场或者康德主义的立场，这是一种绝对主义的立场，认为道德判断适用于所有道德共同体成员，并且如果这个道德共同体包括了所有的人类，那么对于一种行为的道德判断，可以推及每一个人。这与其说意味着一种道德的帝国主义，不如说是一种道德的普世主义，即"我是我的兄弟姐妹的看护人"。

## 五、结论

尽管这里讨论的各种道德理论，使我们可以审视和探讨工作与就业的道德问题，但是这些理论并不能使我们获得任何确定的判断。判断之所以不同，取决于各种道德理论采纳何种判断。在西方资本主义社会中，大多数工作与就业实践从功利主义的角度看可能是适当的，因为证据是对大多数工人——甚至对发展中国家的工人——它们提供了日益增加的物质繁荣，这种繁荣使人们觉得最大的幸福正在传递给最大多数的社会成员。然而，我们不能忽视对其后果进行测量和全面的把握，不能忽视其非公正的后果（例如，作为经济繁荣的一种结果的全球<sub>320</sub>变暖，就是一个极其恰当的例子）。而且繁荣与总体

的财富（至少是在西方国家）的增加，掩盖了甚至是西方国家中持续存在的财富与机会的不平等。报酬与机会方面的歧视，对于很多女性与少数者族群工人来说，仍然大量存在，以知识为基础的工作组织在这一点上也毫不例外（参见《性别、工作与组织》2003 年"性别与学术"专刊）。

一个主要的问题，是普世的道德客观主义（"消费者总是正确的"）与这种绝对性向具体场景的转化之间存在的紧张，在这些具体的场景中，竞争性的原则都处于支配地位。工人可能同意偷偷夹带工厂产品在原则上是错误的，但是也知道在实践中管理者制裁这种行为，是为了通过防止失窃以回避支付更高的工资。工人在原则上可能同意，"两种错误加在一起并不会产生一种正确结果"，并且感到实践一种"公平"的努力—回报的讨价还价是正当的——正如 G. 马斯的《纽芬兰码头工人》（Mars，1982）中所指出的，码头工人"使船更有价值"。这与其说是主张道德完全要视具体情景而定，不如说是主张绝对的道德命令是一种资源，组织所有的利益相关者利用这种命令来确证自己行为的正当性，并进一步增进自己的利益。那些为资本主义—功利主义提供一种正当性的道德理论，以及诺齐克的作为一种赋权的正义理论，可能与主张对所有人都要尊重和关照的康德主义和罗尔斯主义相对立。在工作场所中所流行的那些实际的道德，往往是各种利益相关者之间讨价还价的结果，反映了新兴的日益重要的权力/知识关系，在这种关系中大多数工人都不如他们的老板有权力。不过，我们除了留意资本的循环外，作为消费者的工人的声音在资本主义社会中可能具有更大的影响，但是他们面临被整合进功利主义道德的危险。不过，从长期看，通过提供工作尊严来创造性地利用工人的生产力，建立"做你愿意做的"这样一种促进信任建立的道德（Hodson，2001），应该可以使所有的利益相关者获得最大的收益。

卡伦·莱格（Karen Legge）

### 参考文献

Ackroyd, S. and Proctor, S. (1998). "British Manufacturing Organization and Workplace Relations: Some Attributes of the New Flexible Firm", *British Journal of Industrial Relations*, 36 (2): 163-83.

Adam, J. S. (1963). "Towards an Understanding of Inequity", *Journal of Abnormal and Social Psychology*, 67: 422-36.

Atkinson, J. (1984). "Manpower Strategies for Flexible Organizations", *Personnel Management*, 16 (8): 28-31.

Bacon, N. and Blyton, P. (2000). "High Road and Low Road Teamworking: Perceptions of Management Rationales and Organizational and Human Resource Outcomes", *Human Relations*, 53 (11): 1425-58.

Bain, P. and Taylor, P. (2000). "Entrapped By The 'Electronic Panopticon'? Worker Resistance in a Call Centre", *New Technology, Work and Employment*, 15: 2-18.

Baldamus, W. (1961). Efficiency and Effort. London: Tavistock. Barker, J. R. (1993). "Tightening the Iron Cage: Concertive Control in Self-Managing Teams", *Administrative Science Quarterly*, 38: 408-37.

Barney, J. (1991). "Firm Resources and Sustained Competitive Advantage", *Academy of Management Journal*, 37: 670-87.

Bassiry, G. R. and Jones, M. (1993). "Adam Smith and the Ethics of Contemporary Capitalism", *Journal of Business Ethics*, 12: 621-7.

Batt, R. (2000). "Strategic Segmentation in Front-Line Services: Matching Customers, Employees and Human Resource Systems", *International Journal of Human Resource Management*, 11: 540-61.

Bauman, Z. (1989). *Modernity and the Holocaust*. Cambridge: Polity Press.

—— (1993). *Postmodern Ethics*. Oxford: Blackwell.

Beynon, H. (1973). *Working for Ford*. Harmondsworth: Penguin.

Bowen, H. (1953). *Social Responsibilities of the Businessman*. New York: Harper.

Bowie, N. E. (ed.) (2002). *Business Ethics*. Oxford: Blackwell.

Braverman, H. (1974). *Labor and Monopoly Capitalism*. New York: Monthly Review Press.

Brockett, J. (1998). "The Impact of Layoffs on Survivors", *Supervisory Management*, February, pp. 2-7.

Burawoy, M. (1979). *Manufacturing Consent*. Chicago, IL: University of Chicago Press.

Burrell, G. and Morgan, G. (1979). *Sociological Paradigms and Organisational Analysis*. London: Heinemann.

Calas, M. and Smircich, L. (1996). "From 'The Woman's' Point of View: Feminist Approaches to Organization Studies", in S. R. Clegg, C. Hardy, and W. R. Nord (eds.), *Handbook of Organization Studies*. London:

Sage.

Cully, M., Woodland, S., O'Reilly, A., and Dix, G. (1999). *Britain at Work*. London: Routledge.

Cummings, S. (2000). "Aesthetics of Existence as an Alternative to Business Ethics", in S. Linstead and H. Hopfl (eds.), *The Aesthetics of Organization*. London: Sage.

De George, R. T. (1995). *Business Ethics*, 4th edn. *Englewood Cliffs*, NJ: Prentice-Hall.

Delbridge, R. (2003). "Workers Under Lean Manufacturing", in D. Holman et al. (eds.), *The New Workplace*. Chichester, UK: John Wiley & Sons.

DiMaggio, P. J. and Powell, W. W. (1983). "The Iron Cage Revisited: Institutional Isomorphism and Collective Rationality in Organizational Fields", *American Sociological Review*, 48: 147-60.

322 Du Gay, P. (2000). *In Praise of Bureaucracy*. London: Sage.

Edwards, P. K. (1990). "The Politics of Conflict and Consent", *Journal of Economic Behavior and Organization*, 13: 41-61.

Etzioni, A. (ed.) (1995). *New Comunitarian Thinking: Persons, Virtues, Institutions and Communities*. Charlottesville: University of Virginia Press.

Folger, R. and Cropanzano, R. (1998). *Organizational Justice and Human Resource Management*. Thousand Oaks, CA: Sage.

Fox, A. (1966). "Industrial Sociology and Industrial Relations", Research Paper No. 3, Royal Commission on Trades Unions and Employers Associations. London: HMSO.

Freeman, E. (1984). *Strategic Management: A Stakeholder Approach*. Boston, MA: Pitman.

Friedman, M. (1970). "The Social Responsibility of Business is to Increase Profit", *New York Times Magazine*, September 13.

Fukuyama, F. (1991). *The End of History and the Last Man*. New York: Harper & Row.

Ganz, J. and Bird, F. G. (1996). "The Ethics of Empowerment", *Journal of Business Ethics*, 15: 383-92.

Giddens, A. (2000). *Runaway World: How Globalization is Reshaping Our Lives*. London: Routledge.

Gyllenhamer, P. G. (1977). *People at Work*. Reading, MA: Addison-Wesley.

Hackman, J. R. and Oldham, G. R. (1976). "Motivation Through the Design of Work: Test of a Theory", *Organizational Behavior and Human Performance*, 15: 250-79.

Hochschild, A. (1983). *The Managed Heart*. Berkeley, CA: University of California Press.

Hodson, R. (2001). *Dignity at Work*. Cambridge: Cambridge University Press.

Holbeche, L. (1994). *Career Development in Flatter Structures: Raising the Issues*, Report 1. Horsham: Roffey Park Management Institute.

—— (1995). *Career Development in Flatter Structures: Organizational Practices*, Report 2. Horsham: Roffey Park Management Institute.

Hollway, W. (1991). *Work Psychology and Organizational Behaviour*. London: Sage.

Holman, D. (2003). "Call Centres", in D. Holman et al. (eds.), *The New Workplace*. Chichester, UK: John Wiley & Sons.

IPM (Institute of Personnel Management) (1963). "Statement on Personnel Management and Personnel Policies", *Personnel Management*, March.

Jackall, R. (1988). *Moral Mazes: The World of Corporate Managers*. New York: Oxford University Press.

Jessop, R. (1994). "Post-Fordism and the State", in A. Amin (ed.), *Post-Fordism: A Reader*. Oxford: Blackwell.

Kaler, J. (1996). "Does Empowerment Empower?" Paper presented at the Centre for Organizational and Professional Ethics, Institute of Education, University of London, Workshop on Ethics and Empowerment, September.

Kant, I. ([1795] 1998). *Groundwork for the Metaphysics of Morals*. Cambridge: Cambridge University Press.

Kay, J. (1993). *Foundations of Corporate Success: How Business Strategies Add Value*. Oxford: Oxford University Press. 323

Kettley, P. (1995). *Employee Morale during Downsizing*, Report 291, Institute of Employment Studies.

Klein, N. (2000). *No Logo*. London: Flamingo.

Knights, D. and McCabe, D. (1998). "What Happens When the Phones Go Wild? Staff, Stress and Spaces for Escape in a BPR Telephone Banking Call Regime", *Journal of Management Studies*, 35: 163-94.

——and Willmott, H. (eds.) (1990). *Labour Process Theory*. London: Macmillan.

——and—— (2000). *The Reengineering Revolution*. London: Sage.

Korczynski, M. (2002). *Human Resource Management in Service Work*. Basingstoke: Palgrave.

Legge, K. (1999). "Representing People at Work",

*Organization*, 6（2）：247-64.

Levinas, E.（1985）. *Ethics and Infinity*. Pittsburg, PA：Duquesne University Press.

MacIntyre, A.（1981）. *After Virtue*. London：Duckworth.

Mars, G.（1982）. *Cheats at Work：An Anthropology of Workplace Crime*. London：Counterpoint.

Mayo, E.（1933）. *The Human Problems of Industrial Civilization*. New York：Macmillan.

Mill, J. S.（［1861］1998）. *Utilitarianism*. Oxford：Oxford University Press.

Nozick, R.（1974）. *Anarchy, State and Utopia*. New York：Basic Books.

Oakes, G.（1990）. *The Soul of the Salesman：The Moral Ethos of Personal Sales*. London：Humanities Press International.

Ohmae, K.（1989）. "Managing in a BorderlessWorld", *Harvard Business Review*, 67（3）：52-61.

Parker, M.（2003）. "Introduction：Ethics, Politics and Organizing", *Organization*, 10（2）：187-203.

Pfeffer, J.（1994）. *Competitive Advantage through People*. Boston, MA：Harvard Business School Press.

Power, M.（1997）. *The Audit Society. Rituals of Verification*. Oxford：Oxford University Press.

Purcell, J（1997）. "Pulling up the Drawbridge：High Commitment Management and the Exclusive Corporation". Paper presented to the Cornell Conference on Research and Theory in Strategic HRM：An Agenda for the 21st Century, October.

Rafaeli, A. and Sutton, R. I.（1987）. "Expression of Emotion as Part of the Work Role", *Academy of Management Review*, 12（1）：23-37.

Rawls, J.（1971）. *A Theory of Justice*. Oxford：Oxford University Press.

Reich, R. B.（1991）. *The Work of Nations*. New York：Knopf.

Roy, D.（1958）. "Banana Time：Job Satisfaction and Informal Interaction", *Human Organization*, 18（1）：156-68.

Rugman, A.（2000）. *The End of Globalization*. London：Random House.

Sennett, R.（1998）. *The Corrosion of Character*. New York：Norton.

Sewell, G.（1998）. "The Discipline of Teams：the Control of Team-Based Industrial Work Through Electronic and Peer Surveillance", *Administrative Science Quarterly*, 43（2）：397-428.

Sisson, K.（1994）. "Personnel Management：Paradigms, Practice and Prospects", in K. Sisson（ed.）, *Personnel Management*, 2nd edn. Oxford：Blackwell.

Smith, A.（［1776］1961）. *The Wealth of Nations*. London：Methuen.

Sparrow, P.（1998）. "New Organisational Forms, Processes, Jobs and Psychological Contracts：Resolving the HRM Issues", in P. Sparrow and M. Marchington（eds.）, *Human Resource Management*, The New Agenda. London：FT/Pitman.

Standing, G.（1999）. *Global Labour Flexibility, Seeking Distributive Justice*. Basingstoke：Macmillan.

Stark, A.（1993）. "What's Wrong with Business Ethics", *Harvard Business Review*, 71（1）：38-48.

Stoney, C. and Winstanley, D.（2001）. "Stakeholding：Confusion or Utopia? Mapping the Conceptual Terrain", *Journal of Management Studies*, 8（5）：603-26.

Sturdy, A. and Fineman, S.（2001）. "Struggles for the Control of Affect-Resistance as Politics and Emotion", in A. Sturdy, I. Grugelis, and H. Willmott（eds.）, Customer Service, *Empowerment and Entrapment*. Basingstoke：Palgrave.

Taylor, P. and Bain, P.（1999）. "An Assembly Line in the Head：The Call Centre Labour process", *Industrial Relations Journal*, 30：101-17.

Thompson, P.（1983）. *The Nature of Work*. London：Macmillan.

Trist, E., Higgen, G., Murray, H., and Pollock, A.（1963）. *Organisational Choice*. London：Tavistock.

Tyler, M. and Taylor, S.（2001）. "Juggling Justice and Care：Gendered Customer Service in the Contemporary Airline Industry", in A. Sturdy, I. Grugelis, and H. Willmott, H.（eds.）, *Customer Service, Empowerment and Entrapment*. Basingstoke：Palgrave.

West, J.（1998）. "Children Still Sweat Over World Cup Footballs", *Sunday Telegraph*, May 10, p. 3.

*324*

# 第十二章 技术与工作

曾经有一段时间，关于技术的研究变得相当不合时宜，但后来的信息技术革命又使技术成为人们关注的焦点，并导致了一种对于电子监控与全景监视（panopticon）的讨论。本章的目的就是在相关的经典著作以及最近的研究的基础上讨论这些问题，但是我们会与那些最杞人忧天的设想或预测保持一定的距离，而坚持社会关系的第一重要性。本章将阐明技术的建构性作用和影响，但也坚持认为人的能动性仍然有着发挥作用的巨大空间。最后，我们认为，社会关系也仍然具有较大的影响。

今天绝大多数的社会科学家都会同意，技术对于工作以及更为一般的工作场所中的社会关系并没有决定性的影响。关于"技术决定论"的讨论已经死亡；事实上，这种技术决定论思想甚至也受到那些因这种决定论倾向而遭到其他作者谴责的人的拒绝。但是至少有一段时间，对"技术决定论的执迷"（Clark et al.，1988：11），一直禁锢了从社会的角度对技术进行研究。否认技术具有决定性的作用，常常意味着否认其所有作用，这种立场不会取得任何成果。

技术本身是复杂组织选择的一种结果，但是一种给定的技术又为组织中的选择范围和机会提供条件（Thomas，1994）。一种给定技术提供的可能性或导致的局限性，会发挥一种建构性的影响，例如会影响管理层面的控制过程与结果，影响监督的形式，以及影响技能的发展、集体行动的资源或者更为微妙的异议表达形式。本章第一部分通过反思某些关于技术对于工作的建构性作用的十分有影响的研究，逐渐提出与形成这些关键的看法。本章第二部分回顾和评论了最近关于信息技术在某些"工作世界"中的影响的研究，这些工作世界主要包括制造业、电话客服中心以及组织边界之外的工作。本章第三部分提出，最新一代的技术在重塑工作中的社会分工，以及在所谓的"知识的组织"的形成过程中，发挥了关键的作用。在这种知识组织场景中，社会分工仍然存在，但却以各种方式被重新界定，这些方式取代了组织研究与产业关系所说的很多经典的区分。

## 一、关于技术与工作之间关系的探讨

要对技术进行恰当的定义，是一个比较困难的问题。很多专家都认为，技术概念不仅仅意味着机器、工具与设备，还有更多的内涵。考虑到如果界定过于宽泛会使得分析没有价值，所以超出这样的界定，我们又会陷入困难的境地。J. 克拉克等（Clark et al.，1988：12‑15，205）认为，技术只能被理解为一种"工程设计性系统"的一部分。技术"不仅仅是一片片的硬件与软件，更是基于某一工程设计原则的一个系统，包括在功能上根据某种特殊方式安排起来的要素"（Clark et al.，1988：13）。这也是本章采纳的界定，根据这种界定，技术指的是被用来设计和生产产品与服务的、各种形式的机器设备以及软件和硬件。

从一种科学的立场和观点看，在计算机技术的形成发展过程中，特别是从20世纪40年代用于国防与医学研究的巨型计算机，到最近的微电子技术的出现，存在某些连续性（McLoughlin & Clark，1994，第一章）。不过，信息技术的出现与到来，体现了一种重要的突破，并且这是一种相当新的突破。如果有一个日子我们应该记住的话，那么它应该是1971年硅谷的一个工程师发明微处理器的那一天（Castells，1998：65‑68；McLoughlin & Clark，1994：11）。有了这种捕获数字信息的微型处理器或"硅谷芯片"，微电子的发展与扩散速度就呈指数的增长。"人们可能是在20世纪70年代后期创造了'信息技术'一词，用来指称以计算机为基础的、处理信息的技术体系"（Grauer，2001：7473）。这个专家还报告说："这种信息技术的下一个周期，即20

世纪 80 年代与 90 年代初，体现出的重要特征就是大规模的电路整合集成、个人电脑的应用，以及在同一个机器中安装多个处理器"（Grauer，2001：7475）。①

327　　本章的结构以如下的命题为基础：当前的信息技术阶段，是一种更深远更独特的阶段，至少从工作社会学的立场来看是如此。首先，如根据 M. 卡斯特尔（Castells，1998）这类学者的思想，我们把信息技术的当前阶段视为一种独特的历史时期，不同于始于 19 世纪晚期的、以电力作为能源动力的（Björkman，1999）、成为福特主义社会综合产业基础的"第二次产业革命"（Piore & Sabel，1984）。

　　其次，信息技术不同于"自动化"现象，后者从 20 世纪 50 年代早期起，就成为技术与产业领域讨论的关键词。②信息技术有着不同于自动化的内涵，后者常常指的是一种持续处理技术，主要包括三个方面。其一，20 世纪 50 年代自动化的关键特征之一，就是工作的实施不再直接依赖于操作者的即时介入，工作因此更加成为一种维持与监督的事情。相反，在现代工作背景中那些使用信息技术的大多数雇员，都要负责生产的步调与节奏，这就是为什么"态度"与动机激励在管理日程上如此重要的原因。其二，自动化的生产过程，或者至少生产过程中的一部分自动化，有其自己的生命；总体的生产流是由强有力的技术推动的。而有了信息技术后，工作站常常是自动化的，并且也成为某个网络的部分而与整个网络相联结，这就为更为通用的、更少资本密集型的工作过程开辟了道路。其三，信息技术向前推进了重要的一步，因为甚至在一个可能远离中央办公室的个人工作站，技术也可以支持这个过程，同时产生关于这个过程的新信息。S. 朱波夫（Shoshana Zuboff）对此进行了生动而有力的解释：

328　　　　那么使信息技术与先前各代的机器技术不同或相区别的到底是什么呢？随着信息技术日益被应用于再生产、拓展和改进使用机器代替人力的过程，它自然同时也实现了十分不同的事情。通过把信息转化为行动的自动化这种设置，也存储了关于这些自动化活动的数据，并

因此产生新的信息流……

　　　　在这方面信息技术超越了传统的自动化的逻辑。我捏造了一个用来描述这种独特能力的词，那就是"informate"（信息自动化）。当一种技术在促进自动化又促进新的信息的产生时，活动、事件与客体都被转化成信息，并且因此而具有可见性（Zuboff，1988：9 - 10）。

　　在这种背景下，自 F. 泰勒以来人们对于贝尔[Bell，（1960）1988：230] 所说的"工程设计理性"的不断寻求，现在由于有了更好的工具而可以实现了。由于通过信息技术可以捕获与积累关于日常工作活动的海量信息，不可避免地导致人们对通过电子监控来进行社会支配的质疑，这是一种社会学视角的批评。而学术界关于雇主实际利用这些信息的方式的各种分析与理解，彼此之间存在很大的差异。我将再一次主张，探讨社会与权力的关系，可以为这种经验的问题提供一种答案。不过，社会研究应该理解和探讨那些为自治与人类能动性创造更多空间的或者相反的导致过度管理与控制的条件。

## 二、传统研究主题之回顾

　　关于技术与工作之间的关系，学术界进行了长期的研究，本小节回顾和评论其中的某些研究。我们主要参考了法国社会学和体现盎格鲁—撒克逊（英国人）研究传统特征的那些实证的（有时更是经验主义者的）研究文献，但是也会参考其他国家的一些研究。

### 法国工作社会学学派

　　在一本出版于 1946 年的名为《机械与人的问题》的经典著作中，G. 弗里德曼认为技术进步过程是工业的驱动力，并试图显示技术进步对工作经验以及更一般的人类状况如何产生了诸多有害的影响。这种视角认为技术是理解工作的关键，而法国工作社会学学派的学者确实普遍赞同这样的看法，这个学派是在 G. 弗里德曼与 P. 纳威尔的思想基础上发

---

　　① 该作者还继续说道："在这一时期隐藏在信息技术之后的驱动力，被描述为摩尔定律，其意思是指可以安装在一块芯片上的晶体管的数量，每 18 个月就翻一倍"（Grauer，2001：7475）。戈登·摩尔（Gordon Moore）是英特尔公司的总裁，而英特尔公司是硅谷的领导性公司（Castells，1998：63，注释40）。

　　② "自动化"一词，是"自动生产"的缩略，首先使用于 1952 年（Butera，2001：993）。关于这个时候一种"自动工厂"可能创造的魅力，参见弗里德曼 1956 年 3 月写于巴黎的《劳动的破碎》第一版的前言（Friedmann，1964b）。

展起来的。[①]在《劳动社会学概论》一书中，法国社会学家阿兰·图海纳（Alain Touraine）关于技术与工作的那一章，开篇就说："生产的技术与方法，在很大程度上影响着产业中的工作状况。"（Touraine，1964：387）

图海纳为这些方面的研究做出了重要贡献，特别值得注意的是他关于技术发展与进步的三阶段划分，是从一本重要的经验研究著作《雷诺工厂工人劳动的变化》中提炼出来的，该著作出版于1955年。其中心思想是，产业的演化，从手工艺人使用的一般工具与机械（阶段 A），向大批量生产的专门化机械（阶段 B），再向自动化（阶段 C）的演化，是与工作组织的演化，以及工人队伍的技术分布与资格要求的演化联系在一起的。图海纳认为技术与工作之间的联系是复杂的，并对它们进行了详尽的讨论（例如，他的开创性研究，1955：175 - 182）。他还坚持认为，技术发展三阶段模式不应根据历史的演化主义来理解，并指出这三代不同的技术在绝大多数的大型组织如雷诺汽车公司中总是共存的（Touraine，1955：174 - 175；1964：392）。但是这种重要的观点已被大多数人遗忘，图海纳的著作中的某些结论很有感染力，因为它们暗示了一种清晰的范式。例如，一个给定的工作场所中不熟练劳动力与半熟练劳动力的比重，随着技术从阶段 A 到阶段 B 的演化会上升，而随着技术向阶段 C 的演化又会逐渐下降（Touraine，1964：401）。

图海纳的研究代表了这一时期法国社会学主要的思想路线。上面提及的领导性人物，在不同的程度上或多或少、或明或暗都受到马克思关于技术与工作演进的分析的影响（Maurice，1980：23 - 31）。这种分析也是强调历史的演进的思考方式，这导致了这一时期法国的社会学家对于自动化对工作的影响有着十分乐观的看法。他们认为，随着生产可能不再直接依赖于体力劳动，工人有机会从重复而乏味的工作中解放出来，重新获得很多与手工艺生产时期（阶段 A）手工艺人那样的自治性。某些人，诸如 S. 马立特（Mallet，1969）等学者则更进一步，认为更高水平的技术，以及对工作与决策实施比以前更多的控制的需要，会导致"新的工人阶级"更为公开地挑战资本主义生产关系。

人们往往谴责和批评后一种思考方式，是一种技术决定论。20 年后，法国《工作社会学》杂志出了一期专刊来回顾和评论这些思想，M. 莫里斯在 1980 年指出，高度强调技术发挥了一种最初的原动力的作用这种做法，已经是法国社会学过去的事情了。实际上，法国社会学的研究重点已经转移。他指出，至于那时对这种现象缺少完全的解释，当然肯定与理论上的考虑和真实工作世界的变革都有关系。

在过去 20 年来，与其他国家的学者一样，法国的学者开始十分忧虑"技术决定论"思想，他们进行了各种研究，确证和肯定了即使是在自动化的工厂中，也存在各种各样的组织与工作模式。法国学者逐渐把研究重点放在探讨行动的复杂模型上。在为了纪念《工作社会学》创刊 40 周年而出版的一本文集中，有三篇文章探讨的都是行动的复杂模型，从而确证了这种趋势，而这种趋势在一定程度上又促进了法国工作社会学的复兴。这些文章解释了上面所讨论的研究视角的进步性衰落［即 P. 威尔茨所说的"毁灭性进步"（Veltz，2001：310）］的原因，认为这与各种理论转向有关；这些理论转向包括转向强调和研究传统产业工作领域之外的领域的重要性，转向研究经济层面的结构转型（Cochoy，2001；Veltz，2001）。P. 威尔茨指出，对于那些研究经济竞争的演化及其对产品与服务的设计与开发、公司内部与公司之间新的组织形式的形成的影响的研究者来说，技术不再被视为一种原初的动力。

尽管这种转向并不是一种远离批判社会学的运动，然而却当然是公开退出许多法国工作社会学奠基者所共享的马克思主义参考框架。的确，那些已经得到很好阐述的、构成了今日法国社会学重要内容的行动理论会认为，对于理解现代组织中的社会关系，技术只是应该探讨的众多因素之一。

## 关于持续处理技术的讨论

在英国与美国，关于持续处理技术（自动化）的研究，从特征上看往往是以经验研究的方式来进行的。琼·伍德沃德（Joan Woodward，1965）的著作是关于持续处理技术的研究的一个转折点，她试

---

① 那些重要的经验研究大多是在 20 世纪 50 年代和 60 年代进行的，并且是由年轻的学者们如图海纳、吉恩-丹尼尔·雷诺（Jean-Daniel Reynaud）、迈克尔·克罗齐耶（Michel Crozier）、马克·莫里斯以及其他很多在这样的知识环境中开始其研究的学者进行的。他们对于各种"工作"现实这种在当时法国社会学研究中极其重要的领域，持有十分广泛和不同的看法。至于经典的参考文献，可参见 G. 弗里德曼与 P. 纳威尔 1964 年编辑出版的两卷本的《劳动社会学概论》。

图通过对英国英格兰东南部的艾塞克斯郡（Essex）的 100 个公司进行的全面调查，并对其中的一些公司进行了案例研究，来经验地确立技术与组织结构之间的关系。她认为主要是组织的技术因素，当然也包括诸如组织的市场地位、产品多样性与组织规模等其他一些权变因素，"引起了不同程度的不确定性与复杂性，因此组织必须形成适当的结构来'应对或处理'这些因素"。因此，她促进了权变理论的创立（Dawson & Wedderburn, 1980: xviii）。简言之，她试图经验地指出，与很多教科书（主要是 20 世纪 60 年代的教科书，但也包括甚至以后 40 年里的教科书）关于管理的讨论相反，某种组织结构与管理方法可能很好地"适合"此种工商业务，但却很难适合彼种工商业务。

出版于 1970 年的一本论文集则试图更进一步地具体探讨不同控制系统如何处理各种类型的不确定性，并认为"控制系统可能是把组织行为与技术联系起来的基础性变量"（Reeves & Woodward, 1970: 55）。他们对控制系统模式进行了各种两维划分，把控制系统划分为统一的与片段的类型、人力的与机械的类型，以试图解释生产系统从单一的与小批量的生产，向多样化的和大批量生产的演化，以及最后向自动程序的演化。我们再一次剖析了一种演化，这种演化呈现为一种 U 型曲线，与图海纳和 R. 布劳勒所发现的那些演化相似，即单元生产与程序性生产具有某些共同之处，而与大批量生产相对立（Reeves & Woodward, 1970）。但是单元生产情况中的人员控制模式，属于单一控制类型，而在程序处理的计算机系统情况中，通过机器可以获得一种相似的效果。尽管琼·伍德沃德的《产业组织》（Woodward, 1965）一书已经成为一种研究典范，但是她的研究客体未必就得到了后来数代学者的很好理解，这些学者把她的著作视为技术决定论的典型，这种谴责对她来说是冤枉的，她可以轻易反驳这类谴责。她的研究比起通常人们所认为的要精微得多。但是她的研究对于生产组织的看法，仍然十分强调机器的作用，而较少关注权力问题与政治过程问题。S. 道森与 D. 韦德本（Dawson & Wedderburn, 1980: xxvi）对她的这一研究进行了肯定性的、值得参考的评价，不过他们也指出，"她对于控制的看法，实质上是非政治的"。

法国社会学后来开始研究和讨论自动化在缓解异化方面的潜能，这些研究与讨论并非总是完全经验性的，但从它们的理论命题和假设看，这些研究肯定自动化的影响势不可当、不可抗拒，但是也更具争议性。这个论题主要是由 R. 布劳勒的研究提出来的，后来 D. 加列进行了更加彻底的研究，不过他本人则把他的研究成果在很大程度上归誉于 S. 马立特。在那个时候，很多人都持有如下的观点，即认为维修技工和技师会取代半熟练的生产工人而成为劳动力的主要构成部分。回顾 R. 布劳勒的经典著作（Blauner, 1964），我们有两大惊人的发现。其一是其经验基础存在不足（该事实作者本人也承认，pp. 12-14），但是其结构紧凑、论点一致，并进行了很好的阐述，读者也容易理解这些论点与阐述。他仅仅在美国加利福尼亚州的一家化工厂进行了一次田野研究；他的很多比较分析都是以第二手资料即 1947 年的大规模工作态度调查为基础的。[①] 他对印刷、纺织、汽车与化工工厂中的手工劳动工作进行了比较分析，然后检验如下命题："不同的、多样化的产业环境导致了各种形式与强度极为不同的异化"（Blauner, 1964: 4）。他的概念模型认为技术是"赋予一个产业一种独特特征的最为重要的因素之一"（Blauner, 1964: 6），而其他重要因素则包括劳动分工、社会组织与经济结构状况。

R. 布劳勒在这种自动化场景中进行的直接观察与访问，对其研究与分析产生了持久的影响；这种影响渗透于《异化与自由》一书的所有主张中。从总体上看，在这种场景中的工作经验是很不错的："与纺织工场与汽车装配线相比，持续处理技术使人们在很大程度上从各种强制和压力中解放出来，能够控制工作步调，能够实现维持高质量的产品的责任，能够选择如何做工作，并免于身体的劳累"（Blauner, 1964: 141）。他认为这种工作模式减少了各种维度的异化，诸如（通过更多控制即时工作过程而减少）工人的"无权力性"（powerlessness）、（通过使雇员更好地观察到整个生产过程而减少）工作的"无意义性"和（通过培育组织成小的班组或团队的职业共同体或社群而减少）"社会异化"。

以此为基础，R. 布劳勒还进一步推断自动化生产会促进社会整合。尽管他关于在这种"平静与危机"交叠的场景中的工作自治、团队工作、对于时

---

① 布劳勒在前言中也指出，1952—1956 年，他曾分别在一个电力工厂和一个卡车制造工厂当过装配工和一个熟练工人的辅助工，这种工作经历使他十分熟悉产业工人的工作。

间的控制的讨论，非常让人着迷，但是他认为工人会在身份上与公司相认同，并模糊他们和雇主之间的分界线等等观点，大多都是有争议的。如果我们现在进行事后诸葛的分析，就会发现，他在那家化工厂所发现的那类工作模式，似乎可能缓解了异化，但是说这会导致"工人与管理者之间具有高度共识的一种社会结构"（Blauner，1964：178），似乎又太牵强了。R. 布劳勒最后提出了一个更为一般性的命题，认为异化的历史性演变，随着我们从手工生产到流水线生产再到自动化生产，会呈现为一种倒 U 形曲线。①

333

> 在早期，手工业处于支配地位，异化的程度最低。工人的自由程度最高。在机器生产时期，自由程度下降，异化曲线（特别是无权力性维度）快速上升。在 20 世纪的流水生产线中，异化曲线向上达到其最高点……
>
> 而在自动化工业中，雇员从自己承担的责任中获得一种新的尊严，并且获得一种个人功能感觉或意义感时，异化曲线开始向下，并因此形成一种倒 U 形曲线（Blauner，1964：182）。

这当然是一个十分有吸引力的命题（这至少不是为了教育或说教）。霍德森对 86 个企业进行了民族志的系统分析（Hodson，1996），提供了 108 个地方的工作模式的详细信息，其分析结果也部分支持 R. 布劳勒的关于异化的倒 U 形曲线模型。霍德森也肯定，在手工生产中，工人拥有的自由程度最高，在"工作时更有尊严"，而流水线生产则完全相反，工人拥有的自由程度最低，工人没有任何尊严（Hodson，2001：第五章）。不过，他认为，"这种倒 U 形曲线的顶点不是与技术性生产过程的自动化相关，而是与劳动过程日益被组织进参与型生产组织有关"（Hodson，1996：734）。

现在，在社会科学家之间几乎已经形成了一个共识，即要避免和预防这类演化主义者的理解或阐释图式。例如，S. 马立特（Mallet）关于自动化的经验观察发现与 R. 布劳勒的经验观察存在多方面的相似性，但是马立特却提出了相反的命题和假设，特别是关于社会整合问题马立特提出了完全相反的命题和假设。S. 马立特在初版于 1963 年的《新工人阶级》（La nouvelle classe ouvriere）②一书中也发现，在自动化产业中工作性质发生了重大的变革，工人阶级与资本主义之间的关系也因此发生了重大的变革。这促进了公司中工人的"目标整合"，在工资决定、培训和技能水平、工作安全方面拥有了很多优势（Mallet，1975：62 - 6）。但是，正如 D. 加列（Gallie，1978：18 - 19）所指出的，这种分析总体上也表现出现一种历史的演化主义色彩，与 R. 布劳勒提出的社会整合概念存在重大区别。S. 马立特认为，工作性质的改善或进步会导致"新工人阶级"对越来越多的控制的本质需要，而这类需要会不可避免地导致工人与资本主义公司产生越来越多的对抗。

334

> 完全是因为新工人阶级处于有组织的资本主义的各种最复杂的机制的中心，使得该阶级比其他阶级能够更快地意识到该系统的内在矛盾。……新工人阶级的客观处境或地位，把它置于可以看清现代资本主义组织的各种缺陷的位置，并且逐渐获得一种阶级意识，即有意识地寻求一种重新组织生产关系的新方式，一种满足人类本质需要的新的重要方式，而在目前的资本主义的框架结构中，这种人的本质需要还不能够得到表达（Mallet，1975：29）。

D. 加列对同一家公司的四个工厂（其中两个在英国，两个在法国）进行了重要的调查研究（Gallie，1978），并且他的研究就是从这一争论入手。他的研究设计是要检验 R. 布劳勒和 S. 马立特两个人得出的模糊的而又存在鲜明对立的结论。D. 加列指出"这些理论所依赖的数据非常不扎实"（Gallie，1978：29），并在这四个工厂都进行了更加系统的数据收集。而他得出的结论，至少在我们现在看来，并没有多少让人惊奇的地方。他发现在法国与英国那些运用相似技术的工人之间的行为与态度存在很大的差异。这导致了他强调文化与制度变量，并提出了一种更加偏重于行动理论的解释（Gallie，1978：30，35 - 36）。简言之，他认为："我的基本研究结论是，技术本身的性质，对于这些特定的问题领域而言，几乎没有什么重要的影响。……我们的证据表明，特定社会中存在的更为宽泛的文化与社会结构模式，对于发达的和先进的自动化部门中的社会

---

① 这一命题与图海纳在 1955 年对雷诺公司深度观察的基础上所提出的技术与手工工作的演化三阶段十分相似。布劳勒在提出他的关于异化的倒 U 模型时，并没有提到图海纳，但是在他的总结性那一章的开始部分，却十分明确地提到了图海纳。

② 该书法文第四版出版于 1969 年，增加了一篇新的导言，在其中马立特讨论了自 1968 年 5 月以来的各种经验教训；我们这里提到的是法文第四版的英译本（1975）。马立特本人 1973 年死于一次车祸。

互动的性质，发挥着重要的决定作用"（Gallie，1978：295；也见该书 pp. 317 - 318）。

## 劳动过程理论

H. 布雷弗曼（Braverman，1974）的著作则引发了一种十分不同的研究与讨论线路，那就是我们所知道的劳动过程理论（labour process theory），在英语世界中这一理论也具有重要的影响。[①] 除了（始终围绕和关注）管理控制这个主题之外，H. 布雷弗曼（Braverman，1974）及其劳动过程理论使人们重新认识到的一个核心关键点，就是把技术视为资本主义劳动过程的核心要素之一（具体内容参见 Edwards，1979），并且为雇佣关系的物质主义理解确立某些基础。在这种物质主义理论视角看来，技术对于控制模式和社会内聚之根源，具有重要的建构性的影响。这些思想有很多的优点，并且在有段时期内，H. 布雷弗曼的影响是压倒性的。

不过，也有人指出，即使是在这段时期内，H. 布雷弗曼也认为技术是一种相当非个人或非社会的设置，或多或少是管理者手中的一种控制工具，它必然会降低或消除手工艺人的控制以及半技能工人发展起来的各种形式的工作控制。特别是 W. H. 拉左尼克（Lazonick，1983）批判了 H. 布雷弗曼的解释，认为他没有严肃考虑不管技术有多么复杂，管理方实际上都控制工人，以使工人"工作更努力"。W. H. 拉左尼克从历史视角出发，主张我们只有通过研究劳资关系的长期历史演化以及影响这些关系的制度安排，才能对控制问题获得正确的理解。显然，他认为，控制问题并非"技术"问题，控制问题与社会关系存在历史的相关性。

在 H. 布雷弗曼的《劳动与垄断资本》（*Labor and Monopoly Capital*，1974）一书出版后的 20～25 年里，有几位学者借机评估了这种研究传统的遗产。V. 斯密在回顾和评论该书在美国引发的重要研究时指出，美国学者已经实现了这个研究传统的"范式革命"（Smith，1994：404）。她说："该书的核心假

定前提在英国被完全颠覆了。H. 布雷弗曼贬低共识、合作与身份认同的重要性，但是美国的大量研究已雄辩地指出，关于劳动过程转型的分析，如果不能解释结构变迁是如何展开或进行的，那么这种分析不仅是不全面的，而且实际上更是错误的，这种分析会受到个人主观经验的限制或干扰"（Smith，1994：416）。她敏锐地发现了最近人们日益关注主体性问题，但"日益关注主体性"这种转型，在该研究传统的那些学者之间引起了很大的争论。对于某些学者来说，偏离资本主义劳动过程的结构性维度，以及"用监视概念来取代控制概念"（Smith & Thompson，1998：599）的福柯传统框架的影响，已经产生了一种新的不平衡，并弱化了劳动过程理论的重要实质。[②] 正如我们将要在下文看到的，某些学者还指出，对于技术性监视的强调，有时等于"一种过度的技术决定论"（Smith & Thompson，1998：558）。换言之，最近出现的一种以唯意志论方式对主体性与身份认同等论题的关注，将最终走向一种新的决定论。由此我们可以得出结论，劳动过程理论在理解管理控制方面——尽管仍然很复杂，存在的问题还需要研究——所取得的进展有时候被人们忽视了，而各种可能出现的、代表劳动者的利益的行动与抵制也没有得到学者们应有的重视。

对劳动过程理论进行彻底的详尽讨论，超出了本章的范围，也并非本章的目标。但是值得强调指出的是，自 H. 布雷弗曼的著作出版以来所引发的各种讨论及其演进，为关于工作场所中的关系特别是 20 世纪 80 年代的工作场所中的关系的唯物主义分析路线，提供和奠定了基础。这种分析路线实质上认为人们在工作中所参与的社会关系，是以生产活动为前提条件的。这意味着我们不仅要看到技术本身，还要研究劳动（或者"人力资源"）被"转化"并创造新的产品或服务的那些过程。很多民族志的研究揭示了管理控制模式、工人的努力模式以及双方的冲突模式，与生产过程存在密切的联系，

---

[①] 有意思的是，虽然 H. 布雷弗曼的书被翻译成了法语，大多数专家也知道有这本书，但是他的研究以及由此出现的关于劳动过程的讨论在法国并没有如此大的影响。当然，在不同的知识传统之间，思想观念并不总是能够很好地传播，但劳动过程理论之所以在法国没有产生如此大的影响，关键原因之一是法国社会学家觉得这种理论的基础——特别是控制与解除资格条件限制的基础——在很多方面都已经被颠覆了。罗斯（Rose，1987：20 - 24）参照法文的《工作社会学》，讨论了 H. 布雷弗曼的"思想根源"，特别指出了 H. 布雷弗曼的去技能化论点与先前 G. 弗里德曼的研究之间存在诸多的相似性，后者坚持认为现代技术对于手工生产知识产生了破坏性的影响。

[②] D. A. 斯宾塞（Spencer，2000：224）对"布雷弗曼的劳动过程理论和马克思主义"的偏离进行了强烈批判，强调指出"福柯传统关于自我身份认同建构中涉及的这些过程的分析，不仅使资本主义社会关系个体化，也掩盖了资本在使集体劳动者处于从属地位和被剥削的过程中所发挥的重要作用"（Spencer，2000：239）。

而生产过程同时也完全是一种社会过程（例子参见 Burawoy，1979；Edwards & Scullion，1982）。从该分析视角看，技术并不是中性的；技术为工作自治、控制努力的投入和工作时间等，奠定了一种或多或少的有利的基础。特别是在英国，该研究视角对产业关系领域、产业社会学产生了重要的影响。

### 一般趋势

本小节与更为一般的社会理论之间存在密切联系，对此我们可以归纳为两点。其一，上述三种研究流派，都视技术为一种关键的结构性因素，因此他们都在某种程度上受到了唯物主义的影响，尽管这些研究者并非公开的马克思主义者。这实际上意味着，他们认为生产系统建构了工作经验，而工作经验本身又体现了人类状况的一种界定性特征。其中研究自动化的那个流派中的某些研究者，如 S. 马立特，确实深受马克思的影响，但是在法国工作社会学中和劳动过程理论中，马克思主义传统的影响并不明显。最近数十年来，那些受到各种行动理论流派影响的社会学家，已经日益倾向于强调现代世界的权变性和复杂性，而且首先反对那些强调有某种决定性的因素在影响着工作经验的解释或看法。

其二，也是相对晚近才出现的现象，即诸如图海纳的三阶段历史演化模型或 R. 布劳勒的倒 U 形曲线历史演化模型等等解释策略，在社会学著作中已经完全过时了。这在技术与工作研究中肯定也是如此。但是我认为，这种情况更可能是社会科学研究中一种更为普遍和一般的趋势。还有，现在人们强调的重点是工作经验的多样性和可变性，甚至强调在比较相似的技术背景中，工作也具有多样性和可变性。关于信息技术的扩散与影响的研究，以及关于正在进行的、更为一般或总体性的全球化过程的研究，都进一步强化了远离各种一维解释模型的一般趋势。本章下面第三小节，将以使用现代信息技术的当代工作世界为例，来讨论这种新的思考方式。

## 三、使用信息技术的各种工作模式

信息技术在很多方面都改变了工作的性质，为管理控制创造了许多新的可能性。平心而论，在服务与行政部门而不是在制造部门，这种信息技术确实更体现了一种与过去的断裂。例如，在人们使用

计算机以前很久，炼油厂与铝冶炼厂的生产过程就是持续运行的，而在后来的自动化与信息技术阶段，只不过是因为工作条件的极大改进，而使得这些生产过程更加有效。这类产业的雇员可能会看到技术变革中存在一定程度的连续性。相反，在服务与行政管理部门，各种生产流一直都没有被技术手段整合在一起，对技术的投资在传统上也一直没有那么重要（McLoughlin & Clark，1994：8-15）。在这些部门，信息技术更多地导致了工作模式的非连续性变革，我们还需要进行更多的研究，来评估信息技术对于这些部门的工作模式的影响程度。

我无法对于使用信息技术的各种"工作世界"提出一个让人满意的总体综述或回顾，因此这一小节主要围绕使用信息技术的工作的三种面相或模式进行讨论。

### 制造业中的信息技术

现在有很多的案例研究证据都表明，技术对于新的工作组织形式效率的提高，起到重要的作用。生产流水线或装配线的诸多局限，阻碍了团队工作的形成与发展，而信息化的自动生产过程，则为这种团队工作的形成与发展创造了更加有利的平台。在传统的流水线工作中，绩效直接依赖于每个雇员日常劳动投入的质量与数量，并且很难取消直接的监督。相反，在诸如冶炼、炼油等工作操作中，或者在发电系统的运行中，生产工人不得不照看和监督技术系统。他们的工作必须覆盖很大的范围，因此绩效不是直接依赖于工人即时的"工作速度和努力"。雇员的态度和他们运用其经验发现技术缺陷和不足的意愿，或者在无监督情况下是否愿意解决问题的意愿，就显得十分关键。

J. 巴克尔在一家为电信产业组装传输电路板的美国小公司进行了一次民族志研究。他发现，在这家公司中，自我管理的团队在如何对工作进行组织的过程中拥有很大的自治性，这种工作包括重复性的和单调的任务。但是，他发现，团队成员共同参与和建构了一种详细、复杂的规则与规范系统，他们根据这些规则和规范进行自我制约。这是一种协力控制模式（Barker，1993，1999）。

J. 巴克尔并不认为技术是一种控制手段，但是 G. 塞维尔认为，由于信息技术而出现的电子监视是一种非常重要的控制设置或手段。G. 塞维尔和 B. 威尔金森在凯伊电子公司（Kay Electronics）进行了观察，发现在组装已经印刷的电路板时，团队的工

作安排受到了电子监视，特别是他们发现，每个工人的绩效（生产力、质量、出勤）信息，都会在工场现场展示出来给大家看（Sewell & Wilkinson，1992：283-284；Sewell，1998：412-413）。他们认为，"以计算机技术为基础的电子监控系统的形成与不断改进，为管理者提供了一种手段，借助这种手段，管理者可以把责任委托给团队，而同时又使权威与规训控制得以保持"（Sewell & Wilkinson，1992：283）。根据该研究和相关的研究，以及福柯关于"全景敞视监狱"的观点，G. 塞维尔提出了一种"无形控制"（chimerical）模式概念，在这种控制模式下，由电子监视和同辈群体压力相结合而产生的动力学，紧紧地束缚了工人自治与社会抵制，给他们留下的空间非常小。"无形控制模式具有混合的性质，因为其垂直与水平维度的控制之间存在相互的作用。其垂直维度的控制与通过个人监视而实施的全景敞视控制相联系，其水平维度的控制与受团队中存在的同辈群体监视这种协同控制相联系"（Sewell，1998：415）。

S. 朱波夫（Zuboff，1998）则认为，信息技术对于工作与权力具有一种重要的但非确定性的影响。她对八个使用计算机技术的组织进行了每五年一次的田野研究，其中包括了三家纸浆和纸张制造厂，获得了丰富的经验数据。这些数据表明了如下事实：计算机技术为严密的管理控制提供了巨大潜力，但是也会增加工人及其技能的影响力。正如上面所指出的，她强调了这种技术具有强大的"信息提供"力量。这些技术手段可以收集和储存每一分钟的工作活动的数据。她甚至多少有点冗长地讨论了关于信息技术的全景敞视监狱的思想。但是，她又坚持认为，信息技术能够使那些以前被排斥在生产活动信息之外的工人更有能力和权力，以前管理方认为不让工人接触这样的信息，对于保持权威关系的再生产十分必要。简言之，S. 朱波夫认为，在获得、控制生产过程所产生的信息方面，组织是开放的，不会对信息进行控制。在其著作的结论部分，她甚至认为，信息技术所具有的赋权维度，有助于跨越管理与劳动之间存在的结构性分割，并导致"后阶级性的关系"（Zuboff，1988：399-402）。对于她的这种看法，我们很多人都可能持质疑态度。

我们在炼铝厂所进行的田野研究，收集的相关数据表明，S. 朱波夫所强调的那些组织进行的关键选择，最后大多要以特定工场中起支配作用的社会妥协为条件。特别是在现代冶炼厂中，十分明显的

是，每个操作者的工作活动的详细信息都会被生产系统记录下来。但是所有参与者都理解为，这些信息之所以会被谨慎使用，主要是因为如果问题发生时，它多多少少可以作为一种"安全网"，而不会认为这是一种过度控制的手段（Bélanger，2001）。（与个体、团队或更大的单元相对立的）管理方如果违反这种理解和滥用所记录的信息，工人都会根据这个冶炼厂中的一般社会关系模式来进行评估。每一个轮班班组内部自我调节和规制的程度都相当高，在晚上和周末，也就是说在超过70%的生产时间里，都没有管理与监督者。这说明了该工厂并没有把这种信息技术作为过度控制的手段。在这些冶炼工人内部，存在很高程度的社会内聚，其中有很多工人在公司中拥有很高的地位；他们对于自己拥有专业技术和能力并使该工厂高效运行而无须监督感到十分骄傲。

在此，一个关键的观察发现是，尽管技术可能相当复杂，但是技术系统的可靠性，真正的或最终的绩效等等，还是要依赖于一种社会惯例，并且以相互的预期为基础。但是在处于加拿大魁北克的拉特里尔（Laterrière）的力拓炼铝厂中，对于雇员会最大限度地利用其技术来找到解决办法的信心，并不取决于 R. 布劳勒所说的那种社会整合。它是一种社会妥协，这里总结出来的行为模式，也是要以各种社会力量之间的平衡为条件。的确，工人及工会过去拥有各种资源来表达他们的任何不同意见，他们在最近的过去肯定也会利用这些资源。在这家工厂中，相关各方尽管存在"他们"与"我们"的结构性分割，但是也存在一种相互预期，即所有各方都会最好地发挥其专长的预期（Bélanger et al.，2003）。

总之，这里我们指出了信息技术影响工作的各种方法。我们认为，在传统生产流水组装线工作中，我们更有可能观察到过度的管理控制。在很多工作场景中，信息技术实际上具有扩展组织选择范围的潜在力量，信息技术并不必然会降低管理方对他们雇员的专长与默会技能的依赖（也见 de Terssac，1992）。但是正如 S. P. 瓦尔拉斯（Vallas，2003）最近在美国四个纸浆与纸张制造厂中进行的田野研究所证实的，在资本密集型的制造业工厂中，管理方和小时制工人之间所存在的传统等级制分割并没有被超越，仍然在一定程度上存在着。

## 电话客服中心：信息技术的流水生产线

电话客服中心是一种重要的雇用部门，现在有很多雇员都在这样的中心工作，而且在电话客服中心的工作业务，完全就是关于通信和信息的管理。因此，电话客服中心体现了信息技术背景下的最典型的工作图景。那些从未在这里工作或研究过的学者，往往都把电话客服中心生动地描述为一种"电子化的全景敞视监狱"。这种情况极其常见。但是，这样一种凭着主观想象所描绘的图景，并没有得到后继研究的证实。而实际的图景再一次比他们的想象要复杂得多。在对通过信息技术进行控制的潜在可能性进行全面测量和研究的同时，那些批判社会学家指出了这类中心大多仍然保持着那些应受谴责的特征（例子参见 Bain & Taylor，2000）。①我认为，在各种电话客服中心，存在两个层面的工作经验，这二者之间是不同的（对于这两个层面，人们往往没有明确区分，而是把二者混为一谈），我们把它们区别开来，可能有助于我们理解这种工作模式。有研究指出，一方面，客服代表（CSR，电话客服中心的工人主体）要受到管理方通过技术进行的很多控制；但是另一方面，他们的工作并不会被人们通常所认为或预期的那样规定和编组。这个命题需要做进一步的阐述。

由于这样的工作站把电话与计算机技术整合在一起（Taylor & Bain，1999：102，115），读者们会很容易地认为在这个系统中会出现对雇员的各种技术控制。正如 G. 卡拉汉和 P. 汤普森（Callaghan & Thompson，2001：21）在对苏格兰的一家电话客服中心进行观察时所指出的：

> 在电话银行之类的电话客服中心，技术常常以与装配流水生产线十分相同的方式，被管理者用来控制工作地点与方向。诸如自动电话分配系统（ACD）这种技术会对控制进行系统化，它具有一种力量，可以用不是来自老板而是来自技术的力量来推进工作速度和调节工作的步调。这个系统高度地嵌入了生产的物理组织中，并因此不那么引人注目。

这类技术控制是普遍的，并且集中于对雇员进行一种关键的测量，如"平均处置时间"和拖延电话的时间，但是也产生了每个操作员联系客户的整个过程的信息，在这种信息的基础上，各种质量评估、培训与"辅导"程序得以上演。正如 S.J. 弗伦克尔等（Frenkel et al.，1999：142）所观察到的，各种远程监控的做法——通过这种做法各条线路被"拴"在一个简单的基座上——常常是在工人并不知道的情况下进行的，并且在很多电话客服中心还存在面对面的监督（也就是一个管理者或监督者就坐在客服的旁边）。管理者认为这种做法可以帮助每个电话客服人员改进处理顾客的技术手段或方式，但是他们也常常对雇员进行客观评估，并对那些高绩效者进行奖赏。

进行技术控制的这些手段说明了信息技术的一个关键特征：当这种技术运用于生产经营时，它同时具有一种产生或记录新的数据的力量。然而，正如 S.J. 弗伦克尔及其同事（Frenkel，1999：14）所指出的，"信息技术无处不在地产生的数据信息，并不必然意味着工人就认为他们自己已陷入一座电子式的全景敞视监狱"。当然，很多人可能指出所有这些都必然是这个部门中就业的一种自然特征，从而简单地把这一难题放在一边而不再加以考虑。但是，某些操作员可以发现，在这种部门中，雇员也存在某些积极能动的空间。

我们的命题的第二个维度，即关于电话客服中心的工人具有某些自主权或必须遵循一种惯例的程度，可能需要我们花费更多的笔墨来讨论。当然，必须强调的是，这个论题仍然是一个经验性的问题。各个电话客服中心，在规模、所提供的服务的性质、所处的市场条件等方面各不相同，这些对于电话客服中心的工作的组织化与习惯化都具有重要的影响（Taylor et al.，2002：134）。特别是电话持续的平均时间差异很大，这是一个很好的综合指标；在一般情况下，与顾客进行的语言互动的时间越长，这种互动就越难以按照标准化的"脚本"行事。那些仅凭主观印象的解释，常常把电话客服中心的工作描述为一种典型的"非技术"劳动，认为那里的工人被告知仅仅"按脚本"行事就可以了。但是在大多数情况下，客服的自主权要重要得多。客服代表要与顾客通过在线谈话获得某些共识或取得某些进展，就必须利用技术专长这种资源，但是还必须使用某

---

① 因此，G. 卡拉汉与 P. 汤普森的论文最后的结论是，"'电子血汗工厂'是一个好的新闻题材，但是离人们所争论的当代电话客服中心的现实存在很大的差异"（Callaghan & Thompson，2001：35）。

些方式创造欢乐气氛，以使对话可以持续和让人满意。管理者也很清楚，组织的绩效在相当程度上要依赖于雇员的社交技能，以及雇员与顾客之间的语言互动的质量。

S. J. 弗伦克尔及其同事对美国、澳大利亚和日本以顾客为导向的三种雇员工作流程（大宗定制服务、销售以及知识工作）进行了系统的研究，并在此基础上对不同工作组织类型提出了一种自己的解释。他们把客服代表视为一种典型的服务工人，他们对客服代表的工作进行的评估，即使不是模棱两可的，也是比较中庸。他们的结论肯定，与销售工人与知识工人相比，客服工作更多的是处理习惯化的、惯例化的任务。但是客服代表"并不是那种被管理方通过技术进行监视和严格管制的一线雇员的老套形象"（Frenkel et al.，1999：68 - 71，91）。他们总结认为，对于这三种工作流程来说，一线工作都正在变得更为复杂。他们认为，除了技术与市场原因外，日益增强的定制化服务趋势，是一线工作日益复杂化的最为重要的原因。因此，"因为服务工作日益定制化的特征，要求工人具有创造性，并因此要求具有一定的自由裁量权，这意味着工人需要学习比惯常的行为模式多得多的东西"（Frenkel et al.，1999：270）。

科尔钦斯基（Korczynski，2002）把服务性工作描述为一种"顾客导向的科层制"，其特征就是顾客导向（它常常是雇员的一个主要驱动力）与雇主一方对理性化与绩效的追求之间存在的内在紧张。雇员与顾客的关系既是工作压力与紧张的根源，常常也是雇员实现满意的一种真实的根源，这正是服务性工作的一个独特特征。这种动力学对于管理与劳动之间的从属关系性质具有重要的意涵。这种紧张对于理解电话客服中心的工作十分重要："受着绩效要求驱使的管理方，要求客服代表们与一种脱离具体个人的顾客概念相联系。但是，对于客服代表们来说，他们帮助具体的消费者是他们自己实现满意的核心层面，因此他们往往会把顾客看做具体的顾客个人"（Korczynski et al.，2000：684）。

还有，尽管工程师们告诉我们存在一种"技术权力"——社会科学家往往过高估计了这种权力，但是我们认为，即使在电话客服中心，客服代表仍然存在很大的能动空间。在很多方面，客服代表往往会主动设法寻求某种平衡和"保持心态健康"，因为毕竟是他们与另一个体的顾客在进行在线交谈。田野调查显示，工人的态度十分重要。招聘与培训

具有"正确态度"的新雇员，是管理方面临的一个核心问题（Callaghan & Thompson，2002）。客服代表们参与了"情感性劳动"，并且正如这两位作者所指出的，"雇员们远非消极的情感劳动提供者，相反他们自己本身是积极的和熟练的情感管理者"（Callaghan & Thompson，2002：248）。简言之，管理者对于这些雇员的控制程度是很高的，但是"工人抵制、抗议管理方以及采取错误的行为的空间仍然存在，即使他们处于受到高度监督的场景中也是如此"（Callaghan & Thompson，2001：34）。

## 组织边界之外的工作

在信息技术条件下，工作呈现的第三种图景是那些在常规工作地点边界之外的工作模式。那些模式是如此多样（其中还有如此之多的模式有待我们去研究），以至于我们只可能揭示这种受到限制但正在不断增多的就业与工作的某些特征。信息技术解除了工作的空间与时间限制，是这些工作图景的一个共同特征，因此我们似乎需要重新界定管理、控制概念，以及提出一种不同的组织概念。

"在家中工作"这个概念，指的是退出各种场景，包括退出各种就业（或自我雇用）状态，退出各种工作场景。A. 费尔斯特德及其同事（Felstead，2002）在对英国的一个全国调查的基础上，在概念上对两种在家工作的雇员类型进行了有用的区分。第一种在家工作的雇员是那些选择在家中工作的人，但实际上只有十分之一主要在家工作。第二种在家工作的雇员是那些其工作要求他们必须在家工作的人，以及那些在劳动力市场中处境比较艰难的人。这个英国全国调查数据无法使他们比较这两个群体的经济概况以及工作意愿，但是他们明确了如下事实：那些能够选择在何处工作的人，在劳动力市场上往往处于一种特权或优势地位。因此他们指出："我们必须警惕，不要把必须在家工作与选择在家工作相混淆，否则就会陷入概念或经验上的谬误"（Felstead et al.，2002：205，221）。

该研究团队还进行了一个研究项目，就是访问英国13个组织中的管理者与在家工作的工人。A. 费尔斯特德、N. 尤森与 S. 瓦尔特斯（Felstead，Jewson & Walters，2003）讨论了"可见"和"在场"的问题，他们强调这个问题是管理者借以建构其控制机制的关键资源之一。特别是，从管理方的角度看，工人不在工作场所出现，被证明是一个十分棘手的问题。因为即使当这种工人个人的产出是

343

344

良好的，他们也不能够在规范控制、团队工作、默会知识的传播，以及更为一般的组织文化的建构和塑造中发挥积极的作用。作为少数群体的在家工作者群体，甚至常常感觉到来自那些在工作场所工作的工人微妙地表达的愤恨。他们认为，"在家工作的工人与在工作场所工作的工人之间的关系会日益弱化，使在工作场所中的工人产生一种愤恨，导致紧张与恶感，并进而干扰群体的整合"（Felstead et al.，2002：254）。该研究指出，与教科书的简单解释相反，在家工作模式存在的局限导致了一些新的问题，并进而影响组织的社会动力学。因此，探讨组织边界之外的工作，促使我们重新认识那些也是构成组织的社会关系基础，尽管这似乎多少有一些自相矛盾。

J. E. 奥尔还进行了一项民族志研究，对那些到大公司上门维修复印机的技术人员进行了考察，阐明了在使用施乐复印机的大公司边界之外形成的社会关系网络（Orr，1996）。他的两个重要发现值得我们注意。首先，奥尔把这种工作实践界定为技术人员、顾客与机器之间的三角关系。在技术人员被指派的区域中，他/她与具体的顾客建立起信任关系，以及一种"微妙的社会均衡"（Orr，1996：63，78 - 79），这是一种社会性联系，在其中即使是与竞争性团队成员对手之间，在理论上也不会相互干扰。技术人员在他们的地理与社会领域内会感到更舒服，这是一种与在车间社会学中所观察到的现象相类似的现象。其次，正是通过在那些喜欢"谈论机器"的技术人员共同体内部所演化而成的叙事过程，知道如何做的默会知识以及专业技能才被传播开来。处理机器是一种商谈和创造默会知识的复杂过程。因此上门服务的技术人员体现了 J. 范马伦与 S. R. 巴莱（van Maanen & Barley，1984：314）所界定的一种典型的"职业共同体"，这种职业共同体的成员"共享超越了特定具体组织背景的相似身份和价值"。

我们在此参考的经验研究文献证明了信息技术为不再与传统"组织"概念相符的各种工作场景的出现开辟了一条道路。这些变革导致了不同的互动模式，为管理带来了新的机会，但是也带来了新的问题。特别是，在这种信息技术面前，雇员之间对"知道如何做"的知识即默会知道的共享，以及各种通常的规范控制的形式，都会受到抑制。

# 四、各种分析论题

本章提出的观点是，技术特别是最近阶段的信息技术的发展，对于工作经验产生了重要的影响。但是从方法论与分析角度看，把这些影响与组织中发生的变迁分离开来，以及把更一般意义的社会关系分离开来，似乎并非一种适当的做法。信息技术与以前冶炼厂自动化阶段的技术等相比较，对于工人而言没有那么粗鲁强悍，也较少限制性，但是也更无处不在。信息技术总体上不会使整个生产流程一体化，不会为组织的选择留下太多空间，因此，从这种意义上看，信息技术"具有局限性"。这就是在信息技术条件下，我们之所以仍然能够看到组织形式如此多样——本章第二小节举例说明了这一点——的原因。信息技术的"无处不在"，是指：（1）信息技术无论如何也不会限定在工作场所车间中，而是会跟随雇员来到其他生活领域；（2）信息技术具有强大的力量来记载信息和支持社会控制，即使是在"你没有看到它"时也是如此。下面的内容就讨论这些技术系统对于工作中的社会关系所具有的意涵。

## 技术与社会分割

我们可以从管理与劳动之间存在的一条结构分割线开始进行研究，对此 G. 弗里德曼（Georges Friedmann，1964）视为异化与不合作的根源，这种分割并不会被本章所讨论的现象所取代，这种分割在结构上与雇佣关系的性质有关（Edwards，1986）。但是，还有很多其他事情正在发生变化。其一，劳动力的技术分割似乎正在受到实质性的侵蚀。自亚当·斯密以来，人们就树立了一种经典的专门化概念，认为这种专门化会促进绩效。但是现在，绩效已经与这种专门化没有关系，因此劳动力的技术分割日益受到实质性的侵蚀。组织中的很多雇员都已经获得了相当大的自由裁量权，以及他们工作的执行权。团队工作只是这些变迁得以发生的诸多机制之一。在技术工人与专业技术人员中，现在正在普遍出现一种多功能团队以及合作的蜂窝模式。关键之处在于，不同类型的工作组织，能够改变从属的形式却不会改变从属的实质。其二，尽管管理与劳动之间的分割——产业关系研究传统的关注焦点——仍然存在，但是我们现在也许不得不较少僵化死板地（而是更加创造性地）使用这些概念和范围，来解释工作中的各种社会分割形式。信息技术是这些渐进转变背后的推动力量之一，通过这些渐进转变，我们对监督者与被监督者之间、不同部门的直线管理与专业人员或技术工人之间的社会互动实现重新的界定。然后，"产业劳动力分割中的、对保存一种独特的管理团体至关重要的脑力与体力工作的严格分割，不仅变得过时了，而且是危险的，可能导致功能紊乱"（Zuboff，1988：393）。产业中将要出现的一般趋势是，等级制、直线权力都不得不做出更多的妥协，向那些其权力是以各种类型的知识为基础的人让步。

## 信息技术与"知识组织"

典型的传统大工厂或办公室这类概念的核心，就是一种特殊的命令与控制概念，在这种概念中，组织似乎偏爱时间与空间的统一。也就是说，或者出于技术的原因（例如能源来源、专有的技术），或者由于它们要围绕同样的信息或专长基础来经营，以往的组织常常偏爱使最多的人汇集在同一地点以同样的小时数进行工作。如果我们不落入任何形式的未来学，那么就必须承认，对于很多就业部门而言，这些基础性的原则有一些不再是客观的限制。那些制造组织的不同类型的知识的扩散与转移，对于绩效而言似乎才是最关键的，并且这种知识能够通过各种形式的内外部网络来获得（Castells，1998；Veltz，2000）。组织不仅是一种综合的、有着与市场相区别的清晰边界的孤立单元，而且会与供应商和顾客保持持续的联系。

尽管无论如何这并非唯一的原因，但是信息技术确实允许和促进了这些组织的变迁。首先，在前述的自动化阶段，组织有着整合全部生产流的特征，或者有着通过机械设置而运作的各种后果，但是信息技术具有一种创造各种工作站的倾向，这种工作站是自立自足的，但是却与一个信息中心相联结。通过取代前述的技术整合阶段，信息技术允许组织具有很多的灵活性。其次，信息技术通过为各种网络提供必要的信息和通信基础，以及相关雇员能够操作的合作模式，从而促进了所谓的知识组织的出现。

不过，在多数的大公司中，信息技术在支持网络与创新中发挥影响作用的可能性，要受到基于等级制的传统组织结构的限制。W. W. 鲍威尔指出，在美国许多经济学家认为，最近的技术革命并不会

如此大幅地转化为生产力的增加，因为他们认为这种技术革命导致了工人技能与技术要求之间的一种错误配置。他说，这种解释认为"组织形式与新技术之间存在一种脱节"（Powell，2001：49）。"如果存在一种错误的配置的话，那么我认为是信息技术处理任何时间任何地方都必然存在的信息与问题的能力，与迫使决策由一个中央集权的管理等级来做出的那些更老旧的组织安排之间的一种错误配置"（Powell，2001：50）。

我们认为，技术在组织结构转换过程中发挥了主要的作用。社会学家们还必须进行更多的研究，并发现和理解这些重要的变迁，只有这样他们才能对"新技术对于工作的影响"做出适当的评估。我们举个例子，这个例子能够说明很多内容。例如，先进的技术使组织不再必然把自己限制在工作场所中，使组织不再是一个时空的统一体，并由此导致了涉及如此之多的人的种种现象，如工作与休闲之间的区分，或者工作与家庭之间的区分现在常常都模糊不清了（Hochschild，1997）。没有人会对电子邮件、移动电话以及越来越多的复杂技术表示异议，但是这些设备也可能具有极强的侵略性，并使工作进一步嵌入休闲之中。

## 信息技术与社会支配

正如 S. 朱波夫所指出的，信息技术的一个独特特征，就是其在同一时间与同一过程中创造出它所支持的工作活动的详尽信息的能力。技术这个维度为最近学术界关于社会支配的讨论，以及各种主张"工人的抵制已经终结"的或明或暗的观点，提供了一些客观的理由。在这个问题上，我们再次参考福柯及其全景敞视监狱的思想。"全景敞视监狱"是由18世纪的一位道德哲学家边沁所界定的一个概念，指一种建筑设计，通过这种设计建立的建筑，一个观察者可以对建筑中的一切一览无余。最初是在监狱场景中讨论这个概念。而福柯把这个概念借用过来，用来描述监督与控制无处不在的社会。正如 S. 朱波夫所指出的，"信息技术系统……应该会超越甚至是边沁的那些最稀奇古怪的念头"（Zuboff，1988：322）。但是，正如她的一个观察发现所显示的（Zuboff，1988：第九章），这些大量原始信息实际上在多大程度上被用来建构规训权力，仍然是一个经验的问题，需要视具体情况才能确定。特别是，在哪些条件下，管理者可能利用这些信息来规训工人？管理者会在何种程度上采取这种方法，并可能以牺

牲常常是组织绩效的前提条件即信任与合法性为代价？而更根本的是，所有形式的抵制到底有无被根除的可能性？

有一些重要的研究文献指出，至少在某些情景中，对于上面最后一个问题的答案可能是肯定的。正如上面所提及的，巴克尔及塞维尔对装备制造业中的团队工作进行了观察，并在此基础上肯定地认为，各种形式的控制为劳动力的自由反抗留下的空间极小。因此，"协力控制并不会把工人从韦伯所说的理性规则的铁笼中解放出来。……铁笼变得更牢固了。在协力控制系统中，同辈群体压力与理性规则之间的强大结合，创造了一个新的铁笼，但其铁栅栏对于它所囚禁的工人来说，是不可见的"（Barker，1993：435）。塞维尔指出，在凯伊电子工厂中，"监视的范围是逐渐扩展的，并且在每一个阶段都较少面临一致的反对。这并不意味着没有反对，而是反对被边缘化了。但是在其他研究背景中情况并非总是如此，不管无形控制模式在扩散中是否受到反对，我们都可以看到这种情况"（Sewell，1998：423）。塞维尔的论文重点显然放在社会支配上，上面所引用的这段话，体现了一种十分重要的方法论立场。作者十分正确，并没有贸然地下一般性的结论。的确，尽管信息技术具有作为一种社会控制工具的潜在力量，但是从社会学的角度看，社会内聚与抵制一点都没有，也是不可信的，或者人们总是会表示怀疑。在大多数的经济与社会场景（至少是在发达经济）中，任何理论视角都不可能给能动性留下如此之少的空间。

有几个英国社会学家已经感到有必要重申这一分析立场，即在大多数的社会场景中，要根除工作场所中的各种形式的社会抵制是不可能的（Thompson & Ackroyd，1995；Knights & McCabe，1998，2000；Ackroyd & Thompson，1999）。正如 D. 赖特斯与 D. 麦凯布在一篇明确以重估某些折中分析为目标的论文中所指出的，"那些支持一种公然的决定论的、全能的权力概念的作者，有效地排除了积极能动的主体，并且在很大程度上助长了那些我们急切想要矫正的、反福柯传统的工厂"（Knights & Mc-Cabe，2000：427）。

P. 弗勒明与塞维尔（Fleming & Sewell，2002：864）也强调应为人的能动性留下一些空间，他们坚持认为需要以更加综合的模式考虑工人的抵制，包括工人表达异议的那些微妙的形式，那些"积极脱离形式，以及工人的阳奉阴违的能力"。他们还指出，要对当代工作背景中的抵制获得适当的理解，社会学家就必须调整那些适用于福特主义时代的视角，并考虑其他一些社会行为类型或概念。根据我们在此提出的分析，这种直觉应是十分重要的。在强大而且受到内部劳动力市场保护的传统组织中，工人会进行"自发"的抵制，往往是个人地或集体地、短期地或永久地从工作中撤退，这取决于替代性劳动力市场机会、集体资源以及制度背景等。一旦工作较少被限定在有着稳定工作共同体的某个地方，而更依赖于技术与知识的应用，那么组织对工人的劳动的任意使用就会变得更明显。个人表达不满或异议的方式，可能仅仅是不再接收电子邮件，或者通过移动电话等在家到周末才进行联系。或者，我们可以列举各种场景中的例子，来表明产品的开发不是在第一线工作场所完成的，而工人出现在第一线工作场所，并非必然就是一种"适当的工作态度"。简言之，抵制并不必然意味着就是公开的行动；即使是简单的不行动，也可能常常采取一种更为机智的异议表达方式。

## 五、结论

350

本章首先对关于技术在影响工作经验中的作用问题的很多重要研究进行了回顾和评论，然后讨论了关于信息技术的影响的正在增多的研究文献。这些研究文献特别强调，随着新的监督与协调模式对工作中某些社会分割的改变，组织发生了很多的变迁。但是，在这些研究文献中存在一种普遍的趋势，那就是认为信息技术所导致的组织变迁，几乎会"自然地"、继续平缓地进行。但是，我认为，这种观点并不符合现实情况。

这些研究文献存在重大的局限，因为我们可以看到，两种不同生产概念之间的紧张，即使不是在全部组织中存在，那也是在大多数的组织中都存在。第一种生产概念，从机械论或技术视角来看，是通过使用以理性化和标准化为目标的技术和提出各种管理程序来追求某种绩效的关系。我们不得不把这种对于"工程设计理性"的追求理解为一种自泰勒以来就存在的"长波"，而且自 D. 贝尔［Bell，(1960) 1988］在一段时间前编造这一"工程设计理性"短语以来，这个概念变得越来越复杂。对于研究理性化对工作以及更为一般的社会的更加广泛的影响，韦伯的理性化概念仍然是一个最好的社会性起点。第二种生产概念，则是由那些多年来已经习知默会知识与经验知识的交易与传播的人（生产工人、一线雇员等）所塑造的。根据拉姆（Lam，2000：491－493）关于知识类型与组织形式的类型学划分，我讨论了工程设计人员的"入脑的知识"或编码的知识，与大多数雇员的默会知识或"身体化知识"之间的紧张，这种知识越是具体情景性的，就越与"交易的技巧"相关。当然，当这两种与不同的社会和文化世界相联系的生产概念之间确立了联系时，组织的学习与绩效就会得到改进；但是，很多社会科学学科认为，在两种生产概念之间要形成共同的视角或观点，并非易事。

正是这种"工程设计理性"思想——在整个上世纪，为实现这种理性的工具已经取得了很大的进步——将会产生某些乌托邦的要素，即认为到最后，技术系统将会如此平稳地运行，以至于本章所讨论的那些组织论题，对于管理而言将不再是问题。事实上，共识问题并非不如以前那么关键或重要，而这些论题的确比以前更加复杂。以往的合作更多地是"机械性的"装配与大批量生产形式，被整合进泰勒制所要求的技术系统或常规惯例（Veltz，2000），而现在的合作更多地依赖于应用知识和思想观念的自由意愿，以及在生产环节上各类雇员之间的关系。作为一种普遍性的规则，工作站与人际关系网络越是整合及相互联系，生产系统就越是脆弱，越要依赖于这样的合作形式。P. 威尔茨（Veltz，2001）认为，整合与可靠性之间的紧张，是建立在信息技术基础上的复杂系统的一种自然特征。正如他所说的，"系统只要一稳定下来，就会寻求进一步的整合，因此使这种均衡面临一种风险"（Veltz，2001：317）。永远寻求更高的整合，是这种乌托邦的一部分，但是这使得复杂系统的运行在相当程度上要依赖于工人的自治性以及默会知识，而这些工人过去对于自动化系统存在的不足已经习以为常。

的确，对于为什么生产关系、共识问题仍然是一个需要研究的问题，雇佣关系研究者可以增加一个基本的理由，那就是和管理与劳动之间的结构性分割有关。工作必须得到社会的调节，而社会关系思想将会战胜技术决定论的思想。

雅克·贝朗格（Jacques Bélanger）

## 参考文献

Ackroyd, S. and Thompson, P. (1999). *Organizational Misbehaviour*. London: Sage.

Bain, P. and Taylor, T. (2000). "Entrapped by the 'Electronic Panopticon'? Worker Resistance in the Call Centre", *New Technology, Work and Employment*, 15 (1): 2–18.

Barker, J. R. (1993). "Tightening the Iron Cage: Concertive Control in Self-Managing Teams", *Administrative Science Quarterly*, 38 (1): 408–37.

—— (1999). *The Discipline of Teamwork*. Thousand Oaks, CA: Sage.

Bélanger, J. (2001). "Autorégulation du travail et division sociale: observation dans une aluminerie québécoise", *Sociologie du travail*, 43 (2): 159–77.

——, Edwards, P. K., and Wright, M. (2003). "Commitment at Work and Independence from Management: A Study of Advanced Teamwork", *Work and Occupations*, 30 (2): 234–52.

Bell, D. ([1960] 1988). "Work and its Discontent: The Cult of Efficiency in America", *The End of Ideology*. Cambridge: Harvard University Press, 227–72.

Björkman, T. (1999). "ABB and the Restructuring of the Electrotechnical Industry", in J. Bélanger et al. (eds.), *Being Local Worldwide*. Ithaca, NY: Cornell University Press.

Blauner, R. (1964). *Alienation and Freedom: The Factory Worker and His Industry*. Chicago, IL: The University of Chicago Press.

Braverman, H. (1974). *Labor and Monopoly Capital: The Degradation of Work in the Twentieth Century*. New York: Monthly Review Press.

Burawoy, M. (1979). *Manufacturing Consent: Changes in the Labor Process under Monopoly Capitalism*. Chicago, IL: The University of Chicago Press.

Butera, F. (2001). "Automation: Organizational studies", in N. J. Smelser and P. B. Baltes (eds.), *International Encyclopedia of the Social and Behavioral Sciences*, vol 2. New York: Elsevier.

Callaghan, G. and Thompson, P. (2001). "Edwards Revisited: Technical Control and Call Centres", *Economic and Industrial Democracy*, 22 (1): 13–37.

——and—— (2002). " 'We Recruit Attitude': The Selection and Shaping of Routine Call Centre Labour", *Journal of Management Studies*, 39 (2): 233–54.

Castells, M. (1998). *La société en réseaux: l'ère de l'information*. Paris: Fayard.

Clark, J., McLoughlin, I, Rose, H., and King, R. (1988). *The Process of Technological Change: New Technology and Social Choice in the Workplace*. Cambridge:

Cambridge University Press.

Cochoy, F. (2001). "Ce que le détour par la technique nous apprend du travail", in A. Pouchet (ed.), *Sociologie du Travail: Quarante Ans Après*. Paris: Elsevier.

Dawson, S., and Wedderburn, D. (1980). "Introduction: Joan Woodward and the Development of Organization Theory", in J. Woodward (ed.), *Industrial Organization: Theory and Practice*, 2nd edn. Oxford: Oxford University Press.

De Terssac, G. (1992). *Autonomie dans le Travail*. Paris: Presses Universitaires de France.

Edwards, R. (1979). *Contested Terrain: The Transformation of the Workplace in the Twentieth Century*. New York: Basic Books.

Edwards, P. K. (1986). *Conflict at Work: A Materialist Analysis of Workplace Relations*. Oxford: Blackwell.

——and Scullion, H. (1982). *The Social Organization of Industrial Conflict: Control and Resistance in the Workplace*. Oxford: Blackwell.

Felstead, A., Jewson, N., Phizacklea, A., and Walters, S. (2002). "The Option to Work at Home: Another Privilege for the Favoured Few?" *New Technology, Work and Employment*, 17 (3): 204-23.

——, Jewson, N., and Walters, S. (2003). "Managerial Control of Employees Working at Home", *British Journal of Industrial Relations*, 41 (2): 241-64.

Fleming, P. and Sewell, G. (2002). "Looking for the Good Soldier, Svejk: Alternative Modalities of Resistance in the Contemporary Workplace", *Sociology*, 36 (4): 857-73.

Frenkel, S. J., Korczynski, M., Shire, K. A., and Tam, T. (1999). *On the Front Line: Organization of Work in the Information Economy*. Ithaca, NY: Cornell University Press.

Friedmann, G. (1946). *Les Problèmes Humains du Machinisme industriel*. Paris: Gallimard.

Friedmann, G. (1964a). "Tendances d'aujourd'hui et perspectives de demain", in G. Friedmann and P. Naville (eds.), *Traité de Sociologie du Travail*, vol 2, 2nd edn. Paris: Armand Colin.

—— (1964b). *Le Travail en Miettes*, 2nd edn. Paris: Gallimard.

——and Naville, P. (eds.) (1964). Traité de Sociologie du Travail, 2 vols, 2nd edn. Paris: Armand Colin.

Gallie, D. (1978). *In Search of the New Working Class: Automation and Social Integration within the Capitalist Enterprise*. Cambridge: Cambridge University Press.

Grauer, M. (2001). "Information Technology", in N. J. Smelser and P. B. Baltes (eds.), *International Encyclopedia of the Social and Behavioral Sciences*, vol 11. New York: Elsevier.

Hochschild, A. R. (1997). *The Time Bind: When Work Becomes Home and Home Becomes Work*. New York: Henry Holt.

Hodson, R. (1996). "Dignity in the Workplace under Participative Management: Alienation and Freedom Revisited", *American Sociological Review*, 61 (5): 719-38.

—— (2001). *Dignity at Work*. Cambridge: Cambridge University Press.

Knights, D. and McCabe, D. (1998). "Dreams and Designs on Strategy: A Cricical Analysis of TQM and Management Control", *Work, Employment and Society*, 12 (3): 433-56.

——and McCabe, D. (2000). "'Ain't Misbehavin'? Opportunities for Resistance under New Forms of 'Quality' Management", *Sociology*, 34 (3): 421-36.

Korczynski, M. (2002). *Human Resource Management in Service Work*. Houndmills: Palgrave.

——, Shire, K., Frenkel, S., and Tam, M. (2000). "Service Work in Consumer Capitalism: Customers, Control and Contradictions", *Work, Employment and Society*, 14 (4): 669-87.

Lam, A. (2000). "Tacit Knowledge, Organizational Learning and Societal Institutions: An Integrated Framework", *Organization Studies*, 21 (3): 487-513.

Lazonick, W. H. (1983). "Technological Change and the Control of Work: The Development of Capital-Labour Relations in US Mass Production Industries", in H. F. Gospel and C. R. Littler (eds.), *Managerial Strategies and Industrial Relations*. London: Heinemann.

Mallet, S. (1969). La Nouvelle Casse Ouvrière. Paris: Seuil.

—— (1975) *The New Working Class*. Nottingham: Spokesman.

Maurice, M. (1980). "Le déterminisme technologique dans la sociologie du travail (1955-1980). Un changement de paradigme?", *Sociologie du Travail*, 22 (1): 22-37.

McLoughlin, I. and Clark, J. (1994). *Technological Change at Work*, 2nd edn. Buckingham: Open University Press.

Orr, J. E. (1996). *Talking about Machines: An Ethnography of a Modern Job*. Ithaca, NY: ILR Press.

Piore, M. and Sabel, C. (1984). *The Second Industrial Divide: Possibilities for Prosperity*. New York: Basic

Books.

Powell, W. W. (2001). "The Capitalist Firm in the Twenty-First Century: Emerging Patterns in Western Enterprise", in P. DiMaggio (ed.), *The Twenty-First-Century Firm*. Princeton, NJ: Princeton University Press.

Reeves, T. K. and Woodward, J. (1970). "The Study of Managerial Control", in J. Woodward (ed.), *Industrial Organization: Behaviour and Control*. London: Oxford University Press.

Rose, M. (1987). "Introduction: Retrospection and the Role of a Sociology of Work", in M. Rose (ed.), *Industrial Sociology: Work in the French Tradition*. London: Sage.

Sewell, G. (1998). "The Discipline of Teams: The Control of Team-based Industrial Work through Electronic and Peer Surveillance", *Administrative Science Quarterly*, 43 (2): 397 – 428.

——and Wilkinson, B. (1992). " 'Someone to Watch Over Me': Surveillance, Discipline and the Just-in-Time Labour Process", *Sociology*, 26 (2): 271 – 89.

Smith, V. (1994). "Braverman's Legacy: The Labor Process Tradition at 20", *Work and Occupations*, 21 (4): 403 – 421.

Smith, C. and Thompson, P. (1998). "Re-Evaluating the Labour Process Debate", *Economic and Industrial Democracy*, 19 (4): 551 – 77.

Spencer, D. A. (2000). "Braverman and the Contribution of Labour Process Analysis to the Critique of Capitalist Production—Twenty-Five Years On", *Work, Employment and Society*, 14 (2): 223 – 43.

Taylor, P. and Bain, P. (1999). " 'An Assembly Line in the Head': Work and Employee Relations in the Call Centre", *Industrial Relations Journal*, 30 (2): 101 – 17.

——, Mulvey, G., Hyman, J., and Bain, P. (2002). "Work Organization, Control and the Experience of Work in Call Centres", *Work, Employment and Society*, 16 (1): 133 – 50.

Thomas, R. J. (1994). *What Machines Can't Do: Politics and Technology in the Industrial Enterprise*. Berkeley, CA: University of California Press.

Thompson, P. and Ackroyd, S. (1995). "All Quiet on the Workplace Front? A Critique of Recent Trends in Brirish Industrial Sociology", *Sociology*, 29 (4): 615 – 33.

Touraine, A. (1955). *L'Évolution du Travail Ouvrier aux Usines Renault*. Paris: Centre National de la Recherche Scientifique.

—— (1964). " L'organisation professionnelle de l'entreprise: l'évolution du travail ouvrier", in G. Friedmann and P. Naville (eds.), *Traité de Sociologie du Travail*, vol 1, 2nd edn. Paris: Armand Colin.

Vallas, S. P. (2003). "Why Teamwork Fails: Obstacles to Workplace Change in Four Manufacturing Plants", *American Sociological Review*, 68 (2): 223 – 50.

Van Maanen, J. and Barley, S. R. (1984). "Occupational Communities: Culture and Control in Organizations", in B. W. Staw and L. L. Cummins (eds.), *Research in Organizational Behavior*, vol. 6, Greenwich, CT: JAI Press.

Veltz, P. (2000). *Le Nouveau Monde Industriel*. Paris: Gallimard.

Veltz, P. (2001). "La sociologie du travail peut-elle encore parler de la technique?", in A. Pouchet (ed.), *Sociologie du Travail: Quarante Ans Après*. Paris: Elsevier.

Woodward, J. (1965). *Industrial Organization: Theory and Practice*. Oxford: Oxford University Press.

Zuboff, S. (1988). *In the Age of the Smart Machine: The Future of Work and Power*. New York: Basic Books.

# 第十三章

# 专业技术工作

本章讨论"以先进的、复杂的、深奥的或神秘的知识"为基础的,或者以"形式理性的、抽象的、功利主义的知识"为基础的各种职业(Murphy,1988:245),即英语世界中所谓的"专业技术职业"。重要的是要认识到,"专业技术的"是一个在日常话语中广泛使用的概念,其中很多用法具有丰富的含义。正如 A. 艾伯特(Abbott,1988)所言:"该词存在很多的用法,其中有很多是有偏见的,我们必须认识到,我们的研究应先把'意义'问题置于一边,去调查那些具有偏见的用法是如何出现的,以及为什么会出现。"本章首先回顾了社会学中研究这一论题的重要学派,并得出一个结论,即这些关于工作的富有成果的研究,使用了"专业技术职业工程"概念,把它作为一种"理想类型"进行了全面深入的阐述,并竭力显示该概念的价值。然后,本章讨论了这种理论路线可能受到的各种批判,为了说明这种理论路线,本章对专业技术职业社会学关于三个主题——社会分层、知识和男权制——的研究进行了回顾和评述。

## 一、关于专业技术职业的社会学分析

所有重要的社会学理论,都为关于专业技术职业的研究提供了基础。在专业技术职业的研究方面,19 世纪末和 20 世纪初的功能主义远远走在了前面,而到了 20 世纪中期,马克思主义者的研究以及行动理论和符号互动理论的研究,大有取代前者而成为研究专业技术职业的重要理论流派之势。而在 20 世纪末,来自福柯与女权主义传统的研究者又进入了这一研究领域。

### 功能主义的研究

专业技术职业工作,是社会学家感兴趣的问题,

因为这种工作是以知识为基础的,往往不会产生有形的产品,并且消费者还不得不信任这类从业者。消费者对于专业技术人员的信任,可能基于各种方式——他们在一所知名大学接受了教育、被认可为一个绅士,或者有来自教会的从业许可证,因此值得信任。但与获得信任同样重要的是,这种专业技术从业者要让人们知道,"货物出门概不退换,买主须自行当心(货物的品质)"的行事风格并不适用于他们,他们坚持一种道德律令,冒犯这种职业道德的专业技术人员会受到惩罚。专业技术职业工作的这些特征,导致那些关注社会规范秩序意义的功能主义理论家们去关注专业技术职业,其中某些理论家正在成为专业技术职业人员的积极颂扬者。

涂尔干提出的"工作是社会中最为有力的一种整合力量"的理论(当劳动分工既不是强制性的,也没有发生紊乱的时候),导致功能主义者的研究把专业技术职业置于一种十分重要的地位。涂尔干(Durkheim,1975)认为,现代社会面临道德权威崩溃的威胁,而专业技术职业团体可以通过这种道德权威来保全现代社会。《社会劳动分工论》归纳了这种团体的特征(Durkheim,1964:14),并且认为这些团体独有的特征就是专业技术职业,尽管法国式的专业技术职业,比母语为英语的读者所想象的或预期的更为正式化、等级化,也与政府关系更为密切(Durkheim,1957:8-14)。在 T. C. 哈利迪(Halliday,1987:18)看来,"从他对专业技术职业团体的功能描述看,很显然这种功能是由那些在某些方面会如当代专业技术职业行事的中间性团体(中介公司)来完成的"。尽管涂尔干关于未来专业技术职业的看法,与具有盎格鲁血统的美国学者存在很大的差异,但毫无疑问的是,"从 20 世纪早期法国的涂尔干,经由两次世界大战期间英国的 A. M. 卡尔-桑德斯(A. M. Carr-Saunders)与 P. 威尔逊(P. Wilson),再到第二次世界大战后美国的 T. 帕森斯与 D·贝尔(D. Bell),一直存在一种知识

的亲缘关系"（Halliday，1987：17）。卡尔-桑德斯和P. 威尔逊认为，专业技术职业正在成为促进社会稳定的因素之一，

> 它继承、保持和传扬传统。……它们创造生产模式、思维习惯和判断标准，而这些又导致它们集体抵制那些威胁稳定与和平演进的野蛮力量。……家庭、教会、大学，各种各样的知识分子协会，特别是伟大的专业技术职业，是反抗这些力量所掀起的波浪无法打击的那些事物的中坚力量（Carr-Saunders & Wilson，1933：497）。

30 年后（即 20 世纪 60 年代），我们仍然可以从结构功能主义者那里不时看到这样的观点（Lynn，1963：653；Parsons，1968），这些结构功能主义者把专业技术职业置于一种显要的地位，认为专业技术职业是社会秩序的促进者。在今天，仍然有一些学者热衷于此观点，只不过表现得更为平和与明智（Brint，1994；Freidson，2001）。而在功能主义学派之外，还出现了一种关于专业技术职业的"特质"视角，这种视角列举了一种理想类型的专业技术职业的各种特质，反对把一般的职业群体视为专业技术性职业（Goode，1957；Etzioni，1969；Hickson & Thomas，1969）。但是，关于专业技术职业的功能主义视角，从来都没有占据完全的支配地位，这主要是因为，（特别是在美国）各种十分不同的社会学流派也对专业技术职业十分感兴趣，并提出了十分有影响的理论和思想。

## 关于专业技术职业的互动论视角

美国的符号互动学派，长期以来就是一种不同于结构功能主义的重要视角，特别是在职业社会学方面，符号互动理论提出了与功能主义十分不同的重要看法。诸如 E. C. 休斯（Hughes，1958，1971）、H. S. 贝克尔（Becker，1961）、E. 弗雷德森（Freidson，1970b，1973）的研究，都属于把个人与群体之间的互动、互动参与者如何建构其社会世界和建构其职业等作为研究主题的互动论传统。这种理论认为，利他主义、服务、高道德标准等专业技术职业原则，是日常生活世界的各种面相，并因此是多少有点不完善的社会构造，而不是一种正式集体的原则。他们认为，见习医生形成的是一种犬儒主义，而不是利他主义（Becker et al.，1961），医生是权力的行使者，而非维护社会之善的仆人（Freidson，

1970a），并且专业技术人员的多数"特质"都具有意识形态的特征（Daniels，1973），甚至具有"神学"的特征（McKinlay，1973b：62）。

## 专业技术人员的权力

互动论提出了一种关于"权力"的新视角，而且这种新视角不久就进入了主流的、起支配作用的专业技术职业社会学当中（Hall，1983：11）。尽管 E. 弗雷德森（Freidson，1970b）大大推动了对于这一新主题的研究，但是他批评很多研究者只是用"一种单一的……特质"——也就是"权力"——来代替多特质视角，并进而解释专业技术职业（Freidson，1983：33）。E. 弗雷德森自己很少使用"权力"一词，而是更喜欢使用"组织化的自治"一词（Freidson，1970b：71），它指的是由依靠政治、经济与社会精英支持的（Freidson，1970b：188）协会（或者实际上是政府）授予专业技术职业的"许可证或委托权力"，让其自己控制自己的工作（Hughes，1958：78 - 80）。贯穿 E. 弗雷德森的研究的一个重要主题，就是在英语国家中医疗这个专业技术职业如何获得了它的自治性，以及对类似的、从属性或依附于医疗的职业的"支配性"，而又同时能够抵制外来的干涉和监督。同时，J. 贝尔兰特（Berlant，1975）、N. C. A. 帕里与 J. 帕里（Parry & Parry，1976）、M. S. 拉森（Larson，1977）以及其他学者，正在提出一种新韦伯传统的分析路线，这种分析路线除了关注其他事物外，也关注权力。不过，在英国，T. J. 约翰森（Johnson，1972）等人的分析，提出了相当独特的权力观。这种权力观关注专业技术服务的提供者与消费者之间的关系，以及提供者能否控制这种关系并从中获取收益的程度。T. J. 约翰森等人尽管没有提到马克思，但是他们把提供者及其关系权力置于中心地位（如 Johnson，1977，1980）等等做法，都表明这种理论路线更多地源于一种马克思主义传统。对此下文还将详细讨论。

## 作为社会行动者的专业技术职业

比起功能主义来，这种"权力"观或权力理论会取得更多的成果。但是，在互动理论中，另一种观点正在出现，这种观点认为，社会学家们正在探讨的基本上是一个错误的问题；不过，这种观点还处于这样一种程度，即社会学家共同体只是意识到了 E. C. 休斯（Hughes，1963）所说的如下话语的重要性："在我自己的研究中，我超越了'职业是一种

专业吗'这个伪命题，而关注'在何种情况下，某个职业中的人员试图把职业转变为一种专业，并把他们自己转变成一种专业技术人员'。"

某些社会学家已经意识到，E. C. 休斯的话似乎涉及专业技术职业社会学某些根本性的问题，但是其中似乎没有人理解 E. C. 休斯指的并不是一种那些事情在其中得以发生的结构或系统，而指的是在一个社会舞台中的人的行动（Jackson, 1970；McKinlay, 1973a: 66）。H. S. 贝克尔（Becker, 1970: 91）与 E. 弗雷德森（Freidson, 1983: 27）对这种观点又进行了补充和完善，指出"专业技术职业"是一种世俗的或民间的术语，并且评估一种职业是不是一种专业技术职业是世俗常人做的事情，而试图为世俗常人科学地完成这样的事情并不是社会学的任务。社会学应该做的是不同的事情。

如果"专业技术职业"可以界定为一种世俗常人的概念，那么对于这种专业技术职业的适当研究策略，在特征上看就应是现象学的。研究者并不会像社会中的人们那样，在一种绝对的意义上决定谁是一个专业技术人员，谁不是一个专业技术人员；不会像社会中的人们通过他们的活动"制造"或"实现、获得"专业技术职业那样，去确定一种专业技术职业到底是什么（Freidson, 1983: 27）。

360　社会中的世俗常人，会评估各种职业团体的主张，并以影响一种"专业技术职业"的位置（standing）的方式，来做出他们的反应。"社会"就是这样来持续界定与评价"专业技术人员的特质"，或者就此而言的"专业技术人员的权力"的。那么社会学家应该做一些与世俗常人有所不同的什么事情呢？

关于这个问题的答案，可以从互动主义传统中找到——也就是可以在上面所引述的 E. C. 休斯（Hughes, 1963）的评论中、在 H. S. 贝克尔以及 E. 弗雷德森的著作中找到，也显然可以在 M. S. 拉森（Larson, 1977: xii, xiv）的研究客体中找到；E. C. 休斯及其跟随者是"特质"理论的主要批判者，他们在批判特质理论的同时，转而探讨"何类专业技术职业实际上在日常生活中会协商并维持它们的专业技术职业地位。……我在此想要探讨的是那些被我们称为专业技术职业的职业，是如何把它自己组织起来去获得市场权力的"（Larson, 1958, 1976）。M. S. 拉森提出了一种芝加哥式的互动论立场，并通过把马克思、韦伯和其他一些欧洲社会理论家的思想综合起来，把关于专业技术职业的社会学分析引

向一个新的、有前途的方向。

## 专业技术人员工程

M. S. 拉森以此为起点，在 E. 弗雷德森（Freidson, 1970b）研究的基础上，并利用 E. 弗雷德森关于专业技术人员声望以及认定专业技术人员声望的过程的深入论述，提出了"专业技术人员工程"这一概念。E. 弗雷德森强调，一个专业技术职业的自治性，要取决于国家，并且专业技术职业一旦获得其自治性，就会逐渐在社会分层系统中确立一种具有其自己小环境的社会位置。这样的专业技术职业，能够提出一种意识形态，并能够在其活动领域内界定社会实在。

M. S. 拉森利用了马克思传统，以及一些经典学者关于专业技术人员发展历史的研究（Polyani, 1957；Weber, 1978；Parkin, 1971）。她认为，现代性的两个层面，对于专业技术人员群体的出现十分关键，这两个层面就是科学知识以及自由市场在各个社会中的出现，在这种自由市场中，资格证书、专长知识以及产权"对于获取收入来说"都能够提供十分重要的机会。她强调，人们需要获得这样的机会，并对这种机会最大化，但同时又会排斥局外人（Parkin, 1971: 212）。她对于相关问题的研究和论述，遵循的是 E. 弗雷德森（Freidson, 1970a, 1970b）的做法，而且直接利用了韦伯的社会分层观、关于经济秩序与社会秩序的思想，以及专家知识"等于收入机会"的概念（Weber, 1978: 304）。

M. S. 拉森的研究强调，社会流动与市场控制是"专业技术人员工程"的结果，这个术语强调即使"某个给定群体所有成员对于这个群体所追求的目标与实施的策略并不完全清楚或预有准备"，但是这个群体仍然会"坚韧性、一致性"地进行一种特殊的行动过程（Larson, 1977: 6）。这个"工程"的市场　361控制层面要求应该存在一种相对抽象的知识体，而这种知识体又能够在实践中应用，并具有一种市场潜力。如果这种知识的拥有者可以把自己形成一个团队，这种团队然后开始标准化这种知识基础，并控制这种标准化知识的传播，控制以这种知识为基础的服务市场，那么他们将进入一种能够与政府进行"常规性的讨价还价"的位置（Cooper et al., 1988: 8）。这将使他们能够对他们的专门知识进行标准化，并严格限制他人获得这种知识，从而达到控制他们的市场，以及监督"供应商的生产"的目的（Larson, 1977: 71）。简言之，就是可以使他们

获得一种垄断性。M. S. 拉森认为，这个工程的市场控制维度与社会声望维度，"……我们可以从同一经验材料中分析出它们是独特的构造"，因此，从这个意义上看，专业技术人员工程的这两个维度之间，是相互交叉相互关联的（Larson, 1977: 66）。

## 马克思传统关于专业技术职业的分析

这些属于马克思传统的理论，不同于韦伯传统与芝加哥学派，因为前者是一种强调结构与系统思维的社会学。在这种理论视角看来，工作中的"各种过程"是资本主义生产模式的结果。马克思主张，社会分层等的基础，是生产工具所有权状况以及以此为基础的特定生产关系。这种理论视角还认为，国家的形成、社会阶级的两极分化、生产工具的垄断等，都是专业技术职业得以形成、出现和发挥作用的过程。马克思传统认为，这些趋势并不是个人与集体行动的有意识的或无意识的结果，而是资本主义生产的剥削关系的内在逻辑及其运行的结果。

马克思主义社会学对于专业技术职业有着两大贡献，其一是指出了专业技术职业与国家之间的关系如何，其二是提出了"专业技术人员职业的无产阶级化"这个命题。例如 T. J. 约翰森（Johnson, 1980）探讨了马克思传统与韦伯传统关于专业技术职业分析的各自优势，并逐渐倾向马克思传统，认为专业技术职业是资本主义国家维护其统治的左膀右臂。T. J. 约翰森在后来的研究中，逐渐把重点放在"对国家的形成与职业专门化相互关联的过程进行阐述"（Johnson, 1982: 188）。A. 费尔丁与 D. 波特伍德（Fielding & Portwood, 1980）也强调国家相对于专业技术职业的重要性，尽管他们并不像 T. J. 约翰森那样具有明显的马克思主义传统色彩。而诸如 G. W. 格森（Geison, 1984）、G. 科克斯与 K. 加扰奇（Cocks & Jarauch, 1990）以及 E. A. 克劳斯（Krause, 1996）等欧洲学者关于专业技术职业的分析，也都认为国家或政府在职业专门化的过程中发挥了支配性的主导作用。

属于马克思主义传统的那些学者的分析，还应用"劳动过程理论"来分析专业技术职业，并探讨了官僚化、以知识为基础的市场权力、"无产阶级化"等分命题。我们将在本章第三部分对这些命题进行讨论。

## 专业技术职业或规训

法国前马克思主义者 M. 福柯的著作，似乎也吸引了专业技术职业社会学家的关注，因为福柯关注知识与权力之间的关系。福柯的看法是，现代社会的出现伴随着一种从"古典"知识形式向"现代"知识形式的认识论转型，这种现代的知识被组织进"各种规训"中，也伴随着一种新的能力，即知识日益成为他所说的国家"治理性"（governmentality）这种新的能力。统治权（sovereignty）从作为维持君王权力的一种权力实施艺术，转变成以促进所有人福利为目的的、对所有事物进行正确配置的科学（Foucault, 1979: 12）。这种新的科学知识（或规训）中的专家，对于国家的治理能力十分关键，并且那些独立的专业技术人员实体——在这些实体中这些专门知识被制度化——的出现，也就完全等同于统治权的现代形式的出现。我们认为，不应忽视福柯术语学所具有的说服价值。他的"治理性"［governmentality, 即支配（govern）加上心智（mentality)］以及"规训"（一种控制系统或知识系统）等概念，都是他对术语的含义进行暗中调换的例子。

福柯的开创性或原创性，使我们很难将其著作明确地归于某一社会学传统，但是他的理论视角在某些方面还是有一些局限性的。一些学者认为他是"杰出的"（Goldstein, 1984: 170）、"敏锐的"（Ramsay, 1988: 8），但是另一些学者却指出了他的模糊、矛盾之处（Goldstein, 1984: 171）。在 M. 拉姆齐（Ramsay, 1984）的著作中，福柯仅仅是经验参考的来源，而不是一个理论家；在 G. W. 格森（Geison, 1984）、T. L. 哈斯克尔（Haskell, 1984）、G. 科克斯与 K. 加扰奇（Cocks & Jarauch, 1990）、M. 布雷奇与 R. 托斯特恩达尔（Burrage & Torstendahl, 1990），以及 R. 托斯特恩达尔与 M. 布雷奇（Torstendahl & Burrage, 1990）等研究美、英、德、瑞典各国的各种专业技术职业的著作和论文中，福柯也是这样一种形象。

乍一看，福柯理论的结构主义框架给我们的一种印象是，尽管这种理论不再是马克思主义的，但是他的社会模式肯定也不是以行动为基础的，"缺乏重要的'有血有肉'的行动者（Goldstein, 1984: 172 - 174）。M. S. 拉森（Larson, 1990）借用福柯的结构主义话语，认为符号互动主义仅仅考虑和研究了行动者及其互动，不能揭示专业技术人员的"谎言"，也不能"理解专家集体对知识的占有的真正含义"，从而放弃了符号互动论。人们还没有充分认识到，在福柯的思想中还存在一种（哲学意义上的）

唯心主义——这对于一个前马克思主义者来说，并不是完全出乎意料的事情。这种唯心主义体现在他通过"存档"（archive）、"谱系"（genealogy）或"凝视"（gaze）等术语的比喻用法来揭示其研究主题的性质，而他所说的"规训"，也似乎是一种形而上的实体，一种时代精神的要素，会在特定社会现象中昭示其自身，诸如此类，都具有唯心主义的色彩。

由于这样的原因，某些社会学家与社会史学家，诸如 M. 拉姆齐（Ramsay, 1984, 1988）等人可能认同福柯的著作，但是并不会把福柯的著作作为自己研究的思想基础；而诸如 M. S. 拉森（Larson, 1990）等人则支持和拥护福柯的事业，但是似乎不会把福柯的思想推向经验研究，或者说似乎没有沿着福柯的思想进行经验研究；或者如 A. G. 霍普伍德（Hopwood, 1987）等学者，口头上说他们自己的研究是"考古学"或"谱系学"，但实际上会更多地进行经验的研究。某些社会学家已经发现，福柯的著作在医疗与会计工作研究中具有其价值，但是其他一些学者则认为，需要对"从属于福柯的很多社会学研究所具有的偶像崇拜性质进行修正"（Porter, 1996: 76）。这种看法我们将在本章第三部分加以讨论。

## 系统、行动者与社会封闭

A. 艾伯特（Abbott, 1988）并不是 M. S. 拉森的追随者，但是 A. 艾伯特的研究与 M. S. 拉森的研究具有某种程度的亲和性。M. S. 拉森提出了一个探讨各种专业技术职业的研究计划，他试图转换这类研究的重点，在这个研究计划中，他进行了三个与专家权限（expert jurisdiction）相关的案例研究——信息、法律与个人问题，他的目标是"分解和理清决定、结构以及目的等线条，然后把它们在分析中重新编织起来"（Abbott, 1988: 319）。他的做法是从关注工作入手，因为他认为正是工作的内容与分工，以及控制工作的渴望，才引起了一种职业的内部分割以及与其他职业的冲突——为了争夺势力范围或权限（jurisdiction）的冲突。

> 因此，专业技术人员生活的中心现象，就是一种专业技术职业与其工作之间的联系，一种我称为权限的关系。要分析专业技术职业的出现、形成和发展，就需要分析这些联系在工作中是如何创造出来的，这些联系是如何固定到正式或非正式的社会结构中的，以及各个专

业技术职业之间的权限关系的相互作用是如何决定了各种专业技术职业本身的历史的（Abbott, 1988: 20）。

A. 艾伯特在此基础上，进一步提出了一种"专业技术职业系统"观。此理论属于一种弱的系统理论，其目的是要在概念上与 E. 弗雷德森和 M. S. 拉森的研究区别开来，不过，他的数据从后二者的观点来看以及从他自己的观点来看，似乎都是经得起分析的（DiMaggio, 1989）。A. 艾伯特的"权限"主题与 M. S. 拉森的"专业人员工程"并不一致。M. 布雷奇（Burrage, 1988），以及 M. 布雷奇、K. 加扰奇与 H. 西格里斯特（Burrage, Jarauch & Siegrist, 1990）也似乎是忽略了 M. S. 拉森。M. 布雷奇（Burrage, 1988）对三个社会中的法律专业技术职业所追求的目标进行了研究，而后一研究则提出一种以行动者为基础的研究框架来分析专业技术职业；这两种研究主题似乎都与 M. S. 拉森是一致的。

T. C. 哈利迪（Halliday, 1978）则相反，他特别强调垄断性的重要性，并且认为 M. S. 拉森的著作完全适合用来研究这个问题。所有专业技术职业，在追求垄断与特权的过程中，都必须与国家建立一种特殊关系。在法律劳动部门的各个环节中的律师，都与国家的一个支柱——司法——之间，存在特殊的关系，并且在某些情况下，会被明显地整合进国家机器中。T. C. 哈利迪（Halliday, 1987）认为，这种独特的地位导致律师对法律本身感兴趣，而这种法律又促使他们以一种与垄断性毫无关系的方式行事，并且实际上可能是受到公众的鼓舞而行事。T. C. 哈利迪关注的是专业技术人员协会是如何建构他们的权威的，而他们的宏观社会角色要依赖于这种权威。他还分析了专业技术人员行动的范围，特别是面对国家时的活动范围，探讨了专业技术人员的机构可能进行集体行动的条件（Halliday, 1987: xix）。他肯定 J. 贝尔兰特（Berlant, 1975）和 M. S. 拉森（Larson, 1984）的研究是有价值的，特别强调韦伯的大多数思想具有重要价值，认为可以把他们的研究"进行广泛的整合"，从而提出一种新的研究线路。

在这种"新的结合"中，M. S. 拉森的著作当然可能是重要的，这不仅仅是因为他利用了韦伯的社会分层分析提出的关于职业群体特别是专业技术职业群体的地位的思想以及关于社会封闭的思想。韦伯发现，一个群体不管其起源是什么，都会有兴趣努力使自己日益成为"一个法律上的特权群体"，获

得只有他们能够拥有的垄断权力。"其目的总是对局外者的社会与经济机会进行封闭"（Weber，1978：342；也见 Freidson，1970a：159 - 160）。

韦伯传统的社会学家认为，社会分层的事实（个人、家庭与集体所应用的实际策略）要求我们分析不仅是以生产工具所有权为基础的"社会封闭"，还要求我们分析可能是以其他标准为基础的"社会封闭"（Parkin，1979；Collins，1975，1979，1986；Murphy，1988）。在这些其他标准中，最重要的是"文凭主义或资格主义"，这种文凭或资格被认为是专业技术职业实现"集体社会流动"的实质（Hughes，1971）。关于"专业技术人员工程"的各项研究，主要关注"集体的社会流动"，这对于那些更多关注个体社会流动的研究而言，提供了一种很有价值的补充（Parry & Parry，1976；Larson，1977；Macdonald，1984）。

365

J. 贝尔兰特（Berlant，1975）以及 N. C. A. 帕里与 J. 帕里（Parry & Parry，1976）的研究，对于专业技术人员群体的集体行动、社会封闭、集体社会流动进行了重要的历史分析，这种分析也属于韦伯思想传统。F. 帕金（Parkin，1971，1979）、R. 默菲（Murphy，1984，1988）提炼和拓展了韦伯的各个概念，而 G. 拉金（Larkin，1983）、I. 沃丁顿（Waddington，1987）、K. M. 麦克唐纳（Macdonald，1984，1985a，1985b，1989，1995）以及 R. 克朗普顿（Crompton，1987）、A. 威兹（Witz，1992）等人关于性别、家长制的研究，也做出了重要的贡献。

## 专业技术职业的一种研究模型

从关于专业技术职业的社会学研究的上述观点看，我们可以总结认为，我们继续前进的道路应是把强调重点放在行动而不是结构上，并以此作为理解社会世界的方式。这应该是一种韦伯传统的研究，其关键点应是整合了冲突与竞争概念的韦伯传统的"专业技术职业工程"（Larson，1977）。

"专业技术职业工程"的核心思想，就是指出了任何职业都有在经济与社会上努力求得生存的需要。首先，在韦伯所说的"社会秩序"中，十分关键的是以知识为基础的职业所提供的服务，在特征上不同于制造商或零售商所出售的商品，因为它们是无形的，购买者不得不在信任的基础上接受这种服务。因此如何劝说社会中的一般民众即外行信任这些专业技术业人员呢？他们的知识与专长可以由文凭、证书和学位来保证，但是信任至少也是同等的重要，

并且信任要依据那些外表和举止正好与既定的名声和社会尊重概念相一致的人。很多研究者已经指出，专业技术人员的动机与行动必须一致，才能获得信任（如 Berlant，1975；Parry & Parry，1976；Macdonald，1984，1989）。简言之，绅士希望以一种绅士的方式来对待他们的金钱、财产、身体和灵魂，而世俗常人又以他们为榜样，如果世俗常人能够承担得起的话。因此，专业技术人员的机构试图努力显示他们是值得尊敬的，并试图实现向上的社会流动。人们采纳这种绅士方式与否，会因历史与文化背景的不同而异。

另一个要素，即在经济秩序中的优势，对于专业技术群体也许更为重要，但是在本质上不可与获得尊敬的动力分离开来。专业技术群体在如下两个主要领域中，可以实现经济的优势：其一是其职业能够在垄断市场的基础上进行合法的封闭，其二是对于作为专业技术职业的基础的知识与教育的独占性获得。最后的目标具有"实用的"价值，但也是声望的一种来源。拥有教育学历本身就是声望性的，而如果可以从那些声望极高的组织——如常春藤盟校、剑桥大学或者各种精英学校——获得一纸文凭，那么这种教育学历的价值会进一步增强。

最后，在大多社会中，一种垄断只可能由政府来授权和认可，因此职业与政府之间的关系十分关键。 366

M. S. 拉森的概念界定是十分清晰和深刻的，一些社会史学家（如 Geison，1984；Goldstein，1984；Krause，1996）认为，他们可以把这种概念作为一个总的起点，但不会作为一种研究模式；而一些社会学家则在遵循这种概念的同时，进行了更加深入细致的研究（Macdonald，1984，1985a，1989，1995；Witz，1992）。诸如 T. C. 哈利迪和艾伯特等研究者，则对拉森的概念界定提出了批评，但是后来又进行了一些与拉森的理论只是强调重点不同，而基本理论和思想相同的分析。

## 小结

我们已经指出了"专业技术人员工程"概念，比起其他的大多数概念来，取得了更多的研究成果，并且有希望继续取得更多的成果，尽管"专业技术人员工程"概念在某些方面还需要修正、扩充，才能处理现在我们获得的大量数据。

一种职业要想保有一种垄断或者至少是一种许可证，就必须与国家建立一种联系，必须对国家的规制进行"讨价还价"（Cooper et al.，1988：8）。但

是，政治文化将强烈影响这种对规制的"讨价还价"的式样（Burrage，1988），而且我们必须认识到这种讨价还价是专业技术职业世界经常存在的特征。

> 如果要一直保有一种垄断，一种职业就必须在市场中与那些提供相似的、替代性的或补充性服务的其他职业进行竞争。因此这种职业就必须至少保护，甚至尽可能地扩大其活动范围或权限（Abbott，1988）。

正如 T. C. 哈利迪（Halliday，1987）所指出的，专业技术职业并非完全自利性的。它们的某些活动仅仅是为了增强自己在经济或社会方面的优势，但是它们更多的活动则构成了为他们的顾客所提供的一种服务。

按照社会封闭的思想，我们能够很好地理解专业技术人员群体的一般策略。社会封闭概念为我们理解专业技术人员工程的进程（以及类似的事物），以及职业之间与职业内部的冲突与互动提供了一种基础，并且可以作为一种分析手段来分析它们根据性别、种族、族群等结构优势而实施的相关歧视行为。

如果有人说这种概括缺少其应有的基础，那么他可以把这种概括与 E. 弗雷德森（Freidson，2001）最近的研究结合起来阅读，并改变他的看法。另外，还有一种比 E. 弗雷德森的大多数研究更为宽泛的理论参照框架，目标是为专业技术职业研究建构一种"理想类型"。这种理论参照框架利用了诸如劳动力分割、劳动力市场、科层制以及国家之类的常见制度概念。上面评述的研究并没有忽视这些制度，但更重要的是，这个研究参考框架对这些制度进行了系统而全面的处理。E. 弗雷德森就韦伯传统的模型提出了一种"理想类型"，但是他关于专业技术职业研究坚持以行动为基础的理论视角的那些开路先锋，视"理想类型"为"白日梦、空想"（"理想"指的是完善而不是"思想"）的同义词，这多少有点让人感到不安。一些学者可能不属于帕森斯与卡尔-桑德斯的功能主义传统，但是他们也可能往往用那种功能主义眼光来看待专业技术职业，例如 E. 弗雷德森在其专著中既想实现社会学的目标，又想实现政策目标，他的两章结论性章节对专业技术职业也提供了强有力的辩护。尽管读者们可能甚至会发现这些章节"相当的呆板无趣"，但是 E. 弗雷德森对专业主义提出了相当清晰而深刻的社会学解释，并认为专业技术人员工程会持续发挥其作用（Savage，2003）。

还有些批评者认为，某些非英语国家缺少一个

与"专业技术职业"相等同的术语（Geison，1984：3，10），因此由 M. S. 拉森（Larson，1977）和 E. 弗雷德森（1970b）等提出的各种专业技术职业模型，并不适用于这些国家。批评者已经感到，"专业技术人员工程"这个概念，具有太浓厚的英美色彩，并且这样会扭曲关于专业技术职业的研究，因此我们有必要重新归纳英国与美国形成的那些理论视角（Collins，1990：15；Burrage et al.，1990；Torstendahl，1990：59）。尽管这种评论对于评价这一批评是有价值的，但是本章没有篇幅来对不同社会的专业技术职业进行评论，我们下面主要评述一些学者对于这种观点的回应。

专业技术职业以试图垄断某类服务的提供为目标，而且当垄断由国家授权或许可时，专业技术职业与国家之间就形成了一种独特的关系，因此，国家能够采取的不同形式具有重大的影响，这甚至在西方工业社会中也是如此。专业技术人员工程似乎基本上主要是在那些公民社会渗透到国家的地方最有可能取得成功，因为这样的国家在结果上会带来多元化的、非中央集权化的结果，例如，英国与美国就是如此。相反，在德国与法国，公民社会很少能够渗透到中央集权政府。在法国，政治意识形态中普遍存在这样一种概念，即越把权力分配给次要的政府，民主的运行就越有可能受到损害，因此在这个国家，对于这样的权力委托缺少文化支持。德国也存在类似的意识形态，但是在德国，国家主义更为强大，并且 1932 年的情况表明这个国家本身很容易变异为独裁统治。国家的这种过失给德国政治文化留下了无法消除的印迹，到现在德国的政治文化都包含了一种绝对的民主主义。

专业技术职业群体实现社会封闭的途径，与其所处社会的制度与文化特征之间，存在相当直接的相关性。因此，在英国与美国，人们可以自由地根据自己的活动和特征来形成地位群体；而在法国和德国，对于大多数的社会成员来说，都倾向于根据国家结构及其分支，诸如大学等来作为形成地位群体以及社会封闭的基础。我们可以对英国与德国进行历史比较。在英国，专业技术职业拥有最大的自由来实现社会封闭；而在德国，具有"国家主义"色彩的公共服务与大学制度，是对文化资产阶级中数量庞大的人们进行社会封闭的手段。但是，即使是在具有最强的国家主义文化的德国，也有着"来自上面的专业化工程"。各种证据表明，以知识为基础的职业成员渴求获得自治，并会开始新的专业技

术人员工程。

我们可以认为，"专业技术人员工程"这种概念对于解释英国与美国的情况是有用的。在法国与德国，专业人员职业团体早就存在，并且这种团体一直在为了实现专业人员的自治而斗争；即使是"自上而下的专业化工程"，也不会消除市场社会的特征，其允许职业群体追求他们的工程（Siegrist，1990）。我们认为，这种概念可以适用于大多数的北欧社会（Burrage et al.，1990；Torstendahl，1990）。在那些社会主义社会（如苏联）中，以知识为基础的服务完全由国家来提供和调节（Balzer，1996），但这并不能否定"专业技术人员工程"这种概念。社会主义国家的那种做法，只不过是代表了从类似于英国社会开始的一个连续统的另一端。而在以英国为代表的这一端，在所有的意图与目的上，法律系统的某些层面都掌握在私人手中。我们可以预测，那些在 19 世纪晚期和 20 世纪进入现代性的社会——它们与这些欧洲国家具有殖民关系或者其他的关系——具有与欧洲国家类似的专业技术职业。然而，这些社会遭受的殖民历史，往往使得专业技术职业要受到比现代大都市国家如前大英帝国的专业技术职业多得多的政府规制（Johnson & Caygill，1978）。同样，拉美各国也显示出其伊比利亚祖先（古外高加索人）的某些痕迹，这些国家的专业技术职业与公共行政部门以及大学存在密切的联系（De Venanzi，1990）。自 A. 德威南兹（De Venanzi）以来，关于拉美的专业技术职业进行的社会学研究都还处于初级阶段。

"专业技术人员工程"这一概念是一种"理想类型"。而最初韦伯关于理想类型的界定，认为理想类型包括了那些"或多或少是存在的，并且有时是缺席"的要素。因此，经验世界的多样变化，并不会表明这个概念是不真实的，而是显示了这是一个具有启发性的概念，在研究中能够发挥重要作用。当然，这一模型还需要进一步阐述，以使其继续作为一种研究工具而发挥重要作用。

# 二、社会分层

专业技术职业社会学对社会分层研究做出了一个重要的贡献（Mcdonald & Ritzer，1988），因为专业技术人员工程的历史部分地表明了现代阶层系统的形成和发展，并促进了学者们提出关于社会变迁的一种动态变迁理论。对于本章的目的而言，专业技术职业社会学的重要性体现在对于我们研究科层制中的专业技术人员及其"无产阶级化的可能性"具有重要的启示上。

## 专业技术职业、科层制与无产阶级化

学术界长期存在一种思想，认为科层化与专门化之间完全是对立的。例如 K. 哈尔（Hall，1968，1975）认为，在很多情况下，组织规则会排斥、消除专业技术人员自己设定的标准或规范，消解专业人员的权力和声望。另一种看法认为，科层组织是驾驭知识的一种工具或方式，它通过把专业技术人员的知识进行集成并理性化到科层程序以及劳动分工中，使其知识体制化，消除专业技术人员的自由裁量权、"不确定性"，从而消解专业技术人员的权力，最终威胁专业主义。

H. 布雷弗曼（Braverman，1974）还提出了一种"去技能化命题"，而去专业主义化可以看做这种去技能化的一部分。这种观点以马克思的中产阶层无产化预言为基础，可能在很大程度上刺激了一种相反的观点，因为这个命题激起了大量的研究，其中很多研究都否定了这一命题。从手工工艺以及工场车间中的"知道如何做的"旧知识已被取代的意义上看，当今工作的某些方面确实已日益"去技能化"，但是从工作队伍的总体构成情况看，工作是越来越需要技能，而不是去技能化（Littler，1982；Penn，1985；Wood，1982，1989）。

关于专业技术职业的无产阶级化论题，社会学家已经讨论了一段时间（Oppenheimer，1973；Haug，1973）。H. 布雷弗曼（Braverman，1974）特别强调和突出了这个论题，在《作为工人的专业技术人员》（Derber，1982）出版时，对于论题的讨论达到了最高峰，但是，M. R. 豪格（Haug，1988）、J. B. 麦肯莱与 J. 阿彻斯（Mckinlay & Arches，1985）以及 R. 默菲（Murphy，1990）后来又把这种论题的讨论向前推进了一步。

关于这个论题的讨论主要集中在三个问题上。其一，科层制背景中存在的专门化的劳动分工，对于专业技术人员的就业会有什么影响？其二，科层组织引入信息技术之后，他们的就业又会发生什么变化？其三，辅助性专业技术人员（paraprofessional）的出现，是一种真正的创新，还是"专业技术职业系统的正常的功能运行所必需的"（Abbott，1988）？

369

370

（1）R. H. 哈尔（Hall，1968）早期的研究，对科层制背景对于专业技术人员的系列后果进行了深入的研究，他后来所取得的成熟结论（Hall，1975：135）强调了专业技术人员工作状况的多样性，而否定了存在任何形式的"去专业化"。实际上，M. 萨维奇（Savage，1992）等的看法是，组织中的专业技术人员可能已经很好地借助组织资产来增加他们的阶级优势。例如，会计人员从私人单干进入组织就业，常常并不会因此失去自己的优势；专业技术人员自治性的任何减少，常常不久就会因为作为管理者而享有的特权所弥补，有些时候还会因为职位升迁而得到补偿。

（2）有人认为，人工智能的发明以及对公众公开的技术数据库，一方面导致专业技术人员沦为键盘操作员，患上各种计算机综合征；另一方面又导致一般常人在图书馆通过一种双向咨询程序就可以获得合法的建议。但是，这两种情况似乎都似是而非。而似乎更可能的情况是，既有的专业技术职业能把新的技术整合进他们既有的实践中，特别是他们可能通过过去已成功地用来处理社会与技术变迁的各种战略，来实现这一点。

（3）一个专业技术职业的权限与市场的变迁，可能对既有安排产生很大的挑战（Haug，1973；Oppenheimer，1973）。今天专业技术人员的权限兴衰很好地证明了这些假设（Abbott，1988）。既有职业更有可能扭转这类挑战的方向（deflect），或消化吸收这些挑战。如果成功了，那么既有专业技术职业中某些特殊的群体就会获得很好的机会，在 S. A. 哈尔彭（Halpern，1988）关于美国小儿科的研究案例中就是如此。M. R. 豪格（Haug，1988）是少数几个坚持"去专业化假设"的社会学者之一，不过她也承认，要继续坚持这种假设，证据略显不足。E. 弗雷德森（Freidson，2001）最近则把研究重点放在这个假设上。而 C. 德伯等（Derber et al.，1990）却从另一方向进行研究，把专业技术人员视为一种"新的阶级"，这个新的阶级垄断知识，并把知识作为一种经济资源，使处于他们之下的整个工人阶层去技术化和无产化。

有些学者可能基于这一研究，而争辩在英国、美国甚至是西方世界的其他国家，专业技术职业已经确立的位置并没有受到严重威胁。虽然我们认可

R. 默菲（Murphy）的主张（专业技术人员的知识基础以及实际上他们的整个地位，要视他们是否正在成为资本资产的所有者而定）的力量，但是专业技术人员的既有阶级优势似乎不仅使他们能够抵制社会与技术变迁，甚至能够使他们把这些变迁转化成他们的优势。他们最大的危险也许是国家，后者总是试图对专业技术职业与市场竞争进行调节和规制（Savage et al.，1972：73）；但是他们似乎总是能够适应来自政府的这些压力。而丧失某些阶级优势的专业技术职业主要是 T. J. 约翰森（Johnson，1972）所说的那些"中间性专业技术职业"（mediative professions），即公共部门中的、向社会提供公共服务的职业——学校教师、护士、社会工作者等。E. 弗雷德森（Freidson，2001：209）则提出了强烈的异议，他根据 A. 艾伯特（Abbott，1988）、S. 布林特（Brint，1994）等人的思想指出，在工作中，最近存在把很多新的专业技术性的任务重新安排给较低质量的工人这样一种程序，从而改变了专业技术人员的权限边界。E. 弗雷德森所持有的这种视角和进行的研究，似乎已经放弃了其最初的行动理论立场，转而支持存在一种专业技术人员被"转型"的"过程"这种概念，实际上，他在探讨组织与控制工作的制度逻辑这个问题时，就已经认识到这一点。此外，还存在一种比较社会学史研究，坚持以行动为基础的理论视角，认为至少一个世纪以来，专业技术人员工程就一直在放弃那些技术上属于传统惯例性的任务。

## 小结

专业技术人员工程的目的，在于试图保障专业技术人员的经济与社会优势，而这可能导致其向上的社会流动。我们把那些存在或进行这种工程的社会与其社会分层联系起来，就可以拓展我们关于阶级构成以及总体上不平等的社会结构的存在和运行的理解。这还可以使我们针对历史发展与变迁的社会背景，对社会阶级概念进行进一步的探讨，对中产阶层以及中产阶层的形成、结构进行明确的理论分析，进而可以使我们深入理解中产阶级群体在现代化社会中确立其新的地位的能力，以及实现个人与集体向上流动的能力。

## 三、知识

关于专业技术职业的社会学研究，强调知识是

专业主义的一种"核心的生成性（generating）特质"（Larson，1977：40；Halliday，1987：29；Abbott，1988：9）。现代知识可以界定为形式理性的、抽象的、功利主义的知识。这些知识也是系统的、编码的、普遍性的知识（Murphy，1988：246 - 247）。而且与所有现代科学知识一样，在公共领域中，一种知识可能受到其他专业技术职业、科学或专业主义的知识的挑战，或者彼此并行不悖，或者相互结盟和联姻。不过，现代专业技术职业总是试图维持对其知识的最大限度的控制。

为专业技术人员实践提供支持或基础的知识，是那些通过认证和使其所有者获得资格证书的知识（Weber，1978）。主张专业主义，就是根据相对较高的资格条件，特别是学位来进行认证和授信，或者是通过较高层次的组织包括进入门槛很高的专业技术人员机构的认证和授信。韦伯认为，这种知识是一种职业建立社会封闭与增强其社会地位的基础，而这之所以可能，很大程度上是因为生产工具是在他们的头脑中，至少在他们确立其地位时是如此。接下来的则是金融，因为在这个行业，生产工具实质上就是大笔货币，在银行家机构成员的头脑中，这并不能使他们发起一种专业技术人员工程。

## 工作、知识、抽象与不确定性

尽管职业对知识的垄断是主张和获取专业技术职业地位的必要条件，但是 A. 艾伯特（Abbott，1988：19，31）强调，在理解专业技术职业时，起点必须是专业技术人员的工作。专业技术工作的内容与控制、各种工作之间存在的差异、专门职业为其工作所主张的权限，都是理解专业技术职业时必须考虑的重要问题。但是，体现专业技术工作特征的那些品质（我们主要强调其知识品质），就是抽象<sub>373</sub>（abstraction）。正是这种品质使得专业技术职业的权限获得公众认可："正是对于权限的主张或追求，导致这些主观性的品质包括三个部分：主张对问题进行分类，对其理由或原因进行思考，然后对这个问题采取行动。用较为正式的术语来说，就是诊断、推断及治疗。从理论上看，专业技术人员的实践主要存在三大动作或步骤"（Abbott，1988：40）。

A. 艾伯特（Abbott，1988：58）关注的不仅仅是工作，还关注工作与知识之间的联系，以及不得不完成的"文化的工作"：

> 在专业技术人员工作的背后，存在一种具有理性化和分类作用（ordering）的系统，该系

统用文化价值观来证明专业技术人员工作的合法正当性，同时还为专业技术人员提供新的工作方式。这种学术中心作为以最抽象的形式而存在的专业知识的管理人，因此处于非常独特的地位，使其必须为专业技术人员主张新的权限。但是，学术中心的这些主张，仅仅是认知性的。如果没有具体的社会主张，如果公众认为这些主张是不合法的或不正当的，那么这些主张也不能成为专业技术人员被认可的权限。也就是说，专业技术职业需要在公众面前展开竞争，以获得被公众认可的权限。

除了强调专业技术工作的重要性之外，A. 艾伯特（Abbott，1988：102）还强调了理论性知识的重要性。他认为抽象与具体之间的两极化具有重要的影响，他分析了"使专业技术知识中的抽象在极端抽象与极端具体之间的某一处实现平衡"的那些力量。专业技术职业在这两极往往会失去可信性：太过抽象似乎仅仅是形式主义；太过具体就会被人们判断为与手工艺术差不多。而通过在这两极之间巧妙地选择某一点，知识与技术的拥有者能够成功地实施专业性的判断，这种概念与 H. 雅穆斯和 B. 佩罗伊勒（Jamous & Peloille，1970：113）提出的认知不确定性概念存在一定的亲和性。H. 雅穆斯和 B. 佩罗伊勒认为，二者的区别在于"不确定性"与"专业技术性"，而且他们提出了这样一种思想，即那些成功地主张并使自己成为专业技术职业的职业，肯定具有很高的不确定性。这种不确定性使职业成员可以声称有权实施专业性的判断，并因此使他们自己以及他们的行动与决定避开了他们的顾客以及普遍公众的审查。关于专业人员知识的这种观点，经常为人们所引用。但是这种观点并没有指出专业技术人员团体面临高水平的不确定性，如何能够不确定地维持其知识基础，因为如果他们想要在现代社会中维持其合法性，就必须把科学知识放在第一位。最近出现的诸多趋势，特别是医学中出现的种种趋势表明，"专业技术人员的判断"，比起以前来似乎不再是那么强大有力的保护盾牌了。不确定性与 A. 艾伯特的另一个关注点即知识的分配相关。现代知识一直以来都与书面文字相联系，这种书面文<sub>374</sub>字一直是知识成为"具体的"手段之一，但是现代知识也会逐渐在专业技术人员并不能控制的组织中落地生根。而在现在，更可能的情况则是，专业技术知识以及如何运用这种知识，都被置于机器如电脑之中。

## 福柯关于知识与权力的思想

人们通常认为，福柯［Foucault，（1966）1973］关于知识的性质、知识与专业技术职业特别是医疗职业之间的关系的见解十分精辟，影响巨大。如 W. 阿尼（Arney，1982）认为，福柯在研究中对于专业知识、实践与权力提供了一种新的视角，他还用这种视角来研究妇产科的工作。后来 D. 阿姆斯特朗（Armstrong，1983，1987）也坚持这种视角并对内科进行了研究，S. 内特尔顿（Nettleton，1992）则对牙科进行了研究。所有这三个研究都认为，医学知识是关于个人的知识，涉及一种话语，通过这种话语，病人被建构为医疗对象，并因此被监视与规训。W. 阿尼在《权力与妇产科职业》（*Power and the Profession of Obstetrics*，1982）中，另外介绍了20 世纪早期的一个阶段，这个阶段使个人在一种与传统医疗规则同样具有侵犯性的规则系统中，从属于情感的限制，从而详细阐述了福柯关于现代知识的形成和发展的思想。W. 阿尼（Arney，1982：231）与其他的福柯主义者一样，利用了全景敞视监狱概念。全景敞视监狱是指监狱被设计成一种新的样式，在其中囚徒会受到持续的监视，而囚徒也知道自己时刻处于观察之下，因此同室的囚犯会自我规训、相互合作（Foulcault，1977b）。但是，S. 波特尔（Porter，1996：76）的研究则显示，新生儿护理业务（new nursing）的委托者，在关于他们自己的知识和自治方面所获得的，比护士在关于"这些委托人的知识"方面所失去的要多得多。

T. J. 约翰森（Johnson，1994，1995）运用福柯（Foucault，1979，1980）的"治理性"概念来研究专业技术职业。该研究主要关注的不是个人而是群体，并结合了福柯的"监视"概念，最后他得出了与他早期根据马克思主义的思想而进行的研究相同的结论，即他认为我们应最好把专业技术职业理解为国家的一种显示或表达；但是他在该研究中，不再认为这是资本主义逻辑的一部分，而是福柯式的世界中的、与肉体相分离的控制精神。"治理性"特别需要和推崇这种精神，但是它只不过一种类似于分析概念的修辞方法，并且它很可能是一种双关语，因为它也指的是"某种心智"（foulcault，1979：20）。

上述作者确证了福柯关于知识的形成和发展的思想，但是他们也指出，现代专业技术知识自20 世纪30 年代以来出现了又一种转向，即在朝着更为"社会的"甚至人文主义的方向转变的同时，也在朝着通过顾客的自我监督和削权而得到更高程度的遵守这种方向转变。但是，更加值得注意的是，这些变革为民众提供了机会，使他们可以获得远远超过以前社会所拥有的健康水平。至于民众自由的损失，根据另一个法国学者 F. 德考兰格斯的看法，比起传统社会中存在的高度限制来说，是微不足道的。"市民在所有方面都从属于城市；市民的身体与灵魂都属于城市"［Fustel de Coulanges，（1864）1955：219］。

如果把福柯的思想作为工作社会学的研究起点，那么存在的一个问题可能是，他既不是一个社会学家，也不是一个社会史家，而是一个哲学家，一个使用史学与社会学知识探讨认识论与存在论问题的学者。这可以从 C. 戈登（Gordon，1980）为《权力与知识》一书所写的"编后记"的参考文献索引看出来。这本书提到的哲学家比社会科学家要多两倍。对于很多人来说，福柯在研究方面很有天赋，也是一个同性恋的积极实践者，但是他的思想存在很多内在的矛盾，正是前两方面而不是后一方面引起了大家对他的注意（Baudrillard，1977；Kellner，1989；Jay，1993）。也许我们应该铭记 J. 鲍德里亚（Baudrillard，1977）一篇文章的标题——《忘记福柯》。

## 小结

专业知识只不过是专业技术职业群体所依附的东西，专业技术职业群体通过牢牢抓住这种知识才得以生存下来。他们从专业知识中获得的优势，也只不过是其专业技术人员工程在特定历史背景中所获得的那些优势。

## 四、男权制

"专业技术人员工程"为讨论男权制提供了一个基础。所谓男权制主要是指"在整个社会范围存在的一种两性关系系统，在这种系统中男性处于支配地位，而女性处于从属地位。……以及使男性权力在社会各个领域中得以制度化的那些方式"（Witz，1992：11）。

在男权制顽固抵制妇女为改善其地位的斗争中，专业技术职业发挥了一定作用。作为专业技术人员工程中的一部分的社会封闭，也有助于我们解释男权制是如何发挥其作用的。F. 帕金（Parkin，1979）、R. 科林斯（Collins，1985）、R. 默菲（Murphy，1988）就运用社会封闭概念来探讨与性别相关的诸多问题。但是，只有 R. 克朗普顿与 K. 桑德森（Crompton & Sanderson，1989）的研究，特别是 A. 威兹（Witz，1992）的研究，才对性别的社会封闭现象进行了系统的研究。

A. 威兹运用社会封闭模型，对专业技术职业以及男权制进行了分析，并强调了专业技术职业与男性在进行社会封闭时所使用的"各种话语策略"。也就是说，日常生活互动中的"对话"，特别是那些拥有权力的人在日常话语与研究著述中所使用的术语，在社会封闭中具有重要作用。这一点对于维持既有的各种关系诸如性别关系等具有极端重要的作用。例如，19 世纪的医疗专业技术人员，相对于那些渴望成为医生的妇女来说，权力被强化了，甚至这种权力体现在他们（以及所有人）的言谈中。我们可以认为，"话语策略"是连接意识形态概念与封闭实践的中介，A. 威兹（Witz，1992：7）所列举的那些（辅助医疗职业）案例很好地证明了这一点。

A. 威兹根据 F. 帕金（Parkin，1979）和 R. 默菲（Murphy，1988）的著作，对社会封闭概念的有用性进行了分析，并把社会封闭划分为如下几种类型。

（1）排除性（exclusionary）封闭，是指这样一种过程：一个专业技术职业团体，以排除那些被认为是"没有资格者"（Parkin，1979：450）或局外者（Weber，1978：342）的方式，来界定其成员资格，但是却把那些已经从事这个专业技术职业者包括在内，并以一种政府可以接受的方式来树立各种资格标准，从而主要是向下实施权力。

（2）划界性（demarcationary）封闭，则是通过具体规定一个专业技术职业团体的附属或从属群体的边界，来拓展专业技术职业团体所包含的范围，以维持附属领域中的从业者的优势。例如，医生在界定辅助医疗群体的能力范围、决定从属群体是否应使用某种专业技术方面，都起着关键性的作用。

（3）纳入性（inclusionary）封闭，与排除性封闭相反，包括了或者通过设置获得必要品质的路径，或者通过强化专业技术人员机构、颁发证书的教育组织以及政府的力量，来改变那些使他们处于不利地位的规则，从而使他们自己合乎资格的所有行动。

（4）双重封闭，则涉及这样的从业者，他们一直被拒绝进入某一专业技术人员团体，因此竭力开拓和建立自己的职业领域，并把自己的职业领域与其他的职业领域特别是支配性群体的职业领域区别开来；但是，他们同时又确立自己的排除性封闭实践：他们并不会寻求仿效支配性的专业团体，也不会寻求最终与支配性专业团体平起平坐，更不会寻求最终融入支配性专业团体。

## 护理与助产工作

A. 威兹认为，双重封闭就是 19 世纪晚期那些助产医生与护士群体实施其性别化的专业技术人员工程的手段。他们会受到处于支配地位（主治医生）的医疗专业技术职业的划界或区隔策略的影响，但是他们又会实施自己的封闭，标出他们自己最能从事的领域以及实践边界，来应对支配性的专业团体对他们的封闭。

护理工作所具有的如下几个特征，不利于护工实施他们的"专业技术人员工程"。首先，其实践依赖于或受到其他组织的规制——最初是慈善基金会，后来是地方政府与中央政府。其次，对于实践技能特别是看护实践技能的强调，使得护工难以主张和拥有深奥的知识，其工作不具有使"专业人员自主判断"是合法的那种不确定性。最后，护理工作的实践在很大程度上是以爱心、关爱等为基础的，这使得反对者质疑他们的客观性，因为看护工作据说应排除客观性。所有这些因素被整合成一种话语实践，并阻碍护工实施其"专业技术人员工程"。

在英国，护理就是使用辅助性的排除与篡夺进行"双重封闭"的专门技术职业工程的例子，而且这个工程的目标，就是消除男性医生对于女性护士的权力，以及医院对于护理劳动的控制。护士希望在工作中获得权力与自治，并且护士们通过文凭主义和合法性的默认知识，来实现这种专业技术人员的"双重封闭"工程。我们把这些特征及其结果概括如下：

1. 排除目标

（a）通过合法化确立对职业的集中化控制（尊重法律的）。

（b）在统治机构的基础上，通过护士的大多数群体进行治理（尊重法律的）。

（c）由统治机构所控制的一站式入口（文凭主义的或资格证书的）。

2. 篡夺目标

（a）培训：在内容与标准上挑战非官办医院的自治性。

（b）就业：破坏医院与护工之间的关系，并对工作报酬与条件施加某些影响。

（c）通过给予护理的某种认可，许可其具有一定的自治，使医疗与护理之间的关系正式化。

护理总会（GNC）的集中化控制实际上就这样确立了，但是它既不包括大多数的护士成员，也不能控制上面所列的那些问题，因为其决策必须得到部长的批准。因此上述 1（a）目标的实现，实际上包括了在 1（b）上的失败，而护士注册法案（NRA）对该职业规定了多个入口，并许可创造更多的入口。目标的实现往往是很有限的，而国家的权力却得到强化。A. 威兹（Witz，1992：167）最后的结论是："那些以职业入口的一站式系统为中心的文凭或资格证书策略彻底被破坏了，而通过政府合法化的策略，又对护士们产生了相反的效果。在这一关键的历史环节上，护士的专业技术人员工程失败了。"

自这种工程失败之后的这些年来，很多变化都证明影响刚才所描述的结果的那些因素十分重要。也就是说，医疗专业技术人员的支配性位置，以及难以进入的医院组织化结构，都日益由政府来提供和控制。医疗专业技术职业具有强大的力量，并持续控制医院中的护士这一专业技术职业的环境。如果我们考虑这些情况，那么护理职业这些年所取得的成就也是骄人的。主动去适应医生专业技术团体是必要的，但是容忍医生专业技术团体的男权制支配，又导致了 A. 爱兹奥尼（Etzioni，1969）所说的"护士对于医生这一专业技术团体的等级式屈从"，这个比喻，很好地体现了男权制实践以及使这种实践变得似乎是"自然的"那些话语具有的普遍支配性。

助产职业与医疗专业技术职业之间也存在长期的斗争，而这种斗争因为产科医生内部的不同意见而变得十分复杂。本章这里不能详细阐述这些冲突。但是在英国，这种冲突导致助产职业对于医疗专业技术职业产生了一种类似于上述护理群体对于医疗专业技术职业的适应性。在北美特别是在加拿大，产科医生获得了更多的支配性，而且仅仅是在最近数十年中，助产者才获得了某些独立性（Rushing，1993）。

## 法律与会计

在关于专业技术职业的优秀研究和著作中，对于妇女这个主题却处于一种静默状态，这也反映了诸如法律与会计等专业技术职业对待妇女的方式（Macdonald，1995）。她们在 19 世纪遭受的社会封闭，就是这些会计与法律专业技术等专业技术职业

人员是"绅士"，因此妇女自然没有资格从事这样的职业。而后来妇女运动提出的主张，使得这种不证自明的真理似乎站不住脚了，但是为了应对这种情况，专业技术职业逐渐形成了十分烦琐的话语实践。它们正式的、公开的外表，以一种使专业技术人员与妇女不可兼容的方式，界定了专业人员的实践以及妇女的特征，为排除性实践提供了正当性理由；但是话语实践也嵌入了日常生活中的互动，并使男性雇用机制与对于女人的男权制得以长期维持。A. 斯潘塞与 D. 波多摩尔（Spencer & Podmore，1987）对此进行了深入的研究和揭示，探讨了女性律师在律师这个专业技术职业中被其男同事边缘化的各种方式。

妇女在法律专业技术职业中受到的歧视，似乎特别受到人们的谴责，部分原因是这一职业结构向上一直延伸到法官。在英国，只有 2%～3% 的法官是妇女，直到 2003 年才有第一个妇女被委任为上诉法院的常任高级法官，但这个法院另外 11 位法官都是男性。在会计职业中，也存在类似的情况，直到最近 20 年来，妇女才获得了该职业的上层职位，而事实上直到现在，英国会计职业中也只有 1 位女性总裁。在美国，这扇门为女性开得更大，但是有一段时间，只有 1 位女性走进了这扇大门。美国直到 1899 年才有第一位妇女获得公共会计证书（Certified Public Accountant，CPA），而到了 1909 年，获得公共会计证书的女性总共也才 10 个人。到 1924 年，有 54 位女性成为公共会计，但是会计公司存在的男权制排除策略，使她们仍然处于公共实践之外。《会计》杂志的一位编辑（Accountancy，1923，12）承认女性会计的能力，但是同时又断言：

> 妇女并不想成为实践性的、公共的会计职员，因为：
> 妇女难以做到无论何时何地只要客户需要，都可以提供会计业务服务；
> 难以做到随职员团体一起出行的要求；
> 难以晚上在困难或不方便的地方工作；
> 难以避免与异性职员一起工作导致的尴尬；
> 某些客户对妇女存在反感或表示厌恶。

对于妇女参与专业技术职业的这些反对意见，是似是而非的，这类反对意见类似于 20 世纪 80 年代英国律师限制妇女进入该职业的理由，是站不住脚的。因为往往存在这样一种情况，那就是当劳动力短缺时，这些专业技术职业又会突然十分愿意接纳女性。在第二次世界大战中就发生过这样的情况，

珀尔·A·舍雷尔（Pearl A. Scherer）案就是这种情况的一个缩影。此人开始是一个美国陆军工程兵，由于工作努力逐渐升职为西海岸（West Coast）电脑系统的负责人，在第二次世界大战结束时，她被委派到菲律宾出任首席会计师，负责回收来自各个战区的装备与供应物资。

男权制实践及话语有着深远的根源，并且这些话语与实践往往难以消除，因为它们是妇女以及男性社会化过程中的一部分。但是正如 A. 威兹（Witz, 1992：207-210）所发现的，女性的专业技术人员工程，在政府领域而非其他地方，更有可能获得成功，因为政府（至少常常）是基于合法—理性的原则之上的，因此对以减少妇女遭受的多种不平等为目的的制度变革的态度应该最为开放。

## 五、结论

那些可以被认为是专业技术职业的职业是这样的：它们已经成功地实现了专业技术人员工程的目标——获得了对提供基于其专业知识的服务的一种垄断。而与这一点同样重要的还有，专业技术职业还必须实现巩固和增强其社会地位的要求。

专业技术职业在获得垄断性以及在增强社会地位之后，又会干些什么呢？专业技术人员工程是通过成员及其组织的坚定、持续努力才实现的，而也只有同样通过成员及其组织的努力，才能保持其垄断性和社会地位。专业技术人员的垄断地位，与公民的自由地位一样，必须永远保持警惕，才能得以维持。任何一个专业技术职业要想保持和延续其成功，一个关键的任务就是必须维持对该专业知识基础的控制，千方百计对抗时刻存在的、知识逐渐定位于组织或机器中而不是其成员中的趋势，使他们自己而不是政府拥有这种专业知识，并抵制其他专业技术职业进入其权力范围。对于那些分析这些行动的社会学家来说，核心的概念还是"专业技术人员工程"。

不过最近一些学者已经指出，"新韦伯传统的理论路径"（其在很大程度上与"专业技术人员工程"思想相重叠）并不能提供一个概念来研究专业技术职业在 21 世纪所面临的变迁。例如 M. 萨克斯（Saks, 2003）认为，在 E. 弗雷德森（Freidson, 2001）看来，这些劳动力分割特别是医疗领域的劳动力分割等制度没有得到人们足够的重视。不过，M. 萨克斯只是对此提出了一种批评，而 A. 麦金利等（Mckinley & Marceau, 2002）则认为，对于医疗专业技术职业而言，当前的正统理论都具有严重的局限，仅仅分析了国家、医疗及其辅助性看护专业技术职业权力的日益增长等表面的、非本质变迁，仅仅分析了医疗行业劳动分工中的非本质变迁。"将来的专业技术职业社会学再也不能忽视宏观结构对专业服务提供者的行为（法人支配）的普遍影响。"

H. 哈特利（Hartley, 2002）甚至从"专业技术人员工程"理想类型的精神实质出发，做了进一步的深入研究，并提出了一种"对抗性（countervailing）权力框架"，来说明我们对于（由竞争性的医疗保健服务提供者、政府、公司和消费者队伍构成的）医疗保健系统中的相关各方之间的关系，应最好理解为一种联盟系统（alignments）。然而，专业技术人员工程的那些支持者会认为这些相关各方正在陷入那种"专业技术人员工程"，认为转而强调"系统"，存在重新回到功能主义等结构主义的风险，会无视行动者包括集体行动者与个体行动者的动机。

作为一种概念的"专业技术人员工程"的力量，在于它系统地涉及和利用了社会学的很多重要论题。这并非仅仅是一种折中主义，而更多地体现了功能与行动两极之间以及结构与能动两极之间的辩证性质。E. C. 休斯以及芝加哥学派的其他学者已经对这个概念的涂尔干与帕森斯功能主义根源进行了批评和改进，这些学者既强调功能主义者所强调的多重结构，又重视个人与群体的动机与行动，尽管认为这些动机与行动根源于这些结构。M. S. 拉森则根据马克思的结构主义以及韦伯的行动理论，对"专业技术人员工程"思想进行了发展，并进而在理论上研究了与工作、分层、政府、现代理性科学知识相关的专业技术职业。特别是他对现代科学知识的强调，导致社会学家发现了福柯的思想，并为其所吸引，而这又促进很多学者进行了一些有价值的经验研究，不过这些经验研究在理论上没有取得多少重大成就。更重要的也许是，女权主义理论与"专业技术人员工程"的结合，深刻地揭示了专业技术职业是如何实施其男权制实践与话语的，也显示各种女性职业为了实现自己的抱负而开展的艰苦卓绝的斗争。E. 弗雷德森（Freidson, 2001）提出的关于专业技术人员工程的制度背景的理想类型，又为这一思想提供了一种权威的支持。

基思·麦克唐纳（Keith Macdonald）

**参考文献**

Abbott, A. (1988). *The System of the Professions*. London：University of Chicago Press.

Armstrong, D. (1983). *Political Anatomy of the Body*. Cambridge：Cambridge University Press.

—— (1987). "Bodies of Knowledge：Foucault and the Problem of Human Anatomy", in G. Scambler (ed.), *Sociological Theory and Medical Sociology*. London：Tavistock.

Arney, W. R. (1982). *Power and the Profession of Obstetrics*. London：University of Chicago Press.

Balzer, H. D. (ed.) (1996). *Russia's Missing Middle Class：The Professions in Russian History*. Armonk, NY：M. E. Sharpe.

Baudrillard, J. (1977). *Oublier Foucault*. Paris：Editions Galilee.

Becker, H. S. (1970). *Sociological Work*. Chicago, IL：Aldine.

——, Greer, B., Hughes, E. C., and Strauss, A. L. (1961). *Boys in White*. Chicago, IL：University of Chicago Press.

Berlant J. L. (1975). *Professions and Monopoly：A Study of Medicine in the United States and Great Britain*. Berkeley, CA：University of California Press

Braverman, H. (1974). *Labour and Monopoly Capital：The Degradation of Work in the Twentieth Century*. New York：The Monthly Review Press.

Brint, S. (1994). *In an Age of Experts：The Changing Role of Professionals in Politics and Public Life*. Princeton NJ：Princeton University Press.

Burrage, M. (1988). "Revolution and the Collective Action of the French, American and English Legal Professions", Law and Social Enquiry, *Journal of the American Bar Foundation*, 13 (2)：225 – 77.

——and Torstendahl, R. (eds.) (1990). *Professions in Theory and History*. London：Sage.

——Jarauch, K., and Siegrist, H. (1990). "An Actor-based Framework for the Study of the Professions", in M. Burrage and R. Torstendahl (eds.), *Professions in Theory and History*. London：Sage.

Carr-Saunders A. M. and Wilson P. A. (1933). *The Professions*. Oxford：Clarendon Press

Cocks, G. and Jarauch, K. H. (eds.) (1990). *German Professions* 1800 – 1950. Oxford：Oxford University Press.

Collins, R. (1975). *Conflict Sociology：Towards an Explanatory Science*. New York：Academic Press.

—— (1979). *The Credential Society：An Historical Sociology of Education and Stratification*. New York：Academic Press.

—— (ed.) (1985). *Three Sociological Traditions*. Oxford：Oxford University Press.

—— (1986). *Weberian Sociological Theory*. Cambridge：Cambridge University Press.

—— (1990). "Changing Conceptions in the Sociology of the Professions", in R. Torstendahl and M. Burrage (eds.), *The Formation of Professions：Knowledge, State and Strategy*. London：Sage.

Cooper, D., Lowe, A., Puxty, A., Robson, K., and Willmott, H. (1988). Regulating the U. K. Accountancy Profession：Episodes in the Relation Between the Profession and the State. Paper presented at ESRC Conference on Corporatism at Policy Studies Institute, London, January.

Crompton, R. (1987). "Gender, Status and Professionalism", *Sociology*, 21：413 – 28.

——and Sanderson, K. (1989). *Gendered Jobs and Social Change*. London：Unwin Hyman.

Daniels, A. K. (1973). "Professionalism in a Formal Setting", in J. B. McKinlay (ed.), *Processing People*. London：Holt, Reinhart and Winston.

De Coulanges, F. ([1864] 1955). *The Ancient City*. New York：Doubleday Anchor Books.

De Venanzi, A. (1990). *La Sociologia de las Profesionesy la Sociologia como Profession*. Caracas：Universidad Central de Venezuela.

Derber, C. (ed.) (1982). *Professionals as Workers：Mental Labour in Advanced Capitalism*. Boston, MA：G. K. Hall.

Derber, C., Schwartz, W. A., and Magrass, Y. (1990). *Power in the Highest Degree*. New York：Oxford University Press.

DiMaggio, P. (1989) "Review of Abbott (1988)", *American Journal of Sociology*, 95 (2)：534 – 5.

Dingwall, R and Lewis, P. (eds.) (1983). *The Sociology of the Professions*. London：Macmillan.

Durkheim, E. (1957). *Professional Ethics and Civic Morals*. New York：Free Press. (Originally published 1950 as Leçons de Sociologie：Physique des Moeurs et du Droit).

—— (1964). *The Division of Labour in Society*. New York：Free Press.

Etzioni, A. (1969). *The Semi-Professions and their Organization：Teachers, Nurses and Social Workers*. New York：Free Press.

Fielding, A. and Portwood D. (1980). "Professions and the State—Towards a Typology of Bureaucratic Professions", *Sociological Review*, 28 (1): 23 - 54.

Foucault, M. ( [1966] 1973). *The Order of Things*. New York: Vintage Books.

—— (1977a). *The Archaeology of Knowledge*. London: Tavistock.

—— (1977b). *Discipline and Punish: The Birth of the Prison*. London: Allen Lane, The Penguin Press.

—— (1979). "On Governmentality", *Ideology and Consciousness*, 6: 5 - 22.

—— (1980). *Power-Knowledge*. Brighton: The Harvester Press.

Freidson, E. (1970a). *The Profession of Medicine*. New York: Dodd, Mead and Co. ( "Afterword" added 1988).

—— (1970b). *Medical Dominance*. Chicago: Aldine-Atherton.

—— (1973). *Professions and their Prospects*. New York: Sage.

—— (1983). "The Theory of the Professions: The State of the Art", in R. Dingwall and P. Lewis (eds.), *The Sociology of the Professions*. London: Macmillan.

—— (2001). *Professionalism: The Third Logic*. Cambridge: Polity Press.

Geison, G. W. (ed.) (1984). *French Professions and the State*, *1700 - 1900*. Philadelphia, PA: Pennsylvania University Press.

Goldstein, J. (1984). "Foucault Among the Sociologists: The 'Disciplines' and the History of the Professions", *History and Theory*, 170 - 92.

Goode, W. J. (1957). "Community within a Community: The Professions", *American Sociological Review*, 22: 194 - 200.

Gordon, C. (1980). "Afterword", in M. Foucault, *Power-Knowledge*. Brighton: Harvester Press.

Hall, R. H. (1968). "Professionalization and Bureaucratization", *American Sociological Review*, 33 (1): 92 - 104.

—— (1975). *Occupations and the Social Structure*, 2nd edn. Englewood Cliffs, NJ: Prentice-Hall.

Hall, R. H. (1983). "Theoretical Trends in the Sociology of Occupations", *Sociological Quarterly*, 24: 5 - 23.

Halliday, T. C. (1987). *Beyond Monopoly*. London: University of Chicago Press.

Halmos, P. (ed.) (1973). *Professionalization and Social Change*, Sociological Review Monograph No. 20, U-niversity of Keele.

Halpern, S. A. (1988). *American Pediatrics: The Social Dynamics of Medicine*. London: University of California Press.

Hartley, H. (2002). "The System of Alignments Challenging Physician Professional Dominance: An Elaborated Theory of Countervailing Powers", *Sociology of Health & Illness*, 24 (2), 178 - 207.

Haskell, T. L. (1984). *The Authority of Experts*. Bloomington, IN: University of Indiana Press.

Haug, M. R. (1973). "Deprofessionalization: An Alternative Hypothesis for the Future", in P. Halmos (ed.), *Professionalization and Social Change*, Sociological Review Monograph No. 20, University of Keele.

—— (1988). "A Reexamination of the Hypothesis of Physician Deprofessionalization", *Millbank Quarterly*, 66 (suppl. 2).

Hickson, D. J. and Thomas, M. W. (1969). "Professionalization in Britain: a Preliminary Measure", *Sociology*, 3: 37 - 53.

Hopwood, A. G. (1987). "The Archaeology of Accounting Systems", *Accounting, Organizations and Society*, 12 (3): 207 - 34.

Hughes, E. C. (1958). *Men and Their Work*. New York: Free Press.

—— (1963). "Professions", *Daedalus*, 92: 655 - 68.

—— (1971). *The Sociological Eye*. New York: Aldine.

Jackson, J. A. (ed.) (1970). *Professions and Professionalization*. Cambridge: Cambridge University Press.

Jamous, H. and Peloille, B. (1970). "Changes in the French University Hospital System", in J. A. Jackson (ed.), *Professions and Professionalization*. Cambridge: Cambridge University Press.

Jay M. (1993). *Downcast Eyes*. London: University of California Press.

Johnson T. J. (1977). "Professions in the Class Structure", in R. Scase (ed.), *Class, Cleavage and Control*. London: Allen and Unwin.

—— (1980). "Work and Power", in G. Esland and G. Salaman (eds.), *The Politics of Work and Occupations*. Milton Keynes: Open University Press.

—— (1982). "The State and the Professions: Peculiarities of the British", in A. Giddens, and G. Mackenzie (eds.), *Social class and the Division of Labour: Essays in Honour of Ilya Newstadt*. Cambridge: Cambridge University Press.

384

Johnson, T. (1972). *Professions and Power*. London: Macmillan.

—— (1994). "Expertise and the State", in M. Gane and T. Johnson (eds), *Foucault's New Domains*. London: Routledge.

—— (1995). "Governmentality and the Institutionalization of Expertise", in T. Johnson, G. Larkin, G. , and M. Saks (eds. ), *Health Professions and the State in Europe*. London: Routledge.

385 Johnson, T. and Caygill, M. , (1978). "The Development of Accountancy Links in the Commonwealth", in Parker, R. H. (ed. ). *Readings in Accountancy and Business Research*, 1970 – 71. London: ICAEW.

Kellner, D. (1989). *Jean Baudrillard: From Marxism to Postmodernism and Beyond*. Cambridge: Polity Press.

Krause, E. A. (1996). *Death of the Guilds: Professions, States and the Advance of Capitalism, 1930 to the Present*. New Haven, CT: Yale University Press.

Larkin, G. (1983). *Occupational Monopoly and Modern Medicine*. London: Tavistock.

Larson, M. S. (1977). *The Rise of Professionalism*. London: University of California Press.

—— (1984). "The Production of Expertise and the Constitution of Expert Power", in T. L. Haskell (ed. ), *The Authority of Experts*. Bloomington IN: Indiana University Press.

—— (1990). "On the Matter of Experts and Professionals and How it is Impossible to Leave Anything Unsaid", in R. Torstendahl and M. Burrage (eds. ), *The Formation of Professions: Knowledge, State and Strategy*. London: Sage.

Littler, C. R. (1982). *The Development of the Labour Process in Capitalist Society*. London: Heinemann.

Lynn, K. (1963). "Introduction to the Professions", *Daedalus* (Fall).

Macdonald, K. M. (1984). "Professional Formation: The Case of Scottish Accountants", *British Journal of Sociology*, 35 (2): 174 – 89.

—— (1985a). "Social Closure and Occupational Registration", *Sociology*, 19 (4): 541 – 56.

—— (1985b). "Professional Formation: A Reply to Briston and Kedslie", *British Journal of Sociology*, 38 (1): 106 – 11.

—— (1989). "Building Respectabilty", *Sociology*, 23 (1): 55 – 80.

—— (1995). *The Sociology of the Professions*. London: Sage.

—— and Ritzer, G. (1988). "The Sociology of the Professions: Dead or Alive?". *Work and Occupations*, 15 (3): 251 – 72.

McKinlay, J. B. (1973a). "On the Professional Regulation of Change", in P. Halmos (ed. ), *Professionalization and Social Change*, Sociological Review Monograph No. 20, University of Keele.

—— (1973b). "Clients and Organizations", in J. B. MckKinlay (eds. ), *Processing People*. London: Holt, Reinhart and Winston.

——and Arches, J. (1985). "Towards the Proletarianization of Physicians", *International Journal of Health Services*, 15: 161 – 95.

——and Marceau L. D. (2002). "The End of the Golden Age of Doctoring", *International Journal of Health Services*, 32 (2), 379 – 416.

Marx, K. (1958). "Manifesto of the Communist Party", in K. Marx and F. Engels (eds. ), *Selected Works*, vol I. Moscow: Foreign Languages Publishing House.

—— (1976). Capital. Harmondsworth: Penguin.

Murphy, R. (1984). "The Structure of Closure: A Critique and Development of the Theories of Weber, Collins and Parkin", *British Journal of Sociology*, 35 (3): 547 – 67.

—— (1988). *Social Closure*. Oxford: Clarendon Press.

Murphy, R. (1990). "Proletarianization or Bureaucratization: The Fall of the Professional?", in R. Torstendahl and M. Burrage (eds. ), *The Formation of Professions: Knowledge, State and Strategy*. London: Sage. 386

Nettleton, S. (1992). *Power, Pain and Dentistry*. Buckingham: Open University Press.

Oppenheimer, M. (1973). "The Proletarianization of the Professional", in P. Halmos (ed. ), *Professionalization and Social Change*, Sociological Review Monograph No. 20, University of Keele.

Parkin, F. (1971). *Class Inequality and Political Order*. London: McGibbon and Kee.

—— (1979). *Marxism and Class Theory: A Bourgeois Critique*. London: Tavistock.

Parry, N. C. A. and Parry J. (1976). *The Rise of the Medical Profession: A Study of Collective Social Mobility*. London: Croom Helm.

Parsons, T. (1968). "Professions", *International Encyclopedia of the Social Sciences*, Vol XII. Glencoe, IL: Free Press.

Penn, R. (1985). *Skilled Workers in the Class Structure*. Cambridge: Cambridge University Press.

Polyani, K. (1957). *The Great Transformation*. Boston, MA: Beacon Press.

Porter, S. (1996). "Contra-Foucault: Soldiers, Nurses and Power", *Sociology*, 30 (1): 59 - 78.

Ramsay, M. (1984). "The Politics of Professional Monopoly in Nineteenth-Century Medicine: The French Model and its Rivals", in G. Geison (ed.), *French Professions and the State*, *1700 - 1900*. Philadelphia, PA: Pennsylvania University Press.

—— (1988). *Professional and Popular Medicine in France 1770 - 1830: The SocialWorld of Medical Practice*. Philadelphia, PA: Pennsylvania University Press.

Rushing, B. (1993). "Ideology in the Re-emergence of North American Midwifery", *Work and Occupations*, 20 (1): 46 - 67.

Saks, M. (2003). "The Limitations of the Anglo-American Sociology the Professions: A Critique of the Current Neo-Weberian Orthodoxy", *Knowledge, Work & Society*, 1 (1).

Savage, M. (2003). "Review of Freidson (2001)", *Sociological Review*, 51 (1): 166 - 7.

——, Barlow, J., Dickens, P., and Fielding, T. (1992). *Property, Bureaucracy and Culture: Middle-class Formation in Contemporary Britain*. London: Routledge.

Siegrist, H. (1990). "Public Office or Free Profession: German Attorneys in the Nineteenth and Early Twentieth Centuries", in G. Cocks and K. H. Jarausch (eds.), *German Professions 1800 - 1950*. Oxford: Oxford University Press.

Spencer, A. and Podmore, D. (1987). *In a Man's World*. London: Tavistock.

Torstendahl, R. (1990). "Essential Properties, Strategic Aims and Historical Development: Three Approaches to Theories of Professionalism", in M. Burrage and R. Torstendahl (eds.), *Professions in Theory and History*. London: Sage.

——and Burrage, M. (eds.) (1990). *The Formation of Professions: Knowledge, State and Strategy*. London: Sage.

Waddington, I. (1984). *The Medical Profession in the Industrial Revolution*. London: Humanities Press.

Weber, M. (1978). Economy and Society. London: University of California Press.

Witz, A. (1992). *Professions and Patriarchy*. London: Routledge.

Wood, S. (ed.) (1982). *The Degradation of Work*? London: Hutchinson.

—— (ed.) (1989). *The Transformation of Work*? London: Unwin Hyman.

387

## 第十四章 支配性利益集团、全球化与工作理论初探

全球化是一个颇具争议的概念。因为该概念涵盖了经济的、政治的、社会的等等各种广泛的过程，本部分的相对重要性会因研究者的学科与兴趣而异。例如，人类社会学家探讨的是不断变革的社会网络与消费模式，而经济学家更可能关注的是各种贸易与投资流动。对于全球化，人们存在不同的视角与看法。例如，有的人认为，全球化过程就是西方文化发挥其影响的复杂过程，也是东道国主动利用并重新理解的过程。但是，也有的人认为，全球化是各个国家面对使一些经济体比另一些经济体受益更多的、日益激烈的国际竞争而进行的一种经济重构和再组织化的过程。学术界的学者们在不同层面对全球化进行了各种形式的分析，获得了更为复杂和深入的评价。如果我们对各种政治共同体进行为期数年的民族志研究，就会获得一些明显不同于国际性的、跨部门层次的经济学分析的数据与结论。对于全球化存在如此之多的看法与评论，使得我们有必要对全球化的性质及其在各种具体领域中的影响，提出自己的主张或看法，以澄清事实。但是，学者们在进行超出自己研究领域的理论进行概括时，都应十分小心谨慎。在本章，这意味着我们必须弄清楚全球化以及工作概念的含义，必须在对全球化与工作之间的关系进行深入的理论研究的基础上，最后才能得出自己的结论。

本章包括五个部分。在第一部分，我要厘清全球化与工作的含义，并简要回顾和评论关于全球化

与工作之间关系的五种视角。我支持的是一种支配性利益集团理论（a dominant interests approach），这种理论认为各种跨国公司（MNC）在政府的支持下，成功地影响或塑造了国际层次和民族国家层次上的政治与经济，并直接影响和重塑了工作系统。

第二部分则使用经验数据来进一步详细阐释支配性利益集团理论。第三部分讨论跨国公司的权力、结构与过程，并特别讨论跨国公司的这些层面对工作系统设计的影响。第四部分举例说明全球化如何促进了 H. C. 卡茨与 O. 德比希尔（Katz & Derbishire, 2000）所说的工作系统的趋同性的趋异（convergent divergence），即采纳为数较少的几种相似的工作系统模式，而与此同时在这些为数较少的工作系统模式内部，却出现了差异化的发展。我们回顾了关于四个全球性产业——服装、软件、航空以及制药——的案例研究，并指出这些案例研究所提供的证据，支持了这种假设。在第五部分，我指出支配性利益集团理论不仅是一种解释框架，也是干预全球化过程的一种工具。本章最后既着眼于理论也着眼于实践，对于我们将来的相关研究提出了三个简要的建议。

## 一、关于全球化与工作的各种视角

尽管全球化的过程与影响都是多重性的，但其实质上正在使不同国家中的人们日益相互依赖。而这个过程又是通过经济（贸易与投资）、政治（诸如欧盟这样的超国家组织）与社会（大众传媒、旅行、移民）机制来实现的。工作也是体现人们日益相互依赖的重要方面。例如，在过去 20 年里，发达国家制造业的衰落反映了技术的进步，以及许多新兴工业化发展中国家特别是亚洲国家工业制造能力的成长。

人们往往认为工作是一种正式的雇用或就业，但是工作并不必然意味着一种雇主与雇员关系。[1]

---

① 这有助于严格限制本章的讨论范围。但这并不意味着非正式工作就不重要。事实上，在发展中国家，30%～80% 的工作人口都参与了非正式经济（Munck, 2002: 112）。人们对于全球化与这种非正式经济现象之间的关系，也存在很多争议，值得详细探讨，特别是妇女与儿童参与非正式经济这种现象更是值得探讨（Munck, 2002: 114）。公司出于节约成本的考虑，可能鼓励雇佣关系的非正式化（Webster & Omar, 2003: 210），但是在很多产业中，日益强调质量与供应的可靠性，这可能阻止公司过分依赖投入资金不足的小规模的工作单元。

工作不仅仅是一种经济合约，某人以完成某种任务为交换条件而同时获得报酬以及其他重要工作福利。工作概念还包括了管理方系统地把任务组织起来的方式，以及在这些方面存在的冲突由法律或社会认可的规则来处理的方式。换言之，我们可以认为，工作是一种具有或多或少的连贯性的、包括了任务组织方式和雇员调节方式的安排或系统。

除了极少数的学者外，绝大多数的理论家们都没有系统地分析全球化对于工作产生的影响。不过，我们也可以从他们的分析中获得某些启示。而关于全球化主要存在五种理论，下面我将删繁就简，对它们进行简要介绍。表 14—1 归纳了这五种理论。而在下面的讨论中，我主要强调支配性利益集团理论的优点。

超级全球化者（Hyperglobalizer）主张，推动全球化的主要是经济力量，这种力量反映在跨国公司

的兴起和民族国家作用的下降上（Ohmae，1990，1995）。随着公司敦促政府缩减开支以缓解税负和增加劳动力市场的灵活性，福利国家制度受到严重威胁。超国家组织开始出现并日益调节国际竞争。对于工作而言，有两个方面的影响值得注意。首先，不同经济体和经济部门的就业状况日益取决于它们吸引跨国公司的能力。其次，随着市场日益全球化，竞争日益以创新与质量而不是以市场价格为基础。因此，各种工作系统将日益向"最好的实践"趋同。当前，这种向"最好的实践"趋同主要表现为通过人力资源管理实践的调整，来系统地整合组织与雇员的预期。

全球化的怀疑论主要体现在 P. 希尔斯特与 G. 汤普森（Hirst & Thompson，1996）的著作中。他们认为，全球化是一种神话或迷思，对于正在出现的、新的全球秩序，国家仍然是一个重要的建构者。

表 14—1　　　　　　　　　　　　　　关于全球化与工作的五种理论

| 五种理论 | 全球化的首要动力 | 政府的性质与作用 | 跨国公司的权力与作用 | 全球化对工作系统的影响 |
|---|---|---|---|---|
| 超级全球化论 | 经济动力 | 逐渐缩小 | 跨国公司日益增加的支配性 | 全球"最好的实践"置于支配地位；工作向高端汇集；人力资源管理系统因为不再那么有效而失去竞争锋芒 |
| 怀疑论 | 政治与经济动力 | 轻微缩小但继续影响经济 | 以宗主国为中心或以地方为基础的跨国公司的权力日益增加 | 因为地方情景的不同，所施加的持续影响也不同；在发达国家主要是促进了以创新与质量为导向的工作系统，而在发展中国家主要是导致了一种以成本削减为导向的工作系统 |
| 转型论 | 技术、经济与社会动力 | 逐渐缩小，权力下放到地方各个层次的组织 | 跨国公司的权力日益增加，但是分布不均匀，并且要受到反抗性运动以及非政府组织的制约 | 较难预测：在地方情景起支配作用的地方工作系统趋异，而在全球性力量起支配作用的地方，工作系统趋同——（如有利于劳动力流动的）意识形态与（能够促进类似形式的生产或服务提供的）技术影响着在国际市场中竞争的公司 |
| 民族志视角 | 社会的、历史的、政治的、经济的和技术的动力 | 因地而异；国家权力缩小鼓励了全球利益集团侵入地方情景 | 日益增加，但因受到历史与地方规范的影响而情况各异 | 工作系统日益趋异，因为工作规范与实践是在地方性情景中非正式地被商定的，而这些地方情景在不同程度上受到具有重构身份作用的全球力量与网络的影响 |
| 支配性利益集团理论 | 政治的、经济的与社会的动力 | 在 1993—2003 年间主要奉行新自由政策的政府的支配下，跨国公司的权力正在上升 | 日益增加但情况各异，走向全球性的网络组织形式 | 趋同与趋异共存，从大的方面看，日益趋同于五种工作系统模式，这些模式特别具有允许管理方在没有工会或工会弱小的情况下控制工人的特征，但每种模式内部源于不同的市场、制度以及与跨国公司有关的因素而日益趋异 |

富有的北方与贫困的南方之间，存在的分裂与鸿沟仍在日益增加，反映了世界政治的连续性而不是发生了重大的变迁。跨国公司的权力日益增加，但是它们在不同市场中的资源禀赋与竞争领域则各不相同。这些组织在实行多样化战略的同时，会采取不同的形式，而这些形式部分地反映了这些组织的不同发展阶段，以及在它们的宗主国与客居国开展的不同业务。相应地，在跨国公司控制下的工作系统，其特征是更加多样化，而不是趋向某种统一性。在发达国家，这些公司往往会坚持一种追求高端的、以质量为基础的工作系统；而在发展中国家，这些公司更可能实施低端的、以成本为基础的策略。

转型论者主张全球化是一种重要力量，在数字技术与政治、经济变迁的强烈影响下，全球化打开了各个国家的门户，使资源国际性流动，各国文化广泛交流，而资源流动与文化交流，又促进了新的文化与身份建构（Giddens, 1999）。但是，各个国家向外部影响的开放是不均衡的（uneven）。例如，西欧国家就深度参与了贸易、投资以及人员（通过旅行或移民）的全球流动，相反，很多非洲国家在很大程度上仍处于全球化过程之外，也许还仅仅是全球市场价格的被动接受者。转型论者发现，"来自上面的全球化"，也就是政府与跨国公司推动的全球化，受到"下面的"社会运动以及非政府组织的抵制，他们反对政府和跨国公司的各种做法，诸如反对大品牌的公司在生产运动衫时使用血汗工厂劳动等，最近在发展中国家还出现了对救命药的高定价的抗议。

M. 卡斯特尔（Castells, 1996）关于全球化对工作的影响的研究，主要强调全球化对于劳动力市场的影响，例如职业与产业结构的变迁，非标准就业的出现等。如 U. 贝克（Beck, 2000）和 R. 芒克（Munck, 2002）这类悲观论者，更倾向于强调全球化在这方面存在的消极后果，对于这些消极后果，下文还将论及。不过也有学者提出警告，由于各个国家的情况存在差异，关于全球化影响的预测与概括都必须重视其中存在的偶然性。[①] 对于工作系统而言，全球性因素与地方性背景之间的不同组合，可能导致工作系统趋异即趋向多样化。然而，在全球

化力量——新自由主义经济政策思想、诸如质量标准要求极高的芯片制造等通用技术，以及诸如即时订单生产与六西格玛等广泛接受的管理系统——起支配作用的地方，工作系统则更有可能趋同。在这些地方，可能普遍采取被认为是"最好的"人力资源管理实践，或者日本式的工作系统。但是，正如 U. 贝克（Beck, 2000）和 R. 芒克（Munck, 2002）所指出的，全球化促使管理方放弃向雇员提供任何就业保障的责任。风险的负担被转嫁给那些很少得到工会、行业协会与政府保护的工人。劳动力的灵活性像数字灵活性一样向低层突进，而发展中国家正在出现这种情况，当这种劳动力的灵活性破坏了最基本的劳动力标准（如使用童工等）时，这种向低层的突进就更加严重（Munck, 2002：128-134）。这些理论家认为，只有通过民众从下到上地建立各种制度，并采取政治行动，才能对全球化进行有效的反击。

全球民族志重点分析的是工作经验，认为研究工作经验是理解全球化的动态发展与影响后果的一种途径（George, 2000；Ó Riain, 2000；Collins, 2002）。他们认为，全球化包括相互关联的三个方面：一种影响共同体或社会团体的（社会、政治、技术）力量，一种随着全球化的影响侵入地方社会而出现的社会契约或网络，一种使个体能够从过去与现在的经验中建构身份和意义的方式（Gille & Ó Riain, 2002）。全球民族志认为，要界定这些动态发展及其结果，需要进行一种深入到底层的民族志分析。尽管这种民族志研究方法反对一般概括，但是深入底层的民族志分析所获得的证据和数据，可以促进理论的发展和假设的形成。因此，表14—1中的命题，断定工作的趋异，极有可能是工人在商谈与适应工作的过程中形成他们自己的意义系统、规范与身份的结果。

支配性利益集团理论还是一种处于形成中的思想，本章会详细阐述其主要的特征。这种理论不同于全球民族志理论的地方，在于前者采用工作系统概念而不是工人主观经验概念作为解释术语，对此我们下文还将详细讨论。实质上，工作系统概念意

392
393

---

① 转型论者往往低估全球化的历史和政治前因，而仅仅强调全球化的建构趋势。例如，R. 芒克赞同 D. 赫尔德（Held, 1999：85）的观点，认为"我们正在见证从国家为中心的政治离开，而进入一种更加复杂的、多层化的全球治理新形式"（Munck, 2002：56）。稍后他还认为，"世界各地的工人生活在新自由主义话语的庇护之下，工作在以'灵活机动'为特征的相似劳动体制下，常常看同样的电视节目"（p.56）。前一陈述指的是正在变革的政治结构，后一陈述指的是一种正在兴起的、支配性的管理意识形态，但是作者还没有把这两个陈述联系起来。至于 R. 芒克所提及的工人具有共同经验的原因，下文的支配性利益集团理论进行了解释。

味着一种关系研究，即研究管理者与工人之间的关系，意味着以比较分析为导向。而且，与强调全球化的文化动力学的全球民族志理论不同，支配性利益集团理论认为全球化主要是一种与技术和社会过程相伴随的政治—经济现象。与超全球化理论者不同，支配性利益集团理论主张全球化是一种多层次的治理，这种治理是以在世界上处于支配地位的国家为基础的那些支配性的跨国公司，与其祖国的政府之间的利益一致性（虽然不会完全一致，或者会随着时间的流逝而变化）为基础的。在当代社会，美国就属于这种情况。

政府从跨国公司（以及其他美国雇主）获得政治支持，包括因为跨国公司促进经济增长而获得合法性与（通过税收获得）资源。这些国家与公司的支配地位，可能通过商谈来实现，也有可能是通过强制方式来实现，这要取决于竞争者之间的相对权力，并受其军事力量优势的支持。在很多国际性组织（如国际货币基金组织和世界贸易组织）中，在很多国际论坛场合（如达沃斯论坛或八国峰会），美国的影响十分明显；而在援助、贸易、国防等双边条约中，美国的影响也十分明显。从某种程度上说，全球化是美国政府以及大公司在拓展美国经济影响的过程中追求共同利益的一种方式。这包括用政治的、军事的战略来培育发展中国家的稳定性，通过使发展中国家的公共事业私有化而促进其市场化的努力，以及通过降低发展中国家的贸易壁垒而确保进入这些国家的市场。美国政府及其跨国公司对他国政府直接施加各种压力，并通过跨国组织如 IBM 公司和经济合作与发展组织来减少其他国家的"市场不完善"，包括要求这些国家的财政、金融更加透明，对外国投资者要平等对待，要消除商业交易中的腐败等。

以美国为基础的跨国公司施加的影响主要包括如下三个方面。第一，正如上文所提及的，它们施加重要的政治影响。第二，跨国公司通过市场营销和提供消费者信用来塑造消费者的身份认同。第三，跨国公司或地区总部的策略与政策，通过影响附属子公司、供应商、竞争者，进而影响其雇员。在美国政府与公司一致努力传播那些所谓的"最好的实践"的过程中，美国的跨国公司冲在最前面，在附属子公司以及合同签约者中进行强制性的绩效评比，

以保护投资利益或开展新的业务。这个过程鼓励学习和持续的改进，并因此导致工作模式日益相似。美国的咨询公司也是新的商务观念的重要创造者、执行者与实施者。[①] 不过，转换工作实践的这些努力，并不会轻易地成功，即使成功也非想当然的现象，因为地方管理者、雇员与公民社会利益群体，在是否接受新的实践方面，以及在反对这种变革的力量方面，都存在很大的差异（Smith & Meiskins, 1995；Almond et al., 2005）。

与关于全球化的转型论者不同，支配性利益集团理论承认，这种支配存在历史的偶然性和变迁。在这方面值得关注的是，正如超全球化理论所主张的，某些跨国公司正在变成国际性的或者全球性的公司，尽管这能够在多大程度上打破跨国公司与其宗主国之间的联系，并不清楚。在跨国公司继续与宗主国保持联系的地方，随着以其他国家（欧日韩，也许还有中国）为基础的跨国公司在国际市场上开展更加有效的竞争，以美国为基础的跨国公司有可能失去它们的相对影响力。那些支配性的政策与优势可能因此日益与当前受宠的新自由主义相分离。这对于工作系统会产生重要的影响，特别是如果民众的就业—收入保护逻辑（Frenkel & Kuruvilla, 2002）由于日益不信任跨国公司与政府（这种情况见下文），而开始主张和维护自己的利益，那么就会导致在民众面对全球化影响要求获得更多的保护时，工作系统产生很大的不同。这些全球化影响包括使民众慢慢陷入高失业、工作没有保障的境地，以及那些以成本削减为竞争基础的部门，工资与工作条件急剧下降和恶化。

跨国公司通过上文提及的政治影响，通过一种示范效应——也就是通过比如关于工资决策，影响地方劳动力市场中的其他雇员——从而影响工作系统。同时，跨国公司还会通过引入具体的人力资源策略而影响工作系统。如果跨国公司（而且更通常的情况是雇主）要雇用不同职业中具有不同贡献和独特技能的工人，就必须提出相关的工作系统策略。正如表 14—2 所显示的，结果是跨国公司可能是这五种模式中的某一种。而跨国公司到底采取哪种工作系统模式，取决于雇员的策略性权力以及所处环境的制度特征（Katz & Derbishire, 2000：9 - 15；Marsden, 2004：88 - 89）。

---

① C. 斯密与 P. 美斯金斯（Smith & Meiskins, 1995：257）指出，麦肯锡公司（Mckinsey & Co.）要为英国 20 世纪 60 年代 100 个最大公司中的结构重组负大部分责任。

在这五种模式中，处于极端情况的是低工资模式，这种工作模式的特征，就是工作往往被认为是低技能的，工人可以如大批量生产那样随便被人替代，工人也常常如大批量服务中那样以兼职或临时女性和年轻工人为主（Milkman，1991；Frenkel，即将出版）。在这种工作模式中，限制管理者的自由裁量权及随意决策的程序很少。这个低工资模式在如下三种情况下可能取得成功：管理方奉行一种自由主义意识形态，地方劳动力市场受到的规制十分轻微，竞争主要是基于成本。而在这五种模式中，另一种相反的极端模式则是人力资源管理模式，在这种模式中，管理者从创造性、知识与稀缺技能角度来评价工人的价值。在这些条件下，工作系统更可能把工人的预期体现为管理方的意图，即通过报酬和发展工人的竞争能力，提供满意的工作环境，追求高绩效和雇员的稳定性（Katz & Derbishire，2000：190－208）。在诸如跨国公司的宗主国传统（如美国）与客居国的制度环境（如中国）抑制独立工会的地方，这种人力资源管理模式往往处于支配地位。管理方的特权深深地体现在强大的公司文化、团队工作以及表14—2所显示的那些鼓励工人与企业建立身份认同的特征中。以项目为基础的模式，没有人力资源管理模式那么流行，但是也具有同样的基础，即创造性、自治性与高度技能化的工作。二者之间主要的差别是前者工作的临时性，如影视、音乐与媒体产业中的工作，但是在建筑与信息技术部门也可能看到这种模式。在这种模式中，公司注重协调，规模非常小，而且以地方为基础，但是工人都是专家，拥有相当的默会性知识，知道如何通过团体努力来获得成功。另外，公司通过领导者或指导者之间的对话与影响来实现协调。尽管在这些部门中，员工的报酬与职业生涯是以个人绩效和声望为基础的（往往导致巨大的报酬不平等），但是也存在强大的集体基础。工会或专业人员组织往往按照雇主同意的职业标准，协商一种最低工资率，并且工会与专业人员组织也会为员工提供就业服务。在这种模式中，一个人要获得工作，常常需要高度依赖于和投资于流动性的职业共同体网络，在这种网络中，声望就是硬通货。

日本化的模式主要出现在制造业工作车间中，在这里管理方承认需要为工人提供某些就业保障与动机激励，使他们从事在很大程度上是传统性的工作。另外，直接参与与工作相关的决策的权利，以及工人利益代表在质量圈与企业工会中都会得到承认。这些机制使得管理方能够协调雇员与雇主的利益。这些日本化的模式，在那些即时生产与全面质量管理（JIT-TQM）的制造业中的日本公司中，是一种标准化的实践。美国与欧洲的跨国公司，特别是汽车产业中的那些跨国公司，一直试图模仿日本同行这种成功的模式（Kochan et al.，1997）。而在那些工人享有更大的、以集体传统为基础的策略性权力的地方，以联合—团队为基础的模式更有可能处于支配地位。这种安排以多元化原则为基础，使用联合团队模式，发挥工会在咨询、顾问方面的中心作用，因此往往主要出现在那些工会仍然强大的产业与国家，例如德国的冶金行业与通信部门就是如此。但是，随着近年来新自由主义意识形态及其相伴随的政策影响日益增加，这种模式正在受到严重的挑战。

表14—2 各种正在出现的工作场所实践

| 低工资模式 | 人力资源管理模式 | 以项目为基础的模式 | 日本化的模式 | 联合—团队为基础的模式 |
| --- | --- | --- | --- | --- |
| 管理者的自由裁量权以及非正式的程序 | 公司文化与广泛交流 | 个人和团体的对话与商谈 | 标准化的程序 | 参与联合决策 |
| 等级制的工作关系 | 有指导的团队 | 暂时性的项目团队，高度的协调 | 问题—解决团队 | 半自治工作群体 |
| 低工资与计件工资 | 高于平均工资与权变性工资 | 以工资为基础，加上基于绩效与声望的补贴 | 对于那些高级职员、绩效评估高者给付高工资 | 高工资以及对更多知识者提供更多报酬 |
| 高流动率 | 个人化的职业发展 | 短期就业，以声望为基础的职业 | 就业稳定化 | 职业发展 |
| 强烈的反工会色彩 | 工会替代 | 职业共同体和/或工会 | 企业工联主义 | 工会与雇员参与 |

资料来源：Katz & Darbishire（2000：Fig. 1.1；Marsden，2004，Table 1）.

396

根据公司及其业务单元的策略、地方管理的能力与目的、外部制度安排与规范等因素的不同，不同公司对这五种工作系统类型看法会各不相同，会选择其中某一种模式应用于实践。这些因素导致了跨国企业内部与跨国企业之间的多样性，这强有力地证明了 H. C. 卡茨与 O. 德比希尔（Katz & Derbishire，2000）所阐述的主张，即尽管工作系统在总体上是趋同的（即从整体上看日益相似），但是在具体的方面，它们又正在变得不同（即正在变得更加多样）。

# 二、作为一种政治工程的全球化

据估计，1992—2002 年这一时期，世界贸易的年增长率是世界产品增长率的两倍多（前者为 7％，后者为 3％）（联合国，2001：4），并且 1991—2000 年，世界各国外国直接投资体制出现了 1 185 种规制变革。几乎所有（95％）这些变革都有利于外资投资（UNCTAD，2001：xvii-xv）。这些经济事实不仅概括了当前时期全球化的关键特征，也表明存在一种新的自由化工程，美国政府和重要国际机构支持美国跨国公司极力推进这一工程。要吸引跨国公司投资与促进出口，就必须建构只受极少调节的劳动力市场，或者必须朝着这个方向前进。下文接着描述美国跨国公司管理者所遵循的新自由意识形态或放任政策（Hutton，2002），探讨这些公司所偏好的劳动力市场，指出与这些思想相联系的政策在这种市场上的实施程度。

比较优势法则和完全竞争理论为全球化提供了一种经济学基础或原理。全球化不仅仅是降低贸易保护或者允许跨国公司进入国内市场那么简单，它还是一种较长期的政策框架和要求，包括保证私有产权和尽可能减少市场运行的障碍。这种新自由主义的经济发展路径意味着"一种平等的游戏场域"，在其中外国投资者不会受到歧视性的抵制和提防，腐败的办事做法会被消除。政府影响资本配置包括

向国有企业提供补助、向不成熟的产业提供支持等做法，不再受到鼓励。[①]另外，工会不应干涉劳动力价格决定。这种所谓的自由市场经济，由于要有目的地培育和扶持企业家精神，因此直接税往往很低，而主要实行一种递减的间接税。这意味着，尽管政府可能喜欢提高健康、教育、社会保险的标准，但是社会福利往往要从属于资本的利益。[②]

罗伯特·卡特勒（Robert Kuttner，2000：149）指出，美国跨国公司对于公共政策发挥着一种关键的积极影响，但他仍然认为：

> 美国跨国公司的诡计或手段，是使一种劳动力队伍、国家规制性气候与跨国公司相宜。因此这些公司巨人不仅是产生商品，也产生一种意识形态。并且它们对于这种意识形态的忠诚根本不是空谈哲学。它们会在政治上进行运作，以使意识形态获得认同，进而影响政策制定，推行对其自己的生存有利的全球化参与规则。它们同那些与金融有关的新闻组织结成同盟，与经济专业人员结成同盟。它们大把大把地花钱扶持认同它们的学者，为它们张目。

这种新自由主义全球化意识形态的培育与传播已经产生了不可逆转的影响。正如约瑟夫·斯蒂格利茨（J. Stiglitz，2003：235）——诺贝尔经济学奖获得者，1997—2000 年曾任世界银行首席经济学家——所指出的，美国公司通过他们的政治影响，已给第三世界的生产者特别是农业生产者带来了极坏的结果。[③]

有人认为，当代全球化意味着一个国家的经济系统被重新塑造，以必须符合美国利益。对于这个观点，有几个方面的证据可以表明。即使是美国的一些学者，特别是 J. 斯蒂格利茨，都认为出现了众所周知的"华盛顿共识"这种支配性意识形态。国际货币基金组织、世界银行、美国财政部的那些高级官员支持这种意识形态，并在这种意识形态的指导下，为发展中国家确定了所谓"正确而适当的"

---

① 具有讽刺意味的是，韩裔英国学者张夏准（Chang，2004）认为，无论是美国，还是其他任何一个发达国家，都不是在这样一种新自由策略基础上发展起来的。这引出了一个问题：对于新自由日程的追求，是否反映了美国与其他发达国家试图使发展中国家永远处于从属地位的意图？或者这仅仅是一种正巧使自由市场的美国模式神话合法化的理论误导了经济学家与政策制定者的情况？

② 哈顿等学者则更进一步认为，"恰恰是自由放任"的存在，解开了安全网（Hutton & Giddens，2000：156）。各种社会计划的代价是昂贵的，要求高税收或公共借贷，而这两者都与自由放任的资本相对立，并试图消除自由放任。

③ 例如，在 2002 年，美国大约 25 000 家农业公司的棉花出口占据了全球棉花总出口 2/3 的份额，尽管它们的成本是每磅棉花的国际价格的两倍（Stiglitz，2003：207）。而这之所以成为可能，是因为美国棉花生产获得了多达 39 亿美元的财政补贴（是美国对非洲授助预算的 3 倍），这笔补贴使棉花的世界价格降低了大约 26％，而其代价是使大约一亿非洲农民的利益受损（Monbiot，2003：190）。

政策。①其中包括财政开支压缩、私有化、市场自由化（Stiglitz，2002：53）等政策，这些政策反映的是发达国家的跨国公司特别是总部设在美国的那些跨国公司核心的商业和金融利益。J.斯蒂格利茨在回顾他作为一个高级美国官员的经历时暗示说：

> 美国极力推行自由市场和意识形态，并竭力使美国公司进入海外。在这样做的过程中，克林顿政府中的我们这些官员，往往把我们一度坚持的各种原则置之脑后。我们不会考虑我们的政策对发展中国家的穷人有何影响，只会考虑如何为美国人创造工作岗位。我们信奉资本市场的自由化，但是我们不会考虑其可能导致更大的全球不稳定……我们高谈民主，但同时我们为了维持对全球经济系统的控制而不择手段，为确保这种控制有利于我们的利益集团或更确切地说是支配我们政治生活领域的金融与公司利益集团而不择手段（Stiglitz，2003：204）。

W.哈顿也赞同对全球化的这种理解，并认为国际货币基金组织和世界银行"事实上已成为美国财政部的代理人，它试图维持美国的金融霸权和政策规定，而无视这种做法所导致的矛盾与紧张后果"（Hutton，2002：193）。②而且，他还进一步指出，"由于同样的原因，在20世纪80年代和90年代，在美国商务部与关贸总协定即后来的世界贸易组织之间，也逐渐形成了一种与美国财政部同国际货币基金组织之间存在的那种相似的联盟"（Hutton，2002：202）。在这方面值得注意的是，美国在这些组织以及其他的国际组织包括国际清算银行（BFIS）中都已经处于支配地位。在国际货币基金组织和世界银行中，不同国家的决策权大小是与其所持有的股份份额呈正比的。而美国拥有这些组织超过15%的股份，美国官员"能够阻止由任何其他国家所支持的决议"（Monbiot，2003）。在世界贸易组织中，尽管每个成员国都有一种表决投票权，但是"重要的决定是在'绿房间'里面通过闭门磋商而做出的。这些闭门磋商往往由欧盟、美国、加拿大和日本召

集和控制"（Monbiot，2003：16-17）。

由于要成功地实现全球化所需要的那些经济条件，以及与之相关的制度条件往往并不具备，因此跨国公司必然会促进政治的变迁。美国的乔治·W·布什总统认为：

> 在20世纪中自由主义与极权主义之间进行了最伟大的斗争，这种斗争随着自由的力量取得决定性的胜利而结束，并且世界上现在只存在唯一的一种可持续的模式，即自由、民主与自由企业模式。今天，美国享有一种无可比拟的军事优势，并且发挥着巨大的经济与政治影响。……我们努力创造一种有利于人类自由的权力平衡……美国将利用这些机会去扩展自由在全球范围内的收益。……我们将在我们的双边关系中制造自由，以及促进民主制度的关键要素的形成和发展（Bush，2002-09-21，引自Nolan，2003：74）。

美国证交所的一位前主席也应和这种劝诱改宗式（proselytizing）的观点，他说："在金融与政治相关事务中，如果没有文化，我们就会正在成为整个世界，而整个世界的大部分都想成为我们"（转引自Hutton，2002：79）。

J.佩特拉斯与H.维尔特迈耶（Petras & Veltmeyer，2001）认为，现在的美国外交政策不同于过去，但是无论如何也保持着过去那种高度狂热（partisan）的特征。他们谈到了一种新的帝国秩序，这种秩序并不支持过去存在的那种威权主义、军事独裁体制，而是偏好"把选举过程、个人自由同高度精英主义决策结构结合起来"（Petras & Veltmeyer，2001：70）。这种治理形式的目的在于提供合法性，而又不至于使选民对政策产生真正的影响。的确，各个经济体对于贸易与外国投资越是开放，它们就越有可能依赖于外国资本，银行家、跨国公司领导人以及国际组织高级官员的观点就越是起作用。③这种新的帝国秩序因此把美国作为支配性的国

---

① 哈顿（Hutton，2002：197）提到了杂志家布鲁斯坦因（Bulustein）关于美国财政部和国际货币基金组织的工作团队的观察发现，这些团队同时登记入住韩国的一个酒店，并一前一后与韩国金融部进行谈判。

② 哈顿在认识到世界银行试图追求一种不同路线或目的时，也认为斯蒂格利茨1999年11月从世界银行辞职，说明了世界银行的"容忍度还是十分小的"（Hutton，2002：199）。

③ 正如上述转型主义者所主张的，全球化的影响是不均匀的。那些吸引外国直接投资以及国际性贸易的国家，往往占有自然资源或者拥有其他优势（低成本、市场进入容易、政治稳定等）。跨国公司及其宗主国政府日益卷入政治冲突，特别是在重要的投资或贸易关系受到敌对的客居国政府或内战威胁时，更是如此。

际力量，并把其他发达国家作为同盟和伙伴。J. 斯蒂格利茨（Stiglitz，2002）把这种形势总结为"没有全球政府的全球治理，在其中，只存在少量的组织（世界银行、国际货币基金组织、世界贸易组织），少量的演员（金融、商业和贸易部长），以及支持这种场景的金融与商业利益集团，但是也存在很多被他们的决策所影响的人，这些都几乎处于一种失声的状态"（Stiglitz，2002：21-22）。

哈顿（Hutton，2002：183）把美国在塑造全球化过程中所取得的成功，归结于它实施了如下三个原则：在那些只要有可能的地方就单边地实施权力；单边地、侵略性地关注和促进美国在重要市场中的利益；支持用市场方案来解决问题。不过，美国在全球化过程中的权力不应被夸大，因为欧洲将来可能成为一个坚持社会民主资本主义模式的对抗者（Marginson & Sisson，2004），并且中国和印度也似乎正在成长为重要的对抗性力量。[①]

在讨论这一新的帝国秩序对于工作的影响之前，我们必须问一问跨国公司与国际规制机构的领导者所心仪的劳动力市场是什么。他们的准则和优先考虑，可以从跨国公司的投资决策中推断出来。其中一个重要的准则就是进入和占有特别是拥有大量人口的国家的市场，以及占据总的要素生产力优势。W. 库克（Cooke，2003a：第四章）对最近学者们关于美国和经济合作与发展组织成员国的投资行为所做的四个研究进行了分析，强调了适当的产业关系（IR）这种制度背景的重要性。他认为：

> 跨国公司已经选择在那些产业系统能够提供（1）更多的比较单位劳动成本净优势，以及（2）能够提供更大的流动性以扩散或创造更加理想的人力资源管理/劳动力关系实践的国家进行投资。同样，那些产业关系系统具有以较低的补偿成本就可以寻求到有技能者、政府较少施加对工作场所的调节和规制、较弱的工会和很少能代表工人的利益、不存在集中化的集体谈判结构等特征的国家，能够吸引更多的外国

直接投资（Cooke，2003a：82）。

这段引文暗喻那些跨国公司更偏好一种宽松的而非严苛的劳动力市场，以有利于它们以更低的成本雇用员工，缓解保持员工的压力，鼓励对劳动力的规训。这增加了就业的不安全，促进了劳动力使用的灵活性（Standing，1999：159），因此与新保守主义政府通过管理总的就业需求并使之远低于充分就业水平的政策完全吻合。

希望尽量解除政府对劳动力市场的规制这种倾向，并非只是美国跨国公司才具有。[②] M. 克莱勒与 H. 哈姆（Kleiner & Ham，2003）对到 1995 年为止欧盟与美国之间的外国直接投资的衰落进行了分析，指出欧盟对美国的投资比美国对欧盟的投资要大得多，而之所以如此，关键原因在于欧洲与美国劳动市场安排的差异。W. 库克则进一步强化了这种观点，指出"在美国，在外国人（主要是欧盟和日本）拥有的附属子公司企业中，存在工会的比例从 1980年的将近 30％下降到 1998 年的 15％，这表明以美国为基础的跨国公司不仅试图通过积极回避工会主义而增强它们的相对权力，也会封闭和削减那些设有工会的外资企业的运行"（Cooke，2003：408）。总之，以欧盟与美国为基础的跨国公司都喜欢那些经理人和管理者的自由裁量权仅受由国际劳工组织所认可的、合法的、可实施的最低标准的限制（国际劳工组织，1999）的地方市场，喜欢那些工资、税率与劳动条件仅由市场与绩效标准所决定的地方市场。建立这类条件的动力，间接地来自政治手段，它试图影响政府创造或者重构这样的劳动力市场，包括不再支持三方框架（tripartism）[③]，直接来自通过跨国公司（以及其他雇主）引入体现这些原则的雇用系统。在存在强大的制度化社会市场模式的地方（主要是西欧），一直存在一种要求，即要求摆脱所谓的欧洲僵化症（Eurosclerosis），以支持或促进劳动力市场更大的灵活性。有时候，特别是在法国和德国，这会引发新的规制，特别是关于工作时间

---

① 美国（还有欧盟）在世贸组织大会的坎昆会议上，第一次受到了发展中国家有组织的抵制。这种抵制有效地延滞了多边贸易的进一步自由化，直到发展中国家的需要得到充分讨论之后为止（*Economist*，2003b：11）。

② 跨国公司及其雇员往往认为只受轻微调节的劳动力市场会促进劳动力雇用的灵活性，不过正如 J. 拉伯里与 D. 格里姆肖（Rubery & Grimshaw，2003）所指出的，以减少就业保障与弱化社会保障福利为目标的解除规制政策，可能不利于雇员提出提高工资的要求，不利于雇员在组织中寻找更具吸引力的工作机会。因此，规则或规制力量可能导致劳动力市场产生新的僵化。

③ 大的跨国公司似乎偏好于直接对政府施加影响，而不是通过雇用组织来实现其目标。这导致了国际劳工组织在国际事务中处于相对的弱势地位，因为后者是以一种提供给雇用组织而不是直接的跨国公司代表的三方框架为基础的。不过，跨国公司在国际雇用组织中的影响，值得进一步研究。

的新规制。在美国、英国和爱尔兰等国，劳动力市场已经具有相当的灵活性，但这些国家的政府一直不愿通过限制灵活用工的新法律或规制。在很多发展中国家也存在这样的情况，J. 斯蒂格利茨认为，尽管灵活劳动力市场概念"听起来似乎只不过是使劳动市场更好地运行，但是当这种概念应用到发展中国家时，一直都被变成一条降低工资和弱化工作保护的法则"（Stiglitz，2002：84）。劳动力市场的建构只是整个故事中的一部分。后来我在讨论工作系统的策略时，在头脑中同时产生了如下想法：这些公司在地方劳动力市场中常常扮演了领导者的角色。

上面指出了劳动力市场的灵活性以及相关的实践，是跨国公司以及美国和国际组织的高级官僚们所推进的更广泛的全球化工程中的组成部分。下面我将讨论跨国公司在世界经济中的权力、角色与结构。

## 三、跨国公司：全球化的软件

本小节将首先讨论跨国公司特别是美国的跨国公司在世界经济中发挥的重要作用，然后讨论美国公司的支配对于工作组织的影响。

在当前世界 100 个最大的经济体中，大约有 30 个是跨国公司，其余的是国家（联合国贸易与发展会议，2002；De Grauwe & Camerman，2003）。从增加值来看，在 100 个最大的经济体中，有 37 个都是跨国公司（Legrain，2002：140）。跨国公司至少占据了世界 GDP 总额的 20%，1998 年直接雇用了 8 600 万工人（Köhler，2003：33）。如果把跨国公司的供应商也包括在内，则 GDP 总额会上升到 40%（Ruigrok & Van Tulder，1995）。这可能还是一种低估，因为它排除了在业务上要依赖这些公司的服务性公司，包括地方运输、通信、法律、会计、咨询公司等。而且，跨国公司往往在各个主要部门都是重要的用人单位，并且正变得更加重要，为人们提供了很大部分的就业。1985 年，在英国外国跨国公司及其系统提供了制造业 13.7% 的就业，1992 年上升到 18.2%，而在瑞典增长率甚至更厉害：从

1985 年的 7.7% 上升到 1996 年的 18%。甚至在德国，人们认为德国的制度可能会限制外国的跨国公司，但是外国企业系统所提供的就业也从 1985 年的 6.6% 上升到 1996 年的 13%（Mullercamen et al.，2001：436）。

跨国公司在许多国家的出口部门都扮演了一种重要的角色。W. 库克（Cooke，2003b：414）指出，跨国公司承担了 2/3 到 3/4 的世界出口。在今天领导性的发展中国家——中国，1995—1997 年这一时期，跨国公司占据了第一产业与第二产业产品出口的 41%（联合国贸易与发展会议，1999：410）。而且，因为中国吸引的外国直接投资总额正在持续上升，使其成为 2002 年世界上最大的外国直接投资的接受国（Economist，2003a：64），这个数字在最近几年可能又出现了很大的增长。这一点强调了一个更为一般性的观察发现：跨国公司在客居国的联合体系统中不成比例地雇用了更多的工作队伍。这对于那些长期高失业的国家来说，往往十分重要。现在，跨国公司雇用的雇员大约有 1/3 位于第三世界国家（Köhler，2003：36）。[①] 另外，海外市场不仅对于跨国公司而言是重要的，而且海外市场本身也在变得日益重要。因此，H. 佩特拉斯与维尔特迈耶（Petras & Voltmeyer，2001：67）认为："1980—1993 年，在最大的 100 个跨国公司中，那些收益超过 50% 都是来自海外的公司的比例，从占 27% 增加到占 33%。"跨国公司也是主要的进口来源。美国有一半的进口都是源于美国子公司和附属公司（Hutton，2002：200）。而且，很大部分的短期货币流——投机资本，这种投机资本导致了汇率的波动，并因此对很多国家的增长与就业产生了消极影响——是以美国那些最重要的投资银行的好恶与决策为转移的。

以美国为基础的跨国公司的重要性，可以从全球 500 个最大跨国公司的数据中看出来（Forbes，2003）。这些公司 2003 年的总销售额达到 115 840 亿美元，而以美国为基础的跨国公司就占据了全球 500 强跨国企业年销售额的 48%，以及最大的 50 个的 54%。欧洲公司则占据了全球 500 强中的 31%，其次是日本，占据了 11%，其他亚洲国家占

---

① 近几年来低端与高端服务性工作都从发达国家转移到发展中国家。客服中心和软件设计正在印度与菲律宾这些国家出现，加勒比海的数据处理公司也为美国公司处理信息。IBM 的执行官说，他们的公司期望把 300 万的服务性工作从第一世界转移到第三世界国家。那里低得多的劳动力成本（在某情况下其劳动力成本会低 10 倍多）为这些公司提供了这样做的强烈动机（Greenhouse，2003）。

据了 6%，而拉美和非洲国家仅占 4%。美国的跨国公司处于外国直接投资的最前沿，重视研发开支，并且最具可持续的竞争性优势（Nolan，2004：314-316）。[①]

面对快速变迁与不确定的市场的刺激，在数字技术的支持下，跨国公司寻求灵活的、整合的运行，这意味着在形式上的变革，并且寻求可以控制雇员的方式。很多跨国公司已经形成了如下的结构：从同时服务于几种国内市场的相对自主的单位之间的松散组合，日益变成更具集中化的形式，这种形式利用同一套技术，试图创造世界性品牌（Rubery & Grimshaw，2003：201-205）。这种全球化形式与具有网络结构特征的跨国公司共存，后者下放权力到更下面的层次，并强调协作与知识的共享，以通过这个组织中的不同部分内部或之间的创新优势，来扩大收益与市场份额。[②]

为了因应地方市场的机会与特征，跨国公司加强了对业务单元的合理化，关闭那些不赚钱的业务单元，兼并或新设具有潜在收益能力的、生产新的产品与服务的单元，从而寻求经济增长。为了限制损失所导致的责任，同时又保持对地方业务单元的控制，跨国公司已创造了一种具有独立法律地位的实体，在这种实体中，他们占有控制性的股票持有额，并且在信息技术的帮助下对这些实体进行控制。这种网络结构类型往往存在各种各样的形式，或者是中央集权的形式（Standing，1999：122-124），或者是多层化的从属形式（Prechel，2002：62）。

这些发展表明跨国公司的影响及其适应能力在不断增加。这里有两个更深一层的特征值得注意，其一，跨国公司是不断变迁的。外国直接投资活动的内容，包括了企业合并与增设新分支机构，这使得当代跨国公司具有一种暂时的、混合的性质。[③]其二，跨国公司的权力存在一种悖谬。它们能够处置的资源最近几年明显增加，它们的合法性，确如公众信任所见证的那样，一直都在下降。[④]那些与全球品牌相联系的公司特别容易受伤害（Klein，2000）。它们（如安然、世通、微软等公司）的不法行为已经引起民众对它们的质疑，认定它们剥削第三世界的劳动力，导致环境退化，高管过度滥发薪酬[⑤]，频繁重组导致大规模裁员以及对就业产生了恶劣影响。[⑥]因此，出现了一种对新的法人公民权范式的需要（Waddock，2002），我在结论部分还将讨论这一论题。

---

① 美国在整个国外直接投资中的份额在 1997 年上升到 27%，在 1986—1991 年五年间又几乎翻了一番。1997 年，在研发经费开支最多的全球 300 强公司中，有 135 个都是以北美为基础的，而且其研发支出的增长率相当高。在摩根斯坦利添惠公司所确定的全球 238 强公司中，就有 134 个在北美。

② 为了应对市场的变动与不确定性，网络组织开始出现了。这种组织鼓励公司需要形成自己的核心竞争能力，而把边缘性的功能部门进行外包。以项目为基础的工作系统就十分适合这类情况，特别是适合于生产和服务高度商品化和生命周期短的地方。在某些产业中，特别是在那些由专业技术人员支配的服务产业，如法律、会计、咨询产业，这种内在聚焦的网络组织包括了一种伙伴关系，其地方的单元通过人员的流动循环和知识的管理系统而在国际空间中联系在一起。这些机制帮助在国家之间创造和再生一种有用的实践，包括工作系统。在很多产业中，网络化存在一种以改进供应链绩效为目标的外部化导向。这种外在聚焦的网络组织被核心的生产商——如在制造业中，被领导性的汽车和消费电子公司——所支配，或者为大规模零售业中的卖场或者时装产业中的设计与市场营销公司所支配。公司间的网络常常跨越了国家边界，因为制造战略由那些全球性企业来决定，并且逐渐地开设在低成本、政府调节规制弱小的国家或区域（Borrus et al.，2000；Wilkinson et al.，2001）。最后，值得注意的是，跨国企业也可能进行组织重构，以同时形成其内部和外部网络能力。

③ A. 辛格等（Singh et al.，2003：49-50）主张，最近 10 年见证了"一次巨大的国际性合并浪潮"（p.49），可能创造了英国与美国历史上最大的合并纪录，这两个国家在这方面都有良好的历史数据。

④ 例如，《金融时报》（2003）委托英国 Mori 调查公司所进行的一项民意调查显示，"80% 的人都不相信大公司的主管会说出真相。几乎同样多的人也认为主管薪酬过多"。

⑤ K. 默菲认为，自 1970 年以来，CEO 的薪酬从美国工人平均工资的 25 倍上升到 90 倍。整个补贴，包括具有重大价值的股票期权，从 1970 年工人平均工资的 25 倍多一点上升到 360 倍（《管理问题研究论坛》，2003：9）。以英国为例，《卫报周刊》（8 月，7—13，2003：8）报道说，尽管连续三年来，股票价格都在下降，2002 年下降了 24%，但是富时 100 指数（FTSE-100）排出的英国公司 100 强的那些董事等的收入，同年却上升了 32%，而工人平均工资只上升了 3%，只是稍微超过了通胀率。

⑥ 哈顿（Hutton，2000：29）认为，再就业——在一个公司重构之后重新获得的工作——所提供的报酬要比雇员先前的工作报酬少大约 20%。

## 四、跨国公司与工作：在一定限度内的趋同

关于跨国公司工作系统的研究，现在面临一系列挑战，其中有三个挑战值得特别提及。其一，研究的客体是有争论的。工作可能被视为仅仅是一系列相互关联的任务，人们从事这样的任务也只是为了获得报酬，这是一种狭义的、客观的界定，因为它排除了工人的主观经验。其二，正如先前所提及的，全球民族志关注特定的工人类型，探讨全球化如何影响他们的社会网络，以及进而又如何影响他们的意识与身份，包括全球化的意义（Burawoy et al.，2000；Collins，2002；Gille & Ó Riain，2002）。其三，也是我所偏好的，就是工作系统概念。正如前文所指出的，该概念意味着一套关于正式就业的、相互依赖的政策和实践。这种较广义的工作概念，指的是中等层次的工作分析，与全球化的操作化概念相一致。这可以在关于发达资本主义国家的工业化（Kerr et al.，1964）与变迁（Piore & Sable，1984；Gordon et al.，1992；Boyer & Durand，1997）的理论中找到根源。这些理论试图通过参考经济与政治因素来解释工作系统中的变迁。这也是本文所要进行的研究。

在追求这个目标的过程中，我们必须处理与跨国公司的规模、空间、联系性等论题相关的认识论问题。跨国公司规模往往很大，通过多样的工作场所的附属子公司产业和合约商而大大地扩张了它的控制范畴。另外，跨国公司的项目可能包括跨越地方的国际性合作。在这些情景中，一个人如何能够对工作系统获得真实、有效的知识呢？不可避免的是，一个人必须进行选择，把决策建立在明显的标准之上。一种可行的办法就是抽取一些理论来进行分析。然而，这可能会预先设定某种理论是指导性的理论，或者一系列已相当成熟完善的思想观念，而我们可能出于预期目的而人为地裁剪这些思想观念，换言之，我们可能因为不能获得一些资源而不得不限定在一定范围内。目前，还没有一种把全球化与工作联系起来的强大理论——所谓强大，是指提出了明确的、清晰的、可以假设检验的模型以及可操作化的变量。这又导致了方法论上的问题，即何种方法论最适合于当下研究的问题？某些学者可

能把精力放在理论的提出上，而回避现实世界的问题。另外一些学者则可能遵循实证主义的范式，提出理论并验证其假设。我所喜欢的方法论则是一种可以叫做从底层向上建构的方法。这种方法以理论（现场灵感性、建构性的计划）为指导，选择研究地点，进行复合性、深入的案例研究，并使用定性与定量的方法（根据实践问题和专业研究标准来建构研究框架）。这种方法通过提出假设以供更进一步的探索，按照经验研究的方式提炼新的理论，从而参与现实。

从评估关于全球化的支配性利益集团理论的立场、观点来看，目前关于跨国公司工作系统的研究存在三种困难。其一，该理论似乎完全是以案例研究为基础的，而这种案例研究并不适合于总结和归纳关于多变量的相对影响的结论，因此不能产生一般化的结论（Rubery & Grimshaw，2003：217）。其二，在这种理论中的学者，往往只关注人力资源管理政策和正式的实践做法。学者们很少关注工作场所的动力学，以及与跨国公司实际实践有关的各种结果。其三，学者们在对跨国公司工作系统实践的相似性与差异性进行探讨时，进行了不同层次的抽象，得到的答案也各不相同。因此，在低层次的抽象中，工作实践看起来会十分不同（例如，各种类型的工作团队），而在更高的抽象层次看，它们似乎又是相似的（例如，相较于个别化的工作安排的工作团队就是如此）。除了这些问题之外，我们可以获得的证据也表明，跨国公司要受到各种因素的影响，其中一些因素导致工作系统的趋同，而另一些因素则导致工作系统的趋异。我赞同支配性利益集团理论，认为全球化既导致工作系统的趋同，也导致工作系统的趋异，而后一趋势一直占据上风。

## 五、导致工作系统趋同的各种因素

存在与全球化相关的四种因素，一直在促进所有跨国公司采纳相似的工作系统实践。其一是 S. J. 弗伦克尔与 S. 库鲁维拉（Frenkel & Kuruvilla，2002）所说的竞争逻辑。全球化招致新成员进入市场，并使外国公司更加面临各种竞争。竞争越激烈，公司越要寻求限制风险、控制成本、改进质量以及向市场提供新的产品和服务。劳动从一种固定成本转化成一种可变成本，需要企业加强管理。其二是朝向更少规制的劳动市场的趋势，对此前文已经提

及。这种因素对于工作系统的趋同也产生了重要的影响。而这两种因素加在一起，又会促进跨国公司（以及其他雇主）引入各种形式的灵活用工制度。其三是公司的特征特别是公司的战略、结构与文化。公司整合有时候会是出于策略性需要，特别是在全球大品牌极为重要的地方更是如此。那些具有共同技术的跨国公司，或者其过程具有高度相互依赖性的跨国公司，会有强烈的动机支持整合实践（例如，集中化的金融控制或知识管理系统），并要求附属的子公司之间相互配合，形成相似的工作系统实践（Edwards，2000；Muller-Camen et al.，2001）。在公司文化强大并且工作系统以共同原则为基础的地方，往往存在一种把工作实践扩散到附属子公司的倾向（Bèlanger et al.，1999；Royle，2002）。其四则是那些公司的核心岗位，往往雇用的是外籍管理者。在这方面，日本跨国公司最为有名，它们使用这种方法来控制公司，并把重要实践扩散到海外附属子公司（Doeringer et al.，2003）。

上文提到的前三个因素，也促进了跨国公司之间的工作系统的相似性。另外，还有四个因素促进了跨国公司之间工作系统的趋同。这四个因素是：在支配性国家中存在的那些实践的影响，国际规制，日益强化的管理权力，以及部门的独特重要性。前三个因素反映了全球化的过程，而最后一个因素与特定的产业相联系，具有一种矛盾的性质。下面我们分别对这四个因素进行讨论。

其一，在支配性国家中存在的那些实践的影响。现在，那些很有影响的管理与工作实践，大多来自美国，其次来自日本（Katz & Derbishire，2000；Edwards & Ferner，2002）。正如上文所言，这些实践往往是被有意输出的，常常通过咨询、商业媒体、管理学院进行传播。

其二，国际规制。尽管国际劳工组织规定的那些核心的劳动标准，能够保护工人最为起码的权利，但是国际性的工作规制，在世界范围内都较少存在普遍的共同性（国际劳工组织，1999），并且人们预期那些基地设在经济合作与发展组织成员国的跨国公司，会遵守那些关于跨国公司行为的、修正后的指南（OECD，2000）。在具有共同政治利益的贸易集团中，国际性的规制正在开始发挥某些影响。① 欧洲劳资联合委员会（European Works Council）的指示被应用于那些雇用了1 000名工人或更多工人的跨国公司，以及在两个或更多的欧盟国家或欧洲经济区国家中雇用超过150个工人的跨国公司。这种指示要求跨国公司设立促进国家间及公司间对话的咨询结构（Muller-Camen et al.，2001；Bain & Hester，2003；Beaupain et al.，2003）。

其三，日益强化的管理权力。在很多劳动力市场中，管理者相对于雇员的权力日益增大，促进了公司之间工作系统的趋同。在很多国家工会影响的缺失，就可以表明这一点（Frenkel，2003：142）。这已经使管理方能够采纳各种组合性的灵活用工制度② （Standing，1999：83-127；Kalleberg，2003），能够实施系统的、正式的过程来管理雇员，特别是在那些要求存在集体纪律的地方（例如，在即时定单生产——全面质量管理系统中，或者在六西格玛系统中）更是如此，在收益能力高度依赖于工人的创造性、技能、知识的地方更是如此。实际上，正式化使得公司附属子公司的工作系统之间更加一致，而这又促进了更强大的管理政策协调。我们从日本导向的人力资源管理系统（Katz & Derbishire，2000）的相对增多，就可以看到这些发展，而且这说明了很多当代工作场所关系的"共同—协作依赖"特征（Frenkel，1994，1995）。

其四，部门的独特重要性。各种部门或产业往往有着独特的技术与市场特征，这些特征导致了普遍的压力，而为了应对这些压力，各个部门或产业往往会建立相似的工作实践。例如，"9·11"事件与SARS流行病事件的后果之一，就是导致人们一度对于航空产业中的跨国公司的服务需求出现大幅下降。这导致这些公司日益采取相同的方式来降低

409
410

---

① 从就业关系的国家系统的趋同与趋异角度看，欧盟市场与制度的成长意义重大。例如，欧洲公司和欧洲地区的全球性公司已经日益重要。这已经导致欧盟各个公司内部采取共同的实践。在几个欧洲国家，内部公司层次的讨价还价正在破坏部门层次的谈判，并因此促进了各公司内部就业关系安排的趋同，而增加了各个国家内部就业关系的多样性（Marginson & Sisson，2004）。

② 除了分析组织的灵活性外，G. 斯坦丁（Standing，1999：83-127）还分析了五种灵活用工情况。它们是：第一，工作结构的灵活性，即科层制分解为专门化的手工生产组织或泰勒制组织；第二，收入的灵活性，即日益降低的政府福利，固定工资突然改变的情况会更多；第三，非工资劳动成本的灵活性——培训、协调、福利或劳动保护，通过雇用获得更少培训或福利支持的兼职职员，劳动力流转的成本大大降低；第四，数量上的灵活性——与产品与服务需求中的各种变化密切配合的各种劳动力的雇用，例如，临时的、兼职的与自我雇用的合同工；第五，工作过程/功能部门的灵活性——例如工作时间调整（强制上班制、轮班、短工、按年计算的工作计划安排）以及工作岗位要求的变化（要求技术拓展或多重技能）。

劳动力成本（Clarke et al.，2002）。同样，在运动鞋产业中，某些分包签约生产工厂低于标准水平的劳动条件，受到了公众广泛的谴责，这又促使跨国公司引入严格的指南和监督实践，以保证最低的劳动标准能够得到坚持（Frenkel，2000）。矛盾的是，部门的独特性促进了部门内部工作系统中的趋同，而又促进了部门之间的工作系统趋异（Colling & Clark，2002；Edwards & Ferner，2002）。

## 六、导致工作系统趋异的各种因素

在出现与上述相反的条件时，跨国公司之内与之间的工作系统就会趋异或分化。这些条件包括对于全球竞争存在的有意的（如关税）与无意的（如高度分化的、低容量的市场）障碍，政府保护工人培训与就业权利的劳动力市场政策——如瑞典那样的劳动力市场政策。公司的多部门化，特别是通过合并旧的企业与增设新的部门而出现的快速成长，国际规制的相对缺失，都促进了工作系统的多样化。另外，还有六个更深层次的全球化因素促进了工作系统的趋异。

其一，跨国公司起源国或宗主国的影响。总部设在不同国家的跨国公司，会把业务以及工作实践转移到遥远的附属子公司。关于美国跨国公司（Edwards & Ferner，2002）以及日本跨国公司的研究（Elger & Smith，1998），都很好地说明了这一点，但由于支配性国家对欧洲公司的影响，这种情况可能复杂化（Ferner & Quintanilla，1998；Hayden & Edwards，2001；Kurdelbusch，2002）。[①]

其二，客居国家的影响。这种影响与“跨国公司的业务系统在国家之间会十分不同”（Whitley，1999），以及“这样的差异会进而影响跨国公司附属子公司的工作系统”的假定有关（Frenkel & Kuruvilla，2002；Brewster，Tregaskis & Frenkel，2003；Kenney & Tanaka，2003）。

其三，跨国公司附属子公司在资源、能力与能否进入市场方面存在差异。附属子公司与总部会形成不同性质的关系，并专门化于满足不同的市场（Frenkel & Royal，1998；Colling & Clark，2002）。某些附属子公司可能具有高度的创新性，并因此导致了某些模式“反向的或逆向的扩散”（Edwards，2000），但其他一些附属子公司可能并不会如预期的

那样成功地实施诸如即时订单生产与全面质量管理等新的生产原则，这或者是因为他们一直不能够或不愿意进行学习，或者是因为他们缺少适当的灵活性与进行转换所需要的动机和精神热情（Kochan et al.，1997：309）。我们需要注意的是，附属子公司的策略定位以及与公司总部的关系，会随着时间的推进而变化，并导致使地方管理者能够影响附属子公司工作系统的程度发生摆动。

其四，与附属子公司或签约公司对在跨国公司总部建立起来的共同规则与规范的理解与实施存在差异有关。政策会以各种不同的方式被理解与实施，这要取决于附属子公司或签约公司的管理者追求的目标与奉行的文化，同时也要考虑地方环境状况。例如，在运动鞋产业中，全球性公司与中国台湾地区或韩国的合同供应商的关系，在信任与协作的程度上存在差异。这又会导致在合同工厂中出现不同的工作系统，尽管这些附属公司都会遵守跨国公司制定的劳动实践法规的最低劳动标准（Frenkel & Scott，2002；Mamic，2003）。

其五，除了上文所提及的组织合并及新增组织部门外，联合风险开发、外购安排、合理化变革与技术变革等所导致的员工不断流动，也会扰乱工作系统。这些变革导致已经确立的内部劳动力市场的片段化，导致混合性公司的出现，而这些情况都反映了大规模的雇主对内部劳动力市场与外部劳动力市场的巨大影响（Royal & Althauser，2003）。

其六，也是最后一个导致工作系统趋异的因素，就是在激烈的竞争以及快速的技术变革过程中，管理方对于应维持何种“最好的实践”并无确定的把握，以至于在很多情况下都存在持续的实验。这往往会削弱工作系统的内在一致性（Katz & Derbishire，2000：273）。

## 七、工作系统的各种不同类型

在现实世界中，工作系统的要素很少会完美地排列和结合在一起，并作为一种相互依赖的整体而平顺地运行。生产系统的变革以及引入新的实践——例如，新的支付结构、任务重新配置等——常常会受到抵制，或导致各方妥协，并因此导致工作系统的多样变化。另外，正如先前所提到的，工

---

① 与美国和日本的跨国公司相比，那些欧洲最大的跨国公司都把相当比例的直接投资分配于客居国家（Edwards & Ferner，2002：96），这可能促进更大程度的去集中化，导致不同国家中附属子公司的工作系统更加多样化。

作系统的趋异变化，源自与跨国公司在规制轻微的劳动力市场中使用更大的自由裁量权的日益增加的机会相关的各种因素，以及决策被集中化到其策略立场与能力十分不同的大规模业务单元。因此人们发现工作系统是复杂多变的——正如表 14—3 所列的那些研究案例所表明的一样，这并不值得奇怪。这些案例是关于跨国公司的研究中为数较少的几个把研究领域拓展到工作车间中的研究。在理解这些数据之前，有三点需要注意。其一，这些研究案例是选择性的。这些研究关注的主要是全球性生产公司，以及工会化的公司，而没有或者较少关注服务组织，至少关于发达国家的跨国公司的研究是如此。还有，它们并没有包括跨国公司控制下的所有相关工作系统。其二，因为每个研究的目的不同，其过程与结果也往往并不太好进行比较分析。其三，这些研究也不仅仅只关注美国的跨国公司，其中一个案例研究（关于航空公司的研究）探讨的是英国的或由英国拥有的公司。

*413* **表 14—3**  服装、软件开发、航空和制药产业的工作系统

| 产业，宗主国 | 战略 | 工作系统实践 | 工人的反应 | |
|---|---|---|---|---|
| | | | 程序性的 | 实质性的 |
| 服装，主要是美国（Taplin et al.，2002） | 基于质量与市场反应的小环境生产，或通过与低成本生产商建立外购同盟以及内部重组实现成本削减 | 制造业重构，加上即时订单生产关注更高价值的产品；通过签约把加工工厂地址迁往亚洲 | 与即时订单生产相关的新技术以及有限的团队工作；精简零售业并把额外费用推给市场；通过压榨零售商和面料供应商，来保持高质量，同时降低成本。在缺少工会组织的场景中，泰勒制起支配作用 | 在发达国家，工作岗位减少、无保障、工作强度提高，低工资；在某些发展中国家，产生新的岗位。新的生产系统提高了某些岗位工人的满意度，但是与团队工作相结合的即时订单生产并不常见，特别是在发展中国家 |
| 软件开发，美国（Ó Riain，2000） | 高质量、快速度的产品设计测试；在爱尔兰公司与美国设计公司拥有部分资金的派生小公司之间，建立基于成本优势的合同 | 处于美国实质控制之下的六人团队；在软件工作方面处于从属地位；高度自治；具有合同的个人化工作，但工人具有策略性权力，因此能够获得较好的工资和工作条件 | 往往是持续几个月时间的项目；严格的最终期限；工作节奏往往包括常态、兴奋或高潮，然后是松懈四个环节；团队定向会随着最终期限的情况而变化；最终期限之前，向内看，相互紧密结合并强烈关注项目完成，在最终期限之后寻找新的工作时外向化、片段化和瓦解。处于某个地方的团队合作，并对其他某个地方的项目进行远程控制 | 就业无保障——团队被投向那些他们缺少技能完成的工作——工作被亚分包出去。后来设计工作转移到美国——团队实质被解散。就业能力很重要——持续地搜寻新的工作，因此地方与全球网络很重要；基于共同工作场所的地方文化而又知道全球信息；当项目完成和个人必须寻找新的工作时，个人主义又重新出现 |
| 航空，英国（Blyton et al.，2002） | 削减劳动成本和提高绩效，以应对日益激烈的全球竞争；不断与其他公司建立联盟 | 以提高生产力为目标的重构；在工作安全保障、职业机会与工资方面存在差异 | 工会化的、集体协议——受到威胁的/实际的产业活动——与飞行员而非机舱乘务员进行谈判的结果 | 飞行员与机舱乘务员：日益增加工作的强度与日益延长的工作时间；工资系统的调整。飞行员：工资总体上改善；日益增加的职业机会。而机舱乘务员则相反 |
| *414* 制药业，美国（Frenkel et al.，1998） | 公司重构，成本缩减和改进绩效。由英国工厂向欧洲市场提供核心的专家，而南非工厂服务更小的地方市场，为了更低的劳动成本而与这些工厂建立同盟 | 压缩规模与关闭分厂；有选择地重构与进行新的投资，如投资到英国而不是沙特的工厂 | 两个工会化的工作场所；理性化的英国工厂，更加专门化的和高效率的生产商；合作的工会。通过团队、新的工资和工作评估结构，减少那些通过协商产生的工作分工，并且讨价还价单元更少。沙特的工作场所——通过强化交流沟通和在弱小而保守的工会控制下参与车间管理而努力增加绩效 | 英国的工厂——工作没有安全保障；低落的士气；团队工作——在七年后被关闭。而在沙特的工厂，士气高涨、工作较有保障，但在公司策略和工会代表性方面却具有不确定性，也缺少限制变革范围的资源 |

注：本表第一栏中列出了对每个产业进行案例研究的作者。

在分析的过程中，我们把这些限定记在心上，并得出了如下几个观察结论。首先，每个案例都各自与先前归纳的五种工作系统模式存在一定的联系。例如，关于跨国服装公司的案例研究，指出存在一种日本化模式趋势，同时存在一种低工资工作系统模式的趋势。软件开发工作系统则类似于以项目为基础的系统，其特征是以短期雇用、团队为基础的工作，工人的未来就业依赖于网络。然而，软件开发工作系统与人力资源管理模式也存在两个方面的相似性：就业是跨国公司的一个有用的副产品，而这些公司的工资以及工作条件相对较好。

在航空业的工作场所中，飞行员类似于按联合团队为基础的方法进行工作，不过这似乎也是工会进行的产业行动的产物，而不是工人与管理者之间合作的产物。相反，机舱内的乘务工作系统则类似于低工资模式，只不过这些工人获得了某些——虽然是有限的——工会保护。关于制药公司的研究案例指出，在英国可能发现一种联合团队为基础的工作方法，只不过工作场所的变革由先发制人的管理方支配，工人并不欢迎导致工作队伍士气低落的变迁，只不过他们善于适应而已。在南非的工作场所中，则存在一种朝向日本化模式的趋势，但只限于引入支持性的实践。简言之，这些案例中所描述的大多数工作系统都是全球性和地方性的因素相互结合的产物。这支持了工作系统趋异趋势强于趋同趋势的主张。

此外，这些案例确实也显示了工作系统的某些共同特征。这些特征包括跨国公司存在巨大的削减成本的竞争压力以及改进绩效的竞争压力。而这又导致公司强调核心能力，与其他公司建立同盟和合约关系，而工作系统因此也必然发生变革。这些公司普遍出现了工作的重构，导致工作岗位的普遍损失，在所有这四个案例中都发生了工厂的关闭，虽然在航空业中，这一点从表14—3中得不到证实，但是最近的证据却支持这一点（Clarke et al., 2002：452）。请注意，除了服装产业案例以外，团队工作是一种共同而普遍的工作实践。也就是说，我们似乎可以做出如下合理的假设，即在航空业中，团队工作是一种常规的实践。这意味着跨国公司会通过部门的灵活设置，也会通过灵活的用工数量来实现更高的工作绩效。虽然几乎不存在关于影响变迁的共同策略的证据，但是管理者都处于被攻击的地位。在两种工会化的工作场所（航空和制药）中，似乎也使用咨询与商谈，并且在大多情况下导致工会的

合作。对于工人而言，实质性的影响是痛苦的：就业与收入没有保障，同行业个人之间（软件开发）、不同工厂（服饰和制药）中的工人之间、不同职业群体（航空）之间日益增加的工资收入不平等，并可能加剧胜利者与失败者之间的分割（Hayman，1999：104-5）。工作强度也明显增加，虽然在软件开发产业中，整个开发环节中只有部分环节工作强度在加大。最后，随着跨国公司寻求在劳动力成本更低而更有效率的地方来进行服装的生产、软件的开发和药物的制造，工作场所也出现了流动性的迹象。在这些地方，英国的公司常常被更大的法国公司兼并或接收。

除了一个部门外，我们在软件开发与航空业中，都可以明确看到，地方制度背景与工会发挥着强烈的影响，虽然自本研究进行之后，工会的影响可能已经下降。之所以出现各种不同的结果，其直接的原因可能在于软件产业中的开发者和航空工业中的飞行员，相对于半技能的服装工人而言，拥有相对更大的权力。在制药产业中，工会的影响正在弱化，然而，工会仍然为咨询与商谈提供了一种渠道。

总之，通过对这四个案例研究的回顾，我们可以得到两点结论。其一，有证据表明，特定的工作系统模型在影响着管理思想，但是现实是复杂的，趋异正在成为主要的趋势。其二，我们所研究的工作系统，显示了管理方相对于工人所具有的权力优势和支配地位。这可以从管理方日益进行灵活的用工中看出来。这与主张解除劳动力市场规则的新自由意识形态是一致的，这种市场有利于促进管理方对劳动者进行各种形式的控制。美国跨国公司可能欢迎本章所讨论的四种模型中的一种或者数种模型，这要取决于其策略与所处背景。它们反对的唯一一种模式，就是以团队为基础的路线，以及工会的代表作用，虽然在这方面处于重要战略地位的工人如飞行员，有时也会控制（forced）管理方之手。

## 八、结论

在本章中，我提出了一个"支配性利益集团"概念框架，来解释全球化与工作之间的关系。这种视角视当代的全球化为一种新自由主义的政治工程，这个工程通过促进国际性的贸易和投资，以及有利于跨国公司开展活动的政治—经济环境而体现跨国公司的利益。美国的跨国公司在这个过程中发挥了

支配性的作用，帮助创造和维持了一种轻规制的劳动力市场，培育了低工资、人力资源管理、以项目为基础的以及日本化的工作系统类型，同时限制了以联合团队为基础的工作组织形式的扩散。然而，在工作系统走向趋同的同时，工作系统也因为各种不同的背景因素以及与公司相关的各种因素而出现日益增加的多样性。因此，支配性利益集团理论作为一种分析框架，可以对导致工作系统出现趋同的同时又出现趋异的趋势那些偶然性、权变性进行深入分析。值得我们再一次强调的是，全球化及其后果具有历史的偶然性、权变性，也存在一定程度的路径依赖。跨国公司、政府、社会组织正在重新评估现有的政策，并学习如何用新的方式处理旧的问题。随着新形势的出现，他们也提出新的策略。的确，在最近，全球化的新自由主义的变种，正在受到那些被美国、左右大众意见的非政府组织与工会排斥到一边的政府的挑战。在世贸组织大会上，这些政府要求在全球化的桌子上拥有更大的发言权，有几个国家——阿根廷、墨西哥、菲律宾、韩国、泰国——的民众，要求政府对与全球化和国际货币基金组织所倡导的改革措施所导致的大萧条和/或经济增长的停滞负责。而在其间，在欧洲，有些人支持一种更加灵活的社会市场模式。

在应对这些压力以及其他压力的过程中，全球化呈现出诸多新的特征。美国已经不再试图通过双边主义追求贸易与投资的自由化，而对于跨国公司应承担更多社会责任的要求，正在随着合乎道德的投资基金、劳动或环境监督安排的快速增加而被制度化。有一个由联合国发起的全球契约活动（Global Compact），已经有1 000多个跨国公司（不到以美国为基础的跨国公司的5%）签约，其目的是要与工人、环境实现良性的协作，以寻求一个可持续的未来。这些进展对于工作系统可能有着重要的后果，它们确实可能导致一种新的利益相关者资本主义模式，并挑战和超越现在那些管理和支配工作系统的股东资本主义模式。

而仅就研究而言，支配性利益集团理论的目标是双重的：对当代工作系统进行解释，以及提出一种工具来实现全球化的解放性的一面，其中包括实现变迁的各种策略。我们除了要把这些目标记在心中外，还需要对处于支配地位的国家（美国）的政治与经济利益之间的关系以及这些关系如何影响工作系统等问题，进行深入而系统的理论探讨。这种重要的研究应具有历史的维度，并把其他竞争性国家或政治实体如欧盟等包括进来。关于跨国公司特别是美国的跨国公司，对于劳动力市场政策施加政治影响的方式与程度，我们还需要在一种比较抽象的层次上进行深入的分析。跨国公司的宗主国与客居国的政府，以及国际组织也应成为我们分析的靶子。我们还需要获得关于跨国公司工作系统更多更深入的信息，并对这些信息进行分析。这也许可以通过对跨国公司进行典型调查来实现，包括鉴定其工作系统，检验那些与本章先前所提及的、促进工作系统趋同与趋异的因素相关的假设。最后，我们还需要进一步探讨不同工作系统构造的影响。而这可以通过对不同时期的跨国公司的从属分支企业的工作场所的工作系统，与受到一种适当的理论所指引的跨国公司及其从属分支企业的工作场所中的工作系统进行比较来实现。我们通过进行与上文归纳的那些项目相似的研究，可以得到一种研究结果，那就是可以进一步提炼支配性利益集团的理论框架，并用以解释全球化与工作之间的关系，同时能够提出一些将被证明在促进劳工大众的利益方面是有用的概念与战略。

史蒂文·弗伦克尔（Steven Frenkel）[1]

## 参考文献

Academy of Management Issues Forum（2003）. *What Should be Done About CEO Pay*？http：//myaom. pace. edu/octane8admin/websites / ProfessionalDevelopment / default. asp？id=128

Almond, P., Edwards, T., Colling, T. et al. (2005). "Unraveling Home and Host Country Effects: An Investigation of the HR Policies of an American Multinational in Four European Countries", *Industrial Relations*，44（2）：276 - 306.

Bain, R. and Hester, K. (2003). "Carrot or Stick? How MNCs Have Reacted to the European Works Council Directive", in W. N. Cooke（ed.）, *Multinational Companies and Global Human Resource Strategies*. Westport, Connecticut: Quorum Books.

Beaupain, T., Jefferys, S. and Annand, R. (2003). "Early Days: Belgian and U. K. Experiences of European

① 我要感谢保罗·爱德华兹与安东尼·费尔纳（Anthony Ferner）为本章初稿提供的有益评论。本文还得益于作者在都柏林大学、沃里克（Warwick）大学以及威特沃特斯兰德（Witwatersrand）大学参加的各次研讨会。

Works Councils", in Cooke, W. N. (ed.), *Multinational Companies and Global Human Resource Strategies*. Westport, CT: Quorum Books.

Beck, U. (2000). *The Brave New World of Work*. London: Polity Press. Bélanger, J., Edwards, P., and Wright, M. (1999). "Best HR Practice and the Multinational Company", *Human Resource Management Journal*, 9 (3): 53 - 70.

Blyton, P., Lucio, M., McGurk, J., and Turnbull, P. (2002). "Globalization, Restructuring and Occupational Labour Power: Evidence from the International Airline Industry", in Y. A. Debrah and I. G. Smith (eds.), *Globalisation, Employment and the Workplace*. London: Routledge.

Borrus, M., Ernst, D., and Haggard, S. (2000). *International Production Networks in Asia: Rivalry or Riches?* London: Routledge.

Boyer, R. and Durand, J-P. (1997). *After Fordism*. Houndmills: Macmillan.

Brewster, C. and Tregaskis, O. (2003). "Convergence or Divergence of ContingentEmployment Practices? Evidence of the Role of MNCs in Europe", in W. N. Cooke (ed.), *Multinational Companies and Global Human Resource Strategies*. Westport, CT: Quorum Books.

Burawoy, M., Blum, J., George, S. et al. (2000). *Global Ethnography: Forces, Connections and Imaginations in a Postmodern World*. Berkeley: University of California Press.

Castells, M. (1996). *The Rise of the Network Society*. Oxford: Blackwell.

Chang, H-J. (2004). *Kicking Away the Ladder: Development Strategy in Historical Perspective*. London: Anthem Press.

419 Clark, I., Colling, T., Aomond, P. et al. (2002). "Multinationals in Europe 2001 - 2: Home Country, Host Country and Sector Effects in the Context of Crisis", *Industrial Relations Journal*, 33 (5): 446 - 64.

Colling, T. and Clark, I. (2002). "Looking for 'Americanness': Home-Country, Sector and Firm Effects on Employment Systems in as Engineering Services Company", *European Journal of Industrial Relations*, 8 (3): 301 - 24.

Collins, J. (2002). "Deterritorialization and Workplace Culture", *American Ethnologist*, 29 (1): 151 - 71.

Cooke, W. (2003a). "The Influence of Relations System Factors on Foreign Direct Investment", in W. Cooke (ed.), *Multinational Companies and Global Human Re-*

source Strategies. Westport, CT: Quorum Books.

—— (2003b). "The Role of Power and Implications for Transnationals Workplace Outcomes", in W. N. Cooke (ed.), *Multinational Companies and Global Human Resource Strategies*. Westport, CT: Quorum Books.

De Grauwe, P. and Camerman, F. (2003) *How Big are the Big Multinational Companies?*", www. econ. kuleuven. ac. be/ew/academic/intecon/Degrauwe

Doeringer, P. B., Lorenz, E. and Terkla, D. G. (2003). "The adoption and diffusion of high-performance management: lessons from Japanese multinationals in the West". *Cambridge Journal of Economics*, 27, 265 - 86.

*Economist* (2003a). "Is the Wakening Giant a Monster?", February 15: 63 - 5.

*Economist* (2003b). "Cancun's Charming Outcome", September 20: 11.

Edwards, T. (2000). "Multinationals, international integration and employment practice in domestic plants". *Industrial Relations Journal*, 31/2, 115 - 29.

Edwards, T. and Ferner, A. (2002). "The renewed 'American Challenge': a review of employment practice in US multinationals". *Industrial Relations Journal*, 33/2, 94 - 111.

Elger, T. and Smith, C. (1998). "Exit, Voice and 'Mandate': Management Strategies and Labour Practices of Japanese Firms in Britain". *British Journal of Industrial Relations*, 36/2, 185 - 207.

Ferner, A and Quintanilla, J. (1998). "Multinationals, National Business Systems and HRM: the Enduring Influence of National Identity or a Process of 'Anglo-Saxonisation' ". *International Journal of Human Resource Management*, 9/4, 710 - 31.

Ferner, A. and Quintanilla, J. (2002). "Between Globalization and Capitalist Variety: Multinationals and the International Diffusion of Employment Relations". *European Journal of Industrial Relations*, 8/3, 243 - 50.

Financial Times (2003). "No Confidence in British Business - Company Directors are Seen as Untrustworthy and Overpaid", June 30: 18. Available on http: //80 - global. factiva. com. proxy

Forbes (2003). The Global 500. 21 July, Forbes. com.

Frenkel, S. J. (1994). "Patterns of Workplace Relations in the Global Corporation: Toward Convergence?", in J. Bélanger, P. Edwards, and L. Haiven (eds.), *Workplace Industrial Relations and the Global Challenge*. Ithaca: ILR Press, 240 - 74.

Frenkel, S. J. (1995). "Workplace Relations in the 420

Global Corporation: A Comparative Analysis of Subsidiaries in Malaysia and Taiwan", in Frenkel, S. and Harrod, J. (eds.), *Industrialization and Labor Relations: Contemporary Research in Seven Countries*. Ithaca: ILR Press, 179 – 215.

Frenkel, S. J. (2000). "Globalization, Athletic Footwear Commodity Chains and Employment Relations in China". *Organization Studies*, 22/4, 531 – 62.

Frenkel, S. J. (2003). "The Embedded Character of Workplace Relations". *Work & Occupations*, 30/2, 3 – 21.

Frenkel, S. J. (2004). "Service Workers in Search of Decent Work", in S. Ackroyd, R. Batt, P. Tolbert, P. Thompson, et al. (eds.) *Handbook of Work & Organization*, Oxford: Oxford University Press.

Frenkel, S. J. and Kuruvilla, S. (2002). "Logics of Action, Globalization, and Changing Employment Relations in China, India, Malaysia, and the Philippines". *Industrial and Labor Relations Review*, 55/3, 387 – 412.

Frenkel, S. J. and Royal, C. (1998). "Corporate-Subsidiary Relations, Local Contexts and Workplace Change in Global Corporations". *Industrial Relations*, 53/1, 154 – 85.

Frenkel, S. J. and Scott, D. (2002). "Compliance, Collaboration, and Codes of Labor Practice: The adidas Connection". *California Review Management*, 45/1, 29 – 49.

George, S. (2000). "Dirty Nurses and 'Men Who Play': Gender and Class in Transnational Migration", in M. Burawoy, J. Blum, S. George et al. (eds.), *Global Ethnography: Forces, Connections and Imaginations in a PostmodernWorld*. Berkeley: University of California Press.

Giddens, A. (1999). *Runaway World*. London: Reith Lectures. Available at http://www.abc.net.au/rn/events/reith99.htm

Giddens, A. and Hutton, W. (2000) "In Conversation", in Hutton, W. and Giddens, A. (eds.) *On the Edge: Living with Global Capitalism*. London: Jonathan Cape.

Gille, Z. and Ó Riain, S. (2002). "Global Ethnography", *Annual Review of Sociology*, 28: 271 – 95.

Gordon, D., Edwards, R., and Reich, M. (1992). *Segmented Work, Divided Workers: The Historical Transformation of Labor in the United States*. Cambridge: Cambridge University Press.

Greenhouse, S. (2003). "IBM Explores Shift of White-Collar Jobs Overseas", *NY Times*.com Article, July 22.

Guardian Weekly (2003). "Big-firm Directors Earn Fat-Cat Label", August 7 – 13: 8.

Hayden, A. and Edwards, T. (2001). "The Erosion of the Country of Origin Effect", *Relations industrielles*, 56 (1): 116 – 40.

Hayman, R. (1999). "Imagined Solidarities: Can Trade Unions Resist Globalization?", in P. Leisink (ed.), *Globalization and Labour Relations*. London: Edward Elgar.

Held, D., McGrew, A., Goldblatt, D., and Perraton, P. (1999). *Global Transformations: Politics, Economics and Culture*. Cambridge: Polity Press.

Hirst, P. and Thompson, G (1996). *Globalization in Question: The International Economy and the Possibilities of Governance*. Cambridge: Polity Press.

Hutton, W. (2002). *The World We're In*. London: Little, Brown.

Hutton W. and Giddens, A. (eds.) (2000). *On the Edge: Living with Global Capitalism*. London: Jonathan Cape.

ILO (International Labour Organization) (1999). Decent Work, International Labour Conference, 87th Session, Report of the Director-General, Geneva.

Kalleberg, A. L. (2003). "Flexible Firms and Labor Market Segmentation: Effects of Workplace Restructuring on Jobs and Workers", *Work and Occupations*, 30 (2): 154 – 75.

Katz, H. C. and Derbishire, O. (2000). *Converging Divergences: Worldwide Changes in Employment Systems*. Ithaca: ILR Press/Cornell University Press.

Kenney, M. and Tanaka, S. (2003). "Transferring the Learning Factory to America? The Japanese Television Assembly Transplants", in W. N. Cooke (ed.), *Multinational Companies and Global Human Resource Strategies*. Westport, CT: Quorum Books.

Kerr, C., Dunlop, J. T., Harbison, F., and Myers, C. (1964). *Industrialism and Industrial Man: The Problems of Labour and Management in Economic Growth*. New York: Oxford University Press.

Klein, N. (2000). *N. Logo*. London: Harper Collins.

Kleiner, M. and Ham, H. (2003). "The Effect of Different Industrial Relations Systems in the United States and the European Union on Foreign Direct Investment Flows", in W. N. Cooke (ed.), *Multinational Companies and Global Human Resource Strategies*. Westport, CT: Quorum Books.

Kochan, T., Lansbury, R., and MacDuffie, J. (1997). *After Lean Production: Evolving Employment Practices in the World Auto Industry*. Ithaca: ILR/Cornell

University Press.

Köhler, G. (2003). "Foreign Direct Investment and its Employment Opportunities in Perspective: Meeting the Great Expectations of Developing Countries?", in W. N. Cooke (ed.), *Multinational Companies and Global Human Resource Strategies*. Westport, CT: Quorum Books.

Kurdelbusch, A. (2002). "Multinational and the Rise of Variable Pay in Germany", *European Journal of Industrial Relations*, 8 (3): 325 - 49.

Kuttner, R. (2000). "The Role of Governments in the World Economy", in W. Hutton, and A. Giddens (eds.), *On the Edge: Living with Global Capitalism*. London: Jonathan Cape.

Legrain, P. (2002). *Open World: The Truth about Globalization*. London: Abacus.

Mamic, I. (2004). *Implementing Codes of Conduct*. Sheffield: Greenleaf.

Marginson, P. and Sisson, K. (2004). *European Integration and Industrial Relations. Multi-level Governance in the Making*. London: Palgrave.

Marsden, D. (2004). "Employment Systems: Workplace HRM Strategies and Labor Institutions", in B. Kaufman (ed.) *Theoretical Perspectives on Work and the Employment Relationship*, IRRA. Urbana-Champaign: University of Illinois.

Milkman, R. (1991). *Japan's California Factories: Labor Relations and Economic Globalization*. Los Angeles: UCLA Institute of Industrial Relations.

Monbiot, G. (2003). *The Age of Consent: A Manifesto for a New World Order*. London: Flamingo.

Muller-Camen, M., Almond, P., Gunnigle, P., Quintanilla, J., and Tempel, A. (2001). "Between Home and Host Country: Multinationals and Employment Relations in Europe", *Industrial Relations Journal*, 32 (5): 435 - 48.

Munck, R. (2002). *Globalisation and Labour: The New "Great Transformation"*. London: Zed Books.

Nolan, P. (2003). *China at the Cross-Roads*. Cambridge: Polity Press.

Nolan, P. (2004) "Industrial Policy in the Early 21st Century: The Challenge of the Global Business Revolution", in Ha-Joon Chang (ed.), *Rethinking Development Economics*. London: Anthem Press.

Ó Riain, S. (2000) "Net-Working for a Living: Irish Software Developers in the Global Workplace", in M. Burawoy, J. Blum, S. George et al. *Global Ethnography: Forces, Connections and Imaginations in a Postmodern World*. Berkeley: University of California Press.

OECD (2000). Guidelines for Multinational Enterprises. Available at http://www.oech.org

Omae, K. (1990) *The Borderless World: Power and Strategy in the Interlinked Economy*. New York: Harper Row.

Omae, K. (1995). *The Evolving Global Economy: Making Sense of the New World Order*. Boston: Harvard Business School Press.

Petras, J. and Veltmeyer, H. (2001). *Globalization Unmasked*. London: Fernwood Publishing & Zed Books.

Piore, M. and Sabel, C. (1984). *The Second Industrial Divide: Possibilities for Prosperity*. New York: Basic Books.

Prechel, H. (2002). "The Labor Process and the Transformation of Corporate Control in the Global Economy", in B. Berberoglu (ed.), *Labor and Capital in the Age of Globalization: The Labor Process and the Changing Nature of Work in the Global Economy*. New York: Rowman & Littlefield.

Royle, R. (2002). "Multinational Corporations, Employers" Associations and Trade Union Exclusion Strategies in the German Fast-food Industry", *Employee Relations*, 24 (4): 437 - 60.

Royal, C. and Althauser, R. (2003). "The Labor Markets of Knowledge Workers: Investment Bankers. Careers in the Wake of Corporate Restructuring", *Work and Occupations*, 30 (2): 214 - 233.

Rubery, J. and Grimshaw, D. (2003). *The Organization of Employment: An International Perspective*. London: Palgrave Macmillan.

Ruigrok, W. and van Tulder, R. (1995). *The Logic of International Restructuring*. London: Routledge.

Singh, A., and Weisse, B. (2003). "Corporate Governance, Competition, the New International Financial Architecture and Large Corporations in Emerging Markets", *Management of Capital Flows: Comparative Experiences and Implications for Africa*. New York: United Nations.

Smith, C, and Meiskins, P. (1995). "System, Society and Dominance Effects in Cross-National Analysis", *Work, Employment and Society*, 9 (2): 241 - 67.

Standing, G. (1999). *Global Labour Flexibility: Seeking Distributive Justice*. London: Macmillan.

Stiglitz, J. E. (2002). *Globalization and its Discontents*. New York: W. W. Norton & Company.

Stiglitz, J. E. (2003). *The Roaring Nineties: A New History of the World's Most Prosperous Decade*. New

York: W. W. Norton.

Taplin, I. M. and Winterton, J. (2002). "Responses to Globalized Production: Restructuring and Work Reorganization in the Clothing Industry of High-wage Countries", in Y. A. Debrah and I. G. Smith (eds.), *Globalization, Employment and the Workplace*. London: Routledge.

UNCTAD (United Nations Conference on Trade and Development) (1999). *Foreign Direct Investment and the Challenge of Development*. New York: United Nations.

UNCTAD (United National Conference on Trade and Development) (2001). *World Investment Report 2001 Promoting Linkages*. New York: United Nations.

UNCTAD (United National Conference on Trade and Development) (2002). "Are Transnationals Bigger than Countries?", TAD/INF/PR/47, August 12. Available at www. unctad. org

United Nations (2001). *World Economic and Social Survey* 2001. New York: United Nations.

Waddock, S. (2002). *Leading Corporate Citizens: Vision, Values, Value Added*. Boston: McGraw Hill.

Webster, E. and Omar, R. (2003). "Work Restructuring in Post-Apartheid South Africa", *Work and Occupations*, 30 (2): 194 – 213.

Whitley, R. (1999). *Divergent Capitalisms: The Social Structuring and Change of Business Systems*. Oxford: Oxford University Press.

Wilkinson, B., Gamble, J., Humphrey, J., Morris, J., and Anthony, D. (2001). "The New International Division of Labour in Asian Electronics: Work Organization and Human Resources in Japan and Malaysia", *Journal of Management Studies*, 38 (5): 675 – 95.

World Bank (2000). *World Development Indicators* 2000. Washington, DC: World Bank.

# 第十五章 身份与工作

社会科学与人文科学关于身份性质的理论兴趣正在与日俱增。[1] 然而，在当代，那些研究晚期现代性或后现代性身份的理论家们，相对来说很少会把工作置于他们的研究中心。某些学者指出，诸如消费等生活的其他维度，已经取代工作成为建构身份的关键舞台。还有一些研究身份的理论家，则仅仅关注和分析其他问题。例如，最近很多关于集体身份的理论研究，强调了种族、民族性、性别或性而非职业或阶层对于身份的重要性。而另一些研究主体性的理论，关注的是权力通过话语传播的实施，往往优先强调工作场所关系的特殊重要性。不过，工作仍然是身份的重要基础之一。工作可能是一个人的自我发展的舞台、社会关系联带的来源、地位的决定变量，以及意识的塑造者。由于这些原因，人们与工作的关系，可以促进他们的自我意义以及他人对于他们的意义。

E.C. 休斯 1951 年发表了一篇题为《工作与自我》（*Work and Self*）的经典论文，其中有一段文字人们常常引用。在这段文字中，他断言"工作对于一个男人而言，是别人评判他的依据，而更加重要的是，一个男人通过工作来评判他自己"。E.C. 休斯 [Hughes,（1951a）1984：338-339] 继续说，一个男人如何谋生，"是他更加重要的社会身份要素之一，是他的自我之一；的确，也是他所不得不过的一种生活命运"。E.C. 休斯坚持认为社会学家应关注工作对身份的重要性，这是重要的，但是他的概括或定论的很多方面都需要重新思考。也许最明显的是，他关于"男人"的这种模糊用法，导致我们需要讨论性别如何影响工作对于身份的重要性问题，以及特定的工作身份如何逐渐被性别化的问题。而且，关于身份的理论研究一直很繁荣，但同时，很多当代的身份理论家却很少谈及工作，很少明确

地把身份作为研究的中心。如果对于男人来说，工作之于身份的重要性，与 E.C. 休斯所假定的情况不一样，可能并没那么重要，那么对于这些变化我们需要做出解释，按照工作条件和身份的其他可获得的替代性基础来解释。特别是，社会学家必须关注社会变迁，这些变迁可能影响工作建立某人身份的可能性或愿望。

自从 E.C. 休斯写作该经典论文以来一直到现在，又出现了很多各种各样的相关趋势与结构性变迁，并已经重新塑造了工作世界。这些趋势与变迁包括劳动力的转型。女性已经进入工资劳动力队伍，其规模可谓历史空前；随着日益流动的资本导致对生产地址的重新配置，新的人口日益成为工资劳动者；大量的人为了寻找工作而远距离流动。在很多国家，整个经济的各个部门，移民都成了工作人员的主体；而整个世界的工人，都为了工作岗位而进行比以前任何时候都要更加直接的竞争。工作对于处于不同地位的工人的意义，发生了如何变化或不同，还需要我们进行经验性的调查，这些变化对于集体身份模式会产生何种影响，也还需要我们进行经验的研究。

影响工作之于身份的相关性的其他重要趋势，则与人们从事何种工作有关。在大多数的发达经济体中，制造业部门中的工作岗位数量的下降，服务业中的工作岗位数量的上升速度惊人，并且服务性工人比起制造业工人来，更加经常面临不同种类的自我挑战。快速的技术变革创造了各种新的工作，并使得某些工作种类过时，同时使工作身份发生动摇，影响了维持其他身份的支撑点诸如共同体与家庭的可能性。在组织之内，正在发生变革的管理策略重新构造了任务与责任。相应地，管理方可能寻求塑造工人的主体性以适应正在转型的经济形势与

---

[1] 至于这种研究的文献评论与指南，参见 M. A. 霍格等（Hogg et al.，1995）、A. 艾略特（Elliott，2001）、P. 卡利罗（Callero，2003）、C. 梅与 A. 库珀（May & Cooper，1995）、K. A. 塞鲁罗（Cerulo，1997），以及 K. A. 霍华德（Howard，2000）。

业务计划。

另外，经济重构的过程已经导致了工作的组织方式的重要变革。雇主日益寻求恰当而严格地雇用他们在某个给定时刻所需要的劳动力类型与数量。很多雇主已经不再试图把工人固定在组织内，恰恰相反，他们创造各种临时性的工作岗位，雇用咨询者、工作转包，以及限制自己对于工人的责任等。对于很多人来说，正如 E. C. 休斯所言，如果工作确实是个人身份的"最为重要的部分之一"，那么工作关系日益增加的流动性，就对身份提出了重要的挑战。

426　　可见，最近一些年来，劳动分工、工作结构和就业关系都经历了快速变迁，这必然影响到通过工作建构身份的各种可能性。在许多人的生活中，结构性变迁改变了工作的地点，加之雇员、政府官员、大众媒体以及其他的各种指导、指示性来源，为人们提供了对工作的新理解，或者强化了这种理解。这些发展促使我们重新考虑那些熟悉而常见的理论视角，以理解工作与身份。

"身份"一词包括了多少有点相互矛盾的不同意义的结合体。其中首要的一层意义，关注的是个人特性或个性、生命史，以及建构个人的一套社会关系。另一层意义则关注集体，以及共有的身份模式。"身份政治"一词可以说明这一用法。种族与族群、民族性、性别、性以及阶层，都是人们最经常提及的单一的或组合的身份的基础。尽管强调的重点不同，每一层意义却都能既适用于自我概念，也适用于一个人如何被他人看待与对待。实质上所有的社会学家都认为自我感是社会地建构的，因此个人身份和社会身份不可避免是交织在一起的，但是各种理论传统有的强调个人身份，有的强调集体身份。

那些社会学理论的奠基人，认为工作与身份之间关系的性质，对于理解社会团结、权力与历史变迁是至关重要的。自从马克思、涂尔干与韦伯以来，社会学家已讨论了社会与经济的转型如何改变了工作与身份之间的关系，或者如何损害了它们的重要性。本文归纳社会学家们探讨这个主题的各种方式正在发生的变革，也归纳已经促进了理论创新的历史转型。本文首先回顾重要的基本理论视角，追踪那些正在转型的、关于工作为何处于——或是否处于——理解身份的中心的各种主张。然后思考工人对于各种层次的社会组织的经验与理解，探讨工作对于一个人的道德状况的重要性。这一部分强调在工作与个人品质的文化判断中，性别的重要性以及

这种重要性的不断变化。下一小节则处理从事某一特定工作对于身份的意涵，而这是很多关于职业文化与社会互动的研究的焦点。然而，随着工作已经日益被设定在组织情景中，职业作为身份基础的重要性已经下降。社会学家在马克思与韦伯的基础上，强调了组织如何建构与操纵工人身份，同时也利用 427 劳动过程理论与后结构主义来分析雇主运用权力限制与支配身份形成的各种方式。然而，工作组织是嵌入一个不断变化的社会与经济图景之中的，这些图景已经使把身份建立在长期雇佣关系基础上的各种可能性日益减小。本文的最后一部分，探讨工作组织的当代发展对那些关注工人在制造与维持一种身份时面临的机会与障碍的社会学家们所提出的挑战。

# 一、关于工作与身份的理论

很多关于工作的当代分析都依赖于对各种形式的工作进行比较——隐含的或明确的比较，特别是依赖于对手工工作与专业技术职业进行比较，这些工作职业传统上提供了稳定的、终身的身份，以及强烈的共同体感和满足感。在这些形式的工作（特别是这些工作的理想化的和怀旧式的图像）中，职业群体对于一套技能与知识具有排他性的掌握和控制，要想获得完全的成员资格，必须不断进行长期培训与社会化，而个体从业者实施实质性的自治，职业塑造工人的社会生活的诸多层面。

涂尔干认为强大的职业共同体是社会团结的关键［Durkheim, (1893) 1984：338-339］，并认为以劳动分工为基础的专门化，是"社会密度"的一种必然结果，并因此认为它不可扭转。但是更准确地说，是因为专门化使得相互依赖十分重要，涂尔干期望随着社会更加分化和成为个人主义的，这种劳动分工会提供一种社会内聚。对于工作感兴趣的各代社会学家已经接过了他的大旗，继续研究职业群体是否和如何能够产生与维持一种共同的道德，继续研究给个人提供意义感的各种社会关系。

然而，19 世纪和 20 世纪的主流的趋势是日益把工作置于组织控制之下，而不是职业与专业人员团体的控制之下。马克思和恩格斯关于资本主义社会关系的研究，以及韦伯关于理性化特别是科层制的研究，有助于解释使工作组织起来，以及与它们相联系的、以工作为基础的身份的形成的那些方式受

到损害的历史过程。

马克思与恩格斯把工作界定为或等同于人们成其为之所是的首要舞台。从理想的情况看或从理论上看，工作应是人们发展其完全的潜能并变为最充分的人的领域。马克思［Marx,（1932）1978：160］设想了一种共产主义社会，在这种社会中，人们不再受到强制性的专业化束缚，而是能够"今天干这事，明天干那事，上午打猎，下午捕鱼，傍晚从事畜牧，晚饭后从事批判……就不会使我老是一个猎人、渔夫、牧人或批判者"。然而，在资本主义条件下，生产具有的剥削关系以及强大的劳动分工，使人们与他们的工作产物相异化，耗尽了工作的意义，阻碍了无产阶级并使之被迫从属于产业纪律。但是驱使工人进行工资劳动以及剥夺他们对工作的控制的资本主义逻辑，也消除了工人之间的差异，并因此厘清了工人的真正利益是与资本家的利益相对立的。既然在塑造历史性变迁的重要冲突中，阶级确定了一个人的位置，那么以工作为基础的身份——阶级意识——就具有第一位的重要性，即使是工作本身被剥夺了意义，也是如此。

韦伯的很多著作关注的是对于个人而言有意义的工作环境，以及群体身份与冲突在何种程度上是围绕经济地位而展开的。他并不赞同马克思关于工作的内在固有重要性在于它是意义与自我形成或发展的潜在来源的看法，但是他指出了宗教信仰可能赋予工作以深刻的意义。然而，他还揭示了资本主义的形成和发展如何会剥夺工作的意义，使之成为一种"铁的牢笼"［Weber,（1904 – 1905）1958：181］。韦伯承认，阶级对于集体身份以及权力争夺而言都是一个重要的基础，但是他对地位的重要性和政府作用的承认，则拓宽了他的关注范围，而关于工作的研究和关于以工作为基础的身份的研究，应把这些关注纳入进来。韦伯对于各种权威形式的分析，以及对于不断的理性化进程的分析，强调了科层组织对于身份的重要性。理性化的组织把工作角色（公职）与身份的其他基础区分开来，并建构工作，通过正式规则使个人判断减少到最小的限度，从而促进由等级制组织中的上级所决定的结果［Weber,（1922）1979］。

马克思主义与韦伯传统的理论，都强调工作组织如何以把工人的活动与工人自己的意图和目标分离开来的方式而转型，而美国的微观社会学传统则揭示了人们如何积极地在工作中建构意义与身份。符号互动理论——一种源于乔治·米德（Mead,1934）以及其他实用主义者的理论，以及戈夫曼传统分析的理论，这种理论甚至借用了涂尔干关于仪式的理论——在相当的程度上丰富了关于工作的研究，特别是通过研究身份的创造与呈现过程，大大丰富了工作研究。[①] 这些传统中的社会学家常常分析互动模式与自我呈现模式，认为它们是个人或职业团体努力争取其地位与自治过程中的一个不可或缺的部分。

对于各种具体职业的民族志研究构成了工作研究的主体，而芝加哥学派对于 E. C. 休斯在 20 世纪 30 年代晚期所开创的工作研究的推进，也可以说明这一点。休斯开创的工作研究传统集中探讨自我呈现的管理以及对与他人关系的管理，集中探讨工作的意义以及成员资格和地位的象征符号。这一理论视角，主要是通过探讨个人和集体对地位、尊严和自治的争夺，来讨论权力以及不平等问题，但是较少关注那些阶级身份或宏观层次的经济结构因素对于以工作为基础的身份的决定作用。

在 20 世纪 50 年代和 60 年代，其他社会学家研究了身份在多大程度上是以工作为基础的。其答案大致说来就是"程度很低"。R. 杜宾的研究（Dubin,1956）对美国产业工人的"核心生活利益"的探讨，J. H. 戈德索普很有影响的"富裕工人项目"（Goldthorpe, 1968, 1969）对于一个英国社区中的高工资的工厂工人的阶级身份的调查，C. W. 米尔斯（Mills, 1951）对工人相对美国中产阶层的意义的评价，都得出了同样的结论，即工人往往是以工具性的方式来对待他们的工作的。尽管这些学者的理解存在某些差异，但是都坚持认为工作条件的变迁，对于大多数民众而言，意味着工作是"对时间的牺牲，人们有必要建立一种工作之外的生活"（Mills,1951：228）。工作是外在的报酬——收入、地位和权力——的可能根源，但不是内在本质意义的根源，对于那些不能控制他们自己的工作的人来说，这种内在的意义是不可能获得的。

对于工人之于身份的中心重要性的最近评估，往往较少关注工作世界的变迁，而更多地关注社会

---

① 符号互动理论中存在的第二个视角也是更加结构化的理论视角，按照社会角色被组织起来的关系性质来解释个人身份概念。从这种视角即我们所知的"身份理论"出发，工作对于一个人的身份的重要性要取决于他与他人的、基于工作角色的关系（与基于其他角色的关系相比较时）的相对数量、重要性和显著性（Hogg et al., 1995；Howard, 2000）。

的组织模式特别是实施权力的模式等更广泛的变迁，更多地关注相关的文化转型。有几个当代主要的理论家认为，如果视若当然的生活模式被打破，以及强制实施这种模式的那些内聚共同体被瓦解，人们就必须选择自己将成为谁。身份已经成为一个工程，人们有责任持续作用于它（Rose，1990；Giddens，1991；Bauman，2001；Beck ＆ Beck-Gernsheim，2002）。这一线路的主张往往极度贬低工作的重要性，认为工作只不过就是一种自我建构与表达的舞台，而且很多当代理论也明确主张，消费已经替代生产而成为人们界定其身份的领域〔Baudrillard，（1970）1998；Bauman，1998；Smart，2003；Zukin ＆ Maguire，2004〕。

430

然而，关于一个人将成为谁这种选择性的增加，将导致人们没有安全保障感，使得人们容易受到福柯所说的"权力技术"的影响，这种权力技术本身为工作提供指示，同时也会产生压力。大众媒体、专业课程、自修计划以及资本家的企业都会鼓励自我表现，促进关于身份的自我意识。可以提供给购买者的产品和服务，似乎也提供了实现一个人的个性人格与实施身份选择的方式。

尽管存在这些主张，但是工作仍然建构着大多数人的日常生活并显著地塑造他们的身份。很多人确实全身心地通过治疗检查、消费选择、志愿关系和塑身而塑造自我，但是很多人从工作中获得的社会与经济资源很少，限制了他们接触这些类型的文化实践与话语，使他们不能对之感兴趣，而这些文化实践与话语在晚期现代性或者后现代性中据说会塑造身份。而且，那些拥有最多的经济与教育资源的人，那些被认为是最能够进行自我决定和塑造生活的人，常常会通过大力投资于一种以工作为基础的身份而实施他们的选择，正如对于"工作狂"的文化研究所揭示的。对于大多数的妇女而言，传统限制的减少意味着工资工作对于她们的自我—身份的重要性在增加，而不是下降，并且在职业选择问题已经来到很多妇女面前的时候，选择待在工资劳动力队伍之外，已经日益不可能了。并且某些社会批评者已经断言，随着家庭日益脆弱和容易瓦解，以及所面临的压力日增，社区联带的日益弱化，很多人已经转而参加工作，以获得认可、意义以及一种归属感（Hochschild，1983；Hochschild，1997；Philipson，2002）。

而且，关于工作与个性人格的广泛研究都已经指出，不管工人是否认为工作是他们的生活中心部分或一个有意义的部分，工作都可能在十分关键的方面塑造着身份（概述见 Kohn，1990）。相关学者在几个国家对不同产业部门进行的长期时间序列研究和横截面研究都发现，工作条件对于成人的"价值、自我—观念或概念、社会现实的取向、认知的机能"都具有重要的影响，对于工作的控制也特别重要和有意义。在那些被研究的工作特征中，最重要的特征是，"工作岗位的结构性强制……决定了工人有多少机会来实施职业上的自我定向"，这些结构性强制包括诸如监视的密切程度、惯例化的程度以及实质复杂性等因素（Kohn，1990：40－42）。

431

而且，把身份作为一种工程来进行理论研究，就会与工作社会学在如下几个方面发生交叉。首先，很多自我—规训与教化的方向，是把某人自我呈现为一种在工作岗位市场中的值得别人要的或合意的商品（Entwistle，2000，引自 Zukin ＆ Maguire，2004；Wellington ＆ Bryson，2001）。那样的市场可能包括许多要求特殊形象和特定个性人格的工作（关于个性人格市场的论述，参见 Mills，1951）。N. 毕加特（Biggart，1983）对于那些最畅销的自助指南中存在的趋势进行了分析，并把工作岗位市场和其他经济条件的变革与关于促进成功的人格特质的不断变化的观念联系起来。

其次，职业观念指引着很多如何组织个人生活和塑造个人身份的决策，这对于中产阶层群体而言，更是如此。人们从儿童时期开始就学习从能否促进职业成功的角度而看待自己的行动：这一活动是否有利于大学入学？何种经历能够提供后来被证明是有用的技能、信息或联系？何种自我—呈现模式能够创造一种让他人合意的形象？何种关系会被证明是有用的？（参见 Grey，1994；Lareau，2003。）

再次，重要的是要记住，据说各种文化话语、规训实践、消费选择对于身份的塑造，是通过各种专业人员、官僚、市场商人与从业者来实现的。它们塑造他人身份的过程，本身还需要研究。

最后，工人与消费者的角色并不必然是独特和重要的。科尔钦斯基（Korczynski，2000）等指出，客服代表被教育要换位思考，回想他们自己作为消费者的经验，以促进他们提供良好的服务。其他一些学者则争辩道，"有进取心的主体"——那些为了建构自己的身份而采取主动的行动和接受责任的人——这个模型，不仅适用于消费者，至少在管理者的话语中也适用于工人，管理者要求工人把工作视为自我形成、自我表现和身份建构的舞台（Du

Gay，1996：80)。①

尽管当代的各种身份理论已不再把工作作为强调的重点，但是它们的某些思想与假定前提，对于分析工作在人们生活中的重要性而言已被证明是有用的。例如，它们把性别、种族、族群道德和性特征的价值，理解为身份和政治动员的重要基础，已经导致理论研究关注工作与身份之间的双向影响：工人的身份不仅是他们所从事的工作所塑造的，而且工人（或者有意图的工人）的身份也会影响工作岗位的设计、工作场所的关系以及工作中权力的实施。当代研究者很少认为阶级意识不受身份与不平等基础的影响。后结构主义者的理论强调身份的流动性、多样性和非内在一致性，以及主体地位的话语建构性，并启发了学者们对工人的主体性获得各种新的理解。工作社会学与文化社会学之间的边界，随着研究者们都对身份研究感兴趣而日益模糊了。

对于社会学的经验调查与理论概括而言，工作如何与身份相联系仍然是一个让人着迷的问题。有几个重要的理论家认为这种关系会出现急剧的变迁，认为各个社会将不得不形成各种不以工资工作为基础的身份、道德、社会整合以及公民资格模式〔Rifkin，(1995) 2004；Gorz，1999；Beck，2000〕。如果考虑到工作在不同层次上对身份产生影响，那么这种转型的可能性是很高的。

## 二、工作、道德价值与身份

并非只有 17 世纪的清教徒才把工作视为衡量个人价值的手段〔Weber，(1904 - 1905) 1958〕。一个人是否为了生活而工作，在很多文化中是道德评估的一个核心要素，并因此是自我—身份的一个核心要素。例如，在美国，国家意识形态强烈地把生活结果与个人努力联系在一起，并认为工作是衡量一个人是否自立、是否具有承担责任的能力、是否具有社会荣誉感以及是否对社会有贡献的重要手段。美国主流文化认为，是否具有工作的意愿，是区分一个人是否成人，是否有价值的公民的一个重要标志。政府的话语和媒体的话语，把那些不愿意接受可以获得工作的人，打上懒惰者和寄生虫的标签，并支持对于工作的这种道德理解。某些建议还警告

人们在工作时不应推掉其他道德义务，诸如家庭或宗教责任等，家庭与宗教责任在很大程度上不会与工作这种道德义务相矛盾。相反，承担工作义务对于满足宗教或家庭责任而言，可能是意识形态或实践的需要。

一些学者和理论对于这种完全从道德的角度来看待工作的看法持有异议，特别是当那些可以获得的工作可能被认为是剥削性的、让人失去尊严的或无意义的时候，更是如此。民族志的证据表明，主流的工作意识形态塑造了自我观念，即使是那些最有可能被认为是不愿意工作的人或鄙视诚实工作而从事犯罪活动者也是如此。K. 埃顿与 L. 雷恩 (Edin & Lein，1997) 报告说，在他们的抽样中，贫穷妇女往往希望工作以获得公共福利，尽管某些人可能不具有获得低工资工作的能力，因为为了就业的额外支出，会使她们的情况更加恶化。没有工作的人，有时会感到他们的唯一可以获得的诚实工作，比起不工作来，会更加损害自我 (Snow & Anderson，1987)。但是 K. 埃顿与 T.J. 尼尔森 (Edin & Nelson，2001：386) 发现，那些可能通过非常规的或不合法的工作而赚钱的贫穷男子，常常渴望诚实而稳定的工作，这不仅仅是因为这类工作具有实际收益，也是因为他们认为参加这些工作可以获得尊敬，可以获得一种充分参与社会的意义感。另外，E. 列保 (Liebow，1967) 也发现，处于劳动力最边缘的那些男子，不管他们为自己逃避工作能够找到多么正当的理由，最后都会丧失自我感与别人对他的尊敬。

关于成年人有义务进行工作这种规则，在不同时空中也可能存在不同的例外，并且对于哪些成年人不参加工作是正当的，人们也存在争议。不过这些人往往包括更年老者、残疾与丧失劳动能力者，以及那些正在接受教育或培训者。然而，有些人过了正常的退休年龄，或者残疾人，却在为获得工作权而斗争，因为他们迫切希望别人把自己作为一种完整的社会成员而不是可怜的依赖者来对待 (Engel & Munger，2003)。

而性别又使得这个故事更加复杂。除了最富裕的阶层外，在获得和准备食物、制作与缝补衣服、收集燃料和水以及其他维持生活的任务都还主要依靠体力劳动的时空中，妇女是否有义务工作这个问

---

① 科尔钦斯基等 (Korczynski et al.，2000) 以及 C. 梅与 A. 库珀 (May & Cooper，1995) 对于由此种意识形态所指引的工作导向与管理实践的可行性都表示怀疑。

题，并不会被提出来，因为对于妇女来说，从事这些工作是自然而然的事情。然而，当家庭生产与再生产的负担下降时——通过改善基础设施、制度的分化、产品与服务的商品化，或者由于特权者通过雇用仆人，作为一种工作而没有工资报酬的家庭责任的地位日益变得模糊起来。妇女在家中所做的，有很多似乎与工作不同，因为它不再是繁重的体力劳动，或者因为它实质上是关心他人的、社会性的、美感的或者组织性的，被认为是妇女特质的一种自然表现，妇女之所以要从事这种工作，是出于情感的要求，而体力工作还在其次。

功能主义社会学家把妇女在家庭中并因此在社会中的作用归类为"表达性的"而非"工具性的"（Parsons & Bales, 1955）。然而，做饭、清洁、洗烫与分娩、养育仍然是耗时的责任，从市场上或从公共组织中获得可以获得的商品与服务，也可能是妇女的责任。马克思主义的女权主义率先对于这种没有报酬的家庭劳动进行了分析，并认为这是一种社会的政治、经济制度的体现（Hartmann, 1981; Sargent, 1981）。其他一些学者则认为"工作"是指需要较少切实的、有形的体力付出，并创造与维持家户、家庭和情感上健康的成年人和小孩的活动（Daniels, 1987; Hochschild, 1989; DeVault, 1991）。很多研究则指出，妇女与家庭劳动之间的关系，会因为其阶级阶层地位——常常是以种族、民族、公民资格或城市/乡村出身的差异而建构起来的——的不同而存在很大的差异（如 Glenn, 2002）。

随着为工资而工作的妇女包括母亲的比例的急剧增多，关于家庭内部工作由谁来做的紧张和冲突也日益明显。因为大多数工作岗位、职业与工作场所的结构，体现了如下假定：家庭内部的工作是一种应由"某些人"而不是这些工人来负责的事情（Acker, 1990）。尽管妇女的工资性就业比例在上升，但是由男性来承担家庭工作的比例并没出现相应的增加，部分原因是家庭工作与性别身份被如此紧密地联系在一起。社会文化关于家庭工作努力或付出的界定，认为这种家庭工作是母爱、妻子情感以及妇女敏感性的表达，或者是妇女个人的人格品质，这意味着很多妇女的自我评价要依赖于很好地处理了家庭义务，甚至那些对于家庭工作表现出不那么投入的妇女，会被人们认为她们就像男人一样，不关心她们的家与家庭。然而，很多男人则相反，认为做家庭工作与男子汉的气质不相符，他们觉得他们有资格让妇女来为他们完成这些事情，有资格去做他们自己喜欢的事情（Berk, 1985; Hochschild, 1989; DeVault, 1991）。

不管照看家与家庭被理解为工作还是什么其他替代性的社会贡献形式，只要妇女承担了照看家庭的责任，她就不会再具有参加有工资的工作的道德责任，否则除非她的工资收入获得对于家庭具有实质性的支撑作用，那么她就会受到没有承担起家庭责任的道德谴责。目前家庭工作的地位是非常不明确的。当然，某些妇女会完全献身于专职家庭工作，或者至少是把家庭工作作为其生活的一部分，但是这绝对不是一种自然而然的生活模式，因为现在成为一个家庭主妇正被日益视为一种选择或者一种奢侈（Gerson, 2002）。在美国，福利政策的变化意味着这种选择对于贫困的母亲来说，不再受到政府的支持。妇女因此常常面临相互冲突的义务要求。她们被要求有责任高效地完成家庭工作，特别是抚养孩子，甚至是在拥有一份使她达到那样的标准十分困难的有工资的工作时，也要如此（Edin & Lein, 1997; Garey, 1999; Kurz, 2002）。

很多妇女认为拥有一份有工资的工作或从事一种特殊类型的工作，处于她们的身份的中心。然而，如果不能够获得一份足以维持生计的工作，那么也并不必然会威胁到她们作为妇女的身份，为了工资而工作有时会与"好妻子"和"好母亲"的身份相冲突，而不是强化这些身份。相反，有工资的工作不仅与男子气质相一致，与"好丈夫"和"好父亲"的身份相一致，人们还普遍认为有工资的工作对于他们具有实质性的重要性（Gerson, 1993; Townsend, 2002）。那些不愿意工作以及不愿意赡养其家庭的男人，会面临道德的谴责，并且有时会受到法律的制裁。那些不能够这样做的男人，常常要与一种自我谴责做斗争，也要与不同情他的社会判断做斗争。只有当不可靠的、低工资的工作或者根本没有工作可提供给男人时，个人的评判才可能没有那么严厉，但是男人往往仍然会面临日益消沉、酗酒与吸毒以及制造社区问题的风险。社会学家诊断说，这些结果不仅仅是贫困导致的，也是男人特质出现危机的结果（Wilson, 1987, 1996; 特别值得参考的是 McDowell, 2003）。关于社会问题的很多研究都认为，当男人不能够通过工作来证实他们的男人特质时，至少有些男人会通过非法手段来挣钱，或者实施家庭虐待、恐怖主义的暴力，并以此来显示他们的自立、权威和力量。

比起前几代的男人来，现在很多男人都面临必须更多地参与家庭中"第二班"工作的要求,并且他们也不一定会认为这就会损害其男子气质,当然绝大多数的男人仍然认为全职的、无报酬的家庭工作能够为男子汉身份提供充分的基础。对于大多数男人而言,"供养家庭或维持家庭成员的生存",仍然是充满父性的必要条件,是具有成年男人特质的必要条件,在家庭生活中有限地参与家庭工作,不会挑战其具有男子汉特质的界定,而如果女子只是有限地参与家庭工作,则可能对其女性特质产生挑战(Wajcman & Martin, 2002)。

正常的就业不仅为男性与妇女提供重要的道德价值肯定,还在其他的方面创造与维持他(她)们的身份。工作使日常生活得以组织起来,使工人进入各种关系网络,使人们能够做一些重要的事情来形成自我身份。但是工作是增强还是损害自尊、地位、尊严,取决于这种工作的具体内容和特征,取决于工作的社会组织方式,以及工人自己的行动与理解(参见 Hodson, 2001)。

# 三、职业与身份

人们所从事的某种工作常常处于他们自我身份认同的中心,也处于他人赋予他们的身份的中心。关于职业(occupation)与专业技术职业(profession)的社会学,对于职业文化、互动模式以及对于地位与自治斗争的研究,都一直特别注意这些问题。

当然,身份的某些要素可能源于工作经验本身、感到自己有能力实现某种目的的满足感、对于困难的克服、创造某种事物——或者相反,感到自己没能力做某件事情的挫折感,或不能被允许做某些事情的挫折感。某些工作类型可能被体验为身份的完全表达,是一种"天职或事业",或者是"热爱的劳动"(Freidson, 1990; Menger, 1999),特别是对于那样的理解存在社会文化的支持(例如,对于艺术家、圣职者和健康看护工人,存在社会的文化支持)时,更是如此。在很多情况下,人们可能认为工作能够证明一个人有某种品质或素质,诸如证明消防员具有勇气品质、工程设计师具有理性品质、心理医生或精神治疗师具有同情品质。当工人积极地看待这种品质时,工作可能是其身份的中心。但是,那些从事可能表达某种丢脸内涵的工作的人,可能会尽最大的努力把他们的身份与他们的工作角色远远地分开,或者竭力提供一种相反的理解[Go-

ffman, 1961c; Hughes, (1951a) 1984; Rollins, 1985]。能够完成某种工作的能力,常常需要一定时间才能体现出来,这使得知识与技能无法区别,从而加深了工作与自我之间的联系(Zuboff, 1988; Attewell, 1990)。

特定类型的工作对于身份的重要意义常常不仅源于从事这一工作的经验,也源于在工作的同时参与了一种职业文化。这种文化是针对特定工人群体的各种任务与知识形式而形成的。某些职业文化的形成与发展经历了数个世纪;而新的职业文化会随着新的专业技术与工作领域的出现而出现。随着技术与组织的创新以及权力架构的不断转型,所有的职业文化也会变迁甚至消失。参与某种职业文化常常涉及对自我身份认同的一种重要重构,并形成一种新的集体身份认同。

进入各种职业的过程,在强度、时间长度与形式上存在很大的差异,但是对于那些已经很好确立的职业,进入过程具有转换刚进入者的身份认同的明显意图。在这个过程中,新入行者获得技能以及大量的实践做法,有时甚至是抽象的知识。当这种社会经历是成功的时候,他们也学习和内化关于这种职业的意识形态、气质精神、传统、规范,包括判断标准、技艺的荣誉、他们之间互动的规则以及与他人进行互动的规则。通过正式的教育、学徒身份的实践、岗位实习的交流互动、故事、检验和测试、取笑戏弄以及其他方式,新入行者向更有经验的职业成员学习那些意味着加入他们行列的东西。在这个过程中,新入行者们感知其他成员对他们会采取这个职业或专业的典型思考与行业方式的预期,并感知彼此的忠诚预期以及对于群体价值观的忠诚预期。在这个过程中举行的各种仪式,可能标明新入行者的进步,或者显示他们已经走了多远,而最后的终点则是就职仪式,其内容包括从获得证书到接受极度的侮辱,后者也可能是授予完全的成员资格的象征,诸如授予某种头衔和穿戴特殊服饰的权利(Freidson, 1970; Haas & Shaffir, 1982; Trice, 1993)。

与很多文化分析与功能分析一样,关于职业文化的社会化的解释,可能面临过高估计文化的统一性、一致性等积极作用的风险。有学者已经指出,社会化可能失败;职业文化的很多层面对于群体与对于社会起着有用的功能,但是它们也可能有着导致功能紊乱的层面(诸如导致严重的僵化、产生自私的意识形态与行为等);职业的价值观可能存在内在的不一致，也可能与其他对于公共利益十分重要的社会价值观存在矛盾与冲突。

大量的学者已经认识到，职业文化往往具有再生产各种排斥模式的倾向。男性至上主义、种族主义、民族或族群中心主义，在很多职业中都十分盛行。特别是在那些具有相对强大的文化——在这种文化中作为职业成员的集体身份——与基于性别、种族与族群伦理的集体身份相互交叠的职业中，这些性别、种族、族群偏见尤其盛行（例如 Hartmann，1976）。那些明显的、外在的歧视政策，在受到法律挑战之前，往往普遍存在，现在由于法律的限制，比较少见了；但是，那些非正式但故意的歧视模式，仍然普遍存在，诸如拒绝向外群体成员"传授秘诀"，直接的折磨骚扰、社会孤立等。除了故意的歧视之外，职业文化可能通过具有维持功能的那些实践做法、价值观念，以及使外人感到可能不太受到欢迎的规范，进行是否具有对该职业的强烈认同感的非正式的过关测试等，来实施排斥。这种族群优越感可能通过细琐（如工作场所的音乐选择）、严肃的事情（如消防员对不同邻里社区进行不同的安全评估）来表达（Chetkovich，1997）。同样，职业文化常常是高度性别化的，使得那些处于劣势或少数人地位的人难以把性别身份与职业身份相统一，一些学者对警察、诉讼等职业的研究，也明确地指出了这一点（Martin，1980；Pierce，1995）。这些研究所获得的证据表明，男性重视与捍卫由男性支配的职业身份的强烈程度，比妇女捍卫由妇女支配的职业身份的强烈程度要高得多，说明对很多男人来说，那些表达男子气质的工作，对于性别身份来说是一个重要的基础（Williams，1989，1995）。

在微观社会学传统中，各种关于基于职业的身份的形成与发展的研究，较少关注文化，而更多地关注个人身份被转换的那些过程。例如，学者们关于医疗培训的研究就提供了很多惊人的例子，例如指出了那些医生新手，与上级和与病人及其家人的痛苦经验，如何挑战他们重塑他们的身份，以高效地应对他们承担的那些惯常地处理情感上的困难事件的责任〔Haas & Shaffir，1984；Bosk，（1979）2003〕。

对于各种职业的民族志研究，构成了这一研究传统的主体，但是 E.C. 休斯强烈地鼓励他的学生和同事探究涵盖所有工作类型的那些类似的身份转型过程，包括"卑下的与高傲的"身份转型过程，即使是在他们详细阐述某种工作形式的独特特征时，

也要如此〔Hughes，（1951a）1984，（1951b）1984，（1952）1984〕。这种比较研究的优势在于其决心要研究处于用来证明职业实践特别是专业技术职业实践的正当性的意识形态主张之外的那些内容，常常通过指出高傲者的关注和意图与卑下者具有相似性，从而消除高傲者的自负。探讨相似性的主题在不同背景设置中是如何展开的，目的并不是要使那些重要的差异与不平等最小化，而是要界定与解释各种变异模式。

工人建构、呈现与捍卫一种在他们自己看来以及在他人看来让别人喜欢、对自己有利的身份的努力，导致了 E.C. 休斯所说的"工作的社会戏剧"〔Hughes（1951）1984a〕的上演。这种戏剧的目的——工人的尊严和关注自身的利益——是每种工作中人们都视之为值得为之抗争的事情。为了实现这个目标，他们会试图控制自己要付出多大的努力、挑战他人判断他们的工作质量的权力、让他人去完成肮脏的工作、增强他们职业的声望或者挑战被污名化的工人对于他们的身份的重要性〔Hughes，（1951a）1984，（1959）1984〕。戈夫曼通过使用戏剧的语言，详细地讨论了这种戏剧，并描述了人们如何上演自我呈现，以及对他人表演如何反应等。他的拟剧理论视角形象地说明了工人通过抬高他们自己的重要性，反对贬低那些工作对于他们身份的重要性的理解，来努力塑造自己给予他人的印象。例如，戈夫曼关于前台与后台表演的区分，就为我们提供了一种概念和方法，使我们可以去探讨为什么所有的不同类型的工人，尽管用于印象管理的资源存在很大的差异，但是都会竭力把他们自己和他们的职业美满地呈现在相关受众面前（Goffman，1959）。

这种民族志视角所具有的理论与方法论基础，为我们分析工作与身份之间的关系提供了几个重要的优势。其一，根据这种视角，我们在对身份概念进行界定时，就可以确定身份的根源在于互动过程，并视身份为一个持续的抗争的目标，这种界定就打破了"自我在时间上有一个稳定的核心，是统一性与持续性的"这一假定。而且，对于身份概念进行这样的界定，还使身份问题化，认为自我当然是社会性地建构的，身份是多重性、多样性、情景性、流动性和话语性的，而这正如后结构主义的主张。坚持这种研究方法与视角的社会学家假定，人们往往会行动起来保护和强化他们自己的利益，但是这些社会学家并不会认为，他们以个性独立与遵守社

会规范之间、声望与社会贡献之间的特定平衡为目标，或者其他评价基础为目标，是一种自然而然的现象。而对于人们如何赋予他们的工作以意义这个问题的关注，使得我们能够在没有预先假定某种话语的优先性的情况下，对各种不同的意识形态对于他们的主体性的影响进行深入的研究。

其二，这种视角关注社会互动，从而警醒工作社会学家们要注意与工人发生交往和接触的所有人。研究者不应仅仅假定以工作为基础的身份，必然首先是通过相对于雇主的关系而建构的，而且要分析工人与其他各种类型的合作工人、消费者与顾客、具有相关管理权的职业群体、一般公众以及工作场所的上级之间的互动，要注意其中存在的不同互动模式，在这些不同的互动模式中，有着各自不同的重要互动者。在所有这些关系中，我们可以发现对控制与尊严的争夺、各种直接抵制与巧妙智取的努力、团体团结纽带的束缚与支持，而这些并非完全是由阶级分裂界限所决定的。

其三，因为这一研究传统中的社会学家并不是从"任何具体种类的工作都为一般工作提供了一个模型"这种假定开始的，所以他们往往既不会对当代社会的工作做出一刀切的理论概括，也不会因为受到预设的各种工作类型概念的阻碍而变得视野狭窄。相反，他们会进行比较的研究和思考，在具体而详细的案例研究基础上，对运行于具有共同特征的职业中的各种过程进行有限的概括，并通过案例研究来说明各种变异情况。这种思维习惯是十分有用的，其中值得提到的一个例子就是戈夫曼关于"钳工行业"中的人们面临的普遍挑战与实施的普遍策略所进行的阐述，他认为在这个行业中，人们要么是精神病学家，要么是自动机器（Goffman，1961a）。

其四，对于互动细节、状态以及身份认同过程的关注，可以揭示身份的其他基础对于职业身份的持续存在的重要性。E. C. 休斯 1945 年在对导致"妇女工程师"和"黑人医生"边缘化的各种过程进行讨论时，提出了这些问题［Hughes，（1945）1984］。工人与工友或同事、消费者和其他工作场所中的人进行的互动，会受到互动参与者的性别、阶层、种族以及参与者的其他社会特征的影响。霍奇斯柴尔德（Hochschild，1983）关于乘客会给予男性与女性飞行服务员不同的尊重的研究，突出强调了这一点。事实上，一种职业的地位、它的文化，以及职业成员之间的互动模式和质量，与工作占据者的其他大多数身份之间是相互交织的，并反映了他们的社会建构的属性，强化了支配性的就业模式。同时，特定群体与特定工作之间的联合，塑造了种族化的或族群化的男人或女人特质的内涵（如 Kanter，1977；Cockburn，1985；Weston，1990；Glenn，1992；Collinson & Hearn，1996；Anderson，1999）。互动所涉及的因素并不能解释这种模式，但是它们对于理解工人的经验，解释人们对于变迁的抵制，以及说明各种工作场所的结果，都十分关键。[①]

这些因素的结合有助于民族志学者在详细描述各种重要的工作类型——包括"互动性的服务工作"、家庭内部服务工作、"看护工作"以及家庭中没有工资的工作等——的特征时，获得重要的进步（Leidner，1991）。在这些相互重叠的范畴中的工作，往往包含或制造了对工人身份的各种独特要求，要求情感性的工作，利用并强化了种族、性别、伦理族群的框架（相关的研究包括 Hochschild，1983；DeVault，1991；Diamond，1992；Glenn，1992；Leidner，1993；Wrigley，1995；Himmelweit，1999；Steinberg & Figart，1999；Hondagneu‐Sotelo，2001；Cancian et al.，2002）。简言之，它以复杂的各种方式参与、介入工人的自我，而过度概括或单向的结构化理论视角并不能抓住这类复杂的方式。

关注职业文化和工作场所的互动的各种社会学视角，在关于工作与身份之间的关系问题上，也具有一些弱点，特别是这些视角关于大规模的结构与历史变迁，往往不能让人满意。这个传统中的那些积极的研究者，并不会无视或者忽略这些问题。E. C. 休斯就认识到，我们必须分析职业是如何与各种体制或系统相联系的，应该把当代研究置于各种历史背景与趋势中，必须关注各种职业出现的方式、各种职业独立于工商企业和政府组织的程度及其历史变化，必须探讨相关职业之间的责任、任务和地位的分配及其历史变化。他认为这些都是值得研究的重要问题。但是，这种研究传统并不把宏观社会因素作为研究的焦点。

---

[①] 基于性别、种族、伦理族群或民族歧视的工作机会不平等，却矛盾地保护了那些承受此种不平等冲击者的自我身份：他们较少受到这种自我谴责的影响，他们认为"精英领导阶层的意识形态是在那些事业没有获得成功的人中培育起来的"（Sennett & Cobb，1972。相反的观点见 Rollins，1985；Lamont，2000）。

## 四、工作、身份与组织

随着那些削弱职业群体实施其工作控制权的各种组织形式的形成与发展，越来越少的工人会把职业经验作为身份的一种稳定支撑点。这种转型导致了某些社会学家质疑工作对于身份的重要性，但是也有一些社会学家则认为，组织塑造工人身份的权力是一种关键的支配模式。

对于很多人来说，"我为 IBM 公司工作"或"我在市政府工作"，更多的是在表达身份，而非仅仅是表达"我是一个技师"或者"我是一个应收员"，因为包括从物质福利到地位再到未来前途等事情，可能都要依赖于工人与一个具体的雇主之间的联系。组织常常竭力促成这样的身份界定，希望通过提供福利，使用"家庭"、"团队"等语言，或者强调组织成员具有共同的利益，来建立工人对组织的忠诚感和激励工人献身于工作。在管理意识形态中，对于强调这种统一性和互惠性的政策的热衷，总是潮起潮落。20 世纪早期的福利资本主义、20 世纪中期的人类关系视角，以及 20 世纪晚期的公司文化建设（或管理），是都以产生、培育工人的包容感、关联感、承诺感为目标的。

与某个组织存在强烈的身份认同，并不必然会消除相反的身份（Hareven, 1982）。但是，很多的社会学家已经质疑雇员是否能够维持一种不受组织管理其行为与塑造其意识的努力所支配的身份。W. H. 怀特（W. H. Whyte）的《组织男人》（*The Organization Man*, 1956）一书，指出工人的遵奉文化日益浓烈，并对白领工人放弃独立判断的意愿表示担忧。后来出现的很多理论研究，关注集体身份而不是个体身份，提出了不断变革的管理意识形态与实践如何影响阶级意识的形成这个问题，并把这个问题作为调查研究的重要核心论题。

劳动过程理论最初是由 H. 布雷弗曼在《劳动与垄断资本》（*Labor and Monopoly Capital*, 1974）中提出来的，这种理论关注对于工作的控制，从而把马克思关于资本主义条件的劳工分析向前推进了一步。H. 布雷弗曼提出的工人"不断去技能化"命题，认为资本通过剥夺工人的知识与技能，并把它们建构于管理方控制下的生产系统与技术系统中，从而夺取了工人对生产的控制权。程式化的工作过程使得工人的手艺知识与技术不再重要，使得管理

者能够雇用熟练的、具有高度替代性的工人，而后者不能要求高的工资，也不能基于他们的排他性专业技能而发挥杠杆作用。把工作概念与工作的执行概念分离开来，就剥夺了工人实施判断、形成控制权、制造成品的机会，也就因此剥夺了他们作为熟练的技能工人的职业身份，剥夺了他们在工作中的骄傲感，使他们再也没有机会体验拓展和增加这种骄傲。工作的程式化还损害了那些手工艺工人的传统集体身份，这种身份是通过学徒、以手工艺为基础的行会和文化传统而建立起来的。

在这种劳动过程理论传统中，后来还出现了一些经验与理论研究，探讨了工人意识在决定工作场所结果方面的重要性，以及管理者塑造工人意识的意图的重要性。"抵制"是作为一个与工人的自我理解、管理者的策略和阶级冲突的辩证法相联系的关键概念而出现的。R. 爱德华兹（Edwards, 1979）把工作场所概念完全重新定义为"竞争场域"，在这种竞争场域中，工人竭力抗争，以抵制管理方对劳动过程的控制，而这又反过来促使雇主提出各种不同的控制策略。工人抵制管理方控制的动机与能力，部分地依赖于工作场所中那些体现他们的阶级、职业、性别以及族群身份的文化的强度或力量。这种文化可以为工人提供一种空间，使工人得以表达与管理者的价值观相反的价值观，得以实施共同的抵制策略，并根据他们自己的条件来推断自己所处的地位和状态（Halle, 1984; Benson, 1986; Trice, 1993; Strangleman & Roberts, 1999），不过这些文化的影响可能是自相矛盾的（Burawoy, 1979; Westwood, 1984; Hossfeld, 1993）。

H. 布雷弗曼认为，管理方操纵工人的工作主观经验的意图，只能是虚假的和表面的。但是，后来一些学者关于工作场所控制状况的研究已经指出管理方设计和实施了各种策略来取代工人文化和重塑工人的意识，而不仅仅是操纵工人的主观经验。从管理者的角度来看，这种策略和办法有两大优势。其一，与更加公然的强制控制策略相比，这种策略和办法引起的抵制要小得多，甚至是雇主通过这种策略把控制拓展到包括工人自我的多数层面时，工人的抵制也比较少。其二，与去技能化的策略不同，这种策略和办法使雇主可以利用工人的智慧与创造性，这可是有着十分重要的好处，因为大多数工作岗位都不可能被完全程式化到不需要工人进行任何的创新与实施任何的判断的程度（参见 Friedman, 1977）。

R. 爱德华兹（Edwards，1979）认为，科层控制把管理方的管辖权限拓展到工人的价值观与个性人格等方面。在各种规则与内部劳动力市场完全吻合的系统中，管理者会为那些接受规训、献身工作以及遵守组织规范的工人提供不同的报酬，从而促进工人的组织身份认同而不是阶级身份认同，促进工人对组织的忠诚，而不是对阶级的忠诚。但是，很多关注工人主体性转型的学者则认为这种科层制方法，与那些通过工作场所文化建设来改变和更新工人的价值观、态度、自我各种方法之间，存在鲜明的对立。事实上，后一种方法常常引入参与性的工作结构，而这种工作结构与科层制的核心概念——诸如层级和专门化——相对立。① 后一种方法试图矫正工人的偏好结构，使他们不会仅仅同意以促进组织目标的方式行事，更重要的是使他们自己忠诚于组织的价值观。这些学者们还谈到雇主正在奉行"公司文化主义"（Willmott，1993）、实施"规范性控制"（Kunda，1992）以及"后福特主义的霸权式控制"（Graham，1995）、对工人进行"文化洗礼"（Willmott，1993；Casey，1995）等。这些雇主在应对不断变化的竞争环境并增加组织灵活性时，在应对管理不同类型的工作面临的挑战时，在应对各种管理理论潮流时，或者仅仅是在应对那些不断要求他们设计最有效的驾驭雇员劳动力的方式的压力时，都会采取后一种方法。公司文化运动旨在培育工人的归属感，巩固和强化那些据说会使组织具有特殊魅力的价值观。那些通过强调或引诱而使工人支持的意识形态，往往以每个工人为中心，使他们具有灵活性，并主动地、创造性地解决问题，从而使他们追求卓越，也为了组织的成功而承担和履行各种责任（Willmott，1993）。除了引诱使工人忠于组织的价值观外，雇主还会创造和建立各种监督形式，以重塑工人的意识。J. R. 巴克尔（Barker，1993）认为，诸如自我管理团队之类的工作结构，除了具有监视与引诱等力量之外，还会增加一种同辈群体压力，并创造一种"协力控制"（参见第三章）。

社会学家日益借用福柯关于自我—规训性主体的思想，也常常依重于强调话语在权力实施和主体性建构过程中具有关键作用的后结构主义的理论框架，来分析和解释这类实践。这种分析与解释不同于唯物主义传统的学者提出的劳动过程理论，因为前者强调意义与身份对解释工人行为中的重要性。这种分析与解释不同于符号互动理论的地方，在于前者的理论基础不同，以及强调的是雇主的权力。在这种分析与解释路线中，D. 赖特斯与 H. 威尔莫特（Knights & Willmott，1989）提出了一种十分有影响的视角，认为雇主的策略之所以能够塑造工人主体性，以及实现工人的能动创造性，根本原因在于这些策略与在快速变迁环境中所必需的"身份建构"、日益增多的选择的交叉融合（Giddens，1991；Beck et al.，1994）。人们往往渴望维持一种自治感与持续人格感，这有助于解释工人为什么要接受由于雇主控制的文化制造并提供给他们的从属地位，也有助于解释工人为什么要坚决地忠诚于支持他们身份中的让人尊敬层面的那些其他社会结构与实践（Knights & Willmott，1989）。

这种强调组织文化的控制具有十分重要作用的主张，引发了很多争论，不同的学者对于这种主张的新颖性、普遍适用性以及功效，具有不同的看法。诸如 P. 汤普森与 P. 芬德莱（Thompson & Findlay，1999）之类的批评者，认为那些深受学术思潮中的文化转向影响的分析者，已经走得太远了，以至于很容易从对管理文化分析或对单个公司的民族志研究中，贸然地得出工作场所控制策略已经发生整体转型的结论，这种策略转型据说是为了应对与晚期现代性或后现代性相关联的各种社会变迁（Rose，1990；Casey，1995；Du Gay，1996）。质疑者除了指出大多数的工人一直以来都不从属于组织文化的控制外，还质疑"这种眼光（gaze）被那些已经验了它的工人真正内化"的程度（Thompson & Ackroyd，1995：624；相关评论见 Barker，1993）。大量的讨论顺着劳动过程理论对工人—管理者之间的斗争的关注，以及福柯传统对规训权力的关注，进而集中研究了那些成功的管理方如何对工人的主体性进行殖民。

C. 凯西（Casey，1995）认为，组织通过文化控制实施的霸权，有足够的潜力去创造适合组织要求的"设计师员工"。不过，很多社会学家都认为，工人并不会毫不含糊地使他们自己忠诚于由管理方建构的价值观（如 Thompson & Ackroyd，1995）。一些学者指出，判断那些对工人的主体性进行殖民的

---

① N. 毕加特（Biggart，1989）的研究，指出直销组织中存在高度复杂和精细的文化，这种组织的控制系统是以卡里斯玛权威而非科层权威为基础的。

意图是否取得了成功的标准，并不是工人是否进行公开的抵制，而是工人是否采纳管理方的价值观和立场。实证数据显示，工人对于那些设计用来创造真实信仰者的组织文化，普遍存在一种疏远的心理。工人们常常通过不信任、讽刺、玩世不恭的行为以及伪装，而不是公开的抗议和挑战，来应对那些规范要求，并树立一种独立的姿态（Thompson，1990；Kunda，1992；Knights & McCabe，1998；Thompson & Findlay，1999）。S. P. 瓦尔拉斯（Vallas，2003）发现，那些相似产业中的工作单元，有些会采取团队工作，但有些却不采取团队工作。他对这两类工作单元进行了比较分析，发现没有多少证据支持"团队工作等措施会促使工人内化管理方的观点"这种看法。恰恰相反，这些措施引起了"明显的反霸权效应"，导致工人对管理的权威进行公开的、集体的抵制：

> 在认知方面，团队系统的引入，通过鼓励工人对于他们的工作采纳一种日益严苛的、本质化的导向，似乎会打乱既有权威关系或使既有权威关系不再是自然的（de-naturalize）；在结构方面，团队系统似乎会培育各种团结与相互支持，使工人能够竞争或再造管理方案。最后，在文化或话语方面，团队系统通过使工人在工作场所具有话语的参与权，从而给工人提供了一种合法修辞框架，工人可以运用这种修辞框架来主张他们先前一直被拒绝的决策权（Vallas，2003：120）。

不过，虽然那些以赢得工人的完全忠诚为目标的规范性控制措施失败了，但这并不意味着这些措施不能有效地阻止某些情景中工人的积极反抗和抵制。G. 昆达（Kunda，1992）发现，在一个高科技公司中，处于管理层次的那些雇员常常会对公司的价值观表达讽刺，并以此来显示他们的自治性，他们之所以遵守公司的价值观，部分是因为公司容忍他们的疏远，而这种容忍反过来又强化了公司的开放性与自由性。更重要的是，G. 昆达认为，雇员们所采取的、用来标示其心理独立的立场和姿态，导致了普遍的犬儒主义以及无意义感。H. 威尔莫特（Willmott，1993：538-539）描述了这一过程：

> 工人由于缺少一种得到很好组织的反文化的支持，使得他们贬低公司的思想、理念的过程，往往导致混乱和虚无，使雇员容易持续受到（危险的）不稳定感的影响，对公司的价值

观进行表面的、犬儒主义的、工具性的遵守，从而对工人身份产生消极的影响。

一些学者运用后结构主义的思想来分析组织的控制策略，从而为基于劳动过程理论的工人主体性研究重新确定了几种研究方向。其一，在某种程度上把注意力从集体身份特别是阶级意识转移到个人身份上，并且把个人身份问题化，认为个人身份亟待更多的研究。其二，既然进行身份建构的压力来源于工作场所之外，那么工人对那些强化不平等的身份与实践的依附，就不能仅仅被认为是虚假意识，或者是对丢脸工作的一种补偿（Knights & Willmott，1989）。工作场所是权力关系以及身份建构的重要场所，但是维持一种安全可靠或自治性的工作身份的动力，来源于那些比工作场所更大的背景。其三，后结构主义者的思想拓展了关于工人主体性的讨论，使这种讨论超越了工人的抵制等论题，并使我们对于工人主体性为什么会受到组织的操纵获得新的解释，这种解释不再认为工人只会简单地反对管理者的策略。甚至那些抵制管理方培育的主体性的工人们，在身份建构和形成过程中，也会发挥能动作用（Knights & Willmott，1989）。其四，后结构主义者们挑战如下的假定：工人的抵制表达了一种为了自由而抗争的真正人性。相反，后结构主义者认为，个人对建构一种自治性的身份渴求，本身就是他们陷入权力关系的产物（Willmott，1993）。

那本提出劳动过程理论的英国著作，或者那些应用后结构主义思想来分析工作与身份的英国著作，往往与美国的微观互动论传统没有任何的关系。让人吃惊的是，P. 汤普森与P. 芬德莱（Thompson & Findlay，1999：176）却推荐我们运用这种互动理论来拓展我们关于是什么激发了身份的建构的研究，他们似乎认为这种视角非常有前途：

> 我们的出发点很简单，那就是我们可以视工作场所中的行动者是智慧的能动者，能够利用他们的竞争与合作关系中存在的符号性资源……"进行权力与资源的争夺，并宣称他们自己的身份和塑造他人的身份，来证明他们的行动的正当性，或证明他人的行动的非正当性"；或者使用这些符号性资源，作为在特定的工作与就业条件下实现生存和获得满意的手段。……我们认为，符号性资源这个概念，在某种程度上使我们能够理解工作场所中工人关于文化变迁的经验。

后结构主义思潮的洞见，确实以一种相当不同的视角，重新阐释了符号互动理论所强调的重点，即重新阐释个人为增强其地位和赋予其工作以意义的抗争。E.C.休斯的研究特别关注于"理解男人得以使其工作可以忍受，甚至得以使其工作对于他自己与他人都很光荣的那些社会的以及社会心理的安排与设置"〔Hughes，（1951a）1984：342〕，而D.赖特斯与H.威尔莫特（Knights & Willmott，1989：554）则强调研究"权力诱致性的技术"——"通过这种技术，当我们在日常生活中抓住那根能够确证我们的独立感与重要感的稻草时，反而被俘获了"。我们比较这二者之间的研究，就可以看出后结构主义与符号互动理论之间的这种关系。然而，20世纪中叶的休斯，确信这种身份建构是无处不在的，并质疑"身份建构是由体现晚期现代性或后现代性特征的各种社会要求所诱致的"这种主张。正如上文P.汤普森与P.芬德莱所指出的，那些研究主体工作经验的理论家，把重点放在管理方操纵人们承认需要稳定一种危险的身份，从而把注意力从使工作可能成为有意义的那些方式上移开。某些工人在显示竞争能力时，在发现促进自我发展、地位与联系的机会时，甚至在提供一种好的服务时，会获得一种满意感（参见Korczynski et al.，2000），所有这些都可能促进他们增加精力投入，加强他们在工作中的身份认同，而且所有这些都可能被管理方操纵。当然工人会从工作的某些层面中获得意义，甚至在身份是建立在强大的传统共同体基础上时也会如此，这些意义会不断成为很多工人的主体性的重要层面，而不管管理者是积极地激励他们还是剥削他们。

上面所描述的关于组织对于工人身份进行操纵的研究，到目前为止，主要是探讨工人的自我理解和态度与控制系统之间的关系，而不是与工作本身之间的关系。也就是说，研究的焦点一直放在工人如何努力工作、如何尽最大努力做得最好，工人为了组织利益而行事的意愿上，而不是关注他们满意地完成工作的能力。那些把劳动过程理论与"互动服务工作"研究中的微观互动理论有机结合起来的社会学家（Leidner，1991）则指出，人类互动的标准化涉及特定的技术，组织会控制工人身份的很多层面。霍奇斯柴尔德（Hochschild，1983）把"情感性劳动"界定为劳动过程的一种独特要素，目的是在购买（或者需要）某个组织所提供的服务的那些人中引起一种情感回应。他指出，当某种互动或交流是正在被出售的服务的一部分时，或者是完成工

作的必要部分时，雇员往往会明确地宣示他们在工人的情感以及他们的自我呈现方面的权威。霍奇斯 448 柴尔德的研究提出了后来很多关于互动服务工作的研究一直在探讨的问题：工人如何呈现那些要求他们在工作岗位上扮演的角色；必须管理他人的情感对于工人有何种影响，以及那些常常反抗他们工作努力的客人们的情感对于工人有何种影响；对于这种情感性工作，工人有哪些可以进行抵制的形式；性别对于雇用或就业以及服务互动的内容与风格、工人的相对权力以及那些接受服务者的相对权力、工人对于他们的工作的反应等等众多与工作相关的方面有着什么重要的影响……。那些呼应霍奇斯柴尔德的社会学家继续拓展了关于情感性工作的分析，分析了各种工作情景，当然这些情景并非都涉及直接的服务工作或程式化的情感工作，详细探讨了情感性工作的各种影响（如Wouters，1989；Pierce，1995；Steinberg & Figart，1999；Sharma & Black，2001；Bolton & Boyd，2003；Williams，2003）。关于互动性服务工作的研究，界定了工人自我的很多层面（说话措辞、看、气氛、面部表情、情感、思维模式、自我概念），而雇主声称在这些层面拥有权威，界定了雇主控制这类雇员的手段（脚本、制服、对外表的规制、互动的规则、动机激励、监督、顾客评价征集、性格改造方案）（如Van Maanen & Kunda，1989；Fuller & Smith，1991；Leidner，1993；Macdonald & Sirianni，1996）。

劳动过程理论与后结构主义理论视角关于工人如何回应雇主操纵其身份的分析，相对复杂和混乱。其中的"身份建构"主张，认为工人易受组织文化的控制，似乎认为雇主所主张的工人身份对工人具有当然的吸引力，会支持和造成他们作为自治个人的自我感。但是，大多数组织都试图对互动性服务工作进行标准化，这种努力不仅直接损害了工人的自治或个性主张，也常常使工人在互动中必须按照雇主的意愿行事，或者必须接受雇主与顾客对他们的不友好对待，而在内心他们并不愿意成为那样的人。戈夫曼（Goffman，1961b：186）认为，组织是一种"产生关于身份的假定的地方"，并且这些假定常常对工人不利，或者说就工人个人而言，他们对于这些假定是厌恶的。雇主常常提供各种概念与叙事，例如通过设计提供重要服务所必需的那些可操作的和有进取心的行为，或者主张不接受无礼的对待是"专业主义"的标志之一，以使工作的这些层面更加让工人喜欢（Hochschild，1983；Leidner，

1993)。而且，互动性服务工人是接受雇主要求他们扮演的身份的全部要素或只是接受某些要素，无须根据他们对产生于工作场所之外的身份的渴望来解释，也无须根据他们是否忠诚于管理方的观点来解释。互动性服务工作是独特的，因为劳动过程直接涉及了雇主与雇员以外的顾客等，因此这种互动性服务工作是由工人、管理者、服务接受者所实施的控制努力共同建构的。在某些情景中，工人默认甚至欢迎管理方所规定的自我呈现与互动模式，因为它们增强了工人控制服务互动或保护他们自己不受服务获得者的权力和主张的损害的能力（Leidner，1993）。

对于服务工人的身份，还有一种多少有些不同的视角，这种视角断言，图像、标记、符号处于后现代性的中心，这种视角因此主张"我们必须把服务性工人界定为表达、传播文化符号的手段或工具"（Wellington & Bryson，2001：934）。很多沿着这一视角和线路的研究，强调雇主试图雇用、塑造和出售特定的性别构造（constructions of gender），特别是被色欲化（eroticized）女性，要求雇员方进行各种"身体工作"或"美感劳动"（Adkins，1995；McDowell，1995；Adkins & Lury，1999；Warhurst et al.，2000）。

但是，不仅那些雇用服务工人的组织会利用性别身份的优势来塑造性别身份的各个层面，而且其利用与塑造性别身份的程度会超越简单的"美感劳动"的限度，而且其他各种雇主也会参与对工人性别身份的建构。例如，一些学者已经指出，很多制造商偏好从被认为能够导致女性顺从的文化或国家中雇用女性工人，特别是年轻的女性工人。有一些制造商，在做关于把工厂设在何处的决策时，事实上是以能否获得这类劳动力为依据的。还有一些学者，则突出强调了雇主通过雇用实践、控制系统以及其他做法（他们往往把这些雇用实践与控制系统建立在僵化的性别、种族与文化概念上），在创造与维持这种合乎其期望的（至少从外表看是如此的）女性中发挥了重要的作用（Hossfeld，1994；Mohanty，2003）。L. 萨琴格（Salzinger，2003）发现，在同一国家同样产业中的雇主往往喜欢雇用顺从的女性工人，例如墨西哥的成衣制造商创造了一个女性工人队伍，这些女工在各种独特的、由雇主支配的工作场所文化中，会以十分不同的方式来呈现女性顺从的特质。还有一些学者指出，组织在培育特定形式的男性气质方面也会发挥重要作用（Margolis，

1979；Leidner，1991；Collinson，1992；Collinson & Hearn，1996）。

但是，正如那些雇主在选择在哪些国家设厂时所参考的因素所显示的，组织是嵌入了一种广泛的经济与社会动态背景中的。在经济与社会层次上出现的各种动态趋势，限制了组织在建构以工作为基础的身份的过程中的作用，并塑造了文化叙事与物质的期望，进而界定了工作在个人身份中的位置。 *450*

## 五、不断变革的就业结构

去稳定化、去连续性、流动性等，一直以来支配着后现代主义与后结构主义关于个人身份的研究的主题；现在，它们也是后现代主义与后结构主义关于工作的研究的重要主题。"生产的不断变革，一切社会状况不停的动荡，永远的不安定和变动"［Marx & Engels，（1948）1978：476］似乎很难说是资本主义最近才出现的情况，但是随着要求商业、工业与政府必须快速适应和转型的压力的不断上升，这些不停的变革、动荡与变动比起以前来，似乎更加明显。技术创新与新自由经济政策的结合，已经导致了大规模的经济重构。新的技术使得某些产品、工厂、技能与工人过时了，而导致的新机会常常有利于某些人群而不利于甚至会伤害另一些人。现在资本与生产在世界各地流动和转移已经十分容易，这削弱了国家调节资本主义和改善资本主义结果的能力。很多人发现，随着经济变迁导致人们不再限定于某一特定的地方、工作、组织、职业与事业（而这些过去一直支撑着人们的身份），"一切固定的东西都烟消云散了"。

> 所有人面临的变迁，包括个人的、社会的、制度的变迁，是我们时代的咒语；我们被提醒，唯一持续、恒常的就是变迁——无休止的和无情的变迁。为了生存，我们必须面对动荡的环境、应对狰狞的混乱、欢迎快速变迁的市场、适应高度的不确定性，以及为似乎永不停歇的技术革命欢呼（Kunda & Maanen，1999：65）。

组织往往通过增强它们的各种策略的灵活性，来应对日益激烈的竞争、日益缩短的生产周期、快速的技术变革，以及总体的不确定性。这些灵活的策略往往包括裁减工作岗位、寻找更廉价的劳动力、减少对工人的责任，从而在极大地程度上改变了劳动力市场前景和工作条件。管理的、技术的和专业

的工人受到了严重影响，那些生产工人、文职工人和服务性工人也受到了严重影响，而他们先前往往持有长期就业的预期。大公司日益"压缩规模"，以创造"更精干"的、更少管理层级的组织。当组织合并或新设产业导致职能部门重复或成倍增加时，他们会撤销多余的部门。他们关闭了没有效率和不能获利的工厂，特别是当这些工厂不能搬到劳动力成本更廉价的地方和更少规制的地方时，他们往往关闭这些工厂。工商企业现在把以前由雇员完成的许多种工作都外包出去了，把门卫、保安、食堂，以及生产、培训与法律顾问等等工作都外包出去了。公司除了把自己的工作通过契约外包给其他企业外，还调整了它们与直接雇用的雇员之间的关系，公司与专业技术人员也签订短期合同，并提供兼职性的工作，大量使用临时工，把工人视为"独立的合约人"。这些变迁都削弱了组织对工人承担的义务和责任，取消了对其雇用的各类工人提供的工作岗位福利以及安全保障，使得公司在任何时候都可以只雇用刚好需要那么多的员工，能够雇用在技能上恰好满足其需要的、不高也不低的劳动力。随着组织日益从固定的科层金字塔形状转变成松散的、不断重构的网络形状，雇员也被要求应具有更大的灵活性。很多雇员被迫重新学习新的技能，并且不得不在项目团队中工作——而这类项目团队常常是由临时的员工构成的，雇员必须为结果承担更多的责任，必须接受没有长期就业保障这种情况。

那些旨在促使工人完全忠诚其雇主、在身份上完全认同于雇主的公司文化，几乎很难成为公司控制劳动力——拒绝提供先前承诺的工作安全保障，以使公司在任何时刻都能够调整员工队伍的规模与构成——的适合手段。不过，并非所有组织都会放弃对工人身份的塑造，相反，有些组织仍会试图把工人整合进一种统一的文化中，很多组织把组织环境与自由市场之间的区别降到最低限度，敦促工人应具有创新精神、独立、对变迁持开放态度，以及面对风险的意愿。越来越多的人直接受着市场规则的调节。而那些仍然保有常规工作的雇员，往往面临可能被越来越多的临时工取代的压力，在签订工作合同时被要求做出更多的让步，受到各种解雇裁员新闻和信息的刺激，政府、企业以及某些学者还不断提醒和警告他们来自那些力量的保护是很危险的。不仅那些生产流水线或产品装配线上的工人，而且从事文秘工作的工人、程序员、客服代表以及发达经济体中其他很多人，都十分清楚公司可能为

了更低的成本，而雇用世界上其他地方的工人来完成他们以前承担或正在承担的工作。

很多研究工作与身份的社会学家，如果能够考虑到这种变化的环境，就会较少关注对工人主体性的支配问题，而是会更多地关注为稳定身份提供基础的那些结构的消失。A. 高兹（Gorz, 1999：53）写道：

> 我们这个社会的重要人物——以及在这个452社会这个人物的"常规"状况……正在变成……没有保障的工人这种形象，他们有时工作，有时没有工作，从事各种不同的行业，但是其中没有任何一个行业实际上正在成为一个行业，他们没有可以明确界定的专业，或者他们的专业就是没有专业，因此不能根据其工作来界定其身份……

对于这一"重要人物"，无组织可依附，无职业可忠诚，因此难以确定自己的身份。那么，他们是否还可以获得以工作为基础的其他什么类型的身份呢？经济形势、就业结构与劳动力需求的不断变动，对于身份的基础而不是工资工作会产生什么后果呢？那些在经济上被排除在外的人，没有多少余地通过消费选择来界定他们自己的身份，他们甚至可能发现，基于家庭的身份也已经更加难以创造或维持了。那些为了改善工作境况而不得不背井离乡的人，已经放弃了那些原本可以维持身份的共同体联带，很多跨国移民甚至付出了牺牲亲密家庭关系的代价。至于这些结构性变迁，是否会为身份建构和使身份建构限制减少而开创新的资源，人们还在不断讨论（Elliott, 2001）。其中某些观察者认为，从工作结构的创造性和自由度来看，可能使人们能够设计自己的职业，改变自己的方向，并选择在何处工作以及考虑工作的报酬，而不再是公司的依赖者。例如，R. L. 弗洛里达（Florida, 2002）就描述了一种"创造性的阶级"，这个阶级认为稳定性是一种限制或制约，因此更偏好松散的联结，并不断激起各种变迁。那些拥有他人十分需要的稀缺性技能的人，特别是那些没有多少共同体联带束缚的人，的确能够从日益个体化的劳动力市场所释放的各种机会中受益。但是，R. 森尼特（Sennett, 1998）则认为，这种高风险的新工作世界，即使对于那些通过竞争成功地得到工作的雇员来说，成本也是很高的。在他看来，以短期工作、不断重新组合的项目团队以及频繁的地理流动为特征的工作生活，只允许人们获得短暂的依附和停留，这种短暂的依附和停留并不会为个

性人格提供一个基础，也不会为内在一致的生活叙事提供一个基础。

但是，有很多学者进行了十分详尽的经验研究，并指出了持续不断的结构变革，对于不同社会与地理空间中的工人的经验与身份产生了不同的、常常是相互矛盾的影响。因此，这些研究使我们认识到，现实的情况比上段文字中的一般性概括要复杂得多。例如，请思考在这种不断变革背景下，管理方与专业技术工人各自的命运。J. 瓦克曼与 B. 马丁（Wajcman & Martin，2002：988）的研究对"这种新资本主义"条件下的澳大利亚公司中的管理者进行了描述，发现男人与女人对于他们的"多种组合职业"的乐观解释，都会使用个人主义的市场叙事。然而，即使是在这一精英群体中，妇女比起男性来，较少能够把家庭承诺与工作身份整合起来，因此较少能够裁剪一种能够适合她们自己的生活。那些承担经济重构导致的变迁的负面后果的人，发现更加难以维持连贯一致的生活叙事。K. 纽曼（Newman，1988）和 V. 斯密（Smith，2001）发现，那些成功的美国专业技术人员与管理人员以前所享的地位、物质福利以及拥有的自我感，现在都出现了灾难性的下降。正如 K. 纽曼（Newman，1988：93 - 94）指出的，"你作为一个经理人向下流动，首先表明你并不如你自己所认为的那么好，最后你会质疑你自己到底是谁"。美国这些人的身份迷失了方向，但是不同于其他国家的专业技术人员——他们迁移到更富有的国家，在地位更低的岗位中工作——在新的全球经济中向下流动时身份的迷失（如 Diamond，1992；Hondagneu-Sotelo，2001）。后者对于自己的地位损失可能很少自我谴责，但是他们常常具有被孤立感、被歧视感，对抛妻别子具有愧疚感。关于经济转型的研究，绝大多数关注的都是管理人员、专业技术人员和熟练技术工人，这些研究认为，这些人是自由自在的个人，能够为他们自己的工作条件与老板讨价还价。但是，V. 斯密（Smith，2001：158）的关注对象则更为广泛，他提醒我们要关注其他阶层：

> 正是作为大多数的工人……创造了使那些自由的能动者得以成功的基础结构。……大多数的工人，在以不平等的权力为基础的等级制中，一直被置于从属的地位，并且他们的活动、努力、结果一直受到他人的测量、评估和规训。

V. 斯密对美国三个采取了促进组织灵活性与用工灵活性的雇用实践的工作场所进行了案例研究，

另外还对一个为失业的专业技术人员寻找工作的俱乐部进行了案例研究。她发现，现实情况是复杂的，一些工人察觉到了新的机会，但是觉得面临的风险也更高。工人是否接受新的工作要求的意愿，以及是否愿意进行个人转型的意愿（他们被告知，如果他们要在新的经济背景中获得成功，就必须进行这样的个人转型）往往是各不相同的，但是从总体上看这些愿望都是很高的，不过有时也表现出绝望，有时任由雇主摆布，如果个人的功效因此得到强化，那么他也会保持那些愿望。那些以前并没有获得稳定的工作或报酬很好的工作的人，以及那些以前没有获得使他们能够在互动中处于控制地位的文化资本的人，往往会从新的工作机会中获益，会从人际关系技能培训中获益。还有一些人则试图适应环境变化，并希望成为某种经济环境——在这种经济环境中，工人承担了很多以前是由组织来承担的风险——中的胜利者。某些人则冒险接受新的工作实践，以使他们的工厂不会倒闭；某些人则全身心投入某个繁荣的企业的临时工作，以期成为正式雇员；还有一些人则重新赶制他们的履历表，掩藏自己曾经长期从事某一工作的经验，因为这种长期的经历可能表明他没有灵活性，或对雇主抱有不合理的预期。工人对于新的工作身份的投资，以及这种投资要投向哪里或投入多少，在很大程度上要取决于地方性的、区域性的因素，以及取决于在这种机会结构中他们的种族、性别、阶级和民族地位。

世界上其他国家和地区的工人，则面临不同类型的机会、风险与不确定性，因为工作岗位的到来还是离去，往往以地方劳动力市场、规制环境等因素的相对吸引力为依据。在欠发达国家中，由跨国公司及其代理人强加给工人的强制劳动体制和恶劣的工作条件，已经受到了广泛的谴责（Klein，1999；Gray，1998；Smart，2003）。不过，在某些情况中，对于工人而言，出口导向的工作岗位比起其他的替代性工作岗位来确实收益要好一些，或者能够提供新的机会以供他们进行身份建构，而且工人会个人地或集体地运用这种身份建构来增强他们的地位和自治性。C. 弗里曼（Freeman，2000）对加勒比海国家巴贝多那些在外资企业从事文秘工作的妇女进行了研究，并生动地说明了工人在塑造新的身份过程中所具有的创造性，这种新的身份利用也重塑了当地的性别与阶层区隔。

还有一系列的理论家，包括 A. 高兹（Gorz，1999）、U. 贝克（Beck，2000）以及 J. 瑞夫金

[Rifkin,（1995）2004] 认为，技术与经济的发展已经改变了工作的可获得性以及获得工作必须具备的条件，这种发展是如此的深刻，以至于"我们必须准备从'以工作为基础的社会'中大撤离（这犹如一次"出埃及"）；这个社会再也不存在了，并且再也不会回来了"（Gorz，1999：1）。U. 贝克（Beck，2000：14）则指出，当代社会中出现了一种日益常见的矛盾："一方面，工作是社会的中心，任何事情与任何人都围绕这个中心并获得其意义；另一方面，任何事情都已经被技术完成了，并尽可能多地消除工作。"因此，"每一个人，包括没有被雇用的和潜在无保障的工人，都在迫切地战斗以共享那些正在消失的'工作'资本"（Gorz，1999：53），而在拥有技能并可能获得高工资的那些人，与试图要找工资过得去的工作以支持自己和家人的生活的那些人之间，存在的鸿沟正在日益拉大（Castells，1996；Smart，2003）。如果我们考虑到比起以前来，在世界人口中，只需要越来越少的人就可以生产必需品与服务这个现实，那么这些理论家可能认为期望获得全职就业已经是不可能的和徒劳无功的了，可能认为我们的公司、法律、政治和文化都必须考虑这一现实。U. 贝克主张，"我们必须消除和放弃社会身份和地位只取决于一个人的职业和事业的思想，必须使社会尊敬和安全真正同工资性就业相分离"（Beck，2000：57）。我们要实现这种转变，就必须采取新的方式来分配在工资工作、休闲、公民参与、自我发展和看护他者等方面的机会，必须建立一种分配收入与权利的新基础。

几十年来，很多社会学家以及其他一些社会理论家，分析了工作对于身份的重要性，并批判那些社会与经济安排。这些安排决定了工作能够为确立一种稳定的自我感、发展一个人的能力、获得物质福利以及实现道德标准提供何种可能性。最近关于就业结构发生的重要转型的描述，促使人们去研究，对于大多数人来说，工作是否能够成为身份、目标、共同体、地位和安全的首要来源和基础。如果可以获得的工作机会正在变得日益稀少和暂时，那么我们也可以说身份也具有如此趋势吗？

那些深入思考当代身份性质所发生的变化——消费是否已经取代工作成为建构身份的场所；身份是否日益成为自我决定的和日益临时或短暂——的理论家内部之间并不一致甚至相互对立。他们有的

强调在身份的形成过程中，存在一种解放的可能性，而有的则强调存在毁灭的可能性。那些研究工作组织变迁的理论家们也是如此（对于各种未来情景，参见 Beck，2000：36 - 66）。社会学家在评价经济重构对工作与身份之间的关系的影响时，头脑中应该牢记以前的研究教训。首先，我们必须完全放弃那些"新的发展可能终止旧的思维、行为和组织模式"的主张。因为新的控制形式与旧的控制形式往往会共存，而不是完全取代旧的模式（Edwards，1979），对于事业、职业和雇主的长期依附，将仍然会组织很多人的生活，尽管有些学者否认这种依附的可能性。其次，稳定的、能够带来回报的工作经验，从来都是被不平等地和非均衡地分配的，因此工作作为身份的基础的重要性的下降，某些人会表示欢迎，而某些人则可能因此遭受可怕的损失。工作可能成为骄傲、能够带来回报的关系以及意义的来源，但是对于很多人来说，工作是一种支配、卑下、空虚的领域，他们可能愿意否认工作对于身份的重要性。最后，政治斗争与个人创造性，都有助于决定工作在社会中的地位，以及在人们生活中的地位。如果通过工作来建立一种生活的机会确实在下降，那么结果可能是一件坏事，也可能是一件好事。但是我们应该相信，这种结果将取决于社会形成一种替代性的经济安全、社会整合、意义、积极自我—身份认同的根源的能力。

罗宾·雷德纳（Robin Leidner）[1]

## 参考文献

Acker, J. (1990). "Hierarchies, Jobs, Bodies: A Theory of Gendered Organizations", *Gender & Society*, 4 (2): 139 - 58.

Adkins, L. (1995). *Gendered Work: Sexuality, Family and the Labour Market*. Buckingham: Open University Press.

——and Lury, C. (1999). "The Labour of Identity: Performing Identities, Performing Economies", *Economy and Society*, 28 (4): 598 - 614.

Anderson, E. (1999). "The Social Situation of the Black Executive: Black and White Identities in the Corporate World", in M. Lamont (ed.), *The Cultural Territories of Race: Black and White Boundaries*. Chicago, IL, New York: University of Chicago Press, Russell Sage Foundation.

---

① 我要感谢萨姆·卡普兰（Sam Kaplan）、西尔克·罗斯（Silke Roth）以及本书编辑的建议与协助。

Attewell, P. (1990). "What Is Skill?", *Work and Occupations*, 17 (4): 422 – 48.

Barker, J. R. (1993). "Tightening the Iron Cage: Concertive Control in Self-Managing Teams", *Administrative Science Quarterly*, 38: 408 – 37.

Baudrillard, J. ([1970] 1998). *The Consumer Society: Myths and Structures*. London: Sage.

Bauman, Z. (1998). *Work, Consumerism and the New Poor*. Buckingham: Open University Press.

—— (2001). *The Individualized Society*. Cambridge, Malden, MA: Polity Press, Blackwell.

Beck, U. (2000). *The Brave New World of Work*. Cambridge: Polity Press.

——and Beck-Gernsheim, E. (2002). *Individualization: Institutionalized Individualism and its Social and Political Consequences*. London: Sage.

——, Giddens, A., and Lash, S. (1994). *Reflexive Modernization: Politics, Tradition and Aesthetics in the Modern Social Order*. Cambridge: Polity Press.

Benson, S. P. (1986). *Counter Cultures: Saleswomen, Managers, and Customers in American Department Stores, 1890 – 1940*. Urbana, IL: University of Illinois Press.

Berk, S. F. (1985). *The Gender Factory: The Apportionment of Work in American Households*. New York: Plenum Press.

Biggart, N. W. (1983). "Rationality, Meaning, and Self-Management: Success Manuals, 1950 – 1980", *Social Problems*, 30 (3): 298 – 311.

—— (1989). *Charismatic Capitalism: Direct Selling Organizations in America*. Chicago IL: University of Chicago Press.

Bolton, S. C. and Boyd, C. (2003). "Trolley Dolly or Skilled Emotion Manager?: Moving on from Hochschild's Managed Heart", *Work, Employment And Society*, 17 (2): 289 – 308.

Bosk, C. L. ([1979] 2003). *Forgive and Remember: Managing Medical Failure*. Chicago, IL: University of Chicago Press.

Braverman, H. (1974). *Labor and Monopoly Capital: The Degradation of Work in the Twentieth Century*. New York: Monthly Review Press.

Burawoy, M. (1979). *Manufacturing Consent: Changes in the Labor Process under Monopoly Capitalism*. Chicago, IL: University of Chicago Press.

Callero, P. L. (2003). "The Sociology of the Self", *Annual Review of Sociology*, 23: 115 – 33.

Cancian, F. M., Kurz, D., and Reviere, R. (2002). *Child Care and Inequality: Rethinking Carework for Children and Youth*. New York: Routledge.

Casey, C. (1995). *Work, Self, and Society: After Industrialism*. London: Routledge.

Castells, M. (1996). The Rise of the Network Society. Cambridge, MA: Blackwell. Cerulo, K. A. (1997). "Identity Construction: New Issues, New Directions", *Annual Review of Sociology*, 23: 385 – 409.

Chetkovich, C. A. (1997). *Real Heat: Gender and Race in the Urban Fire Service.* New Brunswick, NJ: Rutgers University Press.

Cockburn, C. (1985). *Machinery of Dominance: Women, Men, and Technical Know-How*. London: Pluto Press.

Collinson, D. (1992). *Managing the Shopfloor: Subjectivity, Masculinity, and Workplace Culture*. Berlin: W. de Gruyter.

——and Hearn, J. (1996). *Men as Managers, Managers as Men: Critical Perspectives on Men, Masculinities, and Managements*. London: Sage Publications.

Daniels, A. K. (1987). "Invisible Work", *Social Problems*, 34 (5): 403 – 15.

DeVault, M. L. (1991). *Feeding the Family: The Social Organization of Caring as Gendered Work*. Chicago, IL: University of Chicago Press.

Diamond, T. (1992). *Making Gray Gold: Narratives of Nursing Home Care*. Chicago, IL: University of Chicago Press.

Du Gay, P. (1996). *Consumption and Identity at Work*. London: Sage Publications.

Dubin, R. (1956). "Industrial Worker's Worlds: A Study of the Central Life Interests of Industrial Workers", *Social Problems*, 131 – 42.

Durkheim, E. ([1893] 1984). *The Division of Labor in Society*. New York: Free Press.

Edin, K. and Lein, L. (1997). *Making Ends Meet: How Single Mothers Survive Welfare and Low-Wage Work*. New York: Russell Sage Foundation.

——and Nelson, T. J. (2001). "Working Steady: Race, Low-Wage Work, and Family Involvement among Noncustodial Fathers in Philadelphia", in E. Anderson and D. S. Massey (eds.), *The Problem of the Century: Racial Stratification in the United States*. New York: Russell Sage Foundation.

Edwards, R. (1979). *Contested Terrain: The Transformation of the Workplace in the Twentieth Century*. New York: Basic Books.

*457*

Elliott, A. (2001). *Concepts of the Self*. Cambridge: Polity Press.

Engel, D. M. and Munger, F. W. (2003). *Rights of Inclusion: Law and Identity in the Life Stories of Americans with Disabilities*. Chicago, IL: University of Chicago Press.

Entwistle, J. (2000). "Fashioning the Career Woman: Power Dressing as a Strategy Off Consumption", in M. R. Andrews and M. M. Talbot (eds.), *All the World and Her Husband: Women in Twentieth-Century Consumer Culture*. London: Cassell. Identity and Work, 457.

*458* Florida, R. L. (2002). *The Rise of the Creative Class: And How It's Transforming Work, Leisure, Community and Everyday Life*. New York: Basic Books.

Freeman, C. (2000). *High Tech and High Heels in the Global Economy: Women, Work, and Pink-Collar Identities in the Caribbean*. Durham, NC: Duke University Press.

Freidson, E. (1970). *Professional Dominance: The Social Structure of Medical Care*. New York: Atherton Press.

—— (1990). "Labors of Love in Theory and Practice: A Prospectus", in K. Erikson and S. P. Vallas (eds.), *The Nature of Work: Sociological Perspectives*. New Haven, CT: American Sociological Association Presidential Series and Yale University Press.

Friedman, A. L. (1977). *Industry and Labour: Class Struggle at Work and Monopoly Capitalism*. London: Macmillan.

Fuller, L. and Smith, V. (1991). " 'Consumers' Reports: Management by Customers in a Changing Economy", *Work, Employment and Society*, 15: 1–16.

Garey, A. I. (1999). *Weaving Work and Motherhood*. Philadelphia, PA: Temple University Press.

Gerson, K. (1993). *No Man's Land: Men's Changing Commitments to Family and Work*. New York: Basic Books.

—— (2002). "Moral Dilemmas, Moral Strategies, and the Transformation of Gender: Lessons from Two Generations of Work and Family Change", *Gender & Society*, 16 (1): 8–28.

Giddens, A. (1991). *Modernity and Self-Identity: Self and Society in the Late Modern Age*. Stanford, CA: Stanford University Press.

Glenn, E. N. (1992). "From Servitude to Service Work: Historical Continuities in the Racial Division of Paid Reproductive Labor", *Signs*, 18 (1): 1–43.

—— (2002). *Unequal Freedom: How Race and Gender Shaped American Citizenship and Labor*. Cambridge, MA: Harvard University Press.

Goffman, E. (1959). *The Presentation of Self in Everyday Life*. Garden City, NY: Doubleday.

—— (1961a). "The Medical Model and Mental Hospitalization: Some Notes on the Vicissitudes of the Tinkering Trades", *Asylums: Essays on the Social Situation of Mental Patients and Other Inmates*. Garden City, NY: Anchor Books.

—— (1961b). "The Underlife of a Public Institution: A Study of Ways of Making out in a Mental Hospital", *Asylums: Essays on the Social Situation of Mental Patients and Other Inmates*. Garden City, NY: Anchor Books.

—— (1961c). "Role Distance", *Encounters: Two Studies in the Sociology of Interaction*. Garden City, NY: Anchor Books.

Goldthorpe, J. H. (1968). *The Affluent Worker, Industrial Attitudes and Behaviour*. Cambridge: Cambridge University Press.

Goldthorpe, J. H. (1969). *The Affluent Worker in the Class Structure*. Cambridge: Cambridge University Press.

Gorz, A. (1999). *Reclaiming Work: Beyond the* *459* *Wage-Based Society*. Cambridge, UK, Malden, MA: Polity Press, Blackwell.

Graham, L. (1995). *On the Line at Subaru-Isuzu: The Japanese Model and the American Worker*. Ithaca, NY: ILR Press.

Gray, J. (1998). *False Dawn: The Delusions of Global Capitalism*. New York: The New Press.

Grey, C. (1994). "Career as a Project of the Self and Labour Process Discipline", *Sociology*, 28 (2): 479–97.

Haas, J. and Shaffir, W. (1982). "Ritual Evaluation of Competence: The Hidden Curriculum of Professionalization in an Innovative Medical School Program", *Work and occupations*, 9 (2): 131–54.

——and—— (1984). "The 'Fate of Idealism' Revisited", *Urban Life*, 13 (1): 63–81.

Halle, D. (1984). *America's Working Man: Work, Home, and Politics among Blue-Collar Property Owners*. Chicago, IL: University of Chicago Press.

Hareven, T. K. (1982). *Family Time and Industrial Time: The Relationship between the Family and Work in a New England Industrial Community*. Cambridge: Cambridge University Press.

Hartmann, H. (1976). "Capitalism, Patriarchy, and Job Segregation by Sex", in M. Blaxall and B. Reagan (eds.), *Women and the Workplace*: *The Implications of Occupational Segregation*. Chicago, IL: University of Chicago Press.

—— (1981). "The Family as the Locus of Gender, Class, and Political Struggle: The Example of Housework", *Signs*, 6 (3): 366 – 94.

Himmelweit, S. (1999). "Caring Labor", *Annals of the American Academy of Political and Social Science*, 561: 27 – 38.

Hochschild, A. R. (1983). *The Managed Heart*: *Commercialization of Human Feeling*. Berkeley, CA: University of California Press.

—— (1989). *The Second Shift*: *Working Parents and the Revolution at Home*. New York: Viking.

—— (1997). *The Time Bind*: *When Work Becomes Home and Home Becomes Work*. New York: H. Holt/Metropolitan Books.

Hodson, R. (2001). *Dignity at Work*. Cambridge: Cambridge University Press.

Hogg, M. A., Terry, D. J., and White, K. M. (1995). "A Tale of Two Theories: A Critical Comparison of Identity Theory with Social Identity Theory", *Social Psychology Quarterly*, 58 (4): 255 – 69.

Hondagneu-Sotelo, P. (2001). *Doméstica*: *Immigrant Workers Cleaning and Caring in the Shadows of Affluence*. Berkeley, CA: University of California Press.

Hossfeld, K. (1993). " 'Their Logic against Them': Contradictions in Sex, Race, and Class in Silicon Valley", in A. Jaggar and P. Rothenberg (eds.), *Feminist Frameworks*: *Alternative Theoretical Accounts of the Relations between Women and Men*. New York: McGraw-Hill.

Hossfeld, K. (1994). "Hiring Immigrant Women: Silicon Valley's 'Simple Formula' ", in M. B. Zinn and B. T. Dill (eds.), *Women of Color in U. S. Society*. Philadelphia, PA: Temple University Press.

Howard, J. A. (2000). "Social Psychology of Identities", *Annual Review of Sociology*, 26: 367 – 93.

Hughes, E. C. ([1945] 1984). "Dilemmas and Contradictions of Status", *The Sociological Eye*: *Selected Papers*. New Brunswick, NJ: Transaction Books.

—— ([1951a] 1984). "Work and Self", *The Sociological Eye*: *Selected Papers*. *New Brunswick*, NJ: Transaction Books.

—— ([1951b] 1984). "Mistakes at Work", *The Sociological Eye*: *Selected Papers*. New Brunswick, NJ: Transaction Books.

—— ([1952] 1984). "The Sociological Study of Work: An Editorial Forward", *The Sociological Eye*, *Selected Papers*. New Brunswick, NJ: Transaction Books.

—— ([1959] 1984). "The Study of Occupations", *The Sociological Eye*: *Selected Papers*. New Brunswick, NJ: London: Transaction Books.

Kanter, R. M. (1977). M*en and Women of the Corporation*. New York: Basic Books.

Klein, N. (1999). *No Space*, *No Choice*, *No Jobs*, *No Logo*: *Taking Aim at the Brand Bullies*. New York: Picador USA.

Knights, D. and Willmott, H. (1989). "Power and Subjectivity at Work: From Degradation to Subjugation in Social Relations", *Sociology*, 23 (4): 535 – 58.

——and McCabe, D. (1998). "Dreams and Designs on Strategy: A Critical Analysis of TQM and Management Control", *Work*, *Employment and Society*, 12 (3): 433 – 56.

Kohn, M. L. (1990). "Unresolved Issues in the Relaionship between Work and Personality", in K. Erikson and S. P. Vallas (eds.), *The Nature of Work*: *Sociological Perspectives*. New Haven, CT: American Sociological Association Presidential Series and Yale University Press.

Korczynski, M., Shire, K., Frenkel, S., and Tam, M. (2000). "Service Work in Consumer Capitalism: Customers, Control and Contradictions", *Work Employment and Society*, 14 (4): 669 – 87.

Kunda, G. (1992). *Engineering Culture*: *Control and Commitment in a High-Tech Corporation*. Philadelphia, PA: Temple University Press.

——and Maanen, J. V. (1999). "Changing Scripts at Work: Managers and Professionals", *Annals of the American Academy of Political and Social Science*, 561: 64 – 80.

Kurz, D. (2002). "Caring for Teenage Children", *Journal of Family Issues*, 23 (6): 748 – 67.

Lamont, M. (2000). *The Dignity of Working Men*: *Morality and the Boundaries of Race*, *Class*, *and Immigration*. New York: Russell Sage Foundation Cambridge, MA Harvard University Press.

Lareau, A. (2003). *Unequal Childhoods*: *Class*, *Race*, *and Family Life*. Berkeley, CA: University of California Press.

Leidner, R. (1991). "Serving Hamburgers and Selling Insurance: Gender, Work, and Identity in Interactive Service Jobs", *Gender & Society*, 5 (2): 154 – 77.

Leidner, R. (1993). *Fast Food*, *Fast Talk*: *Service Work and the Routinization of Everyday Life*. Berkeley,

CA: University of California Press.

Liebow, E. (1967). *Tally's Corner: A Study of Negro Streetcorner Men*. Boston, MA: Little.

Macdonald, C. L. and Sirianni, C. (1996). *Working in the Service Society*. Philadelphia, PA: Temple University Press.

McDowell, L. (1995). "Body Work: Heterosexual Gender Performance in City Workplaces", in D. Bell and G. Valentine (eds.), *Mapping Desires: Geographies of Sexualities*. London: Routledge.

—— (2003). *Redundant Masculinities?: Employment Change and White Working Class Youth*. Malden, MA: Blackwell.

Margolis, D. R. (1979). *The Managers: Corporate Life in America*. New York: Morrow.

Martin, S. E. (1980). *Breaking and Entering: Policewomen on Patrol*. Berkeley, CA: University of California Press.

Marx, K. ([1932] 1978). "The German Ideology", Part I, in R. C. Tucker (ed.), *The Marx-Engels Reader*. New York: Norton & Company.

——and Engels, F. ([1948] 1978). "Manifesto of the Communist Party", in R. C. Tucker (ed.) *The Marx-Engels Reader*. New York: Norton & Company.

May, C. and Cooper, A. (1995). "Personal Identity and Social Change: Some Theoretical Considerations". *Acta Sociologica*, 38 (1): 75.

Mead, G. H. (1934). *Mind, Self, and Society: From the Standpoint of a Social Behaviorist*. Chicago, IL: University of Chicago Press.

Menger, P-M. (1999). "Artistic Labor Markets and Careers", *Annual Review of Sociology*, 25 (1): 541 - 74.

Mills, C. W. (1951). *White Collar: The American Middle Classes*. New York: Oxford University Press.

Mohanty, C. T. (2003). "Women Workers and the Politics of Solidarity", *Feminism without Borders: Decolonizing Theory, Practicing Solidarity*. Durham: Duke University Press.

Newman, K. S. (1988). *Falling from Grace: The Experience of Downward Mobility in the American Middle Class*. New York: Free Press.

Parsons, T. and Bales, R. F. (1955). *Family, Socialization and Interaction Process*. Glencoe, IL: Free Press.

Philipson, I. J. (2002). *Married to the Job: Why We Live to Work and What We Can Do About It*. New York: Free Press.

Pierce, J. L. (1995). *Gender Trials: Emotional Lives in Contemporary Law Firms*. Berkeley, CA: University of California Press.

Rifkin, J. ([1995] 2004). *The End of Work: The Decline of the Global Labor Force and the Dawn of the Post-Market Era*. New York: Jeremy P. Tarcher/Penguin.

Rollins, J. (1985). *Between Women: Domestics and Their Employers*. Philadelphia, PA: Temple University Press.

Rose, N. S. (1990). *Governing the Soul: The Shaping of the Private Self*. London: Routledge.

Salzinger, L. (2003). *Genders in Production: Making Workers in Mexico's Global Factories*. Berkeley, CA: University of California Press.

Sargent, L. (1981). *Women and Revolution: A Discussion of the Unhappy Marriage of Marxism and Feminism*. Boston, MA: South End Press.

Sennett, R. (1998). *The Corrosion of Character: The Personal Consequences of Work in the New Capitalism*. New York: W. W. Norton.

——and Cobb, J. (1972). *The Hidden Injuries of Class*. New York: Knopf.

Sharma, U. and Black, P. (2001). "Look Good, Feel Better: Beauty Therapy as Emotional Labour", *Sociology*, 35 (4): 913 - 31.

Smart, B. (2003). *Economy, Culture and Society: A Sociological Critique of Neo-Liberalism*. Buckingham: Open University Press.

Smith, V. (2001). *Crossing the Great Divide: Worker Risk and Opportunity in the New Economy*. Ithaca, NY: ILR Press.

Snow, D. A. and Anderson, L. (1987). "Identity Work among the Homeless: The Verbal Construction and Avowal of Personal Identities", *American Journal of Sociology*, 92 (6): 1336 - 71.

Steinberg, K. and Figart, D. (1997). Emotional Labor Since "The Managed Heart", *Annals of the American Academy of Political and Social*, 561: 8 - 26.

Strangleman, T. and Roberts, I. (1999). "Looking through the Window of Opportunity: The Cultural Cleansing of Workplace Identity", *Sociology*, 33 (1): 47 - 67.

Thompson, P. (1990). "Crawling from the Wreckage: The Labour Process and the Politics of Production", in D. Knights and H. Willmott (eds.), *Labour Process Theory*. London: Macmillan.

——and Ackroyd, S. (1995). "All Quiet on the Workplace Front? A Critique of Recent Trends in British Industrial Sociology", *Sociology*, 29 (4): 615 - 33.

462

——and Findlay, P. (1999). "Changing the People: Social Engineering in the Contemporary Workplace", in L. Ray and A. Sayer (eds.), *Culture and Economy after the Cultural Turn*. London: Sage.

Townsend, N. W. (2002). *The Package Deal: Marriage, Work, and Fatherhood in Men's Lives*. Philadelphia, PA: Temple University Press.

Trice, H. M. (1993). *Occupational Subcultures in the Workplace*. Ithaca, NY: ILR Press.

Vallas, S. P. (2003). "The Adventures of Managerial Hegemony: Teamwork, Ideology, and Worker Resistance", *Social Problems*, 50 (2): 204 – 25.

Van Maanen, J. and Kunda, G. (1989). " 'Real Feelings': Emotional Expression and Organizational Culture", in L. L. Cummings and B. M. Staw (eds.), *Research in Organizational Behavior*. Greenwich, CT: JAI Press.

Wajcman, J. and Martin, B. (2002). "Narratives of Identity in Modern Management: The Corrosion of Gender Difference?", *Sociology*, 36 (4): 985 – 1002.

Warhurst, C. N., Dennis, Witz, A., Cullen, A. M. (2000). "Aesthetic Labour in Interactive Service Work: Some Case Study Evidence from the 'New' Glasgow", *Service Industries Journal*, 20 (3): 1 – 18.

Weber, M. ([1904 – 05] 1958). *The Protestant Ethic and the Spirit of Capitalism*. New York: Charles Scribner's Sons.

—— ([1922] 1979). "Bureaucracy", in H. H. Gerth and C. W. Mills (eds.), *From Max Weber: Essays in Sociology*. New York: Oxford University Press.

Wellington, C. A. and Bryson, J. R. (2001). "At Face Value? Image Consultancy, Emotional Labour and Professional Work", *Sociology*, 35 (4): 933 – 46.

Weston, K. (1990). "Production as Means, Production as Metaphor: Women's Struggle to Enter the Trades", in F. D. Ginsburg and A. L. Tsing (eds.) *Uncertain Terms: Negotiating Gender in American Culture*. Boston, MA: Beacon Press.

Westwood, S. (1984). *All Day, Every Day: Factory and Family in the Making of Women's Lives*. London: Pluto Press.

Whyte, W. H. (1956). *The Organization Man*. New York: Simon and Schuster.

Williams, C. (2003). "Sky Service: The Demands of Emotional Labour in the Airline Industry", *Gender, Work and Organization*, 10 (5): 513 – 50.

Williams, C. L. (1989). *Gender Differences at Work: Women and Men in Nontraditional Occupations*. Berkeley, CA: University of California Press.

—— (1995). *Still a Man's World: Men Who Do "Women's" Work*. Berkeley, CA: University of California Press.

Willmott, H. (1993). "Strength Is Ignorance: Slavery Is Freedom: Managing Culture in Modern Organizations", *Journal of Management Studies*, 30 (4): 515 – 52.

Wilson, W. J. (1987). *The Truly Disadvantaged: The Inner City, the Underclass, and Public Policy*. Chicago, IL: University of Chicago Press.

—— (1996). *When Work Disappears: The World of the New Urban Poor*. New York: Knopf.

Wouters, C. (1989). "The Sociology of Emotions and Flight Attendants: Hochschild's Managed Heart". *Theory, Culture and Society*, 6: 95 – 123.

Wrigley, J. (1995). *Other People's Children*. New York: Basic Books.

Zuboff, S. (1988). *In the Age of the Smart Machine: The Future of Work and Power*. New York: Basic Books.

Zukin, S. and Maguire, J. S. (2004). "Consumers and Consumption", *Annual Review of Sociology*, 30: 173 – 97.

*463*

# 第十六章

# 结论：工作的变迁与理论的机遇

本书各章归纳了整个社会学领域中已经研究了或者可以用于研究工作及工作场所问题的各种重要理论框架。本章作为全书的结论，目的是要在某程度上从理论领域退出来，转而陈述当代工作场所中的某些还需要解释的重要现象和事实，然后讨论如何运用先前归纳的各种理论框架，来研究这些现象和事实。

在进行这种讨论时，我们必须注意如下几点。

其一，在工作与工作场所的发展方面，一个人认为非常重要的东西，会因为这个人所使用的视角而带上他个人的色彩。例如，经济学家关注的主要是市场，因此就市场而言，工作场所最重要的发展就是与劳动力市场相关的发展，特别是作为劳动力市场结果的工资和工作岗位损失等。公平地讲，以往的研究主要关注的就是工作场所的这些方面，而忽视了其他方面的问题，这部分是因为这些方面影响了更多的人群，甚至影响了作为一个整体的经济。还有，工资与工作岗位方面的问题，也可以通过各种方式进行相对直接的测量，因此研究它们的历时变迁也比较容易。

心理学家是关注工作场所问题的第二个重要学术群体，但是他们关注的是工作场所中的个人，以及个人之间的关系。其中包括个人的属性（知识、技能、能力、个性等）及其对组织结果的影响，他们特别关注个人的属性如何影响工人反应工作场所背景，以及诸如培训和选择系统等特定的雇用实践。其中有些属性会发生历时性的变迁。但是，心理学强调的是个人之间的差异，而较少关注那些反应的历时变化。[①] 不过，那些具有代表性的雇员样本及其关于工作场所的态度等具体信息，是很难获得的；而要收集时间序列性的历时信息，更为困难。其结果是，研究工作场所的心理学家往往难以准确地把握工作或工作场所中"什么是新的"。他们的答案可能关注的是不断变革的工作背景——新的技术、新的工作条件、新的就业模式等——可能影响雇员的反应，导致他们获得这些答案的数据可能来自其他领域。

社会学家对于工作场所现象，表现出了最为强烈的兴趣和关注。他们关注那些经济学家所关注的所有劳动力市场结果，他们也关注心理学家所关注的雇员对于环境的某些反应，以及工作中的社会行为的所有层面。但最重要和独特的是，社会学家关注工作场所中的制度与组织，也许最最特别的是，社会学关注组织中运行的实践与安排。社会学家结合诸如产业关系学等学科领域，研究了雇员的各种关系，以及对这些关系产生影响的雇主与其他组织的变革（如工会，以及工作场所中的仲裁者和协调者的变革）。如果考虑到社会学所关注的问题如此广泛，那么对社会学家们关于影响工作与工作场所变革的当代问题的研究进行回顾与评论，就很可能挂一漏万。因此，下文所讨论的这些问题，是高度选择性的。

其二，在回顾工作场所中的诸多发展时，我们应确定"何种工作场所"来加以分析，这也是一个十分棘手的问题，进行这种选择是很困难的。如果像绘制地图那样，面面俱到，对任何现象都进行概括，那么只要你愿意，就可以发现几乎相似的工作场所却存在无限的差异。但是，当您抛开差异性而对各种情景进行更为一般性的概括时，地方多样性往往隐去，而相似性却生硬地出现。因此，关于整

---

① 对探讨雇员的反应特别是态度的历时变化，在概念上存在的另一个困难，就是工人的反应在时间过程中出现了重新归一化（renorm）趋势。对于工作场所背景及其相关实践，个人的反应有着强烈的倾向性（例如，工作满意度的差异，有强烈的个人成分，即使个人改变了工作与环境，其反应与态度也会持续一段时间），并且个人在同一背景中也常常改变、调整自己的反应和态度。随着时间的进行，各种变迁都会成为"常规性的"。

个社会或经济中的各种发展的测量和概括，必然会曲解各种职业、产业和部门的工作场所经验之间存在的重大差异。例如，电话客服中心的经验变迁（似乎体现了科学管理的影响正在上升），与信息技术中的经验变迁十分不同（似乎已经走向了开放的市场），也与生产工作中的经验变迁十分不同（似乎已经越来越走向被赋权的团队）。而且描述职业、产业与部门之间的工作场所经验的重大差异存在的困难，与描述各国家与地区之间的工作场所经验的重大差异所存在的困难相比，又显得微不足道。由于各种职业、产业、国家之间的情景存在巨大的差异，以及由于从这些差异或多样性中进行选择存在的困难，所以我们只提出似乎可以应用于大多数背景的、最为一般性的叙事，是有意义的。一个重要的问题——上文已经说明了的问题，但人们对这个问题的研究误入了歧途——就是，既然各种背景的差异性或多样性远远超过了其相似性，那么工作又是如何组织起来的呢？

本章在选择工作以及工作场所的某些重要的发展来加入讨论时，持有的偏向是明显的，我们主要是以学术界存在至今的研究和知识为基础。例如，根据客观的标准，随着我们走向新千年，工作世界中最重要的发展，是出现在中国与印度的那些发展，这不仅是因为它们影响了大多数人，也是因为它们在很多方面对全球劳动力市场产生了深刻影响。然而，我们对于这些变迁没有多少系统的了解，而对于欧洲特别是美国的相关发展有着更系统的了解，因为学术界最近主要研究的是这些区域中的工作场所，并且两个区域中的数据可以更加容易地得到。所以我们在讨论中，没有选择中国、印度的相关情况。

其三，我们必须确定什么问题才是当代的真正问题。很多影响与塑造整个世界中的工作的最为重要的发展，已经进行了一段时间。例如，与工业化相关的工作场所的变革，实际上牵涉现代社会学所关注的所有问题，并且也正在很多国家上演。这种变革极其重要，但是我们很难说它是一个新的问题。从工业工作向服务业工作的转型，是另一个重要的趋势，但是这个转型在发达国家已经进行了数十年。最后，技术的影响在"新的各种发展"名单中都一直是一个"宠儿"，但是技术变革以及其过程会改变工作与工人这个事实，根本上并不是什么新的东西。

下文所开出的我们个人主观认为是当代工作场所的重要发展的名单，忽略了很多值得关注的发展。

其中包括了工作组织性质的变迁，特别是从福特主义走向各种替代性模式，这些替代性模式更好地利用了各种行为原则，特别是团队工作和雇员赋权尤为常见。不过，要界定这实际上在多大程度上是一种趋势，要求我们认识到也存在相反的一些方向或趋势，特别是要注意那些孤立地对个人进行绩效测量以及对操纵个人绩效测量的意图。在电话客服中心，这种情况是十分明显的，在这里科学管理原理（如把工作分解为各种要素，提供完成那些任务的"脚本"以及其他方式，根据计件工资制来测量工人的绩效并确定对工人的报酬）处于普遍支配的地位。

行业工会的衰落可能是另一个重要的发展（但是我们没有列入名单中），尽管这种衰落在美国与英国是明显的，而在其他国家可能没有那么明显，并且这种衰落似乎与驱使公司普遍重构的那些因素有关。海外建厂以及更常见的外包做法，也是当代工作场所所发生的重大变化之一（我们也没有列入我们的名单）。外包的影响很大，因为它是发达国家工作岗位损失与工作岗位无保障的主要原因。然而，它本身并不是一个工作场所问题，与公司边界而非工人更相关。工作和岗位可以从某个公司不断转移到另一个公司，但最终可能在那些能够提供"更差"或"更好"的岗位的组织落脚。海外建工厂确实会使岗位迁移到海外，但是仅仅从新的岗位以及各种不同的岗位比以前更可能迁移到海外的程度上看，是一个新的问题，尽管工作岗位的迁移对于那些仍然留在原地的岗位会产生明显的影响（Feenstra & Hansen, 1996）。

因此，本章下面的主张和观点体现了对当代工作场所问题具有高度选择性的看法，跨越了各种职业、各种产业以及各种工业社会。它们体现了相对新的趋势，那些研究尽管已经指出但是还未详尽解释的趋势。同样，这些问题与趋势可以视为第一手的材料，为先前各章所讨论的各种理论框架提供了原始数据。我们在讨论每种趋势时，都会再次指出先前各章对于这种趋势的特定见解。另外，本章最后一部分会全盘探讨不同社会理论处理我们所列的五种趋势时所使用的方法视角。其中某些理论明确以解释工作场所现象为特定目标，其他一些理论则讨论导致这些发展的基础性过程。例如，马克思、韦伯和涂尔干的著作关注资本主义的运行，以及诸如阶级、科层、社会内聚和社会团结的性质等重大问题。这些理论的目标是把"研究"定位于对人类社会组织进行更为概括的理解，并试图得出更为一般性的结论。正如 G. 伯勒尔在讨论后现代的分析时所指出的，"后现代转向主要不是与经济、生产与工作相关，而主要与哲学、消费和休闲相关"。本章的目的是要指出，即使是那些最为抽象的理论，对于那些具体的趋势的分析有何优势和影响。

468 # 一、工作以及工场中的当代问题

在考虑上文的告诫的同时，我们列举了下面五个体现工作场所各种真实实践中存在的重要问题，这些问题对于人们关于工作特别是关于就业的各种假定以及长期持有的看法提出了挑战。

## 雇员对于雇主的依附正在改变

在工业化早期，雇员与雇主之间的关系绝大部分都是临时性的，每年员工流动率往往达到 300%。而生产流水线或装配线的出现需要降低员工的流动率，从而改变了员工与雇主之间的临时关系，而形成相对持久和固定的关系。那些关于去技能化的研究，使人们注意到"基于科学管理的生产流水线与福特主义的生产模式，降低了雇主对熟练工人的需要"这一事实。但是，这个过程也把大多数手工工作从非技能性劳动转变为半技能性劳动。正如亨利·福特给工人的工资从当时行业平均工资每天 1 美元猛增到每天 5 美元这个著名事件所说明的，降低员工的流动率，在组织的流水生产线工作中变得极其重要，因为辞职与解雇对于生产质量和生产力都会产生很大的消极影响。①

随着更多的产业雇主认识到员工的稳定性的必要性，以及以工会为基础的工作控制规制强化了工作保障要求，员工雇用日益走向一种"终生"模式。科学管理原理后来在输出到英国以及输出到欧陆时，也都产生了多多少少相似的结果，尽管在欧洲雇用或就业关系从来就没有变得像美国这样临时。在美国以及在大多数工业世界中，雇用政策是建立在雇主与雇员之间长期的雇佣关系模式上的。这的的确确是事实。例如，在 20 世纪 70 年代，美国与日本尽管关于地理流动与职业流动以及"意愿"就业的各种假定各不同，但是美国员工的平均工作任期（在岗时间）与日本相同，而日本原本是以终生就业

政策闻名于世的。

至于到底是什么导致了就业依附的变迁，这个问题超越了本章的范围，但是公平地说，这种变迁是由雇主以及他们在具体情景中如何经营其业务所驱动的。就业依附的变迁最典型的一个表现，就是失业模式中的变迁。在 20 世纪 80 年代中期以前，美国政府并不监控固定工作岗位的损失，因为其假定是由于业务低迷而失去工作的工人造成了这种损469失，而当业务好转时，工人就会被重新雇用。但是，美国劳工统计署不久就进行了一种对"被取代工人"的新调查，并开始追踪工作岗位损失的原因和监控并保持这些工作岗位较固定的性质。

该调查所反映的最大变迁就是如下事实：工作岗位的损失现在更与代理商相关，而非与业务的周期性衰退相关。在控制业务周期性衰退之后，工作岗位损失的风险，在 20 世纪 90 年代实际上比 20 世纪 80 年代日益增大，那些被取代的工人流动到其他企业去就业时，蒙受的收入损失也一直在增加（Farber, 1999）。在经济扩张时期，工作岗位的损失会被新的雇用所抵消；而在经济收缩和衰退时期，这样的工作损失就得不到抵消。自 20 世纪 80 年代以来，固定工作岗位的损失最重要的原因一直都是工厂关门，这与前些年不同，在前些年，在经济衰退时业务的收缩主要出现在最大的工厂中。而且，现在那些失去工作的人，待业的时间更长，这反映了他们在工厂的业务改善时，也不再会被雇用的事实。前几代工人面临的就是这种情况（Vallenta, 1996）。

欧洲的失业率在 20 世纪 70 年代快速上升，而之前一直保持在较低水平，在整个 20 世纪 80 年代欧洲的失业率一直在增加。欧盟的最大经济体，德国、法国、意大利与西班牙，现在的失业率达到了历史最高水平。很长时间以来，整个欧洲的工人平均待业时间比美国都要长。也就是说，欧洲更早地出现了失业向长期待业的转变。欧洲的失业率为什么长期保持在高位，仍然是一个让人困惑的谜题，但是人们已经指出，诸如工会协议与调节等制度——在很大程度上抬高了雇用的固定成本，并因此限制雇主在雇用工人方面的积极性（关于欧洲失业情况的评论，见 Blanchard, 2004）。20 世纪 90 年代，英国的失业状况出现缓解，而与此同时雇主具有比以前大得多的解雇员工与企业重构的自由。这

---

① P. 卡普利（Peter Cappelli, 2000）概括了这些实践的形成和发展。

又引出了这种自由的缺失是否可以解释欧洲失业状况难以缓解这个重要问题。

## 雇员不断缩短的任期

470 雇员的任期（在岗时间）是其与雇主待在一起的时间长短，也是雇员依附于组织的一个重要测量指标。雇员的任期长短由雇员的流动率来确定，雇员的流动包括两个方面，一是由雇主发起，这往往通过解雇实现；一是由雇员发起，这往往是通过辞职来实现（解雇只能解释雇员流动的很小一部分）。而辞职解释了三分之二的流动。辞职随着业务周期的变动而周期性地变动，当经济扩张之时，辞职就会上升；当经济收缩时，辞职就会下降。解雇则相反，经济扩张时下降，而经济收缩时上升。

那些由于经济衰退而被暂时解雇的雇员，往往会与雇主保持以前的关系。大多数被解雇的雇员，在经济增长势头重新出现时，又会被重新雇用。根据雇员的任期以及与雇主保持的关系状况等进行测量，那些被重新雇用的雇员，我们可以认为他们仍然处于一种持续的关系之中，即使他们曾经一度被解雇，也是如此。而持久的解雇则显然终结了这种关系。关于美国的就业时间是否下降，在20世纪90年代中期与晚期人们存在激烈的讨论。如果我们根据这些小道消息，那么可能认为雇主解雇、雇员辞职以及外聘，应会降低员工的流动率。但是，我们根据政府数据进行了研究，并没有发现这种结果。

图16—1指出了过去20年美国男性就业时间的下降，以及女子就业任期的上升。而这些变化都比较温和，并不十分剧烈。因为那些很多并不能反映雇用实践变迁的原因，妇女工作任期似乎在上升（也就是说，因为结婚和生育而必须辞职的情况在下降），而男性任期时间，比起女性来下降的速度要快得多，但没有出现急剧的下降。

在这些争论中，有一种理解是，这些趋势并不会必然出现，因为收集的是前几年的数据，并不能反映当前时期的情况。因此有可能的情况是，变化已经发生了，但是还没有在调查中显现出来。例如，1996—1998年之间的变化，大概与1983—1991年的变化一样大（参见图16—1）。另外一种可能的情况则是，在劳动力队伍中可能持续发生着其他的一些事情。其中之一可能是，劳动力在这一时期正在老化，而且我们常常可以预期工作任期或保有一项工作的时间会变长，因为作为工人的较老的劳动力队伍，通过找到更好的工作以及退休（这往往是论资排辈的）而安顿下来了，随着他们变老，他们的影响也下降了。当我们分析老年群体内部的情况时，如果有效控制了年龄，那么会发现工作任期的下降会剧烈得多（参见图16—2）。

这里，我们对上文进行简单的总结。我们的结论是，雇主与雇员之间的依附性质已经发生了相当大的变化。这种依附已经弱化了，因为失业现象越来越常见，并且越来越有可能是长期性的。失业的

471

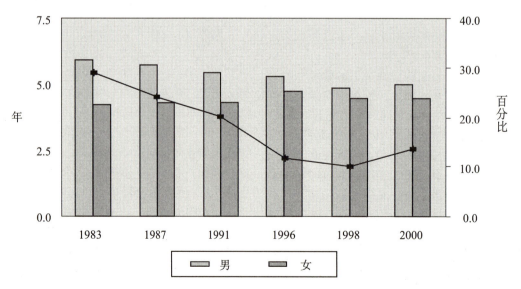

**图16—1　1983—2000年美国就业男子与女子的保有工作时间中值**

资料来源：'The Editor's Desk', *Monthly Labor Review*, August, 2003, 'Median Tenure Declines Little in Recent Years'.

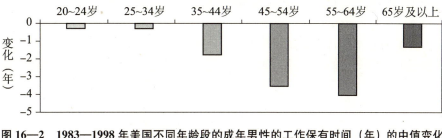

图 16—2　1983—1998 年美国不同年龄段的成年男性的工作保有时间（年）的中值变化

资料来源：'The Editor's Desk'，*Monthly Labor Review*，September，2000，'Median Tenure Declines Among Older Men, 1983 - 2000'.

原因也越来越难以预知，因为较少与整体经济状况相关，而越来越根源于公司内部管理团队控制的变化。总之，其结果是，工作岗位保有时间、雇主与雇员待在一起的时间，也已经下降了。这样的状况或事态提出了一些值得研究的问题：

● 哪些因素导致了工作岗位保有时间的下降——其中有多少是雇主主动导致的，有多少更反映了雇员辞职的意愿与能力？

● 雇员对于雇主或企业的依附的下降会产生什么后果？依附的下降会对雇员对于雇主的态度产生何种影响？会导致雇员的忠诚、企业公民精神以及其他在过去被认为源于雇员与雇主之间更深依附的那些行为的下降吗？

● 依附的下降如何影响雇员看待自己的角色？例如，如果雇员与雇主的身份认同已经下降，那么如果有的话，会是什么新的身份来取代这种旧的身份？

● 为了应对雇员依附的下降，雇主的行为方式是否已经发生了重大变化？例如，不断下降的依附在何种程度上降低了他们投资于雇员的培训和发展的积极性？

前面各章所描述的各种理论框架，也许可以用于研究上述问题中的某些问题。特别是第十五章雷德纳关于工作场所身份问题的那些主张，可以用于研究雇员对雇主依附的变化如何影响了他们对工作、雇主、自己的态度。我们似乎可以提出一个研究假定，雇员依附的下降及与雇主的身份认同的下降，可能被雇员在其他领域中的日益增加的身份认同所抵消。特别是，雇员对于雇主依附的下降，是否可能会导致促进对工作和领域日益专业化？

### 日益严重的收入不平等

在工作与工作场所问题中，第二个变化就是工

资及其他形式的以就业为基础的补偿不平等的快速上升。劳动经济学往往认为这种事态是工作场所中最为重要的变革，因为这已经得到了很好的证明。在 20 世纪 80 年代晚期，一些学者进行了开创性的讨论，并很快达成共识，即美国的收入不平等在第二次世界大战期间以及之后快速下降，20 世纪 80 年代以来随着财富不平等的增加（Wolff，1992），收入不平等也一直在增加（至于研究性的讨论，参见 Levy & Murnane，1992）。实际上，在世界上所有发达经济体中，工资收入不平等都出现了类似的增加（Edwards & Whalley，2002）。工资收入不平等的增加往往遵循这样一种基本的模式，即总是那些教育程度较低、熟练技能较少的工人的收入在相对下降。这又导致了这样的情况，即劳动力需求的性质已经发生了某些变化，也就是喜欢更有技能的工人（更恰当地说，这是对较少技能工人的一种偏见），经济学也正在日益流行"有利于有技能者的技术变革"的说法。尽管这种推断明显偏向于信息技术以及与之相联系的、作为其构成要素的不断变化的技能要求，但是劳动需求性质所发生的变化到底是什么，人们还没有完全确定。还有一些比较重要的研究解释，发现工会作用的下降，是美国、英国、加拿大工资收入不平等上升的重要原因（Card et al.，2003）。对于这种不平等，我们进行大量的深入研究与解释。

导致工资收入不平等加剧的原因是多种多样的，并且不同的国家可能有着不同的原因。这种工资收入不平等的加剧，是否有着共同的、根本性的原因，仍然还是一个需要进一步研究和明确的重要问题。特别是从社会学的角度看，一个重要的问题就是，要探讨这种不平等在多大程度上是由于公司内部以及其他类型的雇用组织内部正在发生的那些因素所导致的。例如，正在加剧的不平等在多大程度上源自这些组织较少使用诸如资历系统、以工作为基础

的支付系统，而更多地使用以专长为基础的工资支付系统、"基于员工能力付酬"制度、自由决定红利和其他可使工资因个人而异的安排？哪些因素导致管理者与经理人工资报酬急剧提高？在多大程度上是由那些有利于他们的不断变化的政策导致的？又是在多大程度上是由社会层次的变迁——诸如最低工资的相对下调、工会力量削弱以及其他支持低工资工人的政治与政府政策丧失作用——所导致的？最后，不平等的加剧在何种程度上实际上是由于经济学家们所强调的那些因素导致的？诸如把劳动力与产品及服务结合起来的基本生产部门中的变革，影响了对不同种类劳动力的相对需求，那么又对工资收入不平等的加剧产生了多大的影响？

学术界对于工资收入不平等上升的原因进行了很多的探讨，但是对于这种不平等的后果的探讨却要少得多。因为收入决定着消费模式，所以我们认为，不断上升的收入不平等，将会逐渐导致社会其他层面出现剧烈的变革，诸如居住模式的变革（如贫富之间的居住隔离日益外显），适龄学生大学入学模式中的变革（如在低收入群体中，入学率不断下降，他们更可能进入公立学校而不是私立学校），以及出现更大的社会分层等。

工作报酬存在的这些变化与态势，又导致了另一系列的重要研究问题：

● 这些不平等的变迁，在多大程度上是由雇员个人不能控制的诸如不断变革的生产职能部门或国际贸易模式等因素的产物？而其中很多变迁又是如何源于雇员个人能够控制的决策，诸如投入更大的努力来确立身份，把个人报酬与个人绩效联系起来，并实质性地日益增加了具有明显相似性的工人群体内部的不平等？

● 低技能工人的实际获得与相对获得如果真的下降了，那么会在何种程度上改变这些工人的身份认同，以及他们对于自己的看法？例如，这是否已经改变了他们对于那些自己的身份所依附的阶级与群体的看法？这又如何改变他们对待社会中的其他群体，特别是那些富有者的看法？

● 收入不平等的上升如何影响了共同体及其结构？共同体中的居住隔离与教育模式的不平等又会有什么样的后果或影响？

霍奇森（参见第八章）所描述的旧制度经济学视角，对于不断上升的不平等的各种原因，可以进行深入的论述并应获得相当进展。特别是我们可以

探讨个体的组织，以明确工资设定实践的变化如何影响了收入不平等。经济学家常常使用的"技术"一词仍是一个"黑箱"，没有对完成业务的技术的变迁如何影响劳动力需求进行研究。如果我们根据第十二章雅克·贝朗格所提出的理论路线，来探讨具体的技术类型及其对劳动力的供给与需求的技能层面有何影响、对工资设定制度有何影响等，我们将会获得重要的研究成果。

在本书第七章中，S.梅钦显示了经济学如何对这些问题中的某些问题——诸如"有利于有技能者的技术变革"，以及关于最低工资和人力资本的分析——进行的解释。正如S.梅钦所指出的，经济学对于这些问题的解释并不仅仅遵循纯粹的劳动力市场竞争模型，但是，很清楚的是，经济学家对于这些问题的解释往往不会去追寻深层次的原因，并且往往不会触及诸如塑造劳动力市场结果的制度与雇主实践。其他理论视角的目标则深远一些。一个经典的例子就是对人力资本的界定。正如戈特弗里德在第五章中所指出的，女权主义者的研究已经指出，把什么东西界定为资本，要受到性别化过程的影响。同样，托马斯·D·比米什和N.毕加特（Beamish & Biggart，第九章）指出，经济交易系统是与其他交易系统联结在一起的，因此人们嵌入劳动力市场的方式，要受到家庭、共同体和其他的制度的影响。在第十章中，哈弗曼与凯尔详述了组织背景如何影响了这里所讨论的几种发展态势。例如，他们指出了组织间雇员的流动，要受到组织规模的影响，也要受到组织规模分布（size distribution）的影响，因为规模较大的组织比较小的组织能够提供更好的报酬，各种组织的规模存在差异，也会影响工人的流动率，差异越大，流动率越高。因此，从组织规模的分布正在发生变化的角度，我们也可以对工人的流动情况提出一种解释。还有，正如哈弗曼与凯尔所指出的，新老组织交替的速率，也会对工人的流动产生重要的影响。20世纪90年代晚期网络公司中就出现了这种情况，很多新的公司建立起来了，很多人被招进这些公司，这些都会对劳动力市场供求双方的行为产生重要的影响。组织社会学已经以组织生态学模型与政治学模型为基础，提出了一些具体的假设或命题来解释这种发展。

## 非标准工作与临时工作的上升

与工作和工作场所相关的第三个重要问题是，工作越来越使用"非标准"的雇用或就业关系，也

474

475

就是说，雇用或就业关系越来越不是以往那种常规的、专职的雇用或就业。自美国新政以来，雇用或就业政策就建立在如下假定之上：实质上所有的工人都在一个雇主那里从事固定的专职工作岗位，依附关系即使不是终身的，也是长期的。在英国及整个欧洲，政府的就业政策与政府的规制强化了这种原本已经很强的规范，其中甚至有些国家明确禁止其他的雇用安排。那些最近引起极大关注的暂时性用工、非标准的安排，大约自20世纪30年代以来就已经存在，但是在美国，直到80年代非标准的和临时的工作类型才开始以迅猛的速度增长。尽管美国以代理中介为基础的临时性用工，绝对规模很小（只占全部就业的2%～3%），但在这一时期增长的速度非常快，据估计增长了3～5倍。在欧洲各国，临时工或合同工的比例，在20世纪80年代晚期和90年代早期上升了四分之一，因为这些安排体现了一种绕开那些支配全职雇员的严格规制的方法。

那些探讨更为一般的替代性就业安排的政策研究团体，特别关注临时工作的快速增长，在这些替代性的就业安排中，临时性用工是最重要的例子。其中大多数都包括收取费用的劳动力市场中介，诸如处于"雇主"与工人这两类顾客之间的代理机构，以及把工作地点与工人的管理分离开来的代理机构；另外还有一种情况就是独立签约人，创造了一种非传统的、以市场为基础的就业关系。

很多学者认为，临时工作在某些方面特别恶劣，雇主正在系统地把"常规工作"安排转变为不固定的工作安排。这样的看法使得"临时工作"（contingent work）一词成为那些替代性安排的一种流行的同义词。最初大多数人似乎都认为，临时工作的出现是由于雇主通过削减成本以获取更多收益所导致的，一段时间后人们又认为临时工作的出现是雇主为了追求灵活性而导致的。然而到了20世纪90年代，人们日益清楚地认识到，并非所有这些替代安排中的工作岗位都比以前的固定工作要差。同时，很多全职工作工人以及表面上具有固定雇佣关系的工人，在他们看到的工作本身、工作时间或工资并不稳定的意义上，感到他们的工作日益具有临时性。美国劳工统计署在一个新的调查中也发现固定工人存在这种看法，那些即使是在常规和全职工作背景中工作可能也不持续的雇员，会把他们的工作理解为"临时工作"。

研究者日益关注和探讨临时用工这种替代性安排，并对其获得了一些新的看法。他们发现，大多

476

数的临时用工都涉及一种劳动力市场中间机构，在这里工人为某个组织完成任务，但是这个组织不是其雇主。例如，合同工或暂时租借的雇员，看起来与临时用工十分相似，只不过前者的就业关系常常是固定的。某些组织，如专业雇主组织（PEOs）发现，当前第三方正在成为劳动力的合法雇主，并且这似乎即将改变雇用或就业关系的法定特征（即遵守法律与规制的法定义务），而且并非必然会影响雇员或者他们的日常管理。其他的安排，诸如一个公司让其雇员在个人住处向顾客提供服务，这转移了管理责任，但并非必然导致雇员成为临时工，因为雇员的工作常常是常规的和固定的。他们可能体现了替代性工作安排与关于公司边界的以业务为基础的策略性决策之间的一种交汇。

独立签约人则体现了另一种安排，这种安排似乎与临时工作更为接近，因为雇佣关系是短期的。但是与临时性用工不同，在这种安排中，雇员与雇主之间并不存在一种中介机构。不过，在这种安排中，市场关系的确替代了就业关系或雇佣关系。

在各种空间中，这些不同的替代性安排往往同时存在，但它们之间存在相当大的差异。不过，它们也具有一些共同的问题。其一，与常规、全职雇用相反，它们都体现了雇主对于雇员责任的减少，并使雇主能够更容易地改变其劳动力需求策略等。其二，除了兼职工作外，它们都涉及中介机构，诸如临时代理、劳务派遣公司，在独立签约安排中，还涉及外部劳动力市场，即雇主与雇员关系的市场外部化。

不同学者对于非标准工作的比例和总体状况的估计比较合理，也比较一致。他们认为在美国，大约有30%的劳动力处于临时、兼职或独立签约等就业关系中（参见 Segal & Sullivan，1997）。然而，由于这些个人并不是每天都有工作，所以他们从给定组织中和给定的任何一天获得的从事非标准工作的统计数字，比实际存在的要少得多，大约只有14%（Cappelli，2003）。非标准工作，特别是临时性用工以及租借雇员数量，在欧洲也一直在大幅上升，因为这些安排使得雇主可能回避政府调节常规性就业或雇用的那些严格规制。在20世纪90年代，诸如荷兰与西班牙这样的国家，大约已经有多达四分之一的劳动力涉及临时性用工或租借就业（对于各个国家的相关调查，参见 de Ruyter & Burgess，2000；Connelly & Gallagher，2004）。

对于这些非标准的工作安排到底为什么会增加，

477

学术界还存在一定的争论，尽管这种情况显然与雇主需要这些实践有关。雇主为什么以及如何利用这些不同的安排，也许是该领域的中心问题。而对于该领域的以社会学为导向的分析，似乎还存在如下重要问题需要探讨：

● 在劳动力市场中，中介组织发挥什么样的作用？它们是如何运行的，以及如何发挥其作用的？它们对两边的顾客（雇主与工人）之间的关系有何影响？

● 一个非标准工人的经验是什么？对于他们的工作地点只有一种弱的依附，这种经验如何影响他们的身份概念的？另外，把他们的工作地点与他们实际为之工作的雇主分离开来，又会产生什么样的影响？

● 这种新的关系对于工人的忠诚感或投入感会产生什么影响？先前关于工人对雇主与工会的"双重忠诚或承诺"的研究，在雇主与临时代理机构或劳务派遣公司的背景中，似乎需要修正，才能用来研究工人所感到的对于法定雇主、为他们的工资签单者的各种依附，以及对于他们所工作的地点与一起工作的人的依附之间，是否存在冲突？

在上述的问题中，有很多问题与前面讨论的身份问题有关，特别是工人身份性质的变化，会影响他们如何看待他们的任务、雇用他们的实体，以及那些他们为其完成任务的组织。前面诸章所提出的一些概念，也可以用来研究这些问题。例如，非标准工作在全世界范围内似乎都在上升，但是在不同国家，这种模式的增长速度和各种实践做法存在相当大的差异，这也使得第十四章 S.J. 弗伦克尔关于全球化而提出的理论框架必须考虑和研究一些新问题。例如，在塑造这些工作模式的过程中，跨国公司发挥了什么样的作用？它们传播了非标准的工作模式，还是通过维持更大比例的传统工作岗位而限制这些非标准的模式？技术通过使绩效标准得以维持，使工作得以从被就业关系捆绑在公司中（以增加他们的投入与忠诚）的那些传统雇员中转移出来，在何种程度上已使得界定与测量个人的工作岗位任务更加容易？

S. R. 巴莱和 G. 昆达（Barley & Kunda, 2004）还探讨了一种相当独特的情景即高端信息技术工作

情景中的那些相关问题。他们获得了很多发现，其中之一就是中介机构所起的作用要比经纪人大得多，并且实质上决定了签约人与顾客之间关系的结构。

## 经理人职能特别是营利组织经理人职能的变革

所有关于工作与工作场所的这些研究，以往主要是关注生产工人，最近开始关注其工作要与消费者接触的"一线"工人。而以往社会学关于经理人的研究，主要探讨其社会经济地位的各个层面，因为这些层面与社会流动理论、社会阶级理论相关。即使有一些关于经理人岗位与工作的研究，也主要是以经验研究为基础，探讨的是激励结构（经理人的报酬）以及相关的董事会结构模式。

经理人的职能已经发生了重大的变革，并且产生了重大的影响。这种变革不仅对于在这些工作岗位中的经理人个人具有重要的影响，而且对于其所经营的组织也具有重要的影响。其中与上面的问题（正在改变的雇员对于雇主的依附）相关的最为重要的、可以展开研究的问题，是经理人的才干对于组织的依附性日益下降，也就是越来越不需要组织的支撑。关于经理人与其公司之间的关系——就业法对于这些关系进行了详细的规定——人们流行的看法是，管理者特别是经理人和其他雇员相比，与其雇主之间的关系会越来越紧密和深入。[①] 而经理人在其组织中通过攀登职位阶梯而建立其事业的思想，几乎铭刻于所有各种职业生涯模式中。然而，越来越多的证据表明，现实的情况已经不再是这样的。在 20 世纪 90 年代管理者越来越有可能被其他雇员取代（Cappelli, 1992），自 20 世纪 80 年代以来，高层经理人的流动率增加了，其任期在下降（Cappelli & Hamori, 2005）。不是人力资源管理部门搜寻经理人，也不是通过在公司内部寻求发展，而是经理人搜寻公司并且是在外部搜寻，现在对于决定哪些经理人获得哪种工作，发挥了重要的作用。因此，我们正在走向一种完全不同的关系。随着经理人对雇主个人依附的弱化，他们是否找到了自我，并开始更像专业技术职业人员那样发挥其职能，还是一个值得探讨的问题。不过，至少存在一些零星的证据，表明诸如人力资源与金融财务这类经理职能，已经由专门的组织承担，并绕过雇主把这类经理人的工

478　479

---

① 例如，在美国，管理者与经理人是"免于"就业法的工资限制与工时要求的，并且因为他们在某些方面看"就是"组织，因此他们不需要其他雇员需要的、来自工会的保护，由于这个原因，他们不可能使组织工会化或建立工会。

作转化为类似于具有标准化方法和资格证书的专业技术职业。

同样，也可以说更重要的是，经理人的报酬和管理已经改变，使经理人在很大程度上对股东负责。"经理人的角色就是平衡公司的利益相关者——雇员、消费者、共同体与股东——之间的利益关系"这种观念，已经让位于一种新的模式，在这种新的模式中，经理人只对股东负责。这些发展事态已经在不同国家以不同方式展开，反映了与公司所在地法律框架相关的路径依赖（Morck & Steier, 2005）。另一个值得探讨的问题就是，目前在整个世界，公司治理如何适应来自全球资本市场的对于股东价值的压力，而这些适应性调整又是如何影响公司的运行的，也是值得探讨的问题。经理人报酬的变化——这些变化是人为设计的，目的是通过股票以及以股东为基础的各种手段，来更像对待股东那样对待高端经理人——也引出了一个重要的问题，那就是这些变革以及这些变革所产生的激励是否会寻求把经理人与其他的管理者分离开来，并进一步削弱"'完整而统一的'、具有强大而坚实的组织文化"这种组织概念。除了这些问题外，还有如下重要的问题需要研究：

● 经理人在组织之间的更大流动导致他们的社会身份发生了变化吗？他们引导组织文化的能力也在逐渐受到侵蚀吗？

● 现在，经理人在何种程度上认为他们自己是一个与其他管理阶层相分离的阶层？经理人报酬已经使他们认为自己是投资者而非管理者吗？

● 治理系统向以股东价值为基础的治理系统的转变，如何改变了公司管理工作场所的方式？特别是公司在解雇政策等方面，会对股东与雇员实行哪些区别对待？

本书有几章十分重视这些问题。T. 比米什和N. 毕加特在第九章指出，经济社会学阐明了资本与市场流动，以及股东价值运动是如何出现的。哈弗曼和凯尔在第十章同样指出了美国公司基于生产、市场营销、金融等的不同控制观念的演化。他们进一步指出了这些演化对于不同管理专业以及职业结构的形成与发展途径的影响。当前强调股东价值的这种大背景决定了某种职业能够获得的权力与影响力的程度。还有，本书麦克唐纳所写的第十三章，对于专业技术职业的研究做出两个同样重要的贡献。其一，他特别关注那些所谓的专业技术职业，指出

这些职业对于权力与声望的主张，会随着资本主义的演化而通过商谈来确定。正如该章所总结的，对于这类问题的研究，随着"经验现实"的变化，可能会再度复兴，而这里所讨论的发展事态说明了这种经验实在正在变化。其二，我们可以根据专长等要求这一角度，来界定和分析专业技术职业概念，但是我们当然也可以从专长要求等角度来分析其他的"非专业技术化的职业"，因为这些职业同样要求计算机专门知识，以及生物科学公司也是如此。例如，现在很多人十分关注的"知识管理"为我们已有的各种专业技术职业研究开创了新的研究领域，并会获得丰硕的成果。同样，雅克·贝朗格的第十二章关于信息技术的讨论，指出了一种历史悠久的分析传统即关于技术对工作关系的影响的研究，也可以随着新的技术系统的出现而得到发展和深化。我们也许可以把麦克唐纳和贝朗格所讨论的那些十分不同的研究传统整合起来，并使相关问题的研究获得实质的推进。

## 工作—生活平衡的变迁

在工作与非工作活动之间的时间与精力的平衡，以及这种平衡会经历什么样的变迁过程等问题，是我们列举的关于工作场所的重要问题名单上的最后一个。在社会学中，这个问题特别重要，因为其牵涉了很多传统上很重要的论题，诸如性别角色、家庭结构以及更一般的人口、工作与非工作角色等论题。导致人们日益关注工作—生活平衡问题的那些因素，至少在现代一直以来都是妇女日益参与劳动力市场，使她们除了作为看护提供者特别是看护小孩者的传统角色之外，又增加了新的角色，导致了上文所说的工作—生活平衡问题。始于工业化的各种长期经济发展模式以及日益远离农业社会，降低了妇女的生育率，进而影响了工作—生活关系。这些经济发展模式在今天看来已经不再是什么新的模式，但是仍然还在全世界扩展。在工业化国家特别是美国，日益下降的真实工资，深刻地影响着工作—生活平衡的社会变迁，真实工资的下降要求夫妻双方都参与劳动力市场，从而导致很多双职工家庭的出现，并导致了关于妇女应承担何种适当角色的规范、预期和规制的变革，使妇女更加深入地参与各种劳动力市场，参加工作的时间更长（Goldin, 2004）。

导致妇女特别是美国妇女参与劳动力市场出现重要变化的一个重要因素，一直是那些家中有小孩

的妇女日益参与劳动力市场。在这类妇女中，参与劳动力市场者的比例，在 20 世纪 70 年代中期大约只有 47%，而到 2000 年已经上升到 73%（Fullerton, 1999）。特别是单身母亲参与劳动力市场的比例，上升的幅度特别大。税法的变革（所得税收抵免）是其重要的原因，这种税法使得长期低工资工作的报酬增加（Meyers & Rosenbaum, 2001）。特别是在欧洲，单亲家庭的比例日益上升，但是美国也在上升，由于工作与生活的冲突集中于单身母亲一个人身上，使得她所面临的平衡工作—家庭的挑战更加紧迫。一些学者关于英国与德国妇女就业率的研究，发现妇女就业率的日益增加，部分原因在于兼职就业的增加，这种增加还伴随着职业生涯出现更多的中断，而这种中断与为了平衡家庭活动有关（Fitzenberger & Wunderlink, 2004）。

妇女特别是那些有小孩的妇女经常参加工作，产生了一个明显的结果，那就是使得她们更难履行她们的传统义务。因为每天的时间是固定的，工资就业后必然占用一定的时间，因此某些事情就必须让步。正是什么必须让步，是一个需要探讨的十分重要的问题——在家庭中丈夫是否要承担更多的家庭义务，是否要把照看小孩的责任和其他的责任推到家庭之外，是否可以"外包"给那些看护工，或者完全减少和简化这些义务。一些父母应对这个问题的方法很简单，就是减少睡眠（!），并且有研究指出，那些有工作的父母确实比没有小孩的人（特别是工资劳动者）睡眠时间要少（Bianchi, 2000）。

很多研究都一再地指出，结婚会改善男性的劳动力市场结果，结婚后有了小孩，也会如此。对此我认为，新增加的为家庭提供生活必需品的义务，迫使他们变得更加严肃和可靠，并使他们把注意力集中到工作上，大概也会日益远离非工作活动（如打保龄球等）。然而，对于妇女来说，实际情况则相反。结婚本身并不会改善或损害她们的劳动力市场结果，但是生育小孩确实会损害她们的劳动力市场结果，孩子越多，消极影响就越大。这大概又是由于有小孩的妇女如果要维持她们传统的非工作角色的话，就不能把精力集中到工作上。

帮助雇员协调工作与非工作任务的各种努力，已经成为管理领域中的一个小型的产业，大量各种不同的书籍与文章，都为如何处理这个问题提出建议。这些建议绝大部分都主张雇主应关注重要的任务与目标，而放弃那些不太重要的任务与目标，往往建议应该给予雇员履行任务更大的灵活性。这些

建议对于处理完全在同一时间提出的竞争性要求所导致的问题是很有帮助的。但是他们很少研究由如下事实所导致的那些问题：来自工作与家庭的全部要求可能是过度的，并不能仅仅通过对这些要求进行先后排序而协调起来。

尽管在其他研究领域，对于工作—生活之间的平衡问题的研究正在日益增多，其中特别值得注意的是组织行为研究，但是还有一些问题，只有社会学才能做进一步的分析，这些问题包括：

- 在工作场所的要求下，家庭中的各种角色正在发生什么变化？
- 家庭的需要对于工作场所的结果有着什么影响？特别是，对于那些必须承担家庭义务的人来说，与工作相关的发展或成功模式，正在发生什么变化？例如，它们是否因正在改善妇女在家庭中的角色，而抑制了男子的发展？
- 为了帮助工人平衡法定的家庭与工作要求，我们实施哪些正式的计划？是否可以满足家庭休假要求，调整公司政策？

这些问题，以及其他与工作—生活平衡相关的问题，在很多方面显然都与性别问题存在十分重要的交叉。本书戈特弗里德所写的第五章，以及他关于家庭工资、偏好理论、劳动力市场结构的讨论，都是探讨工作—家庭平衡问题的很好框架。

## 二、各种相互交错的研究

先前各章关于不同主题的研究，提供了各种方法，我们可以应用这些方法来改善上面提出的那些问题的理解。下文对于这些相互交错的研究进行简要的讨论，并把它们概括为三个层次，在这三个层次上，社会理论都要处理经验的现象。

第一个层次包括了那些对具体现象提供具体解释的各种理论。例如，S. 梅钦以及哈弗曼与凯尔所写的两章，详细展示了各种研究计划所取得的结果，这些研究计划以大量的正式理论为基础，提出了轮廓鲜明的假定或推断。S. 梅钦强调，为了提出可验证的假定与推断，对世界进行抽象是必要的。用哈弗曼与凯尔所写的那一章的话来说，这样的研究往往取决于"范式的共识"。特别是哈弗曼和凯尔提醒我们在理解工作场所的结果时，必须更加严肃地考虑我们所知道的组织。其中某些视角，诸如网络分析与制度化视角，已经逐渐建立起来，现在也已经

482

483

比较完善，但是这些视角应进一步拓展开来，深入理解工作场所的动力学。组织生态学视角也属于这种情况，也没有得到充分的利用。正如 D. 纽马克与 D. 里德（Neumark & Reed, 2002）所指出的，那些正以最快的速度形成和发展的产业中的工作岗位，大概也是最新的工作岗位，在诸如工作的组织方式、报酬、任期方面，与那些已经存在更长时间的组织中的工作岗位相比，已经具有系统的不同属性或特征。

第二个层次，在某种程度上与第一层次相重叠，是那些处理"是什么决定了那些决定变量"之类问题的理论（引自 Nichols, 1997: 90）。英国产业社会学家 W. 巴尔达姆斯（W. Baldamus）曾经敏锐地提出了这个问题，也就是他认为我们应探讨更深层次的原因。那些社会与政治过程导致那些最直接的决定变量，诸如人力资本的哪些层面是有价值的，或者是什么建构了一种专业技术职业？对此，塞维尔和巴克尔的第三章指出，思想观念在塑造社会秩序，特别是改变社会秩序的过程中发挥了重要的作用。理解工作场所的变迁的一种常见的方法，特别是在经济学中的一种常见的方法，就是视这些变迁是由某些外生的、多少无形的发展诸如竞争与技术所驱动的。事实上，那些应对并克服来自无形力量的压力的行动者们，总是有某些自由裁量权，而这样的自由裁量权是如何实施的，要取决于各种关于"什么行为是适当"的信念。工会的衰落与工会权力的下降、更一般的工人保障的下降、对相互义务系统——嵌入了传统的反工会的雇用实践——的侵蚀，表明了这样的现象，即价值观与思想观念的影响似乎已经极为重要。广义的政治通过政府规制以及单边行动而塑造工作场所的作用问题，仍然是一个亟待研究的问题。

在第二个层次的分析中，T. 比米什和 N. 毕加特（本书第九章）也举例说明了论述上面所归纳的五种趋势的几种重要方式。其一，他们的理论强调"各种资本主义类型"，并因此指出了正在变化的、会影响如工作—生活平衡的意义的国家背景。在诸如法国、瑞典这样的国家中，政府福利系统会影响家庭成员所面临的和获得的选择，并创造不同于美国家庭成员的选择集合。其二，市场是社会地建构的，因此诸如日益上升的不平等趋势，从表面上看是由市场驱动的趋势，但我们可以根据市场所嵌入的制度背景来理解这种趋势。戈特弗里德以人力资本等概念为基础，对于性别过程进行了解释，而麦

克唐纳解释了专业技术职业概念随着资本主义的演化而被商定的那些方式。

霍奇森的第八章也指出了经济与社会制度对于工作场所结果具有重要的影响。威斯康星学院及其产业关系理论对工作场所进行的研究，强调了工会、集体讨价还价、地方劳动力市场以及其他制度在塑造工作场所各个重要层面，包括从工作的组织方式到职员流动率等层面的过程中所起的重要作用。尽管数十年来，各种研究已经指出了这些制度具有强大的解释力，但是这类研究随着产业关系研究传统因为工会影响的下降，以及新古典经济学的个人激励方法的上升，已经急剧削弱了。

总之，第二种理论群体包括了各种具有成熟范式的研究，也包括一些还有问题的研究，如雅克·贝朗格在第十二章所讨论的法国工作社会学学派。但是，在第二种理论群体中，还存在理论与方法的分歧和差异，还没有如第一种分析层次的理论那样，提出了经过详细阐述的、明确的正式理论框架。

第三个层次的理论，则讨论了社会发展的意义问题。在这个问题上，各种范式之间常常关系紧张，并且各种范式对于这个问题进行研究的目标，并非是就工作场所现象提出具体假设或推断。然而，第三个层次的理论深入讨论了工作的性质。海曼（见第二章）关于马克思主义的讨论，特别讨论了工作的性质问题。首先，马克思主义对于上文提到的各种具体趋势，提供了一些深刻的见解。例如，马克思主义者对上文所探讨的去技能化问题进行了深入探讨，并对"偏向于有技能者的技术变迁"这种思想进行了阐述。其次，这种传统对于工作队伍的不同发展事态之间的关系，或者马克思主义分析所说的"矛盾"，获得了深刻的理解。其中最重要的矛盾之一就是"赋权"（如团队工作中为一般雇员的赋权，以及强调其责任，而管理者下放权力）与"退化"（工人有限的自治，时时面临失业风险；对管理者实施更加密切控制的系统，管理者也可能面临失去工作的风险）之间的矛盾。最后，诸如马克思主义等理论传统，讨论了资本主义的长期动态发展，认为资本主义将终结于工资鸿沟这些特定的结果。在社会发展的意义这个层次上，韦伯传统的分析，也开创性地探讨了诸如社会的理性化等问题。例如本章重点强调了"要求个人遵从的各种压力"的思想，以及分析了"工作与非工作领域之间的关系"本身可能已经被理性化的各种方式。例如，上述关于工作—生活平衡的思想，就暗含着一种有计划的

技术最优化，而韦伯则可能强调理性化的矛盾性以及"黑暗的一面"。

正如 G. 伯勒尔在第六章中所指出的，后现代性传统的研究，特别是通过诸如全景敞视监狱与规训社会等概念，也对这些类似的问题进行了讨论。也正如他所指出的，这一传统对于上文界定的第二个层次的分析是有帮助的。后现代主义传统对于组织中的身份与性别这些论题也进行了深入的研究。然而，这种传统还关注深层次的人类存在状况。正如伯勒尔与海曼，以及塞维尔与巴克尔所指出的，对于福柯、马克思、韦伯的著作人们存在十分不同的理解，对于这些相关研究传统彼此之间能够在多大程度上和谐共存、相互兼容人们也存在十分不同的看法。但是，每一种传统都对于工作的各种具体层面进行了十分深入的研究。对于那些看到了这些研究传统的共性的人来说，把它们的视角整合起来也是可行的，并可能推进关于工作的研究。

总而言之，在所有这三种分析层次上，本书所覆盖的那些社会理论都有着相当的潜力，可能用来研究和讨论上文所强调的、关于当代工作世界的五类问题。如果我们真的这样做，那么社会理论本身以及我们关于不断变革的工作场所的理解，都会得到进一步的丰富和发展。

彼得·卡普利（Peter Cappelli）

**参考文献**

Barley, S. R. and Kunda, G. (2004). *Gurus, Hired Guns, And Warm Bodies: Itinerant Experts in a Knowledge Economy*. Princeton, NJ: Princeton University Press.

Bianchi, S. (2000). Maternal Employment and Time with Children: Dramatic Change or Surprising Continuity?, *Demography*, 37 (4): 401 - 14.

Blanchard, O. J. (2004). "Explaining European Unemployment", NBER Reporter (Summer).

Cappelli, P. (1992). "Examining Management Displacement", *Academy of Management Journal*, 35 (1): 203 - 17.

Cappelli, P. (2000). "Market-Mediated Employment: The Historical Context", in M. Blair and T. A. Kochan (eds.), *The New Relationship: Human Capital in the American Corporation*. Washington, DC: The Brookings Institution.

—— (2003). *A Study of the Extent and Causes of Non-Standard Work: A Report to the Russell Sage Foundation*. New York: Russell Sage.

——and Hamori, M. (2005). "The New Path to the-Top: Changes in the Attributesand Careers of Corporate Executives, 1980 to 2001", *Harvard Business Review* (January).

Card, D., Lemieuz, T., and Riddell, W. C. (2003). *Unionization and Wage Inequality: A Comparative Study of the U. S., U. K., and Canada*. NBER Working Paper No. w9473.

Connelly, C. E. and Gallagher, D. G. (2004). "Emerging Trends in Contingent Work", *Research Journal of Management*, 30 (6): 959 - 83.

De Ruyter, A. and Burgess, J. (2000). "Part-time Employment in Australia: Evidence for Globalization?" *International Journal of Manpower*, 21 (6): 452 - 63.

Edwards, T. H. and Whalley, J. (2002). *Short and Long Run Decompositions of OECD Wage Inequality Changes*. NBER Working Paper w9265.

Farber, H. S. (1999). "Job Loss in the United States, 1981 - 2003", *Journal of Labor Economics*, 17 (4): S142 - S169.

Feenstra, R. C. and Hansen, G. H. (1996). "Globalization, Outsourcing, and Wage Inequality", *American Economic Review*, 86 (2): 240 - 5.

Fitzenberger, B. and Wunderlink, G. (2004). "The Changing Life Cycle Pattern of Female Employment: A Comparison of Germany and the UK", *Scottish Journal of Political Economy*, 51 (3): 302 - 28.

Fullerton, H. N., Jr. (1999). "Labor Force Participation: 75 Years of Change, 1950 - 1998 and 1998 - 2025", *Monthly Labor Review*, 122 (12).

Goldin, C. (2004). *From the Valley to the Summit: The Quiet Revolution that Transformed Women's Work*. NBER Working Paper No. 10335.

Levy, F. and Murnane, R. (1992). "U. S. Earnings Levels and Earnings Inequality: A Review of Recent Trends and Proposed Explanations", *Journal of Economic Literature*, 1333 - 81.

Meyers, D. D. and Rosenbaum, D. T. (2001). "Welfare, Earned Income Tax Credit, and the Labor Supply of Single Mothers", *Quarterly Journal of Economics*, 116 (3): 1063 - 113.

Morck, R. K. and Steier, L. (2005). *The Global History of Corporate Governance: An Introduction*. NBER Working Paper No. 11062.

Neumark, D. and Reed, D. (2002). *Employment Relationships in the New Economy*. NBER Working Paper

486

8910.

Nichols，T. (1997) *The Sociology of Industrial Injury*. London：Mansell.

Segal，L. M. and Sullivan，D. G. (1997). "The Growth of Temporary Service Work"，*Journal of Economic Perspectives*，11 (2)：117 – 36.

Valenta，R. G. (1996). "Has Job Security in the US Declined?" *Federal Reserve Bank of San Francisco Weekly Letter*，No. 90 – 107，February 16.

Wolff，E. N. (1992). "Changing Inequality of Wealth"，*The American Economic Review*，82 (2)：552 – 9.

# 译后记

本书的翻译得到了中国人民大学出版社潘宇女士的支持和鼓励。本书第五、第十三章,第二、第六、第十二章,第八、第九章,第十一章,第三、第四、第七、第十章分别由王雪晴、马永清、雷磊、戴丽丽、赵洋翻译,其余各章由姚伟翻译。最后姚伟、马永清进行了审阅与校对。在翻译的过程中,我们得到了徐云峰、黎万和等同志的支持和关注,在此一并致谢。译文文责由译者自负。

姚伟　马永清
2011 年 12 月

**图书在版编目（CIP）数据**

工作社会学/（英）科尔钦斯基等主编；姚伟等译 . —北京：中国人民大学出版社，2012.4
（社会学译丛·经典教材系列）
ISBN 978-7-300-14096-4

Ⅰ.①工… Ⅱ.①科… ②姚… Ⅲ.①工作-教材 ②社会学-教材 Ⅳ.①B026 ②C91

中国版本图书馆 CIP 数据核字（2012）第 043708 号

社会学译丛·经典教材系列

**工作社会学**

［英］马立克·科尔钦斯基

［美］兰迪·霍德森　　　主编

［英］保罗·爱德华兹

姚　伟　马永清　译

Gongzuo Shehuixue

| | | | |
|---|---|---|---|
| **出版发行** | 中国人民大学出版社 | | |
| **社　址** | 北京中关村大街 31 号 | **邮政编码** | 100080 |
| **电　话** | 010-62511242（总编室） | 010-62511398（质管部） | |
| | 010-82501766（邮购部） | 010-62514148（门市部） | |
| | 010-62515195（发行公司） | 010-62515275（盗版举报） | |
| **网　址** | http://www.crup.com.cn | | |
| | http://www.ttrnet.com（人大教研网） | | |
| **经　销** | 新华书店 | | |
| **印　刷** | 北京东君印刷有限公司 | | |
| **规　格** | 215 mm×275 mm　16 开本 | **版　次** | 2012 年 7 月第 1 版 |
| **印　张** | 19 插页 2 | **印　次** | 2012 年 7 月第 1 次印刷 |
| **字　数** | 561 000 | **定　价** | 45.00 元 |